WENHUA JIAOLIU
YU WENMING RONGHE

文化交流与文明融合

第九届池田大作思想国际学术研讨会论文集

[日]神立孝一　纪亚光 ◎ 主编
[日]高桥强　马亚男　袁婧　陈永刚　郑文娟 ◎ 副主编

南开大学出版社
NANKAI UNIVERSITY PRESS

天津

图书在版编目(CIP)数据

文化交流与文明融合：第九届池田大作思想国际学术研讨会论文集 /（日）神立孝一，纪亚光主编；（日）高桥强等副主编. -- 天津：南开大学出版社，2024.12.
ISBN 978-7-310-06718-3

Ⅰ. K833.137=6

中国国家版本馆 CIP 数据核字第 2025ZW4115 号

版权所有　侵权必究

文化交流与文明融合
——第九届池田大作思想国际学术研讨会论文集
WENHUA JIAOLIU YU WENMING RONGHE
——DIJIUJIE CHITIANDAZUO SIXIANG GUOJI XUESHU YANTAOHUI LUNWENJI

南开大学出版社出版发行
出版人：刘文华
地址：天津市南开区卫津路 94 号　邮政编码：300071
营销部电话：(022)23508339　营销部传真：(022)23508542
https://nkup.nankai.edu.cn

天津创先河普业印刷有限公司印刷　全国各地新华书店经销
2024 年 12 月第 1 版　2024 年 12 月第 1 次印刷
260×185 毫米　16 开本　28.75 印张　3 插页　682 千字
定价:148.00 元

如遇图书印装质量问题,请与本社营销部联系调换,电话:(022)23508339

致　辞

尊敬的南开大学各位领导
尊敬的各大学研究所各位同仁
尊敬的各位来宾
以及亲爱的以"周池会"为首的担负世界未来的最优秀的各位英才

今天，第九届国际学术研讨会隆重开幕，谨此致以诚挚的祝贺！

为举办本次研讨会，承蒙南开大学各位老师多方关照，谨此致以衷心的感谢！并向中国各地前来参会的各位学者的深情厚谊致以深深的谢意！真是不胜感谢！

据了解，这次研讨会将分为"和平主义""文化主义""人本主义""教育主义""青年论坛"等学科小组积极地展开讨论。

随着全球化的进展，不同的文明和价值观，超越国家的框架，以壮大的规模相遇，时而冲突，时而融合。在这样的现代世界，开放型的民众交流和文明对话，正是掌握人类和平与共生之关键的重要课题。

就此意义而言，本次研讨会将以最高峰的知性的光芒，照耀地球社会崭新的未来，真是意义深远的聚会！

不言而喻，南开大学是著名的总理、外交的高手、永垂青史的人民领袖周恩来的母校。

周总理坚持"以民促官"的信念，比任何人都重视民众心与心的交流，开辟了友好的大道。同时，他以包容整个地球的气魄架设了文明与文明的桥梁。

因此不禁想到，周总理在天之灵会对这次讨论，感到由衷高兴，赐予保佑。

今天，我深切缅怀周总理的精神，从以下三个观点略谈感想。

第一点，重视"每一个人"的"诚实之心"是民间外交的根本。这正是周总理所体现并指明的重要标志。

与印度尼赫鲁总理共同倡导了和平共处五项原则，在亚非会议（即万隆会议）上取得了丰硕的成果，并进一步实现了中国与美国的和解。跨越重重困难，打开谈判对方的心灵，进而沟通、连接，周总理的外交力时至今日依然光辉灿烂！

如此杰出的人格萌芽在何处萌发的呢？我无限感慨地想起了十多岁时在南开度过学生时代的周总理，他不仅学业出色，而且积极参与各种活动，对其形象的评价是"温和诚实、富有情感、友情深厚、凡是朋友或公益之事无不尽力！"

重视眼前"每一个人"的周总理的举止，我有幸目睹。

1974年12月5日，在北京305医院，总理不顾重病在身，像慈父般地迎接了一个年仅30岁的民间人士——我。

周总理祈愿中日两国和世界民众的幸福，展望人类的未来，他的眼神中充满了超越国家、超越时代的对人类的深厚信赖与慈爱！

从那以来的42年，为了报答总理博大的诚信之情，我也重视与贵国的每个人的相遇，缔结了友好交流的纽带。

尤其留学生是一国"未来的使者"，我以此认识迎接了中国留学生。众多的留学生都茁壮成长，在各个领域的第一线发挥作用，为和平作出贡献，我为此感到无限的喜悦！

创造新的历史方程式，总是从一点一滴做起的。先做一点，接着再做一点，在此不断积累中，点与点连成线，进而线与线连成面，不久就能形成一个立体。

这个一点一滴就是重视每一个人，与每一个人建立友情，对每一个人进行鼓励培养。

我始终确信，无论时代状况如何变化，都能做好一点一滴。而且从做好一点一滴的民间外交出发，定能掀起创造和平的浪潮！

第二点，不是作为"国家的面孔"，而是作为"人的面孔"的外交，也就是立足于"人"这一大地的交流和对话的重要性。

我曾经在与美国思想家诺曼·卡曾斯博士的对话中谈到，处于激烈对抗的东西方冷战旋涡中的20世纪60年代，通过美国与当时苏联的民间人士的交流，取得了重大成果的实验性尝试。

这个尝试被称为"达特茅斯会议"。美苏两国的民间人士用两周时间，在美国达特茅斯大学校园同住同吃，就广阔范围的问题进行了讨论。会上相互不拘（国家）立场，互称（个人）名字，展开了尊重人的立场的对话。

会议开始不久，参加者在用餐和散步时，进行了带有幽默感的交谈，互相欣赏家属的照片。结果会议"讨论即使白热化，个人的关系也没崩溃，反而更加亲密"。

诺曼·卡曾斯博士回想当时的情景时说："经常出现令彼此感到惊奇的场面——即通过互相对话，认识到彼此都是同样的人。"

立足于"人"这一共通的大地进行对话，我们必将能够找到超越"国家利益"和"民族利益"，通向"人类利益"的大道！

我想起了贵国的佛教学权威季羡林博士对我说过的信条："中国自古以来就有'人类皆同胞'的大同思想，人类总有一天将迈向这个大同的境地。"

归返这个地球民族的共识之时，就会涌现"人类大同"这一世界和平的推动力。

第三点，我想确认的是，立足于"生命尊严"的"开放型文明对话"的重要性。

回首历史，拘泥于自身的文化和价值观、力图排除异己者的偏见和歧视，因此产生了多少仇恨和纷争，造成了多少悲剧啊！

想要将不同的文明与文明的相遇，引导到"融合"和"和谐"，创造出新的价值，有什么必需的条件呢？

这就是基于"生命尊严"这一最普遍的着眼点，推进开放性的对话。

围绕这个命题，我和杜维明博士从各种视角进行了对谈。

我们高度一致的结论之一，就是向异己者学习的姿态的重要性。

杜维明博士指出："文明的对话，只有互相学习才有真正的意义。而且，学习的文明以及学习的人，将会发展。不学习而采取教训他人的傲慢态度的文明和人，必然衰退。"

无论是人还是文明，通过自身和他者一起认识生命尊严，进行开放性的对话，从他者的差异中学习，就能进一步丰富自身，取得真正的成长和发展。

"文明的融合与和谐"与"对话的文明"创造是互为一体的。在为其形成而不懈努力的过程中，被称为"共生的气质精神"和"相互理解的气质精神"的这种时代精神，将在人类社会切切实实地不断扩展。

今年12月南开大学"周池会"将迎来成立10周年的纪念日，谨此向"周池会"致以衷心的感谢和祝福！2011年创刊的"周池会"杂志《金桥》，我每期都快乐地阅读。

富有进取心的"周池会"同学们祈愿世界和平，认真刻苦学习，我对此表示最大的敬意！

听说"周池会"这样的读书会，在辽宁师范大学、大连工业大学、仲凯农业工程学院、大连艺术学院等大学也已成立，我感到由衷高兴和荣幸！

42年前会见周总理时，总理对我托付说："今后我们要世世代代友好下去。"

我衷心希望，继承周总理精神的年轻英才们，与日本以及世界各国的青年共同携手，进一步构筑坚如磐石的永恒的和平友好的"金桥"！

我也决心，在进一步推进全球化民间外交的同时，为了创造和平与和谐大地的新的"对话文明"，并为了中日两国的永久友好，与尊敬的各位一起作出更大的贡献！

衷心祝愿出席这次研讨会的全体成员身体健康、万事如意！

衷心祝愿贵国更加繁荣、更加发展！

谢谢大家！

创价大学创始人　池田大作
2016年10月22日

贺　词

值此第九届"池田大作思想国际学术研讨会"在南开大学举办之际，我谨代表中国人民对外友好协会表示热烈祝贺，并向与会中日各界友人致以亲切问候。

池田大作先生是中国人民尊敬的老朋友、好朋友，是中日友好的掘井人。早在 1968 年，池田先生即公开呼吁尽早实现中日邦交正常化，并为此积极奔走。邦交正常化后，池田先生率领创价学会朋友们，致力于开展中日文化、教育等领域的友好交流，架设友谊金桥，特别是当两国关系遭遇困难时，总是挺身而出，仗义执言，积极维护中日友好，为中日关系恢复和改善发展作出了重要贡献。我去年曾应邀访问创价大学和创价学会，亲身感受到创价大学师生和创价学会朋友们对池田大作先生和平思想的传承和对中日友好的坚定信念，深受感动。

当前中日关系有所改善，但仍面临不少挑战，需要两国各界发扬民间友好传统，继续不懈努力。此次研讨会探讨民间外交在推动社会文明发展中所发挥的重要作用，可谓适逢其时，有着积极的现实意义。民间外交是新中国外交的重要特色，这一特色在中日关系中表现得尤为突出。在中日关系发展的进程中，民间外交发挥了并将继续发挥不可或缺的重要作用。我期待与会专家学者凝聚共识，为两国民间友好交往更持续深入开展献计献策，相信研讨会也必将进一步促进对池田大作先生和平思想及文明对话与互鉴时代的民间外交理论研究。

中国人民对外友好协会作为新中国成立最早的专门从事民间外交工作的全国性人民团体，始终秉持"增进人民友谊、推动国际合作、维护世界和平、促进共同发展"的宗旨，积极与包括日本在内的世界各国开展民间友好交流，代表中国人民在国际舞台上广交深交朋友，致力于促进人类和平发展事业。我会愿继续与创价学会、创价大学一道，为中日两国人民友好事业不断深入发展作出新的努力。

预祝第九届"池田大作思想国际学术研讨会"取得圆满成功。

中国人民对外友好协会
会长：李小林
2016 年 10 月吉日

目 录

和平主义

论池田大作创价理论体系的总体框架
　　广东省社会科学院　温宪元 …………………………………………………… 003

"乡民、国民、世界民"思想对民间交流的启示
　　创价大学　高桥强 ……………………………………………………………… 009

池田大作和平共存地球社会之精义
　　台北海洋技术学院　唐彦博 …………………………………………………… 014

论池田大作人与自然和谐观的现代价值
　　广西师范大学　袁秀华　周长山 ……………………………………………… 020

"一带一路"是推动东亚区域合作和民间外交的平台——兼论池田大作的和平文化思想
　　上海大学　马利中　叶蓉 ……………………………………………………… 025

大伦理视域中的全球治理——兼论池田大作的大伦理学
　　中国人民大学　曹刚 …………………………………………………………… 029

池田大作的和平思想及其对战后国际秩序的构想
　　清华大学　陈祥　雷毅 ………………………………………………………… 034

池田大作与鲁迅女性观之比较研究
　　绍兴文理学院　傅红英 ………………………………………………………… 041

池田大作生命价值及其尊严学说探论
　　湖南师范大学　王泽应 ………………………………………………………… 047

池田大作研究文献计量分析
　　佛山科学技术学院　衡中青 …………………………………………………… 056

墨家思想的现代传承与价值践行——鲁迅《非攻》对池田大作"和平行动主义"的启示
　　绍兴文理学院　卓光平 ………………………………………………………… 063

池田大作和平思想中的女性力量
　　南开大学　郑文娟 …………………………………………………… 070

历史的主角与和平的旗手——21世纪池田大作思想视域下的女性与外交
　　安阳工学院　王夏冰 …………………………………………………… 078

文明间的对话对增进中日民间友好的价值——浅谈池田大作和平主义的理想与实践
　　清华大学　曲德林　张　涵 …………………………………………… 087

浅析池田大作和平观思想——兼与老子思想之比较
　　贵州大学　李　奎　文桂芳 …………………………………………… 095

文化主义

池田大作文学中的外交主题
　　南京师范大学　谭桂林 ………………………………………………… 105

热衷于"对话"的民间外交家——浅谈池田大作的"对话"理念及其实践
　　广东外语外贸大学　韦立新　余六一 ………………………………… 117

池田大作与传统儒家文明价值的普适意义——兼及亨廷顿《文明的冲突》
　　佛山科学技术学院　万伟成 …………………………………………… 125

21世纪文明融合的意义与趋势——兼论池田大作文明观
　　创价大学　汪鸿祥 ……………………………………………………… 132

基于跨文化管理池田大作民间外交思想研究
　　湖南大学　陈晓春　黄　媛 …………………………………………… 142

浅述中日禅宗美学的比较与研究
　　西安培华学院　马树茂 ………………………………………………… 149

和平共生精神对企业伦理之重要性
　　林彩梅 …………………………………………………………………… 158

阅读《青年抄》读书会的实践报告
　　西安培华学院　藤田阳三　竹下浩子 ………………………………… 169

池田大作的和平文化观——以2000年以来"SGI"纪念日和平倡言为中心的考察
　　厦门大学　贾　凯 ……………………………………………………… 173

试论音乐艺术形成的"对话交响曲"的意义——浅析池田大作与 Jutta Unkart-Seifert 的对话集
　　创价大学　董芳胜 …………………………………………………………………… 181

日本电影在中国的传播进程及其影响
　　延安大学　张娅萍 …………………………………………………………………… 192

论池田大作的历史观
　　中山大学　柳　媛　王丽荣　夏银平 ……………………………………………… 197

试论池田大作的文化交流与对话思想对中日友好的影响
　　南开大学　陈永刚 …………………………………………………………………… 206

池田大作文化交流思想探析
　　南开大学　杨晓成 …………………………………………………………………… 210

教育主义

池田大作民间交流理念与实践对来华留学生教育的启示
　　大连工业大学　刘爱君　　大连大学　姜　明 …………………………………… 221

牧口常三郎、池田大作教育思想在基础教育阶段的实践
　　佛山科学技术学院　姚朝文 ………………………………………………………… 230

创价大学"初创史"对我国新建本科院校的启示
　　北京大学　施晓光　王小青 ………………………………………………………… 238

人本主义教育思想是文明融合的基石——池田大作、杜威思想的引证
　　刘焜辉 ………………………………………………………………………………… 248

通向和平的金桥——池田大作的和平教育理念
　　大连海洋大学　洪　刚 ……………………………………………………………… 260

池田大作对牧口常三郎创价教育思想的继承与发展
　　陕西师范大学　曹　婷　常　娜 …………………………………………………… 266

文明融合与教育
　　肇庆学院　蒋　菊 …………………………………………………………………… 272

池田大作人本主义道德教育思想研究
　　厦门大学　章舜钦 …………………………………………………………………… 278

池田大作人本教育思想对大学生成长的作用研究——基于创价大学的实地调查分析
　　大连艺术学院　李　丹 ………………………………………………… 285

论池田大作"幸福教育"视阈下的学生自我管理
　　南开大学　袁　婧 ……………………………………………………… 293

对现代性问题的德育回应——以池田大作德育思想为例
　　中山大学南方学院　李　文　王丽荣　陈腾华 ……………………… 301

基于池田大作和平思想的跨文化教育研究
　　佛山科学技术学院　李　锋 …………………………………………… 306

以教学证悟池田生命尊严思想的实践
　　电子科技大学中山学院　奥田真纪子 ………………………………… 313

杜威与池田大作的教育价值观比较探析
　　肇庆学院　原青林 ……………………………………………………… 320

实践创价教育的教师特征
　　华东师范大学　仓贯势津子 …………………………………………… 331

人本主义

文明交融视野下的民间外交——兼论池田大作的民众力量思想
　　厦门大学　黄顺力 ……………………………………………………… 341

池田大作关于幸福的思想及其当代启示
　　东北师范大学　丛晓波 ………………………………………………… 350

池田大作个性发展及其思想研究
　　中山大学南方学院　赵　静　中山大学　王丽荣 …………………… 358

"不二"视角下的池田大作民间外交思想探讨
　　湖南大学　陈晓春　彭燕辉 …………………………………………… 364

论池田大作可持续发展思想的内涵
　　陕西师范大学　拜根兴　周婷婷 ……………………………………… 371

中日民间外交的杰出使者及其贡献与启迪——廖承志与池田大作研究笔记
　　仲恺农业工程学院　高岳仑　蔡立彬 ………………………………… 383

生命尊严：池田大作民间外交与文明融合的认识基础
　　仲恺农业工程学院　蔡瑞燕 …………………………………………… 391

通过"谈话"来开展交流——池田思想根底里的尊敬之情
  广东外语外贸大学 浅井康子 ……………………………………………… 398

池田SGI会长用对话开展与多种文明的和平交流
  ——将相互猜忌变为相互理解的人间外交
  广东外语外贸大学 浅井治 …………………………………………………… 405

论池田大作的师弟观
  南昌大学 陈志兴 ……………………………………………………………… 412

近30年来池田大作研究回顾与思考
  天津师范大学 王雪超 ………………………………………………………… 419

定义学视角下的"民间外交"与"人间外交"概念辨析——以池田大作外交思想为例
  山东大学 马明冲 ……………………………………………………………… 425

东方文明对话的先行者——兼评池田大作"人本主义"对话思想特色
  大连海事大学 陶金 …………………………………………………………… 433

池田大作先生早期与欧洲思想界的结缘
  复旦大学 胡令远 ……………………………………………………………… 441

和平
主义

论池田大作创价理论体系的总体框架

广东省社会科学院　温宪元

一、从世界文明的视角探寻池田大作创价理论体系

世界文明发展的历史事实告诉我们，多样性是世界文明的一个基本特质。多样性的文明亦不是相互隔绝的。各种文明之间，自诞生以来，就以生活交往、经济活动为纽带，进行着不同形式的联系和交流。文明的多样性意味着存在差异性，由此引发如何认识和对待世界文明多样性的问题，实际上也就是处理各种文明相互关系的问题。在几千年的人类文明发展史上，各种文明之间的关系曾经处于非常复杂的状态。很多文明都能够友好相处，平等交流，互相学习，自然交融。但也有一些文明由于相互之间的差异，曾经对于国家、民族间的矛盾冲突起了推波助澜的作用。在这样的背景下，正确认知和研究池田大作创价理论体系，对于如何对待世界文明的多样性，就有了更加重要和紧迫的现实意义。

池田大作创价理论体系具有文化多样性的显著特征。池田大作指出："世界和平不是划一的，也不是异文化的对立，而是多样性的相互启发，升华至多彩创造性的世界。"①人类社会的文化多样性，从结果来看，应该往创造多样性的一种表现去发展才对，借此提升人生的素质。笔者认为，池田大作文化多样性的理论精髓就在于强调文化的多样性、动态性、协商性与对话性。不仅为全球化视域下文化建设带来新的启示，也为伴随中国社会现代化变革而产生的一些问题开辟了更广阔、更深刻的理解角度。与此同时，池田大作文化多样性的思想观点还促使我们更深入思考中国文化建设在西方文化帝国主义面前的立场与价值担当。

池田大作文化多样性的思想纬度大致包括以下三方面。

第一，池田大作是一个多向度的人。池田大作是作家、诗人、摄影家，又是教育家，至今共荣获世界学府和机构颁授名誉博士、名誉教授等荣誉近 400 项。池田大作发明了

---

① A. 瓦希德、池田大作：《和平的哲学　宽容的智慧——伊斯兰教与佛教的对话》，陈鹏仁译，台北：正因文化事业有限公司，2012 年，第 108 页。

一种对话方式,并以这种方式讨论哲学、文化、教育、和平、环境等当今世界所关注的重大问题。池田大作不仅重视理论而且将实践于行动之中:为了实施其教育理念,创建了创价幼儿园、创价小学、创价中学和创价大学;为了世界未来、为了和平发展,创建了东洋哲学研究所、户田纪念国家和平研究所、波士顿世纪研究中心;为了让世人享受艺术之美,创建了东京富士美术馆、民主音乐协会等。从池田大作的个人知识结构方面看,仅就"学"的方面来说,涉及了艺术、教育、宗教、哲学、未来学、政治科学等诸多领域,而且在多向度上都卓有成效。①

第二,池田大作循序渐进地认识和把握文化多样性。先从"生物多样性"入手,这是因为它的重要性在于人类的生存所需,物种日益减少,对生态系统是很大的破坏,也危害人类的生存。同样的,"文化多样性"不仅只是"尊重"差异,更是人类生存的必须。因而他毕生尤其注重对生物、生态、生命个体和生命价值的重视和关爱,在200多部(被翻译成30多种语言)著作中,多次提出"文化多样性""生命尊严""人性的尊严""21世纪将是生命的世纪"等重要思想观点,并积极倡导热爱生命、尊重生命尊严。1996年,池田大作在美国哥伦比亚大学发表《探讨"世界公民"的教育》的演讲时指出:"今天,地球社会面临错综复杂的危机。战争、环境破坏、'南北'发展的差距,民族、宗教、言语不同衍生出来的人类分裂……问题堆积如山,解决之道看来遥不可及。然而这一连串问题的潜在原因,到底是什么?我认为在于各个领域丧失了'人性',忘记'人类幸福'这根本目的而导致的失败。所以,我们必须回归'人性',从这个原点重新出发。地球社会需要人性革命。"②此后,他又以"人性革命"为题撰写系列著作公开出版,至今仍在继续。

第三,池田大作成为推动世界和平发展的多元文化主义者。全球化促进了思维方式和文化价值观在全球广泛流布。随着经济全球化的加速度深层次发展,文化价值也出现某些趋同的方面。如人类开始面临许多共性的问题,需要全世界各民族来共同应对,池田大作指出:"现今的世界上,内战、贫困与饥饿、环境破坏等威胁,迫使许多人的生命及尊严处于危险状态,也有大批人民仍然饱受着人权侵害、种族歧视的痛苦。"③此外,针对诸如自然灾害、生态资源、人口增长、毒品和艾滋病、暴力和战争等问题,池田大作都敢于率先从人类整体考虑问题,提出这些全球性问题的解决要求有着相应的文化与价值,如全球意识、法理主义、制度主义、对话与合作等,直面人类文化的某些共同性,人类文化在这些层面上显现出全球化趋向。

池田大作创价理论体系的总体框架包括一个核心内容、五大要素、五大特性和十五个具体内涵。核心内容是创价,即创造生命价值。五大要素即以教育为根本,以文化为基础,以人学为主体,以人本为重心,以和平为目标。五大特性包括:一是体现在创价的教育性,

---

① 李春泰:《池田大作多元文化观初探》,《嘉应学院学报(哲学社会科学版)》,2008年第5期。
② 池田大作:《讨论"世界公民"的教育》,1996年。
③ 池田大作:《建设维护生命尊严的光辉世纪》,《东方论坛》,2012年。

通过发展教育（从创办幼儿园，到发展小学—中学—大学，发表教育倡言，在世界各知名大学发表各种演讲，出版有关儿童、妇女、青年教育的思想言论集），不断推动学习知识、训练思维、培育文明意识；二是体现在创价的社会性，通过各种传播途径，不断进行文化交流和文化传播，特别是通过大师级别的对话；三是体现在创价的主体性，通过弘扬佛教，不断认知人的生命系统与宇宙大系统的结合、交融，在主客体相互作用中提升人的行动力；四是体现在创价的人本性，通过修行身心，不断持续地实践提升人的生命时空纬度和行为境界；五是体现在创价的世界性，通过身体力行，不断发表和平倡言、举办各种活动，呼吁世界和平，推动人类文明发展。池田大作创价理论体系是一个围绕"核心—根本—基础—主体—重心—目标"的相互联系、内在统一的有机整体，由此构成了池田大作创价理论体系内容的总体框架。

二、池田大作创价理论体系的总体框架

研究池田大作创价理论体系的根本任务是适应世界文明发展趋势，提升人创造价值的迫切需要。价值，简单地说就是用处，有价值就是有用，用得上的人越多，价值就越大。只对自己有用，是个体价值，对他人也有用就是社会价值，对全世界都有用就是世界价值。创造价值，不仅模仿别人或者在别人设定的范围内做事，而且还要做别人没有做、没敢做、没做成的事，做有声有色、受人尊敬的事。创造价值，可能是创造利润、创造机会、创造岗位，或者创造思想、创造理论、创造艺术，也可以是创造一种技术、创造一种模式、创造一种组织形式、创造一种工作方式等等。总之，不是消极地消费别人已经创造的价值，而是积极地创造造福于别人、造福于社会的新价值。人生在世就是要有寻找价值的勇气，创造价值的志向，成为为别人带来价值、为社会创造价值的人。池田大作这样说："创造价值，就是真正的人生。"他认为，"佛法所说的'本有无作'，就是以'不勉强、不矫饰、原原本本'的姿态，发挥自己最高的生命境界。人如果造作或贪慕虚荣，就无法显现真正的力量。舍弃一切虚荣，向着大愿勇往直前的人生是最尊贵的"[①]。池田大作创价理论为什么管用？是因为指出了一个道理：一个人的能力是有限的，但一个人创造生命价值的空间却是无限的。

笔者认为，池田大作创价理论体系的总体框架，以教育性、社会性、主体性、人本性和世界性为基本原则，以培养和造就"创造价值的人"为核心，包括教育为根本，文化为基础，人学为主体，人本为重点，和平为目标五个方面，具体细化为十五个内涵的基本要点。

---

① 池田大作：《池田国际会长箴言集》，香港：香港国际创价学会，2007年，第17页。

池田大作创价理论体系总体框架

一个核心	五大要素	五大特性	十五个具体内涵
创价——创造生命价值	教育为根本	教育性	教育的目的是要增进儿童的幸福①
			教育是培育下一代的远大事业，要有自主性②
			创价一贯教育是实现师匠的遗志③
			建设"为教育的社会"，21世纪成为"教育的世纪"④
	文化为基础	社会性	文化是使其故乡成为人的生命脉动之地的最普遍的因素，因而打上了民族、风土、社会等烙印，但同时它也能超越一切隔阂，对人的思想产生直接影响，奏出人与人之间共鸣的和音。只有"文化之光"，才能把文明无限地发扬光大⑤
			看到文化的效力，我们深感交流的重要。所谓文化交流，是真正消灭"心之距离"、使人与人沟通的基点。只有在缓和世界紧张局势、真正谋求对话共存的今天，才是凭借文化所产生的心与心的包围圈去抑制政治力量、军事力量的最好机会⑥
			创建恒久的和平文化，克服"文化帝国主义"的弊病，从"文化国际主义"至"文化民际主义"，这是一种以一般市民大众为主角的运动，将来必定会对创建新和平文化作出有力的贡献⑦
	人学为主体	主体性	人类生命一方面是个体的存在，另一方面在生命的深处又和宇宙生命合而为一。人类只有和自然即环境融合，才能共存和获益⑧
			在人性问题上继承佛教的人性论——生命中是善恶并存的，因此十分强调教育的重要性，呼吁"人的革命"，进行整个人性的改革⑨
			寻找新的宇宙观⑩
	人本为重心	人本性	世纪良知面对的重大难题。人类社会面临暗潮⑪
			共创人本世纪——从地球抹去"悲惨"二字⑫
			往更富有人性的世界发展，包括人道主义援助与人权，环境与降低灾害风险，裁军与禁止核武器⑬

---

① 牧口常三郎：《创价教育学体系》，台北：正因文化事业有限公司，2009年，第10页。
② 池田大作：《时代精神的潮流》，香港：商务印书馆，2005年，第324页。
③ 池田大作：《时代精神的潮流》，香港：商务印书馆，2005年，第328页。
④ 池田大作：《时代精神的潮流》，香港：商务印书馆，2005年，第311、338页。
⑤ 何劲松选编：《池田大作集》，上海：上海远东出版社，2003年，第254页。
⑥ 何劲松选编：《池田大作集》，上海：上海远东出版社，2003年，第254页。
⑦ 池田大作：《时代精神的潮流》，香港：商务印书馆，2005年，第125、26、130页。
⑧ 何劲松选编：《池田大作集》，上海：上海远东出版社，2003年，第5-6页。
⑨ 何劲松选编：《池田大作集》，上海：上海远东出版社，2003年，第8页、第11页。
⑩ 池田大作：《时代精神的潮流》，香港：商务印书馆，2005年，第101页。
⑪ 池田大作：《万人的尊严——迈向和平的大道》，东京：创价学会，2016年，第3页。
⑫ 池田大作：《共创人本世纪——从地球抹去"悲惨"二字》，东京：创价学会，2015年。
⑬ 池田大作：《万人的尊严——迈向和平的大道》，东京：创价学会，2016年，第27页。

续表

一个核心	五大要素	五大特性	十五个具体内涵
	和平为目标	世界性	创建世界和平的关键——从家庭开始"和平的文化",斩断隐藏深处的魔爪,忘掉死亡的文明带来悲剧,为了万年的未来,播下"和平的种子"①
			建设人权文化,目的在于让整个社会孕育和培养维护人的尊严的风气。加强中日关系,构建一个以"和平共处、为人类利益合作"为核心的新伙伴关系②
			通过人类团结建设和平世纪③

三、深刻把握创价理论体系的内涵和意义

池田大作创价理论体系的研究极具深刻而丰富的内涵,亦有重大的理论意义和现实意义。如何把握它的内涵和意义?大致有以下三个认识的维度。

1. 命题的维度:创价理论体系是池田大作思想形成和演变的形象表达

命题的维度,就是要从命题的提出和对现实生活所产生的影响及意义上来看问题。池田大作研究之所以成为我们关注的理论体系,是因为从创价教育理念的提出,到人本主义、文化主义、和平主义,都是一个很好的命题、很值得研究的范畴和要素。这样的命题、范畴和要素,代表着未来的趋势、发展方向,是最值得我们去追求、去创造的。现在我们已经进入了互联网、物联网的时代,日新月异是描绘这个时代最贴切的词汇。要想创造价值,就必须保持学习的意识、学习的精神、增强学习的能力。只有不断学习,保持广泛的兴趣和开阔的视野,不断更新知识、更新观念、更新能力,才能审时度势,推陈出新,成为先进思想、先进行为的学习者、实践者和引领者,不断创造更大的更多的价值。

2. 实践的维度:创价理论体系的实践需要坚持和遵循"三个契合"

实践的维度,就是从创价实现的途径和方法上来看问题。实现创造生命价值的路怎么走?精神支撑是什么?力量源泉在哪里?这些都是必须明确和面对的重大而根本性的问题。笔者认为,把这条路的方向、精神的支撑和力量的源泉三个契合到一起,就是人的"创造生命价值"的基本遵循。选择好正确的路的方向,是创价实现的前提和基本条件。池田大作说:"造就'人'的事业正是教育。启发、锻炼'人'内在的无限潜能,把它导向创造价值的方向,就是教育。"创造生命价值的路就是从教育开始,沿着创价教育理念的方向前行。所谓精神的支撑,就是实现创造生命价值的精神动力、思想保障和文化支持。一个人无魂不能立。池田大作指出:"精神的力量"能锻炼一个人,使他变得坚强、人格高

---

① 池田大作:《时代精神的潮流》,香港:商务印书馆,2005年,第273页、第281-307页。
② 池田大作:《和平共存与生命尊严》,东京:创价学会,2013年,第6、28、35、38页。
③ 池田大作:《和平世纪的倡言》,香港:天地图书有限公司,1997年,第212页。

尚。"财产、地位、名声、知识——这些东西，无论怎样增加，归根到底也不能使自己幸福。……只有提高自己生活的'质素'，人才能接近幸福"。①只有提高自己的生活"质素"，才能在精神上更加强大起来。所谓力量的源泉，就是实现创造生命价值的不竭动力和根基血脉。这样的力量源泉来自何方？池田大作指出，主要是来自"信仰"。他说"所谓信仰，是鼓励自己、振奋自己的至高精神力量"，又说"信仰是一种深切的自觉。信仰是一份不动摇的确信。信仰是一种富有承担的责任感"。②信仰者只要有"时时常乐"的心境，实现自己"创造生命价值"的梦想，努力就拥有广阔的空间。

3. 世界的维度：创价理论体系推动当今世界和平与发展

世界的维度，就是从创价与世界文明的关系上来看问题。创价理论给邻国、给世界会带来什么？如何看待创价与世界文明及文化的关系？池田大作以其特有的东方文明的大智慧，本着生命哲学，以人本主义为基调，就和平、文化、环境和教育等问题提出各种建议，奔走于世界各国，孜孜不倦，身体力行，为推动当今国际和平与发展、为促进人民与人民之间的理解与友谊、为世界各国各族人民的友好往来和文化交流不遗余力。有资料显示，他迄今访问过50多个国家和地区，并与各国领袖、政治家、文化与学术界代表等会面、交流及广泛深入地探讨人类所面对各种难题的解决方法，竭力推进和平、文化、教育交流，为构筑起"不战的时代"作出重大贡献。创价理论体系的形成和发展，对中日友好、国际社会产生了广泛影响，树立了创价学会和国际创价学会的良好形象。

---

① 池田大作：《池田国际会长箴言集》，香港：香港国际创价学会，2007年版，第118页。
② 池田大作：《池田国际会长箴言集》，香港：香港国际创价学会，2007年版，第22页。

"乡民、国民、世界民"思想对民间交流的启示

创价大学 高桥强

一、"乡民、国民、世界民"概念

首先要确认"乡民、国民、世界民"概念的出发点。牧口说每一个人应该要自觉自己是乡民,又是国民,又是世界民。即"我们是数百乃至数千的乡民之一,进而自觉是五千万国民之一,甚至是十五亿世界市民之一"①。具体地说,"我们须自觉:故乡是出生、孕育我们的床褥;日本国是我居住的家;世界各国是我们的邻居,彼此间经由交往、合作、友好、冲突而度过此生"②。

关于各个民的自觉的内容,牧口按照世界民、国民的次序叙述。世界民的自觉就是以共感、同甘共苦、慈悲、感恩之心,深感命系于世界,以世界为家,以万国为活动区域。但是他叙述道:不能忙于蜗角之争,又不能陷入同世界主义者那样广泛博爱、虚妄的弊病。③国民的自觉是指:对外防卫列强的染指,对内承认个人的自由,保护生命财产,使我们高枕无忧地生活,这就是自己的国家。此外,一方面感谢国家的恩惠,另一方面不能陷于狭隘的国家主义,也不可陷入泛爱虚妄的世界主义。④

牧口认为国家对国民负有四个任务:一是以防止内乱等,保护国民不至内忧;二是维持国家独立的军事和外交,保护国民不至外患;三是以防止犯罪为中心,根据个人自由是神圣不可侵的原理,保护国民的权利和自由;四是以树立经济制度为中心,增进国民的幸福。⑤

关于乡民自觉。牧口在谈及乡土对人类的影响时说:每一个人理解自己又是乡民、又是国民、又是世界民,才能自觉正当而踏实的立足点,才能得以确认自己应尽的职责,然后才能采取正当、踏实的行动,在世界的竞赛里,才能指导世界的共同生活。如此,乡土

---

① 牧口常三郎:《人生地理学1》,东京:圣教文库,1996年,29页。
② 牧口常三郎:《人生地理学1》,第29页。
③ 牧口常三郎:《人生地理学1》,第25-26页。
④ 牧口常三郎:《人生地理学1》,第28页。
⑤ 牧口常三郎:《人生地理学5》,东京:圣教文库,1997年5月,13-25页。

具有不可思议的力量，给予人们他日为国家、世界贡献的原动力。他还说：人们应感谢乡土的恩惠，探讨此不可思议的力量，这就是报恩的第一步。①乡土所具有的不可思议的力量具体体现在如下方面，"世界各地所呈现的现象和原理，都在乡土可以观察到。因此人们可以理解世界"，他还说："世界各地产生的物品都流通到我们所住的偏僻的小乡镇。地球上的诸现象都从通商等等的经济活动开始，并连接人与人之间的关联性"。②

乡民、国民、世界民都在竞争状况中生活，如何与他人相处成为关键点。为此牧口提倡"人道主义竞争形式"。他说：人类经过了军事竞争时代、政治竞争时代、经济竞争时代，今后的人类要根据人道主义竞争形式来互相竞争。他还说：个人间的竞争形式最终已经表明为人道主义竞争，所以国家间的人道主义竞争时代即将到来。对于人道主义竞争的形式，牧口说："以无形的力量自然地去熏陶，即以使人心服取代以威力的制服。不以利己主义扩张领土并征服他国。他还说：不以利己主义为目的，要使自他的生活都能受到保护和促进，选择既有益于他人，同时也益于自己的方法。③

二、创造价值的实践者

牧口在《创价教育学体系》（1931年）一书中展开"美""利""善"的价值创造论。"利"是指有益于伸张人的生命的东西，反之缩短人的生命的东西叫作"害"。④对此，池田认为：牧口会长所说的"利"不仅仅是以满足自己的经济利益为目标，而是向他人奉献，即以产生"善"的价值为最终目的。他经常强调，"不要害人利己"或"不要把自己的幸福建立在他人的不幸上"，此背景中也存在着前述"利"与"善"的关系。牧口把"善"定义为公益。牧口认为优先个人利益的行为是"把仁义往后推，……目的观不明确"引起的。为了克服这些问题，他强调"重视道德的精神生活"的重要性。⑤"美"指能引发人的心灵变得纯洁、清净，产生咏诗、唱歌、绘画、石刻等行为的感受。⑥

牧口认为，在"美、利、善"三者的关系中，"'利'和'美'是个人的价值，'善'是社会的价值。对'利'和'美'来说必须把'善'作为重点的理由是，'利'和'美'的评价主体是个人，'善'的评价主体是社会自身"⑦。

在乡土养成不可思议的种种力量的人，尤其得到"智能上的"和"情感上的"互相作用而养成种种力量的人，可称为"美""利""善"价值创造的实践者。

---

① 牧口常三郎：《人生地理学1》，第29、36页。
② 池田大作、ジム・ガリソン、ラリー・ヒックマン：《人間教育への新しき潮流》，东京：第三文明社，2014年5月，247-248页。
③ 牧口常三郎：《人生地理学5》，第177-184页。
④ 宫田幸一、稲生雅亮：《心の創造：心の価値》，东京：三心堂出版社，1999年11月，131页。
⑤ 宫田幸一、稲生雅亮：《心の創造：心の価値》，第146-147页。
⑥ 宫田幸一、稲生雅亮：《心の創造：心の価値》，第142页。
⑦ 宫田幸一、稲生雅亮：《心の創造：心の価値》，第150页。

三、池田"世界市民"思想的原型

池田提出以下的三条作为世界市民的条件。第一是"勇敢之人"。"勇敢之人"不忧惧和拒斥人种、民族、文化等之差异,要尊重、理解这种差异,能以其为成功的种子。第二是"智慧之人"。"智慧之人"深刻认识所有生命间的相关性,即以共感、同甘共苦、慈悲、感恩之情,自觉在生命上命系于世界。第三是"慈悲之人"。"慈悲之人"不限于近身,还要提携远方正受着苦难的人们。①

池田所指的"世界市民",与牧口所言从乡土孕育"世界民"完全一致。池田认为:"即使并不从事国际业务,扎根于所在地区,但能够放眼世界,为和平而行动,在这被称为'世界市民'草根人士。"②池田更进一步引用 Hochleitner 博士(原罗马俱乐部会长)的发言:"要成为'世界市民',在家庭也是要成为好儿子好女儿,在社区上也要成为好的同事好的一员。"③池田的世界市民构思的根底,附着牧口的"乡民、国民、世界民"概念。

池田还把"世界市民"的内容从国际人的如下两个要件展开:第一是人格卓越,指能够创造"美""利""善"之价值的人格,通过"审美的关系""利用的关系""公共的关系"来养成;第二是缔结友情,并拓展友情网络。如上两个要件都在乡土中完全养成。

从以上的思考,笔者认为"乡民、国民、世界民"概念中存在着池田所提倡的"世界市民"思想的原型。

四、文化对话主义的推进者

池田大力推广"文化对话主义"。他指出:"以后的人类应该要互相尊敬,互相学习,朝着共同繁荣的大同世界前进。为此目的,我们要将已经开展起来了的自发性的交流推向'文化对话主义'新阶段。"④

池田认为,世界存在"善恶"的两极分化。⑤面对"善恶"两极分化,池田以"善恶不二"的态度予以克服。他说:"所有的生命里都隐藏有'善恶'两面,根据不同的缘可以转变为善,也可以转变为恶。因此自他两方面,抑制内生的'恶'、弘扬内发的'善',这样的生命修炼才是创造性的对话之真谛。"⑥要做到这一点,必须反省自己,同时相信对

---

① 池田大作、顾明远:《平和の架け橋》,第 401 页。
② 池田大作、ジム・ガリソン、ラリー・ヒックマン:《人間教育への新しき潮流》,东京:第三文明社,2014 年,245 页。
③ 《大白蓮華》,东京:圣教新闻社,2016 年,113 页。
④ 池田大作、杜維明:《対話の文明》,东京:第三文明社,2007 年,141-142 页。
⑤ 池田大作:《人間主義》の限りなき地平》,第 32-33 页。
⑥ 池田大作:《《人間主義》の限りなき地平》,第 32-33 页。

方的善性，与对方持续"对话"，以此增强自身抑恶扬善的能力，进而导出对方的善性。① 从自他两方面弘扬"善"就是促进"共生"和"连带"。②

池田主张，为了迈向"文化对话主义"新阶段，需要充分发挥多样化来促进"精神全球化"。对此，池田在具体上从两个观点来展开。一是"缘起"。人类也好，自然界也好，所有的现象都是各种各样的原因和条件互相组合而演化而成的，所有的事物都需要相互依存、相互影响才能成立。人类不是只是一个人存在，人类需要互相依靠、互相帮助才能生存下去。③ 这个缘起的观点充分体现在前述"世界民"的自觉中，即虽然在乡土但是感到自己的生命和世界的生命连接在一起，如此的感觉就是缘起观的表现之一。二是身份的多重化。如前所述，牧口认为每一个人是"乡民""国民"也是和世界连接在一起的"世界民"。对此，池田指出："人类的身份应该不要限制在'民族'和'人权'等特定的观点上，应该要扩展到拥有多元身份的视点上，这样，就站在同是'人类'这样一个平面上，就能促进以'好邻居''好市民''好地球人'共同地生存下去。"④今后越来越需要站在"人类"这样一个共同的平面上，要扩展拥有多元身份的视野。

在此我们再一次看到，"乡民、国民、世界民"满足世界市民的三个条件：一是通过"经验"和"交际"养成各种力量并实现价值创造的人，是理解和尊敬"差异"并从此学习的"勇敢之人"；二是通过为人做事或为他人的利益做事并最后获得自己的利益的人，是"慈悲之人"；三是通过身份的多重化而得到世界民之自觉的人，是认识生命间相关性的"智慧之人"。

五、结语

根据以上考察，笔者认为"乡民、国民、世界民"的核心是：价值创造的实践者、人道方式的采用、身份的多层化。这三个核心在以下两个方面发挥重要作用。

第一，能克服文化相对主义带来的诸问题。首先，价值创造的实践能引导克服"消极的宽容"；其次，人道方式的采用，即通过有益于他人的行为，最后得到有益于自他的行为，引导自他两方面抑制"恶"弘扬"善"，结果能克服排他主义；最后，身份的多层化，能引导克服本民族中心主义。在此能发现"乡民、国民、世界民"有益于克服文化相对主义带来的诸问题。

第二，能推进文化对话主义。首先，价值创造的实践能引导通过"经验"和"交际"积极地进行和他人交流，尤其在后者上导致主体和客体的一体化；其次，人道方式的采用，即通过有益于他人的行为，得到有益于自他的行为，与自他两方面抑制"恶"弘扬"善"

---

① 池田大作：《〈人間主義〉の限りなき地平》，第 33-35 页。
② 《大白蓮華》，第 112 页。
③ 池田大作：《新·人間革命（1卷）》，东京：圣教新闻社，2003 年，182-183 页。
④ 池田大作、杜维明：《対話の文明》，第 154 页。

的"善恶不二"行为,在"有益于自他两方面"这意义上是一致的;最后,身份的多层化,能对形成全球化的精神土壤起很大的作用。因此,"乡民、国民、世界民"可说是文化对话主义的推进者。

另外,这三个核心十分满足世界市民的条件,即通过"经验"和"交际"来养成种种力量,然后积极地进行价值创造,这导致第一个条件"勇敢之人"。然后通过身份的多层化,深深地自觉自己的命系于世界,这导致第二个条件"智慧之人"。最后,人道方式的实践,即"通过有益于他人的行为,最后得到有益于自他的行为",这导致第三个条件"慈悲之人"。

"乡民、国民、世界民"思想对民间交流的主人公即民众带来的影响,在作为文化对话主义的推进者克服文化相对主义的弊害上,或在形成世界市民的自觉上很大。

池田大作和平共存地球社会之精义

台北海洋技术学院　唐彦博

为纪念第三十八届"国际创价学会（SGI）日"，2013年1月26日SGI会长池田先生以"和平共存与生命尊严"为题，发表了纪念倡言。倡言中提及，若把和平共存的地球比作一栋建筑物，那么"人权""人类安全"等理念就是构成建筑物的支柱，而"生命尊严"应该是支撑这些支柱的地基。为此，池田先生提出三个社会应有的精神性指标：第一，与他人苦乐与共的意志；第二，相信生命的无限可能性；第三，誓将颂扬并守护多样性。① 据此加以阐述池田大作和平共存地球社会的精义。

一、和平共存地球社会的地基——生命尊严人本价值

池田先生和英国历史学家汤恩比博士（Arnold J. Toynbee）在共同展望21世纪的对话的最后一个主题，就是"生命尊严"。当时汤恩比博士强调："尊严是任何东西也不能替代的"，"不重视他人的尊严，就会失去自己的尊严"。② 正因为每一个人如此独特和无可替代，所以生命尊严如此宝贵。在考虑人与人之间的关系时，"生命尊严"的观点实在非常重要。

西班牙哲学家加塞特（Jose Ortegay Gasset，1883—1955）说："文明的大前提，就是对共存的意志。""对共存的意志"是指尊重差异的同时，更应超越差异，共持人类普遍资质的意志。为贯彻这种意志，可以通过对话，切磋琢磨，活跃地开展"文明间对话"，由此带来丰富多彩的世界——池田先生坚信这样定能开拓人本主义的富饶世界，甚至可以诞生全球文明。③

池田先生认为，生命尊严的理念是一种在空间上跟所有生命互有关联，在时间上引申至未出生的未来世代、与生命一体不分的思想。有了生命尊严的理念，就能够成为道德风尚的泉源，看到自己所爱的人或大自然面临危机时，禁不住内心澎湃，流露真情，然后

---

① 池田大作：《和平共存与生命尊严》，2013年。
② 池田大作：《和平共存与生命尊严》，2013年。
③ 池田大作：《人本主义——全球文明的黎明》，2002年。

付出行动——有了如此自动自发的精神支撑,伦理才会变成一个个具体的"人",发挥出力量。①

作为人类行动基准的价值体系是多种多样的,然而是否需要一个包括多样化的共同基础的价值观呢?池田先生认为:"没有这样一个基础,人与人之间的互信和协调就建立不起来。如果探究一下,这个总括的、根本的价值观,归根结底,即是作为人的价值、生命的尊严。"②池田先生主张应该把克服贪欲、爱、求知欲作为基准。换言之,必须把生命的尊严当作最高价值,并作为普遍的价值基准。就是说,生命是尊严的,比它再高贵的价值是没有的。③池田先生进一步阐述,"只有把自己生命的作用变美好的东西,去怜悯一切其他生命,不做损害他人的恶事,才能使人的生命在事实上成为尊严的,除此之外,别无他法"④。

池田先生和平共存地球社会的地基是建设一个以"生命尊严"为人本价值的社会,让今后世世代代的人都活得有尊严,以及全球的生态系统都受到维护。同时,池田先生也强调"生活于同一个地球的责任感"和"对未来的责任感"。因此池田先生呼吁,人类应具有对地球与未来的责任感,建设一个以"生命尊严"为人本价值的社会,让今后世世代代的人都活得有尊严,以及全球的生态系统都受到维护。

二、和平共存地球社会的支柱——确保人权与人类安全

池田先生强调,人是生命的存在,乃是超越任何社会、国家和民族具有普遍性和绝对性的事实。换言之,现代所必要的立脚点是:纵的方面要立足于人的存在的根源——生命的存在;在现实的行动上,横的方面要结成共同具有这种生命存在的地球人类这一普遍的团结,在地球上消灭一切战争,建立平等互惠的地球社会。⑤

池田先生指出每一个人应自发地去尊重人权、保护生命尊严,提倡这种生活方式,让它成为全社会文化的潮流。其根本的问题,就是如何能确立法律制度来保障人权,在人权受到侵害时如何给予救济,和如何在日常生活上培育出不侵害人权的文化土壤。为了达此目标,池田先生认为除了以国家为单位的人权教育之外,还应该加强超越国家框架的、以青年为中心的地区性人际交流等,来充实"以青年为焦点的人权教育"。再者,池田先生主张,为了使人民幸福,必须建设一个能公正守护高龄者、身心障碍者、少数民族、弱势者、女性及孩童们等苦于身体疾病和心理疾病的人们之人权社会。总之,此人权社会必须

---

① 池田大作:《用教育营造可持续的未来》,2002年。
② 汤恩比、池田大作:《展望21世纪——汤恩比与池田大作对谈集》,台北:正因文化事业有限公司,1999年,第440页。
③ 汤恩比、池田大作:《展望21世纪——汤恩比与池田大作对谈集》,第439页。
④ 汤恩比、池田大作:《展望21世纪——汤恩比与池田大作对谈集》,第442页。
⑤ 何劲松选编:《池田大作集》,上海:上海远东出版社,2002年,第13页。

消除因为疾病而产生的社会歧视、经济歧视。①

　　池田先生指出:"一般来说,人们认为和平的反义词是战争。但是,研究和平的人们不这么看,而是认为和平的反义词是暴力。和平是通过包括战争在内的各种暴力——贫困、饥饿、环境破坏、压制人权等等作斗争,通过根绝各种暴力而实现的。"②换言之,池田先生认为和平不是战争的间歇,而是暴力的根绝。唯有根绝暴力,解决贫困、饥饿、环境破坏、压制人权等问题,以确保人权与人类安全,才能建构和平共存地球社会。

三、和平共存地球社会的指标——地球市民教育特质

　　池田大作先生具有前瞻性眼光,1992 年 10 月 14 日他在中国社会科学院以"二十一世纪与东亚文明"为题发表演讲,致辞时特别强调,21 世纪正渴望一个"共生的道德气质"。他认为在比较温和的气候、风土里孕育出一种心理倾向,就是取调和而舍对立、取结合而舍分裂、取"大我"而舍"小我"。人与人之间、人与自然之间,共同生存,相互支持,一起繁荣。池田大作先生主张人与人相互之间不应加任何恐怖于对方,衷心互信互爱,而且要根除暴力所引发的因素——贫困和压迫;同时,经由每人每天加以实践宣扬,进而成为地球市民典范,所谓的"地球市民",可以说:一是具有深刻认识生命相关性的"智慧之人"。池田大作认为"我们必须大大地改革自身的价值观和精神",并提出"应该如何利用人类所获得的知识,造就人类的幸福?人类必须具备这样的智慧。智慧是在自己人生经验和辛苦中,透过智力和人格的陶冶而获得。这才是人身为人有像人的作为,创造和平、幸福和价值的泉源"。③二是对人种、民族、文化的差异,不畏惧、不排斥,而是去尊重、理解,并视这些差异为成长资源的"勇敢之人"。人类生命的世界宏伟广阔,甚至包括全宇宙。什么才能发挥人的无限力量呢?其中之一是"勇气"④。三是对受苦受难的人,无论远近,都能给予关怀提携的"慈悲之人"。为了具体实现这智慧、勇气、慈悲,池田先生认为最扎实的基础就是佛法的世界观,尤其是其中那森罗万象相依、相关性的原理。

---

　　① 池田大作、勒内·西马、盖·布尔若:《健康与人生》,刘焜辉译,台北:正因文化事业有限公司,2005 年,第 163 页。
　　② 池田大作:《池田大作全集》,第 2 卷,东京:圣教新闻社,1999 年,第 24 页。
　　③ 瑟夫·罗特布拉特(Joseph Rotblat)、池田大作:《探索地球的和平》,陈鹏仁译,台北:正因文化事业有限公司,2007 年,第 178-179 页。
　　④ 尼拉坎达·拉达克里希南、池田大作:《迈向人道世纪:谈甘地与印度的哲学》,台北:正因文化事业有限公司,2010 年,第 109 页。

四、和平共存地球社会的布局——七位一体总体建设

池田先生所倡导之和平共存地球社会,除了理念、支柱、地基及三项精神性指标外,欲建构和平共存地球社会的总体布局,本文试从池田先生的历年倡言、相关著作与演讲,整理归纳出七位一体总体建设:(一)政治建设,倡导文明对话政治;(二)经济建设,推动既富且均经济;(三)社会建设,建构公平和谐社会;(四)文化建设,形塑和平共生文化;(五)生态建设,维护永续发展生态;(六)教育建设,创造幸福和平动力;(七)心理建设,推动人间革命心理。

政治建设:倡导文明对话政治。池田先生提及:"'只有对话才是和平的王道'——只要人类历史不停止其前进,人类就不得不永远肩负这一命题。"[①]池田先生强调:"人必须超越国家、民族、宗教的差异,朝着和平与幸福此共同目的,心意相通一起'旅行'。那第一步,就是真挚且谦虚倾听的'对话'。"[②]其次,池田先生强调文明间的对话必须是平等的对话,他说:"平等的对话唯有与对方站在同样的观点才有可能。轻视、歧视对方的态度是不可能有'对话'的;而是在相信、敬爱并尊重对方生命所具备的尊严性中油然而生。"[③]同时,池田大作深信"对话有无限的可能性。只要有把暴力文化转变为和平文化的志向,这是任何人于何时何地也可以进行的挑战"。[④]再者,池田先生不断呼吁"透过真正的对话,如何扩充人类共通的大地,以对话的力量结合世界、提升人类。面对憎恨、利害、对立等纠缠在一起,极其复杂的现实世界,对话或许是绕远路、迂回的方法,但无论现实多么困难……我深信,令21世纪的地球开出'对话的文明'的花朵,乃是对世界和平之宏大而确实的挑战"。[⑤]总之,消弭社会上暴力、犯罪、憎恶和榨取等现象的主要途径之一是采取文明对话。为朝着谋求人类和平幸福的方向前进,政府必须超越政党、民族、宗教的差异,倡导进行文明对话,致力于改变这充满暴戾和憎恶的世界。

经济建设:推动既富且均经济。池田先生重视社会贫富差距扩大之严重问题,并指出这已成为21世纪的人类社会所必须面对的课题,而且要纠正如此的不公平。他说:"现在,伴随着国际化的进行,贫富的差距也越来越大。在一部分国家大量消费资源来享受富裕生活的同时,占世界总人口1/4的人们却生活在贫穷状态下,甚至连人的尊严也时常受

---

① 池田大作:《面向新世纪——人本主义的对话》,2005年。
② 尼拉坎达·拉达克里希南、池田大作:《迈向人道世纪:谈甘地与印度的哲学》,台北:正因文化事业有限公司,2010年,第203页。
③ 尼拉坎达·拉达克里希南、池田大作:《迈向人道世纪:谈甘地与印度的哲学》,刘焜辉译,台北:正因文化事业有限公司,第207页。
④ 池田大作:《人道主义竞争——历史的新潮流》,2009年。
⑤ 杜维明、池田大作:《对话的文明:谈和平的希望哲学》,陈鹏仁译,台北:正因文化事业有限公司,2008年,第95页。

到威胁。对于地球社会来说，21世纪的人类社会所必须面对的课题就是要纠正如此的不公平。"①池田先生进一步呼吁，各国应全力以赴地确保青年们能拥有正当和有足够工资的工作，因青年占世界人口的四分之一。青年人除了是最受到可持续发展目标影响的一代，同时也是最有力量将其实现的一代。为了令世界的青年能积极挑战价值创造，建设更美好的社会，池田先生主张，让青年能积极参与解决社会所面对的问题，以及扩大跨国的青年交流，培养友情和增进合作。②

社会建设：建构公平和谐社会。不容置疑的是，由于贫穷问题与收入差距扩大，引发包括犯罪及自杀等各种悲剧，这是绝不能置之不理的。解决此问题，池田先生认为需要一种精神的支持，也就是价值观的变革。③他强调，贫穷与冲突导致生灵涂炭，为了解决此问题，除了把政治和经济的焦点回归到人的身上，也有必要让一般民众有能力克服他们身受的痛苦，并且鼓励每个人去扩大自己的友谊圈以及去关怀他人，以此作为争取和平的基础。④池田先生也不断建议，为了保护人的生活与尊严不受经济危机威胁，为了保障人类安全，要设置一个国际安全网络。与此同时，作为长期的解决方案，要帮助个人自强起来。池田先生呼吁各国政府筹策改善失业状况，尤其在雇用年轻人方面，同时也呼吁重视妇女儿童的教育与自强问题。⑤

文化建设：形塑和平共生文化。生态建设：维护永续发展生态。池田先生将人与环境共生的思想明确地反映在"地球宪章"内文的四大架构："尊重生命看顾大地""维护生态完整性""社会正义经济公平""民主、非暴力、和平"。这就表示地球环境的问题与保护生态系统、社会经济的公平及民主正义、和平等所有事物，有密切的关联。其中，第一大架构"尊重生命看顾大地"中，明示四大决意。这四项决意是把以地球环境问题作为出发点的理念，以浅显的文字表现，包括：一是尊重地球和丰富多样的所有生命；二是以了解、怜悯和爱心，来照顾生命共同体；三是建立公义、分享、可持续与和平的民主社会；四是为当代和未来世代，确保地球的丰富和美丽。⑥构建和平共存的地球社会当重视形塑人与环境、人与人、人与群体，甚至族群与族群和平共生的文化。

池田先生环境共生伦理思想之目的，主要为永续发展，包括人与自然环境共生永续发展，人类尊重生命看顾大地，发挥怜悯和爱心，来照顾生命共同体，建立公义、分享、可持续与和平的民主社会，以追求人类幸福，进而朝世界和平发展努力。

教育建设：创造幸福和平动力。池田先生认为，创造人类幸福与和平的动力就在教育。他曾如此叙述："教育的根本目的是在青年胸中培养人类爱，和献身人类社会的精

---

① 池田大作：《和平文化　对话硕果》，2000年。
② 池田大作：《变革地球的价值创造》，2014年。
③ 池田大作：《迈向新的价值创造时代》2010年。
④ 池田大作：《共同誓约建构人本未来——从地球上抹去悲惨二字》2015年。
⑤ 池田大作：《迈向新的价值创造时代》，2010年。
⑥ 池田大作、海瑟·亨德森：《珍爱地球》，台北：正因文化事业有限公司，2003年，第211、232-233页。

神。"①并说:"要把一切知识导向创造人类幸福与和平,唯一的原动力就是教育。"②教育的主要动机,应是培养人类爱及和平的理想,将奉献人群和社会作为学习的目的。同时,培育学生具备池田先生所谓的世界市民之理念——是立足于尊重生命尊严、视国际社会的和平与公正为己任之使命。为了创造人类幸福与和平,池田先生殷切期盼,各个教育机构也能配合联合国,能将下列全球性课题纳入:"和平教育",教导战争的残酷与无意义,使非暴力精神在社会生根;"环境教育",认识自然生态的现状以及环境保护的对策;"开发教育",消除贫穷与全球性不公平;"人权教育",学习人类的平等性与尊严性等四项。③

心理建设:推动人性革命心理。池田先生指出,今天地球社会面临战争、环境破坏、"南北"发展的差距,民族、宗教、言语不同而衍生出来的人类分裂等错综复杂的危机。他认为这是各个领域丧失了"人性"、忘记"人类幸福"这根本目的而导致的失败。因此我们必须回归"人性",从这个原点重新出发。地球社会需要人间革命。④"一个人伟大的人性革命,能改变一个国家的命运,甚至可以改变全人类的命运。"⑤池田先生特别指出:"要从一个人的意识深处,加以要求,对人进行全面彻底的改造。当然,这不能靠外来力量去强制,而要靠本人追求高尚品德的意志。至少这样的哲学,必须对信守这种哲学的人,赋予实现自我改造的足够力量,我所说的人性革命,就是这种对人的全面彻底的改造。"⑥因此,在展望地球未来时,为了人类和平与发展,唯有人心变革、唯有人性革命一途。⑦因此,在构建和平共存地球社会过程中,任何阶层之领导人应发挥利他慈悲心理,视人民为己,发挥人饥己饥、人溺己溺的慈悲精神,为民拔苦解忧,谋求快乐幸福。同时,为了人类和平发展,推动人性革命运动的心理建设。

总之,池田先生构建和平共存地球社会的终极目标为谋政治之民主、经济之均富、社会之和谐、文化之昌明、生态之永续、教育之普及、人民之幸福,甚至国之富强,进而维护世界和平。池田先生更高瞻远瞩提出人性革命,构筑"可持续发展全球社会"。他于2014年1月在第39届"SGI日"纪念倡言"变革地球的价值创造"中特别强调,为了构筑"可持续发展全球社会",以提高人民超越各种威胁的韧性(resilience),针对每个人都可以克服的挑战,提出三个要点:一是经常以希望为出发点的价值创造;二是团结互助来解决问题的价值创造;三是唤醒自他善良本性的价值创造。⑧由此可知,在和平共存地球社会构建过程中,人类亦应秉持上述三个要点来迎接挑战。

---

① 池田大作:《池田SGI会长与尼泊尔大学副校长会谈》,1994年。
② 池田大作:《讨论"世界公民"的教育》,1996年。
③ 池田大作:《讨论"世界公民"的教育》,1996年。
④ 池田大作:《探讨"世界市民"的教育》,1996年。
⑤ 池田大作:《奏响创造性的生命凯歌》,2011年。
⑥ 汤恩比、池田大作:《展望21世纪——汤恩比与池田大作对谈集》,台北:正因文化事业有限公司,第400页。
⑦ 尼拉坎达·拉达克里希南、池田大作:《迈向人道世纪:谈甘地与印度的哲学》,台北:正因文化事业有限公司,第242页。
⑧ 池田大作:《变革地球的价值创造》,2014年。

论池田大作人与自然和谐观的现代价值

广西师范大学　袁秀华　周长山

如何处理好经济发展与环境保护的关系，已成为当今困扰人们的社会问题。日本佛教思想家、哲学家、教育家池田大作主张："佛法'依正不二'的原理立足于这种自然观，明确主张人与自然不是相互对立的关系，而是相互依存的。如果把主体与环境的关系分开对立起来考察，就不能掌握双方的真谛。"①这种从深层次考察人与自然和谐观本质上体现了经济发展与环境保护的关系，无疑对人类解决这一难题有所裨益。

一、人与自然和谐观实际上强调了经济发展与环境保护之间是相互依存、相互促进的关系

何谓自然？《辞海》中的解释是"天然，非人为的"，而环境是指"周围情况"。也就是说，"环境是自然界的一部分"。②池田先生在谈到人与自然和谐时指出："人类只有和自然融合，才能共同生存和获得利益。此外，再没有创造发挥自己的生存途径。"③即人与自然之间是相互依存、相互融合、浑然一体的互动关系，不能把二者割裂开来，因为"生命主体与其环境，在宏观世界的现象中，虽然可以作为两个不同的东西来认识，但在其存在中，是融合为不可分的一体来运动的。"④也就是说人与自然之间是互为因果、互为条件的关系，两者相互交织、相互促进，共处于宇宙生物圈的统一体之中。池田先生的这种人与自然和谐观，实际上论述了人类的经济发展与环境保护之间是相互依托、相互促进的关系，一方面人类要生存和发展，必须依托自然环境，从大自然中获取资源，自然界为人类经济发展提供了物质基础和保障；另一方面，人类在经济发展的同时如果注意保护自然、保护生态环境就可以实现持续的发展和永恒繁荣的目标。正如池田先生所说："对人

---

① 汤恩比、池田大作：《展望二十一世纪——汤恩比与池田大作对话录》，荀春生等译，北京：国际文化出版公司，1985年，第30页。
② 陈锋、高桥强主编：《中外学者论"展望二十一世纪"》，武汉：华中师范大学出版社，2006年，第44页。
③ 池田大作：《池田大作全集》第三卷《展望二十一世纪》，东京：圣教新闻社，1991年，第65页。
④ 汤恩比、池田大作：《展望二十一世纪——汤恩比与池田大作对话录》，荀春生等译，北京：国际文化出版公司，1985年，第12页。

类生存来说，大自然是独一无二的母体和基础。它不仅是维持生命的保证，而且是人类精神的基础，是繁荣文化、振兴文明的源泉。因此，破坏、损伤自然，就等于在孕育人类衰退、灭亡的危险未来；反之，维护并促进丰富多彩的自然活动，就等于打开了通往永恒繁荣的大门。"①因此，经济发展与环境保护之间互为条件、互为因果、相互促进，并不断地形成良性循环的系统，共同促进人类社会不断走向繁荣。池田先生说："在这一意义上看，生命主体和其环境是'一体不二'的关系。佛法不断探求这种浑然一体的主体与环境的关系，终于在运动于宇宙的生命力中发现了其原动力。"②

二、人与自然和谐观还体现了经济发展与环境保护之间相互制约的关系

池田先生的人与自然和谐观虽说强调人与自然之间是相互依存、相互关联、不可分割的整体，但是也说明如果把人与自然两者割裂开来，忽视两者之间这种互为条件、互为因果的互动关系，就会出现人与自然的不和谐，这种不和谐体现在经济发展与环境保护的关系上就是相互矛盾、相互制约的关系。一方面人类为了自身利益，对大自然无穷无尽地索取，过度开发自然资源，片面追求经济增长，忽视对自然环境的保护，就会受到自然界的严厉惩罚，这说明人类的经济发展要受自然环境的限制和制约；另一方面人类社会是不断向前发展的，随着科学技术的进步与应用，经济不断发展是必然趋势，而经济发展又会带来"副产品"——环境污染，但当经济发展水平达到一定高度后，由于收入的提高，人们会更加注重并有能力治理污染，这样又会使环境质量得到改善，这说明环境质量的好坏也受经济发展水平的影响和制约。

对于人与自然的不和谐，池田先生列举发达国家尤其是日本为了经济上赶超欧美先进国家，使自然环境遭受破坏的例子，并对此进行了批评。正如池田先生所说："虽说是人，也仍然是自然界中的一部分。如果人类技术损害了自然就意味着损害了人自身。"③

同时，他还指出现代科学技术文明具有双重作用，"从人类结束自然采集，过渡到以农耕、畜牧为生活基础的阶段开始，人类就开始对自然生态系发生影响……特别是开发了现代科学技术的人类的活动在带来很大的正面效应的同时，也突破了大自然所具备的复原能力和净化能力，给自然生态系带来不好的影响和负面作用。时至今日，科学技术文明的负面作用已形成全球规模的环境破坏"④。池田先生进而分析了现代科学文明造成人与

---

① 温宪元、李莱德主编：《走向 21 世纪的生态文明——2013 池田大作思想研讨会论文集》，北京：中国社会科学出版社，2015 年，第 66 页。

② 汤恩比、池田大作：《展望二十一世纪——汤恩比与池田大作对话录》，荀春生等译，北京：国际文化出版公司，1985 年，第 31 页。

③ 汤恩比、池田大作：《展望二十一世纪——汤恩比与池田大作对话录》，荀春生等译，北京：国际文化出版公司，1985 年，第 428 页。

④ 何劲松选编：《池田大作集》，上海：上海远东出版社，1997 年，第 260 页。

自然不和谐的原因,"一个是认为自然界是与人类不同的另一个世界。他们忘却了自然界也是保持一定规律的'生命的存在'。尽管自然界与人类生命形式不同,但本质上是与人类生命相互关联的。另一个原因,正如汤恩比博士指出的,犹太教独一真神认为,人类是最接近神的,所以理所当然可征服其他生物和自然,使其为人类服务。这种思想深深地隐藏在现代思潮之中。我分析以上两种思想相交形成了现代科学文明的基础"①。池田先生分析人与自然出现不和谐的原因有两种:一是将人与自然割裂开来,忘却了自然界与人类之间是密不可分、相互关联、互为因果的关系,同时人类的发展违背了作为生命存在之自然界的规律;二是人类认为自身无所不能,为了自身发展可以肆意征服和改造自然。这两点原因造成了人与自然之间的不和谐,实际上也体现了经济发展与环境保护之间的相生相克关系。

三、人与自然和谐观提出了人类解决环境问题的路径选择(包括人类如何治理环境污染)

通过对池田先生人与自然和谐观理论的分析,不难看出人类要想解决环境问题应做到以下几个方面。

首先,人类应奏出自身"内部环境"(内心)和谐的乐章。

池田先生在分析人与自然的问题时强调:"'人类与自然'的问题同'自己与他人''自己与自己'等问题有着密切的联系。从'内部环境'被污染、出现沙漠化的人的内心深处喷发而出的利己主义变成对文化、社会环境及自然环境所构成的外部环境的支配、掠夺和破坏。"②因此,他倡导要想实现人与自然、人与人、人与社会以及国家、民族之间的和谐首先应从人自身内在生命开始,人的"内心"深处通过一种力量发生有利于社会的自发变革,使内在的生命自觉和生存智慧提高,以爱心和慈悲心与他人沟通,那么与他人的关系就会和谐。正如他所说:"人的生命的深处存在着一个与外部互为表里的包含着广大时空的'心理——精神'宇宙。在作为'内部宇宙'的精神世界里涌动着慈悲、爱、智慧、理性、感情、欲望、冲动等无限丰富的能量,这种能量在与宇宙的每一瞬间的交流中涌出,创造着新的自我与世界。"即人类自身的精神世界里充满着无穷无尽的能量,它无时无刻不在与外部世界交流并喷发着能量,因此人类如何驾驭自身的内在生命十分重要。

那么究竟人类如何处理自身的精神层面问题呢?池田先生说,人的"心理宇宙如果能处于能动的调和状态,生命的能量就会出现欢快的波动,变成慈悲、爱、智慧、理性等创造性能量"③。因此,他认为首先应实现人自我内心的和谐,人的"内部环境"的和谐构

---

① 池田大作:《池田大作全集》(第三卷),《展望二十一世纪》,东京:圣教新闻社,1991年,第69页。
② 何劲松选编:《池田大作集》,上海:上海远东出版社,1997年,第261页。
③ 何劲松选编:《池田大作集》,上海:上海远东出版社,1997年,第261页。

成整个宇宙和谐的基础，因为人与自然最终是融为一体的，人的"内部环境"与"外部环境"相互关联、相互作用，共处于地球生物圈的同一体中。正如池田所说："作为主体的人进化为民族、国家、人类，人类与生态系统合为一体，与地球生物圈相融合，最终扎根于宇宙根源的生命之中。……并且宇宙的终极生命形成了作为人的'内部环境'的'心理—精神宇宙'的基础。"① 因此，世界所有问题的关键在于人，在于人的"内心"，人的心灵是至关重要的。基于此，池田提出了"心灵财富为第一位"的主张，他认为人心应该朝着自己与他人共同幸福的方向变革，而将这一理想转变为可能的是通过宗教思想，通过日莲佛法，使生命主体进行个体修炼、内化，从而表现出善良和慈悲的"佛性""佛心"，实现"内心"的平和、宁静与和谐，从而达到人与人之间的和谐沟通以及人与自然、人与社会的和谐，这就是池田所提出的"人间革命"理念。

其次，人类应使自身"内部环境"与"外部环境"相互融合、和谐共生。

池田先生认为作为生命主体——人与所依托的环境之间应是"依正不二"的关系，这里的"依正"就是"依报"和"正报"。"依报"指环境，"正报"指生命主体"人"，"不二"就是归于"一"，"依正不二"是指环境与生命主体之间相互关联、相互作用，并融为一体、和谐共生。他说："在宇宙存在的根源上，'内部环境'与'外部环境'是一体不二的，也因此交织成现象界的相互关联状态。"②

池田先生认为之所以出现人与自然的不和谐，是因为人类的贪欲。他说："在复杂的人际关系中产生的金钱欲、支配欲、权力欲等欲望变成了贪欲。在面对他人生命时，形成了剥夺生存权利，引起暴力、混乱、争端，扼杀自由与人性的社会体系。各种欲望无限制地膨胀，为了满足贪欲，自然生态系也成了无休止掠夺的对象。今天，发达国家的权利欲、集团的利己主义已成为直接地（开发、战争）和间接地（对发展中国家的不照顾）破坏自然的主要原因，我们必须重视这一点。"③ 为此，人类应认识到这种贪欲的危害性并加以自我控制，才能免除对自然界的破坏以及造成的自然灾害。在谈到人类如何自我控制这种贪欲时，池田先生认为应从伦理道德上下功夫。

最后，人类要想解决环境问题应协调好经济发展与环境保护的关系，达到"天人合一"，实现可持续发展。

"天人合一"是中国古代哲学的代表思想与精神实质，它包含两层含义：一是天人一致，宇宙自然是大天地，人则是小天地；二是天人相应或是天人相通，即人与自然在本质上是相通的，人类应顺应自然规律，做到人与自然和谐。

池田先生非常崇尚中华传统文化中的这种"天人合一"思想，倡导人与自然和谐共生的理念，他说："人的存在不仅是一个以国家为基础的社会性存在，更是人类社会、全球

---

① 何劲松选编：《池田大作集》，上海：上海远东出版社，1997年，第261页。
② 何劲松选编：《池田大作集》，上海：上海远东出版社，1997年，第259页。
③ 何劲松选编：《池田大作集》，上海：上海远东出版社，1997年，第261页。

自然，还有跟宇宙整体有连锁关系的生命的存在。"①池田强调了人与自然以及宇宙之间是有着连锁关系的有机整体，是和谐共生、相依相融的统一体，人类应与自然环境协调发展。池田先生的这一人与自然和谐思想不仅体现了东方传统文化中的"天人合一"思想，实际上也强调了人类的经济发展要与赖以生存的环境相协调，人类不但要考虑发展经济，提高物质生活水平，还要注意保护好环境，经济的发展不能建立在损害自然资源环境的基础上，要走一条与自然环境和谐发展的正确道路，如果一味地索取，经济发展到一定阶段必然会受到自然的反作用力。因此人类要改变思想观念，不能以牺牲自然资源环境来换取经济的发展，应时刻保持人与自然的和谐共处，在保证经济发展、生态平衡的基础上，不仅考虑当代人的物质利益，还要为子孙后代造福。

---

① 梁桂全：《和平发展中的文化与教育》，北京：中国社会科学出版社，2008年，第138页。

"一带一路"是推动东亚区域合作和民间外交的平台

——兼论池田大作的和平文化思想

上海大学 马利中 叶 蓉

池田大作先生长期致力于增进中日两国人民的交流与合作、致力于人类的文明对话和生命尊严与价值的实现。在他的思想中,对于多元文化和文明融合,对于通过与各阶层文化人士对话、著书写文章和在各国大学发表演讲等形式推动民间外交有着相当深刻而独到的真知灼见。池田先生"文化是波,政治是船,经济是载荷物"的比喻,形象地说明了他借助文化文明的力量推动世界政治经济发展的大思路、大视野。[1]

以将传统友好和经济互补等优势转化为中国与共建国家合作效益为构思,2013 年秋中国提出了共建丝绸之路经济带和 21 世纪海上丝绸之路的"一带一路"倡议,这为东亚区域合作呈现了新的发展机遇,提供了民间外交和文化交流的崭新平台。笔者认为,博大渊深的池田和平文化思想可以为我们研究"一带一路"在推动东亚区域合作和民间外交的作用等方面,提供具有积极指导意义的思想启迪。

一、"一带一路"倡议是东亚区域文化交流的优秀平台

习近平主席代表中国提出的"一带一路"倡议,顺应了世界和平与发展的时代要求,符合各国加快发展的内在愿望,有助于促进共建国家和地区经济建设、全球经济繁荣和加强人文交流、维护世界和平。这一构想,也是促进东亚区域合作,实现共同发展的重大举措,体现了"睦邻、安邻、惠邻"的诚意和"与邻为善、以邻为伴"的友善,是承贯古今,凝聚传统文化与现代文明交融,树立文化引领经济的自觉。

中日韩山水相连,文化根基一脉相承。2015 年 11 月 30 日在首尔举行的"东北亚名人会"第十次会议上隆重发布了三国学者历时 6 年共同努力的成果——《中日韩共用常见808 汉字表》。在"名人会"印有 808 个汉字的书法墙上,曾培炎、李洪九和福田康夫分别挥墨写下了"和""平和"与"温故创新"的题词,表达了对汉字表推动中日韩文化交

---

[1] 曲庆彪:《回归与超越:池田大作和平文化思想研究》,大连:辽宁师范大学出版社,2007 年,第 2 页。

流、排除沟通障碍所给予的期望。"东北亚名人会"能不间断地举办了十年,最重要的工具就是三国之间共享的文化。《汉字表》的发布具有里程碑意义,它将融入三国的民间交流和学生课程中,推动未来三国在各领域的发展。可以说,在中日韩各方共同努力下,三国的合作日益深入,而作为东亚区域文化交流的优秀平台,"一带一路"倡议可以助力建设三国的民心相通工作。在此基础上,中日韩在"一带一路"框架内的合作可以取长补短、规避风险,达到最大程度的合作共赢,进而把东亚地区的活力和中亚地区丰富的资源、欧洲的先进技术与市场等因素有机结合在一起,为亚洲乃至欧亚大陆、全世界的发展与和平作出更大贡献。

"尽管世界的距离变短了,而人与人的心灵之间依然存在着广漠的空间。在现代,确实有着物与物、信息与信息的交换,但是人与人的交流,尤其是心与心的交流,却是多么稀薄啊!"池田先生说,"我要大声地呼吁,现在比任何时代都需要越过民族、社会制度和意识形态的障碍,在整个文化领域里进行民众的交流,也就是开辟把人与人的心灵联结在一起的'精神上的丝绸之路'"①。

二、中日韩"一带一路"合作的历史渊源与现实需要

历史上,东亚各国间的交流长期以中国为中心,呈辐射状,日本奈良曾是丝绸之路的东方终点,公元710年到公元784年奈良曾是日本的都城,定名为平城京,其城市的布局是模仿唐朝长安建造的。考古发现,在日本新泽千冢古墓里有许多古罗马、波斯的玻璃器,它们不但与三燕文化因素共存,而且与冯素弗墓中出土的玻璃器颇为相似。专家认为,这些器物应是经由中国辽西地区传到日本的。在朝鲜半岛发现的一些金器、具有佛教文化元素的遗存物、马具等也很可能是通过同样路径传去的。在宋代以前,中国与东半球许多国家的"海上丝绸之路"都已先后形成。在公元8世纪新罗时期,韩国民众主要利用北方海路、黄海海路和南方海路,通过中国间接地与其他国家进行交流。韩国民众从古丝绸之路中获益,包括贸易还有新思想的引入。新罗僧人慧超大师就是沿着海上丝绸之路去印度求法的。历史告诉我们,以和平合作、开放包容、互学互鉴、互利共赢为特征的丝绸之路精神,值得今人继承和弘扬。推进"一带一路"建设,是继承历史遗产,共同开创未来的深刻启迪。

中日韩合作开拓"一带一路"有着深度融合的现实需要。中日韩是亚洲重要国家和世界主要经济体。三国人口总和超过亚洲的1/3、世界的1/5,经济总量占亚洲的70%、世界的20%,贡献了亚洲经济增量的70%和世界经济增量的36%,堪称世界经济版图和国际经贸合作的稳定增长极。

中日韩合作既有良好的现实基础,又有广阔的发展空间。以加快中日韩自贸区谈判进

---

① 池田大作:《东西文化交流的新道路——在莫斯科国立大学的讲演》,1975。

程为抓手,积极推进东亚一体化建设,可能是当务之急。以充分发挥各自比较优势为基础,积极推动在重大基础设施建设等领域建立跨国合作模式,将中国装备制造的性价比优势同韩日高端技术、周边国家的发展需求紧密结合,开展国际产能合作,打造三方合作新品牌,可以为各自经济增长和全球经济复苏增添新动力;以加强创新政策交流为引领,将中国创新驱动发展战略、韩国创造型经济政策、日本科技立国政策相对接,探讨在软件和信息技术服务领域,特别是移动互联网、云计算、智慧城市、大数据等领域的合作,促进亚洲地区的可持续发展和共同发展。①

借"一带一路"东风,中日韩三国齐心建设池田先生倡导的"东亚防灾合作机制"也是区域合作的一项重要使命。池田先生认为:"透过这样的合作,协力增进各地的韧性,不仅能加强各国在防灾、减灾方面的能力,更有助于巩固彼此间的友谊,以及促进各方的相互信赖关系。"池田先生对青年一代和基层政府担负起东亚和平和防灾合作机制角色寄托厚望,他说:"年轻一代可在这方面扮演领导性角色。这些地方政府友好交流的涓滴,可积累为连接隶属不同国度的城市的河流,最终必将成为区域和平共处的大海。若无诚意与邻国友好,那么为世界和平作出贡献等话又从何说起?遇到灾害时相互扶持的精神,正是平素与邻国交往的基础。"②

三、深耕人文社会交流是增进东亚区域人民感情的重要纽带

应该说,共同弘扬东亚传统美德,深耕人文社会交流,为东亚区域人民增添更多福祉,是"一带一路"倡议的重要内容之一。中日韩三国具有相似的文化背景,文脉相承的人文优势和民心民意是三国合作的社会基础。

2016年4月6日,人民网"日本频道"栏目刊载了池田先生题为"日中韩三国应齐心为解决环境问题全力以赴"的文章。池田先生呼吁:"中日韩三国同属一个'环境共同体',三国有必要在环境领域推进国家间及城市间的合作,并加强对话交流,共同寻求保护环境的有效对策。"他还呼吁为青年设置一个交换彼此创意想法和经验的"青年峰会"平台,使其作为三国共同参与的合作专案之一,为满怀抱负的年轻一代的环保合作活动提供一个发挥的空间。同时,池田先生还强调了地方政府间相互交流的重要性,他说:"日中韩三国之间缔结了超过六百个地方政府友好城市协议。如果在这友好城市协议的基础上,让更多地方政府联合起来,那将加深对于彼此居住地虽然不同,但都同属一个'环境共同体'的认知。毫无疑问,那将会为三国的友好与未来,留下极其珍贵的财富。"③

池田先生倡导的人文交流,"不外是把人与人的心联系在一起,在其琴弦上奏出共鸣

---

① 外交部副部长张业遂在"首届中日韩公共外交论坛暨2016年中日韩合作国际论坛"上的致辞,2016年4月29日。
② 池田大作:齐心建设东亚防灾合作机制,《日本时报》,2014年3月7日。
③ 池田大作:日中韩三国应齐心为解决环境问题全力以赴,《人民网(日本频道)》,2016年4月6日。

的和声。重要的是始终贯彻着相互性和对等性。单方面的文化移动，其结果反而会在文化流出的国民的心中植下傲慢这一麻烦的种子，另一方面，在文化接受的国民的心中萌生出卑屈，有时甚至是憎恶的感情。相互性、对等性以及全面性，可以说是真正的文化交流的生命线。我深信，在这里会孕育出对异民族、异文化的崇敬和尊重。"①人文交流是增进感情和理解的重要纽带，加强对社会福祉等共同关心问题的合作研究与交流，比较容易增进国民间的认同感和友好感。

中日韩都是东亚文化的传承者，深受汉字、围棋等传统文化的影响，汉风、韩流、酷日本在东亚三国都备受欢迎，在动漫、游戏、机器人、影视作品方面，中日韩的年轻人其实是共同成长的，他们的流行文化极其相通。民间外交实际上就是包括青少年交流、地方交流、观光交流等内容，三国开展民间外交合作具有天然的优势，这是支撑国民之间相互理解和友好的基础。

池田先生强调"民众间的纽带才能缔结起恒久的友谊"，他说："政治、经济方面的往来是重要的，但维持更长久的友好交流的，还得是连接人民与人民的'心的纽带'。如果缺少人民之间的信赖关系，那么就算在政治、经济上有什么样的关系也是等于空中楼阁。政治、经济之'船'，是需要有'人民'这大海才能够航行的。人民和人民间的心的纽带是眼看不见的，但正因为看不见，所以才牢固。正因为无形，所以才是普遍的、永久的纽带。形成这纽带的，正是给予人类精神'永恒''普遍'的'文化'光彩。"②

中日韩三国合作要想做实做深，需要牢固的政治基础和广泛的民意支持。正所谓"基础不牢，地动山摇"。只有本着正视历史、面向未来的精神，才能打牢三国合作的政治根基，这需要我们要从大处着眼，认清三方共同利益远大于分歧，客观理性看待彼此的发展。

---

① 池田大作：《东西文化交流的新道路——在莫斯科国立大学的讲演》，1975 年 5 月 27 日（池田大作中文网）。
② 池田大作：《教育之道文化之桥——在北京大学的讲演》，1990 年 5 月 28 日（池田大作中文网）。

大伦理视域中的全球治理

——兼论池田大作的大伦理学

中国人民大学 曹 刚

由于世界市场的形成，互联网等新的交往方式的出现，风险社会的产生，一个人类命运共同体已经形成。诸多的"全球问题"需要通过全球治理来解决，由此，全球治理活动需要具备什么样的价值理念，需要遵循什么样的道德原则，需要何种治理模式等问题就摆在人们面前，这些问题在传统的伦理学视域里，已无法得到合理的关注，更无法得到可靠的答案，我们需要一种超越了传统伦理学视域的大伦理学，来关注这些从未出现过的全球问题。池田大作的伦理学就是这样一种大伦理学。在其中，我们可谈论全球海洋治理的新视域、新理念和新模式。

一、全球治理要有池田大作的大伦理学视域

为什么全球治理要有大伦理学视域呢？这不仅是说我们全球治理要有区别于自然科学以及经济学、政治学等社会科学的伦理学视域，还进一步要求有区别于传统伦理学的大伦理学视域，也就是说在自然科学、社会科学和传统的伦理学视域里面，我们是看不到全球问题的"伦理"性，也看不到治理的"全球"性。

那么什么是大伦理学视域呢？这是借鉴了约纳斯的近距离的伦理学和远距离的伦理学的划分。传统的伦理学叫作近距离的伦理学，这种伦理学的视域在时间和空间上都是有边界的，在空间上只强调相邻人之间的伦理关系，在时间上只强调活着的人之间的伦理关系，在观念上则是以地方性的伦理学知识为基础。显然，在这样的传统伦理学视域里，容纳不了全球问题如生态问题，因为人和自然之间的关系只是认知、占有和利用的关系，看不出有所谓的"伦理性"，当然，这种有时空道德边界的伦理学也看不到生态治理的"全球性"。因此，全球治理需要大伦理学的关照，池田大作的伦理学为我们提供了这样的视域。

1. 池田大作的伦理学具有全球伦理的视域

当代世界，因为世界市场的形成，互联网等新的交往方式的出现，风险社会的产生，

已形成了一个全球利益共同体,全球治理是为了实现全球共同利益的集体行动,为此,我们需要寻求一个新的普适性的价值坐标,一组世界普遍认同的行为规范,以及一套超越地方知识的道德观念。池田大作的伦理学为这些工作提供了丰富的理论资源。池田大作称其伦理为普遍伦理。池田说:"我认为从二十世纪末到二十一世纪,人类具有的价值观念至少不应是这种个别性的,而应是普遍性的。……因为,人不单是以一个国家为基础的社会存在,而是一种与人类社会、整个地球的大自然,甚至是与整体宇宙具有连锁关系的生命存在。"①正是在普遍伦理的视域中,全球治理的直接目的是维护全球的共同利益。

2. 池田大作的伦理学具有代际伦理的视域

我们说的代际伦理不是四世同堂的那个代际之间的伦理,而是说当代人和遥远的后代人关系之间的伦理。现代人已有足够的科学技术的能力和手段,通过自主的行为,譬如对资源的利用,对基因的改造等,现实地影响到了遥远的后代人的利益,换言之,我们现在跟我们未曾谋面的遥远后代人也形成了一种现实的利益共同体。在这个意义上,全球治理要维护的不只是全世界同代人的共同利益,还是不同世代人之间的共同利益,因此全球治理应该有代际伦理的视域。相应的,我们在全球治理中,就需要形成某种处理这种代际利益关系的价值共识和道德规范。但如何使得代际伦理的约束具有效力呢?约纳斯用的是恐惧法,池田大作则取佛教的三世说,相比较而言,池田大作的代际伦理更有现实的约束力。但池田大作的代际伦理要借助于佛教信仰才具有强大的约束力,而信仰本是信者有,不信者无的东西,因而能否具有普遍的约束力,仍然是存疑的。池田认为,佛教的三世生命观以及贯穿其中的因果法思想,表明各个人既对其现在所获得的状态与条件负有责任,同时也对自己以及后代未来的好坏负有责任。在代际伦理的视域里,全球治理的最高目的就是要去确保人类的可持续发展。

3. 池田大作的伦理学具有生态伦理的视域

在传统的伦理学视域里面我们从来没有把自然的对象作为道德客体来对待,我们只是认知、占有和利用,换言之,自然在我们的眼里,在传统的伦理学眼里,只不过是一个有用与否的价值客体,而不是一个尊重与否的道德客体,它可以是一个认知的对象,但是它不会是一个被尊重的对象,它只具有工具性的价值被我们利用,但不会具有内在价值让我们对他有所回应,并承担责任。因此我们说大伦理学必然有一种生态伦理学的视野,在这个视域中,人和自然之间,才会有一种工具性关系之外的内在关联。池田大作主张佛教所谓的"众生平等"观念,认为自然生物和人类一样都是"生命的存在",它们共荣共生,都是生命共同体的平等成员,因而我们要建立起人与自然之间"共存"观念,要以民胞物与的态度对待自然,将传统伦理关系扩展至自然界,树立起尊重自然生物的伦理意识。可

---

① 汤恩比、池田大作:《展望二十一世纪——汤恩比与池田大作对话录》,荀春生等译,北京:国际文化出版公司,1985年,第150页。

见，在生态伦理学的视域里，人和自然的共生共荣是全球治理的一个终极目的。

二、全球治理的道德原则

我们从治理的目的，可以推出全球治理所应该依循的三个基本的道德原则，并且得到池田大作的大伦理学的理论支持。

1. 人道主义

这里的人道主义，是池田所提出的新人道主义。在池田看来，传统的人道主义有两个基本缺陷：一是把理性当作为人之尊严的根据，使得不具有理性的人以及其他生命的尊严无处安放；二是传统人道主义推动了人从自然和上帝的压迫压制中解放出来，却未能约束人的自然欲望的膨胀，既导致了对自然的掠夺性占有，也导致了人与人之间的对抗性竞争。这样的人道主义成了"异化"的代名词，自然不可能成为全球治理活动所遵循的基本原则。池田认为，有必要重新检讨西方人道主义的近代得失，赋予传统人道主义以新的内涵，这就是佛教人道主义。它可以成为全球治理的道德原则。第一，佛教人道主义的价值根据是"生命"。因为，在世界上也只有生命才是唯一一没有等价物的东西，生命具有不可让渡的性质，所以，生命的尊严是普遍绝对的准则。当然，池田所谓之"生命"不只是指我们通常所谓之生物学意义上的生命，而是指"宇宙生命"。第二，佛教人道主义的根本理念是"众生平等"。无论尊卑、贤与不肖，都因是生命的存在，也应被一视同仁地尊重。池田说："人既不隶属于职业、门阀的，也不隶属于党派、国家的。它首先是尊严的人，这点才是人的社会最应该尊重的出发点。"①换言之，所谓"新人道主义"乃是一种"普通大众的人道主义"。不仅如此，"无论何种生灵，皆以自身生命为至上之宝而爱惜之。故伤生、杀生都是罪过。"第三，佛教人道主义的道德主张是以"慈悲"或"爱"为表征的利他主义。池田所要成就的"生命"，既是一种自然生命，同时也是一种"宇宙生命"，而这种"宇宙生命"的特质就在于它追求一种与宇宙自然的融合，与"超越的精神之存在"的合一，它表现为人的精神特征时，就是慈悲。

2. 连带主义

全球治理的原则肯定不是个人主义的，也不应是集体主义的。笔者认为还是用连带主义合适，这也是蕴含在池田大作伦理学中的基本主张。第一，连带主义以关系为本。既然它不是个人主义的，就不是以"我"为逻辑起点的，像契约论之类的东西，在全球治理中的运用就很有局限性；既然不是集体主义的，也就不是以"我们"为逻辑起点的。那么它是以什么为逻辑起点呢？它是以"他"为逻辑起点的，其实质是以关系为本位的，而这样

---

① 汤恩比、池田大作：《展望二十一世纪——汤恩比与池田大作对话录》，荀春生等译，北京：国际文化出版公司，1985 年，第 186 页。

一个"他"者是开放的,可以说是另外一个国家,另外一种人,也包括了自然,也就是说所有你需要去回应的那种存在都可以成为"他"者,都可以成为你需要用伦理学视域去审视、用道德去调整的一种关系。第二,连带主义以和平为重。自然资源和世界和平恐怕是风险社会里最稀缺而又最迫切需要的东西了。在各种利益冲突和观念冲突中,如何在妥协和宽容中求同存异,是人类生存和繁荣的必然要求。第三,连带主义以义务为先。在这里自然和人作为生命存在的共同体,我们要有蓝色救生艇意识,或者诺亚方舟的意识,这是我们的义务的绝对依据,或者是我们权利所必需的基本前提,是不可突破的边界。也就是说无论作为每个成员个体,或者说一个群体、国家,无论你怎么样去争取领土、获得海洋资源,国家的行动或个人的行为都不可能去突破的这样一种连带关系,它就是我们尽义务最根本的根据。所以全球治理,必须是以义务为本位的。池田大作认为。这种义务论是一种对全人类和整个生物世界的义务论,是对今后世代的人们以及未来的全体生命负责的义务论,或者反过来说,这种义务论也是一种未来的世代生命和自然界对现代人所要求的一种权利论,只是因为"其他的生物不具有可以保护自己的手段,未来的世代也不可能要求自己的权利,所以我们应当想象他们理所当然地要求的权利,给自己的权利加上义务的框框,对它加以抑制,使得他们的权利不致受侵犯"①。

3. 公正原则

全球治理就是要确保全球共同利益,就需要处理各种利益和负担的分配问题,就要做到利益分配的公正。在池田同贝恰博士等人的对话中,我们除了看到那种理念上的对话,同时也可以看到对许多现实利益分配的探讨,如能源问题、人口问题、环境问题等等。池田认为,自然资源的保护同地区经济发展密切相关,因而让一些国家和地区忍受贫穷来保存自然是不合理的。池田认为,在开发与保护不能并存的情况下,就必须对这些地区进行补偿性援助,以换取自然资源的免于开发,这一点是西方国家应负的历史责任和现实责任。这是有差别的平等原则,是全球治理要遵循的公正原则。

三、全球治理必须要有全新的治理模式

全球治理要有新的伦理学视域,要有新的治理理念,必然需要新的治理模式。很显然,我们说治理,无法不谈法治的问题,因为法治是全球治理或者社会治理中间,不单在事实上是最主流的一种治理方式,而且在价值上也代表了文明和进步的一种治理方式。但是既然我们在治域上、理念上、原则上,都有了一些新的东西,它们既然和传统的伦理学根本不一样,那么,在法治模式建构中间,是不是也会有新的东西,甚至是颠覆性的东西存在呢?换言之,作为国家治理的法治观念和模式是与传统的伦理学视域相匹配的,作为

---

① 池田大作、奥锐里欧·贝恰:《二十一世纪的警钟》,卞立强译,北京:中国国际广播出版社,1988年,第199-200页。

全球治理的法治观念和模式要与新的伦理学视域相匹配，是否要有一个法治模式上的创新和发展呢？一种可替代的全球法治是否可能？池田也许没有直接谈全球海洋治理的法治模式，但他的理论仍能给我们诸多的启示。

1. 全球治理有赖于国际社会达成价值共识，即生命共识

全球问题的解决必须要有找到一种能将全球各民族国家团结联接在一起的精神纽带，即共同的价值观。什么样的价值观才是"全球性"的呢？池田认为，只有佛法以生命为基点的价值观才是全球性的。池田说："在时间上，在世界史的观点，在空间上，以全人类的视野，来思考人们的思想和行为，探寻人类的共同的精神之路，我认为，'生命'就可以作为全过程的共同的视野。"①当然，池田这里所说的生命范畴不只是指人的生命，也不只是指生物的生命，而且还包括宇宙生命，人类的生命的尊严的本体地位来自人是宇宙生命的一部分这一事实。

2. 通过宗教信仰走出集体行动困境的制度

全球治理模式肯定要有利于我们走出全球治理的集体行动困境。集体行动的困境，这是我们社会学一直在讨论的问题，其实也应该是伦理学需要去讨论的问题，而全球治理存在着更严重的集体行动困境的问题。如何克服集体行动的困境，在各种选择中，池田似乎更倾向于充分发挥宗教的作用，因为，宗教能给予信仰者以共同体的感觉，"它就能使人们把心结为一体，并能产生克服一切差异的共同体意识"②。因而他倡导建立引导未来文明发展的"普遍性宗教"。当然，普遍性宗教如何可能，它和全球法治之间的关系如何处置，可能是需要深入讨论的。

3. 培养世界市民

全球治理主体终究是人，这个人必须是一个世界市民，否则也无法充当全球治理的主体。什么是"世界市民"呢？池田说：所谓"世界市民"是指一种持有"人类利益"视野的民众③。我们要反思传统的爱国主义，树立人类命运共同体的意识，否则，我们是不可能真正地实现，甚至是无法真正谈论全球治理。池田认为："生活的基础已扩展到世界的规模，像过去那样把人的生存基础禁锢在国家这一有限的框框内，并且相信这是人类生存不可缺少的因素，那样的时代跟现在完全不同了。在现代所谓自己生存的国土，也可以说那就意味着世界。因此，如果在现代寻求过去本来意义上的爱国心这个理念的话，我想那一定就是把全世界看成我的'祖国'的人类爱，世界爱。那时国家规模的国土爱可能就相当于现在所说的乡土爱了"④。

---

① 池田大作：《佛法·西与东》，王健译，成都：四川人民出版社，1996年，第4页。
② 池田大作、B. 威尔逊：《社会变迁下的宗教角色》，香港：三联书店有限公司，1995年，第128~129页。
③ 池田大作：《和平世纪的倡言》，香港：天地图书有限公司，1997年，第101页。
④ 汤恩比、池田大作：《展望二十一世纪——汤恩比与池田大作对话录》，荀春生等译，北京：国际文化出版公司，1985年，第227页。

池田大作的和平思想及其对战后国际秩序的构想

清华大学 陈 祥 雷 毅

"和平"是人类社会发展中对社会秩序、生存方式提出的重要概念之一。但是,不同的区域、宗教信仰、文化、历史发展等意识形态却对和平概念进行了不同的定义。这些定义的不同,对整个人类社会的发展与演化产生了重要的影响,如何定义"和平"、如何思考"和平"是人类未完的研究课题。以往关于池田和平思想的研究成果,通过分析和平是一种"相互之间不加任何恐怖与对方,衷心互信互爱的一种状态"①,已经意识到池田的和平思想在于"人",以"人的生存和发展"为核心。②但却没能更深一步探讨和平与其主体的国家关系,国家是保卫人民、实现幸福、追求和平的根本之所在,同时也往往是破坏和平的发动者。

一、池田大作和平思想中的人与生命

1. 池田大作和平思想的本质

池田大作在 1960 年出版的《人间革命》开篇写下了:"战争,没有比它更残酷的东西了。战争,没有比它更悲惨的东西了。但是,这个战争还在继续着。"③可以说,这个时期的池田大作更多地思考着二战所带来的影响。到了 20 世纪 90 年代,池田续写小说《新·人间革命》,开篇是:"和平,是最为尊贵的东西。和平,没有比它更幸福的东西了。正因为和平,这是人类能够前进的根本性第一步。"④从中,我们可以大致摸索到池田大作先生和创价学会自二战以来的理念转变,坚持以战争与和平贯穿整个主线,同时并实现了从战争向和平的历史转变。

---

① 汤恩比、池田大作:《眺望人类的新纪元——汤恩比与池田大作对话录》,香港:天地图书有限公司,2000 年,第 28 页。
② 梁山:《池田大作和平观与人学思想研究》,陕西师范大学硕士学位论文,2013 年,第 25 页。
③ 池田大作:《人间革命》(第 1 卷),东京:圣教新闻社,1971 年,第 15 页。
④ 池田大作:《新·人间革命》(第 1 卷),东京:圣教新闻社,1998 年,第 11 页。

具体而言，池田先生的"和平思想"的内容包括以下几个方面。①

（1）积极的和平主义

池田大作所理解的和平不只是没有战争，他所思考的范围不仅仅限于国家间的和平，而是从人的角度出发思考和平问题——消除暴力②。这种暴力指的是破坏人的肉体和精神能够达成的各种可能，"现代的恐怖主义、纷争、战争为背景之下，……产生'直接的暴力'的一个原因是'构造的暴力'，包括了榨取、偏见、差别、贫困、饥饿、疾病等"，③通常人们所意识到的"没有战争"只是一种消极的和平态度。池田先生对积极的和平作过十分精彩的评述："我们人类需要重视的问题，并不仅仅要实现没有战争的消极和平，需要从根本上改变威胁'人类尊严'的社会构造，实现积极的和平。"④

（2）绝对的和平主义

池田先生所倡导的绝对和平主义，指的是非暴力的和平，是一种以否定战争和军事力量为前提的思想。早在20世纪70年代，他与汤恩比的谈话就明确表达了这种情怀："战争是人类暴力和残酷性的一种特殊表现形式，我相信这些坏的冲动，是人们与生俱来的本性，是一种生命本质的表现。"⑤池田对和平的理解更类似于弘扬佛法的信奉者，他眼中的和平是"相互之间不加任何恐怖于对方，衷心互信互爱的一种状态"⑥。

（3）自觉的和平主义

池田先生常常对年轻人发出呼吁："必须从以'国家利益'为中心的思考，转变到以'以人类利益'为中心。"⑦为了实现这样的目标，"百折不挠的对话"是推动历史终极的"武器"，他主张从人性的沟通展开，通过不断理解拥有多元价值观和文化的地球，透过"开放的心灵"和"开诚布公的才智"的交流，⑧通过培养人们之间的相互理解和认同，使其拥有全球性的视野，是自觉地实现其和平思想的重要内容。

总之，应扩大和平的范畴，通过消除暴力实现构筑有"人类尊严"的平衡性社会构造；

---

① 关于池田大作的积极和平主义、绝对和平主义的研究，杨君游等曾作过详细论述。参见杨君游、苏卫平、蔡德麟：《论池田大作的世界和平观》，《江汉论坛》2005年第2期，第49-50页。

② 池田大作：《池田大作全集》（第2卷），东京：圣教新闻社，1999年，第24页。

③ 池田大作、阿道弗·佩雷斯·埃斯基维尔：《人权世纪的建言——第三千年的关键》，台湾：正因文化事业有限公司，2011年，第253页。

④ 第25回《SGI日》纪念提言，《圣教新闻》，2000年1月26日。

⑤ 池田大作、汤恩比：《眺望人类的新纪元——汤恩比与池田大作对话录》，香港：天地图书有限公司，2000年，第256页。

⑥ 池田大作、汤恩比：《眺望人类的新纪元——汤恩比与池田大作对话录》，香港：天地图书有限公司，2000年，第258页。

⑦ 池田大作、约瑟夫·罗特布拉特：《探索地球的和平》，台湾：正因文化事业有限公司，2007年，第195页。

⑧ 池田大作、约瑟夫·罗特布拉特：《探索地球的和平》，台湾：正因文化事业有限公司，2007年，第195页。

通过非暴力的手段,实现解决暴力和争执的问题;而实现前面二者,迫切需要从人类自身的变革入手,从人性的层面自觉转变对和平的狭隘思考,从"人类利益""世界问题"的高度出发,思考并实践其和平思想。

2. 池田大作和平思想的延伸——人与环境、自然

池田先生的和平思想主要来自其特殊的宗教渊源、师承渊源、战争渊源等,①并结合了他强烈的社会使命感而最终形成。

池田先生在佛教的渊源基础之上,将其和平思想扩展至人与自然、人与环境的共生,思考地球的未来也就是思考人类的未来。这种思考是有别于达尔文进化论对人类与自然中存在的优胜劣汰竞争机制的解释,是对生物界存在着的共生、和谐现象的强调,摆脱了人们对生物生存竞争的认识框架。他对人与自然的关系讲道:"尽管表面看来是大自然独立的现象,但若从本质的观点来看,可以认为是包含人类在内的整个生命世界在起作用。"②他主张不仅对各种民族、信仰、阶级的人们给予生命的尊重,还应对动物、植物也给予足够的生命尊重。

面对人与自然的关系,池田先生的思想是源自佛家的万物皆有缘的思想。佛法主张,无论是人或是自然界,森罗万象都是"因""缘"相互支持,相互关联,事物不是单独的,而是在这种关系中产生的。"正报"即主观世界,"依报"即客观世界,两者并不是二元对立的,而是出于相即不离的关系中,这就是佛法的基本的生命观、宇宙观。③这一思想的根源是承认万物的共生与多元性,并保持一种非暴力的和谐、平衡状态,是宏大的"一念三千"之思想。

池田先生的和平思想中的人与生命的本质分析主要来自佛教,同时也给解决今天人类社会诸多问题提供了重要启示,这是池田大作和平思想的基础。可以说,池田的和平思想正是建立在"人类与生命尊严"的两个概念之上,这种伦理的构建正是当今世界人类为之努力的幸福与和平的发展之路,既明确了人类自身的责任和义务,又以一种负责任的形象出现,去捍卫生态体系的整体利益。

二、二战后国际秩序下的和平思考

池田先生基于其人生经历,在二战后对国际社会的和平思潮,围绕人权、核武与人类发展权也进行了认真的思考。

---

① 覃启勋:《池田大作和平思想研究》,《武汉大学学报(人文科学版)》,2007 年第 6 期。
② 池田大作、汤恩比著:《眺望人类的新纪元——汤恩比与池田大作对话录》,香港:天地图书有限公司,2000 年,第 44 页。
③ 池田大作:《软能时代哲学——哈佛大学的演讲》,《世界市民的展望》,北京:生活·读书·新知三联书店,1993 年,第 13 页。

1. 战后国际社会的和平与人权

二战为止，人们对"和平"的理解停留在了国家之间的关系稳定、非战争的状态，对于主权国家的事务优先考虑了不干涉他国内政，是一种以秩序为优先的思维方式。二战之后，国际有识之士经历了法西斯国家对内镇压犹太人，对外残杀东欧平民、东亚各国平民的残暴行为，意识到了人权是和平的基础，也需要国际社会力量更多地介入。引用创价学会第一代会长牧口常三郎的一句话"不行善与为恶，其结果相同"，这是池田先生率领SGI进行人权斗争的思想原动力。他认识到和平与人权是密不可分的关系，人权是和平的基础，是殖民地解放运动、保护地球环境等实现正义的前提条件。

2. 大规模性杀伤武器——核武

二战中的核武器得到开发与应用，使得实现和平成为保障人权的重要前提条件。创价学会很早就确立起了反对核武器的立场，户田会长在1957年9月8日，对青年人敲响了告诫人类未来发展的警钟——《原水爆禁止宣言》。池田先生继承了户田的遗志，将反核与和平、人权紧密结合在了一起，创价学会为实现"无核武的世界""非战的世界"而一直进行着不懈的努力。他对核武器在人类历史上的重要地位作了精彩的分析，"如果将人类历史分成两个部分，可以分为'核子以前'与'核子以后'。因为核武的登场，人类'灭种'首次成为现实的问题"[①]。

3. 殖民地与半殖民的纷纷独立与人类发展权的树立

亚非拉的殖民地、半殖民地的民族独立运动主张最重要的人权是生存权和发展权，将人权和经济发展的权利相结合，其内涵主要包括了社会保障体系建设、基本的教育和医疗等条件的改善，是以生存权为中心的基本权利。此后国际社会产业发展的加速，引发了各种威胁环境、和平的严峻事实，这种思想随之被发达国家发展成为谋求环境、和平、全球化等强调发展权为中心的人权思想。在1993年维也纳召开的世界人权会议上，池田先生提出了涤荡人心的建议："要让他人肯定自己文化的先见性与优越性，与其大声疾呼人权思想，步入开诚布公对话，互相合作，以实现尊重人权的时代为目标，才是人类应该前进的方向。"[②]

三、冷战结束后对国际和平的设想

冷战结束之后，池田先生每年在SGI倡言大致可以归类如表：

---

① 池田大作、约瑟夫·罗特布拉特：《探索地球的和平》，台湾：正因文化事业有限公司，2007年，第55页。
② 池田大作、马吉特·德拉尼安：《21世纪的选择》，台湾：正因文化事业有限公司，2006年，第205页。

池田大作现在 SGI 纪念倡言中谈及的主要内容（2000—2016 年）[①]

年份	人类	人本主义	人道	人权	宗教	和平	对话	可持续发展	联合国	妇女儿童	反核非战	环境	中日友好
2000		O		O	O			O		O		O	
2001	O	O		O	O			O			O		
2002		O	O		O	O	O	O	O	O	O	O	
2003	O			O	O			O	O	O	O	O	
2004													
2005		O		O	O	O	O	O	O		O		
2006	O	O	O	O	O	O	O	O	O		O		
2007			O		O	O					O		
2008			O		O	O					O		
2009			O			O							
2010	O			O				O	O				
2011		O		O		O			O				
2012								O					
2013		O						O		O			
2014					O		O	O					
2015	O					O							
2016		O				O	O	O	O				

注：O 代表池田先生的年度 SGI 纪念倡言中正面论及该问题。

1. 人类安全保障体系的构建

池田先生从全球人类利益出发的思维方式与近代以来以狭隘的民族国家利益至上的传统思维有着巨大的区别，在池田看来，传统思维方式衍生出的安全保障体系知识维护了本民族的利益，或者几个联盟民族的利益。很明显，这种以民族、国家为纽带的传统思维模式保护了特殊群体的利益，具有"集体的自私性与排他性"。池田就确立人类安全保障体系讲道："到目前为止的'安全保障'都是为了国家安全的狭隘解释，一直没有摸索出一个为了人类安全保障的构想。……希望能够网罗更多的英知，在联合国框架内尽快确立起'为了人类安全保障'的框架，以应对各种对人类的威胁。"[②]

池田先生就如何解释主权国家和战争之间的关系讲道："'作为制度的战争'是关系到国家主权的问题。但大部分冷战后的纷争，并非国家间'作为制度的战争'，而是国内纷争，所以我们应该弄清楚，不是只要瓦解国民国家制度，一切战斗行为便会消失，那样单纯的问题。因为国家在军事上、政治上的独占暴力，若是毫无秩序被解放，进而产生权力的空白，暴力反而可能蔓延也说不定。因此，现实的问题是，并非在于'要消除国家'，而是在于应该如何'调整'或'驾驭'一个拥有可能毁灭人类武器之国家主权的滥用。"[③]在他看来，"联合国是人类共同奋斗的轴心。不仅仅局限于和平、裁军问题，即便是环境

---

① 注：笔者根据池田大作先生历年（2000—2016 年）所发表的 SGI 纪念倡言整理制成此表。
② 第 20 回"SGI 日"纪念倡言，《圣教新闻》，1995 年 1 月 24 日。
③ 池田大作、约瑟夫·罗特布拉特：《探索地球的和平》，台湾：正因文化事业有限公司，2007 年，第 164 页。

与贫困问题,如果考虑其根本实质,都是需要超越国家框架的合作与协调,需要人类共同奋斗"①。

2. 和平主义和废除核武器

在冷战宣告结束之后,许多人认为应该是开启了21世纪人类和平、光明的历史进程。但实际情况却是,在1989年之后国家、地区、文化之间的冲突愈演愈烈。池田先生在步入新千年之时,认为这种情况是20世纪这个被称为"战争与暴力的世纪"的"负面遗产",这是一个把"战争文化"变为"和平文化"、国际社会团结一致起来行动的最佳机会。②池田先生从保障人类利益与构建人类安全的角度出发,认为和平的实现尤其迫切需要废除核武器,他自2000年以来几乎每年都在SGI的纪念倡言中,均会以较长的篇幅用于提倡废除核武器,SGI通过自身的长期行动,向国际社会呼吁,希望构建一个"无核武的世界"和"非战的世界"。

3. 反恐战争与其负面的影响

9·11事件的爆发,一方面震撼了整个国际社会;同时,美国在单极的国际格局中开始了"反恐主义战争"。随后,美国先后在阿富汗、伊拉克等地采取行动,对伊朗等国家也进行了严厉的制裁。池田先生一方面对恐怖主义进行了批判,同时也对美国进行的单边行动进行了如下批判与担忧:"不得不令人怀疑美国一连串的单独行动,是否与美国自身所标榜的自由、人权、民主主义等普世理念有所抵触。"池田先生所倡导的和平思想理念中,恐怖主义行为和单凭武力形式的反恐怖主义行为都是暴力的"恶"行为,"应当彻底声讨无差别的恐怖主义活动的非人道性、残酷性。但是,若为对抗恐怖主义活动而向硬实力一边倒,则就太没策略,太令人悲哀了。'憎恶与报复是连锁性的反应',归根到底会令人与恐怖主义陷入同样的层次,如果用加塞特哲学形容,是从'文明'到'野蛮'的历史倒退。我担心恐怕连'文明的冲突'这最恶劣的一幕也可能成为现实。"③

结论:历史进程中池田大作和平思想的特质

池田先生的对话和牧口常三郎所提的"人道竞争"具有相同的内涵与实践。人道竞争"重要的是不能只放在利己主义的目的上,而是要保护并增进自己和他人的生活。换言之,是选择为了他人、既利益他人也利益于自己的方法,有意识地实行共同生活"④。它"不是一种'正义'与'正义'的犄角顶对、针锋相对,而是……人格形成的竞争,争相当世

---

① 第26回"SGI日"纪念倡言,《圣教新闻》,2001年1月26日。
② 第25回"SGI日"纪念倡言,《圣教新闻》,2000年1月26日。
③ 第28回"SGI日"纪念倡言,《圣教新闻》,2003年1月26日。
④ 池田大作、杜维明:《对话的文明——谈和平的希望哲学》,台湾:正因文化事业有限公司,2007年,第108页。

界公民的良性竞争。"①这样，世界的国与国之间的关系从今日的"威服"走向"心服"。站在21世纪初的时间点上，国际社会的和平方向存在多种变数，核武器、恐怖主义、贫困、宗教冲突、环境破坏等日益威胁着人类社会，人类社会的和平事业将走向何方，在现实当中很难一言蔽之。总之，不论池田先生的和平理念和哲学思想将在历史长河中被定位为何种概念，有一点确凿无疑的是，池田先生的和平思想和创价学会的活动是对人类社会的发展的一种有益探索。

---

① 池田大作、戈尔巴乔夫：《20世纪的精神教训》，北京：社会科学文献出版社，2005年，第248页。

池田大作与鲁迅女性观之比较研究

绍兴文理学院　傅红英

20世纪，鲁迅终身都在进行着"立人"的思想启蒙的事业，试图唤醒沉睡中的人们，达到精神疗救的目的，以促进人们能够有尊严地幸福地生活。池田大作先生则始终都以生命尊严思想为根本，不知疲倦地奔波于世界各国，努力弘扬佛法教义，竭力在世界范围内推进使人类和平、人人幸福的创价事业。可以说，鲁迅与池田大作两位先生，虽然生活在不同时期与不同国家，且他们的表达方式有各自的特点，但他们的人学思想理念与幸福价值观是相一致的。近些年，已经有学者注意到这点并做了研究。2013年《绍兴文理学院学报》（第1期）曾同时发表系列研究：《生命的尊严：鲁迅和池田大作的人学思想研究》（傅红英）、《鲁迅与池田大作女性观比较》（李红霞）、《人学思考与青年教育——论池田大作对鲁迅人学观的接受与实践》（卓光平）。尊重生命，维护生命尊严，是两位先生人学思想理念的基本点，由此出发，同为男性的两位东方思想家与文学家，虽都不是女权主义者，却都十分关注女性问题并多有著述。这显然不是简单的机缘巧合，为此，笔者拟对这两位先生的女性观进行深入比较与研究，以期能从中获得更为丰富的启示。

一

鲁迅关于女性问题的论著有近30种之多，其在小说《呐喊》《彷徨》《故事新编》中生动刻画的一个个女性形象充分表达了他对中国女性生存现状的深切同情与忧虑；杂文《我的节烈观》《关于女人》《关于妇女解放》《娜拉走后怎样》等作品则显示了鲁迅对女性问题的深入思考与研究，在《野草》《朝花夕拾》中，鲁迅也用了较多篇幅来进一步探讨女性问题。鲁迅作品中的女性形象很丰富，总体上可以分为以下三大类。

（一）铁屋子里沉睡着的麻木女性

1. 愚昧落后、保守守旧的女性

《药》中的买"人血馒头"为儿治病的愚昧迷信的华大妈、因儿子夏瑜革命牺牲而感到羞愧的落后无知的夏四奶奶和《风波》中整天咒骂儿孙"一代不如一代"的九斤老太。

2. 被严重侮辱与损害却不自知的麻木女性

《祝福》中的祥林嫂和《明天》中的单四嫂子，在宗法制社会她们是"沉默的国民的魂灵"，处于最卑微的位置。她们被封建礼教束缚与摧残，却从不争做人的资格。丈夫与儿子是她们的全部，她们没有自我，没有了丈夫与儿子后，她们就被各式人等百般欺凌侮辱，从物质到精神都被剥夺精光，连她们的生存权也被无情剥夺。

3. 灵魂扭曲、人性异化的冷酷女性

这类女性或贪婪庸俗、冷漠自私，如《明天》中的王九妈、《故乡》中的杨二嫂，或做了麻木不仁的看客，冷酷无情，如《祝福》中的柳妈和卫老婆子。这同为女性，她们也是被侮辱被损害者，却非但不觉悟，更成为封建礼教的帮凶，加快了祥林嫂的死亡。

上述三类女性，表面上似乎有较大差异，命运也仿佛有所不同，实际上都是在铁屋子里沉睡着的女人。她们都是封建宗法制度与旧道德旧礼教的牺牲品，这些女人连自己的姓名都不曾拥有，只是以丈夫或儿子附庸身份被冠名，可见她们甚至从不曾拥有最基本的做人的资格，她们的生命从不被尊重，而她们却愚昧无知，心灵麻木，也从不争做人的权利，更不用说拥有健全的人格，是一群想做奴隶而不得或者是暂时做稳了奴隶的人。对于这类女性，鲁迅无疑是"哀其不幸，怒其不争"的，他对她们予以了高度关注，并试图用小说的形式，唤醒铁屋子里沉睡的可怜女性，以引导女性觉醒去争做人的权利。

（二）自彷徨于新旧之间的挣扎女性

鲁迅作品中也出现了一些自发觉醒、有所反抗、想争做人的权利的女性却不明确斗争目标，反抗并未彻底的女性。《离婚》中的爱姑是个农村妇女却泼辣勇敢，敢于挑战夫权，也不把族权放在眼里，不甘心任由丈夫摆布，蔑视封建伦理道德，有勇敢反叛的精神，但因为知识观念的局限性，她甚至自诩是"三茶六礼定来的，花轿抬来的"，其所有的申辩都无非要标明自己符合传统妇道标准不应该被抛弃；她并不清楚自己斗争的目标，所以稀里糊涂地屈从了七大人的威势莫名其妙地答应了离婚。《肥皂》的四铭太太看透了丈夫满口仁义道德却又满肚子男盗女娼的真实嘴脸，敢于毫不留情地斥骂自己的丈夫"不要脸"，却还是接受了丈夫赠送的肥皂向丈夫妥协，屈从了丈夫阴暗变态的意淫心理。《幸福的家庭》里的主妇与《伤逝》的子君都是受新思想影响，通过反抗封建礼教而走入婚姻的。但她们的反抗同样不彻底。因为她们没有经济基础，人格没有独立，所以最终也无法摆脱悲剧命运，她们或被动沉湎于小家庭的家务琐事而落寞空虚无法自拔，或在精神上停滞不前而最终为丈夫所抛弃。这类女性从根本上说是没有真正觉悟女性的价值所在，没有培养出独立健全的人格，无法摆脱经济上依附于男人的现实与不能获得人格独立的精神意识，最终导致了悲剧，是可悲的女性。

（三）自觉反抗坚强战斗的勇敢女性

鲁迅笔下这类女性不多，却写得惊心动魄，饱含深情。《纪念刘和珍君》是其中的代表。刘和珍等青年女学生能坚持独立个性，勇于反抗，并真正挣脱封建枷锁，与男性一起，

作为真正的猛士，勇敢地参与到社会斗争中去，促进人类解放事业。那始终微笑的和蔼的刘和珍在读者的眼里，充满女性的力量。当她们从容淡定地直面惨淡的人生，在弹雨中互相救助的事实，充分显示了中国女性的坚强勇敢，证明了中国女性被压抑至数千年，而终于没有消亡，能于血色中看到微茫希望，这是最令鲁迅动容的。《女吊》《颓败线在颤动》等作品也展示了女性强烈的反抗精神。

二

池田大作在《我的人学》《心灵四季》《人生问答》中都涉及了女性话题，对女性的生存境遇、生活方式都予以了高度关注，随笔集《女性箴言》《新女性抄》中则集中阐述了其对女性问题的独到见解。《新女性抄》曾被评为2003年的十大畅销书之一，与《女性箴言》成为日本现代女性的教科书。池田大作认为引导女性创造幸福是人类获得幸福推进世界和平的重要途径，他倡导女性成为21世纪创造和平文化的主角，促进人类幸福与和平。池田大作先生的女性观主要围绕女性妻子、母亲和自己三个角色展开。池田大作先生既不是男权主义者，也不简单为女权主义者说话。他的女性观建立在深厚的宗教根基之上，从维护"生命的尊严"出发，既平等对待男女，又尊重性别差异，对女性的社会地位高度肯定，他推崇发挥女性价值，促进人类文明幸福。

池田大作说："佛法所谓的'佛'，是意味着生命的内在的尊严；所谓佛法，可以说就是生命的内在的法则。在包括生物界和无生物界的自然中，有着肉眼看不见的'生命的丝'。这些丝支撑漂亮的'生命的布'——整个宇宙的完美的调和。在这种调和中，把生命尊严的思想当作我们人的'生'的目标是必不可少的"①，人是生命的存在，"生命的光辉是最美的素朴的，人性的美是最迷人的"。池田大作的女性观主要思想包括四个方面。

（一）做好自己

池田大作认为，女性在成为母亲、妻子之前，必须先成为一个人，一个完全的人，她当能自觉生命的尊严，发挥人的价值，培养独立的精神，坚持不懈地学习，经常保持朝气蓬勃的向上心，不断完善自我，丰富自己的心灵，有独立的人格，能做好自己。因为唯其如此，她才能更好地去培育生命，辅佐丈夫，做好妻子与母亲。池田大作认为，如果因为要完成人而不肯受家庭束缚，是对女性解放的真正意义的误解。"社会应当实现的男女平等应当会是能发挥各自的特质的机会平等，以及由此而获得的报酬平等。""把女性从家务、育儿或分娩等非她们不可的工作中解放出来，毋宁说等于是使人类的生存陷于困境。对于女性来说，也等于是放弃她们最重要的据点和城堡。"②

（二）做贤明的妻子

---

① 池田大作：《人生箴言》，卞立强译，北京：中国文联出版社，1995年，第101-102页。
② 池田大作：《人生箴言》，卞立强译，北京：中国文联出版社，1995年，第56页。

池田大作并不主张女性成为职业女性。相反，他认为女性因为将主要精力投入工作中而影响到子女培育与家庭幸福，是得不偿失的。妻子的职责是支持丈夫很好地工作，甚至要因此而做出更多牺牲。妻子是丈夫的人生伴侣，当如大地般，具有磐石般的稳定，既心灵丰富又观察敏锐，能让丈夫从中寻求心灵的憩息，恢复身心疲劳，获得新的活力，以便更好地投入工作。池田大作十分赞同赏日莲圣人把妻子比作弓，把丈夫比作箭，认为妻子的力量影响到丈夫会如何飞翔与顽强地在社会奋斗。"妻子应当始终作为妻子来完成任务。这是缔造幸福明朗的家庭的绝对条件。对于妻子自身来说，建设幸福的家庭也是人生幸福的基础"①，妻子的任务就是能使丈夫可以全身心地投入工作与社会活动中。

（三）做坚强乐观的母亲

女性本性使然的母性体验使得其在培育生命中会自然地呵护与珍惜生命，由此出发，女性本性使然就会渴望和平，反对战争。因为女性肩负哺育新生命的重任，而"很好地培育自己的孩子是最崇高的价值创造"②，所以作为母亲，其对子女的教育小则关乎家庭家族的繁荣，大则影响社会、国家乃至人类的繁荣，负有人的最高使命，更要发挥其创造生命又培育生命的崇高价值。佛法中说："把母亲的思子之心带给一切众生，把无量的慈爱带给全世界。"因此母亲不仅要有坚强乐观的精神，慈爱地培育孩子，还要自觉保护和扩大幸福的声音，池田大作非常看重女性的母亲身份，引导女性做坚强乐观慈悲的母亲，同情弱者。

（四）发挥女性的教养与智慧，做希望的诗人

池田大作也十分看好女性的教养与智慧，认为女性都是希望的诗人，可以通过对话与寒暄以及自己人格力量，培养感动，创造美的价值，缔造和平文化，开辟希望的丝绸之路，创造出美丽人生的诗篇，他坚信女性可以发挥女性的智慧与慈悲的光辉，坚强、喜悦、勇敢地向人道主义社会迈出脚步，为"生命的尊严"而战斗，使21世纪成为睿智、长寿的充满美、快乐和力量互相生辉的长寿社会，通过参与文化艺术活动，创造美的价值，参与社会活动，推动环境革命，创造女性文明，用女性的力量改变时代，推动人类和平文化。

三

比较鲁迅与池田大作的女性观，我们可以清楚地看到，鲁迅对女性问题的关注是与鲁迅以"生命的尊严"为根本，尊重生命的"立人"思想分不开的。早在1906年，鲁迅就在《文化偏至论》中提出了"立人"思想，妇女解放问题，首先也是要"立人"，如果妇女仅是靠外力唤醒，而非自己觉醒，那么其醒来后的结果就可能更危险，《伤逝》中的子君的命运正验证了这点。处在旧中国综合了封建落后的宗法制度、伦理道德、儒家思想的

---

① 池田大作：《人生箴言》，卞立强译，北京：中国文联出版社，1995年，第62-63页。
② 池田大作：《人生箴言》，卞立强译，北京：中国文联出版社，1995年，第56页。

黑暗严酷社会现实中，女性在男权思想的压制下，连基本生存权都得到严重侵犯，加之女性不觉悟，使得她们不仅被侮辱被欺凌而不自知，甚至还成为帮凶残害比自己更弱小的灵魂。女性地位的卑微低下，经济不独立，物质得不到保障，精神极度麻木与愚昧，人性异化严重，女性命运悲催令人扼腕。而由此带来的一系列的社会问题，特别是儿童成长过程中得不到强有力的母亲的保护，爱的缺失，使得孩子们不能身心健康地成长，终将成为愚弱粗鄙羸弱的国民，如此恶性循环，一代不如一代，最终成为民族之不幸，人类之大患。这正是令鲁迅忧心忡忡的地方。

池田先生曾在多篇文章中提及自己非常喜欢鲁迅，对鲁迅小说也是特别熟悉。鲁迅的"立人"思想也引起了池田大作的共鸣，并且与鲁迅一样，池田大作认为生命的尊严超越于一切价值之上，他重视生命的尊严，关注人类的命运。池田大作指出："必须把生命的尊严看作为最高价值，并作为普遍的价值基准。就是说，生命是尊严的，比它再高贵的价值是没有的。宗教也好，社会也好，以及设置比它更高的价值，最终会招致人性的压迫。"①池田大作的女性观，在一定程度上承继了鲁迅的"立人"思想，也是以"生命的尊严"为根本出发点。2005年，在为创价大学毕业生准备的第二届特别文化讲座《谈革命作家鲁迅》中，池田大作说，五四时代，"在激荡中，鲁迅先生注视'人性革命''精神革命'的重要，全心全意以笔来为民众带来黎明"。池田大作认为鲁迅所谓"第三样时代"就是"前所未有的""是无辜民众不再受战火与骚乱之苦的时代，而且什么也不隶属，所有民众都赢得人的尊严和幸福的时代。为此，每个人要自觉本来具有的'伟大使命'，依然争取使命实现。这就是真正的人性革命道路"。②

这"所有的民众"自然包含了女性。池田大作非常认可与重视女性地位与价值，认为"带来民众不幸和政治的腐败唯一的原因就是轻视女性的人权"，唯有女性赢得尊严与幸福，自觉担负起原本就具有的伟大使命，并努力实现使命，人类才会实现幸福与和平，这是池田大作人性革命道路的重要组成部分。池田大作从佛法的高度，认为生命都有尊严，众生皆平等，当维护生命的尊严，把人的生命看得至高无上，从而重视其生存权利，维护女性生命的尊严，实现男女平等。池田大作认为，"本来佛教对于万物来说可以看成是一个永恒高尚的伟大生命的体现，这是释尊的悟道，以这个开悟之眼观之，是看不到男女之差别的"③。与女权主义不顾男女差异一味只从社会意义上倡导男女平等有所不同的是，池田大作的男女平等意识是从宗教法理与生命根本意义出发，他更遵循生命的法理，认为成佛不分男女，男女兼能成佛。因此，池田大作深信"全世界的母亲们能创造和弘扬伟大的幸福的艺术"，"通过女性心灵的和平来缔造社会的和平。这时，女性的和平的力量会成为惊人的伟大的力量来改变社会"。④

---

① 汤恩比、池田大作：《展望二十一世纪——汤恩比与池田大作对话录》，荀春生等译，北京：国际文化出版公司，1985年，第428、430页。
② 池田大作：《谈革命作家鲁迅》，2005年。
③ 池田大作：《法华经的智慧》，台北：正因文化事业有限公司，1991年，第125页。
④ 池田大作：《新女性抄》，卞立强译，上海：上海财经大学出版社，2004年，第154、190页。

池田大作与鲁迅都是从男性视角探讨女性问题，但是由于与他们生活的时代、社会存在较大的差异，以及他们所接触到的女性对他们的影响差异很大，因而他们的女性观还是存在很大的差异。鲁迅的女性观主要表现为他痛苦地关注到女性争不到做人资格的生存现状，试图唤醒沉睡中的女性并探求能够使女获得做人资格的途径。而池田大作则更注意到了女性的本性力量与潜在价值能在21世纪发挥更为积极的作用，坚信"绚丽的21世纪，女性文明的来临"。与鲁迅的女性观相比较，我们可以感受到，池田大作一样认为生命都有尊严，从尊重生命角度出发，主张男女平等，同样有人权，应当被尊重。在这一点上，池田大作与鲁迅的女性观存在共通之处，有一定的承继关系。然而池田大作对女性生存状态的关注，已经不再停留在疗救与启蒙层面，他的女性观显然已经在鲁迅女性思想的基础上又往前迈进了一步，因为他已然明确给出了通往"第三样时代"的答案：引导女性自觉实现其潜在的价值，更好地发挥女性在家庭乃至社会的潜在作用，促进女性文明，有效促进人类幸福，推进21世纪世界和平。

池田大作与鲁迅女性观的差异，与他们所生活的时代不同、文化背景差异与个人女性经验不一样有着很大关系。

鲁迅感受到的女性更多是地位低下、境遇悲惨、令人同情的生活在旧中国旧时代的愚弱麻木的女子。鲁迅生命中非常重要的几位女性，带给他的人生经验也非常复杂。母亲爱他却送给他只好不情愿地收着的"礼物"朱安。朱安是个旧式女子，鲁迅同情她又没有精神交流，却也不忍心弃她于不顾。许广平是他的爱人也是战友，他们相互理解与支持，但恶劣的社会环境和与恶势力的不断斗争使得他们不能轻松生活。总体说，鲁迅的女性经验，多压抑与悲悯。鲁迅经常借助作品试图唤醒女性，引起疗救，使女性能争到做人的权利，实现经济与人格精神的真正独立，幸福地生活。在《娜拉走后怎样》一文中，鲁迅专门就女性的独立与解放问题进行探讨研究，明确提出了女性获得人权，自由解放的有效途径和方法就是实现经济独立。改革社会制度，实现男女平等。要战斗并且要深沉韧性的战斗，要避免成了为看客上演戏剧的无辜牺牲品。

池田大作先生虽也遭遇战乱，几经坎坷，但坚强乐观的母亲却给他强大的精神动力，与香峰子的美满婚姻，更是日本年轻夫妇的楷模。身边这些最为亲近的女性经验给池田大作以无限的力量与勇气，鼓舞他没有后顾之忧地全力投入社会工作中去，为自己的理想信念而奔波。加之日本女性更多在家庭默默奉献，日本男人负责挣钱养家为荣的普遍现实，使得池田大作忽视了女性的经济状况而更为关注女性的精神面貌、教养影响，所以他几乎始终没有提到女性的经济独立问题。

池田大作生命价值及其尊严学说探论

湖南师范大学　王泽应

人类是一种为理想而奋斗的社会动物，同时也是一种具有内在价值和尊严的高级动物。人的生命存在具有本源性的独特价值和值得深情礼赞与尊重的目的性意义。解决现代社会的种种伦理缺失和道德问题，必须彰显人的生命的内在价值和人格尊严。池田大作在肯定人的生命的内在价值和人格尊严方面有着独特的精神自觉与伦理建树，并以生命内在价值和人格尊严作为其人类革命或人的革命的理论支柱，建构起了自己颇具特色的人道主义伦理思想。他的生命价值及其尊严学说对当代社会的伦理文明建设产生了较为深远的影响，值得我们好好承继并发扬光大。

一、人的生命是物质和精神粹然融合的有机体

池田大作以关注人和人的存在问题而展开自己的学术致思，他不仅致力于探讨人类是怎样的一种存在这一颇为事实性的问题，而且还致力于探讨人类应该是怎样的一种存在这一关乎价值性的问题，并对人类是怎样的一种存在和应该是怎样的一种存在进行了较为系统而全面的研究。在池田大作看来，人类是一种融事实存在和价值存在于一体的社会动物，是一种具有种种本能欲望和理想、价值追求的存在物。人的生命是物质和精神粹然融合的有机体。因此，必须从精神与物质有机结合的意义上来认识和把握人的生命。他提出了不能割裂生命元素的整体主义生命观，凸显了物质与精神在人之生命中的内在联系及其不可替代的价值。

1. 人是精神与肉体有机结合的存在物

以往的哲学伦理学在人的肉体和精神的关系问题上或者过分重视肉体的需要而持肉欲主义或物质主义的观点，或者片面强调精神的需要和价值而持精神主义或禁欲主义的观点。池田大作对这两种观点都做出了自己的批判。他说："唯物论者虽然承认精神的作用，却把物质的肉体看成根本性的存在，往往倾向于从物质的角度看待生命本身。因此，我不能完全赞同唯物论。而唯心论者重视人的理性、悟性、欲望等，这一些我是可以理解

的，但他们又轻视肉体的一面，蔑视与肉体相联系的欲望等，我以为是不正确的。"①他所说的唯物论是看重肉体需要和物质生活的物质主义或肉体主义，而不是作为世界本原的唯物主义。他所说的唯心论也不是作为世界本原的唯心主义，而是看重精神生活需要和精神生活价值的精神主义。他明显地表达了对过分重视物质或者脱离物质来论精神的生命观的不满，强调人的生命是一个由物质和精神、肉体与灵魂有机联系的整体。物质生命是精神生命的基础和载体，精神生命是物质生命的提升和主宰。肉体与灵魂的关系也是一样。只有灵肉一致才能结合成完整的生命。在人的生命整体中，物质有物质的价值，精神有精神的价值，二者相需相生、相辅相成。

2. 色法和心法在生命体中的浑然统一

池田大作将自己的生命观，借用佛教用语，表述为"色心不二"的生命观，指出："这里所说的'色'，是指用物理、化学为主的科学方法掌握的、属于生命的物质一面的肉体。所谓'心'，是指用物理、化学方法无法掌握的、生命的种种作用。其中当然包括唯心论者一直在思索和考察的理性、悟性这种精神活动和欲望等。"②他又说："'色法'与'心法'是两个方面，但又不是两个方面，是作为统一体存在的。……'色法'和'心法'是在各自的侧面发挥着生命的能动性，同时在一个生命体中又成为浑然的一体。"③这就是说人的生命是一个由物质和精神或者说肉体和灵魂组合起来的有机体，二者各有自己独特的作用，不能互相代替，但又不是截然分割的，它们浑然统一于一个生命体中。

3. 看待生命应有科学与人文两种视角

生命是物质与精神、肉体与灵魂有机结合的整体，因此观察和看待人的生命就应该既有物质性的考量又有精神性的眼光。具体而言，就应该既有对物质生命的实证科学考察也要有对精神生命的情感尊重。在池田大作看来，现代人对生命的认识和把握往往满足于"科学地分析一切"，每每以揭示生命的本质、发现生命的规律为最高目的，故此在研究方法上总是不自觉地推崇科学主义的方法，尊重客观的、公正的方法论，亦即不带感情，不偏向一党一派的公正无私的方法论在自然科学中大受欢迎。"科学包含着这样的性质，即对一切事物都客观地审视，摒弃感情，用理性的手术刀解剖。因此，用科学的眼光看自然界时，自然就成了与自己割裂的客观的存在。同样，当科学之光照在人的生命上时，人的生命自身就成了与医生的精神交流断绝的客体。这当然就引起了人类生

---

① 汤恩比、池田大作：《展望二十一世纪：汤恩比与池田大作对话录》，荀春生等译，北京：国际文化出版公司，1985年，第15页。

② 汤恩比、池田大作：《展望二十一世纪：汤恩比与池田大作对话录》，荀春生等译，北京：国际文化出版公司，1985年，第15页。

③ 汤恩比、池田大作：《展望二十一世纪：汤恩比与池田大作对话录》，荀春生等译，北京：国际文化出版公司，1985年，第16页。

命的物质化。"①池田以医生为例来说明科学主义的弊端,认为医生越是精通科学的思维方法,就越有可能把人的生命仅仅只看成是物质,就会忽视人的生命的内在价值和尊严。"以近代科学的思维法为支柱的西方医学构成了现代医学的主流。但是这种医学也像精神身体医学家所主张的一样,分析人的生命,不断地专科分化的结果,忽视了真正意义上的人类疾病。就是说,西方医学将疾病与患者的生命剥离开来,虽然掌握了很多有关疾病本身的知识,却把现实中苦闷的人忘掉了。"②不同于西医只关注人类的疾病本身,东方医学特别是中医则将疾病与人类生命有机地联系起来加辨证施治。"东方医学不把疾病和病人分开,而是从始至终把病人作为一个整体来对待。就是说,虽然追究肉体上的疾病,但不局限于此,而是把视点放在人上,始终是要恢复人的健康体。"③基于对西医和中医各自对生命价值的认识,池田主张把西医和中医结合起来,认为这种结合才能真正导致对生命本质的深刻认识。他说:"如果东方和西方都有的传统医学与现代医学各自发挥所长,融合成一体,就一定会诞生划时代的新医学。我希望能建立既可以利用现代医学的科学思维法,又不失传统医学的特征——整体观念的真正的'人的医学'。"④他坚持认为,医学不仅需要冷静透彻的科学思维方法,而且也需要人文价值的尊重,"不,更重要的是需要温暖的人情"。他强调:"不要把对方的生命看作纯客观,而是把血脉相通的精神交流当作尊贵的东西——这种态度无论如何是很需要的。"⑤科学主义的研究方法在哲学社会科学和人文科学中有自己的不可克服的局限,它忽视了对人和人之生命内在价值的研究,"忘记了人性的、更重要的东西"。人道主义是对待人的生命必须有而且应该有的价值观念和伦理原则。人道主义要求把人当人看,而不是当物质或某种东西看。把人当人看,就是要意识到人是万物之灵,是有内在价值和人格尊严的存在物。人具有值得尊重的内在性和目的性价值,绝不仅仅是任意使用的工具或手段。"真正的人道主义,应当是以对生命本质和人性的明晰的洞察为基础的。只有立足于这个基础的信念,人道主义才是牢靠的。"⑥对生命本质和人性的明晰的洞察要求认识到每一个生命的独一无二性和人死不能复生的严酷性,从而在对待生命问题上持一种敬畏、严肃和负责任的态度,自觉地尊重生命的内

---

① 汤恩比、池田大作:《展望二十一世纪:汤恩比与池田大作对话录》,荀春生等译,北京:国际文化出版公司,1985年,第96页。
② 汤恩比、池田大作:《展望二十一世纪:汤恩比与池田大作对话录》,荀春生等译,北京:国际文化出版公司,1985年,第102页。
③ 汤恩比、池田大作:《展望二十一世纪:汤恩比与池田大作对话录》,荀春生等译,北京:国际文化出版公司,1985年,第104页。
④ 汤恩比、池田大作:《展望二十一世纪:汤恩比与池田大作对话录》,荀春生等译,北京:国际文化出版公司,1985年,第105页。
⑤ 汤恩比、池田大作:《展望二十一世纪:汤恩比与池田大作对话录》,荀春生等译,北京:国际文化出版公司,1985年,第97页。
⑥ 汤恩比、池田大作:《展望二十一世纪:汤恩比与池田大作对话录》,荀春生等译,北京:国际文化出版公司,1985年,第98页。

在价值和尊严,不对生命作出工具主义的处理或对待。

池田大作认为,认识和对待人的生命既需要科学的认识与方法,更需要人文的尊重和同情,我们应当把这二者有机地结合起来。他指出:"分析现实,判断真伪当然也是重要的。但是之所以需要这些分析和判断,也是为了有一个认识的标准,以便设定今后应该有什么样的理想,并应该怎样去实现这个理想。我考虑,立足于人类是追求理想而存在这一点,而且要重现实性——包含这两个方面,就是中庸之道,就是正确的思维方法。"①科学方法注重现实,人文尊重注重理想,把这二者有机地结合起来,就是人类应该追求的中庸之道,也是一种正确的认识生命的思维方法。

二、超越物欲主义,挺立精神生活的内在价值

尊重人的生命价值常常是在看待生命内部关系以及生命与他物关系的过程中展现出来的,要求人们在诸多关系的处理中有价值的考量和伦理的评判标准。

1. 在灵与肉的关系问题上凸显精神生活的价值

人是肉体与灵魂的有机统一体。在灵与肉的关系问题上,池田大作更加看重灵魂或精神生活的价值。他反对把精神生活虚无化或虚构化的观点,指出:"如果假定把精神的作用只看成虚无的东西,是一种虚构的现象,那么人类的尊严性,人类为了获取尊严而制定的行动方式,就都会成为荒谬的东西了。但是,事实上精神的作用和精神世界对人类来说,却占有重要的比重。"②精神生活是人类最重要最有意义的生活,也是人区别于动物的地方,是一种与应该、价值和人类尊严联系在一起的生活。应该确立人类生活的理想目标和价值范式,价值体现人类本质的力量和社会关系的伦理意义,尊严则确证着人是一种具有内在精神性和自为目的性的社会存在。在应该、价值和尊严的追求及其实现中,人类彰显出一种高于动物和优于动物的本质特性。"人类对有关性、饮食以及其他各种行为所制定出的行为方式或戒律,决不是毫无意义的东西。"人类的行为方式受精神生活的制约和引领,是在应该、价值和尊严的引领下制定出来的。伦理原则和道德规范的形成亦是如此,人类为什么需要伦理原则和道德规范,根本原因在于人要过有意义有价值有尊严的人的生活。"社会如果没有了规范,就不能再称为人类社会,甚至会比动物社会更加低劣。"③如果人们抛弃了一切伦理原则和道德规范,不按照应该的标准而行动,不考虑价值和尊严的作用,完全听凭本能欲望的指使或支配,那么人类就会连动物都不如。

---

① 汤恩比、池田大作:《展望二十一世纪:汤恩比与池田大作对话录》,荀春生等译,北京:国际文化出版公司,1985年,第88-89页。

② 汤恩比、池田大作:《展望二十一世纪:汤恩比与池田大作对话录》,荀春生等译,北京:国际文化出版公司,1985年,第6页。

③ 汤恩比、池田大作:《展望二十一世纪:汤恩比与池田大作对话录》,荀春生等译,北京:国际文化出版公司,1985年,第7页。

价值和尊严都是人类精神生活的支柱或核心，表征着人类是一种有理想的存在物。理想根源于现实又超越于现实，将人类改造现实包括改造现实的自我的潜能充分地调动起来，进而开启了"人的革命"的伟大征程。"人类是由思想形成理念，设定理想，并为之努力的一种存在，这里有人类的尊严。"[①]

池田大作反对把人只看作是一种物质存在物的观点，认为把人的生命只看作物质，结果必然把精神和肉体割裂开来，就会陷入一种肉欲主义和享乐主义的怪圈。"现代青年人表现出的这种纵欲倾向，为拜物主义的文明压力所推动。他们的生命本身在衰弱化。"他结合性行为或性欲来论什么是真正人类应该有的行为方式，同意汤恩比没有爱与尊严的性行为或性欲即是兽欲的判断，指出"要使性恢复人类的道义性，其先决条件是首先要解除压抑着青年们精神的拜物主义的束缚。与此同时，需要开发爱的根源——生命本身，使其跃动，使其加强"[②]。通过池田大作与汤恩比的对话，我们可以看出，池田大作对人们沉溺于物欲主义或纵欲主义的后果是极为担忧的，认为放纵自己的物欲或情欲就有可能使人们的生命衰弱化。因此如何从人们羸弱的生命中培育出娇鲜的爱的精神，如何把基点放在产生爱并支撑爱本身的更深的地方，不仅事关生命的价值，也是有尊严的生活所最为看重的。人类受本能欲望的诱使，不断地追逐物质财富和人生享乐，从而演绎出了一幕幕伦理文化的悲剧。汤恩比指出："现代人的贪婪将会把珍贵的资源消耗殆尽，从而剥夺了后代的生存权。而且，贪欲本身就是一个罪恶。它是隐藏于人性内部的动物性的一面。不过，人类身为动物又高于动物，若一味沉溺于贪婪，就失掉了做人的尊严。因此，人类如果要治理污染，继续生存，那就不但不应该刺激贪欲性，还要抑制贪欲。"[③]贪欲出自人的动物性，如果不加以必要的约束，不仅造成生态环境破坏，而且会毁灭整个人类。池田大作对汤恩比的这一认识深有同感，指出："给欲望以无限制的自由，就等于压制了崇高的精神自由。因为欲望必然要破坏崇高的精神。这正像给凶恶的无赖汉自由，就等于使善良的人受折磨、受压迫一样。放纵欲望就是放纵恶人。正如要想确保善良的人们的自由，就要监视恶人，必要时还得拘捕起来一样，为了崇高的精神自由，需要对欲望加以制约。"[④]可以说，现代文明的种种弊病都是由贪欲引起的。不对贪欲加以必要的抑制，人类是没有什么前途的。

当然，抑制贪欲并不是要禁绝人的种种物质生活欲望。贪欲与正当的物欲和情欲的区

[①] 汤恩比、池田大作：《展望二十一世纪：汤恩比与池田大作对话录》，荀春生等译，北京：国际文化出版公司，1985年，第88-89页。
[②] 汤恩比、池田大作：《展望二十一世纪：汤恩比与池田大作对话录》，荀春生等译，北京：国际文化出版公司，1985年，第9页。
[③] 汤恩比、池田大作：《展望二十一世纪：汤恩比与池田大作对话录》，荀春生等译，北京：国际文化出版公司，1985年，第56-57页。
[④] 汤恩比、池田大作：《展望二十一世纪：汤恩比与池田大作对话录》，荀春生等译，北京：国际文化出版公司，1985年，第57页。

别在于贪欲是贪得无厌的欲望,而正当的物欲和情欲则是有所限制并且采取正当合理的方式来实现的。正当的物欲和情欲应当在合乎法律和道德的框架内来得以表现和实现。它既要考虑自己的需要,更要考虑他人和社会的需要,甚至还要考虑后代和其他生命存在物的需要,有一种将自己欲望的满足同他人、社会和自然有机地联系起来的价值特质。

2. 在人与物的关系问题上挺立人的价值

尊重人的生命价值要求在认识和处理人与物的关系中挺立人的价值。千万不能把物的价值提高到高于人的价值的高度,进而重物轻人。池田大作批评了过分看重经济并把 GNP(国民生产总值)的成长视为绝对的价值的错误行为,认为 GNP(国民生产总值)作为衡量一国经济力量发展的指标是有其应有的意义的,但是如果将其置于人的生命和价值之上则是倒因为果。经济只是社会整体价值的一部分,尽管重要,但不是唯一。"把属于整体一部分的经济,置于绝对优先地位,使人的其他活动,诸如文化、教育、技术、政治等都从属、服务于经济,这是现代的一大错误。"①他以日本为例来加以具体分析并指出,在日本,GNP(国民生产总值)的增长并没有带来国民幸福指数的提高,"人民始终在完全无视人性的条件下劳动,情况一直没有好转的征兆。在狭长的国土上,公害到处像火山的岩浆一样喷发出来"②。因此,必须改变那种唯 GNP(国民生产总值)是从的经济主义行为,将目光转移到人类革命和精神革命的方向上来。在池田大作看来,"正是精神革命,已成为人类福利所不可缺的东西了。人是不能只靠体制和技术革命而获得幸福的。我们也都在呼唤人类革命的必要性,不管怎样,除了从根本上改革人的精神、人的生命以外,是没有解决的途径的"③。人类革命和精神革命意味着要以人自己的生存和发展为根本,把发展健康的人性、高尚而丰富的精神生活以及和谐融洽的人际关系、社会关系作为主要的价值目标。

3. 在个体与群体的关系问题上以维护群体生命为尚

在池田看来,人应该怎样生存,"这决不是在一个社会的一般观念和常识范围之内的问题,而是与人类社会和整个地球的大自然,甚至是与整个宇宙相关联的。这是因为,人不单是以一个国家为基础的社会存在,而是一种与人类社会、整个地球的大自然,甚至是与整个宇宙具有连锁关系的生命的存在"④。既然人是一种与人类社会、整个地球的大自

---

① 汤恩比、池田大作:《展望二十一世纪:汤恩比与池田大作对话录》,荀春生等译,北京:国际文化出版公司,1985 年,第 111 页。
② 汤恩比、池田大作:《展望二十一世纪:汤恩比与池田大作对话录》,荀春生等译,北京:国际文化出版公司,1985 年,第 117 页。
③ 汤恩比、池田大作:《展望二十一世纪:汤恩比与池田大作对话录》,荀春生等译,北京:国际文化出版公司,1985 年,第 116-117 页。
④ 汤恩比、池田大作:《展望二十一世纪:汤恩比与池田大作对话录》,荀春生等译,北京:国际文化出版公司,1985 年,第 150 页。

然和整个宇宙相关联的存在物,那么人就必须超越那种个人主义和利己主义的价值观,树立起一种己群合一、天人合一的伦理价值观。只有这种己群合一、天人合一的伦理价值观才能根治现代社会自我中心主义和利己主义的弊病,把人从狭隘的物欲主义和个体主义中解放出来。

三、尊重人的生命尊严及其价值要求

近代以来,人们的人生观"非常关心社会存在这个人生观的一个侧面,但却有些轻视对人类存在的本源——生命的存在的考察"。这一轻视导致了人生观的某种失衡,即对生命本源和生命内在价值和尊严的忽视。在池田看来,"人类是生命的存在。无论在哪种社会、哪个国家、哪个民族,这都是一个具有普遍性和绝对性的命题。……我相信,要想像一个真正的人一样生活,首先当然应该从人类是这种生命的存在这一点来考虑问题。而且我认为,人类正视这一点,才是建立一种现代所需要的普遍价值观念的出发点"[①]。

1. 尊重人的尊严首先体现为对生命本身的尊重

尊严是在生命的基础上发展起来并得以确立的。尊重人的尊严首先意味着对生命本身的尊重。尊重生命内在地包含着尊重自己的生命和尊重他人的生命。池田大作所说的尊重生命是一个整体的概念,"而不是单指自己的才能或理性的狭义的概念,这些只是其中的一部分。由于不能发挥才能,便认为已经失去了生存的意义,这种观点是把生命的意义看得太狭小了。而且,如果大家都这样想,就容易造成一种倾向,认为不具有这种才能的人便没有生活的价值"[②]。池田大作认为不能允许"为了生命之外的目的而把剥夺具有绝对尊严的生命作为一种手段。生命的尊严就在于它自身的目的"[③]。池田大作认为,剥夺或者杀害那些对自身生命尊严有深刻认识的人,剥夺或杀害那些力图使生命有价值的人,都是一种不可饶恕的罪孽。特别是那些得到过别人救助而去杀害对自己有恩的人的行为"尤属罪莫大焉"。"使生命有价值的含义是什么?"池田大作的解释是"救助其他生命,并为增加其幸福而竭尽全力"。这种既尊重自己生命又能积极主动去救助其他生命,并为增加他人生活幸福而精诚奉献的品质是十分可贵的,"它是在人生命尊严名义下,阻止人不惜牺牲其他生灵的利己主义的制动器;同时也能在尊重生命的名义下,禁止一切杀生,

---

① 汤恩比、池田大作:《展望二十一世纪:汤恩比与池田大作对话录》,荀春生等译,北京:国际文化出版公司,1985年,第150页。

② 汤恩比、池田大作:《展望二十一世纪:汤恩比与池田大作对话录》,荀春生等译,北京:国际文化出版公司,1985年,第191-186页。

③ 汤恩比、池田大作:《展望二十一世纪:汤恩比与池田大作对话录》,荀春生等译,北京:国际文化出版公司,1985年,第179页。

防止陷入否定自我的生命"。①人的生命是极其宝贵的，池田大作把人的生命看作没有可与之等价的至上存在，并将人的生命的尊严视作为第一位的伦理价值观，既继承了康德等人"人是目的"的观点，又光大了生命神圣论的生命伦理价值观。这对于现代化造成的严重的使人物化和人的生命被忽视是一种极大的纠偏，也是池田大作人道主义思想的一大特色。

2. 尊重人的尊严要求超越狭隘性的局部视野

池田大作对那种将人的尊严简单地等同于人的理性、能力和智慧的观点做出了自己的批评。在他看来，欧洲文艺复兴时期的人道主义将人之所以尊贵的根源归结为人具有优秀的思考能力和知识的观点具有明显的偏颇性，"这种从合理性的智慧和哲学的思考中，寻求人的尊严根据的思想方法，导致对其他缺乏智慧的生灵的蔑视，进而增强对同样是人、但未接受过智慧思考训练的人，或对思考方法不同的人皆加以轻视的风潮"②。因此，不能简单地以人具有理性、能力和智慧来论人的尊严。如果简单地以人的理性、能力和智慧来论人的尊严，就有可能将那些没有多少理性、能力不强和智慧不多的人排斥在尊严的大门之外，这种尊严与其说是抬高了人的理性、能力和智慧，不如说是制造了人的尊严的分裂，本质上是一种精英主义的尊严论。在与汤恩比讨论安乐死和自杀问题时，池田大作明确地指出："智力、理性和感情是这种生命本身的表面部分，而不是生命的全部。智力、理性和感情应该保护这种全部的生命，并为它更崇高的表现而服务。我认为这是维护生命的尊严并使其尊严现实化的途径。"③生命的尊严取决于生命本身的存在，最需要在一视同仁基础上的共同尊重和无差别的尊重。

3. 尊重人的尊严应当成为人类的首位价值

论及现代社会物质生活与精神生活之间的关系，池田大作一方面认为衣食足而知礼仪是一种事实，承认物质生活是提高精神生活的前提或基础，另一方面从现代人的困惑和道德危机上又肯定精神生活的价值，强调"必须从根本上改变现代人对物质和精神之间关系的想法。今后的福利社会，必须把提高精神福利水平置于首位，而把提高物质生活水平作为其支柱置于第二位"④。论先后，对大多数人而言，物质生活在先，精神生活在后；论轻重，应该持精神生活为重，物质生活为轻的立场。这是人类建构并发展健康人性，过一种有价值、有意义和有尊严的幸福生活的内在要求。

---

① 池田大作、狄尔鲍拉夫：《走向21世纪的人与哲学》，宋成有等译，北京：北京大学出版社，1992年，第82-83页。
② 池田大作、狄尔鲍拉夫：《走向21世纪的人与哲学》，宋成有等译，北京：北京大学出版社，1992年，第82页。
③ 汤恩比、池田大作：展望二十一世纪：汤恩比与池田大作对话录》，荀春生等译，北京：国际文化出版公司，1985年，第191-192页。
④ 汤恩比、池田大作：《展望二十一世纪：汤恩比与池田大作对话录》，荀春生等译，北京：国际文化出版公司，1985年，第115页。

现代社会所需要的普遍价值观念到底是什么呢？"这当然是永远把生命的尊严——它决定了人类的这种本质性的客观存在——放在第一位的观点，是把生命看作没有等价物的、至高无上的观点。"①在池田大作看来，无论是把追求利润放在首位、牺牲个人幸福的资本主义，还是争取一律平等的社会主义，"它们所共同缺少的恐怕就是对人类生命尊严的认识"。无论何种制度，"其基础必须着眼于把尊重人的生命放在首位的价值观，并把地球上的人类作为一个整体去对待。把人的生命尊严作为价值基准的基础，才可能获得根本解决经济体制的线索，开拓新的视野"②。把尊重人的生命放在首位的伦理价值观是解决经济体制何以建构、因何改革等问题的关键，这实质上等于提出了经济应当为人的生命尊严服务的思想，无疑具有深刻而高远的伦理战略意义。

池田大作的生命价值及其尊严论既关注人的生存状况，又注重了解人的内心生活，含有将物质生命与精神生命统一起来的因素。在生命尊严与其他事物的比较中凸显了生命尊严的绝对性、至上性和崇高性，肯定生命尊严高于经济、高于政治、高于文化和高于一切物，一切价值都应该向生命尊严致敬。这些观点确证了他作为一个人道主义思想家的价值追求和学术品格，也是当今社会伦理文明建设所最为需要的价值基础和价值动原。

---

① 汤恩比、池田大作：《展望二十一世纪：汤恩比与池田大作对话录》，荀春生等译，北京：国际文化出版公司，1985 年，第 150-151 页。
② 汤恩比、池田大作：《展望二十一世纪：汤恩比与池田大作对话录》，荀春生等译，北京：国际文化出版公司，1985 年，第 110-111 页。

池田大作研究文献计量分析

佛山科学技术学院　衡中青

池田大作，1928 年出生于日本东京，曾任日本创价学会名誉会长、国际创价学会会长，获得过联合国和平奖，对中日友好往来作出过杰出贡献。池田大作一生致力于推广和平、文化、教育，著作颇丰，影响较大的有《人间革命》（全 12 卷），与世界名人对谈集《展望二十一世纪》（汤恩比）、《社会变迁下的宗教角色》（威尔逊）、《黑夜寻求黎明》（尤伊古）、《二十一世纪的警钟》（贝恰）、《奔向生命世纪的河流》（鲍林）、《世界市民的对话》（诺曼卡曾斯）、《二十一世纪的精神教训》（戈尔巴乔夫）、《探求一个灿烂的世纪》（金庸）等。

池田大作的贡献是世界性的，他的和平、文化、教育思想对世界社会影响很大。笔者据中国知网文章，中华人民共和国成立后，我国在 1962 年即有内容涉及池田大作的文章发表，即金苏城在《世界知识》1962 年第 18 期上发表题为《日本的创价学会》文章中，提到创价学会第三任会长池田大作。而后直至 2016 年 6 月 30 日，发行各类纸质媒体中共有 9075 篇（部）文献的内容涉及"池田大作"。这些文献包括池田大作的作品、池田大作研究文献和其他各类文献。笔者从这些 9075 篇（部）文献以及国家图书馆书目数据库中辑录出 316 篇（部）"池田大作研究文献"，作为本文的研究对象。

一、池田大作研究文献界定、统计及文献著录说明

池田大作研究文献，顾名思义，一是研究池田大作及其作品的文献，二是学术研究文献。只有这两个条件都具备的文献才会被认定为池田大作研究文献。因此，一些新闻报道等非学术研究类文章须排除，如《我校举办池田大作摄影艺术展及池田大作艺术教育思想研讨会》等，一律不计入池田大作研究文献。

依据这种界定原则，截至 2016 年 6 月 30 日，笔者共搜得各类文献 316 篇（部），详情见表 1。

表 1 历年池田大作研究文献统计[①]

出版时间	来源				合计	出版时间	来源				合计
	期刊	著作	报纸	学位论文			期刊	著作	报纸	学位论文	
1988	1	1			2	2003	5	3	1		9
1989	2				2	2004	4			1	5
1990	2				2	2005	9	1		1	11
1991	4				4	2006	5	4			9
1992	1				1	2007	12	1		2	15
1993					0	2008	22	4		3	29
1994					0	2009	22	2	1	2	27
1995	3				3	2010	28	5		2	35
1996	2				2	2011	26	5		3	34
1997	2				2	2012	25	2	1	2	30
1998	1				1	2013	26	2		1	29
1999	3				3	2014	12	4	1	1	18
2000	2		1		3	2015	17	2			19
2001	2	1			3	2016	4		1		5
2002	9	2	1	1	13	合计	251	39	7	19	316

从表1可知,池田大作研究文献分为期刊文章、著作、报纸文章、硕(博)士学位论文。为下文方便研究计,笔者获取这些文献的详细著录信息,包括题名、作者、作者所在机构、发表刊物(出版社)、发表(出版)时间、分类号等,如:

试论池田大作人类和平思想中的佛教哲学渊源/张云江/华侨大学哲学与社会发展学院/文化学刊/2010-09-15/B9489。

池田大作香峰子思想的新探索:和平对话家庭教育与和谐幸福/萧正洪,拜根兴主编/陕西师范大学/北京:社会科学文献出版社/2014/C913.11。

上述著录信息或来自中国知网,或来自国家图书馆书目数据库,但需要说明的是分类号的著录。对于知网,文献的分类号有两个来源:一是为符合出版规定,文章本身自带的"中图分类号",这个分类号通常是由文章作者给出;二是在每一篇文章的信息显示页面上也有"中图分类号",但这个分类号是知网统一给出的。因分类人员采用的口径差异等原因,这两个分类号是有差别的。而且,由于某些原因,相当一部分文章自身并没有自带"中图分类号"。因此分类号的著录一律采用知网给出的"中图分类号",而不采用文章自带的。对于来自国家图书馆书目数据库的专著的分类号,一律采用该数据库提供的。

[①] 注:本项统计中,有三种专著名称和作者是相同的,是同一种书,但出版者和出版时间不同。为统计方便,分别计数,即计为6种专著。重复计算对统计结果影响很小,且方便下文的出版机构的统计分析。

二、基于时间维的文献分析

据收集到的数据,第一篇池田大作研究文献是由刘军、缪家福合作完成的,于1988年发表在《法音》上的《佛教的生命观——日本池田大作〈论生命〉一书介绍》一文。笔者把搜集得来的316篇(部)文献,已按时序列表如表1。为直观表达表1内容,笔者绘图说明,如图1。

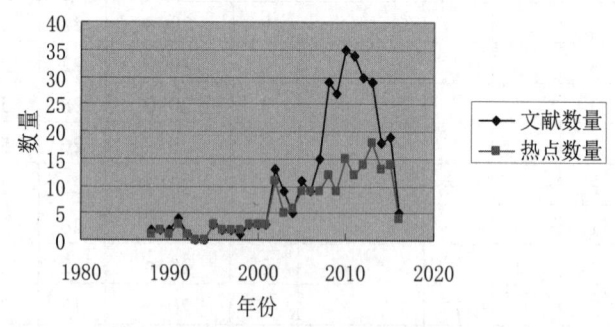

图1　历年池田大作研究文献数量与热点数量对比图

从图1可以看出,池田大作研究文献数量从2002年开始呈现曲线上升趋势,至2010年出现拐点,开始呈现下降趋势。1988—2001年,池田大作研究文献数量一直是低水平徘徊,但为何在2002年出现激增的现象?笔者分析的原因是,中日两国隆重庆祝邦交正常化30周年。这一点可以从2002年发表的"中日邦交正常化"主题文章的数量上得到印证。笔者在知网上从"篇名""主题""全文"三个入口检索1972年中日建交后有关"中日邦交"文章(截至2016年6月30日),共获得"篇名"入口文章263篇、"主题"入口文章3 349篇、"全文"入口文章20 752篇。因在1972年这一年,中日刚刚建交且这三个检索入口无论哪个都没有文章发表,故计算平均数从1973年算起,共43.5年,每年平均数分别约为:6.0篇、77.0篇、477.1篇。表2列出自1972年开始每隔5年发表的文章数(即逢五、逢十中日邦交纪念年)。

表2　"中日邦交"逢五、逢十纪念年文章数量

入口年份	篇名	主题	全文
1977	0	1	4
1982	5	26	102
1987	3	25	133
1992	19	138	328
1997	24	134	425
2002	44	391	1 037
2007	33	392	1 565

续表

入口年份	篇名	主题	全文
2012	54	454	1 844
纪念年合计数	182	1 561	5 438
纪念年平均数	22.8	195.1	679.8
其余各年总数	81	1 769	14 746
其余各年平均数	2.3	50.5	421.3

表 2 说明：其余各年总数＝历年总数－纪念年合计数＝263－182＝81；其余各年平均数＝其余各年总数÷（总年数－纪念年数）＝81÷（43－8）＝2.3。

注：历年总数不包括 2016 年半年发表的文章数，下同。

表 2 表明，中日邦交逢五、逢十纪念年文章数量的平均数远高于非纪念年文章数量的平均数。作者认为，中日邦交纪念活动激发了"中日邦交"的研究。

对比表 1 和表 2，池田大作研究文献数量虽然没有像"中日邦交"文献数量那样随着纪念年到来而激增。但是，2002 年中日邦交正常化 30 周年纪念活动却触发了池田大作研究文献激增的势头。虽然 2010 年开始，池田大作研究文献数量每年呈现下降的趋势，但数量还是远高于 2002 年之前各年。

池田大作研究文献的统计数据说明：中日邦交正常化触发了我国学者对池田大作及其作品的研究，特别是 2002 年中日邦交正常化 30 周年纪念活动。2002 年及其以后各年，池田大作研究文献数量较以前大幅增加，呈曲线上升趋势。这种现象说明，我国学者对池田大作及其作品的关注度提高了。

三、池田大作研究文献的分类统计分析

池田大作是社会活动家，世界名人，从事的社会活动领域广泛；他的作品不仅数量多而且涉及的主题内容多种多样。我国学者对池田大作的研究也是十分广泛的，涉及的学科多、领域广。本节将以 316 篇（部）池田大作研究文献的学科分类为基点，采用分析文献的中图分类号的方法，来讨论我国学者对池田大作研究的学科热点问题。中图分类号即依据我国当前最为通行的文献分类法《中国图书馆分类法》，对著录文献给出的分类号。《中国图书馆分类法》文献分类的依据是学科分类，这是本文研究学科热点问题的基础。

笔者收集到的 316 篇（部）池田大作研究文献，来源于知网和国家图书馆书目数据库。无论哪个来源，都存在一篇文献有两个分类号的问题，274 篇（部）文献给出唯一一个分类号，41 篇（部）文献给出了两个分类号，1 篇文献给出了三个分类号。这些给出多个分类号文献的主题内容涉及多个学科类别。

为研究池田大作研究文献的分类问题，笔者把所有 316 篇（部）文献的分类号提取出来（一篇文献有多个分类号的，分别提取），共获得 359 个类号，并给出对应的中图分类类目（原文篇幅大，本文不予列出）。再经相似类目归类、合并处理，获得表 3 中的归类类目。

表3 归类类目详细

归类类号	文献数量	对应的类目
A8	1	马克思主义、列宁主义、毛泽东思想、邓小平理论—马克思主义、列宁主义、毛泽东思想、邓小平理论的学习和研究—毛泽东思想的学习和研究—邓小平理论的学习和研究—邓小平著作的学习和研究—专题汇编
B0	5	哲学、宗教—哲学理论
B2	3	哲学、宗教—中国哲学
B313	32	哲学、宗教—亚洲哲学—亚洲各国哲学—日本哲学
B80	1	哲学、宗教—思维科学
B82	14	哲学、宗教—伦理学（道德哲学）
B84	1	哲学、宗教—心理学
B91	1	哲学、宗教—宗教—对宗教的分析和研究
B92	2	哲学、宗教—宗教—宗教理论与概况
B94	19	哲学、宗教—宗教—佛教
C09	1	社会科学总论—社会科学理论与方法—社会科学史
C91	10	社会科学总论—社会学
C96	1	社会科学总论—人才学
D0	11	政治、法律—政治理论
D43	1	政治、法律—工人、农民、青年、妇女运动与组织—青年、学生运动与组织
D6	2	政治、法律—中国政治
D8	32	政治、法律—外交、国际关系
F205	1	经济—计划经济与管理—国民经济管理—资源、环境和生态管理
G1	9	文化、科学、教育、体育—世界各国文化与文化事业
G25	1	文化、科学、教育、体育—信息与知识传播—图书馆学、图书馆事业
G303	2	文化、科学、教育、体育—科学、科学研究—科学研究理论—未来学
G4	67	文化、科学、教育、体育—教育
H0	3	语言、文字—语言学
I0	4	文学—文学理论
I1	5	文学—世界文学
I2	14	文学—中国文学
I313	43	文学—各国文学—日本文学
I512	1	文学—各国文学—苏联文学
I561	2	文学—各国文学—英国文学
J-4	1	艺术—宣传教育及普及
J0	2	艺术—艺术理论
J4	5	艺术—摄影艺术
J8	1	艺术—戏剧艺术
J9	1	艺术—电影、电视艺术
K2	2	历史、地理—中国史
K313	2	历史、地理—亚洲史—东亚—日本
K512	1	历史、地理—欧洲史—东欧、中欧—俄罗斯及苏联
K82	7	历史、地理—传记—中国人物传记
K833	38	历史、地理—传记—各国人物传记—日本人物传记
N02	1	自然科学总论—自然科学理论与方法论—科学的哲学原理
R19	1	医药、卫生—保健组织与事业（卫生事业管理）
X-4	2	环境科学、安全科学—环境保护宣传教育及普及
X17	1	环境科学、安全科学—环境科学基础理论—环境生物学
X2	5	环境科学、安全科学—社会与环境

从表 3 可以看出,"G4 文化、科学、教育、体育—教育"(67)、"I313 文学—各国文学—日本文学"(43)、"K833 历史、地理—传记—各国人物传记—日本人物传记"(38)、"D8 政治、法律—外交、国际关系"(32)、"B313 哲学、宗教—亚洲哲学—亚洲各国哲学—日本哲学"(32)等 5 个中图分类类目所包含的文献名列前 5 位,且远多于其他各类。这个统计结果说明:这个 5 类学科是中国学者是研究池田大作的学科热点,是关注度较高的领域。但是还不能从时间上反映关注度。下文再统计分析每年出版文献的学科主题,即每年的热点及其数量,见表 4。

表 4 历年出版文献的分类号一览表

年份	类号	学科主题数量
1988	B94	1
1989	B94、I561	2
1990	B94(2)	1
1991	B0(2)、B313、F205	3
1992	B82	1
1993		0
1994		0
1995	B313、B94、I561	3
1996	B91、G303	2
1997	A8、B94	2
1998	D8(2)、K833	2
1999	B94、I2、J8	3
2000	B94、D8、G303	3
2001	B313、K833、X17	3
2002	B82(2)、B92、B94、C09、C91、D8(2)、G4、I313、J9、K82、K833(3)	11
2003	B313、B80、D8(3)、G1、K833(5)	5
2004	B313、G4、I2、I313、J4、K833	6
2005	C91、D0、D8(2)、G4(2)、I313(2)、K2、K512、K82、K833	9
2006	B313、B82、B94、D8(2)、I0、I1、I2、I313、K833(2)	9
2007	B313(2)、C91、D8、G1、G4(2)、I313(4)、J4、K82、K833(2)	9
2008	B313(2)、B82、B94(2)、C96、D8(4)、G4(5)、I0、I1(2)、I313(5)、J4(2)、J-4、K82(5)	12
2009	B313(3)、B94(2)、C91(2)、D0(2)、D8(3)、G4(8)、I2(2)、I313(6)、K833	9
2010	B2、B82(2)、B94(2)、C91、D8(2)、G4(14)、H0、I0、I1、I313(8)、I512、J4、K82、K833(2)、X-4	15
2011	B2(2)、B313(7)、B82(2)、C91、D0(4)、D8(2)、G4(6)、I2、I313(7)、K82(2)、K833(2)、X2	12
2012	B313(7)、B82(2)、C91、D0、G1、G25、G4(9)、H0、I2(2)、I313(3)、J0、K833(2)、N02、X2(2)	14

续表

年份	类号	学科主题数量
2013	B0、B313（2）、B82（2）、B84、B94、D0（2）、D6、D8（3）、G1、G4（9）、H0、I0、I1、I2（3）、I313（4）、J0、K833（5）、X2	18
2014	B0、B313、B82、B94、C91（2）、D0、D8（2）、G1、G4（4）、I2、K833（2）、R19、X-4	13
2015	B0、B313、B92、B94、D43、D6、D8（3）、G1（3）、G4（5）、I313（2）、K2、K313、K833（3）、X2	14
2016	B313、G1、G4、I2（2）	4

注：①表中"学科主题数量"，即不重复的类号数量。每一个学科主题，即主题热点。②分类号后的"（）"中的数字，意为该类学科主题不止 1 篇文献论及，如"I（2）"，表示 2 篇文献论文。

表 4 列出历年出版文献的分类号，可以说这些分类号就是文献的学科主题，亦即是学者研究的兴趣热点。为直观说明历年研究热点数量，笔者绘出折线图表示，见图 1（历年池田大作研究文献数量与热点数量对比图）。从图 1 可知，主题热点的数量与历年出版的池田大作研究文献总数量的走势基本是一致的，即文献数量增加，热点数量也随之增加，且 2002 年及其以后各年的学科主题热点数远高于以前各年。

四、结语

本文运用统计学及图书情报学理论和方法，对池田大作研究文献的时序增长及其热点进行了统计和分析，得出一些结论，正确与否有待方家。池田大作研究的热点很多，但从文献学角度的进行统计分析的报道不多。笔者这一次尝试，如能抛砖引玉，其值方显。

量化分析在文献学研究领域对应的是文献计量。文献计量学是用数学和统计学的方法，定量地分析一切知识载体的交叉学科。运用该学科的理论和方法，可以从时间、地域和其他角度对某一个学科或多个学科领域的文献，分析其发展史、现状以及预测未来的发展趋势。本文仅从时间角度，对池田大作研究文献时序增长及其热点进行了统计和分析，阐明其实际状况。

文献计量学方法自身的缺陷是不能直接分析文献内容的质量，即不能通过直接方法评价文献内容的质量，要借助刊载该文献的期刊质量、作者声誉、作者所在机构的声誉、被引用率等等，来间接地评价文献内容的质量。本来，同行学者的评价是一种最好的方法，但是这要建立在客观、公平、公正的基础上。然而，现实情况是，同行学者的评价是一种主观评价方法，与客观评价方法在理论和方法存在着难以调和的矛盾。因而，客观评价文献内容的质量，在文献学研究领域是一大难点。因而，如何评价池田大作研究文献内容的质量，除了文献计量这种量化的、间接的评价方法，以及同行学者主观评价，还有其他什么方法？这些方法的可信度如何？这些是笔者在今后的研究中迫切需要解决的问题。

墨家思想的现代传承与价值践行

——鲁迅《非攻》对池田大作"和平行动主义"的启示

绍兴文理学院 卓光平

同为现代东方的文化巨人,鲁迅和池田大作都对中国两千多年前战国时期的思想家墨子充满了由衷的尊敬和喜爱,并都深受墨家学说的影响,成为墨家思想的现代传承者和践行者。作为具有现代意识的墨家学派的传人,鲁迅和池田大作一方面深入发掘并传承了墨家思想,另一方面都努力寻找墨家思想与现代社会的契合之处,并通过传承墨家的思想价值来促进现代社会的变革。鲁迅思想中的坚韧与抗争、正义与公平等思想与墨家的兼爱平等、为民谋利的思想有许多一致性。同样,作为"和平行动主义"者,池田大作在宗教活动、文艺创作、文化交流和教育实践一直贯穿着他的反战和平思想。他不仅对墨子的学说十分认同,而且还在鲁迅以墨子为主人公的小说《非攻》中获得了深深共鸣和重要启示。

一、鲁迅、池田大作对墨家学说的接受

鲁迅和池田大作都可谓是墨子的现代传人。鲁迅坚韧与抗争的性格、正义与公平的思想,与墨子的兼爱平等、为民谋利的思想有许多一致性。同时,鲁迅还在创作中创造性地转化了墨家的兼爱、非攻等思想价值,与墨家学说保持着深厚的思想联系。池田大作是著名的宗教家、教育家、文学家和社会活动家,同时也是当今世界著名的和平爱好者和国际人道主义者,其一生积极致力于世界的和平事业,他对世界和平的追求、宣扬和实践受到了国际社会的普遍尊敬和赞扬。从池田大作和平主义的思想渊源来看,他既深受许多传统思想的影响,也与许多现代思想家之间有着深深的共鸣。池田大作曾称赞墨子是"战国时代有名的行动派和平主义者"[1],并认为"墨子的爱比孔子的爱更为现代人所需要"[2]。墨

---

[1] 池田大作:《我的中国观》,成都:四川人民出版社,2009年,第84页。
[2] 汤恩比、池田大作:《展望二十一世纪:汤恩比与池田大作对话录》,荀春生等译,北京:国际文化出版公司,1985年,第425页。

子的思想对池田大作产生了重要影响，尤其是鲁迅小说《非攻》使他产生了深刻共鸣并深受启发。

对鲁迅而言，他不仅对墨家经典非常熟悉，而且还介绍过墨子的学说主张。鲁迅曾收藏过张惠言撰注的《墨经解》，抄录过邓云昭校注的《墨经解》，还多次在文章中征引过孙诒让所注的《墨子闲诂》。在《汉文学史纲要》中，鲁迅就以"尚夏道，兼爱尚同，非古之礼乐，亦非儒"①来概括墨学主旨，并指出《墨子》一书"文辞皆略无华饰，取足达意而已"②的尚质特征。在历史题材小说集《故事新编》中，鲁迅对先秦儒家和道家的思想人物都进行了反思和批判，但唯独"对墨家人物的描写则改变为一种寄托着主观理想价值的热烈肯定"③。而《故事新编》的八篇小说中就有《铸剑》《非攻》和《理水》三篇涉及墨家的思想人物。1926年创作《铸剑》时，鲁迅就已表现出墨家"反抗强暴"的态度。到了1934年的《非攻》和1935年的《理水》，鲁迅与墨家的关联便进一步明朗化了，并墨家代表人物大禹、墨子与所谓的"中国的脊梁"关联起来了。

可以说，鲁迅对墨家学说的接受没有局限在学术层面阐释研究，他更倾向于继承和实践墨家学说的精髓，尤其是对墨家所表现出"知其不可为而为之"的精神非常赞赏。鲁迅倾心于墨家精神，具体来说，一是崇尚墨子反对空谈的实干精神，二是墨家的利他主义和献身精神。作为躬身操劳的知识分子，墨子和儒家相反，他是庶民阶层的代表者，主张身体力行，提倡忘我的奉献精神。在《中国人失掉自信力了吗？》一文中，鲁迅就赞扬过这种精神，他说："我们从古以来，就有埋头苦干的人，有拼命硬干的人，有为民请命的人，有舍身求法的人……这就是中国的脊梁。"④尤其是在鲁迅根据《墨子·公输般》等记载创作的历史小说《非攻》中，赞颂墨子反对不义战争，摩顶放踵而利天下的精神。鲁迅也非常崇尚墨子"知其不可为而为之"和为"兴天下之利"而赴汤蹈火的献身精神。在鲁迅看来，儒墨二家都主张积极入世，"欲尽人力以救世乱"⑤，而且"孔墨都不满于现状，要加以改革"⑥。然而却又有着很大的不同，"孔子之徒为儒，墨子之徒为侠。'儒者，柔也'，当然不会危险的。惟侠老实，所以墨者的末流，至于以'死'为终极的目的"⑦。

池田大作也善于吸取古今的各种思想学说，以熔铸成自己的思想。他对中国一向饱含仰慕和感激之情，也一直深受包括墨家思想在内的中国传统文化的浸润。他说："对我们日本人来说，中国一千数百年来一直是我们文化、思想、教养、学术的老师和老前辈。……

---

① 鲁迅：《汉文学史纲要》，《鲁迅全集》（第9卷），北京：人民文学出版社，2005年，第375页。
② 鲁迅：《汉文学史纲要》，《鲁迅全集》（第9卷），北京：人民文学出版社，2005年，第375页。
③ 高远东：《鲁迅与墨家的思想联系》，《现代如何"拿来"——鲁迅的思想与文学论集》，上海：复旦大学出版社，2009年，第22页。
④ 鲁迅：《中国人失掉自信力了吗？》，《鲁迅全集》（第6卷），北京：人民文学出版社，2005年，第122页。
⑤ 鲁迅：《汉文学史纲要》，《鲁迅全集》（第9卷），北京：人民文学出版社，2005年，第374页。
⑥ 鲁迅：《三闲集·流氓的变迁》，《鲁迅全集》（第4卷），北京：人民文学出版社，2005年，第156页。
⑦ 鲁迅：《三闲集·流氓的变迁》，《鲁迅全集》（第4卷），北京：人民文学出版社，2005年，第156页。

就我个人来说,中国的历史与文化永远是取之不竭的源泉,是给予我们莫大恩惠的丰富的精神文明的海洋。……我的老师,创价学会第二代会长户田城圣先生,当年在教育包括我在内的青年们时,就经常运用中国的古典文学;而且在教导人生的生活态度和作为一个人的道理时,经常举中国的伟大人物为例。"①池田大作的和平思想自然源于他对东西方古今思想学说的吸收和融合,其中就包含他对中国古代墨家学说的热衷和推崇。

池田大作称墨子为中国战国时代的"行动派和平主义者",他不仅非常认同墨子的学说,而且其"和平行动主义"与墨子学说也明显有着深深的相通性。在与汤恩比《展望二十一世纪》的对谈中,池田大作非常赞同汤恩比所说"把普遍的爱作为义务的墨子学说,对现代世界来说,更是恰当的主张"②的观点。他说:"从国际角度看,到处都在泛滥着自我和狭隘的偏见,以及由此而产生的互不了解。在这种情况下,我完全赞成博士(即汤恩比)所说的墨子的主张,即普遍的爱。这种精神最切合时宜。"③池田大作一生致力于推动世界的和平和人类的友爱,在强调普遍的人类之爱的实践意义上,他自然对墨子的博爱思想是非常赞赏的。而且,在将墨家思想与儒家思想进行深入比较的过程中,池田大作更指出了墨子思想具有现代性的特质,因而更为现代的人们所需要。他说:"儒家的爱以父子、君臣关系为中心,有亲有疏,由近及远。相反,墨子的兼爱说则不承认这种差别,主张爱人如爱己,爱他人之父如爱自己之父,爱他人之国如爱自己之国。"④墨子强调普遍爱的重要性,儒家的爱则有着远近亲疏,池田大作的和平主义主张则与墨家思想有着明显的共通之处,所以他说:"我也认为墨子的爱,比孔子的爱更为现代人所需要。"⑤也正是如此,池田大作不仅非常认同墨子的"兼爱"思想,更是积极宣扬墨家的思想主张。他指出,墨子的"这种理论是极为现代化的。只是墨子主张的兼爱,过去只是指中国,而现在应作为世界性的理论去理解"⑥。

二、鲁迅小说《非攻》对池田大作的启示

鲁迅不仅多次在文章中阐发自己对墨家学说的理解,而且还通过小说来刻画大禹和

---

① 卞立强选编:《池田大作选集》,北京:北京大学出版社,1988年,第1-2页。
② 汤恩比、池田大作:《展望二十一世纪:汤恩比与池田大作对话录》,荀春生等译,北京:国际文化出版公司,1985年,第425页。
③ 汤恩比、池田大作:《展望二十一世纪:汤恩比与池田大作对话录》,荀春生等译,北京:国际文化出版公司,1985年,第425页。
④ 汤恩比、池田大作:《展望二十一世纪:汤恩比与池田大作对话录》,荀春生等译,北京:国际文化出版公司,1985年,第425页。
⑤ 汤恩比、池田大作:《展望二十一世纪:汤恩比与池田大作对话录》,荀春生等译,北京:国际文化出版公司,1985年,第428页。
⑥ 汤恩比、池田大作:《展望二十一世纪:汤恩比与池田大作对话录》,荀春生等译,北京:国际文化出版公司,1985年,第426页。

墨子等墨家代表人物的实干家形象,彰显墨家的思想精神。小说中,禹和墨子虽然都是衣衫褴褛,但是却勇敢机智,秉持着忘我的实干精神和奉献精神。池田大作不仅极力推崇墨子的学说理论,而且尤为注重墨子身体力行的实践精神。因而池田大作不仅特别推崇《非攻》和《理水》这两篇小说,而且鲁迅笔下大禹和墨子的实干家形象也给他留下了深刻的印象。在和金庸《探求一个灿烂的世纪》的对谈中,池田大作就特别欣赏鲁迅笔下的大禹,他说:"《故事新编》中的《理水》是一篇杰作,倾注着鲁迅对虞舜时代的水利专家和官员大禹的想法。只动口不动手的所谓贤达的知识分子——使我想起即使现代,搬弄口舌之非、信口开河之徒为什么仍旧这么多?他们和风骨凛然、被太阳晒得黧黑、大步行走的大禹的风貌,正是一个鲜明的对照。大禹是一个实干的'志士仁人'。"①"这不禁令我想起那位仆仆风尘奔走于印度广袤大地的释迦牟尼的故事。"②在池田大作看来,大禹不仅是一个实干的"志士仁人",更可贵的是他有着拯救世人的情怀和抱负。而在 1984 年池田大作第六次访华期间,池田大作在北京大学发表了《走向和平之康庄大道》的演讲,他在演讲中向人们阐述了他对被日本学者竹内好翻译为《使战争停止的故事》的鲁迅小说《非攻》的解读。正是通过对《非攻》的深入解析,池田大作从鲁迅那里获得了深刻的启示,也即推进世界和平必须要坚持用文化和艺术"文"的力量来抑制现代军备"武"的力量,而这唯一道路就是"果断的行动,勇敢的对话"③。

首先,池田大作一直希望建立永久的世界和平,无论是鲁迅本人还是鲁迅的小说《非攻》给他的启示就是必须坚持用文化和文明"文"的力量,来抑制现代军备"武"的力量,从而实现世界和平。池田大作说:"鲁迅先生看穿了物质文明内含的危险因素,对此深表忧虑。单是物质上的进步,不一定会带来精神上的进步。相反,近现代大大扩张军事力量这'硬实力'(Hard power),将人类的蛮性释放出来,在世界各地制造了大量的杀戮惨剧。而艺术则是扎根在精神的进步上。因此,艺术本来就是能够启发和提升人类精神性的一项软实力(Soft power)。"④在他看来,无论是个人间的冲突,还是国家间的战争,任何纷争都是在失去自制力的时候产生的。即便是在当代世界,要发挥自我控制力,也是极其困难的。然而文化和艺术则是能够启发和提升人类精神性的一项软实力。"与野蛮对决的是精神的奋战,奏响人性胜利的凯歌;这也就是艺术的真髓。艺术是和平的武器。艺术家是最高尚的和平战士。"⑤因此,池田大作指出:"我们急需解决的课题,是如何用文化和文明'文'的力量,来抑制军备'武'的力量。这就是我想说的发挥'国家自我控制能力'的问题。"⑥他认为人类文明力量,亦即自制力或意志力可以控制人或国家的自身本能和

---

① 金庸、池田大作:《探求一个灿烂的世纪》,北京:北京大学出版社,1998 年,第 215 页。
② 金庸、池田大作:《探求一个灿烂的世纪》,北京:北京大学出版社,1998 年,第 215 页。
③ 池田大作:《我的中国观》,成都:四川人民出版社,2009 年,第 84 页。
④ 饶宗颐、池田大作、孙立川:《文化艺术之旅》,桂林:广西师范大学出版社,2009 年,第 145 页。
⑤ 饶宗颐、池田大作、孙立川:《文化艺术之旅》,桂林:广西师范大学出版社,2009 年,第 146 页。
⑥ 池田大作:《我的中国观》,成都:四川人民出版社,2009 年,第 79 页。

兽性，能够实现控制及废除军备的和平之路，除了积蓄和发挥这种力量之外，别无他途。这也正如鲁迅所说："人类最好是彼此不隔膜，相关心。然而最平正的道路，却只有用文艺来沟通。"①采取墨子式的和平对话不仅能够发挥文化和文明抑制武力的自制力作用，而且也是控制军备和实现和平之路的唯一途径。池田大作也引用巴金先生的话说："用笔作武器，我们能够显示真理，揭露邪恶，打击黑暗势力，团结正义力量，只要世界各国一切爱好和平、主持正义的人们紧密地团结在一起，掌握着自己的命运，世界大战、核子战争就一定能够避免。"②

其次，鲁迅《非攻》给池田大作的另一个启示就是，推动世界的和平事业必须采取"果敢的行动"。作为具有现代意识的墨家学派的传人，鲁迅继承了墨子埋头苦干、拼命硬干的精神，这种精神投射在创作中，就是小说《非攻》中墨子反对不义战争，摩顶放踵而利天下的精神。透过《非攻》，池田大作从中得到的启示就是，要使战争停止并最终实现和平，就要不断地付出实际努力，也就是他所谓的"动"。他说："我认为只有墨子的和平行动主义，才是打开出口，实现和平的关键所在。总之，为了和平而行动、交谈、行动……我坚信这种'动'的触发作用，即使看起来是在走远路，但这条路却是唯一可以变不信为信赖，变憎恶为爱心，变恐惧为友情，通往和平的康庄大道，朝着这个方向努力，终究会打通心与心之间的渠道。"③他认为鲁迅笔下的墨子就是这种"动"的形象，是典型的"行动派和平主义者"。同时，池田大作也从《理水》中只动口不动手的所谓贤达知识分子联想起现代社会中的搬弄口舌之非、信口开河之徒，而跟风骨凛然、被太阳晒得鳌黑、大步行走的大禹风貌形成鲜明对照。墨子和大禹都是鲁迅笔下的实干家典型，他们最大的特点就是同属于身体力行的行动派，而这正与池田本人对世界和平锲而不舍的追求和百折不挠的实践十分契合。

最后，池田大作通过《非攻》得出的结论是，只有通过像小说中的墨子一样进行勇敢和智慧的对话，才能实现最终的世界和平。墨子见到楚王后对其直斥战争的愚蠢和不义，虽然楚王同意墨子所讲的道理，但是仍然执意要攻打宋国。因此墨子便智慧地说，即便杀了他，宋国仍然会有许多人用他的守城之法来抵挡楚国的进攻，从而最终迫使楚王不得不放弃攻打宋国的念头。池田大作认为小说中楚王所说"公输般已经给我造云梯，总得去攻的了"正是现代扩军论者的丑恶嘴脸，鲁迅对好战者绝妙的讽刺给他留下了难以磨灭的印象。如何才能达成和平这一目标，池田大作的结论就是，不断地采取果断的行动和进行有勇气的对话。特别是当前许多的国际纷争，应通过"和平对话""文明对话""建设性对话"来解决。他指出联合国正是全球的"对话场所"，应该充分利用联合国这个阵地，开展反复协商和对话来解决国际间的纷争。在倡导国际对话的同时，池田大作本人也一直亲力亲

---

① 鲁迅：《〈呐喊〉捷克译本序言·且介亭杂文末编》，《鲁迅全集》（第6卷），北京：人民文学出版社，2005年，第544页。

② 池田大作：《我的中国观》，成都：四川人民出版社，2009年，第85页。

③ 池田大作：《我的中国观》，成都：四川人民出版社，2009年，第85页。

为,不仅足迹遍及世界各大洲,先后访问了54个国家和地区,在海外各大学、学术机构进行几十场演讲,而且还与世界各国领导人、学者、文化界人士等进行了无数次会谈和对话,他也因此获得过"联合国和平奖"等多项国际奖项。

三、当代世界语境下的"和平行动主义"

池田大作一生积极致力于世界和平的事业,他不仅是当今世界著名的和平爱好者和国际人道主义者,更是一位名副其实的"和平行动主义"者。他善于吸收古往今来的各种有益思想,并熔铸为他的"和平行动主义"。在中国诸子百家中,墨子反对面对强暴采取消极不抵抗的奴隶思维,提倡不放弃武力的积极的和平主义思想,墨子本人和墨家弟子也曾多次亲身参与到帮助弱国抵御强国侵略的自卫反击战中。基于阐扬普遍的人类之爱和追求世界和平的价值理念,池田大作也像墨子一样关爱生命,反对战争,并身体力行地去追求和平、实践和平。值得注意的是,在解读鲁迅的小说《非攻》时,池田大作总是将小说中主人公墨子所生活的时代与当今世界相关联起来,他说:"鲁迅先生在诸子百家中,最尊敬的就是墨子。这篇作品绝妙的讽刺,给我留下了深刻的印象。尤其是楚王说的那句话:'公输般已经给我造云梯,总得去攻的了。'在这里,我们见到的不正是现代扩军论者的嘴脸吗?"[①]事实上,虽然和平和发展早已成为时代的主题,但当今世界仍然并不太平。正因如此,池田大作一直积极致力于世界的和平事业,他为全世界的反战、反核、裁军以及为中日邦交和中日友好做了大量工作。他的这些和平的思想主张和对话活动不仅在日本国内有着较大的影响,而且对维护世界和平发挥了积极作用。

在战后日本,池田大作一直立足于对日本军国主义的反省而较早倡言中日邦交的正常化,并成为中日邦交和中日友好的先驱者之一。他说:"在实现日中邦交正常化的4年前(1968年),我曾经向日本的学生们强烈地呼吁过邦交正常化和日中和平友好。不论发生什么,都必须坚持同中国友好,不能再重复那次悲惨的战争——这是我从年轻时代就具有的信念。因为我曾因战争而失去了亲人,并一直为此而痛苦。"[②]所以在1968年,池田大作就发表了著名的《中日邦交正常化倡言》,并提出中国问题正是实现世界和平的关键。此后,他还先后十次访华,为中日建交作出了重要贡献,并积极推动了中日民间的友好和中日文化的交流。

为实现没有核武器的世界,池田大作提出要分步推进的构想,他提出,一是应推动裁减核武;二是应做好防止核扩散的工作;三是要推动国家安保向不依赖核武器的方向发展;四是彻底废除核武器。为达到废除核武的目的,池田大作除了倡导在联合国设立"废核有识之士小组"和废核常设机构以外,他还在创价学会开展了许多废除核武器的实践活

---

① 池田大作:《我的中国观》,成都:四川人民出版社,2009年,第85页。
② 池田大作:《我的中国观》,成都:四川人民出版社,2009年,第29页。

动。1973 年,创价学会青年部开始了"废除核武 1000 万署名活动"。1975 年,池田大作将民众署名的废核愿望亲手交给联合国秘书长。1997 年,创价学会响应要求缔结废除全部核武器的署名运动,在 3 个月内募集了 3000 多万的签名。从 1982 年起,创价学会还参与举办"核威慑展"在 24 个国家巡展,200 多万人观看了展览。这些展览向人们显示了核战争的恐怖与和平的宝贵,对形成废核的国际舆论发挥了重要作用。此外,创价学会还举办"青年和平讲座""聆听战争体验,受核爆体验座谈会"等活动以唤起废核和追求和平的国际舆论。2009 年 1 月,池田大作呼吁召开"美俄首脑会谈",开始就"禁止核武器条约"进行谈判等。也正是在池田大作等反核人士的努力下,联合国安理会在 2009 年 9 月通过了《没有核武器的世界》的决议。

在反战方面,池田大作一直像墨子一样倡导"非攻",并强烈反对一切战争。他非常赞同墨子对当时所有"攻国"战争都是"不仁义"行为的谴责,并说:"墨子关于舍去利己,树立爱他的兼爱学说,是反对侵略战争的理论先导。就是说,正如谴责侵害他人牟取私利的强盗行为一样,也应该谴责大国侵害小国,大量屠杀以及破坏经济的行为。"①所以,池田大作在宗教活动、文艺创作、文化交流和教育实践中一直贯穿着他的反战和平思想,而他所领导的创价学会就是以佛法为基础的推进和平与文化的团体,在世界和平友好和国际文化交流方面一直发挥着重要影响。

总之,池田大作力主世界和平,反对战争,并不断倡导以和平对话的方式来解决国际问题。正是透过对鲁迅小说《非攻》的解读,池田大作深入认识到,"一个人一个人的努力,即使就像水滴那样微小,但终究会穿透石头,而无数的水滴将汇成掀动并冲走岩石的大河。要达成和平这一目标,只有墨子的和平行动主义,才是打开出口,实现和平的关键所在"②。当然,也正是在和平价值论的指导下,池田大作不仅发展壮大了日本创价学会和国际创价学会,而且还创立了日本公明党,走上议会民主政治的道路,并与国际社会众多的著名人士进行了接触和对话,宣传反对战争、维护世界和平的思想,从而积极介入当今世界的国际争端,在国际事务和世界和平方面发挥着积极的影响。

---

① 汤恩比、池田大作:《展望二十一世纪:汤恩比与池田大作对话录》,荀春生等译,北京:国际文化出版公司,1985 年,第 425-426 页。

② 池田大作:《我的中国观》,成都:四川人民出版社,2009 年,第 85-86 页。

池田大作和平思想中的女性力量

南开大学　郑文娟

池田大作是闻名于世的和平运动家，为世界和平作出了卓越而突出的贡献。自 1960 年起，他就开始了被称为"世界和平之旅"的频频出访，与世界各国元首以及学者进行友好对话，阐述他对维护世界和平的思考和见解，引起巨大的国际反响。自 1974 年起，池田大作先后十次亲率规模庞大的代表团访华，始终坚持推动日中友好交流。自 1983 年 1 月 26 日开始池田大作共提出和发表了 33 篇《和平倡言》。由于池田大作对中日友好及世界和平事业的杰出贡献，池田大作于 1983 年获得联合国和平奖，1990 年获中日友好"和平使者"称号，1999 年获爱因斯坦和平奖，被公认为"和平使者"。池田大作和平思想是其诸多思想中的重要部分，也成为海内外学术界研究的热点问题。学界对池田大作和平思想的研究主要集中在其和平思想的渊源、内涵、内容、特征、实现路径以及重要意义等方面。同时池田大作的女性观也是学界研究的热点，而有关池田大作和平思想与女性关系的研究甚少，本文欲分析池田大作和平思想中对女性价值的肯定，探求女性在缔造和平文化中的重要作用。

一、女性具备倾向和平的特质

对于现代文明陷入困境的原因，池田大作认为可以找出各种不同的原因，但他指出，从男女特质这个角度来思考，"确实可以说男性在本质上是战斗的、攻击性的。与男性相反，女性是和平的、向善的"①。

首先，女性的美德是走向和平的推动力。当今世界仍然存在着纠纷、暴力、战争及恐怖主义的威胁，池田大作认为要切断这种暴力的恶性循环，"女性的价值"备受关注。具体地说，"就是'多样性''同情心''公平''爱'和'尊重生命'等女性特有的美德"②。池田大作进一步指出，女性的这些美德和活力"会启发好战的男性转向和平，也会在社会

---

① 池田大作：《新妇女抄》，卞立强、张彩虹译，北京：中国文联出版社，2010 年，第 107 页。
② 池田大作：《新女性抄》，卞立强译，上海：上海财经大学出版社，2004 年，第 189 页。

上掀起'非暴力''废除战争'的变革的浪潮。"①池田大作还认为,女性美德使其行事方式带有柔性,与那些以斗争和冷酷为本能的男性相比,当面临紧张局势的时候,女性更有助于缓解矛盾,维护和平。从心理学角度出发,女性的着眼点是人,从人的利益、立场、感受、收获以及和谐角度出发去理解生命的价值,具有同情心,懂得尊重差异,珍爱生命。为此池田大作表示:"每当听到爽朗的女性表示要'和大家友好、前进'的决心,我都非常感动。因为这样美丽、聪明的心灵,一定会扩大幸福的团结,缔造和平的世界。"②和平学者加尼杜革博士认为,99%的战争都是由男性挑起的,对此,池田大作非常赞同。池田大作认为,男性固执于私利私欲,企图压倒对方而获取利益,正是这些本能的横行,20世纪成为一个硝烟弥漫的战争世纪,给无数家庭带来沉重灾难。他还指出,21世纪新文明的建设需要一种推动力量,"是人要真正像人,互相信赖、协调、共生的'友谊逻辑'。尤其是女性心灵的网络,在地区、在工作单位,像经纱纬纱那样织成明朗热闹的人类共和时,世界就一定会由此而完全改变"③。

其次,女性的坚强是和平道路上的"定心丸"。女性的温柔、亲切等气质,是男性学不到的,池田大作认为女性的这些气质要与男性革新的、攻击性的特质一起发挥时,才会有健全的社会和文化的发展,为此,女性走向社会,还需要清纯的女性"坚强","所谓女性变得坚强了,绝不意味着丧失了温柔等这些特质"。④东方传统女性特有的坚强、智慧、勇气和韧性自古就是值得称颂的。女性是家庭的太阳,为家庭幸福、孩子成长、实现自我价值而默默付出,女性的角色实际是需要非常坚韧的决心和勇气才能够完成的。池田大作祈愿女性能够坚强起来,用最高的胜利来装点自己家庭的人生剧场,他在谈到"近代教育之父"瑞士教育家裴斯泰洛齐在事业遇到挫折时,"支撑裴斯泰洛齐的是他的妻子安娜:'我们要相信,这样的逆境会引导我们走向幸福',由于妻子的鼓励,丈夫重新振奋起来"。由此池田大作认为:"在关键的时刻,心性坚定的女性的一句话,就是最大的依靠。"⑤可见池田大作对女性坚强气质的肯定和鼓励。池田大作从其自身经验出发,看到女性的特质:"女性本来就是现实主义者,同时也是慈爱地守护生命、具有丰富感性的和平主义者。而且很有正义感,非常认真,忍耐力强。"因此,池田大作认为,在人类历史由战争与暴力时代转变为和平与共生时代的过程中,女性角色尤其重要。联合国前任秘书长安南非常认可池田大作的看法,他说:"预防纷争最好的战略,即是扩大和平创造者——女性的职责。"⑥

最后,"母爱通向大爱",女性更渴望和平。池田大作致力于人类和平事业,与他亲历

---

① 池田大作:《新女性抄》,卞立强译,上海:上海财经大学出版社,2004年,第189页。
② 池田大作:《新女性抄》,卞立强译,上海:上海财经大学出版社,2004年,第32页。
③ 池田大作:《新女性抄》,卞立强译,上海:上海财经大学出版社,2004年,第40页。
④ 池田大作:《新妇女抄》,卞立强、张彩虹译,北京:中国文联出版社,2010年,第110页。
⑤ 池田大作:《新女性抄》,卞立强译,上海:上海财经大学出版社,2004年,第25页。
⑥ 池田大作、海瑟·亨德森:《珍爱地球》,台北:正因文化事业有限公司,2005年,第269-270页。

二战的体会有密切联系。池田大作在多个场合都提到过，他永远不会忘记当母亲知道大哥战死沙场时那种悲痛欲绝的场景，他暗下决心绝不能让母亲再次受到伤害，这也是他推动和平事业的初衷之一。他说："我痛切地感受到了母亲的悲哀。战争的最大牺牲者是女性，尤其是母亲，断断不能再使这些可尊敬的母亲们第二次陷于这种悲哀之中了！为此，无论如何都必须确保持久的世界和平，而且，作为天生的和平主义者，女性的思想和力量在这方面将起多大的影响啊！"①池田大作认为，女性天生的特征是保护和养育生命，这是对生命的母爱，因而被战争夺去孩子的女性的悲痛是无法形容的。女性培育生命，母爱力量使女性比任何人更懂得生命的珍贵，女性从内心深处更渴望给孩子和平美好的生活环境。因此池田大作说："女性本能地具有珍爱、保护、抚育生命的天性。母亲这种怜子之心如果在政治上得到反映和发扬，又怎会再有战争之类的事情发生呢？"②他还感慨道："母亲的声音把世界团结在一起的时候，母亲的双手与世界和平联系在一起的时候，世界将变得多么美丽啊！"③可见，母爱无疆，恰当运用，能发挥人类和平的大爱。池田大作曾这样赞美母亲，表达对母亲的敬意，"我认为这个世界上没有比培育着新生们的女性更尊敬、更伟大的形象了，甚至可以说，一家、一族的繁荣，不，连社会和国家的繁荣归根结底都系于所有女性和母亲的双肩。她们所负的是人类最高使命。能出色地培育自己孩子的人，才真正是和平国家的建设者。出色培育自己的孩子，是一种最崇高的价值创造"④。

二、女性拥有创造和平的力量

"自由、和平和尊严女性是象征着你们的战士……永恒的和平与繁荣 不在这里与那里 就在你们那纯净而又有力的心中……"这是池田大作的《给生命之尊严的守护神》这首诗里对女性的赞美，对女性力量的期盼。池田大作认为："世界的一半是女性，支撑半边天的也是女性。女性的声音，女性的力量，已日益成为改变时代和社会的力量。"⑤女性力量到底是一种什么样的力量，就是"女性运用与军事、经济力量等'硬力量'相对立的，以文化、信息、智慧为象征的'软力量'，聪明地、生机勃勃而又顽强耐心地从底流来推动时代的变革"⑥。女性有多重身份：自己、妻子、母亲、社会成员，多重角色相互融合才会发挥最大力量。因此池田大作称赞女性力量伟大的同时，鼓励女性发挥主动性，将个人成长、家庭幸福与和谐社会、世界和平相结合。池田大作还断言："21世纪的文明，

---

① 池田大作：《女性箴言》，仁章译，长春：吉林人民出版社，1986年，第36页。
② 池田大作：《女性箴言》，仁章译，长春：吉林人民出版社，1986年，第32页。
③ 池田大作：《365日给女性的赠言》，卞立强译，成都：四川人民出版社，2008年。
④ 池田大作：《女性箴言》，仁章译，长春：吉林人民出版社，1986年，第33-34页。
⑤ 池田大作：《人生的坐标》，卞立强译，上海：上海外语教育出版社，2002年，第88页。
⑥ 池田大作：《新女性抄》，卞立强译，上海：上海财经大学出版社，2004年，第190页。

确实是'女性的文明'"①,也足以可见女性力量对于创造和平的巨大价值。女性首先自身要乐观积极向上,注重自身成长,进而才能在家庭中做好母亲和妻子的角色,协调建设和睦家庭,在社会中出色工作,创造和谐社会价值,为和平贡献力量。

首先,乐观的女性本身是创造和平的基础。每个人都可能遭遇困惑,面对期待与现实的落差也会出现人际关系的困难,为此池田大作希望大家能互相给予温暖的鼓励,"一句出自真心的话语,无法估计它会带来多么巨大的'生活的力量'"②。女性唯有自己乐观,勇于面对一切困难,才能给予别人鼓励,带给别人力量。女性应该如何生出乐观精神呢?池田大作借用"乐观主义的心理学家"塞利格曼博士对于乐观主义的描述给出了答案:"知足常乐。有了金钱——是否是乐观主义的人生呢?不是!乐观主义是'希望'。不论在何时何地遭遇到失败,经受苦难,都是可以通过'行动'来改变的。这种信念就是乐观主义。"③池田大作还特意提到邓颖超女士晚年说的话,她有两个可靠宝贵的办法,其中之一就是乐观主义,并对邓颖超女士给予了高度评价:"在几十年四面受敌的激烈的革命斗争中,这位人民的母亲为了她热爱的中国孩子们,就是用这种开朗乐观的精神忍受和克服了一切。"④池田大作进一步指出,在社会发展进程中,聪明的女性的生命发出乐观主义的光辉是尤其重要的。池田大作在访问以没有军队的和平国家而闻名的哥斯达黎加共和国时,见到菲格雷斯总统的母亲奥尔森女士。奥尔森女士渴望和平,为世界和平作过奉献,一席话让池田大作甚为赞同,她说:"我是'未来主义者'。未来主义就是经常怀着'理想'向未来前进、发展。我所说的发展,是指发展'人的幸福',就是以'重视人的生命'为根本,为争取更加美好的社会而进行'不懈的斗争'。"⑤也就是说,不管发生什么事,女性仍然能信心十足,乐观自信,勇敢向前,一定会开辟光辉的未来。

其次,女性倡导的幸福家庭是实现和平的关键。池田大作认为,社会是由各个家庭所组成的集团,没有和睦幸福的家庭便没有安定的社会。建设和睦家庭,女性被赋予重要职责,池田大作一再强调女性在家庭建设中起到的重大作用,鼓励女性努力去建设幸福家庭。在女性为人妻方面,池田大作说,"日莲大圣人把妻子比作弓,把丈夫比作箭"⑥,意思是说,丈夫如何在社会的太空中飞翔,如何在社会上顽强地奋斗,都关系到妻子的力量。池田大作还认为家庭幸福与否很大程度上归结于妻子是否贤明:"夫人的贤明,就是全家的幸福。"⑦这里的贤明是指,女性发挥内在的和平特质,关怀鼓励丈夫,照顾家庭,给予家庭成员无微不至的体贴,建设和睦幸福的家庭。在女性为人母方面,池田大作多次

---

① 池田大作:《新女性抄》,卞立强译,上海:上海财经大学出版社,2004年,第181页。
② 池田大作:《新女性抄》,卞立强译,上海:上海财经大学出版社,2004年,第66页。
③ 池田大作:《新女性抄》,卞立强译,上海:上海财经大学出版社,2004年,第66-67页。
④ 池田大作:《新女性抄》,卞立强译,上海:上海财经大学出版社,2004年,第68页。
⑤ 池田大作:《新女性抄》,卞立强译,上海:上海财经大学出版社,2004年,第79页。
⑥ 池田大作:《人生箴言》,卞立强译,北京:中国文联出版社,1995年,第97页。
⑦ 池田香峰子:《香峰子抄》,刘晓芳译,北京:作家出版社,2006年,106页。

强调:"支撑世界的,不是少数貌似伟大的领袖,而是看起来不显眼,单为自己的使命顽强生活的母亲们。"①池田大作认为母亲是一家的太阳和大地,她具有生育和养育生命的力量,这种力量是任何其他都无可比拟的伟大和尊贵,因而母亲确实是家庭的核心和主角。母亲不仅要生育孩子,还要给予孩子启蒙教育,为此池田大作指出:"母亲应当更强烈地自觉到,家庭是最重要的教育场所,自己是负有最高使命的教师。不能不说,支撑孩子一生的全部人格的基础,实际上关系到母亲的家庭教育。"②对于孩子的成长和幸福来说,贤明的母亲就像太阳一样把光芒洒向对孩子的关怀,在孩子遇到烦恼或者遇到重大选择时,母亲要有无限包容的心胸去帮助指导孩子,给予孩子坚实的依靠。关于母亲对于家庭和睦的重要性,池田大作曾说:"在一个和睦家庭,无论发生多大的风暴,家庭中都有一个太阳把全家人照耀。家庭中的这个太阳就是母亲。"③当女性意识到家里有需要保护的人,就会对他们加以怜爱,加深彼此之间的关爱,增进家庭和睦安乐,带来全家的繁荣和幸福。他还教导女性在做好妻子和母亲的角色的同时,要注重自己的成长,要时刻保持向上的心,与家庭成员一起进步,并寄语女性:"我希望母亲不要因为当了母亲就忘了自己的成长,也不要因被家务所累而未老先衰,而是要经常保持充沛的精力和蓬勃的朝气,做一个值得孩子们骄傲的母亲。"④

最后,女性参与的和谐社会是构建世界和平的重要部分。传统的男主外女主内的时代已经过去,女性已走出家庭走向社会。各行各业都出现了女性活动的身影,她们期待获得与男性同等的工作权利、待遇以及尊重,以实现自身的价值。对此池田大作表示非常支持女性的做法。一方面,他认为女性具有善良、内心和平、尊重生命等特质,作为和平的母体的女性的特质要充分发挥,应当给予女性更多的社会上活跃的机会。因为"女性是和平的主角",女性进入社会活动,"与主妇主导家务同样,在一个国家,在全世界,女性掌握了主导权,才能建设世界和平的时代"。⑤女性融入社会也是时代的要求,"时代要求能把女性所具有的优美的创造力、温和亲切、人情味等反映到社会中来,要使只追求物质和效率的社会回归到心心相通的真正人的社会中去,女性的力量是不可缺少的"⑥。另一方面,池田大作认为,男女双方的特性要互相结合起来,充分发扬女性作为和平主义者的荣誉,与男性共同投入社会工作中,才能缔造和谐的世界。池田大作还鼓励女性积累知识,"女性一定要聪明起来。当女性积累了知识,并用智慧来活用知识时,才能成为真正的和平的文明国家的建设者"⑦。他还希望能出现更多的女性活跃在政界,将女性观点反映到政治

---

① 池田大作:《365 日给女性的赠言》,卞立强译,成都:四川人民出版社,2008 年,256 页。
② 池田大作:《新妇女抄》,卞立强、张彩虹译,北京:中国文联出版社,2010 年,第 75 页。
③ 池田大作:《365 日给女性的赠言》,卞立强译,成都:四川人民出版社,2008 年,175 页。
④ 池田大作,《女性箴言》,仁章译,长春:吉林人民出版社,1986 年,第 40 页。
⑤ 池田大作:《新妇女抄》,卞立强、张彩虹译,北京:中国文联出版社,2010 年,第 108 页。
⑥ 池田大作:《人生的坐标》,卞立强译,上海:上海外语教育出版社,2002 年,第 89-90 页。
⑦ 池田大作:《新妇女抄》,卞立强、张彩虹译,北京:中国文联出版社,2010 年,第 109 页。

中，真正发出女性的声音。池田大作对女性正义的团结推向社会寄予很大的期望，"由于女性参与社会活动，文明的社会向新的幸福转化、向新的希望转化的趋势正在不断扩大"①，并引用非暴力运动的英雄圣雄甘地的话再次表达他的观点："通过建立女性心灵的和平来缔造社会的和平。这时，女性的和平的力量会成为惊人的伟大的力量来改变社会。"②

在人类和平发展的道路上，出现过许多为和平而奋斗的伟大女性，池田大作也与不少致力于和平友好事业的女性有过友好对话。在人权领域，有点燃美国公民权运动之火的罗莎·帕克斯女士等，她们秉持非暴力的伟大精神力量而不懈奋斗。在环境问题方面，有以《寂静的春天》向世人宣告危机的瑞秋·卡森博士等人。在和平领域，提出针对核武器违法性的世界法庭计划的是一位女性。在池田大作与瓦希德博士的对谈集中提到，印度尼西亚近代涌现出许多为和平而战的女性，有马鲁古的女性领袖玛莎·克里斯蒂娜·蒂亚哈胡，以及亚齐地区的领导者朱月婷等女英雄等等。其中较为著名的是卡尔蒂尼，她是印尼的"民族独立之母"，至今仍受国民敬爱。在池田大作和平思想的指引下，多年来创价学会以女性为主体，从事建构和平社会的运动，自 2002 年起举办"和平、文化、女性"巡回展，次年起举办"和平文化论坛"。负责展示与监修工作的和平学者博尔丁博士给予女性极高的评价："任劳任怨从事和平活动并活跃于自己的社区，女性的奉献极为重要。"③池田大作深有同感："世上有许多为了孩子、家族与社会，不论处于再困难的境地或他人怎么说，也不屈不挠贯彻行动的女性。"④

三、女性以对话缔造"和平的文化"

20 世纪是"战争文化"的时代，无数的女性经受战争的痛苦流尽了伤心的眼泪。正因如此，池田大作认为："21 世纪应当是母亲、女性出来担当主角，愉快地创造'和平文化'的时代。"⑤美国和平研究之母爱莉斯·博尔丁博士认为，"和平文化"就是"充满着同情和尊敬的人的生活方式"⑥池田大作为此与其进行亲密交流，认为创造和平根本的动力是要把心与心联结在一起的互有同感的对话。他还强调："小范围内的对话，会发展成为'和平文化'切实可靠的运动。"⑦

---

① 池田大作：《新女性抄》，卞立强译，上海：上海财经大学出版社，2004 年，第 49 页。
② 池田大作：《新女性抄》，卞立强译，上海：上海财经大学出版社，2004 年，第 190-191 页。
③ A. 瓦希德、池田大作：《和平的哲学 宽容的智慧——伊斯兰教与佛教的对话》，陈鹏仁译，台北：正因文化事业有限公司，2012 年，第 229 页。
④ A. 瓦希德、池田大作：《和平的哲学 宽容的智慧——伊斯兰教与佛教的对话》，陈鹏仁译，台北：正因文化事业有限公司，2012 年，第 229 页。
⑤ 池田大作：《新女性抄》，卞立强译，上海：上海财经大学出版社，2004 年，第 50 页。
⑥ 池田大作：《新女性抄》，卞立强译，上海：上海财经大学出版社，2004 年，第 50 页。
⑦ 池田大作：《新女性抄》，卞立强译，上海：上海财经大学出版社，2004 年，第 51 页。

首先，对话要从寒暄话和倾听他人的意见开始。俗话说："话语是打开人们心灵的钥匙。"根据语言学研究，人与人在相遇时如果沉默不语，就会给对方带来心理负担，甚至会产生一种恐惧。相反，如果开始互相寒暄，双方都可以达到安心稳定的状态。因此，池田大作强烈主张，对话要从"打开心灵"的一句寒暄话开始。寒暄时满面笑容地看着对方的眼睛，向对方打招呼、行礼。池田大作认为，"能够做爽朗的寒暄"这样的教养，将会成为一个人一生的财富，同时还指出在寒暄爽朗的家庭里，母亲的影响很大，并呼吁女性："让我们用爽朗的寒暄来扩大新的希望和友谊的丝绸之路吧！"①另外，女性和平的行为要从倾听他人的意见开始，继而进行友好的对话。在过去漫长的历史年代里，女性遭受到种种不公平待遇，没有机会展示自己文明的力量，没有机会发出女性和平的声音，更没有人倾听女性对于和平的意见，使得世界长久以来缺少女性文明的滋养，使得20世纪的世界充满了杀戮与仇恨，可唯有奉行鼓励团结的母性力量是战胜权力的法宝。因此女性要更多地参与社会活动，与他人见面，倾听他的谈话，知道这个人的问题是什么，需要什么，进而与其对话，帮其解决问题，希求和平的女性更愿意开朗欢快地不断扩大活泼的"平民对话"，"以广阔的胸怀，不断地进行诚恳的对话，加深人与人之间的相互理解"。②看似质朴的活动却发出和平的希望的光辉，"我们的社会向新的幸福转化、向新的希望转化的趋势正在不断扩大"③。

其次，以对话扩大的友谊会改变世界。人都有各自丰富多彩的个性，文明也各有多种多样的特征。面对这样的差异，人们是互相排斥还是承认差异而互相尊重呢？池田大作的答复是："通过这种微妙的心灵的作用，人生中会产生新的友谊的相遇，世界上会扩大丰富多彩的文明的对话。"④友好是美丽的，女性更愿意与他人表示友好，美丽的女性心灵缔造和平的世界。友谊会使希望生辉，会防止精神力量衰退，要把友谊看得比名望、财产更重要。历史上流芳的"康布雷贵妇人的和平"，缘于两位在少女时代就培育起来不朽友谊的女性，阻止了一场本也无法解决的两国纷争，双方缔结了和平协定。对于这个历史的启示，池田大作认为，新世纪的推动力量是人与人之间互相信赖共生的友谊，尤其是女性心灵共同的友谊。诺贝尔化学奖和和平奖的得主鲍林博士曾告诉池田大作，他战斗的源泉是战友埃巴夫人之间的"友爱的力量"，还多次表示愿意协助池田大作争取和平的努力，对此池田大作认为友谊是珍贵的，友谊的力量是无穷的。对话无处不在，"女性朝气蓬勃的举止动作，其本身就可以轻松愉快地成为扩大友谊的契机"⑤，"和近邻的朋友谈心，脚踏实地地扩大友谊。这些女性们勇敢而真诚的努力，可以改变社会，改变历史，改变世界"⑥。池田大作还认为，女性都有一颗为他人的痛苦而痛苦的同苦之心，为他人的幸福

---

① 池田大作：《新女性抄》，卞立强译，上海：上海财经大学出版社，2004年，第149页。
② 池田大作：《新女性抄》，卞立强译，上海：上海财经大学出版社，2004年，第32页。
③ 池田大作：《新女性抄》，卞立强译，上海：上海财经大学出版社，2004年，第49页。
④ 池田大作：《新女性抄》，卞立强译，上海：上海财经大学出版社，2004年，第31页。
⑤ 池田大作：《新女性抄》，卞立强译，上海：上海财经大学出版社，2004年，第57页。
⑥ 池田大作：《新女性抄》，卞立强译，上海：上海财经大学出版社，2004年，第44页。

而祈求的心,这颗心"会打开向世界扩大友谊的'心灵的国际化时代'的大门"。①那么,女性的和平之爱将会充满世界,"从宇宙凝视'地球母亲',在那里最光辉的是,为了和平、为了正义的胜利,怀着希望前进的'母亲——女性'"②。

最后,通过对话的力量创造"女性的文明"。信息技术的发达缩短了人与人交流的距离,却容易带来心与心的隔阂,现代孩子们身上缺少关心、缺少感动、缺少表情的心灵麻痹现象还在蔓延,为此池田大作强调女性更要与孩子对话,共同培育感动,给人生创造美的价值。池田大作认为音乐和诗都是人们加深情感沟通,增强对话影响力,产生共鸣的有效形式。音乐的交流会加深人们心灵的互相理解,培育新的友谊,时代要求生命之间保持同感共鸣,也希望可以培育生命的感动的音乐文化进一步兴盛。明朗的欢喜的声音、和睦快乐的声音、正义的声音,可以压倒现实社会中的不和谐声音。池田大作希望女性能发出和平希望的声音,"能给自己的朋友带来鼓励,用希望来团结自己的家庭、自己的地区的女性的声音,是在自己的身边缔造和平的、伟大的美妙的声音"③。池田大作表示他看过从日本全国征集来的"让人震惊的孩子的话",认为孩子是和平的诗人。他希望女性能够重视平常与孩子的谈话,怀着向孩子学习的广阔的心胸,与孩子们一起发现新事物,共同为美好的事物而高兴。他还希望女性成为希望的诗人,通过"诗"发出渴望和平与幸福的愿望的声音,诉说给所有的朋友们。池田大作提倡女性尊重对艺术、自然、美的敏感和执着,进而使女性更喜欢"对话",在诗意的对话中,培养感致力,创造美的价值,缔造"和平的文化"。因此,池田大作断言,21 世纪的文明是"女性的文明",并借用美国文艺复兴的哲人艾默生的话,表达了这一观点:"通过对话的力量和她们对社会产生的影响力,女性会使人类变得文明。什么是文明呢?我的回答是善良的女性的力量。"④

池田大作对女性在缔造和平文化过程中所具备的特质和力量给予了充分的肯定。女性特有的"公平心""爱""尊重生命"等美德是和平的推动力,女性的坚强和勇气是无比坚实的支撑和依靠,母爱让女性更珍爱生命渴望和平。女性积极发挥主观能动性,将建设个人的成长、家庭的幸福与整个社会以及世界和平联系在一起,努力扮演好自己、妻子、母亲和社会成员等多种角色,发挥创造和平的力量。女性以打开心灵的对话来扩大与他人的友谊,会打开向世界扩大友谊的"心灵的国际化时代"的大门,这是可以改变社会、历史和世界的力量,女性在对艺术的追求中创造美的价值,缔造"和平的文化",进而创造21 世纪的"女性的文明"。当今世界,虽然和平与发展已成为时代的主题,但世界依然动荡不安,重新审视女性力量在和平进程中的价值,或许能给构建和谐社会提供一种新的视角,给世界和平的发展带来新的思考和启发。

---

① 池田大作:《新女性抄》,卞立强译,上海:上海财经大学出版社,2004 年,第 58 页。
② 池田大作:《新女性抄》,卞立强译,上海:上海财经大学出版社,2004 年,第 3 页。
③ 池田大作:《新女性抄》,卞立强译,上海:上海财经大学出版社,2004 年,第 163 页。
④ 池田大作:《新女性抄》,卞立强译,上海:上海财经大学出版社,2004 年,第 179 页。

历史的主角与和平的旗手

——21 世纪池田大作思想视域下的女性与外交

安阳工学院　王夏冰

美苏冷战结束以来，国际秩序不断进行重组，各国纷纷通过对外交往测探本国在新形势下的国际地位和话语权。在理论学界，探讨新国际形势的概念体系层出不穷，美国学者亨廷顿的文明冲突论和中国政府的和谐世界观都是其中深具全球影响力的代表。关于国际形势的发展和外交态势的走向，池田大作先生从女性学的角度进行了倡导和预言，这些观点在 20 世纪提出，并被 21 世纪的国际局势不断印证。

一、21 世纪外交图景描述：和平、多元文化、柔性权力、民众力量、共生

"20 世纪是'战争文化'的时代"[①]——这是池田大作先生对于 20 世纪国际形势的总评。20 世纪的前 15 年表现为东西方文化的激烈碰撞，慈禧太后对内发布上谕向各国宣战，引发八国联军侵华和《辛丑条约》的签订；1914 年到 1945 年，两次世界大战只间隔了十多余年，其间还爆发了俄国十月革命和各国联合发动的对苏联新生政权的军事围攻；20 世纪中叶，冷战开始，美苏两大集团在世界范围内较量对抗，地区局势紧张，局部武装冲突频发，苏联解体后，仍余震不断。池田大作先生敏锐地指出隐藏在战争烟幕下的主要掌控力量，以及在 21 世纪的角逐中胜出的新兴力量："20 世纪上半世纪：帝国主义、殖民主义及全体主义→20 世纪下半世纪：资本主义和共产主义意识形态持续对立→21 世纪：女性担任建设主力的以生命互惠互助作为基础的新文明"[②]。那么在池田大作的视域中，21 世纪作为一个女性世纪，国际外交又是怎样一种图景呢？

对于 21 世纪的国际外交环境，池田大作先生始终是一位绝对和平主义者。这里必须指出的是作为一位二战战败国的学者，池田大作先生持绝对和平主义的观点非常可贵。首先，池田大作先生在与高占祥先生等多位社会贤达的对谈中指出：因战争等暴力而取得的

[①] 池田大作：《新女性抄》，卞立强译，上海：上海财经大学出版社，2004 年，第 50 页。
[②] 池田大作、海瑟·亨德森：《珍爱地球》，香港：商务印书馆，2010 年，第 15-16 页。

和解，是强迫性的压服，并不令人从内心真正的同意和接受。①其次，池田大作先生能够看淡战败国的屈辱，看重与中国的情谊，把中国称作文化大恩之国，诚恳地反省战争、反对战争，显示了池田大作先生深邃的智慧。

从池田大作女性学的角度来展望21世纪的外交，其基本的环境应是和平的国际环境。因为事实上，在核战争的威胁下，和平的国际环境已经是21世纪人类生存的必要条件。外交本质上是人与人的交往，无人可交，前提不存在，过程即此终止。从历史文化渊源来考察，池田大作女性学主张和平的外交观，正是源于日本的原始文化。日本的原始文化并不是军国主义，而是以日本太阳女神天照大神为始源的母系原始社会文化。天照大神作为一位女性，她在历史上被一位男性——弟弟大海之神素盏鸣尊嫉妒、发动战争进攻，从而感情上受到了伤害。从这一点来说，女性原初都是反感战争的，日本以及各国从母系原始文化的角度来发掘本国的文化精神，对于保卫和平来讲具有重大意义。从日本创价理论渊源师承的角度来考察，池田大作女性学主张和平的外交观乃是题中应有之义。日莲宗的祖师日莲大圣人生活于战乱纷争的日本武家社会。在那样一个混战的年代，日莲大圣人提出"立正安国论"，力倡坚定的信仰与和平安宁的生活，吸引了大批信众。日本创价学会的创始人牧口常三郎先生在日本侵华得利的历史条件下反对侵华战争，并因此瘐死狱中，可见和平在他的心中是深深根植的信念。二代会长户田诚圣先生追随牧口常三郎先生反战，进而在狱中悟道："佛乃生命"，痛斥核武器为"绝对邪恶"。继承上述诸位创价先贤，池田大作先生预测"21世纪是生命的世纪"②，而生命的世纪必将是和平的世纪。生命不仅是人类的总体存在，更表现为每个个体的生存与价值。冷战结束至21世纪的局部战争，结果无不证明了总体不能取代个体，暴力所谓的强大不能压服弱小，正像美国前总统奥巴马面对新闻媒体所说的，他"在任期间犯的最大错误就是利比亚问题"。毫无疑问，和平一定是21世纪外交得以进行展开的首要的必要的前提条件。

21世纪的今天，多元文化思潮汹涌而至可谓各国外交见识的又一大景观。而这一壮丽的历史潮流是由多极化的政治力量、多样的文明形态和21世纪人性的胜利所推动的。21世纪的国际政治秩序是一种多极化的政治力量。美国在苏联解体后并未形成一家独霸，欧洲复兴，俄罗斯经济复苏，东亚稳定繁荣，拉美非洲中东等第三世界力量勃兴。从文化特殊的发展史角度来考察，这种多极化的政治力量必然会孕育多元的文化思潮。例如，中国在春秋战国时代，形成诸子百家，在大一统的封建王朝，则独尊儒术；古希腊在城邦王国时期，造就诸多思想哲学流派，在大一统的中世纪帝国时代，则唯基督之命是从。21世纪文明形态是多样的，并且人们清晰地认识到了这一点。文明形态是多样的，人们明确认识到了这一点，尽管文明之间存在冲突，但各个文明的地位是平等的，没有优劣之分。21

---

① 池田大作、高占祥：《联结地球的文化力——高占祥与池田大作对话录》，北京：中国人民大学出版社，2011年，第192页。

② 池田大作：《新女性抄》，卞立强译，上海：上海财经大学出版社，2004年，第6页。

世纪人性的胜利即是人类的尊严得到普遍承认和尊重的胜利。池田大作在第 37 届"国际创价学会日"纪念倡言中说:"不管他是哪个国家的人,也不去管他是哪一人种,白人、黑人都不分,只要是人,我们都是以平等心去尊重、去关怀、去照顾,互助合作。"而"实现世界和平,希望能够化解一切冲突,全世界的人都能变成一家人,彼此互相尊重,互相敬爱",则是多元文化思潮的目标。多元文化思潮是世界思想潮流的大势,尽管现在每个国家都有提倡的主流意识形态,但是必须承认这一事实。

池田大作在美国哈佛大学演讲时提出 21 世纪是柔性权力时代。从池田大作女性学的角度研究,21 世纪是柔性权力时代的观点发端于重视"缘起"的东方哲学观,即"重视关系性要比重视个别性更多,让人的系绊清新的复苏,它该是内发性的、综合性的"①。战争等暴力的刚性的权力往往起源于个别性,为了实现自私的占有的目的恶性竞争,池田大作先生把战争起源的根本原因又称作"自我中心主义的宿命"②,而 21 世纪是全球化、网络化、信息化的时代。全球化浪潮突破时间和空间的限制,把世界各个角落联系在一起,使各国经济技术联为一体,政治接触更加频繁,文化交融更加紧密。在跨入 21 世纪的十几年来,世界上没有能够改变人类生活的重大的科技发明,但是人们普遍认识到网络正在全面改变人类的生活。网络使得地球村概念成为现实,市场化、信息化、数字化、伴随着全球化浪潮席卷世界每一个角落。斯诺登事件表明:在今天狭小的地球村,人与人之间包括国家与国家之间很难有什么秘密,不管当事人是否情愿。在人类道德和价值阳光普照的关系的世界中,外交中任何狰狞的嘴脸都会一览无遗。因此池田大作先生指出在 21 世纪的权力角逐中应以柔性对刚性,这不仅是一种策略,更是制胜的高地。

21 世纪的外交最显著的特征是民间外交的广泛展开,以及民众力量的提升。"传统的外交具有秘密性、精英化等特点"③,奥地利著名大臣梅特涅说,"对外事务与百姓无关"④,外交权力集中于最高领导人,外交事务交由职业外交官来处理。第一次世界大战使得有识之士认识到国家中心主义、秘密外交、经济外交并没有使国际社会实现正义,反而"丛林法则"主导一切。"一战后随着美国总统威尔逊提出包含外交公开、民族自决的'十四点'和平纲领,列宁严厉谴责帝国主义的兼并政策与秘密外交的《和平法令》,西方各国要求外交民主化"⑤,让民众力量在外交发挥作用成为普遍认同的实现和平的一剂良药。但是第二次世界大战,毫无疑问希特勒法西斯利用公共外交的手段愚弄了民众、利用了民众。当然,这又从反面证明了民众力量的巨大。池田大作先生对佛教进行了人本主义改革,在

---

① 池田大作、高占祥:《联结地球的文化力——高占祥与池田大作对谈录》,北京:中国人民大学出版社,2011 年,第 14 页。
② 汤恩比、池田大作:《眺望人类新纪元——汤恩比与池田大作对谈录》,香港:天地图书有限公司,2000 年,第 63 页、第 65 页。
③ 苏淑民:《新中国民间外交研究》,北京:中国经济出版社,2011 年,第 26 页。
④ 苏淑民:《新中国民间外交研究》,北京:中国经济出版社,2011 年,第 27 页。
⑤ 周斌:《舆论、运动与外交——20 世纪 20 年代民间外交研究》,北京:学苑出版社,2010 年,第 1 页。

历史观上主张人民史观，而人民史观在21世纪的外交形势中将发挥正确的导向。这是由以下因素决定的。第一，21世纪财富的增长点在于创新无限的科技。传统的财富增长点是土地、河流、矿产等资源，这些财富极为有限，因而只能是少数人的权力，少数人的秘密外交。当代科技的发展彻底改变了这一态势，科技的创新在于民众，民众成为孕育财富的宝藏。科技所带来的财富无限且属于民众。第二，21世纪的教育特点是精英大众化，民众的素质由于教育的普及得到了极大的提高。同时，网络公众平台的普遍构建，民众的主体性在21世纪得到充分彰显，谣言四起，谣言又瞬间被识破，长时间的愚弄民众几乎是不可能的。第三，在21世纪，民众普遍有着参与外交的意愿和热情。因为，一方面外交事关民众的切身利益，另一方面外交毕竟曾经是社会上优秀人士的特权，是一件非常令人感到光荣的事情。第四，民众虽然价值观和思想意识形态各异，但是有着共同的诉求，那就是求幸福，这是池田大作思想对民众共通点的基本判断。池田大作女性学思想认为在21世纪，国际外交要实现"以国家为中心"到"以人为中心"[①]的转变，民间外交将更广泛更灵活地展开，民众将更自信更游刃有余地活跃在世界外交舞台上。

21世纪是一个共生的世纪。男人与女人，人类与其他生物共生于一个地球上，并且因为交通和通信的飞速发展，显得空间更加狭小和拥挤。在地球这个美轮美奂的村庄里，生命体每时每刻都在进行交流交换，新陈代谢。媒体滚动传播的新闻，既曝光了大量的嘈杂的危机，也不断弘扬着和谐与正义。在恩养人类的21世纪，池田大作女性学倡议人类重新理解"大地之母"古代价值观，形成男女平等协调关系时代：共生时代[②]。

二、21世纪历史的主角：女性

马克思在《1844年哲学经济学手稿》中说："人对人的直接的、自然的、必然的关系是男人对妇女的关系。"[③]在描绘21世纪的画卷中，池田大作选择浓墨重彩地渲染女性，他说"女性是历史的主角"[④]，而女性能够担当21世纪生命建设的主体正是基于这个时代人与人交往的土壤提供的营养元素：多元文化、柔性权力、民众力量和共生时代。

池田大作做出21世纪是女性世纪以及女性主导21世纪的预测，直接的主要根据是基于他对女性文化思潮将在多元文化中占据主流地位的判断。而多元文化思潮呈现出与母系社会文化相同的特征，这是作出女性文化在多元文化思潮中占据主流地位的结论的原因。

相似的特征一：原始母系社会女性文化是平等的且多神崇拜。当时，多神教互相包容，道并行不悖。例如崇拜人格化的多位自然神、崇拜自然、花样繁多的母系图腾崇拜

---

① 池田大作：《四季箴言》，卞立强译，成都：四川人民出版社，2010年，第226页。
② 池田大作、海瑟·亨德森：《珍爱地球》，香港：商务印书馆，2010年，第126页。
③ 马克思：《1844年经济学哲学手稿》，北京：人民出版社，2000年，第80页。
④ 池田大作：《新妇女抄》，卞立强、张彩虹译，北京：中国文联出版社，2010年，第108页。

等等。

相似的特征二：原始母系社会对女性非常尊崇，而且这种尊崇源自天然而成。原始母系社会尊崇女性原因有三：一是人们当时只知其母，不知其父；二是通过女性与神沟通，例如存在大量女巫或女祭司；三是女子采集、男子狩猎的天然分工导致女子的经济主导地位。

经过对人类历史的考量发现：在男权社会，文化始有主流支流之分，人始有高低贵贱等级之别。历史流变表现为下列史实。首先，中国殷商社会生活决定于原始社会流传下来的习俗——巫卜，可见女巫在殷商时期仍然非常有社会地位，商代《归藏》经，以代表女性的坤卦为首，而且商统治者非常重视祭祀母亲。其次，周王朝则以《周易》文化为代表确立了男权文化的绝对统治地位。例如，《周易》以代表男性的乾卦为首。《周易》这样论述男女关系和地位："男为天，女为地；男为阳，女为阴；男为乾，女为坤；男刚女柔，男健女顺""天尊地卑，乾坤定矣；卑高以陈，贵贱位矣"；女子为"幽人"①。自周王朝始，子女不重视祭祀母亲或不祭祀母亲，到女皇武则天才有所改变。最后，男权东方社会秦始皇搞文化大一统，焚书坑儒，除卜卦、医书，书籍全部焚毁。汉武帝以来，主张"男女平等，兼爱非攻"的墨家文化被排挤为非主流文化。而孟子更是把同时代的墨子学派评价为不懂人伦的禽兽文化，甚至评价为禽兽不如。

在21世纪的柔性权力时代，女性的特质将会使得女性作为领导者获得尊重。经过长期的社会历史环境的造就和生理体质的进化，目前公认的女性特质有两项：重视关系和温柔。美国科学家为女性重视关系特别是友谊特质的观点的论证作出了杰出贡献。美国生物学家莫里斯的《裸女》从女性的身心发展的角度，对女性不仅在原始社会处理内外关系中处于核心地位，而且擅长处理关系进行了举证和说明；美国女性学者弗里丹通过著作《女性的奥秘》表明，处于狭窄的社会关系会使得女性陷入深度的绝望当中；美国社会学家瑞秋·西蒙则通过当代大量调查研究说明：关系和友谊对于女性来说像空气一样重要②。由此，从前述东方哲学对21世纪内发复杂的关系性的缘起思想的描述角度来观察，女性将在和平的21世纪发挥主导作用。池田大作高度赞美了女性的友谊，认为女性的友谊超越了被男权社会功利所熏染的虚情假意，是世界上最纯洁的感情。池田大作在外交方面对女性关系能力寄予厚望："像竹林一样，每天每日都扩大新的人的网络。"③池田大作思想深深欣赏女性温柔细腻的特质，则表现了对21世纪文化力量的又一种角度的推崇。在池田大作看来，21世纪的竞争应该是以文化为核心的软实力角逐的"人道竞争"④，而政治竞争、军事竞争、经济竞争都应该逐步退出历史舞台、不再成为国家竞争的依靠力量。女性

---

① 李镜池著，曹楚基整理：《周易通义》，北京：中华书局，1981年9月，第107页。
② 瑞秋·西蒙：《为什么我是坏女生？》，曾如莹译，汕头：汕头大学出版社，2005年，第34-35页。
③ 池田大作：《新女性抄》，卞立强译，上海：上海财经大学出版社，2004年，第61页。
④ 池田大作、高占祥：《联结地球的文化力——高占祥与池田大作对谈录》，北京：中国人民大学出版社，2011年，第71页。

温柔的特质则是文化力时代的天然宝库，而且池田大作先生认为男性在温柔方面无论如何也无法超越女性。

多元文化共存、多样文明共生的时代差异普遍存在，因而和谐成为各国和人民的向往。在考察人类历史，特别是原始社会人类早期历史和20世纪历史之后，池田大作先生认为"和谐是女性的性格和特质"①。在21世纪的今天，生态危机、能源危机等各种危机险象环生的当下，池田大作强调要发挥女性这种和谐的"调和的美"②。而危机丛生中，女性成为历史主角的转机关头已经来临，因为历来"妇女是收拾混乱的承担者"③，妇女负责妇女做主——这是历史与逻辑的强大统一。池田大作这样描述社会对男女思维的看法："男性是用生命表层部分的理性来判断事物，女性则是用生命本身来判断。④"现代哲学之父康德曾高度赞美理性的伟大力量：由于人类理性"从某些原理出发的乃是它在经验的过程中不得不使用而毫无选择余地，而同时，在使用这些原理时，这经验也就充分证明它们是有正当理由的"⑤。即人类之所以能够取得发展的巨大成就是因为在多变的世界中追求事物的绝对性确定性，即追求形而上学，或者说哲学。池田大作则认为在如此多元的文化共生时代，"受论理的束缚、丧失灵活的思考，不如用丰富的感情来理解事物，看透其本质的直感智慧在创造上更有效"⑥。论证上帝道德的康德也不得不承认人的心灵的直观力量，他说："一切杂多都是在一定关系上被直观的。"⑦可见，女性特有的母性的直观的把握复杂关系局面的思维能力将主导多元文化下的共生时代。

21世纪是人权的世纪，伴随着民间外交地位的提升，女性作为民间外交的重要力量将会发挥超越男性的作用，原因如下。其一，从对女性在外交史角色的回顾，女性一贯是民间力量的代表。女性来源于民间，为伸张民意而出任外交事务。其二，女性的特质与民间力量的特质是吻合的，那就是柔性与和平。其三，女性在外交中的作用机理与民间力量一致，以情感为纽带，完成刚性力量所解决不了的难题，具备灵活性。当然，女性外交还需要向民间外交学习和汲取营养，例如增加广泛性。池田大作先生的幸福观认为女性的人权是人类生命尊严权这一基本人权的重要代表，女性感到幸福，全家都会感到幸福，全世界都会感到幸福。因此在21世纪的人与人的交往中，必须让女性感到自在和愉悦。

从马克思关于男性与女性相互关系的基本认识的角度来考察，女性是21世纪历史的主角的观点，反映了池田大作先生作为一位男性学者的人的本质的高度发展。在人类伟大思想家接续奋斗的历史中，池田大作先生为女性和全人类带来了太阳世纪的绚丽光明！

---

① 池田大作：《新妇女抄》，卞立强、张彩虹译，北京：中国文联出版社，2010年，第111页。
② 池田大作：《新女性抄》，卞立强译，上海：上海财经大学出版社，2004年，第184页。
③ 池田大作：《新妇女抄》，卞立强、张彩虹译，北京：中国文联出版社，2010年，第108页。
④ 池田大作：《新妇女抄》，卞立强、张彩虹译，北京：中国文联出版社，2010年，第6页。
⑤ 伊·康德，《纯粹理性批判》，韦卓民译，武汉：华中师范大学出版社，2000年，第3页。
⑥ 池田大作：《新妇女抄》，卞立强、张彩虹译，北京：中国文联出版社，2010年，第6页。
⑦ 伊·康德：《纯粹理性批判》，韦卓民译，武汉：华中师范大学出版社，2000年，第63页。

三、女性在 21 世纪外交中的角色定位：和平的旗手①

池田大作先生对于女性在 21 世纪外交中的角色定位非常明确，即"和平的旗手"。池田大作关于女性是和平旗手的观点，有以下三点主要来源。

第一，来源于对 21 世纪历史潮流的透彻分析。

池田大作做出女性是和平旗手的期望和结论，首要缘由在于他对 21 世纪历史潮流的透彻分析："新世纪的推动力量，是人要真正像人，互相信赖、协调、共生的'友谊逻辑'。尤其是女性心灵的网络，在地区、在工作单位，像经纱纬纱那样织成明朗热闹的人类共和时，世界就一定会由此而完全改变。"②在今天，池田先生将和平作为女性的一项重大使命，可以说引领了当代国际社会和平与发展的主题。

第二，来源于对女子特质的认识。

池田大作认为："女性的特质是和平的。"③除了前述女性着重社会关系的处理，池田大作还注重从生命本身的角度来论证女性的特质是和平。关于此，一方面，池田大作从女性生命自身与男性生命自身的差异来论述，他说："男性具有攻击的性格，女性具有和谐的性格"④，有关生物学的新闻确实有关于男性激素引发攻击性，而女性激素则让人的性格更加柔和的报道；另一方面，池田大作从女性与生育、养育生命的角度，论述女性比男性更加尊重生命。他说："女性痛切地知道生命的尊贵。"⑤

第三，来源于战争中女子的悲惨命运。

21 世纪身处爆发局部武装冲突地区的女性与以往中外战争史中的女性一样，尊严得不到保护，甚至遭受到残酷的迫害和凌辱。首先，受原政权宠爱的地位高的女性成为战争的牺牲品，如卡扎菲的女子卫队。其次，那些正该坐在明亮的教室读书的花季少女，成为士兵发泄兽欲的工具，甚至士兵为了掩盖罪行，将其全家虐杀，如 15 岁的伊拉克少女阿比尔。最后，那些本该安享晚年的老年妇女遭受丧子之痛，在战争中得不到应有的理解和尊重，甚至被虐杀。因此深受战争伤害的女性是天然反对战争，捍卫和平的。

池田大作将女性视为和平的旗手，也代表着他希望通过文化和教育的力量让女性得到全面的提升。在池田大作的女性学著作中，对于女性生活被男权文化毒害的"婆婆世界"的现实认识得非常清楚。池田大作希望女性能够警觉，他说："不要把自己的幸福建立在他人的痛苦上。这是在这个幸灾乐祸、卑劣污浊的世态中，我对纯洁的少女们寄托的

---

① 池田大作：《新妇女抄》，卞立强、张彩虹译，北京：中国文联出版社 2010 年 3 月，第 108 页。
② 池田大作：《新女性抄》，卞立强译，上海：上海财经大学出版社，2004 年 6 月，第 40 页。
③ 池田大作：《新妇女抄》，卞立强、张彩虹译，北京：中国文联出版社，2010 年 3 月，第 107 页。
④ 池田大作：《新妇女抄》，卞立强、张彩虹译，北京：中国文联出版社，2010 年 3 月，第 111 页。
⑤ 池田大作：《新妇女抄》，卞立强、张彩虹译，北京：中国文联出版社，2010 年，第 108 页。

一种祈愿，希望她们一生能像天女一般，有着丰富的心灵，为人类的幸福翩翩起舞。"[1]

四、结束语：人类友谊金桥永固

池田大作认为21世纪是女性世纪，女性世纪是中国世纪，理由有三：

理由一，中国从历史文化传统上看是爱好和平的国家，没有侵略他国的野心，中国政府的精力主要用来消弭内乱；

理由二，中华传统文化特别是汉字文化滋润了亚洲文化圈，形成了向中华学习的汉字文化圈，并且这一影响正在扩大至全球；

理由三，中国是日本的文化大恩之国，日本必须感恩和尊敬中国，这是日本正确认识自身历史的前提，也是日本跟亚洲诸国和睦相处的前提。

池田大作写过一篇《幸福社会》诗歌，用于回答全世界对和平崛起的中国的疑虑和惊艳的反应，非常应景，摘录如下[2]：

幸福社会
人
看到富有的人们，
顿生嫉妒之心。
嫉妒
挥舞恶魔的利刃，
给人们带来不幸。

看到光荣的母亲们，
人们疯狂的嫉妒。
制造种种流言蜚语，
把心地善良的母亲们
逼进痛苦不堪的困境。

但是，
在母亲心灵的深处，
蕴藏着极其深厚的潜力。
什么无聊的谎言，
她根本不屑一顾。

---

[1] 池田大作：《新女性抄》，卞立强译，上海：上海财经大学出版社，2004年，第15页。
[2] 池田大作：《谈幸福》，卞立强、张彩虹译，北京：中国文联出版社，2007年，第83页。

应当改变
这个浅薄、傲慢、近似疯狂的社会；
应当用崭新的精神，
用崭新的哲学，
创造一个永远赞美母亲的时代。
一个哲人讴歌道：
那就是"女性的世纪"。

即使贫穷，
即使病弱，
即使丈夫先她而去，
但在坚强的母亲的心中，
将巍然地建造一座幸福与胜利的都城。

总之，女性世纪的到来体现了女性文化将在多元文化思潮中成为主导思想理论。池田大作对21世纪的中国寄予厚望，认为无论从文化传承的角度，还是从中国的大国气质来看，中国都会成为引领21世纪潮流的和平文化之国。池田大作始终主张日本应该加强与中国的友好交流关系，而在此过程中，日本必须正视历史，维护现行和平宪法。

中日友谊金桥永固！
人类友谊金桥永固！

文明间的对话对增进中日民间友好的价值

——浅谈池田大作和平主义的理想与实践

清华大学　曲德林　张　涵

一、二战后国际关系体系的变化和美国"亚太再平衡"战略中的中日关系

1. 二战后国际关系体系的变化

中日关系不是单纯的双边关系，中日关系的走向也一定要放在全球地缘政治、地缘经济的大格局中讨论。二战后的中日关系和历史遗留问题的处理也离不开当时世界处于冷战的大形势下。1931年9月18日，日本帝国主义发动了对中国的武装侵略，中国人民开始了武装抗日战争。1937年卢沟桥事变，中国人民的武装抗日战争发展成为全中国的全面抗战，和日本侵略军战斗的是国共两党的军队。当时在国共合作的大局下，国民党军队抵制了日本军队正面战场的进攻，共产党队伍以游击战的方式和日本侵略者战斗，并有正式国军系列的八路军和新四军参加战斗。中国人民的抗日战争是二战重要的亚洲战场，在击败日本帝国主义的伟大战争中，中国经历的时间最长，遭受的牺牲最大，是亚洲和太平洋战场上抗击日军的主要牵制力量。我们说要坚持二战战后的国际秩序，指的是战后对日关系的原则应该遵循"开罗宣言"和"波茨坦公告"的原则。

"开罗宣言"的发布是在1943年世界反法西斯战争胜利曙光初现的时候，同盟国中、美、英三国首脑蒋介石、罗斯福、丘吉尔于11月22日至26日在开罗举行会议，会议承诺了处置日本侵略者的安排。此后，1945年7月17日，美苏英三国首脑在柏林近郊波茨坦举行会议，会议期间，发表对日最后通牒公告。公告由美国起草，英国同意，中国没有参加会议，但公告发表前征得了蒋介石的同意。苏联于1945年8月8日对日宣战后加入该公告。"波茨坦公告"是在德国法西斯已经投降，日军在亚洲和太平洋战场屡遭失败，行将彻底崩溃的背景下产生的。"波茨坦公告"共13条，主要内容包括：①盟国将对日本进行最后的打击，直至其停止抵抗；②日本政府应立即宣布所有武装部队无条件投降；③重申"开罗宣言"的条件必须实施，日本投降后，其主权只限于本州、北海道、九州、

四国及由盟军指定的岛屿；④军队完全解除武装、战犯交付审判，日本政府必须尊重人权，保障宗教、言论和思想自由；⑤不得保有可供重新武装作战的工业，但允许保持其经济所需的需要和能偿付货物赔款之工业，准其获得原料和资源，参加国际贸易；⑥在上述目的达到，待成立和平责任的政府后，盟军占领军立即撤退。

"波茨坦公告"的产生，与当时美国原子弹试爆成功，促使日本投降的条件已经具备不无关系。美国由早先急切希望苏联对日作战，转为担心苏联的参与会影响美国独占日本及远东的战略地位。在这样的大背景下，美国总统杜鲁门、英国首相丘吉尔在波茨坦会议期间对会议备忘录基础上进行协商修改，并在电请蒋介石签字后，以三国官方政府公告形式发表。"波茨坦公告"的发表，使日本十分恐慌。然而日本军部反对无条件投降，打算拖延时间，争取在可以接受的条件下经谈判投降。因此，美国军队开始轰炸日本本土，在为期10天的轰炸行动中，成千上万的日本人死去。同年8月6日和9日美国分别在广岛和长崎投下原子弹；9日苏联宣布对日宣战。日本政府被迫于10日通过中立国瑞士向中、美、英、苏发出乞降照会。8月14日，日本天皇裕仁发表接受"波茨坦公告"的停战诏书，宣布无条件投降。经过梳理这两个历史文件的出台过程和历史事实可以看出，战后中日关系和历史问题的处理遵循"开罗宣言"和"波茨坦公告"的原则，这也是对二战后国际秩序的解读。二战以后，国际秩序已经悄然改变。目前，国际关系的体系正在发生着剧烈的变化，这种变化很大程度上受美国全球战略的影响。

（1）美国的全球战略坚持冷战思维和价值观外交

日本投降后，国共分裂内战开始。1949年10月1日新中国成立，随后中国成为以苏联为首的社会主义阵营的一员。美苏两大阵营的对立和冷战是当时世界形势的大格局。美国从全球战略的意图出发，在亚洲太平洋区域抑制中国的发展，大力扶持日本，构筑封锁中国的第一岛链和第二岛链。因此，战后的中日关系一开始就印上了美国战略的印记。

美国从全球战略的意图出发，公然违反"开罗宣言"和"波茨坦公告"的精神，排斥中国，于1951年9月4日召开了由美国一手包办的旧金山会议，并于9月8日签订了对日单独和约"旧金山和约"，并1952年正式生效。中国没有参加旧金山会议，坚持认为"旧金山和约"是非法和无效的。美国政府与日本吉田茂政府在签订所谓和约数小时之后，就签订了日美安保条约，为重新武装日本并把日本完全变为反中的桥头堡和军事基地扫清道路。

由于战后美国对日本的扶持政策，对战犯的审判，对历史问题的认识，以至于至今对供奉甲级战犯的靖国神社参拜的阴魂不散，都和美国的全球战略和地缘政治的格局有关。奥巴马政府高调声称的亚洲再平衡战略，就是为了美国重返亚太，遏制中国的快速崛起。安倍政权强推美日新安保法案等一系列背离日本专守防卫的和平宪法的举动，处处与中国对立，不难理解，其背后的支持者是美国。虽然冷战已经结束，但奥巴马政府和安倍政府的冷战思维没有改变。美国表面上宣称欢迎中国崛起，更言中国崛起是美国的机会，实际则处处防范，试图遏制中国的国际影响力。

(2) 美国在亚太再平衡中的战略取向

二战后的 70 年间,国际形势发生了重大的变化。随着苏联的解体,东西方冷战格局消失,美国成了全球唯一的超级大国。之后,发达国家的经济衰退,新兴国家的经济快速增长,世界范围地缘政治和地缘经济的格局也逐渐改变。亚太地区是美国具有重要的战略意义和经济利益的地带,朝鲜半岛安全问题、马六甲海峡问题都是美国的战略利益所在。然而美国的状态与二三十年前则大不相同。次贷危机后的美国经济处于长期衰退的态势,长期陷入伊拉克、阿富汗和利比亚的中东战争留下的难题,特别是 9·11 恐怖袭击之后,又留下诸多社会问题的状态之下,美国要实施亚太再平衡战略,依托亚太战略盟友的帮助和支持,成了其战略取向。因此,二战后美国积极扶持日本,而日本也有积极寻求正常国家的战略意图,解禁集体自卫权的需求,也需要美国的支持和认可。美国自身的需求导致了对日本战略变化的积极回应,使美日战略同盟关系紧密化。正如奥巴马所言,美日战略同盟是核心的同盟,日本成为美国最紧密的战略盟友。日本对于美国的态度更为鲜明,安倍称日美同盟是日本的外交基石。从美日双方的表态中传递出一个清晰的信息,美日同盟很牢固。就美国而言,重返亚太遏制中国,需要帮手,而经济实力和军事潜力都强大的日本,无疑是他的最佳伙伴。

2. 中日关系中的美国主导性增强

从二战之后美国扶持日本的政策开始,美日关系就是不对等的同盟关系。美国对日本的政局有莫大的影响力。如果日本的政治人物得不到美国的支持,他的政权就难以稳固。2010 年,民主党的鸠山由纪夫执政 8 个月便引咎辞职,其中重要的原因是在冲绳的普天间基地处理上损害了美国的利益。普天间基地问题的实质是美国的战略核心利益,关系到美国在亚洲的战略平衡和利益。鸠山执政之初提出的日美"对等外交"的主张,是美国决不能接受的。二战后的日美关系在经济上可以说是各有倚重,但政治上绝对是"不对称"的。

因此中日关系从来不是简单的双边关系,中日关系的背后,是中日美三国关系的博弈。在中日美三角关系的结构中,由于美日同盟的强化和升级,三角形的重心更加偏向美国一侧。最明显的标志是日本国会通过新安保法案,这意味着美日安保同盟升级,美日政治军事关系出现新变化。战后日本执行的是和平宪法。和平宪法限制下的日本,简单地说,不能研发弹道导弹、核潜艇、轰炸机,不能征兵、不能保持军队、不能保持武力,只保持基本防御。在这样的情形下,日本只有自卫队,没有国防军。日美安保条约提供了对日本的保护。而新安保法案通过,意味着日本自身的政治与防卫力量出现颠覆性变化,无论在政治上还是军事上,日本将由专守防卫转为自由参战。实际上,新安保法案是日美战略呼应和精心的安排,是美国亚太平衡的战略布局。

2015 年 7 月 21 日,日本发布新版"防卫白皮书",恶意炒作东海、南海、网络安全、军事透明度等问题,无端指责中国在海洋问题上的立场。在南海问题上,菲律宾也积极增加军费开支,作为域外国家的美国太平洋舰队司令斯考特上将在访菲期间,登上 P-8A 海神反潜侦察机,与机组成员一起在南海上进行了历时 7 小时的侦察活动。美日的行动相互呼应,正如美国在相关报纸中透露的,美国希望与亚洲最强大、最先进的盟友逐步扩大其在地区安全中的作用。而这正是安倍政权所期许的,他为中国的强势崛起而烦恼,并已释放信号,要改变自二战结束以来日本长期坚持的安全自卫的军队政策。

3. 当前中日关系的新特征

2013 年安倍政权二次执政以来,中日关系跌入建交 40 年来的低谷,后两国领导人打破僵局,实现了会见,中日关系似乎出现了缓和的迹象。然而由于菲律宾挑起南海非法仲裁案的闹剧,作为域外国家日本政府的表态和作为,使得中日关系再次陷入低谷。实际上,在美国的亚太再平衡战略和美日同盟强化的影响下,当前的中日关系中矛盾的基本面没有改变,双方的战略博弈态势依旧,斗争和较量是必然的。

中日建交后走过的多年历程,凝结了两国志士贤人的努力和民间组织的功劳。特别值得提出的是日本创价学会的第三代领导人池田大作先生,1968 年面对巨大的政治压力和自身的危险,提出中日邦交正常化倡言,对推动中日友好关系的发展作出了历史性的贡献。池田先生曾说:"户田先生在二次大战期间,曾与牧口常三郎创会会长,勇敢地与日本军国主义者搏斗,在监狱里奋斗了两年,他是一位信念坚强的人。战败后的日本,价值观产生了 180 度的转变。在那样混乱的时代,我认为反对军国主义且因而坐牢的人才能相信,故于 19 岁时拜户田为师,我与户田老师一起投入佛法的探求并从事和平运动。"池田先生在和杜维明的对谈集《走向对话的文明》一书中,提出希望以美国、中国、日本这三个国家为主轴来展望 21 世纪。①杜维明先生谈道:"现在美国许多政策的制定者,都把中国崛起看作一种威胁。经济竞争必然会引起贸易和外交的摩擦,具有不同价值观的美国和中国的关系,将来要平静地进行下去恐怕不容易。幸好,最近的世界形势的许多领域,需要并要求美国与中国合作。"杜先生还谈道:"展望 21 世纪,美国与中国的关系将更加重要。我希望具有开放精神和批判性的自我省察的中国文化的复兴,同时也希望美国学习亚洲文化。美国一直对世界各种文化领域,发出知识和价值观的讯息,可说是建构了'教导文明'的立场。但我盼望今后的美国有'学习文明'的态度。"在和杜维明先生的对话中,池田先生讲:"日本应该作为美国和中国的桥梁。但是最近,中日关系在政治层面的僵局却很难打开。从历史、文化的关系,以及具有世界上人口最多的大国这个现实来讲,日本必须坚持与中国的友好关系。日本侵略曾为起'文化大恩'之国的中国,并做了许多不人道的事,日本人绝对不能忘记这个事实,绝对不可以含糊历史的事实,无视和践踏中国人的感情。因为闭眼不看过去,也不可能看清楚未来应走的道路。"

池田先生的和平主义思想和中国观,构筑了中日邦交正常之后民间友好交流的思想

---

① 杜维明、池田大作:《对话的文明——谈和平的希望哲学》,陈鹏仁译,台北:正因文化事业有限公司,2014 年,第 200 页。

基础，至今仍然具有鲜明的当代价值。尽管当前中日关系在政治和外交方面存在着困难，但40多年交往的历史，人与人之间交流的深入和各个领域的合作，使中日友好的民意基础和两国人民对和平的共同渴望始终维系着。近年来，中日之间经贸和科技交流频繁，能源和环保领域的合作有所增强，文化和教育及人与人之间的交流有所扩大。当前的中日关系进入了新的历史时期，以经济、科技领域为主的民间交流和产学研合作，以教育和文化为主的人文和青少年交流，展现出中日友好的基础力量。但在政治和军事领域，中日之间围绕历史、领土和安全方面的博弈和对抗不可避免。博弈和合作构成了中日关系新时代的特征。①

二、中日关系健康发展的动力和根基在民间

1. 日本民众的反战情绪高涨

新安保法案遭到了日本社会的普遍反对，日本百余名宪法学者发表声明指出新安保法案违背日本和平宪法。社会各界群众连日在国会前游行示威，反对新安保法案。然而安倍政权不顾民众的反对，利用执政党在国会的绝对优势，强推新安保法案在国会通过，引发了社会各界的强烈反弹，激起了日本全国110座城市民众的抗议游行。前首相村山富市在东京参加的街头演说中说，战后70年来，和平宪法一直守护着日本远离战争危害，安倍无视多数国民和众多宪法学者的反对意见，在国会强行表决安保法案的做法不可容忍，为满足一己私欲而置国家民意于不顾的暴行不可原谅，他将拼上性命阻止安保法案的成立。2015年7月28日，日本200多名宪法学者再次发表声明，强烈抗议安倍政权在众议院强行表决通过安保法案，要求迅速撤回违宪的相关法案。虽然安倍亲自通过电视为新安保法案辩解，但民众并不买账，法案越辩越黑。

由于日本民众确实感到和相信，日本的和平宪法是日本最基本的国策，他们反对一切战争、支持和平。这些也正是警惕和反对日本军国主义复活的基本群体，因此，应该用理性的思维和实在的民间交流来扩大与日本民众的相互理解和沟通，而不要笼统地以日本政治和社会右倾化的说法抹杀作为争取和平主要力量的日本国民的努力。

2. 中日关系中经济和民意的影响趋势上升

2015年5月，习近平主席在北京接见自民党总务会长二阶俊博率领的3 000人访中团时指出：中日友好的根基在民间，中日关系的前途掌握在两国人民的手中。这句话说出了中日关系的历史总结，也指出了未来中日关系发展的方向。

回顾历史，新中国成立之后，中日双方从敌对关系到1972年实现邦交正常化。建交多年来，中日关系的发展有多次反复，经历过政热经热、政冷经热、政冷经冷的几个过程，

---

① 高洪：《中日热点问题》，中日关系现状与展望学术研讨会，2015年6月。

很显然，这种反复和变化是受到日本社会政治和经济状态的影响。中日复交的前期，国际形势在发生变化。20 世纪 50 年代末 60 年代初，中苏关系恶化，世界政治格局发生重大变化。美国尼克松总统访华，中美关系回暖，之后中美建交，中国恢复了在联合国的合法席位。日本作为二战时的加害国，与中国的关系正常化，可以设想所面临的困难之大。应该说，中日关系的正常化是经历了老一辈政治家的高瞻远瞩，依靠他们的努力，通过民间先行、以民促官的过程，以及日本政府及民间友好人士的支持和帮助，最终实现了田中首相访中。1972 年 9 月，实现了中日邦交正常化，发表了中日共同声明，1978 年中日签订了和平友好条约，1998 年签定了构筑和平发展伙伴关系的中日共同宣言，2008 年 5 月签订了关于推进中日战略互惠关系的共同声明，这四个基本文件应该是中日关系发展的共同认可的原则，堪称中日关系发展的压舱石，遵循四个文件的基本原则是中日关系发展的基础。

新形势下中日共同应对着全球经济一体化的挑战，也共同承担着地球公民的责任。中日建交多年间，民间有了相当深厚的基础和沟通的渠道，即使在中日关系最困难的时期，两国人民之间的交流也没有中断。中日两国一衣带水的近邻关系永远不会改变，两国人民友好相处共同发展也是绝大多数人民的期盼。理性地看待中日关系，把发动战争的日本军国主义者与广大日本人民分开特别是没有经历过那场战争的中青年一代，我们讲历史不是为了延续仇恨，而是为了面向未来，反对侵略战争，维护世界和平。我们谈中日关系的历史，离不开"两千年友好，五十年对立"的历史事实，因此，无论从地缘结构关系还是社会人文因素来看，都不能回避对中日关系未来走向的关注。近年来，中日关系一方面在经济观念上呈上升趋势，表现在经贸领域和产学研合作的领域活跃。另一方面，民意影响的趋势也在上升，表现在人员的交往上，特别是中日青少年的交流在深化。这些都为中日关系的发展提供了正能量，展现了中日友好的民间根基的潜力。①

三、新形势下中日民间交流关系的建构

中日关系中美国主导性的增强，使中日在政治和安全领域的博弈复杂化。美国是全球最大的发达国家，唯一的超级大国，在全球力量最强大，影响最广泛。中国是全球最大的发展中国家，在当今世界迅速崛起，是影响力和潜力巨大的国家。对亚太地区乃至全球规则秩序争夺，已经成为中美战略争夺的重要方面。2013 年，习近平主席和奥巴马总统于安纳伯格会谈，达成了中美构建新型大国关系的共识，确定不冲突、不对抗、相互尊重、合作共赢为核心内容，并把经济和人文作为交流对话的重点。中日关系受中美关系的影响和制约，然而中美日三国之间的关系，最终要受到自身实力的影响而变化。日美同盟之间也有着各自的利益诉求，对于美国而言，中日之间不和但不卷入战争的态势，符合美国的

---

① 杨伯江：《中日关系中近期前景探析》，中日关系现状与展望研讨会，2015 年 6 月。

利益。美国的亚太再平衡战略，就是谋求和实现自身利益的最大化。中日之间以合作和交流化解冲突和危机，实现东亚地区的和平和稳定，符合中日两国的整体利益，也是地缘政治与地缘经济综合考量的平衡。

池田先生讲："日本人的审美意识，确实是以自然和谐共存为基础，重视以和为贵。但这种国民性，有不喜欢突出个人的倾向，因而有时会导致有些人基于自身利益，向势力强大或局势较有利的方向倒戈，没有主见，应声附和。"因此，池田先生主张"日本人应该对世界打开心窗，多与不同文化积极交流，特别是必须以与中国为首的亚洲各国，建构更深的信赖关系树"。因此新形势下的中日关系，民间的沟通和经济贸易及文化教育领域的合作是十分重要的。中日之间需要在深刻认识双方文化差异的基础上，通过对话求同存异、聚同化异，才是消除误解、增进互信的有效途径。池田先生讲"对话是'立足于人'这一共同的大地，不断开辟理解和信赖的'共生'大道。对话是从精神上熏陶人生命蕴藏的善的力量，自己与他人共同提高，为和平与幸福的追求的'和谐'王道"，他还说，"在世界日益混乱的今日，一切文明之间，应该建构'互相肯定，互相学习，互相尊敬'的真正对话的桥梁"。①池田大作先生的思想也正是新形势下中日民间交流关系建构的思想基础。

1. 中日关系的正常发展，对构筑中国和平稳定的发展环境至关重要

2014年《财富》的世界500强最新榜单，美国企业128家，日本57家，中国100家上榜。分析上榜企业，中国主要在制造业、资源、金融、房地产，第三产业少，日本上榜第三产业发达。日本是一个强大的经济体，与中国经济的发展有很强的互补性。从经济要素考虑，中国的制造业多数处于产业链中低端，经济结构调整和产业升级，需要与日本产业界的合作和交流。特别是能源和环境领域，中国在节能减排和环境治理上的理念和技术有许多要向日本学习之处，技术合作和共同开发有助于中国经济结构的转型升级。

2. 推动以留学生和青少年交流为中心的民间交流

池田先生对青年的交流十分重视，指出"青年的交流是通往和平友好的道路"。同时他认为，"中日之间尽管在经济上有深厚的关系，但彼此心与心深处的理解却几乎没有什么进展。所以重要的是民众之间的交流，特别是青年的交流，因为青年创造未来"。

因此，推动以留学生交流和青少年为中心的民间交流，就是通过人员的交往，深刻认识双方的文化差异，通过对话求同存异、聚同化异，尊重历史，开拓未来，实现面向未来的理性的中日关系新格局。2015年，JST实施的樱花科学交流计划，旨在资助高校的青年学生去日本短期研修，是一个很有意义的交流项目。②

---

① 杜维明、池田大作：《对话的文明——谈和平的希望哲学》，陈鹏仁译，台北：正因文化事业有限公司，2014年，第78-80页。

② 曲德林：《对促进中日青年交流的意见》，东亚共同体评议会，2014年2月。

3. 提高中日关系的合作实效，构筑面向未来的中日民间交流的新格局

中日产业界合作中，有一个传统的共识是日本有技术，中国有市场，这种认识实际上也在发生着变化。随着中国近年来经济的高速增长，劳动力成本上升，低端产品的生产受到资源和环境的双重制约，面临着产业结构调整和产业转型升级的新挑战。

新形势下的中日经济合作，一定要有双方认可的切入点。一是在能源和环境领域的合作，在节能减排技术、提高能源利用效率、减少温室气体排放以及 PM2.5 治理等方面着力。①二是面对中日高龄化发展的趋势，在健康养老产业上的合作。三是搭建新的合作平台，通过产学研合作的模式，推动中日产官学的交流和互动。通过共同开发和交流合作模式，促进技术转移，取得双赢的效果。②此外，中日关系合作实效性的提高，也有利于培育东亚共有文化，推动东亚共同体的建设。东亚以儒学、佛教为核心的共有文化是当前东亚文化建设的共同基础，海上丝绸之路建设是联系中日韩自贸区建设的平台，可以通过中日民间交流来推动 FTA 建设。

池田大作先生讲："多样性是自我革新的巨大原动力，重视多样性，承认并尊敬与自己不同的他人，与学习并吸收他人长处是相同的。不管是国家、团体或个人，如果有此宽阔的精神，定能自我革新和成长。相反地，如果排斥异质事物，闭关自守的话，最后将是画地自限，陷入僵局。"③我们有理由确信，中日关系的希望在民间、在青年，新形势下中日关系的健康发展也将为亚洲乃至世界的和平与稳定作出贡献。

---

① 曲德林、杨舰主编：《能源与环境——中日能源政策的反思与展望》，北京：清华大学出版社，2013 年。
② 党俊武：《老龄社会的革命——人类的风险与前景》，北京：人民出版社，2015 年。
③ 杜维明、池田大作：《对话的文明——谈和平的希望哲学》，陈鹏仁译，台北：正因文化事业有限公司，2014 年，第 62 页。

浅析池田大作和平观思想

——兼与老子思想之比较

贵州大学 李 奎 文桂芳

池田大作先生是当今闻名于世界的宗教家、思想家、教育家，更是一名著名的世界和平活动家。池田先生虔诚信仰佛教，基于佛法普度众生的教义，长期为世界和平而奔走，坚持开展被称为"世界和平之旅"的出访活动，多次发表《和平倡言》和公开演讲，为世界和平作出了突出贡献，无愧于"和平使者"之美誉。

池田先生出生于贫困家庭，自幼体弱多病，又染上肺病，医生说他活不过三十岁。他少年时正值第二次世界大战，大哥丧生于战火，使得家庭蒙受巨大灾难。正是病魔的折磨、死亡的威胁、战争的戕害，迫使池田先生深入思考人生的意义、生命的真谛，从而对战争深恶痛绝，对和平坚定向往。佛家讲一切皆有因缘，想必这也是池田先生皈依佛法的因缘。

池田先生之所以笃行于和平事业，是因为他以佛法为哲学基础的和平观。池田先生和平观的主要哲学依据是以人为本的生命观，这与道家创始人老子的哲思是相通的，本文就此展开探析。

一

池田先生以佛法人道主义为基础，思考人的本质，诠释生命的真谛。他认为，人是"色心不二"的"生命存在"。他说："佛法认为'人'是'色心不二'的本体。简单地说，'色'就是肉体，'心'是精神。两者一体化就是'人'。"[①]池田先生认为，佛法所说的"色"即是物质、肉体；"心"是精神，是生命。前者是载体，后者是动能，二者相依相存，共为一体。人的发展，应当是"色""心"一体（即身心一体）的发展。

遗憾的是，现代社会却是"与物质文明发展形成对照，人的精神方面的开发遭到了遗忘，甚至随着物质的丰富，精神方面反而变得贫乏了"，池田先生进一步指出，"偏重物质

---

① 池田大作、木口胜义、志村荣一：《佛法与宇宙》，北京：经济日报出版社，1997年。

的思想在人自身的心中也排挤、压垮了同情、诚挚、爱等人所固有的丰富的感情"。人的"色""心"不一，是人类社会种种问题的根源，池田先生说，"归根究底，问题就是'人'本身。因为人逐渐忽视了'做人的根本条件'，所以现代文明危机的本质，的确是'人的危机'、'人性的危机'"，"终究，一切始于人，归结于人"。①因此池田先生呼吁，人类社会应当"由以物质为中心返回到以人为中心"②。

返回到以人为中心，就要追问人生的意义、目的是什么。在池田先生看来，"人生的目的是什么？——也许再也没有比对这一命题的解答更多分歧的了。而且也许再也没有比这一问题更难作出明快的回答和难以作出根本性的回答的了。不过，从根本上说，可以说它的目的在于幸福"③。池田先生所说的幸福不仅仅是物质生活的充足而已，他说："不探求深奥的生命观，就无法确立从容、悠然的生活态度和真实的幸福观。"也就是说，真正的幸福，应当建立在生命意义的基础之上。

池田先生以佛法为基础，对生命有独特的见解，他说："佛法所谓'缘起'，阐说共生秩序感觉，通过万物相互依存的本性，指出人、自然和宇宙共存，小宇宙和大宇宙是融合为一的生命体。"④在池田先生看来，宇宙是一个生命体，"大宇宙即生命，生命即大宇宙"⑤，生命是人的存在的形式和本质。池田先生提纲挈领，一语中的："生命最为可贵，一切的出发点在于生命。"因此人生的意义就在于，"在从宇宙的广阔天地中，得到那宝贵生命的同时，建立一种真正能感受到生命尊严的，正确的生活方式，才是最最重要的"，我们应该"立足于更广阔的社会视野，决定自己的目标，并朝着这一目标努力，主体地点燃自己生命的热情，从而感到一种生命的充实感"⑥。生命的充实感，乃是人类真正的幸福。

大慈大悲、普度众生是佛教的基本教义。同样，池田先生的幸福观不仅仅是针对个人而言，而是整个人类，乃至宇宙万物。宇宙是一个生命体，"一切存在，其自体并非单独的存在，而都是在与其他事物的依存性和关系性中形成的"⑦。所以说没有人类幸福，就没有个人幸福可言，"令别人幸福，自己也会随之幸福。若一个人不幸，自己就不会完全幸福"。因此，每个人都应该超越一己之"小我"，回归宇宙之"大我"，这样生命才能全面发展，如池田先生所言，"在为环境的剧变所左右的软弱的自我或充满利己心的个人主义的自我，即'小我'的深层，佛法发现了可以扩大到宇宙的主体性的生命的自我，即'大我'。把我们自身生存的基础置于这种'大我'之上时，就会从人的生命的深层发动一种面向创造的主体性的力量"。

---

① 池田大作：《理解、友谊、和平 池田大作讲演、随笔集》，北京：作家出版社，2002年。
② 池田大作、松下幸之助：《人生问答》，卞立强译，北京：中国文联出版社，2002年。
③ 池田大作：《我的人学》，铭九等译，北京：北京大学出版社，1992年。
④ 池田大作：《时代精神的潮流》，香港：商务印书馆，2005年。
⑤ 池田大作：《法华经的智慧》，香港：明报出版社，1997年。
⑥ 池田大作、松下幸之助：《人生问答》，香港：商务印书馆，2001年。
⑦ 池田大作：《我的佛教观》，卞立强等译，成都：四川人民出版社，2001年。

池田先生的生命观孕生了他的和平观——"和平出现于爱惜生命的地方，和平存在于人与人之间心怀宽大地共处的地方"。当然，以生命为本，池田先生对和平必有相应的定义，他说："一般来说，人们认为和平的反义词就是战争。但是，研究和平的人们不这么看，而是认为和平的反义词是暴力。和平是通过同包括战争在内的各种暴力——贫困、饥饿、环境、破坏、压制人权等等作斗争，通过根绝各种暴力而实现的。"从本质上说，一切违背人性或阻碍生命发展的因素都是和平的反面。池田先生强调："人类所要解决的课题，不但是实现没有战争这一消极的和平，而是要实现积极的、一种能从根本上改变威胁'人类尊严'的社会构造的和平。只有这样，我们才可以明白并享受到和平的真正意义。"

对于破坏和平的因素，在社会构造方面，池田先生一针见血地指出，"现代社会之所以存在着堆积如山的'问题'，根本的原因就是忘记了'人类幸福'这一根本"[1]。在物欲横流的社会，人们为了追求自认为"幸福"的"幸福"，麻木地尘封着心灵，残酷地奴役着身形，早已忘记了人的本质，也无暇思想生命的真谛。在池田先生看来，忽视生命，身心不一，乃是不和的根源，因为"凡自己内心世界不能取得调和与平衡者，在对他人的关系和社会生活中，也会经常播下不和与斗争的种子"[2]。本心不和，终于作茧自缚，"'心之病'，成为'身之病'和'社会混乱'的诱因，而它又加剧了'心之病'，形成一种可怕的恶性循环"。试想，生活于这样的恶性循环之中，有谁能享受到真正的和平。因此池田先生大声疾呼："没有比和平更尊贵的，没有比和平更幸福的，和平才是人类向前迈进的根本。"人应该"向'善'的天空飞翔，以自我完善为终极目标的人性的研磨，这，我称之为'人间革命'"。世界和平须要革命，然而革命不是传统意识里的战争与流血，而是人心的自我革命，即自我回归"色心不二"。

个人通过自我革命，回归生命本质，实现自我身心的和平，这是和平的起点。一人身心之和，带领一家之和，乃至一国之和，终至宇宙之和，这才意味着"人间革命"的成功。这就要求每个人都意识到，应该做一个"脱离国家主义的束缚和偏狭的民族主义，站在世界市民这一广阔的立场上，为自己祖国地球奉献一生的人"，每个人的爱"应当是把全世界当作'自己祖国'的人类爱、世界爱"。[3]每个人都应该具备一种"共生的道德气质"，"取调和而舍对立、取结合而舍分裂、取'大我'而舍'小我'。人与人之间、人与自然之间，共同生存，相互支持，一起繁荣"。

二

老子是春秋时期道家学派的创始人，其所著《道德经》又名《老子》，是道家最主要

---

[1] 池田大作：《和平世纪的倡言》，香港：天地图书有限公司，1997年。
[2] 何劲松选编：《池田大作集》，上海：上海远东出版社，1997年。
[3] 池田大作、松下幸之助：《人生问答》，卞立强译，北京：中国文联出版社，2002年。

的经典之一,被道家视为思想之宗本。老子思想的核心是道,道是万物之源,也是万物存在运行之根本法则。人能认识道,并遵循道而生活,即是德。尊道贵德,以和为本,是老子的人生哲学,也是他的治国理念之基。

　　道是宇宙本原及其运行法则。老子说:"有物混成,先天地生。寂兮寥兮,独立而不改,周行而不殆,可以为天地母。吾未知其名,字之曰道。"①道自混沌先天地而生成,独立循环往复运行。道是至精、至真、至信之物。万物皆因道而化生,恃道而存在。关于道化生万物的过程,老子这样论述:"道生一,一生二,二生三,三生万物。万物负阴而抱阳,冲气以为和。"②道作为万物之母,先孕生阴阳未分之混元一气,混元化生成阴阳,阴阳交感化生事物,如此反复,生生不息,即成宇宙万物。万物既成,又始终不离阴阳,且在阴阳二气冲和的状态下得以维持存在。

　　道化生万物,万物依恃道而生存,以道为运行法则。老子说:"人法地,地法天,天法道,道法自然。"③道法自然即是宇宙间万物存在、运动的基本法则。这里的自然是指事物之本然本性,如同佛教所说的自性,也即西方哲学术语中的本质规定性。老子认为,道化生万物的过程,依然遵行自然法则,随其自性自然而然成就之,这就是老子无为思想的内涵。

　　根据老子的思想,由于天地万物同出于道,人作为天地间的一物,同样恃道而生,也应遵循道法自然的生存法则。人通过认识道,并遵从道的法则而生存,即是"德"。德者,得道也,道之用也。通俗而言,道在事物之中所产生的作用即是德。老子说:"孔德之容,惟道是从。道生之,德畜之,物形之,势成之,是以万物尊道而贵德。道之尊,德之贵,夫莫之命而常自然。"④万物由道而化生,在道的作用下成长,故而尊道贵德,这是自然之道。所以说,通达含容之德,必然惟道是从,不曾有一分违背。背离道者,不待自然之惩罚,也会自行毁灭。

　　关于修德的具体内容,老子有详细的解说:"营魄抱一,能毋离乎?抟气至柔,能如婴儿乎?天门开阖,能为雌乎?明白四达,能无知乎?涤除玄鉴,能无疵乎?"⑤修德之人,以阴柔之气运行处世,恒守真常之道;至柔至和,如同婴儿无知无欲而能全其天性;守静处下,如同雌性不争强好胜;大智若愚,通达事理而内敛守朴;心如明镜,时时拂拭而不染纤尘。老子进一步阐释:"见小曰明,守柔曰强。塞其兑,闭其门,挫其锐,解其纷,和其光,同其尘,是谓玄同。"⑥虚静无为,才能见小而明,守柔而强。道至精至微,所以见小即是悟道明达。柔即是德,是道之特性。守柔即是尊道修德,与德相合才是真正

---

① 李耳:《老子》,王弼注,杭州:浙江古籍出版社,2011年。
② 李耳:《老子》,王弼注,杭州:浙江古籍出版社,2011年。
③ 李耳:《老子》,王弼注,杭州:浙江古籍出版社,2011年。
④ 李耳:《老子》,王弼注,杭州:浙江古籍出版社,2011年。
⑤ 高明:《帛书老子校注》,北京:中华书局,1996年。
⑥ 李耳:《老子》,王弼注,杭州:浙江古籍出版社,2011年。

的强大。具体说来，就是要排除感官见闻，去除心智欲念，弱化意志锐气，消解个人杂念，思想就如光束相合而其中的尘埃相互混同一样，恍恍惚惚，窈窈冥冥，老子称此为玄同境界。

实现玄同境界，其根本是虚静无为、归根复命。老子说："致虚极，守静笃。万物并作，吾以观其复。夫物芸芸，各归其根。归根曰静，静曰复命。复命曰常，知常曰明。不知常，妄作凶。知常容，容乃公，公乃全，全乃天，天乃道，道乃久，没身不殆。"①求虚守静之用功应当至深至极，坚定如一，须臾不可离焉。天地间万物自生长之初始，莫不遵行反复循环之道。万物运行之道，都是回归其本根。回归本根要求守静，守静也即回归生命之本。回归生命之本乃是天地之间的常道。能知常道则明白四达，通晓万物之理，然后至公至正，然后全其天性，然后合于天道。合于天道，则可与天地相参，与天地共存，终生没有危险祸患。有这样的认识，自然不与世人争名夺利，知足而无私，如老子所述："天长地久。天地之所以能长且久者，以其不自生，故能长生。是以圣人退其身而身先，外其身而身存，不以其无私欤，故能成其私。"②

老子出于人本关怀，以人为本，以道为准，认为治理社会应该无为而治。无为不是无所作为，也不是人们所说的无政府主义，更不是向原始社会的倒退，而是指治国者根据道的运行法则，以道化育百姓，百姓有道，则能自治："道常无为也，侯王若能守之，万物将自化。化而欲作，将正之以无名之朴。夫亦将知足，知足以静，万物将自定。"③

自古至今，军事是治国策略中绝不可忽略的内容。大多数人认为，军事关乎国之存亡，军事强大意味着国力强大，能保证国之安全。然而老子却告诉我们，"兵强则不胜"④，应该以无为之道用兵，且以和为上："夫兵者，不祥之器也。不得已而用之。铦袭为上，勿美也。若美之，是乐杀人也。夫乐杀人，不可以得志于天下矣。故吉事上左，丧事上右，是以偏将军居左，上将军居右，言以丧礼居之也。故杀人众，则以哀悲涖之；战胜，则以丧礼居之。"⑤铦，取也。袭，合也，合和之意。涖者，视也。天道在和，兵道在斗，故曰兵者不善之物，国家用之，是出于不得已。在大道已废、天下混战的年代，必然有不合于正道的力量存在。当面对那些迷失本性本真的势力，二者不可共存之时，则不得已而用兵。圣人用兵，以取和为上，不以战斗为美。如果以战斗为美，则涂炭生灵，失于民心，不得其志。吉事以左为贵，丧事以右为尊。偏将军居于吉位，上将军居于凶位，这是以战事为不祥之事。因此不管敌我之士，战死之后皆以慈悲之心对待。战事取得胜利，事之以哀心，不当作喜事。老子这一思想是以道的本性为依据，出于对人性和生命的关怀。

老子认为，以道治国，还可以感召天下自然归往，有利于国家之间友好相处。老子说：

---

① 李耳：《老子》，王弼注，杭州：浙江古籍出版社，2011年。
② 李耳：《老子》，王弼注，杭州：浙江古籍出版社，2011年。
③ 李耳：《老子》，王弼注，杭州：浙江古籍出版社，2011年。
④ 高明：《帛书老子校注》，北京：中华书局，1996年。
⑤ 高明：《帛书老子校注》，北京：中华书局，1996年。

"勇于敢则杀,勇于不敢则佸。两者或利或害,天之所恶,孰知其故。天之道,不战而善胜,不言而善应,不召而自来。天罔恢恢,疏而不失。"①国家具备一定的实力,如果争强则导致杀戮,守柔则维持和平。孰是孰非,自然是以天道为准。天道浑然大通,无为而万物归之。所以治国以道,不用征伐杀戮,不用发号施令,天下自然归往臣服,乃成就真正的大国:"大国者,下流也,天下之牝,天下之交也。牝常以静胜牡,以静为下也。故大国以下小国,则取小国。小国以下大国,则取于大国。故或下以取,或下而取。大国者不过欲兼畜人,小国者不过欲入事人。夫皆得其欲,则大者宜为下。"②大国之大不在于国富兵强,而在于以道治国,以德服人。因此,大国当如江海居于下流,守柔处静,四方自然归往。一般来说,大国的愿望在于小国能够归往,小国的愿望在于为大国所容纳。只要双方相互谦下,则各得其所好。如果世界各国都有此道,就会实现"小国寡民":"小国寡民。使十百人之器毋用,使民重死而远徙。有舟车无所乘之,有甲兵无所陈之,使民复结绳而用之。甘其食,美其服,乐其俗,安其居。邻国相望,鸡犬之声相闻,民至老死不相往来。"③小国之小不在财物甲兵之多寡,而在于百姓安居乐业。一国平安,有何小哉;一国混乱,有何大哉。小国之大,可安一隅;小国之小,可比宇内。若使天下得到太平,则不劳民力,不伤财物,使百姓重于生命而远避战乱,使民得以回归朴素生活,自食其力,自穿其衣,自乐其俗,自安其居。邻国相近,而不来往相争,如此天下就达到太平了。

三

比较池田先生与老子的思想,不难发现他们都有共通的人本关怀,宇宙关怀,以及期望天下和平的理念。

首先,他们都看重生命,主张人性的回归。池田先生认为,人应该"色""心"一体,身心合一。人生的真谛是实现生命的尊严,生命的充实感,而不是热衷于、满足于物质欲望。物质欲望恰是诱导人性丧失、内心不和的根源。

老子虽然没有明确提出身心合一的概念,但他的保身、静心等说法已经具有这一内涵。如老子所述:"名与身孰亲,身与货孰多,得与亡孰病。甚爱必大费,多藏必厚亡。故知足不辱,知止不殆,可以长久。"老子明确指出,身与财物、名利相比,身更重更亲,应该舍物舍名而保身。又如老子以"天长地久"为类比,表达了"长生""存身"的意思。另外,老子"致虚""守静"的思想说明了保持内心虚静,以至合道而不亡的道理。合于大道,既是生命不亡的条件,也是生命的归宿。同样,在老子看来,物质欲望会使人丧失

---

① 高明:《帛书老子校注》,北京:中华书局,1996年。
② 高明:《帛书老子校注》,北京:中华书局,1996年。
③ 高明:《帛书老子校注》,北京:中华书局,1996年。

身心的健康和本性,他说"五色使人目盲,五音使人耳聋,五味使人口爽,驰骋田猎使人心狂,难得之货使人行妨"①。

老子极为看重生命,反对杀生。他说:"若民常不畏死,奈何以杀惧之。若民常畏死而为奇者,吾得而杀之。孰敢矣,常有司杀者,夫代司杀者,是代大匠斲也。夫代大匠斲者,希有不伤其手矣。"②老子认为,治国不应该滥用死刑。如果国民违背道,天道自戮之。生命是大道所生,应由大道所司,人若滥杀无辜,实乃僭天,僭天者必然自伤。

事实上人类社会对生命造成残酷伤害的往往是战争。老子目睹战争造成的惨状,主张无为用兵,不以兵强为美,不以杀人为美,不以战胜为美。不论敌我,其生命都应该得到怜惜。同样,池田先生也对战争深恶痛绝,因而长期为世界和平而奔走。

其次,池田先生和老子都认为人不是独立的存在,不是宇宙的主宰者,而是与万物一体相互依存,是宇宙的平等参与者。池田先生认为,"人、自然和宇宙共存,小宇宙和大宇宙是融合为一的生命体","一切存在,其自体并非单独的存在,而都是在与其他事物的依存性和关系性中形成的",这与老子"万物负阴而抱阳,冲气以为和"的宇宙观不谋而合。

宇宙是一个生命共同体,人不是独立的存在。在池田先生看来,生命是平等的,老子则认为"和"是大道的基本特性。因而说为了实现生命的尊严,人与人之间应该和平相处,只有整个宇宙和平,人类才算真正和平,这才合乎大道。这是一种既超越于人,又回归于人的宇宙和平观。人类应该以宇宙和平观为生存的根本指导思想,战胜狭隘的个人主义、民族主义、国家主义。

最后,池田先生和老子都把人性的回归视为实现宇宙和平的基本条件。池田先生认为,人们追逐物欲名利,忘记了人的本质,身心不一,不顾生命的真谛,这是世界不和的根源。因此实现世界和平须要人心的自我"革命",即自我回归"色心不二"。个人通过自我革命,回归生命本质,实现自我身心的和平,这是和平的起点。而一人身心之和,带领一家之和,乃至一国之和,终至宇宙之和,这就是"人间革命"。"人间革命"取得成功,意味着世界和平的实现。

老子生活在春秋战国时期,他深知:天下熙熙,皆为利来;天下攘攘,皆为利往。人的本性被欲望掩盖,故而好争好斗,这是战争的根源。所以老子提出"致虚""守静","归根""复命",主张人性的回归,从根底上去除不和的因素。人性回归,人心好静,自然安居于"小国寡民"之社会。"小国寡民"所呈现的是人心的平静,人际的和谐,没有战争,没有杀戮,没有压迫,没有恐惧,如此国泰民安,天下不为利来,不为利往。这样的社会,才符合宇宙"万物负阴而抱阳,冲气以为和"的本来面目。老子对"小国寡民"的描述,几乎完全合乎池田先生对和平的界定。

---

① 高明:《帛书老子校注》,北京:中华书局,1996.
② 李耳:《老子》,王弼注,杭州:浙江古籍出版社,2011.

人类步入21世纪，国际局势风云变幻，至今依然动荡不安。然而人人皆有佛性，万物皆有道心。两千年前，道家老子，回归本真，得悟真经，开化世人。两千年后，池田大作，内观生命，证悟菩提，普度众生。相信在古今明哲的开导下，今后会有越来越多的有识之士在彷徨之中回心转意，毅然踏上回家的康庄大道。

文化主义

池田大作文学中的外交主题

南京师范大学　谭桂林

作为一个民间团体，创价学会的创会宗旨之一是和平。之所以把和平提到如此高度来认识，不仅是因为创价学会的创始人牧口常三郎先生曾饱尝战争苦难的磨砺，而且也是因为创价教育的实现本身需要和平的环境。池田大作担任会长期间，世界分裂成东西两大阵营，两大阵营的军备竞赛有增无减，而且核武器的阴影始终像一把达摩克利斯之剑高悬在人类的头上，不知哪一天就会掉下来，毁灭地球和人类。在这样一个对立分裂的环境中，国家、民族、政党、群体的行为无不受利益驱动，而受利益驱动的政策行为则往往就是引发战争的导火线。因此和平环境不可能从天上掉下来，也不可能自己生长出来，它需要有智慧有能力的人通过沟通、交流、对话来实现。池田大作充分意识到了这一点，也充分感受到前任的创价学会的领袖们对和平的渴望和对创造和平的使命感。接任之后，他一方面运筹帷幄，革故鼎新，创办政党，开办学校，从内部把创价学会扩大发展起来，使其成为日本一个具有重要的社会影响力的民间团体。另一方面，他有目的、有计划地开始实施国际和平的破冰之旅。早在1960年，池田大作刚就任会长就连续访问了美国、加拿大和巴西等国，促进了创价学会理念在国外的传播。而池田大作和平外交的巅峰时期是在1974年春天到1975年初，在前后不到一年的时间里，池田大作连续访问了中国、苏联和美国，他对和平的强烈的呼吁，像阴霾重重中的一声惊雷，震响在这三个能够影响世界走向的大国的国土上，并得到这三个大国的有识之士们的有力回应。此后，不仅创价学会开始走向海外，而且池田大作本人的社会活动也超越了日本本土。作为一个具有世界影响的宗教家、教育家和社会活动家，他活跃在国际外交与文化等等事务的舞台上。在池田大作一系列的和平之旅中，创价学会在日本国内愈来愈重要的社会影响力是他外交成功的基础，而池田大作坚定的和平信念、丰富的历史知识、高超的外交能力以及在语言、举止、风度和气质方面突出的个人魅力，则是他和平外交成功的重要保障。关于池田大作的和平外交所取得的实绩，所做出的具体贡献，以及在外交活动中的具体行程、具体事务等，创价学会的历史专家们都有详细的记载与描叙。池田大作自己也在繁忙的学会事务中抽出时间，亲自动笔，写作了记录他的外交活动的系列小说《新人间革命》。其他的一些文学作品，对他的外交活动也多有细致的描写。之所以有这些作品的产生，是因为池田大作重视外交活动，也是因为他本来就是一个桂冠诗人，具有充分的文学家气质，同时也深知文学的功能与意义。池田大作清醒地意识到"即使有人能记述我的足迹,却不能描写出我的心境,况且学会有些真实的历史,只有我才知道"。①历史学家的记录追求事件的客观性,这种客观性表现为可见、可回溯、可重现的历史现场。但是在历史的现场中,当时当地当事人的个体心境却是别人看不见的,也是经常瞬间即逝而不可追溯和重现的,记叙和描写这些心境,自然需要文学,在历史学家难以到达之处自然依赖文学家。因此池田大作的文学作品可以与创价学会的历史记载相映成趣,相得益彰,共同完成对和平外交家的池田大作形象的整体性塑造与认知。如果说在池田大作和平外交贡献的记述上,历史学家提供的是池田大作"是什么",而池田大作的这些文学作品则向读者提供了池田大作"为什么是"和"怎样是"的理由与细节。

一

外交是人类重要的国务活动之一,自从有了国家的出现,也就有了外交政治家的职业。在人类历史上,国家之间的外交事务首先服从国家利益,这是一个铁定的原则。在这一原则的基础上,人类外交史上曾演绎过许多精彩的故事,如中国东周战国时代中的连横合纵、东汉三国时代诸葛亮的联吴抗魏、鲁肃与关云长的单刀赴会等,都是外交史上流传千古的佳话。池田大作熟读经书,精通历史,因而他对如何利用外交的方式和手段来推广流布自己的和平、文化、教育的创价理念,推动不同文化、不同国度、不同民族的人们甚至是敌对双方的阵营中的人民在人性的前提下展开沟通、对话与交流,有过深入的思考。也就是说,当他走向国际舞台,开始他的和平之旅时,池田大作就已确立起了自己坚定的外交理念,具备了对外交方式、策略和手段的良好的认知。正是这种理念和认知,使得池田大作在一系列的外交活动中显现出一种清新的、生动的、明朗的形象特色,这些理念和认知的形成和运用,在池田大作的文学中都有所描写。

池田大作外交理念的根本点就是坚守"民间外交"。这一民间定位当然与创价学会的创会宗旨息息相关,"创价学会组织民众、联合民众,把希望之光送给陷入绝望和萎靡不振的人,使他们苏生,更教导每个人生命哲学与人类使命,将每个人都培育成建设社会的主体"。池田大作深深地认识到,"不开垦民众这块大地,便无法盛开和平与繁荣的花朵。学会的强大即在于深深扎根于民众之中"②。因此池田大作的外交活动既顺应了"民众的力量正形成"的日本政治发展的新潮流,也是他对创价学会创会宗旨的一种新形势下的有力实施与拓展。在小说《新人间革命》第20卷中,池田大作记述了两个很有意义的细节。一个是周恩来与公明党的谈判,周恩来代表中国政府宣布中国放弃日本战争赔偿要求。小说的主人公山本伸一是池田大作的化身,他认为这是中日邦交正常化的一个关键,中国政

---

① 池田大作:《新人间革命》(第20卷),台北:正因文化事业有限公司,2012年,第4页。
② 池田大作:《新人间革命》(第20卷),台北:正因文化事业有限公司,2012年,第16页。

府放弃赔偿要求就是从民众为本的观念出发的,"战争责任在于一部分的军国主义者,即战争领导人,民众只是牺牲者,基于此一观点,中国放弃了赔偿要求,绝不可忘记两国的友好桥梁是以此一认知为基础所构筑起来的"①。山本伸一把民众为本视为与中国政府沟通的一个共同的信念,也是能够与中国政府达成外交结果的一个共同的基础,这无疑是非常深刻地看到了民众的力量与民众的作用。另一个细节是访苏时苏联的对外文化官员科瓦连柯到饭店探访山本伸一,就一些如中日友好条约的内容有条款针对苏联、日本政治家对北方领土的态度等政治问题交换看法。其中科瓦连柯指责山本伸一没有阻止或影响公明党的外交政策,在这种争论中,山本伸一始终坚持自己的民间外交理念,坚持自己的民间身份,他一再地声明"我创造了公明党,但不是政治家""公明党是独立的政党,依照自己的政策行动。所以,对于政治领域的问题,我从不指示,也不该指示,这是铁则"。山本伸一也明确地对科瓦连柯说,"我不是为政治谈判来贵国访问的,是作为一名民间人士,作为教育家,接受了邀请。我是要打开民间交流、教育及文化交流的闸门,掀起永远流淌的和平友好洪流"②。

推行民间外交,依靠的当然是民众,是基层的力量。但哪些族群属于民间,哪些团体属于基层的力量?在池田大作对山本伸一的外交活动的描写中,可以看到他对女性、青年、孩子的倚重,这一点也许可视为池田大作的民间理念的一个特点。在人类历史的进化中,女性曾经长期被排除在政治领域之外,在东方,女性的职责是在家中相夫教子,女性干政曾被礼教文化视为十恶不赦的罪行,所以武则天最终要把皇位还给李氏,而吕后和慈禧在历史书上一直享有恶名。青年处于学习和人格成长阶段,他们虽然还没有进入政治领域,但他们可能是以后的政治家。至于孩子,这是天真与童心的体现者,生动活泼,诚实真率,还没有受到世俗尘埃的污染与遮蔽。所以,女性、青年、孩子,他们远离现实的政治,没有沾染官场恶习,他们就是活生生的民间力量。即使是那些曾经在特殊的生存环境里从事过政治的女性,池田大作也善于发掘她们身上所拥有的与男性不一样的素质。如他在谈到埃及艳后时,看法就独具一格,认为她的美貌并不是绝世的,但她被称为第一世界美女,是因为她的讲话声音好听,富有对话的能力。"时至二十一世纪已在目前,心的沙漠化言来已久,有心的女性,以现代克莱巴托拉为目标,以'声'与'对话'使人们苏生,成为'激励的女王',在周围扩展美好的心之宫殿,社会将是如何丰饶啊"③。因此从事民间外交,当然就要重视这种力量,开发这种力量。

池田大作无论走到哪里,都会极其关注女性的状况,同女性们交谈。在中国访问时,他就参观了女性扎堆的纺织厂,会见了曾到清华大学学习晶体管制造的青年女工。他在《新人间革命》中详细地描述了山本伸一同波波娃议长的交往,而且当波波娃临别邀请山

---

① 池田大作:《新人间革命》(第20卷),台北:正文化事业有限公司,2012年,第20页。
② 池田大作:《新人间革命》(第20卷),台北:正因文化事业有限公司,2012年,第161页。
③ 池田大作:《虹之歌》,台北:正因文化事业有限公司,1998年,第83页。

本会长下次来访一定要到她家里看看她的孩子们时，小说特地写到了山本伸一的感慨：
"这时大家看到的，是一张充满慈祥的'母亲的脸'，卸去所有职权的'人的脸'。伸一来
到苏联就是要看这样的脸庞。"①这种对女性的倚重，无疑来之于池田大作对女性的"调
和之力"的认知与信赖。池田大作对20世纪两次世界大战体现出的弱肉强食的丛林原则
十分失望与痛心，他坚信未来将由"软能"来对人类存在与发展施加绝对影响，女性在这
种"软能"时代中将会产生积极的社会作用。在池田大作看来，一是因为女性天性中有珍
惜生命的母性存在，他在《我的世界交友录》的序言中就曾引用雨果《九三年》中的一个
故事来说明这一点。一个母亲被卷入了革命动乱，有人问她是共和派还是保皇派，你跟随
哪一边，母亲说我跟随孩子们。在母亲眼里，没有政治，只有孩子，只有人。在《虹之歌》
中，池田大作又通过讲述一个战时的中国劳工受到日本女工庇护的故事，来说明女性正是
因为有一种保护生命的母性存在，所以"能以对方的立场来思考事物，自然能做出是人该
做的事——这本是平凡的事，不正是去做'国际人'的最重要的根本吗？遇到困难时，伸
出你的手，那是日本人，还是外国人，不成问题"②。二是女性具有自省的能力。在《虹
之歌》中，他称赞奥地利女性赛费尔特女士说，"女士的一项秘诀，再是多忙，夜晚，一
定保有读书与思索的时间。像在秋月的清辉下，凝视自己映在湖面的影子般，一定要有照
见自身的时间。于是，心如清泉，常时涌出，保持明日前进的活力"。池田大作认为，这
种女性特有的母性和自省力，就是女性"调和之力"的源泉，就是新时代所需要的"软能"。
在和赛费尔特女士相识相知后，他情不自禁地赞叹说："推动新时代的是软能，也就是柔
和的哲学与精神力。这不正是女性优雅品格所内含的强韧性，'调和之力'吗？"③

青年从来就是创价学会依靠的力量，也是池田大作心中值得信赖的朋友。在他的和平
之旅中，青年也是生力军。"访中团的成员多数是青年，希望与肩负新时代的中国青年和
学生们积极交流，因为透过交流，能进一步加深两国青年的相互了解，是信赖与友情的系
绊牢不可破。""他更坚信，青年之间的交流，能够开辟千秋万代的友谊之路。""为青年
开辟道路，这条道路通向遥远的未来——这就是伸一的信念"。④《新人间革命》中写到一
个细节，特别有意味。在上海的欢迎晚会上，大学部长田原薰与一名上海青年相遇。这位
上海青年就是四个月前访日的中国青年代表团员。当时主持欢迎中国青年代表团的就是
田原薰。"此刻看见两名青年互相握手，为重逢而欢喜雀跃"，山本伸一也非常激动，他从
两个青年的重逢中看到了一种非凡的意义。1968年，池田大作在大学部总会上发表《中
日邦交正常化建言》时，心里就在描绘中日青年手牵手誓约友好与和平的景象，此后他又
一直鼓励和指导创价学会的青年干部做这方面的工作。从这两个青年重逢的兴奋景象中，
山本伸一感到自己的梦想正在实现，感到青年的友谊光芒四射，照亮了上海之夜。他相

---

① 池田大作：《新人间革命》（第20卷），台北：正因文化事业有限公司，2012年，第149页。
② 池田大作：《虹之歌》，台北：正因文化事业有限公司，1998年，第73页。
③ 池田大作：《虹之歌》，台北：正因文化事业有限公司，1998年，第50页。
④ 池田大作：《新人间革命》（第20卷），台北：正因文化事业有限公司，2012年，第22页。

信,涓涓细流也将变成大河,中日友好由青年继承,一定会成为任何事物都阻挡不了的时代主流。这个细节,可以深刻地体验到池田大作内心对青年寄予的殷切期望。

在池田大作的心中,孩子们天真无邪,无心机,无恶念,天生就是外交家。他曾说,"有人说:'人生下来就是地球人、世界人',向来也是道理,看看小孩子,肤色虽不同,国籍或有别,一会儿就成了朋友。"①因此在池田大作的和平之旅中,孩子始终是旅程的主角,无论走到哪里,他都愿意和孩子们在一起。因此,在《新人间革命》中,池田大作兴致勃勃地详细描写了山本伸一与孩子们的活动。出访中国时,山本伸一在北京同孩子们一起打桌球,到上海时,上海又安排了参观少年宫的活动,山本伸一为这个安排感到很开心,"离开日本已经13天,伸一的疲惫达到极点,但一想到能和孩子们见面,他就精神奕奕","和孩子们接触让他感受到充满冲劲"。当小学生接受他送来的礼物,当场赋诗表示感谢时,山本高兴地用力鼓掌,"他对孩子们发展诗心比什么都高兴"。山本伸一还很平等地和孩子们相处,在上海他与孩子们一起玩投圈,下五子棋。在上海普陀区的曹杨新村参观托儿所幼儿园时,伸一还亲自下场,为孩子们用钢琴演奏了《樱花》《春天来了》等歌曲。在访问苏联时,他也参观了莫斯科市内的少先队宫,观看了芭蕾舞的练习,接受了手工小组的少女们亲手编织的女娃娃,还兴致勃勃地为女娃娃取名为"莫斯子"。在民间外交中以孩子们为主角,不仅是因为池田大作把孩子视为和平生活的未来,"伸一心中描绘着这些孩子和日本孩子自由自在地玩游戏、体育活动的情景——那就是地球家庭,人类的真正姿态"②,而且也是因为池田大作正是在同孩子们的天使般的纯洁心灵的交往中,吸取了和平之旅前行的巨大力量。

二

在同苏联总统戈尔巴乔夫的对话中,池田大作高度评价了戈尔巴乔夫的"新思维"外交政策,认为戈尔巴乔夫当时采取的主动裁军和裁减核武库、支持东西德合并、放弃苏联对他国内政进行干涉的各种外交政策,"是基于您所提倡的'人与人之间都是相同的人类,被一个共同的命运联系在一起,并且,我们都必须在这个地球上,相互作为有教养的邻居一起生存下去'的理念,也是对核武器时代——这种人类过去未曾面对过的危机状况,开始了冷峻的认识之后,作为发想来转变的","正因为如此,作为当时的苏联总统的您,在世界政治舞台上提倡要实施将人的价值优先考虑的外交政策,不言而喻会获得强烈赞同的响应"。③"人的价值优先",这也是池田大作外交思想的哲学基础。优先从国家的利益考量,那么外交总是战争的辅助手段,只有战争凭借实力才能获得利益的独占和最大化。

---

① 池田大作:《虹之歌》,台北:正因文化事业有限公司,1998年,第70页。
② 池田大作:《新人间革命》(第20卷),台北:正因文化事业有限公司,2012年,第171页。
③ 戈尔巴乔夫、池田大作:《20世纪的精神教训》,北京:社会科学文献出版社,2005年,第184-185页。

而如果以"人的价值优先"作为国家政策制定与执行的规则与前提，那么外交就远比战争要重要。通过外交途径达到人类各个民族各个国家的共生共存才是21世纪的主题。因此池田大作在同戈尔巴乔夫的对话中明确指出，人性与人心的趋向是要结合，而不是要分裂。"在以前的政治场上，曾有壁垒分明、对着干乃是有权势的说法，而我向来认为，根本而言，恶的本质在于壁垒分明与对着干，反之，善的本质则在于结合。这与托尔斯泰的哲学也是相同的，恶这东西常将人心加以分裂，而且还将人与人之间、人与自然之间的分裂加以扩大，让其产生龟裂，迫使之陷入孤立与悲哀的穷地去"。①

基于这种"人的价值优先"的思想原则，池田大作的外交活动不仅是民间的外交，而且是人性的外交，不仅具有民间的智慧，而且散发与闪耀着人性的光辉。这种人性光辉首先就表现在他的外交思维紧紧扣住人的价值观念，坚定地维护人的价值原则。在小说《新人间革命》中，这种闪耀着人性光辉的外交细节，俯拾皆是。譬如在第一次中国行程结束时，山本伸一同中日友好协会秘书长孙平化及其他工作人员畅谈了三个小时。畅谈中，大家讨论了对人的看法。"伸一说，不能以阶级来判别人，因为阶级把人集团化，要站在一个人的视点来看人，这将有助于今后中国的发展。"这种话今天看来似乎不足为奇，不过常识。但这次访问时间是1974年，把这段话放在当时的中国语境中，不啻是石破天惊的棒喝。山本伸一在这个问题上坚持自己的观点，毫不隐讳地指出要以人的视点看人，反对以阶级的集团的立场看人，这一方面是因为他奉行的是坦率交流的外交理念，从不讳言自己的想法，另一方面也是因为他用心良善，他是真心地盼望中国能够走向正轨，能够发展起来。

外交，顾名思义是与外部的交往。既然是与外部的交往，就不可避免地要面对不同的文化，不同的体制，不同的习俗，不同的思想观念。怎样才能处理好不同的文化、政治与思想模式之间的交流来达到和平外交的实现呢？池田大作的看法与讲究谈判策略与技巧的外交理论通则是不一样的，外交理论通则要求保守底牌，但池田大作强调诚实，他说诚实的人性光辉正是外交的要谛。因而在池田大作的文学创作中，读者能读到很多这方面的精彩细节。诚实的外交品质首先就是宽容，文化各有特性，体制容有不同，但彼此之间应该"诚挚、坦诚地交流"，不掩饰自己，也尊重对方。这种文化上的宽容，对对方文化习性上的理解与尊重，无疑能达到彼此心意相通的效果。

诚实的另一个要义或者说更为重要的一个要义就是坦率。池田大作推行人性外交，以人的价值作为外交的根本原则，但各种不同的文化特性与不同的政治体制，对人的价值有不同的理解和不同的评判标准，因而他特别强调和平外交的坦率对话。在一些有关人的价值这一根本原则问题上，池田大作就像一个英勇的斗士，毫不含糊。《新人间革命》中绘声绘色地描写了山本伸一在会谈时坦率地坚持自己的一贯想法，使得会谈终于在"不管有核无核，所有的国家都应在平等的立场上召开会议，讨论彻底销毁核武"这一问题上达成

---

① 戈尔巴乔夫、池田大作：《20世纪的精神教训》，北京：社会科学文献出版社，2005年，第192页。

了共识。

三

池田大作在《新人间革命》的序言中说，他要写这部书，一是有些历史事实只有他知道，二是别人只能描叙历史事实，但是当时他的心情只有自己知道，别人是描述不来的。从《新人间革命》这些记录和描写池田大作的外交活动的文学创作中，确实能够看到池田大作对文学的这一功能的深切理解与恰当运用，也能清晰地看到作为"桂冠诗人"的池田大作对文学的喜爱心情，以及他丰富渊博的文学史知识。

池田大作在描述自己在和平之旅中的各种心情时，有一个鲜明的特点，就是喜欢用文学和文学家的名言来激励自己，启示自己。如《新人间革命》一开始写到山本伸一立志要打开与中日外交之门时，在述志上就用了户田成圣在1956年初吟咏的和歌"虽望云间看明月，愿送阳光普照亚洲民"，在一种冷战的黑夜中，期待着和平幸福的阳光照耀；在面对各方面的打击与嘲讽时，伸一就引用了鲁迅的名言："先觉，每为故国所不容，也每受同时代之人的迫害"，表达了前程虽有千难万阻吾独往矣的英豪气概；在谈到对中国放弃日本赔偿战争损失的感恩心情时，山本伸一想到的是西班牙作家塞万提斯的名言："忘恩是傲慢的产物，是史上所知的最大罪孽之一"；在安慰访中团成员的紧张情绪时，山本伸一则引用了英国作家威尔斯的话："我们的真正国籍是人类"；在中国访问参观新华小学时，山本也想到雨果小说中的一句话："未来掌握在教师手中"。在儿童节与孩子们联欢时，看到中国孩子们健康、活泼、明朗、充满着希望的笑容，山本立刻想到鲁迅先生的一段关于"上海儿童"的名文，并将鲁迅眼中的过去的中国儿童与他眼里现今的中国儿童进行比较。山本伸一登上万里长城时，心情激动，因为恩师户田城圣当年就曾与山本有约，希望有一天两人一起去中国，登上万里长城。这时，山本伸一就想起了诗人泰戈尔的呐喊："国家是人创造的，国家不是由土地构成的，而是由人心构成。只要人民绽放光芒，国家同样会光华四射。"从而立志要建造心的长城，精神的长城，来守护和平的长城。在上海访问结束晚会上，池田大作看到中日青年重逢再遇时的激动场景，他欣慰地感到自己为中日青年联谊所做的事情是十分有价值的，这时他引用了雨果"光点会变大，时时刻刻会变大，那就是未来"的名言，真心期待中日青年把友谊交往的事业不断开拓下去。

池田大作喜欢俄罗斯文学，肯定俄罗斯文学包含的民众性这一要素。他曾深情地回忆了在二次世界大战结束后不久他和朋友们阅读高尔基的作品《底层》时所感受到的强烈的震动。高尔基在这部作品里让主人公萨金说出这样的话："人这个字听起来多么自豪啊！"这是一个典型的文艺复兴以来浪漫主义文学的口号，它肯定了人的本质力量，肯定了人的尊严高贵，也肯定了人所具有的权利与责任。池田大作说："当时我正在战败后一片废墟的国土上迎来十七八岁的多愁善感的青春期，所有的价值观都彻底崩溃，整天饿着肚子，和朋友们把战火劫余的微少的书籍收拢在一起，为了寻求明天的光明，贪婪地阅读着。《底层》中这些话像闪电般地贯穿了我的心,当时所受到的感动,至今仍烙印在我的脑子里。'人'这一从苦恼与沦落的底层迸发出来的整个人类的呼叫,不由得不使我感到这是凝缩了俄罗斯文学特色的人类观的表现。"①正是这种情感震撼与理性认识,促使池田大作阅读了许多俄罗斯伟大作家的作品,从而对俄罗斯的作家如托尔斯泰、高尔基、陀思妥耶夫斯基等了如指掌。在《新人间革命》中,山本伸一征引俄罗斯文学也是信手拈来,如数家珍。在首次访问苏联时,山本伸一提到了自己要为人类和平贡献一生的誓言,引用的就是俄国伟大诗人普希金的诗句:"你若是帝王就独自出征/用自在的智慧在自由的大道上前行/不要求可贵伟业的酬报/结出自己所爱的思想之果。"1974年1月21日,大西伯利亚博览会在东京后乐园运动场展出了整整一个月,其中展出的长毛象的复原像介绍了西伯利亚的自然与历史,深得日本民众喜爱,但因东京大雪,展览馆充气屋顶被积雪压垮,部分展品被损,损失相当大。面对这一意外,池田大作深感痛心,但他坚定不移地按照自己的信念继续提供援助。在《新人间革命》中,当他写到山本伸一这一时刻的心情时,就摘引了俄罗斯伟大作家高尔基的名言:"真诚的精神是不会动摇的",以这一智慧来为伸一鼓气。

  文学不仅是激励人心的力量源泉,而且由于世界优秀文学之间的人性价值与艺术共性,往往也成了某事某地的外交场合中沟通双方的有利的媒介。譬如,中国文学研究家竹内好曾经赞扬山本伸一的主张使中日邦交正常化看见了一丝曙光,日本作家有吉佐和子向山本伸一传达了中国总理的传话,"将来务必请山本会长来中国,接受我们的招待",这些文学家的言论行为都对山本伸一访问中国的破冰之旅起到了一定的促进作用。有的重要的外交细节也与文学相关,如山本会长第一次访问中国时,迎接的中方工作人员与山本会长谈论他的小说《人间革命》,一个工作人员还背诵了小说中的一个段落,山本幽默地赞许说连自己也背不出来,大家都笑了。文学成为一种桥梁,把两方的心意情感很快就拉近了,而且十分有效地化解了团员的紧张情绪。在第一次访中时,原定从北京飞往上海,但因天气原因不得不在郑州停留一晚。山本伸一很轻松,但随行团员个个面露不安。在郑州举行的欢迎晚宴上,山本就兴致勃勃地谈到中原逐鹿的《三国志》,还请随行团员齐声合唱日本诗人土井晚翠的《星落秋风五丈原》。这是一首歌颂诸葛亮的诗歌,表达的是诸葛亮壮志未酬身先死的悲壮情怀,池田大作的恩师户田城圣也很喜欢这首诗歌。山本伸一联想起当年一次学会的新年会上为恩师唱这首诗歌的情景,唱了一遍又一遍,多达六次。唱这首诗歌,回忆恩师的故事,在此时此地是十分切景的。一是所住之处正是历史上三国争雄的地方,二是这首诗歌表达的就是不怕挫折,坚持到底直到胜利的精神。当时在郑州,由于中国国内通信状况差,池田大作一行与总部联系不上,国际长途无法接通,总部的人和池田大作的随行者都颇感不安。池田大作在回忆和描写这一场景时,让山本伸一带领大家唱这首诗歌,表达的就是安定军心,激励壮志之意。

---

① 池田大作:《东西文化交流的新道路》,《池田大作集》,上海:上海远东出版社,1977年,第17页。

首访中国结束，最后告别时，山本伸一充分发挥自己"桂冠诗人"的才华，接连写下充满深情的俳句，赠给中日友好协会人员。俳句是日本文学的一种传统体裁，它同中国古代的绝句比较相似，内容常是抒情寄兴，一个朴素的哲理，一个偶然的感触，一个瞬间呈现的景致等，都可用作俳句的材料，因而俳句也被文人雅士习惯于用来在重逢告别的场景中表达离情别意。值得指出的是，在这种场合写俳句，时间紧迫，人声喧哗，不容易深思细虑，但山本伸一写来，也是因人而异，有所考量的。写给逗留期间热情照料的叶启溥和殷莲玉的是"莫忘世代长友好，历史新旅程""中日心心相通处，灿烂黄金桥"，表达了中日友好的心愿，也感谢了他们在生活上的无微不至的照料。为从北京陪同而来的青年陈永昌写的是"人民之路齐并肩，高举友谊旗"，表达的是对中日青年将友好之路代代传承的一贯心愿。而为秘书长孙平化写的是"不论晴雨，友谊不变"，字里行间也大有深意存焉。当时日本国内有不少人对中日友好持诋毁态度，池田大作本人也曾因此备受攻击谩骂甚至恐吓，因而山本伸一的这俳句，既暗含了对以后中日友好的发展局势的担忧，也表达了千难万难也要向前的坚定信心与意志。

山本伸一在列宁格勒的参观时深深地被战争的严酷和俄罗斯人民保卫家乡的意志所感动，他热泪盈眶，怒火难息，以致陪同参观的莫斯科大学人员惊讶不解，以为有什么事情没做好惹得山本先生生气了。这次参观，伸一特别关注的有《丹妮娅日记》，一个12岁就在战争中丧失了生命的小女孩记载下的她的亲人陆续死去，"虽然是淡淡记下事实的九页笔记，但少女伫立在悲叹深渊的心情如同利刃般刺痛人心。残酷的事实太过沉重"。伸一也特别注意到在战争的饥饿中，"支撑市民的，是每天收音机广播的鼓励之声"。"响应电台的号召，作家演讲，诗人诵诗，歌手唱歌，传播古城的不朽骄傲，不断地发送希望、勇气与对胜利的确信""有的诗人鞭策衰弱已极的身体，拼命朗诵创作的诗，读完后倒下了，数日后死亡。有的音乐家用手杖挂着身体唱歌，当晚就停止了呼吸"。而在纪念墓地的"母亲祖国"雕像后面镌刻的也是女诗人奥莉加·别尔格利茨的诗，她在保卫战期间就在负责广播工作。听了随行者对此诗的翻译朗诵，"伸一十分感动，默默低下头，再次三唱题目"，从池田大作的这些描写可以看出，这些事迹之所以感人至深，除了它们本身的严酷性，也是因为有了文学的表达形式，有了这么多的文学艺术家们的直接参与。故事的力量是无穷的，而文学的魅力就在于它能让这种故事的力量深入人心，撼动心弦。

值得怀念的是，在苏联访问期间池田大作还有幸得到肖洛霍夫的接见。池田大作在小说中详细地记载了这次同世界级大文豪的见面，其中有些细节描写本身就具有难忘的戏剧性。譬如会见的意外，本来因为肖洛霍夫身体不好，去故乡疗养了，见面未被安排。但没想到的是，突然接到通知说可以见面了，安排在莫斯科见面，这是意外之喜，也说明苏联方面对这次池田访问的重视。又如两国酒文化的碰撞，与肖洛霍夫见面时，肖洛霍夫十分高兴，他不顾身体有恙，坚持要和池田大作干杯，而池田大作的身体体质本来不胜酒力，但既仰慕肖洛霍夫，又不能却人美意，所以壮着胆子也努力喝了一杯。在描写这次会面时，池田大作谈到了对肖洛霍夫的文学贡献的认识，包括对"民众构成历史的洪流"这一中心思想的强烈的共鸣,还有对肖洛霍夫的《人的命运》主题的认识:为他人而生才有真正的生存意义。池田大作用佛法诠释了肖洛霍夫的这部作品的意义。有一个细节,深深地铭刻在了池田大作的信中。当山本伸一问肖洛霍夫人生中最痛苦的事情是什么,肖洛霍夫眯着眼,如同在仰望远方,回答说:"活得久了,最痛苦的事情不容易想起来了。不,各种事情的色彩变淡薄了,高兴的事、悲伤的事全都远去了。"这番智者的言论让池田大作深为感动,他不胜感慨道:"提升自身的境界,以慈爱待人,才是人生的真正胜利者","站在山顶,攀登的千辛万苦便烟消云散,涌起喜悦,同样,进行境界革命,就会天天被笼罩在爽快的满足与欢喜之中"。①

四

毫无疑问,在任何文化、任何国度中,外交都是一种十分重要的活动,在现代国家中,无论是民主体制还是集权体制,国家最高领导者总是把外交的主导权掌握在自己手里,就充分说明了外交事务的重要性与特殊性。关于外交的叙事,也往往成为一种宏大叙事。但是外交无论如何重大,毕竟首先是人的交往,外交虽然执行的是国家意志,但外交事务中的执行者的个人素质也往往成为国家意志执行程度的重要因素,因而富有个性的外交使节往往容易引人注目,也往往成为外交史上不会被人忘记的明星。由于池田大作奉行的是民间外交的理念,秉行的不是国家意志,而是人性价值的原则,是自己内在心灵的律令,因而他的外交活动没有政治的拘束,他诚实坦率的外交风格,他文学家和"桂冠诗人"的气质与素养,能够充分地在他的外交活动中显现出来。这些个性色彩十分丰富,在池田大作的文学创作中多有记载与描写。

作为一个对社会具有重要影响力的宗教团体的领袖,池田大作的身上没有丝毫的官僚气息。在出访的过程中,他从来就不把自己当成一颗棋子,让随行的部下按照预定的行程与议事来摆布。他总是集中精神,敏锐地观察和充分地利用行程中出现的各种事物与机会,总能准确地捕捉到和理解到这些事物与机会的深刻含义,以及它们与自己的事业之间的联系。如他多次谈到民众的意义,在出行途中,他就尽量地找机会与民众接触、对话。《新人间革命》就突出地描写了山本伸一的这种善于捕捉机会、提升意义的敏锐个性。在西湖游览时,他在避雨亭中兴致勃勃地与同在避雨的游客攀谈起来。他觉得,"中国有八亿人民,和一个人对话或许觉得没什么,但如同一滴水变成大河,一切都是从一个人开始,所以要重视一个人"。在西安参观八路军办事处时,山本伸一听到解说员说这个办事处得到民众明里暗里的保护,他立刻就联想到,世界上"没有比民众的支持更强大,只要以全部生命向人民诉说,得到赞同,便无须恐惧。一定要走入人民群众当中,更深地走进

---

① 池田大作:《新人间革命》(第20卷),台北:正因文化事业有限公司,2012年,第200页。

他们的心里——无论什么样的运动，胜利的关键都在此"①。池田大作作为创价学会的领导者，各种性质的工作繁多，但他从不为这些事务所淹没，始终挤出时间进行写作，写作的体裁包括讲解、对话以及文学等，仅小说《人间革命》和《新人间革命》就多达数十卷。

通常说来，哲学家关心的是人类的普遍本质，文学家更加关注的是人的个性表现。这种美学习惯常常使得文学家在面对同样的事物时，往往能产生一些很独到的体验和理解，发人之所未发，想人之所未想。在池田大作的小说中，也常常可以看到如此的场景，譬如山本伸一参观在上海瞻仰鲁迅的墓，鲁迅有"文化战士"之美誉，通常人们会觉得鲁迅的塑像神情很严峻，具有战士的坚毅不屈。但山本伸一看了后，虽然在形象上给他的感受也是"挺着胸膛，庄重凛然"，但他的心理感受则是"神情很幸福啊！因为是奋战过的人"。山本伸一的这一感叹，体现出的就是池田大作对鲁迅的知音之感。池田大作仰慕鲁迅，对鲁迅的作品和人格都有深入的了解。因为从鲁迅那里，他体会到了一种自己仰望与心仪的精神气质，这就是，"坚持信念奋战到底的人不会留下后悔。奋战的人生是充实的，是全生命的燃烧。为正义、为他人的奋战与努力之中，才有真正的幸福"。在苏联，有些火车的站名取得别开生面，如在列宁格勒即圣彼得堡有"莫斯科站"，而在莫斯科则有"列宁格勒站"。同行的青年对山本伸一说："苏联的站名真乱。"但伸一笑着告诫青年说："什么都拿日本当标准来判断就会觉得混乱。一个国家、一个地方，都有当地的文化、传统、生活方式，要入境随俗，这一点很重要。"山本伸一不仅这样告诫青年们，而且他从苏联的这些站名的取名方式上也悟出了一个道理，就是以这种方式命名，去莫斯科方向的命名为莫斯科站，去列宁格勒方向的命名为列宁格勒站，不正可以指引乘客"到那个车站就不会弄错方向"吗？这些细腻的感受和理解，显示了池田大作对人们的日常生活的独到观察，他喜欢观察日常生活，也能够观察日常生活，这也是诗人和社会活动家的重要精神品质。

在池田大作的小说中，还有许多的精彩细节展现了池田大作在外交活动中的个人性格上的魅力。有的时候，池田大作像诗人一样，充满童心，像一个小孩那样天真可爱。譬如，在访苏的欢迎宴会上，由于大家畅所欲言，交谈热烈，等到山本伸一要吃甜点冰淇淋时，冰淇淋已经融化了。山本伸一说："友好的热气把冰淇淋都融化了，就当做苏联饮料来喝吧。"一句话掩盖了尴尬与局促，还引发了欢笑。在访苏结束的欢送宴会上，有人问山本伸一在苏联逗留期间有什么不满意的地方，山本伸一回答说，"有，大为不满"。然后他接着说："我99.9%满意，有0.1%不满意。因为满意度太高，不满意就非常突出。那就是许多贵国人士太丰满，想友好拥抱一下，我的手臂不够长"。这话翻译成俄语，顿时满庭哄堂大笑。这些细节都显露出了池田大作幽默的个人气质，同时也显示出了他在处理外交上的突发事件上的机智与应急能力。"笑是太阳，驱散人脸上的冬天"，这是文豪雨果的

---

① 池田大作：《新人间革命》（第20卷），台北：正因文化事业有限公司，2012年，第84页。

卓见。能互相发自内心的笑，这才是朋友。无忧无虑的笑是信赖的大地上盛开的花朵。搞笑的能力，既是一种难能可贵的个人魅力，在一定程度上也是外交能力的一种呈现。

当然，这种个人魅力是天生的，但更主要的还应是个人主观的努力。在《新人间革命》中，池田大作这样描写山本伸一，"他总是在考虑怎样才能使每一件事情留下深刻的意义，让彼此的心更紧密地相连"①。譬如，他把自己用的球拍赠送给与自己比赛的女生，他给曾去清华学习的做晶体管的工厂女工赠送拍立得照片留作纪念，他提议大家在北京大学赠送的《中国工艺美术》图鉴上签字留言等，在这些活动中可以体会到，他确实是极其认真地对待着行程中的每一瞬间，为眼前的每一个课题充分燃烧生命，这时暗淡的疲劳便会消散，全身充满了新的挑战斗志。在杭州游览西湖，同行的大学部长田原薰文问山本伸一："先生随时随地都能抓住对方的心，予以鼓励，诀窍是什么呢？"伸一说："没什么诀窍，我就是认真。能见到这个人只有此时此刻，为了思考在这种情况下如何才能心灵相通，我随时都集中精力，全力以赴，认真才能产生智慧，认真就会有力量。"在北京的学校访问时，池田大作看到学校有乒乓球室，就对练球的学生表示要和他们比赛。池田大作从小时候起就喜欢打乒乓球，乒乓球是他拿手的体育项目，这次出访还带着自己专用的球拍。但比赛一开始池田大作就没有占到上风，对手是个初三的女生，动作敏捷，杀球快得惊人。这时，池田大作就换上了自己从日本带来的惯用球拍，可惜还是输了。在很多的政治家或外交家那里，这种比赛不过是秀着给记者看的戏，给摄影师上镜头的画面，输赢都无所谓。但池田大作却很认真，开始输了还去换上自己带来的惯用的球拍，最后输了也把自己的惯用球拍赠送给女生做纪念。这就是要赢的心，是认真的态度，也是对对手（尽管对手只是一个初三的女生也决不轻视怠慢）的尊重。这种认真的精神，也是池田大作民间外交获得丰硕成果的重要保障。

---

① 池田大作：《新人间革命》（第20卷），台北：正因文化事业有限公司，2012年，第64页。

热衷于"对话"的民间外交家
——浅谈池田大作的"对话"理念及其实践

广东外语外贸大学　韦立新 余六一

近年来，随着学界对池田大作先生其人其事（包括其人格魅力、思想及其实践）从各个方面所进行的考察和研究的不断深入，我们越来越发现：他集多种特质、才能和品德于一身，有过众多各种各样的善举，从事过方方面面的有益活动，的确堪称是一位难得的伟人，以至于我们很难按常规来简单地给他贴上一个恰当的"标签"。因为他既是一位宗教领袖、宗教活动家，又是一位热心于办学助教的教育家，同时又是一位睿智的哲学家、思想家，一位才华横溢的诗人、作家、艺术家。而我们如果从其长期以来所从事的主要实践活动来看则不难得知，他实际上还是一位热衷于"对话"的、卓越而睿智的民间外交家。

他有着一种坚定而执着的理念，认为通过这种超越民族和国境界限的友情和交流，通过日积月累的"民间外交"的开展和渗透，可以最有效地推动"新的地球文明"的构建和世界和平的实现。于是，他积极倡导、推动民间外交，并长期坚持不懈地与世界各国各地区包括著名学者、各界领袖及友好人士在内的有识之士进行平等的对话和交谈。亦唯其如此，他荣获了"联合国和平奖"（1983年）、"爱因斯坦和平奖"（1999年）、"人民友好使者"（1992年）等众多嘉奖和称号，并赢得来自世界超过一百多个城市和地区赠予的"荣誉市民"称号，这已成为众所周知的事实并传为佳话。

那么，池田大作先生在长期致力于超越民族和国境界限的"民间外交"过程当中，最热衷而又最常用的制胜法宝是什么呢？可以说，那就是基于"平等"立场上的、以"设身处地为对方着想"为前提的、充满了"东方智慧"的"对话"。

关于池田大作先生的"对话"理念及其实践，笔者在以往的池田研究过程中也曾经有所关注并提及，因正好与本次研讨会探讨的主题有关，故欲借此难得的机会，再做进一步思考和议论以就教大方。

一、民间外交起主导作用的"软能"时代

众所周知，作为不同于主权国家政府之间官方外交的常用方式和途径，基于平等立场

上的"对话"无疑是民间外交最重要的手段之一。民间的对外交往，本来追求的就是在普通民众之间加深相互理解和认识、增进彼此之间的相互信赖关系，因而其性质和特点首先就决定了双方必须是人与人的平等交往或交流，而基于平等立场上的"对话"，则显然是不可或缺的。

可以说，池田大作先生正是因为深明其理、深谙其中三昧，才如此热衷于"对话"的。

池田大作先生大部分时间里最主要的实践活动之一，就是与世界各地各界友好人士广泛缔结了深厚的友谊，并坚持不懈地与他们进行着各种层面、各种形式的交流。他长期四处奔走，作为和平大使、文化大使，经常到世界各地进行访问，足迹几乎遍布世界各地。而关于访问的目的，他表达过如是主张："我们要超越国家和体制的壁垒，播种和平与友谊的种子。希望通过对话，通过信义之心，将这个割裂的世界连接起来。"①

其实早在 20 世纪初期，就有创价学会的首任会长牧口常三郎在其著作《人生地理学》中呼吁要开创"人道竞争"时代，而第二任会长户田城圣先生也提倡通过"内心变革"以改变命运，倡导人人都要成为"世界市民"，可以说早期的创价教育理念以及后来以"人间革命"为核心的"创价理念"，都是以重视"人"，珍视"人的尊严""生命的尊严"为出发点的。为此，必须彻底突破人为设置的国境、种族、民族、文化及意识形态等界限，做好"人"的工作，通过把人与人的"心"连结在一起，才能最终达至世界和平、人类幸福。他时常提起恩师户田先生的教导："从今往后将是'对话的时代'。与人交谈就等于是为信念而战，同时也等于是互相把心连结起来。"②

也就是说，池田大作先生的这样一种坚定而执着的信念，即通过超越民族和国境界限的友情和交流，通过日积月累的"民间外交"的开展和渗透，坚韧不拔地去推动"新的地球文明"的构建和世界和平的实现，其形成其实承袭自先师牧口常三郎先生和户田城圣先生，而且早已由来已久。加上他勤于学习、善于思考，并深谙《法华经》妙法之真谛、深得东方智慧之真悟，自然形成了其对生命、宇宙的独特感悟。

池田大作先生曾经在 1997 年 1 月 26 日第 22 届 SGI 日发表的《迈向"地球文明"的新地平线》倡言中指出："如今'和平'的概念不止于'没有战争的状态'，广义上的'人类安全保障'越来越成为焦点。"因此应该强化和确立一种"国际和平法"来引导社会走向 21 世纪。同时他还强调："应该以不把现代文明所带来的危机留给下一代，作为以'生命尊严'为基调的共生精神的结晶，来制定'地球宪章'。"③"为谋求地球问题的解决，应克服历来以'国益'为中心的观念，改以'人类益'为基础来处理事务。地球环境问题的确需要这样转换视点。关心和责任只局限于恣意在地球上刻划的国境线的时代必须打

---

① 池田大作：《我的世界交友录（第二卷）》，卞立强译，长沙：湖南师范大学出版社，2009 年。
② 转引自《池田大作与世界的对话——开辟和平与共生之道》，东洋哲学研究所编，东京：第三文明社，2010 年，第 14 页。
③ 池田大作：《时代精神的潮流》，香港：商务印书馆，2005 年，第 49 页。

上终止符了。"①

另外他还主张：各种个别的、部分的"正义"会因试图证明自己的正确性而宣称为"正义"而战，导致冲突、争斗发生，威胁人的生存和生命的尊严，破坏和平和幸福，因此应该超越"部分正义"，而追求"普遍的正义"；同时他还认为"超越宗派和宗教原理"的"普世的人性主义"，才是使 SGI 倡导的佛法运动在全世界得以推广并获得广泛支持的最大原因。②

由上述言论及主张可以看出，在池田大作先生看来，新的世纪、新的时代，"将是超意识形态的时代、超国家主义的时代，某种意义上也可以说是'友谊的时代'。重友谊，就不会有算计，不会有国家立场的差异，不会有上下等级的差别，不会受民族、血缘的束缚，不会受利害得失的束缚，只有同样作为'人'的纽带"③。

一句话，新世纪到了要构建"新的地球文明"的时代，应该迈入"软能"战胜"硬能"的"对话的时代"。④

二、深谙东方智慧真谛的"对话"高手

纵观池田大作长期以来所从事的实践活动可知，在形式多样的民间对外交往方式中，他似乎更热衷于应用"对话"的方式，通过与各界有识之士进行平等的对话，将其所推崇并极力倡导的人本主义、人道主义思想和理念，尽可能地向世界各地广泛推广和普及，使其不断地深入民心，以最终达到自己心目中终极目标的实现。

他曾经在自己的《随笔、人生世纪之光》中提到恩师户田先生的教导："从今往后将是'对话的时代'。与人交谈就等于是为信念而战，同时也等于是互相把心连结起来。"并表示自己就是遵循恩师的教导而长期致力于与世界各地有识之士的对话的。他还宣称："对话才是我的人生——我坚信这对话之路将通往美丽的人类共和之大道！"⑤

关于他的"对话"，莫斯科大学总长萨德布尼齐曾有如此评价：池田大作先生通过大量的"对话"实践，俨然使文学史上正逐渐被人忘记的"对话"这种体裁得以重新复苏了。⑥而且他与人所进行的对话，与学者往往喜欢的"辩论"有着显著的不同，不是一味地想要证明自己一方论据的正确，将自己的经验绝对化，而尽力去指出对方的错误；而是终贯穿

---

① 池田大作：《时代精神的潮流》，香港：商务印书馆，2005 年，第 39 页。
② 池田大作：《以人性的宗教创建和平》，2008 年。
③ 池田大作：《我的世界交友录（第一卷）》，卞立强译，长沙：湖南师范大学出版社，2006 年。
④ 池田大作：《拥抱未来：池田大作随笔集》，香港：紫荆出版社，2009 年。
⑤ 转引自《池田大作与世界的对话——开辟和平与共生之道》，东洋哲学研究所编，东京：第三文明社，2010 年，第 19 页。
⑥ V. A. 萨德布尼齐、池田大作：《新的人类 新的世界——谈教育和社会》，东京：潮出版社，2002 年，第 242 页。

着一种对他者的理解,对不同观点和意见的理解和包容。①

曾与池田大作先生就"对话的文明"展开对谈的杜维明博士,也高度评价池田先生是现代世界上最熟练的对话高手,"在长达半个世纪里,通过具备'仔细听取对方谈话'这一技巧的对话,一直作为促进世界和平的斗士在活动。通过与世界各地许多有识之士的会见与对话,大大地扩大了智慧的水平,给现代许多思想家带来了深刻的自我批评与反省的机会",对世界精神界的贡献巨大。②

的确,他的对话与"说教""教导""教训"等不同,不是高高在上、居高临下地"指导""教育"对方,而是平等地与对方进行诚挚的沟通与交流,最终达成"相互理解"和"相互认同"。这可以说也是他推崇的"和平文化""共生哲学"在其实践中典型的具体体现。

关于民间的人与人的交往,关于友谊,关于对话,池田先生都自有其独到而又令人折服的思考和见解。

他在《我的世界交友录(第一卷)》序言里曾说道:"《我的世界交友录》的书名是读卖新闻社给起的。所访人士都是各界的代表人物,称之为'友',也许某些场合有些冒昧。不过,我的谈话不是出自政治、经济的立场,而始终是作为一个民众,出自'人'的立场的对话,可以说是心灵相遇的记录。从这个意义上来说,心中虽然觉得可能有些僭越之感,但还是同意了《交友录》的书名。"③同时他还很有见地地指出:"冷战后的世界将是超意识形态的时代、超国家主义的时代,某种意义上也可以说是'友谊的时代'。重友谊,就不会有算计,不会有国家立场的差异,不会有上下等级的差别,不会受民族、血缘的束缚,不会受利害得失的束缚,只有同样作为'人'的纽带。"因此"只有用站在人、人道、人权这一超越一切的共同的立场上来交谈,来扩大友谊",才是"王道"。④由此我们不难窥出,他心目中的"民间外交"所要追求的终极目标究竟是什么,如何才能有效达成自己心目中终极目标的实现。

实际上,关注"人",充分重视作为一个人的因素及其作用并设法激发起其主观能动性,这样一种"东方智慧",我们从《论语》里就能够感悟得到。只要有人,有人的接触、人的交流,有对话、有理解、有互动,则任何问题最终都必将能找到其应有的、适当的解决办法。自觉地意识到这一点,并能够有效地加以灵活运用,这就是一种东方"智慧"。我们从池田大作对杜维明博士的"《论语》是'对话共同体'"⑤的提法的赞赏,以及其就中日关系发表见解时所提倡的"演绎方法"⑥论来看,便足以窥出其深谙东方智慧之真谛。

---

① V. A. 萨德布尼齐、池田大作:《新的人类 新的世界——谈教育和社会》,东京:潮出版社,2002年,第242页。
② 池田大作、杜维明:《对话的文明——谈和平的希望哲学》,成都:四川人民出版社,2007年,第252页。
③ 池田大作:《我的世界交友录(第一卷)》,卞立强译,长沙:湖南师范大学出版社,2006年。
④ 池田大作:《我的世界交友录(第一卷)》,卞立强译,长沙:湖南师范大学出版社,2006年。
⑤ 池田大作、杜维明:《对话的文明——谈和平的希望哲学》,成都:四川人民出版社,2007年。
⑥ 池田大作:《时代精神的潮流》,香港:商务印书馆,2005年,第9页。

而摈弃强加于人的"说教""教训",通过平和而平等的对话、交谈,如涓涓细水长流而"水到渠成"地令人"折服",最终达至"心灵相遇","以情感人、以理服人"的最理想效果,这难道不应视为池田大作深得东方智慧之真谛的又一具体体现吗?

三、以人本主义为原点的"对话"

池田大作先生信奉佛法,珍视"生命的尊严",以关注"人的生命""人的生存"为至上,将维护和保障人的生存的"和平"视为自己的"天职",时常"牵肠挂肚"着"和平、人道、共生、文明",并以此作为其领导下的SGI的终极奋斗目标,同时为此而长期呼吁、奔走,领导SGI以坚忍不拔的实际行动,从草根阶层、民间层面去促进、推动"世界和平、人类幸福"的早日实现。

他尤其推崇日莲大圣人说过的一句话:"生命是一切财宝中第一的财宝。"由此我们亦不难得知,其思想最根本的原点,其实就源自佛法人性主义。"人"是他思考一切问题的最根本出发点。他对世上所有事物的是非对错的考虑和判断,所作出的一切取舍和抉择,从根本上看,都是以是否威胁或有损"生命的尊严""人的尊严"为基准的。

纵观主要倡言和大部分演讲录,可知其始终贯穿着"人性主义""生命""共生"这一基本主线。而更加值得注意的是,他平生最为推崇的就是基于平等立场上的对话、交谈方式,并将其视为"人性主义"的黄金旗帜。可以说,这既是池田大作的智慧所在,同时亦可以看作是其"以人为本"、以"人的尊严"为至上的思想原点的最大体现。

关于"对话",池田大作还有如是观点:"说到人道主义的最大武器,就不能不归结到'对话'这交流手段,一个人类史上万古常新的课题。对话本来就是人的一种本质,放弃对话也等于放弃做人的资格。没有对话的社会,只会变成墓地一样静寂。……综观过去的历史,言论与对话经常是人之所以为人的主要条件。"[①]因此,他领导的SGI在推广以佛法为基础的人性主义时,"无论遇到多少疯狂、自以为是、不信等的障碍,也绝不降下'对话'这一人性主义的黄金旗帜"[②]。

实际上,自1903年首任会长牧口常三郎在其著作《人生地理学》中呼吁开创"人道竞争"时代以来,以牧口本人为首,二代会长户田城圣、三代会长池田大作都在做"人"的工作方面倾注心血、竭尽全力。牧口常三郎在日本率先确立终身教育这一"人本教育"概念;户田城圣提倡通过"内心变革"以改变命运;而池田大作在致力于创办贯彻"创价教育理念"的幼儿园、小学、中学到大学的同时,还积极倡导"人间革命"的概念,其最终目的"就是要使每个人醒觉到自己无穷的潜力",都能最大限度地"发挥其本有的

---

① 池田大作:《时代精神的潮流》,香港:商务印书馆,2005年,第13页。
② 池田大作:《时代精神的潮流》,香港:商务印书馆,2005年,第15页。

力量"。①

可见，池田大作不仅自己躬身践行，与世界各地的各界友好人士广泛交流、会谈，以平等"对话"的方式，在不同领域架设起超越国境、民族、种族、宗派、思想体系、学问等的界限与障碍的桥梁，他所领导的 SGI 也总是以积极主动地参与和推动宗教间、文明间的对话为己任。而由他创立的东洋哲学研究所、波士顿二十一世纪中心、户田纪念国际和平研究所，更是一直积极推进"文明间对话""宗教间对话"活动。

应该说，SGI 所倡导的"和平、文化、教育、人道"方面的理念和主张，之所以能在不长的时间内在世界不同的国家和地区赢得广泛认同和支持，很大程度上有赖于这种有别于其他"传教"方式的、基于平等立场上的"对话"。

四、"对话"可开辟和平、共生之道

随着时代的不断发展，"物质文明"的不断提高，越来越多人类所共同面临的"问题群"日益凸显出来，而其中的许多问题，由于客观上受到狭隘的所谓"国家利益""民族利益"的局限和制约，依靠国家、政府间的外交、协调是不可能解决的，而必须"克服历来以'国益'为中心的观念，改以'人类益'为基础来处理事务"②才有可能找到有效的"治本"对策。

在 2002 年 1 月 26 日发表的第 27 届 SGI 之日纪念倡言《人本主义——全球文明的黎明》中，池田大作曾经提出过自己对恐怖活动的看法。他强调自己不唱没有建设性的"恐怖活动不对，报复战争也不好"这种"各打五十大板"的高调，而主张找出造成真正威胁而必须歼灭的"敌人"，那就是"贫穷、憎恨、与'无人心态'这种现代恶魔"③。

关于环境问题的"治本"方式，池田大作也曾明确指出："环境问题不单是政治、经济或技术层面的问题，不是只找出一个有用的资源利用法就能解决的。不探究人与人、人与自然、人与社会间相互间的价值观层面，我认为打不开道路。"强调必须"把真正的'生命尊严'观念植于所有价值的根干"④，这无疑是一种具有深远而敏锐的洞察力的真知灼见。

根据对池田大作先生数量庞大的各种《对谈集》的考察结果可知，其内容大致可归纳为五大方面：探求恒久的和平——迈向无核的世界；以"环境的世纪"为目标；迈向人性主义的社会——人权、政治、经济；通向地球文明之道——文明、哲学、宗教、历史；为了创造性的人生——文化、艺术、文学、教育、科学。⑤而进一步深究则不难发现：其实

---

① 池田大作：《时代精神的潮流》，香港：商务印书馆，2005 年，第 303 页。
② 见池田大作：《时代精神的潮流》，香港：商务印书馆，2005 年，第 39 页。
③ 池田大作：《时代精神的潮流》，香港：商务印书馆，2005 年，第 208 页。
④ 池田大作：《时代精神的潮流》，香港：商务印书馆，2005 年，第 36 页。
⑤ 参见《池田大作与世界的对话——开辟和平与共生之道》，东洋哲学研究所编，东京：第三文明社，2010 年。

他的对话涵盖了方方面面所有的领域，关注的都是涉及当下及未来"人类共同面临的所有基本的课题"，而所有这一切问题的最终解决，都绝不可能在"以'国益'为中心的观念"支配下得以实现。

那么要想"探究人与人、人与自然、人与社会间相互间的价值观层面"，最终达到"把真正的'生命尊严'观念植于所有价值的根干"之目的，什么样的手段和方式最为有效呢？仅凭少数明白事理的有识之精英做好"顶层设计"而静待广大民众去贯彻落实？抑或是由他们著书立说去"教育"大家提高认识而后付诸行动？这显然都是不可能的。

池田大作先生在与洛克什·钱德拉博士谈到"促进文明间的对话"时曾说过："创造多样化的'价值'才是人生的目的，也是一切文化应有的内涵。"长期被物质价值此单一"价值观"支配的 20 世纪地球文明已达极限，如今人类渴求的是重视文明间对话与宽容的"价值多样化"世界。①

正如前面曾经提及，池田大作始终怀有一个坚定不移的信念：创造和平文化，发展和平友好，人与人之间"心"与"心"的深层次理解不可或缺，因而民众之间的交流尤其是青年交流非常重要。而人与人之间实际见面，敞开心扉，互相交谈，这样一种"把人与人、民族与民族以及文明与文明联系起来的'对话'"，才是不断开辟理解和信赖的"共生"的大道，是自己与他人共同提高对和平与幸福追求的"和谐"的王道。②同时他还指出，自己想要倡导的"对话的文明"并不是停留于承认相互差异、互相理解的消极的宽容，而是要创造出互相尊敬差异、互相学习、以真正的对话的精神为根本的新的地球文明。③

显然在池田大作先生看来，唯有通过超越国家、民族等壁垒的"民间外交"，通过超越"文明差异"的对话，并充分地发挥"人"的智慧、"人性主义"的力量，才有可能开辟出通往"和平、共生"之大道。

五、结语

池田大作先生作为一介民间人士，长期以来不辞辛劳地以非官方的各种对外交往方式活跃在世界舞台上，其交友之广泛，会见并交谈过的人数之多，应该说在"民间外交"史上也是不多见的。根据有关统计，池田大作先生从 20 世纪 60 年代开始至今，曾经一对一地亲自会见并交谈过的国内外有识之士，仅留有记录的就超过七千人之多，无人能望其项背。④

早在 20 世纪六七十年代中苏关系极度紧张的冷战时期，他就怀着坚定而执着的"人

---

① 池田大作、洛克什·钱德拉：《畅谈东方哲学：池田大作与钱德拉对谈录》，成都：四川人民出版社，2012 年，第 233 页。

② 池田大作、杜维明：《对话的文明——谈和平的希望哲学》，成都：四川人民出版社，2007 年。

③ 池田大作、杜维明：《对话的文明——谈和平的希望哲学》，成都：四川人民出版社，2007 年。。

④《池田大作与世界的对话——开辟和平与共生之道》，东洋哲学研究所，东京：第三文明社，2010 年，第 280 页。

性主义"信念,作为一个民间人士毅然决然地开始了访问中、苏的"民间外交"之旅。而仅就其与中国的"民间外交"而言,就有多达十次的访华活动,并尤其注意把重点放在"青年人"身上,通过与教育工作者和广大学生们广交朋友,并通过组织和推动中日两国青年以音乐、美术等多种方式展开的文化交流活动,长期致力于在民间架设中日友好的"金桥"。他在中日民间外交史上所占据的地位,在战后的中日外交中所发挥的巨大作用,以及他作为民间人士活跃在世界舞台上的诸多事例及其所做出的贡献,既是有目共睹、众人皆知的事实,同时也足以奠定其作为卓越而睿智的"民间外交家"的地位。尽管如此,笔者依然再次就此并不新鲜的话题提起议论,那是因为深受震撼于他那"对话才是我的人生"[1]的宣言,因为有感于他在数十年如一日地贯彻其"对话"理念及实践过程中,实在有太多能给予我们启示的、值得我们更多加以研究并在当今的文化建设中资以参考借鉴的地方的缘故。

他长期以来高举的"对话"这一"人性主义的黄金旗帜",不啻为民间外交不可或缺的制胜法宝。

---

[1] 转引自《池田大作与世界的对话——开辟和平与共生之道》,东洋哲学研究所编,东京:第三文明社,2010年,第14页。

池田大作与传统儒家文明价值的普适意义

——兼及亨廷顿《文明的冲突》

佛山科学技术学院 万伟成

在池田大作的各种著述、对谈、倡言中，"文明"是出现频率极高的词汇之一①。对池田的文明观研究，成为当前池学研究的一个热点。亨廷顿《文明的冲突》将世界文明划为八大块，特别提到儒教文明（本文采用"儒家文明"）与西方文明的冲突。池田大作常常通过不同宗教文明之间的冲突与融合，表现他对不同文明之间冲突与整合的看法。那么以池田与儒家代表的东方文明智慧，在"融合""和谐"方面具有哪些相通、传承之处？与"冲突"为代表的西方文明有什么不同？"和谐"的观点对于解决"冲突"有什么普适意义？下面笔者在前哲时贤成果的基础上，结合自己的一些思考，提出粗浅的见解，请方家正之。

一、问题的缘起：亨廷顿《文明的冲突》的提出

1993 年夏，美国人类学专家亨廷顿在《外交》上发表了文章《文明的冲突》，引发了全球学术界普遍关注和热议。它肯定了世界文明的多元性，将世界文明划分为西方文明、儒家文明、日本文明、伊斯兰文明、印度文明、东正教文明、拉美文明、非洲文明等八大文明体，冷战后世界冲突的根源不再是意识形态，而是这几个"文明的冲突"。其中最严重的就是西方文明同伊斯兰、儒家文明的冲突。我对池田大作文明观研究，就从东西方文明"冲突"的背景谈起。

东西方文明话语的不同，渊源有自。受到大陆地理形势、农业经济形态、血缘与宗法制度的影响，中国人一开始创建了农耕文明。他们栖息于自然中，主要仰仗自然赐予，所以相信万物皆有生命意识、思想感情，人与自然、万物相融相通，这就奠定了中国几千年的"天人合一"思想基础。儒、道、佛教都持"天人合一"的宇宙观。中国人或者说东方人的和谐观点，都基于这种"综合思维"。古希腊、古罗马人由于受到海洋地理、商业经

---

① 曾建平：《池田大作的地球文明观》，《鄱阳湖学刊》2011 年第 3 期，第 28 页。

济形态、地缘社会结构等影响，对世界做了截然二分的处理，诚如赫拉克利特所言："斗争是世界的正义，战争是万物的共性，是万物的父王。"①受其影响，西方人主要从思维与存在的关系来观察万物，很早就形成了主客相分、天人对抗、人与自然相对立等观念，以外物为征服和改造的对象，促进了西方本体论以及认识论的丰富，以及科学的发明与进步。渊源不同也影响到中西方文明类型或系统不同，"中国突出的是礼乐教化与人文精神，西方所重视的则是技术发明与国家制度"②。当然西方也有天人合一论者，也有文明教化与人文精神，东方也有天人相分论者，也有技术发明与国家制度，但究非主流。这也是池田大作先生认识东西方文明的出发点。

池田大作的新人道主义来源于佛法："（佛法）认为关于环境与人类的关系不可分割，主张生命主体与环境……浑然一体，相互关联。"③它体现了佛教的平等、慈悲、关怀的价值观念，也可以说是池田先生的包容胸怀。池田比较东西方文明时说："整个东方思想的特征，在于同自然的调和"，而"西方人缺乏对大自然和人以外生物的感激之情"，"从整体上看，征服主义的思维方法构成了西方文化的特征""这种人道主义只能是自私的、攻击型的和残暴的"。④他认为，作为"战争的世纪""死亡的世纪"的20世纪现象，就是这种思维产生的恶果。相反，池田大作对儒家文明中的"天人合一"观念评价很高，说："天人合一论认为，天道和人道在其根本上是一致的，人心或人性中都具备着天性和道德。这一思想构成了中国思想中人生观与宇宙观的根本。另一方面，佛教是把大宇宙、大自然与人的生命的关系当作依正不二论而展开的。""作为依报的环境和作为正报的人的生命，在其根本上是不二的，而在现象世界中的相互依存的关系……与天人合一论是异曲同工。"⑤他认为儒家的"天人合一"和佛教的"依正不二"本质相通。因此作为日莲佛教领袖的池田大作在文明观上，属于"天人合一"的东方话语体系，而不属于"天人相分"的西方话语体系。

亨廷顿《文明的冲突》提到了"日本文明"。日本文明以国学、神道为主体，糅合了本土化的佛学、儒学与近现代化的欧美思想。以福泽谕吉的"脱亚入欧"论为代表，演变成日本军国主义道路，曾给日本与亚太国家带来了深重灾难。而以池田大作等为代表的和平主义，与佛教文明、儒家文明有着千丝万缕的联系。池田大作总结日本文明与儒家文明之间的关系时说："日本在近代以前，也热心地学习过四书和五经。特别是江户幕府，它把朱子学定为幕府公认的官学，当作武士阶级必要的教养。"⑥池田大作接受儒家文明，

---

① 策勒尔：《古希腊哲学史纲》，翁绍军译，济南：山东人民出版社，1996年，第49页。
② 刘文英：《儒家文明论纲》，《孔子研究》，2000年第4期，第5页。
③ 池田大作：《我的人学》（下），潘金生、庞春兰译，北京：北京大学出版社，1990年，第278页。
④ 池田大作、狄尔鲍拉夫：《走向21世纪的人与哲学》，宋成有等译，北京：北京大学出版社，1992年，第104-109页。
⑤ 池田大作、季羡林、蒋忠新：《畅谈东方智慧》，卞立强译，成都：四川人民出版社，2004年，第233页。
⑥ 池田大作、杜维明：《对话的文明——谈和平的希望哲学》，成都：四川人民出版社，2007年，第25页。

不仅与日本文化的中国渊源有关，而且与他的师承分不开。他的导师户田城圣经常借《论语》论道、上课。池田也以孔子比户田城圣，自比是孔子弟子。因此在他的演讲、作品、对话中，《论语》典故信手拈来，妥帖运用，分析精到，他自己也说：儒家文明"永远是取之不竭的源泉，是给予我们莫大恩惠的丰富的精神文明的海洋"①。从他的个案可以看出，传统的日本文明统一在"儒家文化主导的东亚洲文化圈"，这句话并不过分。

二、池田大作与儒家文明为代表的东方文明不可能成为"文明的冲突"的源点

亨廷顿说：在苏联解体和冷战时代结束之后，"文明间的冲突将会取代意识形态与其他形态的冲突而成为世界上最主要的冲突形式"②。然而几千年来，不同板块的文明之间既冲突又融合，却是永恒的主题。我们来看看以池田大作、儒家文明为代表的东方智慧，是如何解决天人对抗、人人冲突、国国争夺的。

1. 现代化的陷阱：解决人类文明与自然的冲突

人类文明与自然的关系，大致经历了原始文明（采集、渔猎文明）、农业文明与工业文明三个阶段。第一个阶段，由于生产力水平低下，自然力是神秘的，人全面敬畏自然，依存于自然的秩序。第二个阶段，由于生产力水平较低，科学尚欠发达，人类文明和对自然的破坏十分有限。第三个阶段，随着近现代生产力水平大大提高，不断发达的科学被滥用、恶用，一方面人类文明全面征服自然、改造自然、掠夺自然、破坏自然；另一方面人类文明也尝到由于破坏自然所带来的生态危机方面的各种苦果。池田大作一生致力于解决人类文明与自然的冲突问题，其中许多真知灼见既来源于佛教的智慧和慈悲之心、平等之心，也来源于中国的儒家文明。

针对现代化带来的陷阱，池田先生提出了"依正不二"的解决理念，即"生命主体与其环境在客观世界的现象中，虽然可以作为两个不同的东西来认识，但在其存在中，融合为不可分的一体来运动的"③。从佛教的生命观来看，人和自然浑然一体、相互关联、不断互动。池田从"依正不二"这个佛教生态伦理观出发，提出处理危机的办法，就是"人性革命"或"人的革命"，进行人的内在的伦理性变革。他说："从利己主义的人生态度转变为对全社会的人和一切生物施加慈爱的人生态度，这本身就可以说是一种伟大的人性革命。"④"人性革命"是池田"人学"的根本，用日本日莲佛教的话语来说就是"立正"

---

① 卞立强选编：《池田大作选集》，北京：北京大学出版社，1988年，第2页。
② 亨廷顿：《文明的冲突》，余国良译，《二十一世纪》，1993年第10期，第20页。
③ 汤恩比、池田大作：《展望二十一世纪——汤恩比与池田大作对话录》，荀春生等译，北京：国际文化出版公司，1985年，第12页。
④ 池田大作、奥锐里欧·贝恰：《二十一世纪的警钟》，卞立强译，北京：中国国际广播出版社，1988年，第182页。

而"安国",用儒家文明的话语来说,便是"内圣"(修身)而"外王"(治国平天下)。池田大作认为,当今"环境破坏已经达到威胁人类的物种生存的地步,能不能同大自然协调、和平共存,对人类来说,是关系到生存的大问题"。儒家的共生哲学,池田先生的新人道主义,对于当代解决生存危机、构建当代生态文明来说,具有普适意义。

2. 对话与反暴力：解决不同文明板块之间冲突的途径

随着人类科学技术的发展,经济、政治、文化的全球化,不同文明之间如何共生共荣,是共同的现实需求。那么如何解决不同国家利益冲突、不同文明冲突而导致的战争？我觉得必须从池田大作、儒家文明中寻找智慧。

（1）以对话取代对抗

池田先生说："（我们）面对的是如何不得不挺身抵抗蛮不讲理的暴力的难题。只有对话才是和平的王道。"①他与汤恩比博士、杜维明博士的对话,正可视为佛教文明、基督教文明与儒家文明对话的成功范例。他在四十余年里,与世界不同文明背景的人士对谈二千余次,充满了多元性、开放性、宽容性的交流精神,都"拉近人与人之间距离"、拉近不同文明板块的距离,"对话是打开和平之门的钥匙。……只要开诚布公地商谈,我相信任何问题都可以找到解决的办法"。以至于杜维明提出了"二十一世纪是文明对话的世纪"。新儒家代表杜维明说,"儒家的恕道是文明对话的基础"②,儒家的恕道就是"己所不欲,勿施于人",池田大作评价道："这是一个很重要的观点。不是自我中心,而是以对方的心为中心,不是以我,而是以我们为基调,共同生存,互相支持,共同繁荣——这种共生的生活态度,应当成为21世纪的时代精神。""在学习中兼融他者,在对话中创造新我",这正是文明对话的意义所在。

（2）反暴力与反战争

"子不语：怪、力、乱、神",其中暴力、动乱等也不为池田所许。他说："构成人的社会,是需要一种秩序的,换言之也就是像'黄金定律'一样的秩序感觉。"这是和平发展的前提。这深刻反映了儒家文明对池田大作的影响。他们都反对"文化民族主义""文化极端主义""文化霸权主义",反对暴力、战争解决而主张"王道"方式解决文明之间、国家之间、群体之间冲突,都反对战争、暴力的解决方式。如儒家主张"远人不服,则修文德以来之""以力服人者,非心服也,力不赡也；以德服人者,中心悦而诚服也""天下恶乎定？……不嗜杀人者能一之"。池田大作也说："战争是极其愚蠢、极其残忍的破坏行为","战争是全人类的敌人,和平对于人类是不可取代的最高价值"。③这些都有助于我们加深对战争与暴力的认识,对推进世界和平有着积极的意义。

总之,儒家的"和而不同""万物并育而不相害,道并行而不相悖"等思想,具有以

---

①池田大作：《面向新世纪——人本主义的对话》,2005年。
②杜维明：《儒家的恕道是文明对话的基础》,《人民论坛》2013年第24期。
③池田大作：《人生箴言》,北京：中国文联出版社,1995年,第176页。

"中和"为内容的文明多元共生观念。儒家文明关于人与自然、人与社会、国家与国家之间的关系，都是持"中和"的概念，也即以"和谐"取代"冲突"，以对话取代战争，以和平取代暴力。亨廷顿认为儒家文明将与伊斯兰文明联合共同对付西方社会，因而是下一个"文明的冲突"的源点之一，这是对儒家文明表现出无知与偏见。相较之下，池田先生对儒家文明的理解就要深刻得多。假使文明冲突可能发生，西方文明可能成为冲突源点：一是因为他们从"天人相分""主客二元"思维出发，天然地奉行"冲突""斗争""暴力"哲学；二是正如池田所分析，基督教缺乏对生命伦理的探索，未能提出保护自然环境的具有重大意义的伦理准则，因此易于将现代文明带上破坏自然之路；三是"一般而言，西洋思想强识革命、变化，有强烈的无秩序倾向；相反，以儒家为中心的中国的思想，却有着较强的顺从宇宙秩序的倾向。……我想这里所积蓄的中国文明是重要的人类遗产"。池田先生既批评了西方文明中的无序化必然加剧冲突的发生，同时肯定了儒家文明的普适意义。当然随着世界文明程度的提高，平等、和谐、对话、和平与发展，已逐渐成为东、西方文明的主流，文明的冲突可以逐渐获得解决。

三、池田大作与儒家文明的普适价值

综上所述，池田大作与儒家文明有一个共同特征，就是主张天人之和，人人之和，国国之和。儒家的"仁、义、礼、智、信"，池田大作的人性革命、新人道主义，都显然具有普遍适用的价值。与西方国家的普世主义日益把它引向同其他文明的冲突不同，池田大作、儒家文明则倾向将各个文明引向和平、共生，创建了包括伦理层面、政治层面、宇宙真谛层面的文明体系，至少有着以下几个方面相通。

1. "仁爱、平等、中和、友善"：伦理层面的普适价值

儒家讲"仁爱"，佛教讲"慈悲"，儒家讲"人人皆可以为尧舜""不患寡而患不均"，佛教讲"众生皆有佛性"，都有相互的仁爱、众生平等思想。笃信佛教的池田大作，对儒家的平等思想评价极高，认为"孔子从未因贵贱、贫富等来差别对人"，可与"释尊也是平等地包容众人"相提并论。仁爱、平等思想，是他们平等善待自然万物、人与人、国与国的思想基础。中和，"中"要求不偏不倚，倘若过与不及、偏激与消极，都不符合"中"的要求，所谓"极高明而道中庸"，这又与池田大作的"中道"观点相通。[①]"和"即和谐，与天和、与地和、与人和，乃至国与国、民族与民族之间和平发展，这与池田大作的新人道主义思想相通。从儒家"中和"观点、池田大作"中道"观点出发，他们都主张人与自然的和平、仁爱、友善，并延伸到人与社会、国与国之间的和平、博爱、友好，反对一切暴力（包括个人、家庭、集团、国家暴力）、战争等非"中和"现象，这既是理性要求又是历史形成的全球伦理，具有最基本层面的普适意义。

---

① 冉毅：《池田大作的中道思想述评》，《世界宗教研究》2000年第3期，第117-125页。

2. "正义、和平、和谐、共生": 政治层面的普适价值

中国文化中的"正义"一词,由儒家仁义礼智的"义"拓展而来。儒家文明以"义利之辨"作为文明价值理论的主题,"君子喻于义,小人喻于利","舍生而取义",否定不正当的物质利益,把义作为最高的价值原则与价值目标。它反对战争,主要是反对"不义战";反对征服自然、改造自然,也主要反对不正当的掠夺。儒家提出了一套旨在实现"仁者爱人""明德亲民"的人与社会和平、和谐、共生模式,"百姓昭明,协和万邦"的国家和平、和谐、共生模式,"天人合一""爱人利物谓之仁"的人与自然的和平、和谐、共生模式。

池田在论述中国儒家文明时说,"在比较温和的气候、风土里孕育出一种心理倾向,就是取调和而舍对立、取结合而舍分裂、取'大我'而舍'小我'。人与人之间、人与自然之间,共同生存,相互支持,一起繁荣"①,从地理、气候与风土等方面论述儒家文明具有"共生的道德气质",是非常科学的。"小我"即自我的塑造与改善,"大我"即人类社会的进步与改善,"从'小我'向'大我',这就是佛法教说的人间革命之路"②。他认为儒、佛相通,共同代表东方文明,这是他赞赏儒家文明的理由。他指出:"佛法认为'身财'高于'藏财',并主张'心财'是首要的,比'身财'更重要。"③他肯定了人的精神追求高于人的客观生命与物质利益。池田大作倡导的"世界宗教精神",也是佛教所追求的,就是"开创和平的源泉、恢复人文的关键、万物共生的大地",与儒家文明一样都具有普适意义。

3. "天下一家,世界大同、敬天爱人、万物一体": 宇宙真谛层面上的普适价值

前两项涉及整个人类社会的人际、国际关系,后两项扩及所有生物和整个宇宙内部的关系,体现了从人到宇宙层面上普适价值的层次递进。

儒家"天下一家"的思想非常丰富,诸如"四海之内皆兄弟""视人之家,若视其家;视人之国,若视其国""大学之道……在亲民""吾老,以及人之老;幼吾幼,以及人之幼""以天下为一家,以中国为一人",这是从修身、齐家的"亲亲"原则出发,到治国、平天下的内推外引思维的必然结论,成为儒家处理不同国家、民族、文明关系的一个准则,并引申出更高层次的"大同世界"思想:"大道之行也,天下为公。选贤与能,讲信修睦,故人不独亲其亲,不独子其子,使老有所终,壮有所用,少有所长,鳏寡孤独废疾者,皆有所养。男有分,女有归。货恶其弃于地也,不必藏于己;力恶其不出于身也,不必为己。是故谋闭而不兴,盗窃乱贼而不作,故外户而不闭,是谓大同。"大同世界的合理秩序,蕴含了秩序、安宁、和谐与和平的理想。儒家文明中的"敬天爱民"思想,进一步延伸到

---

① 池田大作:《和平世纪的倡言》,香港:天地图书有限公司,1997年,第10页。
② 池田大作:《新·人间革命》(卷五),香港:香港天地图书有限公司,1996年,第186页。
③ 刘光宇:《试论池田大作的人生哲学》,《池田大作研究论文集》,贾蕙萱、张可喜主编,香港:香港社会科学出版有限公司,2004年,第37页。

整个宇宙（天）、所有生物（万物），提出"参赞化育"的思想，所谓："万物并育而不相害，道并行而不相悖"。从《孟子·梁惠王》的"君子远庖厨""恩足以及禽兽"到张载《西铭》的"民吾同胞，物吾与也"，体现了对自然宇宙的敬畏和崇拜。人际关系、国际关系乃至天人关系层面上的"天下一家"思想，王阳明《大学问》概括最为精到："视天下犹一家，中国犹一人焉。若夫间形骸而分尔我者，小人矣。大人之能以天地万物为一体也，非意之也，其心之仁本若是，其与天地万物而为一也。"这对于今天世界生态文明、社会文明建设仍有积极意义，体现了儒家文明在构建"普适文明"上的努力。

由于文化地缘的影响，日本人对儒家文明构建的"普适文明"思想有深入的理解。比如奉行《〈论语〉与算盘》为经营、处世经典的日本企业界，同样崇尚"敬天爱民"，西乡隆盛甚至将它写入《西乡南洲翁遗训》，为百余年日本企业界所遵行。池田结合佛教思想，更是将儒家的"普适文明"思想发挥得淋漓尽致，提出了与时俱进的"全球文明"思想。他认为，为了解决"全球性的问题群"，即带有全球性、普遍性、综合复杂性的人与社会、人与自然、社会与社会的各种冲突问题，有时不能乞求于西方文明，因为西方文明虽在促进近代科学文明发展上显示优势，但它们的"分析思维"（即天人相分）"已经由人对自然的统制发展到对自然的破坏了"，所以必须从东方的佛教文明与儒家文明中寻找智慧。他的《畅谈东方智慧》，借助东方智慧解决现代文明危机，构建21世纪全球文明，在他的描述下，全球文明具有"人民受益""共存共荣""尊重尊严""平等对话""自他幸福""人本主义"等基本内涵，而只有通过"人道竞争""人性革命"，才能创造全球文明，而不是冲突、暴力与战争。这与儒家"万物并生""民胞物与""世界大同""敬天爱民""和谐共生""天下归仁"等观念，都具有尊重生命的"贵生"思想，都主张以仁爱之情、慈悲之心对待自然生态、对待人类社会不同群体，将人类与自然生态视为一个有机整体，不但对当代生态文明建设有借鉴意义，而且对全球文明建设具有普适意义。

普适价值来源于超越国家、种族、宗教或意识形态的普遍人性，来源于整个人类普遍的生存方式和生存冲突的压力，不但西方文明如此，儒家文明、池田大作也如此。所有民族的所有文明，都有普适价值，而不仅仅限于西方文明。儒家文明、池田大作思想的价值来源于人本意识和民本意识，由此创建了上述三个层面上的具有人类普遍认同的价值体系。但是传统儒家文明由于时代局限，无法推衍出近代意义的自由、民主、人权等普适价值。而池田大作与当代新儒家，在吸取儒家文明营养的同时，也突破了传统儒家局限，与时俱进，已经延伸出现代意义上的普适价值。另外池田大作与儒家文明，除了具有相通的普适价值外，也各有文化特别价值，这些都是另一个话题，容当后论。

21 世纪文明融合的意义与趋势

——兼论池田大作文明观

创价大学　汪鸿祥

前言

在全球化和信息化日益发展的背景下，各种文明是彼此对立、相互冲突，还是彼此交流、相互融合，这不仅关系到世界的和平与安全，而且关系到人类的繁荣和发展。

池田大作历来关注人类社会的文明问题，反对文明的冲突，主张文明的融合，致力于21世纪人类文明的构建。池田大作文明观为形成世界各种文明丰富多彩、充满活力、和谐共处的相互关系，进而实现21世纪文明的融合提供了重要的启示。

本文围绕21世纪文明融合的意义与趋势这一主题，主要从四个视角进行考察。一是以文明的融合取代"文明的冲突"，二是文明融合的发展及其基本特征，三是池田大作文明观的重要理念，四是21世纪文明融合的趋势。

一、以文明的融合取代"文明的冲突"

1993年美国哈佛大学教授塞缪尔·亨廷顿在《外交事务》杂志上发表了《文明的冲突》一文，提出了著名的"文明的冲突"论。1996年，亨廷顿在对原来的观点进行修改补充的基础上，出版了《文明的冲突与世界秩序的重建》一书。亨廷顿认为文明取代意识形态因素或经济因素成为冲突的主要根源，西方文明与非西方文明之间的对抗可能是未来世界政治的轴心。亨廷顿的"文明的冲突"论在国际学术界引起高度关注，中外许多学者对亨廷顿的理论进行了讨论或提出了批评。亨廷顿的"文明的冲突"论尽管散发着"西方中心论"的气息，尽管太囿于眼前国际政治是非而缺乏宏观文明考察所应有的高度，但大体上是基于现实世界的观察和分析而发之论，并不全然是危言耸听。时隔多年，面对现实世界正在抬头的"文明的冲突"，人们重提这位著名学者的警告，担忧"文明的冲突"对人类社会的现状和未来产生消极影响。

当今世界正在发生深刻复杂的变化,现代文明出现各种深刻的危机,面临各种严重的挑战。池田大作尖锐地指出:"现代文明的危机甚至会带来人类的灭绝。"①从宏观文明的视野来看,现代文明主要存在三大危机,从国际关系格局变动的视角来看,现代文明主要面临两大挑战。

首先分析现代文明的三大危机。

第一是全球性社会危机。池田大作指出:"一种包含东方在内的全球性的危机,正袭击着整个人类。"②所谓"全球性的危机",主要是指人类社会所面临的一系列超越国家和区域界限,关系到整个人类生存与发展的全球性问题。在经济领域,全球经济不确定因素增多,发展不平衡加剧、南北差距拉大、贫富差别突出;在政治安全领域,霸权主义和强权政治有所上升,极端民族主义有所抬头,恐怖活动层出不穷,局部冲突和热点问题此起彼伏,区域纠纷持续不断,核扩散难以控制,传统安全威胁和非传统安全威胁错综复杂;在社会文化领域,人口剧增,贫困加剧,难民增加,宗教纠纷和文化冲突相互交织,跨国犯罪不断发生,传染疾病仍有蔓延。"全球性的危机"的基本特征是:①全球性,原因和结果、规模和范围都是全球性的;②综合性,囊括人类生活所有领域,囊括政治、经济、文化诸多因素;③普遍性,超越了意识形态、社会制度、民族国家;④严重性,危及人类文明,并把人类困境推向极限。③

第二是自然生态危机。池田大作指出,"人与自然的对立",人对自然界的"贪欲""榨取""征服"破坏了人与自然的和谐,导致了严重的生态危机。④这种生态危机主要表现为:①自然资源日趋匮乏。专家估计,全球石油和天然气的储藏量目前只能开采数十年,煤炭也只能开采数百年。②环境污染日渐严重。工业化排放出大量的CO_2,造成空气严重污染,导致地球温暖化。工业废水流入江河湖海,严重毒化水源。土壤污染面积扩大。大气污染问题更加突出,近年许多地区出现大范围连续雾霾天气,一些大城市雾霾天数超过全年的50%。形成雾霾的首要污染物PM2.5包含有毒甚至致癌物质。③生态系统日益恶化。专家估计,今后几十年间,可能会有数百万个动植物物种从地球上消失。此外,森林减少、草原退化、水土流失、沙漠蔓延、湖泊萎缩等问题十分严峻。⑤

第三是人的精神危机。池田大作指出,"近代文明危机的本质是在于'道德的隔阂'",现代人"道德、伦理和精神都停滞不前",出现"精神的混乱","精神日益丧失自律性"。⑥这一论述深刻地剖析了现代人的精神危机。①"道德的隔阂"。现代社会的各种问题,从表象来看似乎是人以外的问题,但其根本原因在于人本身,来源于人的认识思维。②现代

---

① 池田大作、季羡林、蒋忠新:《畅谈东方智慧》,成都:四川人民出版社,2004年,前言第2页。
② 池田大作、季羡林、蒋忠新:《畅谈东方智慧》,成都:四川人民出版社,2004年,第274页-275页。
③ 汪鸿祥:《东方智慧与21世纪全球文明》,《构建21世纪之新文明》,北京:人民出版社,2015年,第26页。
④ 池田大作、季羡林、蒋忠新:《畅谈东方智慧》,成都:四川人民出版社,2004年,第198页。
⑤ 汪鸿祥:《生态文明建设的重要理念》,《日本研究集林》,2015年上半年刊,第40-45页。
⑥ 池田大作、季羡林、蒋忠新:《畅谈东方智慧》,成都:四川人民出版社,2004年,第294页-295页。

人精神的停滞不前。在现代科技高度发达的同时，现代人逐渐丧失了人本来应有的道德、伦理和精神。③现代人精神的混乱。人的精神失去了作为依据的规范，陷入了不知如何判断、不知如何去做的状态。④现代人精神自律性的丧失。自律就是精神的自我约束。现代社会过度地追求物质财富，人们拼命挣钱，疯狂消费，致使精神不能发挥本来应有的自律性。产生了所谓"物质的丰富性"和"精神的贫困性"，精神本身出现"空洞化"，甚至连自己都不能约束自己，不知自己的人生究竟为了什么，不能正确地表达自己的主张。精神自律性的丧失，就是意味着精神危机的到来。

其次分析现代文明的三大挑战。

第一是中华世界的挑战。亨廷顿在其著作中对中华世界的崛起以及中华文明与西方文明对立的构图进行了论述。①20 世纪 80 年代以来，中国的经济快速增长，国力迅速增强，GDP 跃居世界第二，海洋开发和太空探索突飞猛进，国防现代化加快步伐，这一切都令西方世界感到不安。中国一面积极推进现代化，一面坚持走中国特色的道路。中国的崛起给世界带来了积极的变化，也有人指出中国的崛起对西方社会形成现实的威胁。

第二是西方世界内部的挑战。亨廷顿在其著作中对西方世界的衰退及其一系列的困难和问题进行了论述。②欧洲社会一些国家经济增长滞缓，民众收入停滞，贫富差别加剧，政治陷入僵局，民粹主义抬头。这一切都让人们感到西方的政治和经济管理模式陷入了困境，悲观主义情绪使人们迷失了方向，人们更容易看到威胁而非机会，进而选择逃避现实。越来越多的人开始质疑移民和难民，支持严守边境。欧盟曾经是国际社会走向融合的典范，但它如今困难重重。英国公民投票决定退出欧盟更给西方社会增添了忧虑。

如上所述，现代文明确实存在各种危机和挑战，这是一个客观存在的现实。但是这种危机和挑战，难道只能走向"文明的冲突"而不能通过文明的融合来加以解决吗？亨廷顿的"文明的冲突"论在一定程度上反映了冷战后国际社会的部分现实，然而亨廷顿只关注文明中的对立层面，而忽略了文明的合作层面，结论有失偏颇。"文明的冲突"论并不能正确说明当前世界形势，更不是人类社会发展的前景，而文明的融合才应是人类社会的出路，是人类社会必须争取的目标。

二、文明融合的发展及其基本特征

池田大作认为文明如同一个活生生的生命体，也要经历产生、发展、衰亡的过程，并用佛教的概念将此过程称为"流转"。③池田大作以埃及为例，阐述了多种文明的诞生、发展与衰亡的情况，阐明了不同的时代具有不同的文明状态。

---

① 《文明の衝突》（日文版），集英社，1998 年，第 254-263、329-362 页。
② 《文明の衝突》（日文版），集英社，1998 年，第 115-131 页。
③ 汤恩比、池田大作：《展望二十一世纪——汤恩比与池田大作对话录》，北京：国际文化出版公司，1985 年。

人类历史归根结底是一部文明史。人类文明经历了三个阶段：第一阶段是原始文明，第二阶段是农业文明，第三阶段是工业文明。人类历史上并不缺乏文明（例如宗教）引起国家、民族、地域之间的冲突。但是从历史发展的总体来看，不同国家、民族和地域之间的文明发展是以相互吸收与融合为主导的。不同文明之间由于文明的原因引起的冲突总是暂时的，不同文明之间的相互吸收与融合是主要的。国家间、民族间、地域间的冲突主要是由政治和经济的原因引起的，而不是由文明的原因引起的。

西方文明就是吸收与融合多种文明成分而形成的。罗素在《中西文明比较》一文中指出：不同文明之间的交流过去已经多次证明是人类文明发展的里程碑，希腊学习埃及，罗马借鉴希腊，阿拉伯参照罗马帝国，中世纪的欧洲又模仿阿拉伯，而文艺复兴时期的欧洲则仿效拜占庭帝国。对于这一论述见仁见智，但他所说的两个观点是不可置疑的。第一，不同文明之间的交流融合是促进人类文明发展的重要因素；第二，今日欧洲文明吸收融合了许多其他文明的要素。

中华文明也是在与世界其他文明的交流融合中发展壮大的。印度佛教传入中国后，同中国儒家和道家文化融合发展，形成了中国佛教文化，并从中国传播到日本、朝鲜半岛、东南亚等地，对这些国家和地区产生了深刻影响。中国的儒学早已走向世界，成为人类文明的一部分。西汉张骞两次出使西域，促进了文明的交流；唐代的文明交流更为兴旺，通使交好国家达70多个，各国的使臣、商人、留学生云集长安；明代郑和七次出洋，到达东南亚很多国家，远抵非洲东海岸，留下了中国同沿途各国文明交流的佳话；明末清初，中国人积极学习近代科技知识，欧洲天文学、医学、数学、几何学、地理学知识纷纷传入中国，开阔了中国人的视野。此后，中外文明交流更是频繁展开。中国的造纸术、火药、印刷术、指南针四大发明带动了世界变革，推动了欧洲的文艺复兴。中国哲学、文学、医药、丝绸、瓷器、茶叶等传入西方，渗入西方民众生活之中。世界其他文明在吸取中华文明的营养之后变得更加丰富、发达。

历史经验证明，亨廷顿的"文明的冲突"论是片面的。虽然亨廷顿敏锐观察到某些由于"文明"引起冲突的现象，例如中东地区的巴以冲突、科索沃地区的冲突、伊拉克战争等，都包含着某些文明（宗教的和价值观的）原因，但是发生冲突和战争主要不是由文明的因素引起的，而是由政治和经济因素引起的。尤其应该看到，在许多不同文明之间现在并没有因为文明的不同而引起冲突。

第二次世界大战以后，殖民体系土崩瓦解，民族独立运动风起云涌。①原来的殖民地国家和受压迫民族的迫切任务，就是要从各方面确认自己的独立身份，而其独特的文明（语言、宗教、价值观等），正是重要支柱。一些亚洲国家提出以群体为中心的"亚洲价值"，区别于以个体为中心的"西方价值"。这种非西方文明的自我确认对西方文明产生了新的冲击，给人类文明的融合增添了新的因素。

---

① 俞正梁等：《战后国际关系史纲》，北京：世界知识出版社，1989年，第81-95页。

当今世界的经济全球化、科技一体化、信息网络化的发展,把整个地球联成了一片,也给人类文明的融合增添了新的因素。各国、各民族文明的发展将在互相矛盾、冲突和互相影响、融合中发展。每种文明对自身的了解都有局限性,如果从另外一个文明系统看,或许会更全面地认识此种文明的特点。经济可以全球化,科技可以一体化,但文明是不可能单一化的。任何文明不受外来影响是不可能的,也是不可取的,应该在维护自身文明根基的同时积极吸收其他文明。因此,人类社会文明的发展必将既是民族的,又是世界的。

池田大作在与汤恩比博士的对谈等一系列对谈中,对人类社会文明融合的发展做了精辟的论述,关于文明融合的特点提出了一系列重要的观点。根据池田大作的有关论述,可以将文明融合的基本特征概括为多样性、平等性和包容性。

1. 维护文明的多样性

池田大作指出"21世纪的人类应该指向尊重多样性,把彼此的差异作为创造新价值的源泉"①,指出了维护文明多样性的重要性。当今世界有70亿人口,200多个国家和地区,2 500多个民族,5 000多种语言。不可能只有一种信仰、一种生活方式、一种音乐、一种服饰。阳光七色,人间多彩。大千世界异彩纷呈,万事万物千差万别。人类在漫长的历史长河中,创造和发展了多姿多彩的文明。各种文明都各具特色,各有千秋。既属于某个地区、国家或民族,又属于整个世界和全人类;既是由某个国家和民族为主体创造的,又是整个世界和全人类共同的文明成果。多样一体、多元互融已经成为21世纪人类文明发展的主基调。文明的多样性告诉我们需要坚持"和而不同"的精神,坚信文明只有多样才多彩,只有多彩才绚烂。

2. 坚持文明的平等性

池田大作论述了文明交流的"对等性"和文明融合的平等性。②各种文明在价值上是平等的,各有长处,也各有不足。没有十全十美的文明,也没有一无是处的文明,文明没有高低优劣之分。不同文化、种族、肤色、宗教和不同社会制度下的民众,应该平等看待其他国家民族的文明,避免对其他国家民族文明的偏见。一个文明高高在上、其他文明趋附追随乃至被边缘化的格局正在消解。一种文明如果居高临下地对待另一种文明,就会与之格格不入,甚至产生冲突。把自己的文明作为唯一的中心或强势文明,对其他文明进行贬低甚至加以改造的意图和做法只会破坏文明发展成果,最终必将危及自身。文明的平等是文明融合的前提。在平等相待、彼此尊重的基础上,不同文明之间应该加强对话,相互学习,吸纳对方的有益成分。

3. 重视文明的包容性

实现文明的融合需要包容的心态和姿态。相互包容,彼此借鉴、和谐共处,这个世界

---

① 池田大作:《多元文化与世界和谐》,《与池田大作对话文明重生》,北京:中国社会科学出版社,2011年,第378页。

② 池田大作:《東西文化の新しい道》,《池田大作全集》(第1卷),东京:圣教新闻社,1988年,第314页。

才能丰富多彩，欣欣向荣。一切文明成果都应该得到承认和珍惜。要珍惜和维护本国本民族的思想文化，也要承认和尊重其他国家民族的思想文化。文明之间应该求同存异、取长补短；要包容，不要排斥；要交流，不要取代。任何想用强制手段来解决文明差异的做法都不会成功，反而会给世界文明带来灾难。中华文明的一个特征就是包容性。历史上中华文明与其他文明有矛盾和冲突，但更多的是交流和融合。使一切文明的优秀基因与现代社会相协调，跨越时空、超越国度、不断创造、继续流转，世界文明之园才会变得万紫千红、生机盎然，不仅不存在什么"文明的冲突"，相反可以实现文明的和谐融合。

三、池田大作文明观的重要理念

本文第一部分分析的现代文明的三大危机实际上反映了人与社会的关系、人与自然的关系、人的内在关系这三个方面存在深刻的问题。池田大作提出的和谐理念、依正不二理念、人间主义理念从社会、自然、人的三个角度为解决现代文明的危机提供了重要的启示，为现代人类社会文明的融合指明了方向。

1. 和谐理念

池田大作的论述多处使用了"调和"一词。日文的"调和"一词就是中文的"和谐"之意。和谐就是万物协调发展，整体保持均衡。和谐这一概念是自古就有的东方智慧。和谐与佛教的"缘起"思想密切相关。"缘起"思想认为，世上万物不是孤立存在的，而是互相依存的。"缘起"思想中"因缘而生"的概念具有变动的意义。为了克服文明的危机，实现文明的融合，池田大作主张将和谐理念作为指导21世纪的重要理念。

和谐理念的根本在于"慈悲"之心。所谓慈，就是为他者创造快乐和幸福；所谓悲，就是为他者解除痛苦和悲伤。慈悲就是为他者造福除苦。"慈悲行"也可称为"菩萨道"。池田大作引用佛典的话"为人点灯，给他人照亮，也照亮了自己"，进而解释说"为他人效力，实际上是发挥自己的才能，不顾他人的利己主义，实际上是损害了自己""要在现实生活中具体地实践不断地提高为他人着想的行为的比率的人生——菩萨道""应当通过'菩萨道'的慈悲的实践，使现实社会朝着好的方向变革"。[①]池田大作深刻地阐明了实现人与社会和谐的关键是互惠双赢，指出为了他人实际利于自己，利己主义实际损害自己。提倡实践为了他人的"菩萨道"，实现社会变革。池田大作不仅主张人与人的和谐，而且主张民族间的和谐、国家间的和谐、区域间的和谐，提倡一切人种、民族、宗教、国家间的互相交流、互相理解、互相尊重。池田大作所提倡的"慈悲"理念是文明融合的重要理念，与中国儒学中的"仁爱"思想异曲同工。

---

① 池田大作、季羡林、蒋忠新：《畅谈东方智慧》，成都：四川人民出版社，2004年，第186、191、195页。

2. 依正不二理念

池田大作针对人与自然对立的生态危机问题,阐述了"依正不二"的理念,为正确认识人与自然的关系和生态文明建设提供了重要启迪。池田大作明确指出:"佛教是把大宇宙、大自然与人的生命的关系当作'依正不二'论而展开的""这一哲理认为,作为'依报'的环境和作为'正报'的人的生命,在其根本上是'不二'的"。①池田大作还指出:"佛教'依正不二'的原理立足于这种自然观,明确主张人和自然不是相互对立的关系,而是相互依存的。如果把主体与环境的关系分开对立起来考察,就不能掌握双方的真谛。"②

池田大作的"依正不二"理念启示我们,生态文明的核心问题就是正确处理人与自然的关系,实现人与自然的和谐,包括人与地球生态系统以至宇宙生态系统的和谐,以及各种物种之间的和谐。池田大作指出:"人本来是大自然的一部分""能不能同大自然协调、和平共处,对人类来说,是关系到生存的问题"。③人与自然的关系是人类社会最基本的关系。人类与其他生物一样,源于自然而产生,赖于自然而生存发展,自然界是人类社会产生、存在和发展的基础和前提,因此,人类不是可以任意支配自然的"主宰"。另外,人类与其他生物不同,人类可以适度地利用自然,改造自然,不断创造人类新的文明。因此,人类也不是只能被动适应自然的"奴仆"。正确处理人与自然的关系就是要促进人与自然的动态平衡、和谐共生,实现人与自然的良性互动、持续发展的生态文明境界,因而人类应该成为自然的朋友。

池田大作的"依正不二"理念还启示我们,生态文明的本质要求是尊重自然,顺应自然,保护自然。尊重自然,就是要对自然怀有敬畏之心、感恩之情、报恩之意,正确认识到人是自然之子而非自然之主;顺应自然,就是要使人类活动符合自然规律,不能违背自然规律,按照自然规律科学合理地开发利用自然;保护自然,就是要实现人类对自然的获取和给予的平衡,在向自然获取生存和发展之需的同时,大力呵护自然,积极回报自然。

3. 人间主义理念

人间主义理念是池田大作文明观的核心价值。池田大作强调:"一切要以人为根本"④"人是能够自觉地体现包含在宇宙生命中的慈悲和智慧,实行'人间革命'的生命的存在"。⑤池田大作在与汤恩比对谈时指出:"要想克服恶的生命,就必须加强善的生命,我

---

① 池田大作、季羡林、蒋忠新:《畅谈东方智慧》,成都:四川人民出版社,2004年,第232页、第233页。
② 汤恩比、池田大作:《展望二十一世纪——汤恩比与池田大作对话录》,荀春生等译,北京:国际文化出版公司,1985年,第30页。
③ 池田大作、季羡林、蒋忠新:《畅谈东方智慧》,成都:四川人民出版社,2004年,第232页。
④ 池田大作、季羡林、蒋忠新:《畅谈东方智慧》,成都:四川人民出版社,2004年,第272页。
⑤ 池田大作、季羡林、蒋忠新:《畅谈东方智慧》,成都:四川人民出版社,2004年,第186页。译著中将日文的"人间革命"一词译为"人类革命"。笔者认为"人类革命"一词不能全面表示"人间革命"的意义。因此本文使用原著"人间革命"一词。

们称其为'人间革命'。"①在《探究一个灿烂的世界》中他指出:"我们的人间革命,是用自己的手来开拓内在宇宙——自身内在的创造性生命,争取人自立的变革工作。"②人间革命的本质是人的精神革命、人的内心世界的变革、人的内在修行。因此,解决人的精神危机需要实行人间革命。

池田大作指出:"《法华经》的教义是'即身成佛'""任何人都可显现本来具有的清净的佛界,都可以成佛"。池田大作关于人性的"善"与"恶"做了精辟的论述,提到了佛教的"十界论"。佛教把表现在每一瞬间的生命的境地分为地狱、恶鬼、畜生、修罗、人、天、声闻、缘觉、菩萨、佛十种境界。"所谓'善人'就是'菩萨界'或'佛界',就是能节制自己本能的生命状态。"③池田大作阐述的佛教思想,实际上是一种人生哲学,深刻地阐明了实现人内在和谐的关键是从善,引导人们修善积德,克服人的精神危机,实现人的内在的和谐。通过人间革命,使人成为勇敢的人,智慧的人,慈悲的人。通过个人这一"小我"的人间革命,进而实现"大我"的人间革命即实现全社会和全人类的和平和幸福,也就是实现人类文明的融合。

池田大作在其名著《人间革命》的卷首中深刻地表达了一个重要的命题,指出:"一个人的伟大的人间革命,不久将会实现一国的命运的转变,进而可能转变全人类的命运。"④这一论述实际上指明了21世纪人类文明融合的根本途径就是实行人间革命。

四、21世纪文明融合的趋势

展望21世纪人类文明发展的未来,文明作为一个动态过程仍将继续"流转"。人类文明的发展中,各种文明兴亡盛衰,此长彼消,既有文明冲突与文明融合的交替,又有文明中心与文明边缘的换位。⑤21世纪人类文明状态会有各种新的变化,但是任何一种文明,不管它产生于哪个地区、哪个国家、哪个民族的社会土壤之中,都是"流转"的,都是在同其他文明的交融中发展的。

近代以来,西方文明由于种种原因在人类文明传播中主要处于"施动者"的地位,非西方文明则主要处于"受动者"的地位,但这并不意味着施动者比受动者优越。西方文明也绝对不是一个纯粹的"施动者",而在一定的程度上也充当"受动者"。21世纪人类文明的融合中,需要纠正"西方中心论",西方应该改变过去几百年中习惯享有的"施动者"的地位,学会在更大程度上扮演"受动者"的角色;应该逐渐习惯于非西方在世界上发挥越来越大的作用,而不是竭力保持优势,增加冲突的可能性;应该在逐渐"非中心化"的

---

① 汤恩比、池田大作:《展望二十一世纪——汤恩比与池田大作对话录》,北京:国际文化出版公司,1985年,第149页。
② 金庸、池田大作:《探求一个灿烂的世纪》,北京:北京大学出版社,1998年,第68页。
③ 池田大作、季羡林、蒋忠新:《畅谈东方智慧》,成都:四川人民出版社,2004年,第148、151、186页。
④ 池田大作:《人间革命》(第1卷),东京:圣教新闻社,2013年,第8页。
⑤ 村山节、浅井隆:《东西方文明沉思录》,北京:中国国际广播出版社,2000年。

过程中，实现新的文明融合。

池田大作敏锐地洞察到21世纪人类社会文明发展的过程中文明中心的转移，指出："文明的中心19世纪是在欧洲，20世纪转移到欧洲派生的美国和苏联。我展望，接着的21世纪将一定是'亚洲太平洋的世纪'。"①这一论述阐明了东西方文明递相兴衰的规律，论证了文明中心转移的史实，进而指明了21世纪文明中心将转移到亚太地区的趋势。

与文明中心的转移相关，池田大作多次提到中国文化和思想的影响力，指出："中国有着以儒教、道教以及中国佛教为基础的精神的土壤，从那里可以发现基于人道主义和和平主义的伦理道德""人类应当学习中华民族所培育的'精神'、'伦理'"。②这不仅肯定了中国伦理道德具有人道主义和和平主义的特点，还强调了在21世纪文明融合中应当学习中华民族的精神和伦理。包括儒道释文化在内的中华文明中蕴藏着解决当代人类文明发展难题的重要启示，可以为化解"文明的冲突"、实现文明的融合提供有意义的精神养料。

处于文明融合过程又注重自己文明特点的各人类群体，彼此存在各种矛盾，可能发生"文明的冲突"，然而问题在于"冲突"是否一定得采取亨廷顿所谓"文明之战"的形式，当然谁也不能保证将来不再发生世界大战，甚至是亨廷顿意义上的西方与非西方的"文明大战"。倘若发生世界范围的"文明大战"，基督教和伊斯兰教传统上所谓的人类"末日"就会来临，因为科技进步已使人类获得了全球性地毁灭自己（包括维系人类生命的生物圈）及其文明的能力。池田大作历来重视和平问题，强调"没有比和平更珍贵的，没有比和平更幸福的，只有和平才是人类进步的根本的第一步"③。必须坚决阻止所谓的"文明大战"，坚决捍卫人类和平。④

鉴于当今世界的严峻现实，池田大作指出人类面临和平与发展的两大课题。对20世纪人类文明影响最大的是世界大战的爆发和科学技术的发展两件大事。两次世界大战给人类社会带来了深重的灾难。鉴于20世纪的教训，池田大作认为21世纪人类需要正确处理和平与发展两大课题。⑤和平问题所要处理的主要是人与人之间的关系，发展问题所要处理的主要是人与自然之间的关系。没有人类社会的和平，就不可能实现人类社会的发展，没有人类社会的发展，也不可能实现人类社会的和平。和平有两种，一种是消极的和平，另一种是积极的和平。发展也有两种，一种是恶性的发展，另一种是良性的发展。在21世纪文明融合中，实现积极的和平和良性的发展，是人类社会的共同课题。

以往数百年的文明发展中，各种文明的原有内涵发生了相当大的变化。不同的文明在注重保持和努力彰显各自特色的同时，正在交融中形成越来越多共有的要素。有着不同文明认同的众多国家，无论它们是西方的还是东方的，无论最初源于哪个文明，一些重要的

---

① 池田大作、季羡林、蒋忠新：《畅谈东方智慧》，成都：四川人民出版社，2004年，第274页。
② 池田大作、季羡林、蒋忠新：《畅谈东方智慧》，成都：四川人民出版社，2004年，第295页。
③ 池田大作：《新人间革命》（第1卷），东京：圣教新闻社，1998年，第11页。
④ 汪鸿祥：《构建和谐世界的重要启迪》，《和平·文化·教育》，北京：中国社会科学出版社，2008年，第31页。
⑤ 《畅谈东方智慧》，成都：四川人民出版社，2004年，第276页。

现代观念已经不能说属于某一个或某一些特定的文明，而属于全人类了。是否可以说一个既不是西方也不是非西方的世界文明，或者为全人类所认同的普世文明正在萌生中，尽管其最终成形也许是好几百年以后的事，但从长时段历史的角度来看，普世文明正在生长。

在西方文明与其他文明的相互作用和相互影响中，人类社会将会出现一些以往的文明发展不可能发生的情形。新的文明基因可能萌发在不同文明的交融互动中。联合国对人类文明进步的意义尤其重大。联合国的基本原则所体现的价值观如民主、自由、平等、和平、正义、人道主义、国家主权、生态保护等，对于人类社会普世文明价值观的形成是大有裨益的。各国家各民族各地域在保持其原有文明的基础上共同创生一个普世文明的新格局，是21世纪人类社会的共同目标。依靠人类的勇气，智慧和慈悲，避免"文明的冲突"，促进文明的融合。

结语

综上所述，当代人类社会中存在各种文明的危机和文明的挑战，可能引起冲突，甚至可能由冲突导致战争，必须通过文明的融合来加以解决。人类社会文明的发展表明，不同国家、民族和地域之间的文明发展是以相互吸收与融合为主导的。文明的融合应该多样一体、多元互融，应该平等相待、彼此尊重，应该相互包容、彼此借鉴。池田大作文明观从社会、自然、人的三个角度为化解"文明的冲突"，实现文明的融合提供了重要的启示。展望人类社会文明发展的未来，文明仍将继续"流转"，西方文明将会逐渐"非中心化"，东方文明将在21世纪文明融合中发挥重要作用，全人类所认同的普世文明正在萌生中，共创一个普世文明是人类社会的共同目标。笔者相信，在全人类的共同努力下，一定能够克服"文明的危机"，实现文明的融合，实现"人类命运共同体"的目标。

基于跨文化管理池田大作民间外交思想研究

湖南大学 陈晓春 黄 媛

国之交在于民相亲，民相亲在于心相通。世界著名宗教活动家、哲学家、教育家、国际创价学会会长池田大作先生自 1974 年以来多次访问中国，积极同中国领导人以及文化、教育、艺术界人士交流思想看法，并大力推动中国高校同创价大学的往来合作，倾力构筑两国人民之间世代友好的"金桥"。为促进世界和平，池田大作先生先后在南北美洲、欧洲、东南亚、俄罗斯等全球 50 多个国家和地区进行走访，将民间外交的重点放在文化、教育与青年交流上，创造了民间外交的实践价值，"池田效应"民间外交模式享誉全球。那么，池田大作先生的民间外交思想具体表现在哪些方面？在国家之间文化环境存在差异甚至是冲突的情境下，民间外交能否促进不同文化之间的融合？本文拟通过总结池田大作民间外交思想，基于跨文化管理视角探求民间外交对于增进文化融合的作用以及对我国如何通过民间外交活动实现国家意志的启示。

一、池田大作"和平"理念与"共生"意识的民间外交思想

被誉为"和平使者"的池田大作先生，其"和平"理念与"共生"意识根植于个人经历，其中战争、宗教及其恩师的影响最大。池田大作成长于关东大地震以及日本帝国主义发动战争的天灾人祸时期，战争的苦难与残酷激发了池田大作对战争的憎恶。同时，深受佛教"众生平等"博大精深的教化，将佛教人道主义与和平观结合起来，池田大作强调必须把生命尊严始终当作第一位的思想，立足于解决现实危机，消灭战争。促使池田大作人生改变的重要环节则是与恩师牧口常三郎和户田城圣的相遇。作为创价学会第一代领导人，牧口常三郎在日本"脱亚入欧"和"亚洲主义"主导的气氛下主张人道主义与世界和平。而处在日本走向军国主义时期的户田城圣则坚决反对军国主义和战争，其发表的"禁止原子弹氢弹宣言"在日本国内外产生了巨大反响。两位恩师的言行对池田大作产生了潜移默化的影响，尤其是户田城圣先生，引用池田大作先生的话来说，就是在千钧一发之际，他的导师将他从思想上的安眠期带到精神上的不眠期。池田大作指出："战争是绝对的坏东西，是向人的生命尊严的挑战""现代人经历了太多的战争，我们必须消灭破坏文明、夺走宝贵生命进而招致人类灭绝的战争"。基于对和平的渴望，池田大作毕生都在为

推动中日友好以及世界和平努力。

"共生"原意指两种不同生物之间所形成的紧密互利关系,后演化成具有共生关系的单元之间结成共生体,产生新的共生能量,推进共同发展。世界著名的佛教思想家池田大作先生曾用"慈雨滋润大地,草木皆欣欣向荣"的佛经喻解"共生"之要义。"万物共生"的意识贯穿了池田大作先生的外交思想,尤其是在文化方面。池田大作基于"共生"意识的民间外交思想主要是指取调和而舍对立、取结合而舍分裂、取"大我"而舍"小我"。人与人之间、人与自然之间,共同生存,相互支持,一起繁荣的道德气质。①池田大足基于"共生"意识的文化思想有两个特点:一是尊重文化的多样性和多元文化共生,二是强调建构"和平文化"与"文明间的对话"结合起来。②池田大作提出,21世纪的人类应该指向尊重多样性,把彼此的差异作为创造新价值的源泉,相互积极影响,共存共荣,建设一个把任何国家、任何民族都作为不可缺少的存在来尊重的和谐地球社会。③池田大作还认为,亚洲的和平繁华依赖于对传统的融合和现代化,以及不同文化之间相互联系和尊重,是太平洋时代得以建立的基础。但是从"共生"的角度,池田大作认为,最重要的前提是尊重所有文化传统的多样性和复杂性,他反对实行把任何一种特殊文化强加于另一种文化之上或把任何一种特殊文化强加于另一种文化的统一政策,主张尊重本土文化,为相互理解铺平道路。池田大作先生反对文化侵略,在 2000 年"国际创价学会日"纪念倡言《和平文化对话硕果》中,其要求欧美反思在文化等诸多领域的傲慢态度,期待"文化国际主义"到"文化民际主义"④的转变。

二、基于跨文化管理民间外交增进文化融合的功能

当代文明论的著名学者塞缪尔·亨廷顿认为,中日之间"在宗教、社会结构、体制和普遍价值观方面几乎没有共同之处"⑤。这个判断解释了中日之间文化的差异性和两国之间结构性矛盾,也侧面反映出各民族独特的历史、风土人情、文化和习俗以及由此形成的文化差异。不同文化背景交流时,常会表现出不适应甚至产生文化休克的现象,导致跨文化交际无法正常进行,为此跨文化管理在跨国企业管理中普及。跨文化管理(Cross-cultural Management)是指在跨文化条件下以消除文化差异、克服异质文化冲突产生的消极影响为目标,对不同文化背景的人员和事务的管理。全球化视角下,国家之间的联系不断增强,国与国之间在政治、经济以及贸易等方面联系越来越紧密,跨文化交际成为国际交往与合作面临的挑战之一,从文化的特征来看,文化不是永恒不变的,但是其稳定性特征决

---

① 池田大作:《和平世纪的倡言》,香港:天地图书有限公司,1997 年。
② 曲德林、郑文文:《近代以来日本对外价值观浅析——兼议池田大作的和平文化观》,《东北亚学刊》,2014 年。
③ 池田大作:《多元文化与世界和谐——池田大作思想研究》,北京:人民出版社,2008 年。
④ "文化民际主义"由池田大作提出,是一种以普通民众为主题的国际和平文化运动。
⑤ 塞缪尔·亨廷顿:《文明的冲突与世界秩序的重建》,周琪,刘绯等译,北京:新华出版社,2010 年。

定了文化不可能得到彻底改变，并且无论一种文化如何变化，都不会与另一种文化完全一致。①在这一背景下，民间外交的"桥梁"作用逐渐凸显。

首先，民间外交通过塑造和传播政治文化，强化文化认同。民间外交作为一种政治软力量，在正式外交尚未建立或者邦交关系正常化前，免于复杂的官方程序，从价值观念、思维方式、宗教信仰、道德伦理入手，强化作为文化核心部分的民族心理认同，在官方外交之外传播和塑造一种"和合生一"的政治文化。这里的"一"作为"多"的对立面，是整体与部分、共性与个性的关系。"一"是指一体，而不是内部混同，也不是泯灭差异，是在跨文化交际中尊重文化差异，是和而不同，而非同而不和。其次，民间外交通过促进文化对话，消除文化差异，避免文化冲突，增进文化融合。池田大作说："'对话'才是最重要的。绝对要避免不同文化或宗教的冲突，同时，以冲突为理由导致的孤立和分离，只会让人类分崩离析。所以要创造'交流的路线'。"②如果说多元文化的交流与互补是文化发展的动力，那么民间外交就是加快发展动力的介质，通过民间交往打破文化封锁，加强跨文化交往。因为文化融合不是消灭文化差异，而是使差异在一个和谐的整体中融合。最后，民间外交充当大众媒体进行跨文化传播，增进文化间的互通。如果说物质的传播是一个损耗的过程，那么文化的传播则是一个增殖的过程，传播越远影响力越大，越能增进文化的融合。民间外交从民间发声，充当媒介推进文化传播，营造良好的舆论环境，潜移默化地引导民族心理融合，促进不同文化交流之间的相互认同、相互吸收。罗素曾在《中西文化比较》中说："不同文明之间的交流过去已经多次证明是人类文明发展的里程碑。希腊学习埃及，罗马借鉴希腊，阿拉伯参照罗马帝国，中世纪的欧洲又模仿阿拉伯，而文艺复兴时期的欧洲则效仿拜占庭帝国。" 当民间外交促进文化交流与融合从而使不同民族文化合二为一或合众为一时，民族和谐就有了坚实的文化基础，文化的认同和文化基础的一致必然带来民族和谐，进而促进社会和谐。

三、民间外交是国家外交发展的必然趋势

中华人民共和国成立初期，周恩来总理就提出"民间先行，以民促官"的外交策略，意图通过持久的民间往来促进政治关系解冻，突破国家关系的坚冰。1971年，毛泽东主席邀请美国乒乓球代表团访华，为开启中美关系大门发挥了重要作用，被誉为"小球转动大球"的"乒乓外交"。新时期，党中央、国务院一直把对外民间友好工作作为国家总体外交战略的有机组成部分，邓小平、江泽民、胡锦涛、习近平等党和国家领导人高度重视民间外交工作，大力支持民间外交活动。随着世界多极化、经济全球化和信息化发展，国

---

① 池田大作、高占祥：《联结地球的文化力——高占祥与池田大作对话录》，北京：中国人民大学出版社，2012年。

② 池田大作、Nur Yalman（ヌール・ヤーマン）：《今日の世界 明日の文明——新たな平和のシルクロード》，东京：河出书房新社，2007年，第170-249页。

家利益交融、安危与共、兴衰相伴，日益形成"你中有我、我中有你"的命运共同体。在这一时代背景下，国家间的关系发展既需要政府间关系的"硬"支撑，也离不开人民友好的"软"助力。

首先，民间外交是国家对外塑造良好形象的需要。民间外交与传统政府外交的差异在于其主体的多元性，也正如此，民间外交可以更为宽松灵活地采取多种形式在不同场合发出声音，讲述本国故事。在公共外交跨文化的环境下，参与各方通过向国外公众或政府多角度表达本国国情，输出本国文化，在了解对方文化的基础上，使得交流更直接，有效表达本国的真实形象，增强本国文化吸引力和政治影响力，改善国际舆论环境，维护国家利益。比如，我国非政府组织作为民间外交的主体力量，在国际环保、救灾等方面发挥独特作用。国家通过积极推动经济外交、文化外交整个层面的外交进程，促进国家与国际社会之间的融合，在政治的社会化浪潮中利用民间外交提供的塑造国家形象的空间，巩固政治层面外交关系，塑造良好的国际形象。

其次，在政府外交发生危机的时候，民间外交充当强有力的弥补角色。[1]发展民间外交，积极推进"草根文化"交流是国际关系发展的根本需要和重要举措。民间外交具有桥梁作用，是建立政府外交的媒介和先导，也是巩固政府外交关系的重要补充性力量。一方面，在国家关系恶化甚至不存在正式外交关系的情况下，民间外交能够利用灵活性的特点，扮演政府私人代表的角色，通过文化、经济贸易、科学技术以及人员等多方面的民间往来，为两国打破官方外交僵局，恢复或重新建立正常的外交关系。另一方面，民间外交有利于增进国家间人民的相互理解，促进国家间经济文化交流，缓解民族情绪，并在国家关系陷入低谷时，国际友好组织等民间外交人士积极斡旋，推动官方接触和恢复正常关系。比如池田大作以文化交流为主题的中日亲善活动，不仅促进了中日邦交正常化，而且在邦交正常化以后为维护、巩固和发展两国友好关系上作出了不可磨灭的贡献。

最后，民间外交是增进国际友好、推动国际社会和平与发展的重要力量。当今时代，和平与发展是时代永恒的主题。民间外交活动的宗旨一部分在于影响国家外交政策的制定，或是树立良好的国际形象、增进国家利益。还有一部分的民间外交活动，其活动宗旨和目标超越了国家的界限而立足于整个国际社会，关注全球共同问题和人类共同利益，意图在某些具体的国际问题领域或全人类的共同关切问题做出不懈的努力，积极推动地区乃至全球交流与融合，促进整个国际社会和平、和谐、持续地发展。以国际非政府组织为例，多边国际非政府组织的人力资源构成往往具有国际多样性，来自同一世界不同种族、不同肤色、不同国籍的人员一起，跨越文化差异和文化冲突，不为某个特定地区或国家的特殊利益，旨在谋求全球性共同问题的解决以及全人类共同的利益。例如，在哥本哈根气候变化大会的会场内外，不知疲倦的非政府组织为尽快达成应对气候变化新协议而

---

[1] 姚胜旬：《中日民间外交特殊性研究——从池田大作现象到日本人在西南苗疆寻根考察》，《上海师范大学学报（哲学社会科学版）》，2013年第3期，第118-126页。

做出参与议程、展览宣传、示威游行等各种努力,他们争取的是在推动全球性气候变化问题上,通过国际社会的共同努力与通力合作为后代子孙创造良好的生存环境。

总之,在当今信息全球化趋势日益加强、民间社会作用不断扩大的背景下,仅重视开展官方外交是远远不够的,传统政府外交之外还需要借力民间外交,使跨文化条件下的国际交往更融洽,国家间的矛盾和冲突得到有效控制和化解,使多边关系具有良好的"韧性"和抗冲击能力。

四、基于跨文化管理池田大作民间外交思想对我国的启示

以对民间外交活动的跨文化管理为基础,在池田大作外交思想的研究中不难发现,其基于"和平"理念和"共生"意识的外交观对于我们探索民间外交的发展与实践具备一定的启示意义。

第一,充分发挥非政府组织在民间外交领域中的作用。非政府组织是民间外交中的重要力量。国际非政府组织以及国际民间会议所带来的国际交往活动,往往被称为"没有外交官的外交"。随着我国非政府组织数量不断增加①,民间外交活动领域不断拓宽,在国际社会上他们致力于影响官方外交决策和推动特定的议题,在一定程度上充当国家利益的积极维护者、政府外交的有益补充者、国家形象的多元塑造者的作用。比如中国扶贫基金会先后参与印尼海啸救灾、美国卡特里娜飓风、海地地震等国际灾害救济工作。以环保领域的"自然之友"为例,目前该组织涉及的领域包括环境保护、环保教育、组织建设和国际气候谈判等。近年来"自然之友"不断加强与国际非政府组织、地区组织以及联合国机构之间的合作,积极参与国际谈判活动并提出政策性建议,呼吁世界提高环保意识,关注气候变化。一系列活动不仅提升了本组织的国际影响力和公信力,也让世界看到中国政府以及民众在环保领域所做出的努力。早在 2003 年 11 月,唐家璇出席中国联合国协会第三届理事会第二次会议时说:"中国应当重视非政府组织在国际事务中的作用,因势利导,在非政府组织领域增强中国的声音。"非政府组织作为根植于国家间社会基层的民间外交主体,一方面能真实反映民众呼声以及文化和社会景观;另一方面,在国际关系发展中扮演官方或其他外交渠道无法代替的作用。随着中国非政府组织"走出去"战略②的推行与实施以及在华境外非政府组织在我国民间领域蓬勃发展,发挥非政府组织在我国民间外交的作用,首先需要从战略角度分析我国非政府组织在外交中面临的机遇和威胁,合理规划非政府组织的国际化道路,在此基础上提出切实可行的引导、制度性扶持策略,将非政府组织作为开拓我国民间外交的新渠道,实现国家软实力水平的整体提升。

第二,提高国家文化软实力,以文化外交带动民间外交。1990 年美国哈佛大学教授

---

① 截至 2014 年,我国非政府组织总量共 60.6 万个,比上年增长 10.8%。
② 陈晓春、刘娅云:《我国非政府组织"走出去"战略研究》,《中国行政管理》,2016 年第 2 期,第 77-82 页。

约瑟夫·奈提出"软实力"的概念，他指出，一个国家的综合国力既包括由经济、科技、军事实力等表现出来的"硬实力"，也包括以文化和意识形态吸引力体现出来的"软实力"。近年来，随着世界经济一体化以及文化多元化的发展，文化产业的兴起以及文化输出所带来的文化霸权和文化安全等问题的出现，不少国家开始把文化事业纳入管辖和控制的范围，把民间文化交流、文化产业和文化销售视为文化外交的软性手段。文化外交是围绕国家对外关系的工作格局与部署，为达到特定目的，以文化表现形式为载体和手段，在特定时期、针对特定对象开展的国家或国际间公关活动。[①]文化外交与经济外交和政治外交一样作为一个国家总体外交的重要组成部分，其基本形态主要包括文化交流、制度输出以及价值观传播。文化外交通过将我国文化产品特别是内容产品输入国际市场，向世界传播中华文化，在获取文化产品出口和投资收益的同时，提高国家的文化软实力。从积极的角度看，世界文化的发展呈多元化状态，以文化为主导的外交策略必须依托强大的文化竞争实力。因此在当前我国文化市场开放有限、文化产业规模不大、竞争力不强的环境下，加上语言、民族心理和文化审美偏好的差别，推动中华文化的跨国、跨文化交流和传播离不开跨文化管理。与科学追求的同一性相反，文化的特征就是差异。也就是说，不同文化间的相互交流与借鉴对任何文化的发展都具有重要意义。池田大作先生于1971年创办的创价大学一直致力于成为"新式文化"或称"新式地球文化"的摇篮。对于"地球市民"，创价大学在使命宣言中是这样描述的："作为地球市民，应该是智慧、勇气、慈悲兼具的人。尊重和理解不同人种、民族、文化的差异，具有把它们作为成长所需食粮的勇气。"作为21世纪中华文化的继承者，我们也应定位于"地球市民"中的一员，用平等的观念、开阔的视野、睿智的思索看待多元文化，以民间对话为手段，促进不同文化之间的交流与互相学习，以文化外交带动民间外交的发展。

第三，重视民间外交对文化的推动作用，继续实施文化"走出去"战略。在当今文化传播速度和传播范围不断加快的背景下，任何国家都不能够孤立地生存，与他国的互惠共赢变得尤为重要。实施文化"走出去"战略，既有在世界文化软实力竞争日趋激烈、国际金融危机后的反思与机遇、中国经济崛起与和平发展和中国文化自觉文化复兴的特殊国内外背景，又有着重要的现实意义：一是全球化趋势下，世界范围内的各种思想文化交流交融交锋更加明显，第三世界国家的文化安全面临着严峻形势，文化走出去成为我国维护文化安全的积极应对。二是在和平、发展、合作成为时代主题的今天，中华文化走出去能够通过增强文化软实力，提升国家形象，消解"中国威胁论"。三是在国际舞台上，各民族国家的文化一旦落后，就意味着综合国力中无形的精神性要素等的缺失和不足。中华文化走出去有助于赢得国际话语权和提高中国参与国际体系的能力，以中华文化对世界的新贡献维护人类文明的多样性。政府支持是文化走出去的保障，渠道多元是文化走出去的必然，民间外交推动是文化走出去的动力。将文化走出去战略与文化外交战略结合起来，

---

① 池田大作：《和平文化对话硕果》，2000年。

重视民间外交对文化的推动作用,充分发挥民间外交的传播渠道,完善政策保障机制,提高现代传播能力,形成推动中华文化走出去的合力,提升中华文化走出去的空间。

五、结语

作为外交中的特殊形式,民间外交的蓬勃发展正在为促进各国政治、经济、文化等各方面的交流融通发挥着更大的作用。池田大作说:"日本有着这样的特色,我认为可能为国际社会的和平所起的作用将会是很大的。日本所处的地位,可以成为东方和西方的桥梁,把欧美各国和亚非各国联结起来。也就是说,要把迄今指导世界的西欧文明和悠久不变的东方文明融合起来,创造新的综合的文明。"①由此可见,尊重文化的多样性,在多元文化的碰撞和融合中加强对话和交流显得尤为重要。池田大作倡导的各个层次的对话和交流,是化解分歧寻找共识、加强相互了解的重要手段。政府之间、政府与民间、民间与民间,特别是青少年之间的交流就更加重要。在国际关系面临新问题和新挑战的形式下,学习池田大作先生的和平文化观,对于构筑和谐社会、维护世界和平都是十分有意义的。互信、互利、平等、协作不但应该成为世界的安全观,也应该成为世界的文化价值观。

---

① 池田大作、松下幸之助:《人间问答》(下),东京:圣教新闻社,2009年,第201-203页。

浅述中日禅宗美学的比较与研究

西安培华学院　马树茂

一、禅宗美学与禅宗绘画的起源与发展

禅宗，是释迦牟尼佛教的心法，与中国文化精神结合，形成中国佛教，即融化古印度佛教哲学最精粹的宗派。在佛学中，"禅定"是大小乘共通行持修证的方法，"禅定"的原名为"禅那"，中文翻译为"静虑"，后来取用"禅"的梵文原音，加上一个译意的"定"字，便成为中国佛学现在惯用的"禅定"。禅宗，虽然不离于禅定的修证，但并不就是禅定，所以又名为心宗，或般若宗。心宗是指禅宗为传佛教的心法，般若是指唐代以后的禅宗，注重般若（智慧）经，与求证智慧的解脱。近世以来，欧洲学者又称之为"达摩宗"，因印度菩提达摩大师亲自传到中国首传禅宗而命名。

禅，又是一种独特的思维方式，是对人们心灵和生命的关注，是对人生的追求。禅，在佛教里一般称作"禅定"或"禅观"，是佛教僧侣的一种基本功。至于禅宗的起源，传说菩提达摩在南北朝时代来到中国传法，因此中国禅宗以菩提达摩为初祖，慧可为二祖，僧璨为三祖，道信为四祖，弘忍为五祖，慧能为六祖。之后宗派林立，枝叶茂盛，中国禅成为主流，乃东方文化的奇葩。

禅宗五祖弘忍当时有两个得意弟子，一为神秀，一为慧能。神秀所代表的北宗禅，以"身是菩提树，心如明镜台；时时勤拂拭，勿使惹尘埃"想以时时勤拂拭去求得无尘，主张"诸恶莫作，众善奉行"，自觉地去做各种善事。慧能所代表的南宗禅，则以"菩提本无树，明镜亦非台；本来无一物，何处惹尘埃"想无需拂拭去保持一颗悟了的心的无尘，倡导"即心即佛"，很自然地不做坏事而只做好事。弘忍认为慧能的空无观比神秀彻底，因此传位于慧能。

佛教是两汉之间由印度传入中国的，那么随之而来的佛教文化与中国本土的传统文化逐渐糅合，相得益彰。就绘画而言，在佛教传入之前，中国的书画艺术就已经达到了极高的成就，具有独特的民族风格，例如展子虔的游春图，非常精彩。在佛教传入后，随着佛教艺术的影响，中国书画艺术发生了很大的变化，禅文化、禅的美学给予中国书画艺术一种新的生命力，仿佛催生出新的艺术之花。特别是后来形成的禅宗对中国书画的发展起

了重大作用。

　　禅宗的崛起是在唐代六祖慧能确立南宗禅后"以心传心，不立文字"的宗旨得以落实后，其"不离世间，明心见性"的修行方法与庄子哲学思想相结合而逐渐发展起来，主要是"向内心探求"，提倡心灵的自由，不为形拘，不受物拘，大胆接受道教文化的熏陶。这对中国绘画的发展影响很大，它既影响了中国绘画的内容和意境的表现，也影响了绘画的形式和绘画的语言。说起禅宗对中国绘画的影响，首先要推唐代著名诗人兼画家王维。王维不仅通音律、工草书、以诗著称，而且是一个诗中有画、画中有诗的杰出画家，他善于将禅、诗、画融为一体，而被后世文人尊为"南宗画派"始祖。那些宫廷画师院派的作品被评为缺少禅意，归到了北宗画派，从此美术史上就有了褒南贬北之说。到了宋元之后，随佛教禅宗的高度发展，禅画家从表现清高脱俗的文人墨戏中解脱出来，不仅把顿教妙悟作为一种创作题材，而且在表现这一题材的创作手法上，也探索出一条把禅的思维方式变为艺术创作表现方式的新路，使禅意画变成了一种真正的禅画。修禅者用笔墨表达禅道的绘画，激发了唐宋以来中国绘画的新纪元。后来明代的董其昌把中国山水画风亦分南北宗，把水墨渲染法、披麻皴、遗貌取神的文人画视为神品，比喻为禅宗南宗的慧能；把著色钩斫、斧劈皴、貌像无神没有生命力的宫廷绘画比喻为禅宗北宗的神秀。这褒南贬北之说就是明末以降的偏见，但这种论调对中国画坛的影响甚大。唐以来一些画家认为绘画如禅理，禅须悟，画也须悟。一些文人画家推崇禅的"一超直入如来地"的思想，重视自心的领悟，以内在体悟为审美活动的基础、绘画创作的灵魂，意定心静，泼墨挥洒，随心所欲。不少禅师同时还兼擅绘画，形成五代两宋画坛的一支异军——禅宗画派。其中较有典型性的画家比如贯休、梁楷、法常、梦休、玉涧等。从宋以下，直到清代的八大、石涛、石谿等，都是以禅理悟绘画，以绘画悟禅理之大成者。元代以后，开始了文人画对禅宗画的改造，本格意义上的禅宗画不再独立存在，即如八大、石涛等禅僧画家，也归入文人画派。

　　禅宗和艺术创作都努力追求美好的精神境界，塑造崇高的灵魂，以满足人的心灵需要。禅宗和艺术创作也都具有灵感思维、形象思维、想象思维等共同的思维特性。

　　从中国的禅宗发展史看来，初期修禅者以心印心，不必假借任何手段。之后，累积了修禅悟道者形形色色的表现，对悟道境界的描写，有问答、诗偈、文字绘画等的手段。因此，演变成后来的"公案""语录""禅诗""禅画"等。禅宗，是中国佛教的产物，它将印度佛教与中国传统的儒学、道家和魏晋玄学相糅合，而成为最适合中国士大夫口味的一种宗教形式。

　　禅宗与中国绘画有着不解之缘。纵观中国古代绘画的历史，以禅宗为题材的作品占据了很大的份量。中国绘画艺术之所以受佛教影响而得到发展，两个主要原因是：一是佛教僧人中就有一大批能书善画者，许多禅宗弟子在习禅之余兼修书画，并以禅入画，禅意盎然妙不可言，并且以此来弘扬禅宗理念，用书画艺术的传播作为扩大自身影响的方法和途径；二是有很多书画家大多信仰佛教，他们乐于绘制禅宗题材作品或是借禅宗题材来丰富自己的创作内容。隋唐之后,中国书画之中处处流露出禅机佛意,佛教教理与禅趣被大量融入绘画之中。提到禅宗与中国画,首先要提到唐代王维,他所开创的文人画以佛理禅趣入画,把画意与禅心结合起来,成为一种自己的行会组织。如文人画派与院体宫廷画派,南宗画派与北宗画派,这种禅意画至宋蔚为大宗,称为墨戏,到了明代则称画禅。如果从画风和禅风的角度看,王维之禅意画主要是受禅学南宗的影响。而王维开创的这种富有佛理禅趣的文人绘画,对后世中国绘画发展的影响是深远的。纵观宋、元之后的画坛,其兴衰起落之与禅学发展密切相关,禅宗美学兴起,则画坛兴盛;禅宗美学衰败,则画坛没落,足见禅宗美学对绘画的直接关系和影响之大。

二、中日禅宗画的缘起与比较

中国的禅宗是在镰仓初期,由入宋僧人传入了日本,其中较为知名的大约是明庵荣西及其弟子希玄道元,荣西师从临济宗的虚庵怀敞,道元则是接了曹洞宗十三世祖如净的衣钵。而后来禅宗在日本最为流行的也是临济与曹洞两派。到了镰仓中期,中原大乱,以兰溪道隆为代表的一批禅僧陆续东渡,将禅宗在日本的势力壮大起来。但在镰仓时期,日本依然是净土宗与密宗的天下,直到室町幕府的建立,足利尊氏邀梦窗国师主持天龙寺,禅宗本部由镰仓移入京都,并在足利家族的支持下禅宗成为日本佛教的主流。兰溪道隆被尊为日本的禅宗初祖,梦窗国师被尊为第一始祖。

起初,日本美术主要有两种样式,产生于本土的"和绘"与受唐朝宗教绘画影响的"唐绘",佛教绘画则主要是净土经变和密宗的曼陀罗。水墨画则由一批宗教僧侣留学生带入日本,形成了后来所谓的"汉画"或"墨绘"。受到传播者身份的影响,这些水墨画尤以南宋画僧牧溪、梁楷等人的作品为多,再有一种就是禅师的肖像,被称为"顶相"。所以水墨画在传入之初,便被当作了禅宗文化的象征,并作为宗教美术的形式在日本生根,成了所谓的"禅画"。时至今日,法常(牧溪)的画作在中国已难得一见,而我们在日本大大小小的博物馆里却都能看到,法常(牧溪)本人在中原的艺术史上也没有什么影响力,但在日本是作为画祖来崇拜的,其原因正在于中日不同的文化土壤。

日本文化受宗教的影响深于中国。日本的禅宗美学与本土神道教传统和武士精神结合,表现出对于仪式化和标准化的重视,造就了茶道、花道、香道、书道、日本庭院等等特殊的文化形式,至今,天龙寺的庭院可以窥见一斑。这一点也为日后日本装饰艺术光琳派的繁荣打下了美学基础。禅画在日本形成以后,一直以水墨山水和"顶相画"为主要形式。禅宗向来主张不立文字、不读经典,其传法以师徒之间直接的口传心领为主要形式,弟子学成以后,要接受师祖的袈裟、铁钵以及一副肖像,作为传法的凭证,这种以水墨绘制的肖像有师祖的题记、款印,因而极受弟子重视。来华修行的日僧更要以这种肖像画来作为凭证,以确立在日本禅界的地位并开宗立派,因而"顶相画"在这里受到不同于中国的重视,得到极大的发展。日本的神道传统饱含着自然精灵崇拜的意识,迷醉于主客交融、内外合一的超现实体验之中，水墨山水所表现的萧瑟林木、溪山深谷，恰似一幅醉人的曼陀罗境界，因而可以被作为学禅修行的道具。后来由于武士阶层日益成为禅宗的主要支持者，所以禅僧们在山水画上尤其推崇南宋的马远、夏圭。刚直洗练的大斧劈皴，恰似剑道的审美体验；残山剩水的构图方式又符合神道传统对于残缺美的崇拜；而南宋院画掩盖在宁静外表下的激烈心绪，更可以作为武士们极佳的心灵写照。马半边、夏一角的构图方式也成了日本禅画的美学标准。

禅画在日本的地位确立之后，首先在美学观念上形成了日本化的面貌。中国的禅画渗透着浓郁的人文主义色彩，并受到文人品味的影响，总是率性自然的；日本的禅画则作为宗教美术来对待，在日本本土宗教传统和功利主义的武士文化影响下，形成了禅宗—神道—武士的美学系统，追求形式趣味、浓艳的墨色和刚性的笔法。在"顶相画"一门上，受到自镰仓以来的写实主义影响，强调人物个性和民族趣味的色彩感。禅画的主要创作者是禅僧，梦窗国师就建立过专门培养画僧的机构。在师承关系上主要是南宋少数画僧的作品和马半边、夏一角的构图方式，也成就了日本禅画的美学标准；但是日本禅画的风格较为单一，形式主义倾向较浓，装饰风格也形成了日本禅画的一种风格。

在人类的文化交流史上，本土传统如何改造和消融外来文化因素，并进而再造本土传统的新面貌，始终是一个充满魅力的话题。

禅宗本是中印文化孕育出的奇葩，后来演变为一种中国化的佛教，借助中国水墨画这种自然空灵的表现手法，诞生了禅画这样一种新的艺术形式。禅画是通过以画讲禅来表达禅理的艺术。禅者借用一杆纤柔的毛笔，泼洒出心灵的声息，激发修道者的悟性，用写意画的方式直截了当地阐明禅宗心法。禅画也因此成为中华文化中的一束绚丽花朵。禅的本质是要看生命的本性，所以禅画的表现手法往往是脱俗、空寂、古拙，同时又洒脱、风流、活泼。明代的隐元禅师的书画艺术在日本得到了幕府的大力支持，又在西日本黄檗宇治市掀起了黄檗热，建立了黄檗临济宗。日本在明治维新之前，曾深受禅宗佛理的影响，并衍生出一种具有日本特色的审美意识。早年流入日本的中国禅画也因此备受日本人的珍视，被视为国宝级的文物。目前收藏在日本东京国立博物馆的《寒山拾得图》，就是这样一幅隐含机锋的禅机图。以寒山和拾得为主题的图画有许多版本，而最负盛名的禅画则是这幅元代画家因陀罗所作的《寒山拾得图》。此图为纸本、墨画，在画面最左边，题有楚石梵琦写的赞："寒山拾得两头陀，或赋新诗或唱歌。试问丰干何处去，无言无语笑呵呵。"这幅画描写寒山与拾得两位仙人席地坐于一株古树下，背依石丘，相对谈天说地，一副逍遥自在的样子。画中的寒山拾得蓬头光脚笑颜，一人双手相握，一人俛身向前。画面线条玲珑，浓淡衬托有力。虽寥寥数笔，但傲笑自若的禅僧形象已跃然纸上，流露出一种超脱物累、大智若愚、狂放不羁的精神。画家用了多种笔法来表现这一充满静谧禅机的场面：以吹墨法画头发，使之有蓬松自然之感；以阔笔蘸墨画襟带，使之有临风而动的飘逸感；以渴笔画树石，使之有苍劲古逸之感。画意韵深邃，画风简约，拙朴木讷，又不失活泼、诙谐。

三、禅宗美学思想和思维方式对中日绘画艺术创作的影响

1. 对绘画的内容和意境的影响

禅宗认为,世界万物都存在自然之中,合乎自然是万物的理想境界。禅宗主张人要与自然合为一体,要从大自然中汲取灵感,得到顿悟,解脱人世间的束缚。人与人之间、人与自然之间、人与社会之间要和谐相处。它告诉我们做人作画要顺其自然,要超凡脱俗,要把感情的生命移交给那些没有情感的事物中,使天地、山川、江河、花草、树木、动物成为我,缘物寄情,以达"天人合一"境界。他们还认为,世间事物都在变化,"诸法无常",无常是万物变化的本性,强调人要做到"心空心静",视万物性空也。就中国绘画而言,人与自然合一,就打破了时间、地点、空间、形状、色彩的界限。我为自然、自然为我的哲学思维,决定了中国画的视觉是意向的、形式是人为的、感受是心理的。中国绘画一向追求恬淡空寂的意境。如禅宗所崇奉的《金刚经》说:"一切有为法,如梦如泡影,如露亦如电,应作如是观。"慧能《坛经》讲"无相为体"。南宋以来,远山、幽谷、平野、寒江、白云、暮雪、孤松、野渡、独钓、小桥、草堂乃至无人之境,都成为绘画的重要题材。如南宋马远的名作《寒江独钓》,一叶扁舟轻浮于浩渺无际的水面上,形象地凸现了江面的空旷渺漠,令观赏者在心灵上顿生"色即是空,空即是色"的深切感受。从而中国绘画的形式,以写意画为主,而日本绘画则以写真画为主,中日禅画源出一则,确实为貌离神合。

2. 对绘画的形式和语言的影响

禅理还认为:"一切即一,一即一切。"也就是说世间事物都是相通的,万变不离其宗。绘画也是一样,既然一能表现一切,绘画就要简洁概括,突出主题和意境,要舍弃一切有碍表现意境的东西,甚至采用意到笔不到的方法。画家的作品是外在世界与内心世界相吻合、相感应的痕迹记录,同时也是情感和意念借助于景物的描写而进行的宣泄。所以画家们要以精练的笔墨、泼洒淋漓地抒发出自己的内心世界,表现出崎岖独立的个性解放和不受压抑的自由精神。我们的画家们只有加强禅理的修养,画艺才能大进,才能达到"画到精神飘没处,更无真相有真魂"的艺术境界。禅宗的偈语言简意赅。禅宗的思维方式直接影响了一些画家的创作方法,认为作画如参禅说法,笔法愈简练,气势愈壮阔,景物愈少,意蕴愈深长。若是巨细不遗,于景于物,精雕细刻,就不能"心越神飞",既妨碍画家禅心的流露,又束缚观赏者的悟性。尤其是南宋以来的画家,大多画风简放,信笔由之,象形草率,一挥而就。例如梁楷的"减笔法",筛去所有多余的、不必要的笔墨,只保留其精华,意表现其禅悟灵机。因陀罗的《寒山拾得图》,采用吹墨法画人物头发,使之有一种蓬松感,用阔笔蘸墨画衣襟衣带,使之产生强音般的韵律节奏,用渴笔点缀树木坡石,使画面在变化中显得更加舒畅自由,这些手法就像六祖慧能撕经一样,蔑视"古

法"，随心应变，以一种奇特的表现形式来表现禅的禅机妙悟。

3. 日本绘画如何继承中国禅画的衣钵

6世纪初，已经汉化了的中国佛教经过朝鲜半岛传到日本，与此同时，中国式的佛教美术也在日本得到传播。和飞鸟时代（公元552—645）对应的是中国的隋唐时代，天皇政府无论在政治体制还是生活习俗上都全盘中国化。当时，日本的佛教美术几乎是从北魏到隋唐风格的翻版和复制，奈良法隆寺玉虫橱子上《舍身饲虎图》就是白凤时代深受唐代绘画影响的佛教绘画。直到藤原时代（公元794—1185），在中国式的唐绘中衍生出用日本手法描绘的"大和绘"和狩野画派。9世纪日本政府停派遣唐使，但中国文化的深刻影响，特别是佛教禅宗在镰仓时代由僧人从宋代中国传入日本，并在室町时代（公元1334—1572）达到了登峰造极的程度。传统的绘佛师和大批的画僧，"根据禅家信念，心灵与宇宙不二，生活本身就是宗教。他们选择称之为'汉画'的宋元山水画形式，以山水表现胸境。著名的画僧有如拙、周文、雪舟等人。雪舟是日本水墨画集大成者，曾游历中国，师承马远、夏圭画风，因他们的'边山角水'能传达禅意的孤绝、枯淡之意境。与禅宗画相应的是庭园建筑中的全景园林——枯山水白沙铺地，山石堆砌，方丈之间别有一番情趣。"就是对西方现代艺术产生重大影响的日本典型绘画"浮世绘"，其代表人物葛饰北斋（1760—1849），也是把中国画风、荷兰风景版画与日本流派熔为一炉，才成为富有时代个性的画家。18世纪初中国文人画传到日本，这种被称为"南画"的文人画技法也完全同化，至此，日本近千余年的美术发展历程中，从不间断向中国学习。而对于中国禅画而言，忠诚的继承者有江户后期的禅僧松来，他推崇苏东坡遗风的"白纸赞"和五祖法演禅师的"无尽藏"；宽延三年（1750）的日本著名禅画名家仙崖禅师，更加推崇法常（牧溪）的禅画，在他们的名作之中，自然吸纳的多是中国禅画的全新之法。

法常（牧溪）在中国绘画史上也是颇有争议的人物，但他的作品对日本美术界却产生极大的影响。法常（牧溪）的画作在中国已难得一见，而我们在日本大大小小的博物馆里却都能看到，法常（牧溪）本人在中原的艺术史上也没有什么影响力，但在日本被奉为画祖。日本对中国禅宗画的追捧几乎狂热，"使日本画坛第二次对中国艺术产生近乎膜拜般的热情，与禅宗有着密切联系的水墨画在日本大规模发展，也开拓了日本绘画广阔的前途"[①]。作为日本水墨画范本的还有宋元时期的绘画，包括法常、因陀罗在内的绝大多数禅画艺术珍品，都流入日本，而且是大批量源源不断地飘落异乡，这就是日本藏有大量中国禅画的原因，也是研讨中国禅画并取得成效的根本所在。日本不仅忠实地继承了中国禅画的衣钵，而且也有所发展，20世纪50年代由铃木大拙向西方世界传播，禅美学思想及绘画在国际上受到广泛重视，"历史学家林恩·怀特将铃木的贡献誉为'人类文化史上的大事，可与文艺复兴时期介绍柏拉图、亚里士多德著作相媲美'"[②]。我们读之倍感汗颜。所幸的是，由中国传统"斋戒静思"所包容的禅宗美学思想并演化的禅画艺术，已经从民族

[①] 石涛：《画语录》（第三章），长沙：湖南美术出版社，2000年。
[②] 宗炳：《画山水序》，长沙：湖南美术出版社，2000年。

文化走向世界领域，终究可能摆脱狭隘并成为人类共同的文化遗产。

4. 中日禅画的界定与欣赏

中国禅画植根于九州大地，其艺术理念和灵感缘于古代先贤的哲学思想，在不断深入异变、丰富的基础上，创造出风格相对稳定，以简约线条、朴素的色调、高超技艺、勾画描绘的大多以宗教题材为轴心的艺术形象。中国禅画的思想基础最初是本土的儒家和道家的世界观，在佛家的禅宗引入中国后，特别成为中国本土化的发展方向，符合书画家所追求的理想主义，因此在不同程度上，来自各民族地区乃至不同国家的民间艺人，怀着虔诚心情，相互借鉴共同促进，利用共性的艺术语言自由抒发个人的情感，以绘画的形式表达了自己的理想和心愿，创作了一批充满着浪漫主义色彩名垂青史的绘画，这就是敦煌宝库。荟萃于敦煌这一百科全书中最早的禅宗壁画和书画作品。与此同时，另有一批以佛教禅宗画派为主的画僧或学者居士，在敦煌之外的寺庙等处，以传统的绢帛纸墨为载体手段，在有悖传统观念和笔式的绘画基础上，不拘一格地探索新路、大胆创新技法，力争作品别具匠心，追求精神层面的艺术境界，由此幻化出另类的超凡脱俗的崇高非物质的理想意境，使欣赏者在审读过程中产生心灵深处的震撼。

中国画极易产生程式化效应，因为它没有西方那种以模特为蓝本的制约机制，写意人物画与以素描为基调的人物画法并不属于同一范畴。中国画的程式化现象，并不仅仅表现在人物画方面，山水、花鸟也未能越此藩篱。①所以艺术家的创作，就要回避"模山范水"那些程式化、概念化的东西（如若为学习而临摹另当别论），独辟蹊径，"心源主义"。李东阳《怀麓堂诗话》讲述了一个"诗贵不经人道语"的创造原则，其曰："自有诗以来，经几千百人，出几万语，而不能穷，是物之理无穷，而诗之道亦无穷也。今令画工画十人，则必有相似，而不能别出者，盖其道小而易穷。而世之言诗者，每与画并论，则自小其道也。"事实上，不仅仅是绘画，文学艺术的诸多门类中，无不以塑造人物形象、刻画灵魂为己任。万物之灵的众生，不仅各具形貌，且有五蕴、六欲、七情。极难发现一模一样的，正如罗丹所言："一棵树上很难找到两片叶子形状完全一样的。"即便是孪生，也容易障目，但在视觉上总有可分辨的差异之处。问题在于，马虎大意或不求甚解，照猫画虎或人云亦云，就只能克隆"模山范水"，亦步亦趋地步人后尘。日薄西山时虽见晚霞，但前景很快就会暗淡下去。在旭日光芒照耀之前，必然经历漫长的黑暗。艺术家应面向自然、体验生活，深入研究、有感而发，可谓是"外师造化，中得心源"，画道难穷。中国禅画的可贵之处，就在于不断否定自我，探索新意，是一种"心源主义"和"唯神主义"的美术形式。所谓神者，不可知也（不知者为神），只可意会而难表言明，尤其是所传达的精神层面的境界，往往是通过艺术语言和笔墨功夫之外所暗示的画境，靠欣赏者对此感悟而产生心里体味的不同。因此禅宗绘画以无定式套路、绝对标准而言，只有创作原则。

中国禅画亦并非扑朔迷离、迷失自我的玄奥。画虽抽象，而意境规范有章可循。倘若把古今的禅画都具体界定的话，那么犹如老庄所见：禅画三境、三昧。所谓三境者，如《五

---

① 董其昌：《画禅室随笔》，长沙：湖南美术出版社，2000 年。

灯会元》载青源惟信禅师所证得："老禅三十年前未参禅时，见山是山，见水是水。及至后来，亲见知识，有个人处，见山不是山，见水不是水。而今得个休歇处，依前见山只是山，见水只是水。大众，这三般见解，是同是别？"显然有别。因为未参禅时等于对象性思维；有个人处等于意向性思维；得个休歇处等于无意识思维。把这三境分别落实到禅画的三味处，即：对象性思维等于写实；意向性思维等于写意；无意识思维等于写心。具体分析如下。

（1）第一境写实：对象性思维是二元对立思维模式

基于主客体的二元对立，主体不仅要遵循思维的必然性，还要遵循对象的必然性。主体心灵和意志必然受到客体的制约，主体是被动不自由的。苏东坡说："绘画以形似，见与儿童邻。"当画家面对美景时，猎取的心态就像捉迷藏。注目之处顿觉陌生，无从下手。于是殚精竭虑，日渐深细，把理智、逻辑、功利、构图、笔墨、色调塞满头脑，再运用技巧功夫，精细描绘。结果是把经过解剖后拼凑的碎块重新组合，得到了"现实主义"的山山水水。这种具象的反映是客观的写实，容易走偏而形成概念化、程式化。

（2）第二境写意：意向性思维

当主体意识得到了解放，客体为主体所同化，主体即获得异变的自由，于是山与水就有了主体的生命。就像得宠的画家走出国子监，离开宫闱御苑时，顿觉眼前天高地阔、脚底生风、山欢海笑、佳景宜人。美妙娑婆的幻影使之意气风发，无限的思绪添满了有限的空间，自然会感到饱满、洒脱。画家早已抛弃了那些日积月累的理性和逻辑等诸如此类的包袱，否则就会感到还原了茫然、踟蹰等常见病。因此写意必须是意向性思维，意在笔先，得意忘形，才能在笔下勾画出山光水色，"优游乎，乘意趣之舟由技艺入道矣"。此时，山已不是那个山，水已不是那个水，都是些"无限难思意味长"的笔墨意境。

（3）第三境写心：无意识思维当即的嬗变，是禅的超越性，是超功利性的精神体验

这种体验来自"心性一如"的静心、"物我合一"的主客体"妙相感应"契合的思维模式，是"心、识、体一也"的调谐与共振过程。古人的"斋戒"与"禅定"同理，都是静心的过程。庄子《梓庆削木为鐻》中就讲了梓庆在做钟之前，通过斋戒安定心灵的历程：斋戒三天，不敢怀有求赏爵禄心念；斋戒五天，不敢怀有毁誉巧拙心意；斋戒七天，寂然忘却了"我的四肢……朝庭"，妄念尽消，然后入山林，观察树木的性质，"看到质性合于形成钟的宛然呈现在眼前"，非如此而不做，以我心的自然来契合树木的自然，所以制成的乐器被疑为鬼斧神工。庄子的哲学与禅学的思维模式同出一辙，来自异曲同工的不二法门。梓庆的"斋戒静思"安定了心灵，亦即后来佛学的戒、定、慧，由戒生定，由定生慧，定是前因，慧是结果，由定引爆慧的核裂变而悟，是普遍认知的思维模式，在思维修持过程产生的心理和生理现象，构成的斋戒或者禅定的心理体验和生理基础。超凡脱俗的作品，来自入圣静心，静心就是空出。正如奥修《谈庄子》所言，必须"空出你的船"，把多年积攒的随身细软（我擎法障）悉数抛弃，完成从有法到无法的蜕变。然而法障乃是久经"业"力所造，一旦捐弃，得鱼忘筌，业感就沾滞留连，如影随形，非慧光朗照通体透

明而不能解脱；眼前迷茫无际，水平如镜。而看似平静的水下却潜藏着暗流旋涡，其魔力值与业力相当，一旦切入将轮回不息，殊难自拔，这就是俗谛艺术生命力的止所，非无我的虚舟而不能逾越。眼前心物一体，时空唯心所宰。于是，山只是山，水只是水，"悉皆禅思幻化了的空灵境界，直此惟恍惟惚"，笔墨再也不是身外之物，已经化为心的淙淙清泉，一挥而就。正所谓忘我写心。

四、结语

中日禅宗美学绘画是在传统文化的基础上，逐渐形成以禅定为思维模式的绘画构思。作品风格在题材与内容方面表象为：以宗教为题材所代表的淡墨线条勾勒的类似速写式的人物淡彩绘画，以枯墨皴擦的山体岩石所表现的自然纹理，以意到笔不到的构图，暗示联想画外的意境，及其无法之法、圆通变幻的创作原则。禅画遵循自然规律，是所谓隶属于"外师造化，中得心源"的艺术流派，是一种刻意追求精神境界的美术主张。如果说文人画重视书卷气的话，那么禅画就是重视精神层面的灵感发挥。禅画主导神似的绘画技巧，奠定了中日禅宗绘画的基调，尤其突出于中日禅宗绘画以写意技巧再现心声的特点。这是中日禅宗绘画的精神，也是东方与西方绘画在艺术创作风格与美术主张方面的差异所在。

和平共生精神对企业伦理之重要性

林彩梅

一、前言

企业伦理是企业的发展中,在资金、原料、技术、市场、人才、管理等多种要素中,对公司成功与失败影响最大的一个。职业伦理理念即公司全体员工必须持有和平共生精神,正确的人生观与价值观,公司主管关心员工幸福,员工关心消费者幸福,不在他人不幸上追求自己的幸福,不在他国的牺牲上建立本国经济繁荣,而是你我都幸福。消费者对公司满意度高,国际市场自然为公司所拥有。

二、联合国对企业伦理的规范

(一)联合国对多国籍企业道德之规范

为世界和平人类幸福,联合国对企业道德有很多规范。联合国组织在2000年时提出对多国籍企业道德之规范原则,其范围有五个层面。

1. 对待工人的伦理

不违反地主国的人力资源政策,尊重雇员参加工会及集体谈判的权利,雇佣政策及促进平等工作的机会。

2. 对待消费者的伦理

尊重地主国有关保护消费者的法律及政策,通过不同形式的资料公布、安全包装、合适的标签及适当的广告保障消费者的健全。

3. 对待环境伦理

尊重地主国保护环境的法律、保护生态平衡、保护环境,采取防御性的措施来避免环境破坏,及对破坏的环境做护理。

4. 对待地主国的伦理

不应贿赂或支付不当的费用给政府官员;应避免在主人国的不适当或非法的参与或干预。

5. 一般伦理

尊重基本人权及基本自由；尊重所有人在法律面前获得平等保护，工作、职业选择。

（二）全球经济伦理宣言

2009年10月6日，纽约联合国总部举行的商业道德研讨会提出新的宣言"全球经济伦理"，该宣言主要为五个原则的价值观。

1. 人道的原则

一个理想的全球经济伦理的基本原则是人道：身为人，必须将伦理尺度放在所有经济活动上。

2. 非暴力和尊重生命的基本价值观

每个人，每一个种族，每一种宗教都必须表现出宽容和尊重。少数民族——无论种族、民族或宗教——需要多数民族的保护和支持。

3. 正义和人道的基本价值观

身为人，在伟大的宗教和道德传统的精神下，不滥用经济和政治力量实行残酷斗争的统治，而是将力量使用在为全人类服务。因此，必须优先做到相互尊重，利益协调。

4. 诚实和宽容的基本价值观

意味着我们不能随意漠视真相混淆自由。我们必须在我们所有的关系培育正值和诚实，而不是培育不诚实、遮遮掩掩和投机。

5. 相互尊重和伙伴关系的基本价值观

我们需要相互尊重、合作和理解，而不是权威式统治，暴力的表达将产生反暴力。每个人都有内在的尊严和不可剥夺的权利，而且每个人都有为他人不可推卸的责任。

（三）组织公民行为

Griffiths（1993）认为员工士气职业伦理是团队的凝聚力，高昂的士气在于员工能认知且接受共同目标，竭力实现目标。组织是一群拥有共同目标的人聚集而成。Katz（1978）对组织有效运作，提出成员必须表现出下列三种行为：①参与并留任：愿意留在组织并为组织服务；②达成角色任务：符合组织规定并完成组织交办之事与期望；③主动协助：对于组织内的事，即使不在职务范围内，也能主动帮忙，对组织有所贡献。而Bateman与Organ（1988）将第三种行为超过组织要求的自愿性行为称为"组织公民行为"，是一种组织规定角色外的行为，出于自愿、无条件、不受组织奖酬，但是有助于组织效益的行为。Willams & Anderson（1991）将组织公民行为分为两类：第一类是朝向组织的组织公民行为，指员工主动为组织利益而做的努力；第二类为朝向个人的组织公民行为，指员工主动帮助同事，让同事完成组织赋予的任务，间接使组织获得利益。

三、企业伦理问题

虽然联合国对多国籍企业有如此法律规范,以及全球经济伦理宣言,学术界对组织公民行为之期盼,但是如何落实?世界各国企业弊案仍然存在,例如:美国安隆财务弊案(2001),两万名员工失业;雷曼兄弟倒闭案(2008),世界各国经济受到影响,几百万员工失业;等等。

池田会长说:武力战争是"一时的",毕竟可用某些方法加以制裁,尚可阻止灾难扩大。而经济战争是"永久的"难以阻止,弱肉强食只会扩大。不人道行为经常在生活中发生,社会诸多病因都潜藏于此。问题如下。

(一)大学重视专业性知识教育忽视教养性智慧教育

池田会长(2000)认为这些问题都是人民缺乏"和平共生精神"、人道主义竞争精神,更是大学教育的偏失,高度重视"专业性知识教育",而忽视"教养性智慧教育"所造成。专业性知识教育可培育专业技术工作能力,依理对经济发展、人民健康都有利。但是,"未受教养性智慧教育者",例如:企业伦理、工业伦理、法学伦理、医学伦理等,若受恶人"利己"之诱惑,本性为"己利"之"私心",将造成危害经济问题,人民健康问题;若有"受过教养性智慧教育者"会持有正确的人生观与价值观,其"正心",将采用自他都幸福之思想,会发挥人本主义精神、和平共生精神、人道主义竞争精神,不会在他人不幸上追求自己的幸福,不会在他国牺牲上追求自己国家的利益,对专业性知识的工作将可发挥加倍功效,对国家经济发展、人类健康幸福、世界和平将有很大的贡献。因此大学教育必须"专业性知识教育"与"教养性智慧教育"并重,为落实伦理道德,必须持有和平共生精神。

(二)企业重视一般教育训练忽视世界市民教育训练

若未受伦理教育的毕业生直接进入公司,而公司对员工的"在职训练"又只重视"一般教育训练",而忽视"世界公民教育训练"即会呈现"私心"影响消费者幸福。一般教育训练是教育专业工作知识、技术、技巧、制度等,对其成果给予奖励与福利的"外部奖励效果"。

"世界市民教育训练"是启发内心为"消费者幸福",为公司、顾客、员工、社会长期利益而努力为荣,不求报酬,自享工作意义、人生之价值、之内心激励效果,员工士气最高,尚可提高外部奖励的成果。

若忽视"世界市民教育训练",公司将为"己利",员工只为"奖金",不管消费者幸福与否,此为职业伦理的致命伤。①唯有"和平共生精神"世界市民教育训练之内心的激励效果,才能提高职业伦理经营成效。

---

① 林彩梅:《池田全球公民教育观——青年建立希望、团结、和平世纪》,《池田大作思想研究论文集》(第11册),2016年。

(三)员工幸福是经营者使命

企业的竞争力在于员工士气、职业伦理。有些经营者都认为企业经营问题不在公司"内部"而是在于公司之"外部问题":①不景气或政府政策不好;②同业不道德之竞争;③公司规模太小;④当地经营环境不佳;⑤大企业强势竞争力等,造成公司业绩无法上升,这些都是错误的观念。经营者最重要的是内心要有:①高度关怀员工及其家族之幸福;②高度关怀顾客之幸福;③高度关怀社区居民之幸福;④高度关怀股东之幸福;⑤以人道竞争,不竖立敌人。而唯有员工幸福,士气高昂经营者才能获得他们之"心",业绩必能上升,企业必有国际市场竞争力(坂本光司,2009)。此为公司经营者之使命与责任。

四、池田和平共生伦理金字塔理论

"池田和平共生伦理金字塔理论"(林彩梅,2015)如图1,世界和平、人类幸福以及社会繁荣,是人类幸福的希望,但是受到世界的"文化冲突问题"与"企业道德问题"等的深刻影响,纾解这些世界问题,各国虽有法律规范,但是世界问题仍然存在,而法律规范之不足处,却可仰赖于伦理道德之弥补,而伦理道德要能够有所落实,则人民必须持有"和平共生精神"。兹因世界各大学的教育偏失,高度重视专业性知识教育,而忽略教养性智慧教育,大学课程中缺乏"伦理课程"教育,更缺少"池田教育哲学",和平共生精神,人道主义竞争精神等,而和平共生精神之推广,大学对青年之教育内容,必须加强"全球公民教育"。

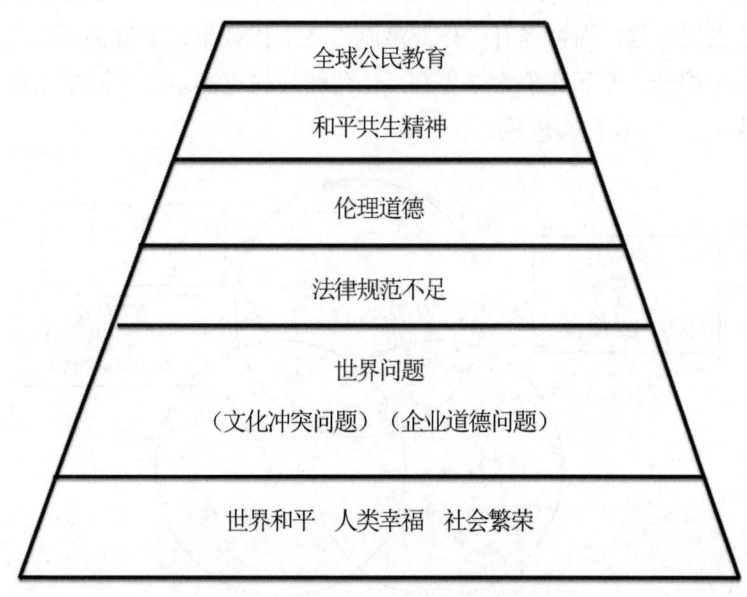

图1 池田和平共生伦理金字塔

全球公民教育①的内容,包括:①能使人分享的希望教育;②能够引发出"自强"性力量,能促进团结一致解决问题的教育;③能提高"不在他国人民的牺牲上追求自己国家幸福与繁荣"的共通意识的教育。换言之,大学全球公民教育之普及,青年持有和平共生精神,能落实伦理道德,弥补法律规范之不足,纾解文化冲突问题,企业道德问题等世界问题,由此青年建立有希望、团结、和平的世纪,才能达成"世界和平、人类幸福,以及社会繁荣"的最终目标(林彩梅,2015)。

五、池田 P.M.E 优势理论

多国籍企业发展"P.M.E 优势理论"之论点(如图2),来自池田会长之人生哲学和平共生精神,为提高经营绩效 MNE 领导者必须持有"和平文化经营理念"(P),以和平共生精神及人道主义竞争精神纾解宗教、民族、"文化之冲突",改善为"文化共识"而至"文化共生",高度关怀员工幸福,获得多国异文化、异民族员工之共识、支持与团结,提高子公司国际竞争力。因此和平文化经营理念重视程度越高,MNE 为提高员工士气,在地主国子公司越会采取"第三文化管理"(M),整合第一文化与第二文化管理制度之优点,对母国与地主国都有益,获两国异文化员工管理之共识。若母公司管理制度与福利制度优于地主国企业时,必须采取"第一文化管理",若相反必须采取"第二文化管理"。员工士气也深受教育训练之影响,"一般教育训练",对工作成果给予奖励之"外部激励效果"对员工士气提升毕竟有限,唯有加强"世界市民教育训练"(E)之"内心激励效果",自愿自发为消费者幸福之工作价值观不求报酬,其员工士气最高,人道主义竞争精神也会更高,工作成效也更卓越,尚可提升"外部激励"之工作效果,呈现高质量与高服务成果,消费者满意度更提升、国际竞争力必更强,经营绩效将更高。员工自享工作之意义,人生之价值。简称 P、M、E 优势理论。

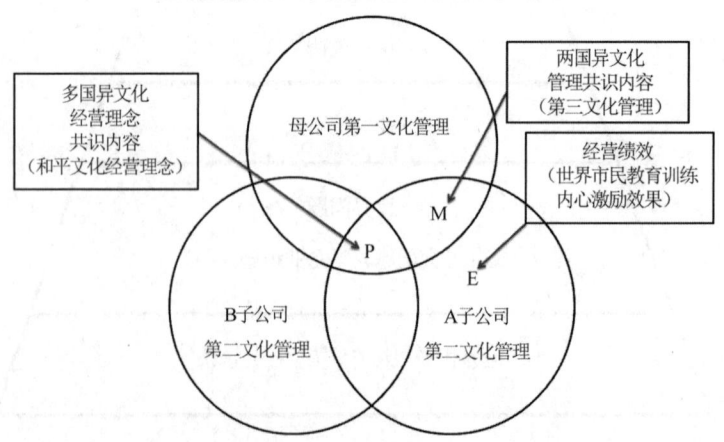

图2 多国籍企业发展池田(P.M.E)优势理论

---

① 池田大作:《变革地球的价值创造》,SGI 日纪念倡言,2014 年。

六、和平文化经营理论

和平文化经营理念(林彩梅,2006)之论点来自池田会长和平共生精神,MNE欲更发展,领导者必须持有"和平文化经营理念",才能获得不同民族、种族、宗教等异文化员工之团结,从"文化冲突"改变为"文化共生"。因此才能更提升高科技产品质量、扩大国际市场、提高经营绩效之卓越成果。和平文化经营理念内容如下。

(一)企业经营为全人类利益极大化

领导者之经营理念利润极大化,并非只考虑"企业本身利益极大化",而是考虑"全人类利益极大化"。

(二)要有慈悲、智慧与勇气

领导者必须持有包容人的慈悲,以及克服一切困难的智慧,此智慧不但能拓展人类精神的创造性,也能克服人类社会面对的任何危机,并能以正义的勇气彻底执行,提高绩效。

(三)持有企业伦理、产业道德

领导者必须持有"世界观""关怀世人""企业伦理"以及"产业道德",为"员工、消费者和社会"的长期利益而努力为荣。

(四)优良的"企业市民"

MNE全球化,必须遵守各国法律制度,尊重各区域的文化、习惯,必须对地主国经济、社会发展有贡献,且能获国际社会信赖的企业市民。

(五)高科技发展同时关心当地人民健康

研发、生产各种高科技的产品,同时必须关怀当地之环保,以及人民之健康。

(六)世界市民和平共生精神

以"和平共生精神",不分种族、民族、宗教信仰、肤色等文化的差异,不会排斥,而是尊重、关怀和宽恕理解多元文化,并珍惜此差异而成为自己友情资源,共享和平共生、人类幸福、社会繁荣。

(七)"王道文化"管理

领导者要以"王道文化管理"、以"德"感化之管理方式。不仅重视人性管理,更重视"启发人心管理"。对部属之激励从人生需求"自我实现"之成就感,以达"胜任感"的最高满足。

(八)真诚国际友谊,共享和平与繁荣

"多民族国家和谐"的智慧,在于"真诚之心"。"心"的距离最重要。建立"真诚国

际友谊",提高国际团结合作成果,共享和平与繁荣。

(九)关怀世界市民,尊重人权:

同为世界市民,要关怀他国民族与他国利益,尊重"人权"以及"尊严",以达"世界和平、人类幸福"。

(十)菩萨行的企业组织

"菩萨"是形容有爱心与关怀。全体员工不只对公司尽忠职守,更高度关怀全球消费者之幸福,并以"人道竞争精神"提升企业的国际竞争力。

七、和平共生精神世界市民教育观

池田大作(2010)认为世界市民教育训练在于"心","心"不但可以无限扩大,也可以不断深化与自强。而张镜湖(2010)则认为企业的成功在于"人",而人是"心"之器,"心"改变,一切都会改变,"心"的力量是无限量。因此企业若是想要扩展世界市场,就必须要能深入"人心",才能让人发挥工作成效(松下幸之助,1999)。

所以为了培养与训练出世界市民的员工,从池田会长和平共生精神提出世界市民教育的训练内容(林彩梅,2013),其内容分述如下。

(一)和平共生精神

"和平共生精神"(池田大作,2001)世人要重视超越种族、民族、宗教、国家孤立的状态,强调互相交流、相互理解、互相尊重的重要性。和平共生理念的成败关键在于"人",而"教育"才能达成"人的变革",唯有人的思维改变才能实现和平共生的理想,尤其对于"地球市民教育"寄予厚望。"和平共生"之基本方针,就是"协调"胜于"对立"、"结合"胜于"分裂"、"我们"胜于"自己"。

(二)人道主义竞争精神

池田大作(2009)提出"人道主义竞争精神",认为企业若没有"自由竞争",产品会变得沉滞、停顿或淘汰,竞争才是企业发展活力的泉源。但是若为"利己主义"之自由竞争,国际市场必呈现互相残杀竞争、独占市场高价销售对消费者不利,因此,要依"国际法律与制度""和平共生精神"以及"企业道德"为基础,提高企业之"人道主义竞争精神",以达互助、互补之关系,以"双赢"为目标,价廉物美对消费者有利,提高MNE国际市场竞争力。

(三)共生伦理

是取"和谐"舍"对立",取"结合"舍"分裂",取"大我"舍"小我"的心里倾向。在此基础上,人与人之间、人与自然之间共同生存,互相扶持,一起繁荣。在和谐的共生伦理社会长大的人具有尊重对方，互相合作的人格特质，不会以自我为中心。①

（四）维护生命尊严

池田大作（2012）指出人与人之间必须具有"维护生命尊严""关怀心灵复苏"的爱心，以和平共生精神而落实于"世界市民教育"，才能达到"和平共存之幸福"。造成"生命尊严"之问题，是文化差异问题、世界经济问题、灾害问题以及失业问题等，而遭他人歧视、家人自卑、自己的人生感到失落感，失去生存之活力。如何纾解，内容如下。

（1）维护"生命尊严"：①要有与他人同甘共苦之心；②相信生命的无穷潜能，"不应问生处，宜问其所行"，"微木能生火，自卑生贤达"；③持续捍卫及颂扬多样性，人与人之间无论有何差异，也要发挥人性的勇气。

（2）关怀"心灵复苏"，帮助他人提高生命的活力。①要从"共忧"以达心中"共鸣"而至"共识"；②尊严的觉醒要用心吹起残存的火焰；③要倾听对方的心声，才能激发对方"自强"的力量。

（五）地球市民教育

"地球市民教育"②是为落实和平共生精神、达成人类幸福的关键。"地球市民"之培育：①重视生命价值，深刻认识生命相关的"智慧之人"；②对宗教、种族、民族、文化的差异不畏惧，不排斥，予以尊重、关怀与宽容，并从理解中成为好友重要资源的"勇敢的人"；③对受苦受难的人，无论远近，都会给予关怀帮助的"慈悲的人"。"地球市民教育"就是要改变现代人正确的"自然观""生命观""价值观"，创造人类更有价值的生命，走向幸福的人生，创造社会繁荣（林彩梅，2010）。

八、世界市民教育训练的内涵与成效

（一）世界市民教育训练之内涵

从上述世界市民教育的和平共生精神，人道主义竞争精神，共生伦理，生命尊严，地球市民教育之内涵，为教育之依据，提出对员工职业伦理世界市民教育训练之内心激励效果之内涵。企业成功在于人，而人是心之所器，"心"改变，所有都会改变。

领导者之王道文化管理虽重要而员工间之关怀与激励更重要。"专业性"知识教育必须与"教养性"智慧教育并重。一般工作教育训练，对其工作绩效给予奖励或报酬之"外部奖励效果"对提升员工士气尚有限，唯有"世界市民教育训练"之内心激励效果，培育"和平共生精神"以及人道主义竞争精神，深入员工的价值观，在内心深处建立互信与关怀，启发员工自愿为"公司、员工、消费者、社会"长期利益而努力为荣，不求奖励与报

---

① 池田大作：《变革地球的价值创造》，SGI 纪念倡言，2014 年。
② 池田大作：《通向新民众时代的和平大道》，教育倡言，2006 年。

酬、其员工士气最高，工作成效最好。且能提高"外部激励"之效果，组织整体之效益也最高，况且员工可自享工作意义，人生之价值（林彩梅，2011）。重点如下。

（1）持有"和平共生"精神之工作价值观，可提高公司之国际竞争力。

（2）维护他人"生命尊严"之爱心，可提升工作士气。

（3）关怀遭受灾难痛苦之人会给予"心灵复苏"之帮助，可提升生命活力与工作士气。

（4）以和平共生精神对不同宗教、民族、种族、不会排斥，而是尊重、关怀与宽容，可提高团队合作精神之工作成效。

（5）为公司发展尽忠职守是"职责"。

（6）为消费者之健康与幸福，以"匠心"提高产品质量不求奖励。

（7）为消费者之幸福，以关心提高售后服务不求报酬。

（8）不断研究、消化、改良、创新，创造"新产品""新市场"可提升产品市场竞争力。

（9）以"人道主义竞争"之精神，确保质量与诚信，可提升公司的国际声望。

（10）为"公司、员工、消费者、社会"之长期利益而用心工作为荣，自享工作意义与人生之最高价值。

（二）世界市民教育训练之成效

依照2014年之研究调查，对于"和平文化经营理念"重视程度英、美、日在其他地区的子公司高阶主管都一致高度认同，和平文化经营理念对企业全球化发展有高度重要性。可使不同宗教、民族的"文化冲突"改变为"文化共生"之团结精神，提高经营成效。而日本企业重视程度高于英美企业。

对于"世界市民教育训练"之内心激励效果，英美企业都只高度重视"一般教育训练"对员工工作成果给予奖金之"外部激励效果"，认为员工为奖金工作士气必会最高，因此对"世界市民教育训练"之重视程度较低。而日本企业都认为"一般教育训练"之外部奖励效果提高员工士气尚有限，必须更重视"世界市民教育训练"之"内心激励效果"，员工发自内心为消费者幸福，为公司、顾客、社会长期利益而努力为荣，不为奖金和报酬，而自享工作的意义，人生之价值，其"员工士气最高"，况且可提高外部奖励的工作效果。

再从消费者满意度分析（如表1），对英、美、日企业，无论对员工士气、质量精致、售后服务、再度购买意愿，消费者对日本企业的满意度都高于英、美企业。由此证明世界市民教育训练之高成果。和平共生精神的世界市民教育训练是企业全球化成功的最重要因素。综合上述，和平共生精神对职业伦理之重要性，企业"和平共生精神"越高，越会重视和平文化经营理念，可使不同宗教、民族、种族的"文化冲突"成为"文化共生"，团结为公司之发展。而和平文化经营理念重视程度越高，越会关心员工的幸福，会加强"世界市民教育训练"，正确人生观与价值观可提高"员工内心激励效果"，员工士气越高越会关心消费者的幸福，不求奖金与报酬，自愿为公司、顾客、社会之长期利益而努力为荣，自享工作的意义，有价值的人生。此"为职业伦理最高成效"。

表1　美、日、英 MNE 在其他地区子公司消费者满意度之比较表

变量名称	美国	日本	英国
员工士气	3.72	4.25	3.98
质量精致	3.80	4.30	4.02
售后服务	3.76	4.50	3.96
再度购买意愿	3.81	4.38	3.90
平均	3.77	4.36	3.96

（三）日本企业的企业伦理

日本系企业经营理念，考虑"人与工作、与企业"的关系，以及"员工、顾客和社会"的长期利益。企业文化特色，温情主义，终身雇用制，高度忠诚心的"团队意识文化"。四维八德"礼、义、廉、耻""忠孝、仁爱、信义、和平"都深入职业伦理。重视"世界市民教育"，提高和平共生精神，高度重视对人才及品管的严格训练，精密的分工，以"匠心"生产高质量，以"关心"提高售后服务。主管与部属间有家庭式的共同意识，相互信任。日本对操作员的训练，依据日本"师徒制的教育模式"，严格品管训练，鼓励"匠心"学习态度，其技术的获得不是透过"语言"，而是透过"观察、模仿与实作"，自己再加以消化、改良、创新、制造比原产品更卓越的质量是"精致生产文化"。海外子公司重要事项，必须经母公司同意与支持，强调企业经营为人类利益极大化，并以"人道竞争精神"提高国际竞争力（江夏健一，2006；林彩梅，2006）。

日本"精致生产文化"的成功，由"规模经济"移转至"精致经济"。产业间关系互助合作，大型制造商与销售商间以感恩、惜福、惜缘合作无间。日本罢工是"全国性"并无以"公司"为主。每年有"春斗"与"秋斗"两次。全国罢工时，全国地下铁停驶，但未有公司员工因此缺席或迟到。住远的自己订旅馆，住近的当天提早开车出发，因当天塞车很严重，而每家公司都照常准时营运，未有损失。可见日本职业伦理员工士气之高、团队合作精神之成效。日本企业特别重视严格在职训练，尤其对"地球市民教育"，提高和谐、团结经营成效。依 Hofstede（1998）理论分析，日本企业属于高度群体主义、高度女性主义，以及低度权力距离者。

日本企业的特质：（1）工作的内容、顺序、时间和成果，明确详述于说明书内；（2）在生产过程中保持简单、不含混和直接的路径；（3）重新思考公司的长期发展范围，加强制造商和供应商之间的竞争式团结合作；（4）现场的生产，高度强调细节；（5）不断地试验和反馈，通过科学方法促进进步；（6）在员工团体之中，尊重共识基础和分享决策。（Spear and Browen，1999）

日本员工经常共同合作为改善与创新而寻求解决的新方法，日本生产文化不仅具有长期导向，也是一个高语境的内心文化，由于彼此依赖度高，沟通较倾向采取间接方式，心连心含蓄的理解，因此招募和遴选程序也包含了聘用前详细的学习经历。

九、结论

公司的发展，企业全体员工都必须持有"和平共生精神"，采取"和平文化经营理念"，才能落实"职业伦理"，员工团结一致为公司、员工、顾客、社会之长期利益而努力为荣。为提高员工士气，员工教育训练除了外部奖励效果，更需要加强"世界市民教育训练"，提高内心激励效果，员工士气最高，消费者满意度最高，员工自享工作意义，人生价值最高。

阅读《青年抄》读书会的实践报告

西安培华学院　藤田阳三　竹下浩子

当前，世界上很多地方如日本、中国、美国等都开展着池田思想的研究，然而以青年人为对象的读书会却很少。为了在现实中弘扬其思想，我们认为有必要增加这样的了解学习机会。而且作为从事日本语教育的教师，笔者寄予一种期望，即肩负未来的学生们在学习日本语的同时，能够通过接触和理解池田思想而对自己的人生产生某种积极影响。因此，在拥有池田大作研究所的西安培华学院，开办了以学生为成员的读书会。

这个读书会里所采用的读物主要是针对青年人的字字珠玑的语录集《青年抄》。培华学院日语专业本科三年级的 7 名同学，响应老师关于开设读书会的倡议，参加了读书会，以每月一次或两次的进度开展读书活动。本文将对这一读书会的实践活动情况作简要介绍。

一、读书会概况

首先是关于开设读书会的简要说明。

在正式举办读书会之前，西安培华学院池田大作研究所的研究员藤田和该研究所外聘研究员竹下二人，共同思考研讨了"这个读书会的目标是什么"这一问题，从而决定"一定要办成这样一个读书会，即它能够使处于大学学习阶段的每一位学生获得对于各自人生的新的奋斗理念方式的思想启迪"，也就是说读书会是在这样明确的目标基础上开办的。

为什么在池田大作的诸多著作中，选择《青年抄》作为读书会的教材？读书会的成员是大学生，但基本上是学习日语专业不过三年的同学。因此考虑教材内容不仅要适合包括大学生为主的许多人，而且对于日语学习者来说也应是容易读懂的。所以最终决定选用的教材是各章内容相对简短精练、容易理解，且以青年为对象编纂的《青年抄》。

读书会在西安培华学院的池田文库内举行，每次约 2 小时，阅读理解《青年抄》的一至两章。在每次的读书会上，先是学生和教师出声朗读文章，朗读之后各自报告自己印象最深的一段。然后再讲述对于这一段的各自的感想。有时也会结合文章内容分别发表、交流自身的体会，也就是当时自己的感受，或者自己想怎么做等这样一些话题。当然也不限于此，一般还会针对对方的观点谈出自己的观点，进行讨论。当同学们之间的讨论出现冷场时，教师会及时发言，给他们提供参考意见，有时也会提示一些问题，以保障大家的发言讨论更为顺畅。

2015年9月开始的读书会，就是以这样的程序和方式，每个月开办一至两次，持续进行到2016年的6月，共举办了十次。

最初，由于是日语专业的学生，往往习惯于从文章的逐字逐句的理解这样的难易度问题入手阅读，结果在内容的理解上耗费了大量精力，而对于《青年抄》的内容核心的思考讨论严重不足。于是在读书会的讨论时段，有关《青年抄》里的经典名句的像样的讨论便无法进行，同学们的精神面貌方面也没有产生大的变化。不过后来随着次数的增加和同学们的日语能力的提高，对于《青年抄》里的经典名句的理解逐渐加深，讨论也开始变得顺畅起来，同学们每个人的发言也随之有了起色。读书会就是这样持续了下来。在这一过程中，可以说同学们都接触或寻觅到了现今大学生活中具有发现并认知自我的启迪意义的很多名言佳句。

读书会上每个成员都可以自由发言，而记录仅限于书记员的速记。为了了解通过十次的读书会，每个人都有怎样的收获，相关负责人要求读书会的成员提交了自己的感想文。以下就是参加读书会的学生的感想文的部分内容引文。

二、参加读书会的学生的感想

……

读《青年抄》是一个正视自己内心的过程。虽然《青年抄》的一些言论我不敢苟同，但大部分语句都让我惊觉于自己的本心。比如第二章"直面自身"对于幸福的含义中写道："幸福绝不是他人给予的东西，而是自己决定的，自己得到的，自己赢得的东西。"我想这种话我们其实每个人都懂，但却没有人会将它说出来吧。我们平时面对这些概念性的东西，比如梦想，比如幸福，大多都会做出模棱两可的回答，但内心实际明白这些东西对自己的价值，只是在他人面前选择将自己真实的想法隐藏起来。而《青年抄》却将这些我们日常中不会将之挂在嘴边的概念用简练的文字宣扬出来，这也是《青年抄》为什么会让我重新正视自己内心的原因。

……

《青年抄》一书将什么是正确、什么是错误的基本概念用文字的方式传达给了我们，告诉我们应该如何面对自己的人生，我认为这是很重要的。我们每个人都有着只有自己才有的才华，只属于自己的梦，而人生就这么一次，难道不试着坦诚地面对自己，勇敢地面对现实，忠实面对自己的内心吗？与其做个好孩子变得随波逐流，不如造一艘只属于自己的船扬帆起航，虽然会很辛苦，会有难受的时候，但如果坚持了下来，你就将拥有足以支撑自己梦想的坚强的内心和实现梦想的能力。

《青年抄》无疑是一本基础的哲学书，告诉我们什么是美，什么是勇气，什么是责任。我不了解池田大作这个人，但通过这本书，我了解了自己的内心，并坚定了坚持自己的决心。（学生A）

　　……

　　通过和老师同学的学习，通过阅读《青年抄》，让我学到了很多。有理想，有坚持，相信自己，热爱生活，这都是我从中学到的。而作为一名新时代的大学生，更应该让自己的生命发挥它存在的价值。《青年抄》从生活的方方面面讲述了青年人应该如何面对生活中的各种挫折，应该如何建立自信，相信自己生命的价值，从而热爱生活。告诉了我们应该充满爱地活在这世上，对亲人、朋友、爱人应该充满感恩之心，爱自己，爱别人。地位、名声、金钱这些身外之物，应该看轻、看淡，追名逐利会让我们丧失许许多多优秀的品质。健康是人生一笔巨大的财富，不论是身体的健康还是心灵的健康，拥有一个健康的身体是进行一切生命活动最基本的条件，而拥有一个健康的心灵是你能否发挥人生价值的基础，在我们的灵魂深处应该是真、善、美而不是丑陋与邪恶。（学生B）

　　参加读书会全员成员提交了感想文。这里只是列举和介绍了学生A和学生B两人的感想文。不过，在所有提交者的感想文中所看到的共同点都提到，他们因与《青年抄》的相遇而发现了新的自己。而且不少同学也说到，接触了池田的思想，获得了学习生活的新的视角。

　　因此可以认为，从这一点来看，阅读学习池田大作的著作，向青年学子们传递了课外的学习也很重要的意识。

三、结语

　　不难看到通过这个读书会，同学们的精神上发生了变化。当然，尽管没有读书会开始前预想的那么大的变化，但是可以说，对于他们的确产生了积极的变化。我们打算今后依然以这些成员为主继续开展这一著作的读书会。在这一过程中，可以预见到这样有益的变化还会产生，因此我们决定不断观察探索，并使之成为学生们成长的助推器。

　　由于是初次的尝试，虽然尚未取得最初期待的大变化和进步，但是今后会把读书会坚持开办下去。我们完全有理由相信，这一活动能够进一步弘扬池田思想，为中日友好做出贡献。尽管如此，也不难看出还存在着诸如读书会开办者的经验不足、学生们日语能力欠缺、有关池田研究的知识储备不足等不少问题。我们决心今后进一步深入总结反省这些问题点，使之得以改善和充实，把读书会办得更有意义。

　　最后，希望以《青年抄》为催化剂，通过阅读，使学生们能够享受到更为活泼充实的学习生活，并决心秉持教育者的宗旨，以继承传扬池田思想的具体行动，辅助和培育他们不断成长。

　　这次作为教材的《青年抄》，我们认为它具有对于中国乃至全世界当代青年健康成长不可或缺的思想。当前还只是在西安培华学院开办了读书会，我们期望未来拓展这样的交流范围，把池田思想不断继承弘扬下去。

池田大作的和平文化观

——以 2000 年以来 "SGI" 纪念日和平倡言为中心的考察

厦门大学 贾 凯

池田大作是享誉世界的宗教家、思想家、教育家、和平主义者,他关于人本、教育、和平、文化的思想和理念对人类社会产生了重大影响,对于中日两国的民间外交更发挥了关键的影响。目前学术界关于"池田大作和平思想"的研究已取得不少成果,从中国知网(CNKI)搜索可知约有 25 篇期刊论文公开发表,并有 1 篇硕士学位论文;关于"池田大作文化思想"的研究稍少,约有 10 篇期刊论文;关于"SGI"纪念日和平倡言的研究更为缺乏,仅有上述学位论文《池田大作和平观与人学思想研究——以 2000—2010 年国际创价学会和平倡言为中心》;尚未有与"池田大作和平文化"直接相关的研究成果发表。池田大作先生自 1983 年以来每年均发表"SGI"纪念日和平倡言,这 41 篇和平倡言恰恰是对池田大作博大思想体系的集中概括,由于 21 世纪以来特别是 2001 年 9·11 事件以来,世界格局发生了深刻变化,这使得 2000 年以来的和平倡言具有一些新的特征。本文以 2000 年以来的"SGI"和平倡言为中心,考察池田大作的和平文化观,以期丰富学术界对于池田大作思想的认识。

一、池田大作的和平文化观——构筑和平世界的新视野

"和平文化"是池田大作文化思想的主要特征,这种文化是与"战争文化"相对的文化,其目标是构建一个和平共生的社会,因此池田大作的"和平文化"不是狭义而是广义上、不是消极的而是积极的"和平文化"。池田大作在 2000 年的"SGI"纪念日倡言中明确定义了"和平文化":与高压式的文化帝国主义和"低声下气"的文化相对主义不同,和平文化指的是"具有不同文化的人们应该积极地相互共存,并且一边互相刺激一边确定世界文化和地球文明的方向。若非如此,那不仅是与最近全球化的潮流背道而驰,甚至会陷入危险的冷笑主义"①。也就是说,和平文化不是止步于"相互共存"的消极存在状态,

---

① 池田大作:《和平文化 对话硕果》,2000 年。

还要争取相互刺激、相互促进、共同发展，并且"不加任何恐怖于对方，相互衷心信赖，相互爱护"，尊重个体生命的尊严、超越文化的差异。①池田大作对于和平的定义是广义上的，这区别于文化国际主义。传统意义上的和平指的是以国家为主体的交往，不太重视民间机构和团体在外交中的作用。池田大作推崇的是文化民际主义，主角是人民团体和NGO、INGO。"我们见到的不是划一的国家或政府的面孔，而是多种多样的人民的面孔、人的面孔。我相信这种文化民际主义的动向，通过互相取长补短、互相承认对方职权范围与职务，必定能与国家次元、政治次元相辅相成。只有这样，我们才能灵活地对应这复杂而令人无法预测的、飞快进化的多文化世界。"②文化民际主义能够适应经济全球化时代的文化发展：一方面，世界成为一个统一的市场，与不同国籍人们经济贸易所相伴相生的文化交往的重要性也不断凸显，越来越多的个体成为"世界人"，他们客观上参与了文化民际主义发展；另一方面，很多跨国公司和国际非政府组织在联合国等世界舞台和国际交往活动中正在发挥越来越大的作用，有时产生的影响力甚至远胜过政府，这是文化民际主义产生和发展的另一个现实基础。这些因素使得池田大作广义的和平文化观对于引领世界发展具有重要意义，能够有效弥补以国家为主体的外交的不足。

池田大作的和平观是一种"和平文化观"，着力点在于根植和平的文化土壤，把和平融入每个人的生活中。和平文化的构筑，对于人类的幸福、社会安定而言，是必不可少的重要基础。③构筑和平文化的关键在于将这种意识融入人们日常生活中，使和平成为一种习惯。池田大作指出："和平并不是远在天边的事。通过各人每天对他人的关心与爱心，在地域中筑起友情与信赖的纽带，世界就会一步一步地走近和平。通过每天的言行举止、踏实的对话，宣扬生命的尊严、人的尊严的重要，就能滋润'和平文化'的土壤，使新的地球文明开花结果。这并不局限于妇女，只有每一个人开始觉醒并奋起努力，就能阻止社会发狂地奔向'战争文化'，成为构筑和平世纪的原动力。"④这不仅关系着能否开拓更大范围的和平土壤，更关系着和平文化的坚固性。在每个人的现实生活、生命里、一生中积极地播下和培育和平的种子，是争取永久和平的最稳健的方法。⑤这需要改变人们对于和平的理解和认识，使人们意识到和平是切身相关的问题，改变人们"不是战争就是和平"的旧概念，将"各自能发挥最大潜力来建设幸福生活——如此的社会，才能称为真正和平的社会"⑥的观念浸润到每个人的思维。

---

① 黎博雅、贾凯：《从"完美人格"到"人类幸福"——论池田大作人生教育思想的内在逻辑》，《太原师范学院学报》，2016 年第 1 期。
② 池田大作：《和平文化 对话硕果》，2000 年。
③ 池田大作、安瓦尔·乔杜里：《创造新地球社会——畅谈和平文化与联合国》，香港：商务印书馆，2015 年，第 107 页。
④ 池田大作：《和平文化 对话硕果》，2000 年。
⑤ 池田大作：《内在的精神革命——创建世界和平的关键》，2004 年。
⑥ 池田大作：《通向新民众时代的和平大道》，2006 年。

二、构筑和平文化的现实基础：SGI 运动的"人间革命"探索

池田大作的和平文化观是建立在对现代社会弊病的深刻批判基础之上的，因为唯有对现代社会病症根源有着清楚的认识，才能"对症下药"提出构建理想社会的"良方"。一方面，池田大作对于以 20 世纪为代表的人类社会悲惨状态进行了深刻的批判。池田大作指出 20 世纪的法西斯主义、过激主义、极权主义意识形态的特征是"竞争""外发"，造成了在人、社会上设置外部的差异隔阂，实际上是一种排他主义倾向，其本质是利己主义。这是与佛法倡导的世界观——打破细小的利己主义，从他人之中感受自我、从自我之中感受他人的存在，相互辉映着生命的光芒，度过最高的人生[①]——相背离的。另一方面，池田大作批判了人的精神世界"无力感""抽象化""虚拟化"倾向。"离人症、幽居症、失语症、感情迟钝症、丧失自我等等这些蔓延于现代日本、特别是青年阶层"[②]，人的心灵世界被虚拟世界所掩藏；无力感的表现有感觉自己一个人怎样做都起不了作用、改变不了现状，进而把自己封闭在狭小空间[③]；变成了抽象的资本、货币的奴隶，丧失了看清事物的基本能力，"不能理解货币虽然是运作人类社会不可缺少的手段，但是归根结底只是一种基于相互约定、一种虚拟的物体"[④]。

基于对现实社会、人的精神世界存在问题的深刻批判，池田大作提出了构筑和平文化的实践路径，其现实基础就是 SGI 运动，即坚信"一个人的一念具有改变世界的力量"。SGI 运动也是由邻人开始的，即由尊重邻人的生命尊严为第一步："如果不爱自己的父母，如何去爱他人呢？"显然，"人间革命"如果缺少了爱邻人、亲人这最易做到的一步，只会是空中楼阁。"互相把对方作为一个'人格'来看待，也就是放到'他人'的位置上相互陶冶、不断锤炼。如此踏实的'一步'，可以把孩子带离'家里'，开始培育对社区的公德心、健全的爱国心，然后达到普遍的人类爱。目睹当今时代精神的惨状、衰退，像和平这样的大问题，也必须从自己的周围开始处理，否则，就没有什么其他的根本办法。"[⑤]由每个人心灵的变革感染周围，使他人进行同样的变革，这是和平文化的形成和结果。

SGI 运动是"人间革命"的现实存在状态。这场运动将重点放在人性变革，相信一个人的命运转换最终能够改变人类的命运。池田大作在 2011 年、2014 年的 SGI 纪念日倡言中对于 SGI 运动进行了概括："SGI 运动是以通过每一个人内在的变革，来实现自他共享的更美好生活。我们所推进的人权教育运动，是一种以民间社会的自觉为目标，令每一个

[①] 池田大作：《以人性的宗教创建和平》，2008。
[②] 池田大作：《生命世纪的伟大潮流》，2001 年。
[③] 池田大作：《时代精神的潮流 世界精神的光芒》，2003 年。
[④] 池田大作：《人道主义竞争——历史的新潮流》，2009 年。
[⑤] 池田大作：《内在的精神革命——创建世界和平的关键》，2004 年。

人都成为'人权体现者'而在日常生活中实践的草根运动""我们要谨记,假如每一个人民都起来行动,就能直接带动人类历史上的巨大改革,并能引以自豪""明白到通过我们的日常行动、对话和参与,能使世界朝着正确方向前进,这样的欢喜和确信正是令民众产生无穷力量的源泉。每一个看起来普通平凡的人,都是创造新时代的主角。人的精神觉醒与变革,是至为勇不可挡的庞大力量。我们SGI,今后向着建设'和平与共生的全球社会',将会不断扩大与志同道合的人民的团结,奋勇前进"。①每个人的"人性变革"是发掘每个人内在无限可能性的自强过程,这一过程又能产生勇气、希望,进而升华为改变严酷现实、创造价值的力量。这种力量积聚后,才能一步步走向解决人类面对的全球性问题的"全球变革"之路。从中可以看出,SGI运动是一个宏观、微观双管齐下,掀起社会变革的时代浪潮。

座谈会是一项始自牧口时代的SGI传统活动,人们在座谈会中分享自己的体验,以同理心为起点引起连锁反应。"人们在座谈会上谈到自己如何寻获幸福、找到生命的意义,他们也叙述丧失亲人的痛苦、患病的经历,谈到所遇到的经济困难、工作与家庭问题,以及分享遭到歧视、面对偏见的体验。在那里,人们可以共同体会到,每一段人生历程都有其重量而且是不可代替的。人们也可以自由自在地分享彼此的体验,并且从他人克服痛苦的奋斗中得到鼓励。分享体验的人会意识到,这些体验是人生旅途中的一个个里程碑,今日的自己由这些里程碑叠砌而成,人生今后的成长和前进,亦靠这些经验为其提供动力。对听者而言,他人的体验可以给自己带来勇气,使自己有能力面对眼前的问题和挑战……当一个人在痛苦的深渊中发掘到人生的意义,他的人生经历会给其他人造成深远的影响。他们的体验可以跨越国界和年代,为许多人带来希望和勇气。"②座谈会这种形式,能够把不同国籍、不同时代的人联结起来。座谈会的本质在于心灵的互动,即"参加者在座谈会上可以体会到,烦恼的并非只是自己一人,见到其他会员为了克服困难而辛勤奋斗,自己会受到鼓舞而激起勇气,而自己意志坚定的姿态,又会给其他人添加勇气","一个人的誓愿会招来另一人的誓愿,并且引发让人不畏困难的希望力量","SGI座谈会在世界各地召开,与会者不分男女老少,来自社会各个阶层,境遇也各不相同,大家作为同一社区的居民,分享各自宝贵的人生历程及心中的郁积,加深彼此奋发向上的决心和意志"。以这种形式开展的座谈会成为池田大作倡导的"由民众发起、归民众所属、为民众而有的自强运动"的根本,有助于"信仰—社会活动"双管齐下发挥作用。③虽然座谈会仅仅是SGI运动的活动形式,但是对于构筑和平文化、参与联合国活动都具有极大的促进作用。SGI运动的探索表明,以内心的精神变革为原点一步步改变现实世界,具有极大的可能性。

---

① 池田大作:《奏响创造性的生命凯歌》,2011年。
② 池田大作:《共创人本世纪——从地球抹去"悲惨"二字》,2015年。
③ 池田大作:《万人的尊严——迈向和平的大道》,2016年。

三、人民和 NGO——构筑和平文化的主体

池田大作的和平文化观强调民间个人、团体运动对于和平的重要性,把人民、NGO 作为构筑和平文化的主体,每个人的精神变革、社会活动的开展相互配合、双管齐下,进而构建由个人到社会的和平文化"生态",这是池田大作和平文化观的主要特色。

把人民尤其是每个个体作为构筑和平文化的主体,与池田大作思想的渊源——大乘佛教——不无关系。大乘佛教认为每个人都有成佛的可能性,每个人的生命都有尊严。那么通过宣扬生命的尊严、人的尊严,就能滋润和平文化的土壤。"只要和平在每一个人的心中扎根,就能把'和平文化'扩展到地球的每一角落,和使之持久不衰。"①只有自发地、内在的行动和意识——发展每一个个体的自发性,才能获得与他人的广泛共鸣,从而有可能长期不懈地与自己作斗争。②池田大作把个人精神的革命看作世界和平的原点,在心中巩固和平的"堡垒",这与积极的和平观,即每个人都能为世界和平作出贡献是一致的。"人类史上的和平,经常只是战争与战争间的中场,为了改变这种趋势,我们要返回原点,每个人要全心全意地自我改革(即所谓人性革命)……以坚强的心为发条,为了打开停滞的僵局,人要通过内心的奋斗与自律,来发掘出善的能量。而且要不断如此重复,养成习惯,让善的能量成为生命活动的基调。"③从中我们可以看出每个人的精神革命(内在革命)不能一次完成,而是一个动态的充满了反复的过程,即从追求和平的一种状态升华到另一种生命状态。"不是以仓促补丁拼凑的方法来改善事态,而是进行这样的挑战:让苦于各种威胁的人能恢复自己的生存希望和生活尊严,以此作为目标去改善一个又一个的事态,让时代的潮流从破坏走向建设,从对立走向共存,从分裂走向团结。"④人的内心革命围绕着"生命尊严"这一主轴,成为构建和平共生新世界的地基。只有始终围绕着"生命尊严"这一主轴,每个人的内心革命和和平运动才不会偏离方向,也不会在遇到风险或挑战时动摇和倒塌。构筑和平文化需要教育,但是仅有传统形式的讲授式的教育是不够的,还要触及受教育者的心灵,激发其内在的无限潜力,使"每一个人自觉到自己内在的无限潜力,以这自强精神来勇于采取变革时代的行动,发挥领导作用。这才是我们对教育所要追求的过程……建构一个从'每一个人的自强'移向'所有人向价值创造挑战'的新教育框架"⑤。这也是由一个人的内心觉醒到所有人觉醒的重要步骤,其先后顺序是由近及远,从"邻人"做起。"要从自己身边的具体地方开始,一步一步地,不断扩展周

---

① 池田大作:《和平文化 对话硕果》,2000 年。
② 池田大作、安瓦尔·乔杜里:《创造新地球社会——畅谈和平文化与联合国》,香港:商务印书馆,2015 年,第 113 页。
③ 池田大作:《人本主义——全球文明的黎明》,2002 年。
④ 池田大作:《和平共存与生命尊严》,2013 年。
⑤ 池田大作:《变革地球的价值创造》,2014 年。

遭的人性纽带，增加新的'邻人'，这才是走向和平最确实的道路。没有这种踏实不懈的努力，就没有希望获得永久的和平。"①

池田大作每年发表的 SGI 纪念日和平倡言主要围绕废除核武器和裁军、环境、可持续发展、联合国、反恐等问题进行论述，针对的都是全球性问题的解决，具有强烈的人类关怀和人类视野。正如其本人所强调："为了确立一个和平与共存共荣的地球社会""本着佛法的'生命尊严思想'所开展的和平、文化、教育运动，以维护所有人的尊严和建设和平世界为目的"。②为了解决这些全球性问题，池田大作不仅强调每个人内心的精神变革的基础性作用，还强调发挥政府之外的非政府组织（NGO 和 INGO）的作用，这对于联合国改革和更好地发挥"中枢"作用又有关键影响。其实质是在人民与联合国之间搭建桥梁，"以人民为中心，建设一个'为人而有的联合国'"，使其真正成为"人民的、来自人民、为人民的联合国"，即"确立以 NGO（非政府组织）为首的公民社会与联合国之间稳固的合作体制"。③具体而言，池田大作提出了创设"全球公民论坛"、扩大 NGO 在联合国大会或联合国各个机构的参与权、协议权等设想。充分发挥 NGO 组织在联合国中的作用，有助于人民更为直接地参与联合国决策，更好地维护全人类的利益而不是某国的利益。池田大作指出："NGO 不是弥补'国家联合体'的配角，而是在'共生'与'内发'的潮流中，构成新国际系统的主角。正是由民众亲手创建的联合国，才可以成为保护每一个人尊严与安全的机构。"④这表明与现有的政府属性相比，NGO 更能够代表全球民意维护人类福祉——超越民族利益的人类利益。发挥 NGO 和 INGO 在联合国的作用，具有两方面的考虑：一是现实的困境，联合国长期面临着资金短缺的难题，如果诉诸某些国家，难免受其影响，而如果有强大的民众阶层支援，则能够得到更广泛的支援；二是非政府组织参与联合国的已有经验表明了这种可能性和现实性，如自 20 世纪 90 年代起 NGO 能够与各国代表同场演说，并参加内阁级别的政府间协议，主席国成员也可以邀请 NGO 就相互关心的议题进行非正式的意见交换等。这表明联合国大会或安理会应当积极考虑，让NGO 作为非投票团体参加讨论或提出暂定议案的可能性和必要性。

四、对话——构筑和平文化的基本方法

以人民、NGO 为主体，如何构筑和平文化呢？教育和对话是池田大作主张的主要方法。如果分析池田大作的教育观，可知对话在池田大作的教育观中具有重要地位，因为理想的教育状态是师、弟之间一对一的对话形式。因此，和平是池田大作构筑和平文化的基

---

① 池田大作：《人道主义竞争——历史的新潮流》，2009 年。
② 池田大作：《建设维护生命尊严的光辉世纪》，2012 年。
③ 池田大作：《生命世纪的伟大潮流》，2001 年。
④ 池田大作：《生命世纪的伟大潮流》，2001 年。

本方法和关键。正如 2000 年的 SGI 纪念日倡言所强调："能否推动此文化民际主义去协助发展和平文化，关键在于能否通过彻底对话，来克服根深蒂固地藏于人内心的差别意识。我相信只有如此做法，向此极端困难挑战，才可以改变自己以及周围的社会""为了创设恒久的'和平文化'，我们一方面要让五花八门的'差异'百家共鸣，一方面要想方设法除去歧视或偏见等坏的差别……通过跟地球上不同种族人民的对话，我们可以创出最大的价值，协助创造新的地球文明"。①

"对话"何以成为构筑和平文化的基本方法呢？首先，"对话"能够改变个体心中只有自己而无他人的利己主义意识，这也是"对话"与"独白"的区别。池田大作在分析美国"9·11"事件之后笼罩文明社会的黑暗时，指出："难辨自他的'无人心态'像幽灵般泛滥。在这样的背景下，不易取得对话的成就。无须赘言，对话是在'自我'中存在'他人'才能成立。这是'内在对话'成为'外在对话'不可或缺的前提。否则，言论就成为独白，或是仅止于单方面的主张。不仅如此，如果这种病理进展下去，言论甚至可能变成另一种形态的暴力。"②其次，对话是抵抗 21 世纪人类面临的暴力难题的方法，也是人本主义的原点。只有对话才是和平的王道，只要人类历史不停止前进，那么对话就是人类永远的使命。池田大作认为修正过激主义、教条主义，需要人本主义的力量。"出于同样身为人的立场，只要开心见诚地对话和交流，必定可以超越相互间不同的立场和差异。"③人本主义的原点就是一对一、开诚布公地对话。"最重要的是通过真心的面对面的对话，耐心地一个一个打开人们所拘泥或被拘束的所有疙瘩。如此不断重复努力，其结果必然如同方向操作舵那样，小小的力量就可以支配巨大的飞机及船舶般，修正时代潮流的轨道。"④最后，对话有无限的可能性和力量。"对话有无限的可能性。只要有把暴力文化转变为和平文化的志向，这是任何人于何时何地也可以进行的挑战"，"假如我们揭去相互表面上无造作地贴上的标签，以一个人格面对面地、铿锵有力地不断发挥对话的精神，就可以产生汤恩比博士所描述的、能塑造历史的'水面下的缓流'"。⑤正是本着这样的信念，池田大作自冷战时代以来与不同宗教背景、不同政治力量的人士对话，这些充满勇气的对话对于推动世界和平产生了积极影响。

如何开展对话呢？以对话为基本方法构筑和平文化要注意哪些事项呢？池田大作对杜维明提出的对话三条原则给予了高度评价：一是要倾听对方的主张；二是要重视面对面的对话；三是对先人积累下来的智慧要学习，并使之具体实现。⑥如何将这些原则具体实施呢？池田大作在"SGI"纪念日和平倡言中有众多论述。第一，要帮助对方解决问题。

---

① 池田大作：《和平文化 对话硕果》，2000 年。
② 池田大作：《人本主义——全球文明的黎明》，2002 年。
③ 池田大作：《人道主义竞争——历史的新潮流》，2009 年。
④ 池田大作：《面向新世纪——人本主义的对话》，2005 年。
⑤ 池田大作：《人道主义竞争——历史的新潮流》，2009 年。
⑥ 池田大作、杜维明：《对话的文明：谈和平的希望哲学》，成都：四川人民出版社，2007 年，第 20 页。

对话要尽量接近对方的心灵，通过对话找到对方烦恼的本质，然后促使对方找到真正的解决办法。有一个问题需要注意，对于别人的烦恼也要当作自己的苦恼一样对待，只有这样才能把每个人作为具有生命尊严的无法取代的存在来看待。第二，对话要力争奏响共鸣的生命交响乐。池田大作强调对话时除了就双方关心的世界问题开展以外，还可以问及他们的家人、出身、青春回忆、人生历程等个人问题，只有这样才能找到理解对方为何会有这样的人生观、信念的"密码"。通过这样的对话，即便是民族、宗教等方面的差异，也会迎刃而解。第三，对话不必拘束死板，也不一定非要找到解决办法为止，要享受对话的过程。如果每一次对话都一定要找到解决问题的办法，很可能会陷入求全责备的境地，对话也不可能广泛开展。池田大作强调要重视"为了能一起对话而感到高兴"的对话过程，要把对话作为人生最大喜悦。"在自己生活的社区推广'对话'，就是给自己开辟一个被他人接纳、有归属感的'安心空间'。'对话'也可以超越各种藩篱，把拥有同样烦恼的人凝聚起来。通过'对话'，我们可以发现对方心中也有同样的'志向'而感到高兴，加强共同克服问题的意识。"①这表明对话往往不是一次能够完成的，对话的过程可能也不会一直顺利。第四，对话要有"友情"和"同理心"作为支撑。池田大作说："靠一些公式化的主张或教条主义，是无法从最深处撼动人心的。唯一可以做到的，是由人生经历丰富之人所发出的言论。以如此言论进行对话交流，可以从彼此的内心，发掘出万人相通的人性，使其恢复璀璨光芒，扫除笼罩社会的阴霾。我就是本着如此确信，与不同文化、民族、宗教背景的人士对话至今。人生经历迥异的人，互相开诚布公地对话交流，能使彼此觉醒到独自一人至今察觉不到的新景象，通过人格之间的共鸣，能孕育出新的创造性。"②可见，对话是构筑和平文化、全球性问题创造性解决的有利条件。第五，对话中要善于学习、发掘对方的智慧。积极的和平观不局限于"尊重差异"，还要积极寻求"共创未来"。"各国和地区的 SGI 组织也积极推进文明间和宗教间对话，期待通过这些活动，为各方提供机会分享彼此的经验，寻找打破仇恨与暴力恶性循环的方法。我们以化解人类的痛苦为出发点，参与各类专题讨论，尝试发掘并综合各文化和宗教传统的智慧，找出于解决问题所需的伦理和行动规范……通过对话，各精神及宗教传统可以互相启迪，分享彼此最崇高的精神能量，而且我们也可以磨炼自己的人性使之趋向完美。"③从以上五个方面可知，以对话为基本路径构筑和平文化的基础是尊重每个人的生命尊严，争取在对话中实现"共鸣"，将对话精神贯穿在构筑和平文化的全过程。

---

① 池田大作：《变革地球的价值创造》，2014 年。
② 池田大作：《万人的尊严——迈向和平的大道》，2016 年。
③ 池田大作：共创人本世纪——从地球抹去"悲惨"二字》，2015 年。

试论音乐艺术形成的"对话交响曲"的意义

——浅析池田大作与 Jutta Unkart-Seifert 的对话集

创价大学　董芳胜

引言——"母亲"之歌
母　亲（汉语）①

1. 母亲啊，我的母亲
您蕴藏着　无限魄力
多么广博　多么充实
多么不可思议
倘若在这世界上
没有您伴在身旁
我们似浮萍漂泊
无所适从天涯流浪
永远失去回归地方
2. 母亲啊，我的母亲
任凭雨雪狂风欺凌
默默地为我祝福
挚爱的、我的母亲
愿您梦想添上翅膀
浩瀚无垠天际翱翔
直到美梦化成现实
一切努力终得报偿
祝您平安　祝您健康

---

　① 此歌原文是日语，笔者根据原文的意思，再结合歌曲的特征翻译成此中文。因此，这里的中文歌词不一定和日语原文歌词吻合。以下有关这首歌的背景及池田大作对音乐艺术的论述为笔者所译。

3. 母亲啊，我的母亲
您的智慧 您的理想
为地球上每个地方
带来明媚的春光
平安乐谱四处奏响
幸福歌曲世界齐唱
人类世纪的母亲哟
您是全人类的希望
永永远远受人赞扬

这首有名的歌曲就是池田大作写作的歌颂母亲的长篇诗《母亲》，后由松原真美、松本真理子谱写成歌曲时，从这篇长篇诗中摘取的歌词。这首歌是 1976 年 8 月 5 日在东京举行的创价学会妇女干部研修会上发表的。而这首长篇诗是池田大作为了歌颂"默默无闻的贫民百姓——母亲们为全人类幸福拼搏、开辟道路的伟大精神"而创作的。现在这首歌曲成了创价学会的经典歌曲一直被传唱，感动了千千万万的人们。

奥地利声乐家 Jutta Unkart-Seifert 于 1989 年 7 月作为奥地利的文化使团的一名成员访问日本，以后 5 次访问日本并在日本举行多场独唱音乐会。在每一场音乐会上，Jutta Unkart-Seifert 都会把《母亲》这首经典的乐曲作为压轴曲而歌唱。也就是这样，Jutta Unkart-Seifert 在访日期间和池田大作结下了深厚的友情，2013 年和池田大作进行了书信来往的对谈，这些对谈以"生命之光——母亲之歌"为主题，分期刊登在创价学会的机关报《圣教新闻》，并在 2015 年将这些刊登的对谈书信整理成书籍出版。

一、《生命之光——母亲之歌》中的音乐艺术观

池田大作和 Jutta Unkart-Seifert 在《生命之光——母亲之歌》一书中，分别从"声音的力量、文化的力量"推引出"世界希望聚焦在青年"的交响乐的主体空间。然后从"慈爱之心""生·死欢喜的人生之旅"奏响出"过去·现在·未来三界幸福"的主旋律。最后再从人与人之间的交流形式上，推出"百年战争时代转向百年和平时代"的、"志向未来喜悦"的"对话交响曲"的高潮。

1. 艺术中的"人格和英知的太阳之心"

池田大作和 Jutta Unkart-Seifert 在《生命之光——母亲之歌》一书中，共同对"声音的力量"和"文化的力量"进行了论述。

Jutta Unkart-Seifert 说："声音是神圣的东西，是连接我们人和人的桥梁。真正的艺术，

其里面包含着'神圣的东西'和'壮大'及'永恒性'。"①对此，池田大作也引用《御书》中的话"声音是成佛的一种表现""梵音声是佛的第一形象"②，并说道："佛拥有许多拯救人的特征，而其声音是佛最重要的性质表现形象。（中略）'成佛'是教育我们任何人心中都有尊贵的生命，这种生命'成佛'就给了我们'生活的力量'和'希望'及'勇气'。所以声音是成就伟业的东西。"③正因为他们两个人都认为声音是这么的重要，所以他们共同强调音乐是表现人的"人格和英知的太阳之心"的艺术文化，人们通过这种艺术文化的熏陶就可以提高自己的人格和丰富自己的英知。

那么为什么通过声音表现出来的音乐艺术文化就可以提高人格和丰富英知呢？那是因为"艺术是超越自己、超越时间、超越空间，带着'壮大'和'永恒性'发出来的信息，是艺术家们日常生活中的'许愿'的结晶"。池田大作这样一边解释一边强调说："人们能感觉到'神圣的东西'的时候，就显现出来这种东西的艺术性。比如一幅画、一本书、或者是乐器发出来一瞬间的声音、歌声的回响、或者是舞台上的一句台词，人们能从心里留下这些艺术的感动，那么创作这些艺术的艺术家们每日的'许愿'之心就传到给你了。感受这些艺术的人也能通过这些艺术'媒体'获得灵魂的解放、安心、充满活力、滋润自己。……所以特别是声音歌唱艺术中，要用'歌唱之心'去演唱去欣赏。"④关于这一点 Jutta Unkart-Seifert 通过自己的经验补充说明道："一首 2~3 分钟的短时间的歌曲里，要想表现出来自己的心情，那么演唱者自身内面要不断地咀嚼，要把歌曲的意思消化到自己心底的感情中去，这样才能把这首歌曲当作自己的东西通过声音表达出自己的精神状态。"⑤从这里我们可以看出，池田大作和 Jutta Unkart-Seifert 都把音乐艺术看作提高人格和丰富英知的精神食粮。无论是音乐艺术的表演者还是欣赏者都能获得这种精神食粮。可是这种精神食粮怎样才能获得呢？

Jutta Unkart-Seifert 在演唱音乐家舒曼的《女人的爱情与生活》⑥这首歌曲时，谈到自己的人生经验："自己的指导老师曾经严厉地指正我'任何一句的演唱方法中，如果没有用自己的心境去演唱，这样的演唱是没有心的演唱'。一开始怎么也悟不到其深意。后来，和自己恋爱近 10 年的男朋友突然去世，在这种悲伤的心情状态下才真正理解到歌词中的意境。可以这么说，男朋友的死促进了自己精神上的成熟，所以这首歌成了自己的代表歌曲一样。灾难，只有当自己亲身体验时，才能真正感觉到痛苦，有了它才有了自己的艺术

---

① 池田大作、Jutta Unkart-Seifert：《生命之光——母亲之歌》，东京：圣教新闻社，2015 年，第 59 页。

② 创价学会主编的有关日莲大圣人对其弟子们的佛法教义，俗称"日莲佛法"，是创价学会宗教思想的根源，学会会员把它称为《御书》，第 708、1122 页。

③ 池田大作、Jutta Unkart-Seifert：第 61-62 页。

④ 池田大作、Jutta Unkart-Seifert：第 58-60 页。

⑤ 池田大作、Jutta Unkart-Seifert：第 54 页。

⑥ 罗伯特·舒曼（Robert Schumann）1810—1856，19 世纪德国作曲家。声乐套曲《女人的爱情与生活》的歌词大意：你给了我痛苦，而且是无法比拟的痛苦，你带着僵硬、冷淡的脸孔睡在那里，死的沉湎，留下我无神的眼光，仿佛感受到世界的末日，爱你的我本想和你共生死，可如今失去了活下去的意义。

生涯。因而歌曲是改变了我的命运。"①针对 Jutta Unkart-Seifert 的深切体验，池田大作借用小提琴家梅纽因的话补充说道："'随着年龄的增加，人生经验也不断增长，音乐就是把我们这些经验凝聚在一起了。'这就是艺术表现的升华，它才能打动欣赏者的心"②，"就像摄影艺术一样，'瞬间'的生命凝聚着'永恒性'。一张肖像照片反映着这个人的过去·未来·宿命等人生剧中的种种实像。所以照片是'永恒性的瞬间'写照，也是艺术的一种表现"。③因而最后他们两个人都认为，无论是表演者还是欣赏者要想从音乐艺术中获得提高人格和丰富英知的精神食粮，其人对自己本身的人生应该做"精神的斗争"。因为"只有伟大的精神才是文化的源泉，这样的文化又是提高精神的力量，所以艺术文化是我们人生命价值创造的强有力的'媒体'。只有这样我们才能构筑丰富耕深生命、富有创造性文化社会的人类社会。"④

综上所说，音乐艺术中的"人格和英知的太阳之心"是指我们每个人自己纵向的升华之心，这颗心只有在自己的日常生活中不断体悟，才能体现和升华。

2. 艺术中的"文化创造的喜悦生命"和"文化交流共进的希望生命"

池田大作和 Jutta Unkart-Seifert 在对于音乐艺术文化的重要性达到共同的认识后，他们两个人接着又探讨了如何发挥这种艺术文化的力量，进而为人类和平、幸福作贡献的问题。关于这个问题，他们把它聚焦在青年身上。因为他们都认为"青年是未来的希望，青年是和平的旗手。对青年的投资就是对未来的最高投资"。

针对以上他们共同的观点，Jutta Unkart-Seifert 列举自己在维也纳进行的振兴音乐艺术的举措来解释。她说："作为音乐之都的维也纳，音乐艺术的复兴也不是尽情人意。学校教育中的音乐教育政策往往是国家行政的最低的位置。音乐教师的雇佣在不断减少。初等教育的音乐课活动，因音乐老师个人的音乐观，当作了少数有音乐才能的孩子们的特别课程。到了初中阶段才把这门课定为必修课。为此，1989 年我设立了'欧洲青年文化协会'。目的是唤起青年学生们对音乐的关心。邀请国内外优秀的青年学生开音乐会等活动来进行音乐艺术的交流。"⑤池田大作对她所进行的活动引用美国诗人惠特曼的话语来阐述其意义并表达对其活动的肯定："'我们能称为优美或上品的东西，都是从心里产生出来的'，'在青年人之间撒播音乐的种子就是磨练心和礼节，其作用是无法计算的'。"⑥另外，池田大作用自己创建民主音乐协会的初衷及民音所进行的音乐文化发展的工作，对她为振兴音乐进行的一系列工作加以赞赏和鼓励："保护文化就是保护人类的珍宝，培育文化

---

① 池田大作、Jutta Unkart-Seifert：第 56 页。
② 池田大作、Jutta Unkart-Seifert：第 58 页。
③ 池田大作、Jutta Unkart-Seifert：第 69 页。
④ 池田大作、Jutta Unkart-Seifert：第 73 页。
⑤ 池田大作、Jutta Unkart-Seifert：第 91-93 页。
⑥ 池田大作、Jutta Unkart-Seifert：第 91 页。惠特曼（Walt Whitman)1819—1892，美国人文主义诗人，他创造了诗歌的自由体，《草叶集》是其代表作。

就是培养爱人类的心、爱和平的心""把一流的音乐艺术送到老百姓手中，老百姓穿着拖鞋也能欣赏到音乐会，这就是我创建民音的初衷"。①从这里我们知道，池田大作和 Jutta Unkart-Seifer 把人类的希望寄托在青年人身上，也只有青年才是实现世界和平的中坚力量。

那么青年人怎样做才能更好地发挥自己，承担起中坚力量的作用呢？或者说青年人应该拥有怎样的一些素质和能力，才能不辜负历史赋予他们的使命呢？针对此，池田大作首先说道："任何人尤其是青年人应该有自己的人生导师。在佛法中把它称为'师弟之道'。'师'和'弟'的关系好比'针'和'线'的关系，有了恩师的'针'，作为弟子的'线'才能发挥其作用。"Jutta Unkart-Seifer 从她自己走过的声乐路程思考，对池田大作所说的"师弟之道"非常赞同，说："我也正是遇见了内心强劲、意志坚强的音乐老师—インゲボルク·ヴァムザー，才有了我的声乐人生，至今我一直把她的相片挂在我家墙上。"所以池田大作说："拥有模范镜子般的老师的人，他（她）能正确地找到自己，同时对自己充满信心，挑战一个个难题，进而发挥自己的才能，不断地创新自己。"②

另外，池田大作和 Jutta Unkart-Seifer 一同认为：青年人应该用慈爱之心去为建立有爱的社会奋斗。"因为对他人的尊敬其实就是对自身价值的一种肯定，也是发现他人价值的存在，进而找到提高自身价值的路途，拥有自身变革的意识。给他人多少温暖也就从他人那里得到多少温暖。真心才能感动他人，才能得到他人的帮助，自己的能力才能发挥。特别是进入老龄化时代，对年长者的尊敬，是我们人类子孙繁荣的智慧。"池田大作这样一边强调一边阐述爱心社会建立的重要性。然后他通过一个创价学会普通家庭护理的事例补充说明慈爱之心是自身人间革命的动力。他说道："正因为这个家庭中有了对奶奶的护理这件既繁杂又揪心的事，所以家族成员的每一个人都感觉到了自己心中的人格缺陷，为了改进自己的缺陷，家族成员同心奋进，最后增强了彼此间的信赖纽带，一家自始至终欢欣暖屋，奶奶带着幸福微笑的泪水离开了这个家庭。这就是这个家庭每个成员自己的'一日生命换来三千世界的宝贵财产'的日莲佛法原理。也就是说，用生命护理生命的终极人格行为的人间革命。"③那么人的这个爱心是如何培养的呢？池田大作结合 Jutta Unkart-Seifert 本身的家庭情况说道："因为 Jutta Unkart-Seifert 博士在父母都双目失明的家庭长大，所以你对爱心生命的感觉最深，所以你至今都是带着艺术和爱心去为青年人才的培养奋斗。一个人的爱心的唤起，关键是在小时候受父母亲的影响，特别是母亲，女性

---

① 池田大作、Jutta Unkart-Seifert：第 97 页。民主音乐协会是池田大作于 1963 年建立的，在音乐厅、学校、公民会馆等地举办各种形式的音乐会，邀请世界各国各地区的音乐团体到日本巡回公演，举行亚洲唯一的音乐指挥比赛，让包括青年人在内的、有更多的人去接触音乐文化，陶冶情操，为他们展示自己才华提供机会和空间，进而起到共建和平世界的目的。

② 池田大作、Jutta Unkart-Seifert：第 108 页。

③ 池田大作、Jutta Unkart-Seifert：第 129-131 页。《御书》，986 页。

是很重要的。"说到这里,池田大作和 Jutta Unkart-Seifert 都认为女性为人类社会发展起到非常重要的作用,因而女性自身的人间革命就显得更加重要了。

　　池田大作和 Jutta Unkart-Seifert 都认为人特别是青年人要拥有超越"生"和"死"的正确人生观。池田大作说道:"因为任何人都有生也有死,生和死都是我们生命中的一部分。除了自己的生死,我们还要面对亲人、朋友等周围人的生和死。生老病死是我们人不可逃避的现实。"①针对此,Jutta Unkart-Seifert 介绍欧洲人对生死观的看法:"在欧洲,对有关生死的话题,大部分人用旁观的眼光对待,持客观的态度,想尽量不去涉及它的一种姿态。"②而后池田大作通过介绍日莲大圣人的观点来阐述人生命中的生老病死的现象,他说:"日莲大圣人告诫我们:'面对死亡,名声、财产都是没什么关系了。人生最后的总结,如果没有悔恨、春光满面、心满意足地死去。'也就是说,'关注怎样死'还不如多'关注怎样生的意义''关注为什么而生',这才是我们人应该认真考虑的事。""法华经寿量品〈方便现涅槃〉中把生和死比作人朝晚的节奏,'早上一睁眼,一天就开始了,白日拼命工作,到了晚上,身体累了,需要休息,于是睡觉,为了明天更好的生活。'同样,今生的尊贵使命结束后,为了获得更多的生命力,'死'这种'方便'的姿态就出现了。这样生生死死、反反复复,生命永远一直延续下去。这种个体的生命就像大宇宙的生命节奏一样,死而复生和又有希望的节奏。欧洲哲学的生死观把它比作人生一本书,当整本书的页数到最后,就意味着'死'。而东方思想中把它比作书中的一页一页,翻过一页又是新的一页,总是反反复复。"③因此池田大作和 Jutta Unkart-Seifert 都认为只有青年人认识到:人是自然的永远的一部分,所以会把对死的恐惧和欲望的种种不安会变成为他人服务献身,为他人谋幸福而作为自身幸福的高超境界和动力。而从生命是永远的角度来看,池田大作引用音乐家克拉拉·舒曼所说的话"艺术是赋予我们最好的天赋!用音乐的衣裳裹在我们的感情之上。用它宽慰了我们不少的悲伤,又让我们的喜悦得到莫大的快意。把自己的生命奉献于艺术,是一种多么崇高的感情",把这样的生命观和音乐艺术联系在了一起,并且主张青年人通过音乐艺术交流来提高自身人间革命的力量。④

　　最后,池田大作和 Jutta Unkart-Seifert 阐述了只有在这样的青年人之间的文化艺术的交流,才能把"战争百年"转化为"和平百年"的人类社会,我们每个人也才能真正感受到"三世幸福的境涯"。因为他们共同认为:有这样丰富精神大地的青年人,他们才会让民众的文化运动开花,而优秀的文化又反过来提高我们的人格。所以发觉每个人的生命尊

---

① 池田大作、Jutta Unkart-Seifert:第 213 页。
② 池田大作、Jutta Unkart-Seifert:第 222 页。《御书》,第 1404 页。
③ 池田大作、Jutta Unkart-Seifert:第 220 页。
④ 池田大作、Jutta Unkart-Seifert:第 227 页。克拉拉·舒曼(Clara Schumann,1819—1896)德国女钢琴家,钢琴代表曲《梦幻曲》。

严，共同建构和平生活的世界，文化的交流是绝对必要的。而艺术特别是音乐，它会让每颗心与心连接在一起。这样青年人就会有不畏恐惧，用狮子般的心跟恶魔作斗争，一生中的烦烦恼恼皆是欢乐的源泉，因而"烦恼即菩提""生死即涅磐"，最后达到"常乐我净"的佛的境界。

综上所述，池田大作和 Jutta Unkart-Seifert 让奏响"对话交响曲"的主人公通过每个人自身的人间革命后，再通过文化艺术的交流把每人的人间革命联系在一起，进而获得"文化创造的喜悦生命"和"文化交流共进的希望生命"。所以说"文化创造的喜悦生命"和"文化交流共进的希望生命"是构筑"对话交响曲"的震动空间。

二、日常生活中构筑的"对话交响曲"

从音乐中的交响曲的因素来看，主人公自身在艺术中寻觅的"人格和英知的太阳之心"是交响曲音乐的深度方向，而通过音乐文化艺术追寻到的"文化创造的喜悦生命"和"文化交流共进的希望生命"是构筑交响曲横向的震动空间，有了这个纵向和横向的交叉才能奏响这曲"对话交响曲"。同时从前面的解析中，我们也知道，池田大作和 Jutta Unkart-Seifert 为我们指明了"对话交响曲"是基于我们每个人自己日常生活中的人间革命。因而我们可以说，我们每个人都可以而且一定能奏响自己生命中的"对话交响曲"，有了它才能实现和平幸福的人类社会。下面我们就来看看怎样具体地在我们自己日常生活中奏响起自己生命的"对话交响曲"。

池田大作曾经说道："我们人的一生就是生活、工作、吃、岁月流逝等反反复复。当人们追求真正的、美好的生活方式时，就会像花一样，竞相争艳，最后就通过文化艺术表现出来。"并且，这样的艺术是"我们放心的东西，不是故作姿势、拘束的东西。它激励我们疲惫的身子，放松我们僵硬的身心，解放我们保守的思想。……因此，我们接触艺术时，即使不懂也没事，不要用认知的头脑去理解，而应该是用心去感受就可以"。[①]也就是说，池田大作把艺术看作解放我们人性的艺术。因为"当我们的人性从压抑中解放出来时，我们的内心世界就会通过我们的声音、行为等各种各样的方法表现出来，而艺术的形式就是一个必然的东西"。另外，"任何热爱艺术的人，都不用装饰自己的虚荣、嗜好。只要人追求自己的为人之道，就绝对有自己灵魂的所在，那么文化、艺术表现出来的就是自己为人的精神灵魂。"[②]从这里我们可以看出，池田大作认为文化、艺术是我们"人"精神灵魂的表现，其里面有"生"和"死"的人生价值。因此池田大作把艺术的生命看作是"感动人的源泉，包含普遍的精神世界。即因为艺术是'自己'和'宇

---

① 池田大作：《青春対話Ⅰ—21 世紀の主役に語る》，东京：圣教新闻社，2006 年，第 244、260 页。
② 池田大作：《未来への選択》潮出版社，2008 年，第 75 页。

宙'的一个融合体，所以它是能让万人共感、超越民族、超越国家的优秀艺术"。①这反映了基于池田大作的"人间论"的艺术生命，主张"人"内心的喜悦、思考能力、兴趣、记忆等内在"感情"世界的生命跃动就是艺术的表现。池田大作还强调说："音乐是世界的语言。它是打开超越不同国家、不同民族、不同宗教人的心扉的奇妙钥匙。音乐是生命和灵魂波长的调和、和人类合为一体、成为融合前进的大推动力。同时，音乐是给人勇气和希望的'人生行进交响曲'。音乐中每个音符就是生命跃动和人生创造及前进的'脚步声'。"②也就是说，池田大作把音乐看作"人"生活的动力。另外关于歌唱活动，池田大作曾经说道："歌唱活动能超越任何的异同，能立即连接人和人的心，有一种无穷的力量"，"如果唱歌，心心直通。语言不能沟通的，也能通过歌声心心相传，提高彼此的心灵境界，增强自己的信心。无论别人怎样说自己的坏话，只要一唱歌，心情就会开朗"，"即使自己歌唱技术不高，只要努力拼命、用心歌唱，就能让自己的心胸直接通向对方"。③从这里我们可知，在池田大作看来，音乐对于我们每一个"人"来说都是一种必然拥有的能力，因为只有这样，不管参与音乐活动的双方有多少音乐知识和能力，只要双方有音乐艺术之心就能共感，前进，提高。以上池田大作对音乐艺术的见解，可以归纳为图1来表示。

从图1中我们可以知道，池田大作把音乐艺术看作我们"人"的一部分，它伴随着个体之"人"的内心世界活动［思想、记忆、感情（喜悦・苦涩・感动等）、思考、行动等］的升华，不断地表现出来。同时，随着个体"人"的自我革命的壮大，音乐艺术的表现也壮大。反之，音乐艺术表现的必然性也会淡漠。也就是说，"人间革命"的壮大促进音乐艺术表现的升华，而不断升华的音乐艺术又反过来激励"人"的"人间革命"深入。所以，当一个个的个体之"人"结合在一起的时候，就能产生出彼此自我心灵的感受和共感。这些"人"的心灵结合，就酝酿出来一种思想哲学的文化体系，最终通过音乐艺术表现出来。这也是池田大作为什么主张一个人的"人间革命"，最终将可能改变一个国家的宿命，乃至全人类的宿命。换句话说，池田大作是把音乐和个体的"人"，及"人"的"人间革命"三者融为一体，用一元论的视点从音乐艺术的具体表现来展开"人间革命"哲学体系。正因为池田大作推出了自己独特的人间革命论，因此"对话交响曲"也是基于这个理论基础上才能产生"对话"的共鸣。

---

① 创价学会音乐队编：《音楽文化の旗手に贈る—池田名誉会長のスピーチ・指針集》，2004年，第41页。
② 创价学会音乐队编：《音楽文化の旗手に贈る—池田名誉会長のスピーチ・指針集》，2004年，第67页。
③ 池田大作：《希望の大空へ—わが愛する王子王女に贈る》，东京：圣教新闻社，2014年，第28、32、34页。

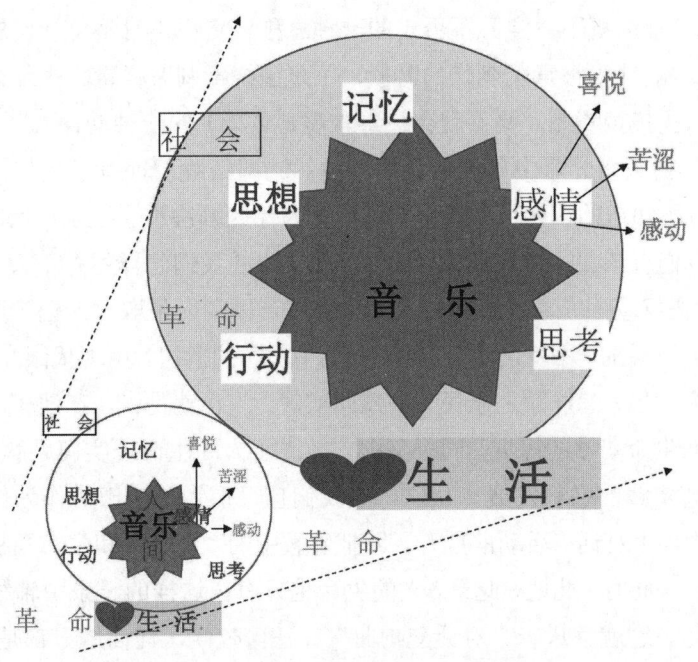

图1 池田大作对音乐艺术的见解

从以上所述的池田大作的音乐艺术观中,我们再看看具体怎样"对话"才能奏响这曲交响曲。我们从池田大作所注重的"现证"佛教思想中来找答案。

注重"现证"的佛教思想正是池田大作阐述佛教对人一生起什么作用的最有利的论证。池田大作1993年在美国哈佛大学讲演时说道:"正是日莲大圣人注重了'现证'的佛教思想,才让我们懂得宗教怎样使人拥有了强筋—软弱、向善—向恶、聪慧—愚昧的准则。而要超越教条主义和原理主义所带来的负面束缚,只有敞开'对话'的大门。宗教在21世纪智慧的最前线中应担负起的责任,就只有超越宗教派别,用'对话'的形式为人类创造出和平世界。"从这里我们可知,"对话"是人类智慧发展中最好的形式,也是建立人类和平最好的方式。任何一种宗教要想超越自己本身教条的束缚,共同为人类和平建设服务,只有通过"对话"的形式,才能发挥本身健全的精神作用。而这种"对话"的思想正是日莲大圣人自己本身强调并用自己的行动表现出来的"立正安国论"的思想,这也正是池田大作为什么基于日莲大圣人佛法的一个思想来源之一,也是池田大作迄今所扩展的未来和平教育活动实践的起点。另外,池田大作强调的"对话"不仅仅是指自己跟别人的两个实体的个体与个体的"人"之间的对话,它还包含个体"人"对自我对话的寓意。从这里我们可以看出,"对话"是"人间革命"的一种有效方法。而这种"对话"又正好反映了"人间革命"的主轴,即自我内心世界的高扬。

当然我们应该特别注意的是:进行"人间革命"的对话应该基于"现证"的佛法理论。为此池田大作在谈到"对话"的进行时,强调基于"现证"佛法理论的重要性,并引用佛教中的"无记"佛典进行阐述。他说:"'无记'原是释尊针对各异教徒形而上学的10~

14 种偏见问题进行的既不肯定又不否定的一种总称。它不是对不可知问题的怀疑无赖，而是对'毒刺比喻'（当被毒刺刺伤的时候，不是围绕毒刺怎样毒、为什么被毒刺所刺等原因，而是应该先拔掉毒刺，要不就会被毒素蔓延致死）的一种劝谏。"在此，池田大作又引用东京大学佛教研究家中村元的话解释道："'即使我们拥有了现代化先进的自然科学知识，仍然有不知道的东西'，'当我们总讨论为什么解决不了追求原因时，我们可能就命危了。所以我们应该关注放在此时、此地、此景中的我们怎样生存下去，这才是关键所在'。释尊就是在尊重探究真理的同时又为救济困苦民众而采取'无记'这种方法。这也就是日莲大圣人所说的'不变的真理'和'随缘真知'的意思。用现代眼光看就是'宇宙、生命的真理探究'和'怎样赋之于民'的慈悲实践。"也就是说，在池田大作看来，佛教正是注重了人间生命奥妙的探究，同时又把它放眼于人间生命现实问题解决的着眼点上，所以才有了慈悲实践的宗教发展。从这一点我们也可得知，池田大作为什么立足于"现证"佛教教义中的"对话"活动的展开，即把佛教中的"现证"和生命及社会发展放在同一个中轴线上——此时·此地·此景。人的生命也只有在这样的一条中轴线上，其"革命"意义才会被深化。这就意味着"对话交响曲"在任何时候、任何地方都是可以奏响的。

最后，我们再从池田大作论述"个体"和"组织"关系中来探讨"对话交响曲"的实践。

对于"组织"，池田大作说："组织其实就是人聚集的群体。各有好恶，意见也千差万别。因此，要克服其中的差异那就必须用对话。我们创价学会每个月各小地区举行的座谈会就是这种对话的场地。座谈会没有单方面的说教或讲演。男女老少不分职业、职称和地位，谁都可以自由发言，焦点就是围绕人的幸福。学习'人间革命'的哲学思想，互勉互利，而后各自又回到自己挑战的具体问题中来。""而当今世界，任何一个人都会有自己或大或小的组织。比如家庭、地区的共同体、学校、社会、地区委员会、国家等广义的组织。每个人举行的各自行为或事业，没有组织就不可能成功。特别是事业型的发展，事业越大就越需要组织。""组织的本质就是人和人之间的纽带、生命与生命的连带感。现代社会脆弱的一面就是淡化了人和人之间的关系，特别是各地区域里缺乏了心和心之间的对话。""同时应该注意到，组织越来越大，那么也容易出现僵硬化、官僚主义的倾向。"，"我眼中理想的组织就是努力服务于每一个创价会员，争取和每一个会员进行心和心的交流"。[①]正如和池田大作自己所说的一样，"和每个创价会员进行心和心的交流"才是池田大作自己日常生活中的最大喜悦。从这一点上我们可知，池田大作把"组织"和"个体"放在同一个平台上，两者是相辅相成的。组织中作为成员的"个体"与"个体"的关系也是对等的。有了组织也就有了自己内省和借鉴的参照物，组织也因其各成员的"人间革命"而不断发展和扩大。也就是说，正因为池田大作把"个体"和"组织"关系放在同一视点上，所以除了关注具有创价学会领导者身份的池田大作，我们更加关注的是作为一个

---

① 池田大作、茂木健一郎《往復書簡 科学と宗教、その間の壁は破れるのか》，《中央公論》，2010 年 4 月号，第 66-87 页。

实在个体的"人"的池田大作及其与其他会员的关系，因为他们总是处在"人间革命"的同一平台上，也是深层次的"人间革命论"的内容实体。有了这样奏响交响曲的各个实体，才能把"对话交响曲"的空间共鸣不断扩大，进而响彻全人类，响彻宇宙。

因而可以说：在我们每个人的日常生活中只要让生命艺术中的"人格和英知的太阳之心"和人与人之间的"艺术文化创造的喜悦生命"及"艺术文化交流共进的希望生命"这三个生命之光融合在一起，就能演奏出响彻宇宙的"对话交响曲"。

日本电影在中国的传播进程及其影响

延安大学　张娅萍

一、日本电影对中国电影形成初期的推动

根据中国电影资料馆公布的资料可知，新中国初期电影的出现借助了日本电影的力量。比如，内田吐梦等人对东北电影制片厂（即后来的长春电影制片厂）的大力协助。后来，东北电影制片厂拍摄的《桥》《草原上的人们》《皇帝的梦》《六号门》《保家卫国》《钢铁战士》等众多电影都有日本人的参与。持永只仁就是其中之一，他为上海美术电影制片厂的创立作出了不可磨灭的贡献。

在中华人民共和国成立以后，中国电影界形成了三分天下的局面。与受到苏联现实主义深远影响的北京电影制片厂和受到好莱坞影响的上海电影制片厂不同，长春电影制片厂的作品大多反映的是人们日常生活，具有通俗性、平民性、传奇性和群众性的特点。对叙事音乐和插曲的重视，独白的使用，这些都是长春电影制片厂作品的显著特征，也是其在中国电影行列占据重要地位的原因之一。在中国广为人知的《铁道卫士》就是长春电影制片厂在 1960 年拍摄完成的。这部电影和 1933 年内田吐梦的无声电影代表作品《警察官》的剧情有很多相似之处。

二、中日建交前日本电影在中国的传播进程

1972 年之前，中日两国未恢复邦交正常化，两国电影界的交流也受到了很大的限制。在此期间，日本电影的传播可以分为三个阶段。

（1）20 世纪 50 年代是日本电影的导入时期。继今井正导演的《不，我们要活下去》之后，一些日本电影陆续在中国上映，一直延续到 20 世纪 70 年代，再到后来《望乡》《啊！野麦岭》《阿西门的街》的陆续上映。日本电影成为中国观众了解日本社会的桥梁。

（2）20 世纪 70 年代初期，国内流行一首关于电影的打油诗："中国电影是新闻简报，越南电影是飞机大炮，朝鲜电影是边哭边笑，罗马尼亚电影是又拥又抱，阿尔巴尼亚电影莫名其妙，日本电影是内部发票。"可见当时有众多人观看日本电影。耳熟能详的如《军

阀》《啊！海军》等，都是风靡一时的观众喜爱的日本电影。

（3）20世纪70年代中后期，中国频繁引进日本的纪录片。介绍日本本土的纪录片让中国观众看到了真实的日本。《水吴病患者及其世界》中母亲抱着水银中毒的婴儿站在镜头跟前的绝望的表情让观众心情无比沉重，《三里塚第二防线的人们》中三里塚的村民反对修建成田机场的打斗场面让观众开始认识到经济高度增长的日本面临的严峻的环境问题和社会问题。

这两部不得不提的日本纪录片对后来中国纪录片产生了巨大影响，同时也让人们再次认识到了电影和导演存在的意义。

三、中日建交后日本电影在中国的传播进程

1972年中日两国缔结了和平友好条约之后，中国政府为了加强两国的文化交流活动，每周放映日本电影。当年，《追捕》《望乡》等日本电影让数亿观众热烈追捧，创下相当高的票房纪录，也反映出中国民众对战后日本的肯定的印象。

《追捕》的重要贡献就是给中国观众留下了一个沉默硬汉的印象。这部电影甚至对当时中国人的生活方式都产生了影响。人们争相购买剧中高仓健饰演的杜丘式的防风短衣，即便不刮风时也会把衣领立起来，或是戴着田原芳雄式风格的墨镜。中野良子饰演的敢爱敢恨的真由美，受到了中国年轻人的青睐。而田中邦卫饰演的横路敬二也成为挑拨离间的代名词。《追捕》在中国掀起了巨大的追风潮。连当时的北影学员张艺谋也模仿高仓健，坦言自己后来拍摄导演的电影《千里走单骑》中，实现了邀请自己偶像来拍摄电影的夙愿。这部电影甚至影响了部分中国百姓的择偶标准和审美理想。

演员是呈现电影艺术的载体，当时有很多的日本偶像演员深得中国观众的喜爱。最具代表性的人物就是高仓健。他成为中国电影导演选择男演员的形象标准，改变了当时北京电影学院表演明星班一些男明星的命运，催生出我国银幕上诸如姜文、张丰毅、刘小宁、葛优、李保田、李雪健、陶泽如、王志文、王学圻等一批个性化硬汉明星。①

当时中国媒体评论："日本电影暴露出日本社会的政治黑幕和资产阶级法律的虚伪。"若干年后中央电视台电影频道放映了没有剪辑过的《追捕》，和1979年放映的版本相比，剧情延长了20分钟。可见当时是把与中国国情不合的场景删除了。主要就是高仓健饰演的杜秋冬人与司法部门的和解部分。

日本的动画电影对中国的影响也迅速扩大。《铁臂阿童木》《狮子大帝》引发了民众反对核武器、坚持和平的呼声。后来铁臂阿童木的故事，由中国团队重新制作，搬上了国内的舞台，在中国产生了深远的影响。

《狮子大帝》中小白狮雷欧努力维护森林动物和睦相处，勇敢面对困难，深深地打动

---

① 刘永宁：《20世纪七八十年代中国银幕上的日本电影及其对中国电影观念的影响》，《艺术百家》2008年第8期。

了观众,反映了当时日本社会的和平意识。孩子们津津乐道的《哆啦A梦》里那个口袋里装着取之不尽的神奇宝贝的机器猫,呈现出战后日本发明和科技的飞速发展。后来《花仙子》《聪明的一休》等陆续在中国上映,受到大人和孩子们的热烈追捧。

进入20世纪80年代,上映的有《我们的老师》《吟公主》《人证》《绝唱》《远山的呼唤》《幸福的黄手绢》《妈妈的生日》《蒲田进行曲》等,其中包括根据井上靖的原作改编的表现鉴真和尚东渡的颂扬中日友好的影片《天平之甍》,这些电影在中国引起了热烈的反响,截至20世纪80年代末共有五十多部日本电影在中国上映,主要以举办电影周、首映式的形式出现,基本上每年都会在中国举行一次大型影展。

同时,20世纪80年代末,由于国际形势的剧变,中日两国关系进入了全新的历史时期。这个时期,在中国上映的日本电影数量骤减,VCD的流行让观众很容易观赏到与20世纪80年代社会派电影完全不同风格的电影。

随着时代和科技的进步,人们观影的形式有所突破,不一定必须在电影院里观赏日本电影。21世纪初开始DVD逐渐普及,到了2003年"非典时期",进入鼎盛时期。电影迷们有充足的时间宅在家观赏DVD里收集的经典作品。更有甚者,一些年轻人通过网络观赏免费电影。这个时期,日本各个时代的不同类型的电影作品基本上都可以找到。日本电影观赏群体的水平也发生了很大变化。新作品一旦出现,几乎同时就可以在北京看到。

日本电影进入中国分为各个不同的阶段,具有强烈的时代色彩。日本电影在中国被很多人喜爱,也是其能继续影响中国电影的原因之一。

四、中日两国电影的合作

中日和平友好条约签订生效后,中日电影的合作才正式开始,并出现了中日合作拍片的现象。为了纪念中日友好签约10周年,中日首次合作拍摄电影《一盘没下完的棋》,又名《未完成的对局》。中国导演段吉顺与日本导演佐滕纯弥于1982年合作拍摄。影片以错综曲折的矛盾冲突,生动地讲述了两个家庭的命运,体现了战争给两国人民带来的不幸,展示出中日友谊的源远流长。之后,1986年的《敦煌》、1989年的《菊豆》和《北京的西瓜》都是中日两国合作拍摄的影片。在改革开放之初,这些影片在中国产生了巨大的反响,展示了一个陌生而新鲜的世界,大大开拓了当时中国人民的眼界。

但由于两国演员在表达上的差异,给人一种"皮肉分离"的感觉。之后,《乳泉村之子》也因为导演的想法和演员表演方式的不同,存在同样的问题。直到第五代导演的突起,中日电影才有了明显改观。何平导演的《天地英雄》、陈凯歌导演的《无极》、于仁泰导演的《霍元甲》中都有日本演员的加盟。在中日两国表演艺术家合作的过程中,两种文化强烈碰撞交流。

值得一提的是张艺谋导演的《千里走单骑》,其讲述的是一个关于父子亲情以及隔膜、孤独的故事。日本老人中井先生与他钟爱云南面具戏的儿子断绝往来多年,他在得知儿子患肝癌并已到晚期后,为了却儿子的心愿,只身前来云南拍面具戏《千里走单骑》。在拍到《千里走单骑》之前的曲折过程中,在与多位当地中国人的接触中,中井先生做了深刻的反省,关于父子亲情、关于真正的孤独感。影片情节和画面明快简洁,台词保持了自然朴拙却不失幽默的民间本色,是一部反思文化的电影。这部电影中两国电影人在制作画面和表演方式、电影理论、电影美学等方面进行了交流,证明情感文化层次的交流是非常必要的。

在这一时期,中日两国电影艺术家互访活动频繁,曾先后举行过两次中日电影艺术研讨会,日本著名导演山本萨夫、山田洋次、熊井启、佐藤纯弥等都到过我国访问,成为中日友好的使者。以钟惦斐为团长的中国电影代表团也访问过日本,从而增强了两国电影艺术家的相互了解与合作。①

21世纪初的前几年,中日电影持续20世纪90年代的亲密合作关系。从罗伯·马歇尔导演、章子怡和渡边谦主演的《艺伎回忆录》,到王家卫导演、木村拓哉加盟的《2046》以及《风云雄霸天下》;从吴宇森导演、金城武和黄晓明主演的《太平轮》、中村狮童加盟的《赤壁》,到张一白导演、赵薇和本木雅弘主演的《夜上海》等,都受到"80后""90后"等年轻人的热烈追捧。

后由于政治上的裂痕,中日电影合作跌入低谷。知名娱评人宋子文形容中日影视文化交流像一段失败的婚姻:"80年代是亲密期;90年代是热恋期;2000年后是决裂期。"娱评人司马平邦也指出,"过去表现日本的电影都是弥补裂痕的多,但现在是强化裂痕的多,总在电影中凸显这种裂痕或者报复主义并没有太大意义"。

两国遗留的历史问题和新生的政治问题影响到两国的友好交流。在这种严峻的历史时刻,迫切需要更多的民间友好交流,更加需要深入沟通和相互了解。要分清政治与文化,分别对待国家层面和文化层面的议题。

五、日本电影对中国产生的影响

1. 增强了中国人对日本的了解,扩大了两国人民的友谊

电影交流作为中日文化交流的一个重要载体,对促进中日两国人民的相互交流起到了重大的作用,日本电影进入中国,也让中国观众通过一扇银幕对日本人民更了解,从感情上更理解和接受这个一衣带水的邻邦的国民。比如:前文提到的电影《望乡》的让人们了解到日本帝国主义不仅给中国人民,给亚洲各国人民,而且还给日本本国人民带来了巨大的灾难和痛苦。《啊,野麦岭》《远山的呼唤》《幸福的黄手绢》《金环蚀》《生死恋》等影片中传递的日本人民"在贫困中知挣扎,在挫折中知忍耐,在和平中不忘过去,在事业

---

① 王众一:《日本电影在中国的传播及中日电影的互动》,2012年。

上不断追求上进"①的品质深深触动了中国人民的感情。同作为亚洲国家的普通人民，不论社会制度的区别，不论风俗习惯的差别，都有着相同的品质。

2. 引进日本电影扩大了中日两国其他领域特别是经贸领域的交流

作为中日文化交流重要载体的日本电影在中国引起的热烈反响，在客观上增进了两国人民的互信，不仅使中国人在情感上更理解和接受日本人民，也让中国人民在感情上更能接受日本的产品，在客观上促进了日本先进技术和产品在中国的普及。在电影中出现的日本的产品，也随着日本电影的进入而进入到中国市场，走进了中国观众的现实生活。日立彩电、东芝电冰箱、夏普洗衣机等在中国受到了广泛关注，拥有一台日本家用电器也成为中国普通百姓生活中的一大时尚。随之而来的风靡中国的卡拉OK，索尼、松下等电器以及本田、丰田等日产轿车进入中国市场，日本文化在中国社会经济生活等领域的影响也逐渐扩大，而两国经贸交流也在这时候达到一个高潮，贸易往来由1972年的10亿多美元增长到1982年的104亿美元②。

3. 引发了中国人对文化及社会生活的思考

从日本电影中传递过来的日本先进的工业文明，让中国人意识到自身的发展与发达国家之间的差距。日本的成功为中国人建设现代化提供了榜样、信心和目标。在日本电影里，不乏对美好的正面的情感的歌颂，如《生死恋》《幸福的黄手绢》《远山的呼唤》中真挚的爱情和友情，给人以"如何对待自己的生活、工作、友谊和爱情"③的启示。

六、结语

电影交流作为中日文化交流的一个重要载体，对促进中日两国人民的相互交流起到了深远影响。在不同的历史时期，起步较早的日本电影成为影响中国电影的显著因素。在动荡的国际形势和政治影响下，两国电影的互动与合作会依然继续，并为推动两国人民的友好交流发挥应有的作用。

---

① 《我为什么要写〈阿信〉——访问日本著名女剧作家桥田寿贺子》，《光明日报》，1986年6月18日。
② 徐之光：《中日关系三十年》，北京：时事出版社，2002年，第13页。
③ 《生活·工作·爱情——赞〈生死恋〉》，《文汇报》，1979年9月7日。

论池田大作的历史观

中山大学　柳　媛　王丽荣　夏银平

历史观是人们对社会历史的根本观点,也是对人生的哲学探索。对池田大作而言,以人为本和佛法信仰是基本的价值观,也是世界观和历史观。池田大作的历史观以人本主义和佛法生命论为基本构成,表现了对历史理性、自然理性和道德理性及其关系的深刻认识。

一、池田大作历史观的基点:人本主义和佛法生命论

就历史观而言,池田大作从人本主义出发解释社会生活和历史;同时,池田大作认为宗教为人提供了精神慰藉,佛法是符合人的本质的属人的宗教。人本主义和佛法生命论是池田大作历史观的理论基础。

(一)人本主义

西方人本主义认为"人是目的","永恒的人性"是历史发展的动力,人类社会的发展就在于"人性"的改善、"人性"的复归。康德认为,人作为感性血肉的动物,只有相对价值;但人作为理性的存在者,其自身才是具有绝对价值的,人本身就是目的,"这样行动,无论是对你自己或对别的人,在任何情况下把人当作目的,绝不只当作工具"。在康德看来,人是"客观的目的,他的存在即是目的自身,没有什么其他只用作工具的东西可以代替它。否则宇宙间绝不会具有绝对价值的事物了。"①西方人本主义充分肯定人的价值与尊严——人是万物的尺度,肯定人性,强调人类生命的意义。池田大作受到西方人本主义的影响,对社会和人生的看法处处体现关注人、重视人、尊重人的人本主义思想和精神。池田大作认为,"一切都是由人开始,归着于人","一切都是以人为出发点",将人视作一切事物的坐标轴。池田大作一生为人而奋斗,以众生之苦为己苦,他的学说思想亦是"为人的哲学、为人的宗教、为人的科学和为人的政治"②。与此同时,池田大作的人本主义具有浓厚的东方色彩,他说:"如果把人与周围环境物质或其他生物的关系,理解成征

---

① 康德:《道德形而上学原理》,苗力田译,上海:上海人民出版社,2002年,第43页。
② 何劲松选编:《池田大作集》,上海:上海远东出版社,2003年,第131页。

服与被征服的关系,这种人道主义只能是自私的,攻击型和残暴的……与此相反,如果把周围的物质或其他生物理解成有助于维护我们尊严的恩人,则理应对周围的物质世界或其他生物表示感激,以慈善之心待之。这种人道主义将成为协调的、和平的和开放的。"①

池田大作的人本主义既有东西方人本主义的普遍展开,也有佛法思想的具体运用,更多的是关于生命现象、人生意义的理论思考。西方人本主义认为人性和人的本质是"人"生来俱有的,夸大"人"的主体性,使"人"成为脱离自然界、社会的绝对物,甚至认为现实的自然界和社会都是"人"所创造的,都是以"人"的存在和意志为转移的,而不依赖于"人"而独立存在的客观世界等于"虚无"、没有意义。他们用抽象的"人性"来解释历史,把历史的变迁和现实社会的矛盾都归结为人性的异化和复归,把所谓人类的"善良天性"或"理性"看作历史发展和社会进步的动力。人本主义者的理想就是使"人性"得到充分实现,建立所谓适合人类天性的自由、平等、博爱的人间乐园。池田大作的人本主义是对人在社会活动中的主体地位的确认,是其看待人生、社会问题的基点,是他对于宗教、文化与社会变革方面积极探索的出发点。池田大作认为,以人为本,就是要探讨人生价值与意义,强调生命尊严与人性尊重,就要深入思考生命,通过内心的奋斗与自律,发掘出善的能量,让善的能量成为生命活动的基调;以人为本,人与人之间就要超越差异,他人的任何事情并非与己无关,所有人之间毫无隔阂地对话、交流,人类文明才能不断延续;以人为本,就是坚持无歧视、平等的生命观、人性观,对社会的发展抱有乐观、积极的态度,能够在"极恶之中"察觉"冥伏着佛界的极善可能性",在"严酷的战争中"找到"和平的要素",做到"尊重差异"、"超越差异";以人为本,在面对"充满不安与苦闷"的当今世界,面对局部战争和日趋严重的恐怖袭击困扰,人类才能驱除"无人的心态",在每个人的心中构筑起巩固的和平堡垒,实现"没有战争的世界"。池田大作曾经饱含深情地说道:"我也是一个普通的人,在世界各国有很多朋友,几乎要沸腾起来的生命的赞歌不时地在我的耳边响起,在我心底的共鸣盘上奏鸣,而我在人类的心灵中一味地奔腾。在我奔腾的眼前可以看到无数人的幸福与和平。但另一方面,在我的眼里也烙印着贫困、悲惨与空虚的人的现实。就在今天我们这么度过幸福的时刻的时候,也不应忘记地球上有些地方的人们正在因饥饿而痛苦,因战火而无处逃奔。民众的恸哭与呻吟像暴风雨似的搅扰着我的心。"②池田大作对贫困民众和社会弱势群体发自内心的深切关怀的话语中饱含慈悲和同情的人本主义情怀,正如他自己强调的"一切始于人,归结于人""以人为本,以民为主"。

作为佛教思想家,池田大作的人本主义思想也源于佛法,阐扬佛法。他认为佛法是"真实的人本主义的源泉""佛法从根本上讲就是人本主义",池田大作明确将日本佛教日莲正宗创始人日莲上人的佛法界定为"人本主义、生命主义",日莲佛法就是"为了全体

---

① 池田大作、狄尔鲍拉夫:《走向21世纪的人与哲学》,宋有成等译,北京:北京大学出版社,1992年,第104页。
② 何劲松选编:《池田大作集》,上海:上海远东出版社,2003年。

民众幸福的'民众佛法'",是"为了全人类和平的'人类佛法'"。池田大作认为,人是需要精神慰藉的,而宗教为人提供了这样的精神慰藉,他指出,"真正的宗教必须是在生活本身之中,并扎根于所有的社会,使其创造价值。它绝不能为宗教而宗教,而是个人幸福和社会繁荣的动力"①。所以在池田大作看来,一个新的时代需要一个新的世界观,一个新的宗教。佛法是符合人的本质的属人的宗教,日莲正宗是"为人的宗教",在实践中,他也将佛法的广宣流布与人本主义理想的实现融为一体,以人本主义思想为指导,发挥宗教的作用,解决世界和人类的问题。

(二)佛法生命论

池田大作是一位宗教活动家、一名佛教思想家,这决定了池田大作历史观的根本立足点。池田大作对历史、社会、人生的基本看法受到佛教思想的深刻影响,佛教信仰是池田大作内在的精神支点与人生的终极关怀。池田大作曾说过,21世纪的关键词是"生命"。他认为,只有生命论才是把佛法应用到现代社会中的哲学,也是解决现代各种问题的关键。②池田大作认为,"世上没有比生命更为不可思议的,最崇高、最尊贵的财宝,除生命外断无他物"③。他极力阐扬的对生命的尊重和"以生命的眼光"看人都根源于佛教教义。佛法智慧是池田大作思考人生、观察社会的坐标,也是他社会实践取之不竭的精神资源。

关于佛与生命的联系,池田大作的老师户田提出"佛即生命",人的生命存在的样式是具有佛性的。池田大作说:"佛法所谓的'佛'意味着生命的内在的尊严,所谓佛法,可以说就是生命内在的法则。"④所以池田大作认为人的生命是最有价值、最有尊严、最需要维护的,池田大作说道:"人的生命本身就具有无可取代的尊严性。"⑤人类形成的对历史、对社会、对人生的各种看法、思想、主义都应该保护生命、尊重生命,他说:"一切的思想都应该是为了维护地球上的生命。"⑥人的生命是独一无二的,出于任何原因,为了任何目的,都不能剥夺人的生命。所以对于死刑,池田大作一贯持反对态度,他说:"不论审判是多么严正公平地进行,我也认为所谓死刑是根本错误的。"⑦可见,佛法生命论的基点是人的生命的存在,追求和阐扬的是普遍的人类之爱。池田大作认为:"生命的尊严是普遍的绝对的准则。生命的尊严是没有等价物的,是任何东西都不能代替的"⑧"人要像人一样生活,首先必须要承认自己的基点——生命的存在这一大前提,并把立脚点放

---

① 池田大作:《池田大作思想小品》,上海:上海社会科学出版社,1997年,第17页。
② 石神丰:《池田大作的生命论伦理观》,《伦理学研究》,2006年第3期。
③ 池田大作:《我的人学》,北京:北京大学出版社,1992年,第582页。
④ 池田大作:《人生箴言》,北京:中国文联出版社,1995年,第167页。
⑤ 池田大作、松下幸之助:《人生问答》,北京:中国文联出版社,2000年,第67页。
⑥ 池田大作:《人生箴言》,北京:中国文联出版社,1995年,第169页。
⑦ 池田大作:《人生箴言》,北京:中国文联出版社,1995年,第169页。
⑧ 卞立强:《池田大作选集》,北京:北京大学出版社,1988年,第312-313页。

在这里"。①这是池田大作宣扬普遍的人类之爱而力主世界和平思想的基础所在。池田大作对所有残害生命的战争均持坚决反对的态度。他主张:"要坚决摒弃克劳塞维茨的战争肯定论。战争是绝对的坏东西,是向人的生命尊严的挑战。"因为从历史上看,虽然不能否认战争一直是经济发展的巨大因素,但战争会造成反复不已的恶性循环,而且人们必定要受到战争的报复。不论是谁,只要发动战争就"不仅对敌国而且对包括自己国家在内的地球上的整个人类的生存构成了威胁",而那些以保卫国家为借口而要求青年们牺牲生命的侵略战争,更是"把别国的国民和自己国家的国民都推入苦难的深渊"。②由此,他大声疾呼:"现代人经历了太多的战争。我们必须消灭破坏文明,夺走宝贵生命进而招致人类灭绝的可怕的战争。"③池田大作对待生命是从心灵深处发出的尊敬与爱护,体会到生命是神圣而不可侵犯的。池田大作对战争的深恶痛绝就是因为战争是对生命的摧残,无数生命遭到涂炭,再没有比战争更残酷更悲惨的了。出于对战争的厌恶,池田大作极力反对日本当局以任何形式扩充军事力量,还主张取消日本自卫队,不断呼吁政府要对二战进行深刻反思。

池田大作对生命的认识继承和发展了他的老师户田城圣的"生命论",明确"色心不二"是生命的本质。既然"色"与"心"共为"一极",这个"一"就是"空"。池田大作认为:"无论是现实的生命,还是现存的一切现象和事物,都可以用'空'来解释。……总之,只有正确地掌握'空'的概念,才能清楚地说明一切。"④佛教的终极存在与其他宗教"人格性"的神不同,佛教的终极存在是"非人格性"的法。池田大作说:"'终极的存在'要是跟人一样有意志的话,只有蒙受其恩惠的人,方能与神接触、受神的启示。这就有些令人担心:人的自主意识,将失去重要意义。相反,按照佛法的方法去探索,'终极的存在'存在于宇宙的内部,同时存在于所有的生命存在之中。一切人都能平等地接触它,都能和它融合为一。"⑤简言之,人格性的宗教与非人格性的宗教的最大不同就在于人的主体性能否得到有效发挥。池田大作的佛法生命论不仅尊重人的生命价值,更将人的生命活动看作积极的、主动的,可以去创造价值。以积极的"入世"的生命哲学为基础的,池田大作主张和平要靠"主动地去争取",反对"逃避现实"的"遁世"态度。由此可见,佛法生命论不仅是池田大作历史观的基本出发点,也是他政治和文化教育实践的哲学理论基础。

对社会、对人生,池田大作最基本态度是人的价值、生命的尊严至高无上,而这一切

---

① 卞立强:《池田大作选集》,北京:北京大学出版社,1988年,第90—91页。

② 汤恩比、池田大作:《展望二十一世纪——汤恩比与池田大作对话录》,北京:国际文化出版公司,1985年,第238—239页。

③ 汤恩比、池田大作:《展望二十一世纪——汤恩比与池田大作对话录》,北京:国际文化出版公司,1985年,第231页。

④ 池田大作、威尔逊:《社会变迁下的宗教角色》,香港:三联书店,1995年,第54页。

⑤ 池田大作:《我的人学》,北京:北京大学出版社,1992年,第349页。

既是以个体为本位，又是以全世界和整个人类的利益为根本出发点，这是池田大作历史观的最明显特征。

二、池田大作历史观的主要内容

2005年，池田大作在与中国著名历史学者章开沅教授的对话中具体谈到对历史的基本认识，他认为，学习历史对于人类来说无比重要。只有借鉴历史，人类的未来才会和平、胜利。光明的轨道才会延伸。在此意义上，没有比了解历史更强大的武器了。不了解历史，不学习历史，就会变成"无轨道"的野兽般的生活方式，无法得到真正的幸福。无论经济有多么发达，名气多么大，如果不学习历史，这种繁荣是短暂无常的。当今是正确历史观无比重要的时代。池田大作相信，只有这样才能构筑和平的基础。池田大作的历史观以和平主义为主旨，以民众本位主义为核心，对于历史的发展寄希望于广大民众的和平运动。

（一）和平主义

池田大作认为，相比政治和经济，历史可能更显质朴，但是他一直认真学习历史。池田大作的老师户田城圣曾经告诫学生，"无论学习什么，最重要的是树立史观"。池田大作还回忆道，户田城圣教育学生，"领导者必须学习历史。只有虚心学习历史，才能引导真正的和平主义。蔑视历史的人们必定误入歧途。自己会不自觉地倾向于追逐名利"。池田大作几十年如一日，坚定不移地反对战争，维护世界和平，这是老师的教诲，更是源自他基于佛法人本主义和生命论形成的独特的世界和平观。作为佛教哲学造诣很深的思想家，池田大作认为佛教是和平之源。他指出："自古以来，佛教具有和平的形象，最大的理由就在于摈弃暴力，彻底重现对话。""只有从理论和实践上认识和深化，完美地说明了这种生命法则的佛法，才能彻底维护地球和宇宙的和平。"①崇尚人类和平，追求世界和平，和平主义是池田大作历史观的主旨。

第一，根除所有的暴力，实现真正的和平。池田大作指出，人们一般认为和平的反义词就是战争。但是，研究和平的人们不这么看，和平的反义词是暴力。和平是通过同包括战争在内的各种暴力——贫困、饥饿、环境破坏、压制人权等等作斗争，通过根绝各种暴力而实现的。和平就是与各种暴力作斗争，要实现真正的和平，就必须根除所有的暴力。池田大作反对的各种暴力，不仅是战争和各种恐怖活动，还包括贫困和压迫，要实现一种能从根本上改变威胁"人性尊严"的社会构造的和平。没有战争的和平是消极的，实现"人性尊严"的和平是积极的，真正的和平。"所谓和平，是相互之间不加任何恐怖于对方，衷心互信互爱的一种状态。这样的和平才是人类社会的正常状态。"②

---

① 池田大作、木口胜义、志村荣一：《佛法与宇宙》，北京：经济日报出版社，1997年，第63页。
② 汤恩比、池田大作：《眺望人类的新纪元——汤恩比与池田大作对谈录》，香港：天地图书有限公司，2000年，第283页。

第二，维护生命的尊严，追求绝对的和平。佛教认为一切生命都是至高无上的尊贵存在。池田大作从维护生命的尊严出发，把战争看作绝对的恶，反对一切战争，倡导"慈悲与宽容的绝对和平主义"。池田大作宣称："我对于所有的战争都是绝对反对的。"①在池田大作看来，判断善恶的标准虽然是相对的，但维护生命尊严却是绝对的标准。池田大作将21世纪称为"生命的世纪"，认为生命的尊严是普遍的、绝对的基准，生命的尊严是没有等价物的，是任何东西都难以替换的。在现实世界中，这种"绝对和平主义"的理想固然难以实现，理想与现实间的鸿沟必须面对，但池田大作仍然进行艰辛的求索，力图架设起一条通达彼岸的桥梁。

纵观池田大作的人生和社会实践，祈求、推进人类和平始终是一条主线。他所倡导的和平主义是具有丰富内涵的思想体系，和平既是国际社会远离战乱，各国和平相处，也指一个族群或国家内部民族团结、和谐共处，也是针对当代社会出现的人的价值的丧失、环境的恶化、教育的异化、伦理观念的蜕变等种种难题的解决。池田大作认为，人类历史所实现的和平是人与自身、社会、自然的和平共处、持续、持久地共生与发展。"最高的和平状态其实就是我们所倡导的整个社会的和谐与繁荣，每个人的全面的自由的发展，是成功幸福的终极状态。"②

（二）民众本位主义

源于心中对生命的珍惜，以人为本的信念，池田大作十分注重人民的利益。不论是他的理想信念抑或是政治观点，其目的都是保护人的生命，寻求人民的幸福与快乐。在他的心中，人民的利益高于一切。池田大作看到了人民力量的伟大，认为国家的权力来源于人民，人民是社会的根本，正是许许多多单个人力量的伟大构成了社会的进步。他一再强调："必须自觉认识到真正推动历史的不是特别的阶级或集团，而是每一个人"③"国民才是国家政治的主人"。④因为强调民众本位，池田大作对政治家的要求最重要的是代表人民的利益、一切以人民为根本、杜绝任何的私欲。以民众为本位的政治家首先应具有"慈悲——一种与人们同甘苦，给人们消除苦恼、带来生活的欢乐的热情。"⑤他又说道："政治的首要目的……是开辟一条可以使任何人都能获得幸福的道路。"⑥而国家权力更应该代表人民的利益、追求人民的幸福。"实质上它（国家权力）是否真正代表了国民，在行使其权力时，是否忘记了国民的福利而忙于私利。"⑦

从人本主义这一基点出发，池田大作一生坚持"以人为本，以民为主"，对民众的力

---

① 金庸、池田大作：《探求一个灿烂的世纪》，香港：明和社出版有限公司，1998年，第484页。
② 曲庆彪：《回归与超越——池田大作和平思想研究》，大连：辽宁师范大学出版社，2007年，第27页。
③ 池田大作：《人生箴言》，北京：中国文联出版社，1995年，第54页。
④ 池田大作、松下幸之助：《人生问答》，卞立强译，北京：中国文联出版社，2000年，第240页。
⑤ 池田大作、松下幸之助：《人生问答》，卞立强译，北京：中国文联出版社，2000年，第232页。
⑥ 池田大作、松下幸之助：《人生问答》，卞立强译，北京：中国文联出版社，2000年，第230页。
⑦ 池田大作、松下幸之助：《人生问答》，卞立强译，北京：中国文联出版社，2000年，第235页。

量充满了期待和信赖。1980年和1984年，池田大作在访华演讲中认为能够正视现实的主体是人，是那些似乎"愚钝但却像茁壮生长的杂草一般顽强的民众"，无论是发展中日友好，还是维护东亚安宁以至对世界和平的追求都有赖于民众的力量。他说："民众之间如果不结成超越国界的全球性的联系，就难免有一天还会遭到战争的惨祸"，为了"一直坚信不疑，并且努力使之实现的建设永久和平的设想"，需要"人民大众为实现和平而作的真诚的努力"。池田大作相信和期待着："一个人一个人的努力，即使就像水滴那样微小，但终究会穿透石头，而无数的水滴将会汇成能掀动并冲走岩石的大河。"①

池田大作认为人是社会历史活动的主体，论述了人在社会历史发展过程的作用。池田大作具有民众史观，认同毛泽东"人民，只有人民，才是创造世界历史的动力"这个观点，他在访华演讲中说道："基于这种历史观点，可以推想这句话的构造是为大众服务的'民众史观'。"池田大作在他所致力的和平、文化、教育的毕生事业中，充满了对民众力量的期待和信赖。他呼吁"不单是个人，所有的民众都不应再成为历史的配角"，"在纵的一面，我们应确立其自立的形象；在横的一面，人与人之间，世界的市民与市民之间，应该互相团结起来，并且把团结广泛地推广开去，使之成为一股声势浩大的浪潮"②。池田大作的民众史观不仅体现在他主张中日友好，追求人类和平的信念和行动中，甚至在谈到《水浒传》这部小说的影响时也是如此。他认为，即使是一本好的小说也必须有一代又一代的群众的爱好和支持，才能具有长久的艺术生命力，而且小说的成功已不是哪一个人的成就，它是一代又一代爱好《水浒传》的群众共同创作的结晶，每一代的读者都会通过阅读和增订，在《水浒传》的主题、人物、故事、结构的创造中添加上自己的思想智慧。正是由于无数群众的支持，《水浒传》才能成为经典，流传后世，影响后人。池田大作说："众所周知，《水浒传》全书乃是一个虚构的故事，只有其首领宋江遗事在史书中有记载。经过数百年的增改渲染，由民间传说的英雄故事演变成现在所见的小说模样。从寥寥无几的文字记载衍化成这样气势雄浑的史诗般的小说，无论作者有多么丰富的想象力，如果没有一代代群众的支持，也是不可能得到如此成功的。"池田大作对中国的传统文化了解很深，对《水浒传》这样的经典文学作品颇有研究，从对《水浒传》的这一评价也可看出他对历史发展中民众力量的重视。

（三）以民众为本位的和平运动

池田大作几十年如一日，坚定不移地反对战争，维护世界和平，并且将和平寄希望于以民众为本位的和平运动。他批评佛教净土宗消极遁世的和平观，指出"净土宗一心一意祈愿死后的极乐往生，而另一方面，却视现实社会为'秽土'。将现世的努力错解为次要部分，结果则使人在心中养成逃避现实的思想"。"近年来日本又有所谓'和平念佛主义'的潮流出现，但是，忽视'和平是争取得来的成果''没有不断争取就没有和平'的观点，

---

① 池田大作：1980年4月、1984年6月于北京大学的演讲。
② 池田大作：1984年6月在复旦大学的演讲。

只是和平、和平的在口中念念有词,却无所事事,其实是一种依赖他力,一厢情愿,不负责任的生活态度。"①池田大作把维护世界和平的希望寄托在创造历史的主角——世界各国人民群众的共同行动上。在他看来,"高举争取人类和平的旗帜、高呼'和平'的民众队伍愈是扩大,离和平就愈近离战争就愈远"②。

以民众为本位的和平运动同样根植于创价学会的宗旨与活动之中。创价学会从创办之日起就始终强调对生命尊严的维护,坚定不移地反对一切战争,倡导绝对的和平,成为维护亚洲和世界和平的强大力量。1960 年,池田大作就任创价学会第三任会长,他积极致力于和平思想的传播,他的足迹和影响遍及世界 190 多个国家的数亿民众,池田大作也从广泛的国际民间交流中汲取新的思想营养,成为以民众为本位的世界和平运动的倡导者、实践者。1975 年 1 月,池田大作鉴于全球各地的创价学会会员人数剧增,在关岛成立了国际创价学会(SGI),各国创价学会会员以一致的行动为全人类开创和平之道路。他为国际创价学会确立的基本方针是:以佛法为根本,通过发展文化和教育争取世界的持久和平;反对暴力和战争,为人类幸福做出贡献;倡导人性主义,反对法西斯军国主义。自 1979 年起,SGI 成为联合国非政府组织的一员。创价学会拥有日本国内会员 1 000 多万人,约占日本总人口的十分之一,国外拥有会员 126 万多人,分布在全球 115 个国家和地区。SGI 会员国遍及全球 128 个国家和地区,会员超过 1 800 多万人。其掀起的"人性主义""和平主义"浪潮更获得了世人的注目和推崇。创价学会的青年部规模庞大,是创价学会最活跃的骨干力量,他们以生命尊严至上的日莲正宗教义为信条,持久地开展和平运动,决心为废除核武器而努力;以青年的热情和力量开拓未来,建造一个和平的 21 世纪。创价学会青年部参政意识浓烈,许多成员已竞选为日本国会议员及地方议会议员,对日本政坛走向及社会生活发挥着愈来愈明显的影响力。青年部主要以"青年和平会议""妇女和平委员会"为中心,开展各种形式的反核反战和平运动,如举办"反核、反战、现代世界核威胁展览"、战争与和平展览、青年反战和平讲座,出版"反核、反战、和平"丛书等。

池田大作是著名的国际反核和平人士。池田大作主张在废核的进程中,民间力量日益发挥重要的作用。1975 年,国际创价学会募集了 1 000 万人要求废除核武器的签名,并将署名册提交联合国秘书长,在国际社会引起积极反响。1982 年,创价学会在联合国总部举办"核武器——威胁世界"的展览,并在世界 25 个城市进行了巡回展出,120 多万人参观了展览,在世界各地产生了积极影响。池田大作还提出在民间广泛开展核裁军的讨论、研究,倡议在广岛或长崎设立民间研究机构,在各国设立反核和平展览馆,增强民众的反核意识,促进了国际反核和平运动的发展。

对于中日友好事业,池田大作始终寄希望于两国民众的共同参与和努力。他认为,两

---

① 金庸、池田大作:《探求一个灿烂的世纪》,香港:香港明和社出版有限公司,1998 年,第 29、343 页。
② 池田大作、木口胜义、志村荣一:《佛法与宇宙》,北京:经济日报出版社,1997 年,第 345 页。

国民众间的友好才是真正的友好，人民与人民间"心的纽带"才是友好的最坚实基础。在访华的演讲中，池田大作多次强调中日两国人民的友好往来，推进民众间尤其是青年学生间的文化、教育等方面的交流。他说："现今最重要的现实问题就是怎样使日中友好的'金桥'发展得更坚固、更稳定。不消说，政治、经济方面的往来也是重要的，但维持更长久的友好交流的，还得是连接人民与人民的'心的纽带'。如果缺少人民之间的信赖关系，那么就算在政治、经济上有什么样的关系也是等于空中楼阁。政治、经济之'船'，是需要有'人民'这大海，才能够航行的。"①对于中日友好乃至世界和平，池田大作始终立足于民众的和平运动。

"历史不单是过去的事情，乃是光芒四射的路标，照亮人的现在和未来，教导我们生存的方式。"对池田大作历史观的认识，最核心的一点就是，从生命、人性的尊严出发，让和平成为人类社会的正常状态。如池田大作所言："人类所要解决的课题，不但是实现没有战争这一消极的和平，而是要实现积极的、一种能从根本上改变威胁'人性尊严'的社会构造的和平。只有这样，我们才可以明白并享受到和平的真正意义。"②世界的和平基于生命的平等，人性的尊严，人类应该是和谐一致、共生共存、共依共荣的生存状态。

---

① 池田大作：1990 年 5 月在北京大学的演讲。
② 汤恩比、池田大作：《展望二十一世纪——汤恩比与池田大作对话录》，北京：国际文化出版公司，1985 年，第 283 页。

试论池田大作的文化交流与对话思想对中日友好的影响

南开大学　陈永刚

池田大作是创价大学的首任校长,致力于将创价大学建成为人性教育的最高学府、成为建设崭新文化的摇篮、成为守护人类和平的要塞。他曾先后十次访华,并与中国领导人举行了多次具有历史意义的会谈,积极通过文化间的交流与对话推动中日友好和世界和平。他是中日邦交正常化倡导人之一,为促进中日人民友好做出了巨大贡献,曾获得中国人民对外友好协会颁发的"人民友好使者"、中日友好协会颁发的"中日友好使者"、中国文化部颁发的"中国文化交流贡献奖"等荣誉。交流是池田大作最基本的工作方法,对话是交流的基本形式,相互性、对等性和全面性是文化交流的生命线,交流是结成人与人之间最宝贵的心灵上的纽带,是通向人类和平之路,交流是人类文明发展的强大原动力。[①] 池田大作的文化交流与对话理念影响着中日学者和青年,在中日友好交往中构筑起了世界和平的文化"金桥"。因此,探析池田大作的文化交流与对话在推动中日友好进程中的作用和影响具有极为重要的意义和价值。

一、文化交流与对话是池田大作和平思想的重要组成部分

在池田大作的和平思想中,文化交流与对话是一个非常重要的概念。他提出文化交流时需要做到相互性、对等性、全面性和开放性,最大限度发挥文化本身的性格力量,来创造新文化和真实的和平。池田大作站在全人类的立场提出文化不分东西方、文化应该是开放双向互动的"大文化"理念。他认为文化交流必须在相互尊重的基础上,从不同的文化中找到具有普遍性的东西,从而增进不同民族与国家间的交往和相互理解。他认为"唯有这样的'文化''教育'交流,才是使日中人民间的纽带永远牢固的根本力量"。[②]

在池田大作看来,文化与和平相辅相成,文化是可以"化"人的,也能"化解"导致

[①] 林振武:《试论交流方法在池田大作思想中的重要地位》,《西南石油大学学报(社会科学版)》,2013年第6期,第67-70页。

[②] 何劲松选编:《池田大作集》,上海:上海远东出版社,1997年,第269页。

战争的因素。可见，文化的交流与对话在池田大作的和平思想中占有重要位置。温宪元认为，池田大作和平文化的思想内核，包含着他对中国文化传统和文化渗透力的深刻把握，并适时提出和平文化概念，对于推动世界和平发展产生积极的重大作用。①汪鸿祥认为，池田和平思想的"实践性"表现在文化和对话等方面，通过对话可以打破壁垒，促进沟通；消除不信，促进理解；化解隔阂，促进融合。通过文化的行动，促进各种文化的互相理解，互相借鉴；承认文化多元，促进文化创造。②王明兵、大上忠幸认为，池田大作对话主义的和平文化哲学，"以'对话'为基本形式，以加深彼此的了解、沟通和理解并借此缔造世界和平和人类福祉为根本旨归，进而通过'对话'来觅得一种关乎世界和人类终极关怀的普世性价值为其终极目标"。池田大作的对话思想与实践有其基本的道德和伦理原则，即平等、宽容、求同存异和人本主义。③高海宽指出，"池田大作认为和平和文化是一体的，文化国家可以称为和平国家。真正的持久的世界和平能否实现，关键在于创造一个能把这个世界融合为一个文化世界"④。纪亚光指出，人与人之间的共鸣是文化交流的出发点。"所谓文化交流，其实表现的就是要缩短'心灵的距离'，以人与人之间的和谐为出发点。池田大作所强调的文化交流，并非单向的文化传递，而是注重相互交流，以此培育出对异民族、异文化的尊重和崇敬的心情。他指出，通过文化交流，了解到世界上文化的多重性和差异性，有助于树立尊重异文化的观念，从而就抓住了不断发展完善的契机。"⑤

    注重多元文化间的交流对话是池田大作和平思想的重要内容之一。池田大作在很多场合表示，要虚心学习世界文化的多样性，追求人类的普遍真理，化解一切冲突，促进不同文化民族间的互相尊重，互相敬爱，让全世界的人都能变成一家人。

二、文化交流与对话是加强中日两国和人民间相互了解、相互认识、相互理解的重要途径

    中国的文化对日本的文化影响深远，这为文化交流与对话促进中日友好奠定了基础。据文献记载，从公元前一世纪的汉朝时起，中日两国就开始了友好往来和文化交流。在古代，日本基本上受中国文化的影响。池田大作认为，中国是日本的文化"大恩国"，正是中国的先进文化的滋润，才使日本古代文明实现了跳跃式的发展。在池田大作的著作及各

---

① 温宪元：《和平发展中的文化力量——兼论池田大作和平文化思想》，《和平·文化·教育：和平发展中的文化与教育学术研讨会论文集》，北京：中国社会科学出版社，2008年12月，第27页。
② 汪鸿祥：《池田大作和平思想及其意义》，《池田大作思想研究峰会："人本主义的复兴——池田研究成果与展望"》，2011年11月，第107页。
③ 《展望21世纪的和平、文化与教育 池田大作和平思想研究国际论坛会议论文集》，2013年3月，第347页。
④ 高海宽：《世界和平的积极倡导和维护者——浅析池田大作的和平主义思想》，《池田大作研究论文集》，香港：香港社会科学出版社，2004年，第111页。
⑤ 华中师范大学池田大作研究所、日本创价大学合编：《中外学者论池田大作：和谐社会与和谐世界》，武汉：华中师范大学出版社，2007年，第378页。

种谈话中,有许多地方谈到中国文化对日本发展的重要作用和影响,而且还认为,日本的几次历史性的跨越都是得益于中国大陆文明的滋养和哺育。可以说,没有中国文化的影响,日本文明的步伐会缓慢得多。①李曙豪指出,池田大作思想和中国道家思想有一个共同的主旨,即立足于人文关怀。共同点有"自然与环境保护思想;生死观与生命观;和平非战的思想、他们都是人类伟大思想的代表。对人类建设未来的世界都有着重要的启示作用"②。

池田大作认为,文化交流本质上就是"人心交流",超越国家与文化的差异,才能真正促进人与人间的交流,才能构筑真正的友谊,进而创造出宽容与共生的和平世界。可以说文化交流与对话是搭建人与人真诚的"金桥"。池田大作认为,文化的英文是"culture",也就是耕耘的意思。文化是使被宿命束缚的人们在心灵的大地上开出灿烂的花朵,文化耕耘的是"人心"。而"文化交流"的本质就是"人心交流"。超越国家与文化的差异,促进人与人之间的交流,才能构筑真正的友谊。透过对话,互相理解,深化友谊,由此能产生对人多样性的理解与包容。从文化交流到人心交流,是创造宽容与共生的和平世界的软实力。③池田大作认为最具启发性的学习文化与文明的方法是对话。文化对话开辟理解与信赖的幸福大道,是增进相互了解和奠定人类幸福的基石,协调文化差异与观念冲突,促进世界和平与幸福。④

三、文化交流与对话在中日友好中发挥着重要作用

中国始终重视与日本的和平友好关系。回顾中日两国交流的历史,文化交流在中日友好关系中发挥着其他任何领域所无法替代的作用,在整个中日关系中,文化交流功不可没。中日文化交流,推动了两国政治、经济关系的发展。

池田大作在推动中日友好事业当中,倾注了很大力量,他先后提出和发表了33篇"和平倡言",可以说是打开中日关系僵局的重要掘井人之一。池田大作的文化交流与对话理念在民间外交、中日青年文化交流等方面发挥了重要作用。池田先生致力于中日友好,原因之一就是对战争的憎恶和对"共生"文化向往。池田大作出生于1928年东京的一个贫穷家庭,排行第五,他在战争中度过少年时期,大哥在缅甸战场上丧生。失去长兄的悲痛,以及目睹战争所带来的种种悲惨,使池田大作对战争产生极度憎恶,并促使他在心中萌起对和平的向往。1976年,池田大作在创价大学校园内建立了一座非常醒目的建筑——"金桥之碑"。1986年9月8日,池田大作在创价学会的学生部总会上提出:"日本要开展与

---

① 池田大作:《南开大学名誉教授授予仪式上的讲话》,《圣教新闻》,1998年11月26日。
② 李曙豪:《道家思想与池田大作的生命自然观》,《韶关学院学报》,2010年第1期。
③ 李雅雯等:《创价丰富的世界——以文化和平交流为例》,《池田大作思想研究——展望21世纪的和平、文化与教育论文集》,2014年6月。
④ 《开创精神丝绸之路的新纪元——第八届池田大作思想国际学术研讨会论文集》,2014年10月,第177-181页。

中国的经济、文化交流。"可以说,池田大作在促进中日友好方面做出了突出贡献。林振武认为,池田大作"对文化的社会功能看得很重,文化统一是池田大作一个很强烈的信念,他认为需要有一个把世界各民族结成一体的宗教或者哲学。他把文化统一作为世界统一的基础,也是世界永久和平的根本保证"①。

四、池田大作文化交流与对话思想对中日友好的重要影响和意义

文化交流在国家交往、人类文明进步及和平友好等方面都扮演着非常重要的角色。中国的文化对日本文化的发展形成具有举足轻重的影响,两国人民在历史发展中创造出各自独具特色、充满魅力的文化,使两国人民始终相互吸引。这样,文化的相互交流与借鉴为中日友好奠定了重要基础,中日青年也在交流与对话中交流思想,相互学习,搭建友谊、理解与互信的"金桥"。

池田大作积极推进中日两国民间外交,他的文化交流与对话思想为世界和平与人类幸福提供了方法。池田大作经常说,要虚心地学习人类文化的多样性,追求人类社会的普遍真理,确立一个和平与共存共荣的地球社会。池田大作先生强调,建设世界多元文化的目标就是要团结不同的文化、不同的宗教、不同的族群,最后达到不同的国家;终极的目标是世界和平,希望能够化解一切冲突,全世界的人都能变成一家人,彼此互相尊重,互相敬爱。②池田大作先生认为,对话是最具启发性的学习文化与文明的方法,通过文化对话可以协调文化差异与观念冲突,增进相互理解与信赖,为世界和平与人类幸福奠定基石。

池田大作于1971年创办创价大学后不久就致力于推动和中国大学之间的学术与文化交流。1975年,战后新中国第一批留日大学生来到创价大学,拉开了新中国大学生留日学习的序幕。同时,创价大学培养学生对中文与中国文化的兴趣,每年举办中文演讲比赛,选派学生到中国的大学交流学习,邀请中国大学生赴创价大学开展研修,与多所中国大学建立学术研究合作关系等,通过文化的交流促进两国青年的相互理解,通过精神上的交流增进两国青年的相互信赖。在中日关系处于冰点时,池田大作先生表示愿做"日中恢复邦交举旗人",可以说,池田大作先生对于日中友好所起到的作用应该是里程碑式的,池田大作是中日友好的重要"掘井人"之一。

---

① 林振武:《池田大作对东方现代化道路的理解和探索》,《嘉应学院学报(哲学社会科学)》,2011年第3期。
② 《开创精神丝绸之路的新纪元——第八届池田大作思想国际学术研讨会论文集》,2014年10月,第29页。

池田大作文化交流思想探析

南开大学　杨晓成

国际创价学会会长池田大作倾注全部精力和心血于和平、教育和文化交流等活动之中，为争取世界持久和平，促进各国文化教育事业的交流和发展，曾多次与各国领导人、著名学者、友好人士进行诚挚而认真地对谈，在世界范围内产生深远的影响。考察池田大作的思想，不难发现他在追求和平友好事业的交流过程中，始终贯穿着文化交流与文明融合的理念，可以说文化交流思想是池田大作思想体系的重要组成部分。目前学术界对池田大作的思想从多方面、多维度进行了研究，但对池田大作文化交流思想的研究相对较少。本文拟就池田大作的文化交流思想进行探析，力图深化池田大作思想体系的研究。

一、文化交流是联结不同国家和人民之间的重要桥梁

文化的主体是民族，民族不同，文化各异，而又相互影响。池田大作在与中国国学大师季羡林的对谈中讲道："人类社会前进的历史就是一部文化交流的历史。"①"人类自有史以来，一直是彼此互相享受、互相影响各种各样的文化，可以毫不夸张地说，语言、音乐、美术、建筑等等文化，没有一种不是在他国的影响下发展起来的。"②这表明，各民族之间的文化交流是各民族文化发展的重要条件。

什么是"文化交流"呢？在池田大作看来，"所谓文化交流，可以说是真正消灭'心之距离'、使人与人沟通的基点"③，"文化交流是联结心与心的理解和信赖的道路"④，"人与人之间的文化交流是没有国界的"⑤。正是因为"交流才形成了眼前的光辉灿烂的五光十色的人类文化"⑥。也就是说，文化交流是世界文化进步的一个重要条件，是联结不

---

① 池田大作、季羡林、蒋忠新：《畅谈东方智慧》，成都：四川人民出版社，2004年，第223页。
② 池田大作、季羡林、蒋忠新：《畅谈东方智慧》，成都：四川人民出版社，2004年，第220页。
③ 何劲松选编：《池田大作集》，上海：上海远东出版社，2003年，第254页。
④ 池田大作、杜维明：《对话的文明——谈和平的希望哲学》，卞立强、张彩虹译，成都：四川人民出版社，2007年，第250页。
⑤ 池田大作：《我的中国观》，成都：四川人民出版社，2009，第237页。
⑥ 池田大作、季羡林、蒋忠新：《畅谈东方智慧》，成都：四川人民出版社，2004年，第219页。

同国家和人民之间的重要桥梁,也是推动各国人民友谊的内在要求。

池田大作还把文化交流比喻为"精神上的丝绸之路",他认为"丝绸之路不仅是物资贸易的要道,而且是东西方文化交流的渠道"①,"丝绸之路带来了文化的融合,可以说是产生新文化的有机的大动脉"。在池田大作看来,"丝绸之路"本身,实际上已经成为一种文化,是一种文化交流的象征。

当今世界日益纷乱,宗教和民族问题导致地区冲突不断,对人类前途命运构成极大的威胁。对此池田大作强烈呼吁:"应当在各种文明之间架起'互相承认、互相学习、互相尊敬'的真正的对话的桥梁。"②针对东西文明冲突的论调,池田大作认为,"东方和西方的不同文明、文化是可以共存的"③。

为了促进文化交流,早在1993年,池田大作就提出"文明对话"的观点。1993年,塞缪尔·亨廷顿在美国《外交》夏季号季刊发表《文明的冲突?》一文,引起了世界范围内的广泛讨论。针对亨廷顿提出的"文明冲突论",1993年9月,池田大作以《21世纪文明与大乘佛教》为题在哈佛大学发表演讲,提出了"文明间对话"的重要观点。

考察池田大作思想体系,对话是文化交流的重要手段与实现路径。池田大作认为:对话就是互相交流,"文化对话主义"实质就是文化交流。"对话,无论是个人层次还是国家层次,都是给社会带来和平与安定的'王道'"④。"真正的'对话',会成为争取人们的团结、建立相互信赖的无比珍贵的磁场。"⑤因此池田大作倡导通过不同层面的对话来加深彼此的文化交流,促进文明间的理解,避免"文明间的冲突",推动文明间的对话与融合。

池田大作强调,"构筑'对话的文明'才是21世纪人类的重大课题"⑥。正是基于对文化交流的深刻理解,从20世纪60年代起,池田大作与世界各国首脑和有识之士进行了7 000多次文明间的对话,⑦在世界各国和人民间搭建起友谊的"金桥"。

二、文化交流是实现世界和平与友好的基础和保障

"国相交在于民相知。"通过文化交流,可以互相学习对方文化的亮点,夯实国家间和平友好的基础,这对于世界和平是至关重要的。在池田大作看来,以文化交流为主体的民众交流是和平友好的根本大道。⑧

---

① 池田大作、季羡林、蒋忠新:《畅谈东方智慧》,成都:四川人民出版社,2004年,第220页。
② 池田大作、杜维明:《对话的文明——谈和平的希望哲学》,成都:四川人民出版社,2007年,第7页。
③ 池田大作:《我的中国观》,成都:四川人民出版社,2009年,第99页。
④ 池田大作:《池田大作全集》,东京:圣教新闻社,2003年,第102卷,第317页。
⑤ 池田大作、杜维明:《对话的文明——谈和平的希望哲学》,成都:四川人民出版社,2007年,第68页。
⑥ 池田大作、杜维明:《对话的文明——谈和平的希望哲学》,成都:四川人民出版社,2007年,第235页。
⑦ 林振武:《试论池田大作生命尊严思想的几个特点》,《西南石油大学学报(哲学社会科学版)》,2012年第5期。
⑧ 池田大作:《我的中国观》,成都:四川人民出版社,2009年,第251页。

池田大作将文化交流视为实现世界和平与友好的基础和保障,并对其给予了高度的重视。他认为:"我们必须消灭破坏文明、夺走宝贵生命进而招致人类灭绝的可怕的战争。"①因此池田大作呼吁:"反对并制止战争,维护世界和平,与促进文化交流之间的关系是相辅相成,两者缺一不可。"②为了达到这一目标,必须要进行文化对话交流,不同的文化要开放包容,要相互理解与尊重,以消除误解与隔阂。池田大作认为,"理解、尊重不同的文化,是和平共存的基础"③。由于国家利益的对立、民族利益的对立、意识形态的对立、宗教的对立等,导致很多国家与民族间互相猜疑与憎恨。要消除这种状况,必须加强文化交流,尤其是民间人士的文化交流。"尽管接触与交流的加深,也不一定每次都增加友好,但是在相互了解的基础上的争论,不会发展成为无谓的恐怖和猜疑",他认为"这是维护和平的最重要的条件"。④

要构筑人类融合的世界和持久和平的未来,池田大作认为,"我们急需解决的课题,是如何用文化和文明'文'的力量,来抑制军备'武'的力量"⑤。"紧急的任务是,开辟把西方与东方的民众的心联系在一起的'精神上的丝绸之路'。"⑥也就是说,通过文化和文明的力量来抑制武力的发展,以达到和平的目的。

池田大作强调:"为了和平,政治家们之间的对话当然是重要的,但是同时要看到草根文化、教育交流在当今时代也是很好的安全保障。如果没有了人民大众的团结合作,想要取得和平是多么的不容易。"⑦基于这样的思想,池田大作主张"文化对话主义",即文化交流主义,他讲道:"以后的人类应该要互相尊敬,互相学习,朝着共同繁荣的大同世界前进。为此目的,我们要将已经开展起来了的自发性的交流推向'文化对话主义'新阶段"⑧,"在接触异质文明、文化时,重要的是对蕴育这种文明、文化的人类长期生活经营的积累,要怀有敬意,抱着肯定的态度加以容纳"⑨。他多次申明:"这是由于我始终抱着这样的信念:如果没有民族之间的深刻理解包容和广泛交流,就不会有和平;而且这种理解和交流,是不能坐享其成的。"⑩为此他为创价大学提出三条"建校精神",其中之一就

---

① 汤恩比、池田大作:《展望二十一世纪——汤恩比与池田大作对话录》,北京:国际文化出版公司,1985年,第231页。

② 池田大作、季羡林、蒋忠新:《畅谈东方智慧》,成都:四川人民出版社,2004年,第223-224页。

③ 池田大作:《我的中国观》,四川人民出版社,2009年9月第1版,第105页。

④ 汤恩比、池田大作:《展望二十一世纪——汤恩比与池田大作对话录》,北京:国际文化出版公司,1985年,第302页。

⑤ 池田大作:《我的中国观》,成都:四川人民出版社,2009年,第79页。

⑥ 何劲松选编:《池田大作集》,上海:上海远东出版社,2003年,第98页。

⑦ 池田大作:《向希望的明天》,东京:圣教新闻社,2000年,第477页。

⑧ 池田大作、杜维明:《对话的文明——谈和平的希望哲学》,成都:四川人民出版社,2007年,第140页。

⑨ 池田大作、路奈·尤伊古:《黑暗寻求黎明》,卞立强译,北京:中国国际广播出版社,2003年,中文版序言,第2页。

⑩ 何劲松选编:《池田大作集》,上海:上海远东出版社,1997年,第126页。

是"成为捍卫人类和平的堡垒"。

池田大作在与金庸的对话中强调:"'和平的世界'是不可能一下子实现的。……为了促成这个和平的'世界一体化',要构成什么样的地域性合作呢?有必要考虑架构的问题。建立环太平洋的文明,会引发新的'世界文明'的可能性。"①为此池田大作呼吁:"为了建构'和平文化',只能以'文明间对话'为主轴,扩大超越国境的各种文化、思想、民众交流的范围。舍此,别无他途"②"真诚各种文明之间的对话……具有重要的意义"③,"'对话的文明'对我们的时代以及未来的时代来说,将会成为培育'和平文化'的基础"。④

但光有对话是不够的,对话的双方必须是平等的,这一点对于和平友好也是极其重要的。池田大作指出:"平等是对话的基础。"⑤"文化交流必须基于互学互鉴和平等的原则。单向的文化传导,只会在传播文化的国民心中播下傲慢的种子,同时在接受文化的国民心中产生屈辱和仇恨的感情。"⑥

总之,池田大作文化交流思想主张通过平等对话、相互尊重、坦诚沟通,达到世界各国人民互相了解,找到共同语言,进而互相合作,互相支援,走共同维护世界和平的道路。

三、文化交流互学互鉴是推动人类进步的重要动力

文化因交流而多彩,文化因互鉴而丰富。池田大作认为,"文化交流互学互鉴,是推动人类进步和世界和平发展的重要动力"⑦。在与中国国学大师季羡林的对谈中时,池田大作也讲道:"文化交流是人类社会前进的最主要的力量"⑧,"促进文化交流就是促进人类社会的进步。反之,一切阻碍和破坏文化交流的做法,都是阻碍和破坏人类社会进步的,尤其是战争,战争不但阻碍和破坏文化交流,而且更会毁灭文化本身"⑨。值得指出的是,池田大作的文化交流思想与习近平文化交流思想有着高度的契合度。2014年3月27日,习近平总书记在联合国教科文组织总部的演讲时强调:"我们应该推动不同文明相互尊重、和谐共处,让文明交流互鉴成为增进各国人民友谊的桥梁、推

---

① 金庸、池田大作:《探求一个灿烂的世纪》,香港:香港明河社出版有限公司,1998年,第98页。
② 唐凯麟、高桥强主编:《多元文化与世界和谐——池田大作思想研究》,北京:人民出版社,2008年,池田大作致辞。
③ 池田大作、路奈·尤伊古:《黑暗寻求黎明》,卞立强译,北京:中国国际广播出版社,2003年,中文版序言,第2页。
④ 池田大作、杜维明:《对话的文明——谈和平的希望哲学》,成都:四川人民出版社,2007年,第251页。
⑤ 池田大作、尼拉坎达·拉达克里希南:《走向人道世纪——谈甘地与印度哲学》,成都:四川人民出版社,2014年,第151页。
⑥ 池田大作:《世界市民的展望——池田大作选集》,香港国际创学会译,香港:三联书店,1993年,第97页。
⑦ 池田大作、季羡林、蒋忠新:《畅谈东方智慧》,成都:四川人民出版社,2004年,第220页。
⑧ 池田大作、季羡林、蒋忠新:《畅谈东方智慧》,成都:四川人民出版社,2004年,第219页。
⑨ 池田大作、季羡林、蒋忠新:《畅谈东方智慧》,成都:四川人民出版社,2004年,第223-224页。

动人类社会进步的动力、维护世界和平的纽带。"①这充分表明,文化交流对于人类进步的巨大作用与重要意义。

不同文化相互尊重、相互理解,是人类社会进步的基本经验。池田大作认为:"文化的独特性与普遍性绝不是互相排斥的。个性独特的文化,含有动人肺腑的普遍性。正因为这样,文化才得以在历史上跨越国家民族的障碍,广泛地传播开去。"②他认为文化交流最重要的是在不同文化中找到具有普遍性的东西(共性),从而增加不同国家和人民之间的相互理解。"差异是必然存在的,但差异不是冲突的原因,重要的是尊重差异基础上的理解和包容。"③他指出:不同文化之间的相互联系和相互尊重,则是太平洋时代得以建立的基础。"不同的文化交流要超越民族、社会制度和意识形态的障碍,进行相互、对等以及全面的文化交流,达到对异民族、异文化的真正了解、崇敬和尊重,才能为建设'精神上的丝绸之路'增添精致的色彩与图纹。"④为此文化交流要求同存异,"最重要的前提是尊重此地区所有文化传统的多样性和复杂性",他反对实行把任何一种特殊文化置于另一种文化之上,或把任何一种特殊文化强加于另一种文化的统一政策,主张以对本土文化的尊重来为相互理解铺平道路。池田大作呼吁:"要立足长远的展望,来推进教育、文化的交流。要理解彼此文化的特性,互相学习其优点。"⑤

总之,随着全球化的不断深入,不同文化之间的交流会急剧增加,人们正在寻求一个使世界合为一体,形成新的世界秩序的制度,在建立新的制度的过程中,文化交流是不可或缺的。文化交流要朝着启发建设的方向进行,不能重演一再出现的历史上的摩擦和破坏。而要做到这一点就需要理解、包容彼此文化的特性,互相学习彼此的优点,从而推动人类社会不断前进。

四、通过文化交流推动中日和平友好

中国与日本具有很深的历史与文化渊源。中日两国是一衣带水的近邻,有着两千多年友好往来和文化交流的历史。日本人在汉字的基础上,于公元 5—6 世纪发明了日本的民族文字。盛唐时期中国的影响力辐射东亚各国,唐朝的各种艺术、医学、印刷等知识和先进技术传入日本,极大地推进了日本社会的文明进步。在政治上,日本以唐朝制度为蓝本,创建了自己的政治制度。直到今天,与中国唐装接近的日本传统服装和服仍能带给我们美丽的记忆和历史想象。17 世纪日本画坛兴起的"浮世绘"版画,受中国明末十竹斋

---

① 《在联合国教科文组织总部的演讲》,《人民日报》,2014 年 3 月 28 日。
② 何劲松选编:《池田大作集》,上海:上海远东出版社,2003 年,第 240 页。
③ 米哈埃尔·慈古罗夫斯基、池田大作:《和平世纪的教育曙光:与乌克兰教育家的对话》,刘焜辉译,台北:正因文化事业有限公司,2012 年,第 202 页。
④ 何劲松选编:《池田大作集》,上海:上海远东出版社,2003 年,第 100 页。
⑤ 池田大作:《我的中国观》,成都:四川人民出版社,2009 年,第 36 页。

水印木刻的影响发展而成。文学上，日本从唐诗得到启示，创造了自己的格律诗（日语里称定型诗），如俳句、短歌和川柳，这些定型诗作为日本诗歌的一个重要传统，今天仍然渗透在日本人的精神生活之中。到1868年的近世文化止，日本文化主要受到了中国文化的影响，而日本近代文化又对中国现代文化的发展产生了不可磨灭的影响。近百年来，中国学习日本及欧美，文化交流不论主动或被动，都颇为密切、广泛而深入，超过以往各个时期。日本明治维新后，中国曾有学习日本的高潮。以康有为为代表的戊戌变法，即以日本明治维新为蓝本；1905年废除科举后，全国各地设立学堂，大都聘任日本人任教习，而赴日留学的青年更不计其数。他们通过日本学习西方的科学技术以及各种社会政治学说，例如有关马克思主义的相关内容，就是留学青年通过日本刊物了解的。20世纪初的中国先进人物，几乎都在日本受过教育，回国后在各领域产生很大影响。郭沫若曾经说过，中国文坛大半由日本留学生建成。创造社、语丝派的主要作家都是日本留学生，如鲁迅、郁达夫等。因此有学者指出："中日关系史，特别是中日文化交流史在世界史上所占的位置颇为重要。"①

然而自1894年以来，特别是1931年九·一八事变以来，由于日本军国主义者侵略中国，使中国人民遭受了重大灾难，日本人民也深受其害。第二次世界大战后，又因冷战形势和冷战思维，很长一段时间中日两国政府之间没有外交往来。

但是在世界视野中，中日两国的关系又具有十分重要的地位。池田大作认为，"日中两国的友好和平是亚洲和平的绝对条件，是一切的大纲，而且会影响到世界和平"②。他不断强调："世界和平的核心是东亚和平，东亚和平的核心是中日和平。"③因此如何打开中日两国和平友好的局面，成为池田大作深入思考的问题。

基于对中日两国关系的深刻理解，池田大作于1968年9月8日发表了著名的《中日邦交正常化倡言》，他明确指出：第一，正式承认中华人民共和国，实现中日关系正常化；第二，恢复中国在联合国的合法地位；第三，发展中日两国的经济和文化交流。④正式提出了通过经济和文化交流来实现中日邦交正常化的思路。池田大作认为，唯有"文化""教育"交流，"才是使中日人民间的联系永远牢固的根本力量。"⑤此后，通过文化与教育交流来推动中日民间外交的发展，是池田大作终身投入的事业。

通过中日间的文化交流，以加深中日两国人民的相互了解，增进中日两国人民之间的友谊，是池田大作开辟出的中日和平友好之路。作为一个日本人，池田大作深受中国文化的影响，一向对中国源远流长的文化饱含仰慕与感激之情。他在著作、演讲和对话中多次谈到中国文化对日本社会发展的重要影响和作用。他认为，日本社会发展史上的

---

① 汤重南：《世界视野下的中日关系》，《文明视野下的中日关系》，香港：香港社会科学出版社，2006年，第3页。
② 池田大作：《我的中国观》，成都：四川人民出版社，2009年，第21-22页。
③ 池田大作、季羡林、蒋忠新：《畅谈东方智慧》，成都：四川人民出版社，2004年，第224页。
④ 池田大作：《光荣归于战斗的学生部》，《圣教新闻》，1968年9月9日。
⑤ 池田大作：《我的中国观》，成都：四川人民出版社，2009年，第98页。

几次历史性跨越都有赖于中华文明的恩惠,正是由于中国先进文化的浸润,才使得日本古代文明实现了跳跃式发展。早在20世纪60年代初期,池田大作就不断呼吁:"中国文化是日本文化的源头和恩人。"①结合当时的历史背景,这一发自肺腑的呼喊,至今仍显弥足珍贵。

中日关系正常化实现后,池田继续展开中日对话,先后10次率团访华,就文化、教育、和平等议题与中国的领导人及文化界人士进行对谈,对中日两国间的文化交流事业产生了深远的影响。1974年和1975年,池田大作先后三次访问中国,特别访问了多所大中小学,与文化教育界人士进行了深入交流,并签订了以文化教育交流为主要内容的互访计划。1975年春,池田大作创办的创价大学接受了中华人民共和国的第一批公派日本留学生,打开了中日文化教育交流的新篇章。

自1974年首次访华以来,池田大作以文化交流和教育交流为重点共进行了十次访华,也正是为了完成周恩来关于继续推进中日友好的托付而不断努力的具体行动。不仅如此,池田大作坚信:"文化的交流中可以培育出相互的理解,精神的交流可以萌生出相互的信赖",这种人民与人民的"心的交流"的培养开发工作,"能将不信任感和彼此憎恶之心转换为信赖与友情。"因此,他领导的创价学会、创办的东洋哲学研究所、创价大学、民主音乐协会、东京富士美术馆等机构多年来一直围绕日中友好事业开展了丰富多彩的文化、教育交流活动。

此外在池田大作的指导下,创价学会成员以及创价大学和创价学园的青年学子普遍受到了正确的历史观教育,树立了正确的中日关系历史观,成为日本民间对华友好不可忽视的坚定力量。在此基础上,中日两国民间通过文化与教育交流已培育出一股强大的和平友好的力量,在每当中日关系出现不稳定的局面时,这股力量总会坚定地站出来,高举中日和平友好的大旗。

总之,正是基于历史、现实与未来的考量,基于对文化交流所具有的重要功能的认知,基于对中日两国世世代代和平友好事业的追求,池田大作才会如此地重视和支持文化交流工作,并且一贯不遗余力地亲自推动文化交流事业的发展,为实现中日两国关系正常化及世界和平做出了举世公认的巨大贡献。

五、结语

历史、现实和未来逻辑都昭示着:创造中日两国政治、经济和文化的良性互动,加深两国人民相互理解,在理解的基础上推进合作,在合作中建立友好,这无论对于东亚乃至世界,都是完全必要的,特别对于当前和今后推动中日友好、世界和平伟大事业,乃至建立新型国家关系,具有深远的意义。通过文化交流,不仅旨在加强各国政府层面的互动,

---

① 卞立强编译:《日中恢复邦交秘话》,北京:经济日报社,1998年,第139页。

创造良好的政治氛围，更加可以在推动民间交流的过程中加深各国情谊。各个国家和地区都要尊重世界文化的多样性，允许每个国家自主选择文化价值和文化发展方向，世界各国基于不同的历史发展道路，有着不同的文化背景、价值观念和不同的生活方式，这些差异不应该是发展正常国家关系的障碍，而应成为加强相互交流与合作、促进共同发展与进步的动力。这也正是池田大作文化交流思想的重要意义。

教育
主义

池田大作民间交流理念与实践对来华留学生教育的启示

大连工业大学 刘爱君
大连大学 姜 明

引言

自古以来，中日两国教育文化交流历史悠久，规模宏大。在隋唐时代，日本政府派大批遣隋使、遣唐使来华学习中国文化，留学生（僧）通过在中国长期的生活学习，对中国的文物制度有了比较深入的了解，并与中国人民结下深厚情谊，对两国政治、经济、文化的交流做出了积极贡献。然而近代以来，随着日本的侵略扩张及国力的不断提升，传统的中日关系发生了逆转，日本知识分子和民众的对华态度也发生了根本的改变。尤其是近年来中日关系受到严重挫折，暴露出两国在历史认识和现实问题上的诸多分歧和对立，日本政界的右翼化倾向和大众传媒的保守化误导着日本国民的对华认知，宣扬中国威胁论、中国崩溃论，煽动厌华情绪，渲染中国负面形象的言论甚嚣尘上，中日国民感情出现了疏远、冷淡甚至大幅恶化的现象。

但是也不乏一些有识之士，能够客观、理性地看待和认识中国，并通过著书立说和各种民间交流活动使日本社会全面了解中国，池田大作就是其中的代表人物。他领导下的创价学会及其创立的创价大学，始终通过与中国各界开展民间交流，搭建中日友谊的"金桥"，并在大学教育实践中对学生进行中日友好教育，成为促进中日两国教育文化交流的典范。池田大作的中国观及其和平理念与实践，对于今后的留学生教育和中日青年交流具有重要的指导作用。

"把外国留学生培养成为熟悉汉语、了解中国、对我友好、学有所成的中外文化交流使者"[①]，是我国留学生教育的一大目标。日本来华留学生是改善中日国民感情、宣传和展示中国形象的渠道之一。部分留学生毕业后活跃在中日交流领域，并将他们在中国

---

① 崔希亮：《播种友谊桃李五洲》，北京：教育部国际交流与合作司外国留学生教育管理分会，2010年，第51页。

生活的感受及中国印象著书出版,向日本民众介绍他们眼中真实的中国,深入中国的日本年轻人的独到理解和观察,不仅有助于日本社会全面、客观、理性地看待和认识中国,加深国民相互理解,而且也为现实中日两国交流提供了可资借鉴的角度,具有不可忽视的作用。那么,日本留学生对华认识现状如何?两国关系的进退对青年学生产生了怎样的影响?应如何加强来华留学生的国际理解教育?针对这些问题进行考察,不仅为我国今后接受和培养日本的来华留学生将提供借鉴和参考,同时对于培养两国青年一代形成正确的历史观、价值观,增进双方国民感情,促进中日关系健康发展也具有深刻的现实意义。

目前,我国在针对来华留学生的汉语教学、教育管理等方面渐已形成了规模性研究,但是针对日本来华留学生对华意识的实证调查和系统研究尚未深入开展。因此本研究通过调查日本来华留学生眼中的中国形象,了解日本学生的来华学习动机、目标及其来华前后对待中日关系的态度等,思考和探讨如何运用池田大作和平理念指导来华留学生教育,使青年学生成为推动中日友好的力量,为促进两国关系健康发展发挥留学生群体的影响和作用。

1. 日本来华留学生对华意识调查

1.1 调查对象

日本文部科学省 2015 年汇总的统计数据显示,中国已成为日本学生首选的留学目的地。对此日本文部科学省分析称,"日本年轻人内向的倾向出现改善","在经济增长的背景下,与中国的知名大学构筑合作关系的日本的大学、研究机构出现增多"。①

大连地区由于特殊的地缘优势,长期以来与日本经济贸易往来密切,吸引了大批日资企业进驻,同时大连高校也接收了大量日本的来华留学生。本研究以笔者所在高校为中心,对部分长期和短期来华的日本留学生实施调查,并结合其来华之前的对华认识进行比较分析。本次调查对象包括 70 名日本留学生。其中,攻读本科和硕士学位的留学生 39 人,分布在工商管理、汉语言等专业;短期交流学生 31 人。

1.2 调查方法和内容

调查主要采用问卷调查法以及座谈和个别访谈法。问卷调查内容涉及对中国的印象、获取中日关系相关信息的渠道,以及对中日关系的看法等。在座谈和个别访谈环节,本研究选取了 10 位留学生,谈话的内容包括选择中国留学的动机、在华学习与生活情况、留学前后对华认识的变化以及其他意见和建议等。

2. 问卷调查结果

2.1 留学生来华前后印象对比

---

① 日媒:《中国成为日本学生留学首选地》,中国新闻网,2015 年 2 月 28 日。

表1

对象	问1：您对中国的印象是？			
	选项			
来华前	0%	9.0%	69%	22%
来华后	28%	50%	19%	3%

从表1可以看到，来华前日本学生对华印象"不太好"或"不好"的占91.0%，大多数学生对华抱有负面印象。令人感到欣慰的是，日本学生来华前后的看法迥然不同，来华后回答"很好"与"比较好"约占80%。可见虽然中日关系近年来出现各种摩擦，但是绝大多数来华留学的日本学生并未受到影响，他们能够根据自己的亲身体验做出判断，相比来华前对中国的亲近感大幅上升。

2.2 对华印象不好的理由

关于日本学生对华抱有负面印象的理由，来华前认为"由于历史问题批判日本"的占20%；认为"中国人的行动跟国际规则不符"占16%；其他意见有"食品安全""大气污染"等。耐人寻味的是，"过去跟日本发生战争"一项无人选择。实际上，大多数学生选择的"由于历史问题批判日本"一项与"过去跟日本发生战争"一项是密切相关的。可见，日本学生虽然认为中国政府对日本的批判及其态度强硬，但同时却对日本过去发动的侵华战争缺乏了解，对中国政府表示抗议的理由知之甚少。而来华后日本学生对华印象普遍是积极的，选择该理由的人数比例与来华前相比大幅减少，并且没有人认为中国"军事力量增强威胁日本"、有"霸权主义"等。

2.3 关于中日关系的信息来源（可多选）

表2

问2：您从哪里得到关于中日关系的信息？		
选项	对象	
日本的大众传媒	94%	66%
日本的书籍	23%	39%
日本政府和政府高官的讲话	14%	7.0%
跟中国人聊天或访问	6.0%	53%
他人的议论和介绍	4.0%	10%
家人和朋友的经验	3.0%	16%
中国的大众传媒	1.0%	33%
中国的书籍	0	6.0%

调查显示，日本学生来华前日本国内媒体对学生的影响力巨大，大约94%的学生通过日本媒体得到中日关系的相关信息。而来华后留学生获得中日关系相关信息的来源和渠道更为丰富，选择"日本的大众传媒"的约占66%，"跟中国人聊天或访问"的占53%，"日本的书"的占39%，选择"中国的大众传媒"的占33%。

总之，日本媒体是日本青年学生获取信息的最主要渠道。但是与来华前相比，在华留学生增加了更多从中国获得信息的手段，拥有"跟中国人聊天或访问""家族和朋友的经验"、"中国大众传媒"等渠道，因此，对于中国人的立场了解得也更多。反之，来华前他们只能从日本获取相关信息，因而很难了解中国的立场和看法。

2.4 对于媒体报道的看法

表 3

对象	问 3：您认为日本的媒体报道是公平和客观的吗？			
	选项			
来华前	12%	30%	30%	28%
来华后	19%	46%	21%	14%

从整体来看，日本学生认为日本媒体的报道"既公平又客观"的比率较低，来华前和来华后都不到 20%，来华前后均有 60%以上对日本的媒体报道的公平性与客观性持怀疑态度，认为"不是公平客观的"和"不好说"，其中来华后学生近半数认识到日本媒体的报道缺乏公正和客观。

2.5 关于中日关系的重要性

表 4

对象	问 4：您认为现在或者今后，对日本来说中日关系是否重要？				
	选项				
来华前	51%	31%	2.0%	4.0%	12%
来华后	64%	33%	2.0%	0	1.0%

调查结果显示，来华前日本学生中认为中日关系"重要"的人数比例达 80%以上（包括"非常重要"与"重要"两项），来华后持这一观点的留学生比例更是高达 97%。因此无论来华前后的对华印象如何，他们都非常看重中日关系的发展。

2.6 对于目前和今后的中日关系的看法

表 5

对象	问 5：您如何看待今后中日关系的发展？				
	选项				
来华前	2.0%	23%	21%	5.0%	49%
来华后	10%	76%	7.0%	4.0%	3.0%

关于未来中日关系的走向，调查显示，来华前有接近半数日本学生持慎重观望的态

度；持乐观看法的比例与持悲观看法的比例基本相同，各占总数的四分之一左右。来华后，留学生大多持乐观看法，认为"很乐观"和"比较乐观"的占86%，这种倾向与来华前相比异常突出。另外，来华后选择"不好说"一项的比率很少。可见，他们的个人留学体验在潜移默化中增强了他们对中日关系发展的信心。留学作为日本学生亲身体验和了解中国的一大途径，其间的真实经历影响着日本年轻一代的对华认识。使日本留学生抛却来华之前的偏见，让他们内心更加感受到中国的魅力和中国人的友谊，是培养日本年轻一代知华友华意识的关键。

2.7 民间交流的重要性

表6

问6：在中日两国关系中，您认为民间交流的作用如何？					
对象	选项				
来华前	38%	42%	3.0%	17%	0
来华后	69%	26%	3.0%	1.0%	1.0%

根据调查结果，无论来华前后，绝大多数学生都很看重民间交流在中日两国关系中的作用，尤其是来华之后，认为"非常重要"和"比较重要"的比例达到了95%。

民间交流可以拉近不同国家、不同文化的人之间的距离，是减少误解、增进友谊、加强互信的重要渠道，人文交流可以起到"随风潜入夜，润物细无声"的功效，从这个角度来说，民间交流担负着增进相互理解的重要使命。如何积极构建中日青年共同参与的交流舞台，让民间交流继续发挥促进国民感情的作用，是中日关系中今后应当持续关注的课题。

3. 座谈与访谈结果

在问卷调查之后，研究人员与10名来华留学生进行了座谈和个别访谈。了解他们选择中国留学的动机、感兴趣的中国文化、在华学习情况、与中国人的交往、留学前后对华意识的变化、对在华留学生活的意见或建议等。

3.1 选择中国留学的动机

选择来中国留学基本上是出于中文专业需要、工作需要等客观原因，掌握了汉语可以获得更大的发展空间；半数以上的留学生表明是因为喜欢中国文化，对中国感兴趣而选择中国；部分学生是在国内学习期间，受到母校或中国朋友的影响而来华留学，希望自己将来也能够为中日交流做出贡献；还有部分留学生认为来中国留学费用便宜或一般，但没有人因为"留学费用低"而到中国留学。

3.2 在华学习情况

大部分留学生对中国高校提供的学习条件持肯定态度，对学习环境的满意度为80%，对中国教师的教学水平表示肯定，认为中国教师大都勤勉认真，责任心强，对待留学生耐心、亲切；同时认为一些硬件和软件条件还有很大的提升空间。例如，希望有先进的语言训练设施，希望学校多创造机会让他们与中国学生交流，尤其是与日语专业的中国学生交朋友。日本留学生对学习很有热情，都为自己制定了留学期间的目标，希望得到中国教师和学生的引导、帮助和激励。

3.3 与中国人的交往

所有日本留学生都表示得到过中国人的帮助，大多数有中国学生做朋友，但基本上还是和外国留学生交流更多，比如和韩国学生的交往远远超过中国学生。大部分留学生认为中国人对待外国留学生亲切、热情，学习能力强，愿意交朋友；也有个别留学生觉得中国人有时自大、自私、不礼貌，但没有人表示不愿意和中国人交往，均希望回国后和中国朋友继续保持联系。调查表明，虽然留学生一般都有中国朋友，但为数不多，这很大程度上是由于留学生单独管理、单独授课，与中国同学接触的机会较少，由于存在语言不通等交流障碍，感到与中国学生接触时信心不足。

3.4 留学前后对华意识的变化

日本留学生在来华之前通过网络、电视、报纸、别人的讲述、学校课程和书籍等方式对中国有所了解，也对中国产生了兴趣，但大部分学生来华之前对中国的印象是负面的。来中国以后对中国的印象发生了转变，他们这样描述对中国的印象："中国发展很快，还有很多传统文化，风景优美，是个有魅力的国家""我来中国以前，因为每天看到关于中国不好的消息，所以总是对中国怀着一种偏见。但来到中国才了解到真实的中国，就喜欢上了中国。我回日本后会转告我日本的朋友们和家人，中国是一个很好的国家""来中国之前，我以为中国人都有强烈的抗日情绪，所以很担心。但是我来到中国才发现，中国人对我们很友好"。

由此可见，在华留学期间，留学生通过网络、中国媒体、学校教学、老师、同学、中国朋友以及来自日本的媒体等渠道了解信息，再加上在中国学习生活的亲身感受，他们不断修正甚至重建自己心目中的中国形象。而且，拥有很多中国朋友的留学生对中国的评价更高。大多数留学生认为在中国留学的经历对他们的人生产生了重要意义，一部分留学生看好中国的发展前景，表示愿意选择在中国就业生活。当然，由于留学生住宿与管理的特殊性以及中日文化、心理、交流方式和语言不同等原因，留学生与中国人交往的机会相对较少，这在一定程度上影响了留学生对中国社会和中国人的深入了解。

3.5 对在华留学生活的意见或建议

日本留学生对饮食习惯和当地风俗习惯等生活环境适应较好。但是，由于两国的社会政治体制的不同、经济文化发展程度的不同和价值观等观念文化的差异，留学生对中国的人口、教育、卫生、交通等都提出了希望改进的意见。

另外，日本留学生认为中国学生应加强对中国传统文化的学习，提高自己的文化底蕴和综合素质，认为中国学生"学习专业性的东西很多，但是学习孔子、孟子等古典哲学、传统文化的比较少""中国学生学业很优秀,但为了学习而学习,为了找工作而学习的人很多;真正思考自己的人生意义、拥有正确的价值观的人不是很多"。

4. 思考与启示

调查结果显示,日本留学生来华前后对中国的认识明显不同。日本留学生来华后,在与中国人的交流中,对中国社会文化、风土人情有一定了解,将近80%的学生对中国有亲近感和正面印象,显示了他们稳定而良好的对华认知,这使我们感受到他们在日本不曾真正认识的中国,对今后的中日关系持乐观的积极态度。然而来华前则相反,长期以来受日本社会、媒体宣传等影响,超过90%的学生对华印象是负面的,对中日关系的未来抱有显著的悲观看法。但值得欣慰的是,双方大都看重中日关系,都对民间交流在改善中日关系方面发挥的作用充满期待。因此在了解和考察日本留学生对华意识的基础上,我们应深入思考如何进一步扩大对日本留学生的招生规模,对日本青年进行正确的历史观教育,如何培养日本青年学生的知华友华意识,进一步加强国际理解教育,如何在年青一代心中树立和平友好的理念等,以为中日关系的可持续发展提供保障。

作为促进中日友好及世界和平的典范,池田大作的和平思想与民间交流实践对中日两国的留学生培养、青年交流以及中日关系的和平发展都具有重要的启示意义。早在1968年,池田大作面向近两万名日本学生发表了《关于日中邦交正常化的倡言》,在倡言中将中日关系的未来寄予两国青年,"在日中两国之间,以前战争的伤痕至今还没有消失。当诸位即将成为社会核心的时候,日本青年和中国青年应当互相携起手来,欢快地为建设光明的世界而努力"①。1975年,即创价大学开办翌年,便与北京大学正式建立了友好关系,首开日本高校对华教育交流的先河;同时,接收了新中国第一批公派赴日留学生。如今,以中国驻日全权大使程永华为代表,毕业于创价大学的中国留学生均活跃在中日友好交流的舞台。近年来,创价大学在北京设立了办事处,在招收留学生、合作研究等方面同中国高校密切联系,成为深化两国教育交流的表率。2015年,创价大学因多年来在派遣和接受海外留学生、开展国际交流领域取得的突出成就,获得日本文部科学省认定的"超级全球化大学"称号。长期以来,池田大作以教育、文化和青年交流为核心推动民间交流的理念和实践值得我们学习和借鉴。

4.1 增强留学生教育的使命感

近年来日本的高等教育愈加重视国际化人才培养,作为培养学生国际化视野和竞争能力的途径之一,日本高校积极加强与中国高校的交流与合作,直接派遣留学生来华学习和体验中国的社会文化。另外,由于中日经济上的密切联系,日本来华企业和驻华机构为更好地与中国进行商贸往来,愿意优先录用精通汉语、熟悉当地情况的本国人才。很多日本来华留学生也希望能够掌握汉语和沟通能力,毕业后在华就业。以上需求为我国高校发展日本来华留学生教育提供了空间。

---

① 池田大作:《日中邦交正常化倡言》,《亚洲》,1968年12月,第48-53页。

来华留学生教育在很大程度上改善了日本青年学生的对华印象和对华认知，为培养青年人才、增进中日间的相互理解、加深国民感情起到了积极的促进作用。就中日交流而言，留学生作为民间交流的大使，肩负着新的时代使命。因此我国高校应进一步增强留学生教育的使命感，吸引更多的日本留学生来华学习，努力培养和平友好的年轻一代。

4.2 培养留学生正确的历史认识

关于中日间的历史认识问题，池田大作曾做出如下阐释："由于甲午战争日本获胜，因此，轻视中国的思想迅速蔓延，其极致就是在第一次世界大战中日本向中国蛮横提出的《二十一条》。这一无理要求激怒了中国人民，使反日运动激化，……这样，以蔑视中国为象征的近代日本的'傲慢'招致军国主义化，发生了侵略周围国家的悲剧，最后导致第二次世界大战的失败。总之，中国对于日本有难以估量的大恩，而我国却恩将仇报。这段历史是不可忘记的。"①

池田大作的中国观影响了一代又一代创价大学的学生以及日本的普通民众，在创价大学师生的心目中，已形成了"中国是日本的文化大恩之国""应该通过友好交流向中国报恩"的思想和意识。创价大学通过"校史与建校精神""创立者池田大作倡言""中日关系史""和平与人权"等课程，对学生进行历史观教育。每年一度的开学典礼、毕业典礼也成为创价大学向学生及其父母进行历史观和价值观教育的最佳平台。在来华留学生教育中，我国高校可以参考创价大学的经验，将池田大作等日本友好人士的中国观融入汉语教学，培养留学生形成正确的历史认识。学习和研究池田大作的思想和哲学，有助于青年学生形成正确的人生观、价值观和世界观，意义深远。

4.3 在传播中国文化的同时，培养"世界公民"意识

语言体现了一个民族的文化习惯和内涵，也是其文化的载体。对日本学生来说，中国的《三国志》及《论语》等古典文学所传播的价值观具有极大的亲和力。如果将留学生感兴趣的中国历史、社会文化融汇其中，适时适当地进行情感渗透，不仅有利于留学生对所学内容的理解和吸收，同时又传播了中国文化。

池田大作在鼓励日本青少年时，经常引用周恩来总理和鲁迅先生的话，以及中国的古典文学，借此在青年心中培育对中国的情谊。同时，池田大作提出"世界公民"理念，强调培育学生养成"世界公民"意识，其内涵包括：第一，深刻认识生命相关性的"智慧之人"；第二，对种族、民族、宗教等文化差异不畏惧、不排斥，予以尊重和理解，并将这些差异作为自我成长之养分的"勇敢之人"；第三，对劳苦受难的人，无论远近，都会给予同情和关怀的"慈悲之人"。创价大学通过实践池田大作的和平思想，培养学生拥有贡献人类的热诚、崇高的理想和学习目标、对他人的关怀、对世界和平的关心以及强烈的社会责任感。

为表彰努力学习中文和中国文化的学生，创价大学每年举办"创立者杯汉语演讲比

---

① 杜雪巍：《池田大作与中国》，2005 年 2 月 16 日。

赛",评选"冰心奖""巴金文学奖"等传统活动,还有缅怀周恩来总理的"周樱"赏樱会等。创大中国研究会经常参与接待中国访问团体,并将学生们的学习感受和研究成果编辑成册定期出版,营造中日友好的校园文化氛围。

4.4 建立中外学生联谊机制

部分留学生可能有过不愉快的经历,与中国人发生的冲突影响他们在华的心理适应情况,是的致使学生容易产生疲惫感、排斥感、无趣、抑郁情绪。留学生所在院系可指派教师作为留学生的专业指导教师,并建立留学生心理辅导机制,帮助学生尽快适应环境,克服"文化休克"现象。

留学生的社交圈子多限于学校的留学生圈子,社交对象虽有中国学友、朋友,但更多的是外国留学生。为帮助留学生适应中国的学习生活,加强与中国学生的有效沟通和交流,创造留学生同中国学生的接触机会非常重要。许多高校的经验和特色可以相互借鉴。如组织中外学生"1对1交朋友"活动,中外同学郊游、联欢,举办运动会、篮球、舞蹈、摄影、书法、讲演比赛等,通过面对面的交流,协助来华留学生克服跨文化交际的障碍,加深他们对中国人和中国社会的深入理解,增进友谊。同时,在各项实践活动中也要加强对中国学生的教育和管理,注重提高中国学生的道德素质、文明修养和国际意识,使其成为传播汉语和中国文化的使者,同时也能够虚心学习对方的长处。南开大学、大连工业大学等高校组织的"池田大作读书会",吸收来华留学生参与开展各项活动,与创价大学的学生开展短期交流研讨,增进了中日青年学生间的相互理解和友谊,值得推广。

结语

青年一代的教育和培养作为中日关系可持续发展的百年大计,对于进一步充实中日战略互惠关系,推动东亚地区合作乃至世界和平都具有重要意义。尽管中日交流的经济主线取得了长足发展,但两国国民相互认知的薄弱和感情下滑也充分证明,"政治和经济交流往往伴随着力量和利益的冲突,唯有文化和教育交流,才是联结人与人、民众与民众之间永恒不变的坚实纽带"[1]。来华留学教育正是开展人文教育交流、展示中国的包容和开放形象的舞台,日本的来华留学生则是增进两国民众相互了解、加深友谊的桥梁,有利于传播中国的正面国家形象。

本研究采用问卷调查和座谈采访的形式,以所在高校的部分日本留学生为样本进行了考察,在一定程度上能够反映日本留学生的对华意识,但由于样本数量有限,研究的深度和广度有待加强。今后还需要进行更加全面细致的调查研究,为加深中日民间交流、促进两国关系健康发展发挥留学生群体的影响和作用。

---

[1] 池田大作:《池田大作名言100选》,东京:中央公论新社,2010年,第140页。

牧口常三郎、池田大作教育思想在基础教育阶段的实践

佛山科学技术学院　姚朝文

当代日本著名的创价教育家、国际和平主义大使、卓越的宗教家池田大作先生，是创价学会开创者牧口常三郎教育思想的继承者、发扬者和实践者。他提出的以孩子为中心、亲子共读、亲身教育、幸福与和平的教育观念，在当今中国基础教育阶段的作文教学实践中依然具有广泛的借鉴和针砭意义。

一、教育的落脚点："以孩子为中心"

牧口常三郎于 1899 年 5 月在北海道师范学校附属小学做了题为《山和人生》的演说。这是以小学教师为对象的示范课程，相当于当今中国教育界流行的公开课，主题是：以山为主体怎样授课才能培养孩子们的兴趣。

演说开门见山就亮明自己的教育宗旨是以德国赫尔巴特（Johann Friedfich Herbart）"多方兴趣"（Vielseitiges interesse）理论来实施教学，"培养教育目的之兴趣，要理解山所起的作用"[①]。

初看这个演说的论题，令人以为这是地理学的课程。不错，牧口常三郎的确是地理学科出身的小学校长，但他终身的成就却是教育学。他接下来展示的演说内容就属于教育学。

不过在笔者看来，这一场演说更像一堂基础教育阶段的作文教学课，更具体地说，就是在作文教学的审题阶段里，如何让学生们扩展思路、激发多向度想象力。这显然是关于如何拓展想象力，怎样打开作文思路的思维扩展课。

牧口校长要求听讲者分别采用六种兴趣的向度，来依次分析山与人类生活之间的关系：经验的兴趣、思考的兴趣、审美的兴趣、同情的兴趣、社交的兴趣、宗教的兴趣。如此实施基础教育课堂，在 117 年后的今天看来，实属于跨学科的综合探讨学习法。这就引

---

① 佐藤秀夫：《牧口常三郎全集》（第 7 卷）：《书记教育学论集》，东京：第三文明社，1982 年，第 330 页。

发了我们教育工作者的好奇心，想弄清楚一百多年前的日本先进教育思想家，究竟是怎样实施其课堂教学的。

下面引用日本学者佐藤秀夫从《牧口常三郎全集》第7卷《书记教育学论集》中引述的这次演说的课堂内容。①

第一，在"经验的兴趣"上，解释一下作为资源产地的山："山麓的牧草养育着牛马，使绵羊和山羊的数量增加。因此在日本，大部分有名的牧场都在山麓。"② "矿物以山的形式出现在地表。如果没有山岳，大部分有用的矿物就会深埋地底，那就难以到手。"③ "所有这些物质都是人类生活不可缺少的，是社会文明进步的基础。"④

第二，在"思考的兴趣"上，解释一下作为学问对象的山。例如，在自然科学里，"如果没有山岳，热带地区就会变成沙漠，寒带地区就会变成冰川，温带地区就会变成沼泽。因此，山可以说是水源，也是土质的调整者，气候的调节者"⑤等。

第三，在"审美的兴趣"上，解释一下作为艺术主题的山。就是说，以山为主题，画家怎么描绘，诗人怎么用诗去咏叹。"实际上，山点缀了大地，装饰了土地，宛如大自然为了满足人类的眼睛，处处准备了美丽的风景。"⑥

第四，在"同情的兴趣"上，解释一下作为人格形成的山："山能够使人的情感变得和谐，启发人心，可以说是从天上来的老师。被山爱护着的国民在凝望山的时候，犹如孩子凝望父母一样。还有谁不爱山呢？"⑦

第五，在"社会的兴趣"上，解释一下作为社会形成起点的山："和山承受的命运一起体验的这种情感，最终走向被山保护着的社会全体。强烈的爱国心之所以都在多山的国家，实际上就是这个原因。"⑧

第六，在"宗教的兴趣"上，解释一下作为宗教象征的山，或者说作为宗教感情契机的山。"可以说日本的宗教是在山上发展起来的。不只是日本，世界的大宗教也是在山上发展起来的。"⑨另外，生活在山上的人，"认识天，理解天，和天融为一体。他们在和天接近的同时，慢慢地知道了自然的力量广大无边。与大自然相比，自己的力量实在渺小。我们觉悟到自己被超越人类的力量支配着"⑩。

---

① 伊藤贵雄：《牧口常三郎与约翰·杜威——对地理学的关注》，转引自高益民主编《和平与教育》，北京：教育科学出版社，2010年，第267-268页。

② 佐藤秀夫：《牧口常三郎全集》(第7卷)：书记教育学论集，东京：第三文明社，1982年，第332页。

③ 佐藤秀夫：《牧口常三郎全集》(第7卷)：书记教育学论集，东京：第三文明社，1982年，第333页。

④ 佐藤秀夫：《牧口常三郎全集》(第7卷)：书记教育学论集，东京：第三文明社，1982年，第333页。

⑤ 佐藤秀夫：《牧口常三郎全集》(第7卷)：书记教育学论集，东京：第三文明社，1982年，第334页。

⑥ 佐藤秀夫：《牧口常三郎全集》(第7卷)：书记教育学论集，东京：第三文明社，1982年，第339页。

⑦ 佐藤秀夫：《牧口常三郎全集》(第7卷)：初期教育学论集，东京：第三文明社，1982年，第341页。

⑧ 佐藤秀夫：《牧口常三郎全集》(第7卷)：初期教育学论集，东京：第三文明社，1982年，第341页。

⑨ 佐藤秀夫：《牧口常三郎全集》(第7卷)：初期教育学论集，东京：第三文明社，1982年，第345页。

⑩ 佐藤秀夫：《牧口常三郎全集》(第7卷)：初期教育学论集，东京：第三文明社，1982年，第346页。

其实这种教学思路在中国古代的教育中就有成功的实践，宋代大文豪苏轼的读书方式就类似这种多向度思考、发散性放射状接受的方式，这种方法的实践效果特别突出，导致苏轼成为那个时代学识最广博、才华最丰硕、成果最突出的大家，他在古文（古典散文）、诗歌、宋词、政论、书法、政治思想、军事思想、游记、美食、水利工程方面均有建树。苏轼把这种学习和教育的方式形象地命名为"八面受敌"法。

如果说苏轼的这种阅读方法与牧口常三郎的跨学科综合学习法有什么区别的话，那就是苏轼的"八面受敌"法是以阅读者或写作者自己为中心，而牧口常三郎则强调要以学生而非教师、接受者而非创作者为中心。

池田大作继承了创价学会的开创者牧口常三郎以学生为中心的教育观念。牧口常三郎主张，教师要离开受人尊敬的王座，要成为指导他人登上王座的公仆。池田进一步指出，教师"与学生的关系不是对立的，彼此都是迈步在学问之道的同志，也可以说是前辈与后辈。最重要的是两者都要秉承民主的关系。""教育者以贤明的指导、充满爱的鼓励，一定能大大开启生命的'心扉'。"①

池田大作一直主张"师弟不二"，认为"孩子的幸福是第一位的。孩子也是人，也有人格问题，发挥孩子们的可塑性是教师的责任。"②

他又认为"母亲是孩子的第一个启蒙教师"。"不论什么家庭，父母自身有上进心，不断学习，这样的态度就会自然地给孩子带来启发"③，中国古代名言"言传不如身教"，说得也是这个道理。

他与杜维明教授对话时，可谓机锋并出，哲理浓厚、启迪良多。他们俩都认同佛教经典所云："库财不如身财，身财不如心财。""家庭、学校和地区社会，都应当是把丰富的'心财'赠给孩子们、进行人本教育的场所。"④

池田先生也意识到，"人生并不是只用学校教育来培养的"⑤。要完成人的教育，途径有多种，家庭教育、社会教育恰恰是学校教育分别伸向的两个领域。对于成年人来说，社会教育的痕迹会更重，限制性也更强。但是纵观人的一生，其早年教育，尤其是家庭教育，会影响到他一生的价值取向、性格操守和一生的追求。

二、教育的路径："亲子共读"

《开创未来的教育圣业：与丹麦教育家的友情对谈》一书的第四章"义务教育的现在与未来"之第一节，讨论的主题是"亲子共读"的重要性。池田大作指出："现今日本青少

---

① 创价学会指导集编辑委员会：《创价学会指导集》，东京：圣教新闻社，1976 年，第 81 页。
② 池田大作：《谈教育》，东京：第三文明社，2003 年，第 47-48 页。
③ 池田大作、杜维明：《"对话的文明"——谈和平的希望哲学》，成都：四川人民出版社，2007 年，第 13 页。
④ 池田大作、杜维明：《"对话的文明"——谈和平的希望哲学》，成都：四川人民出版社，2007 年，第 19 页。
⑤ 汤恩比、池田大作：《展望 21 世纪——汤恩比、池田大作对话录》，北京：国际文化出版公司，1985 年，第 61 页。

年疏离书籍的情形急剧增加。从好书获得的心灵滋养是无法估量的,尤其在幼年期养成阅读的习惯意义重大。"丹麦教育家亨宁森对答道:"过去我国普遍每个家庭,都会带着二到六岁的孩子亲子共读,但近来因夫妻都就业的情形增多,家族结构改变,此传统有了很大的变化;亲子共读不仅是父母也成为幼稚园老师的责任。然而,整天诸多压力的工作结束,父母若还有时间和精力的话,仍会在家里与孩子共读。"①

由此笔者联想到,当今中国的父母亲们有多少人能够分享到与孩子共读童话与文学经典的亲身体验?如果说在部分城市的教师、知识分子家庭里可以分享而毫无困难的话,那么在广大乡村里的"留守儿童家庭",文盲爷爷奶奶与失学的孙子或外孙女之间,如何才能做到池田大作与亨宁森所推崇的"亲子共读"呢?即便在城市里,工薪阶层也大多把孩子交给爷爷奶奶看管,自己早出晚归去打工。这种"隔代教育"给子辈、孙辈成长中带来的后遗症已经越来越显著了。这是处于低级阶段的中国偏远地区的乡村、处于中等发达阶段的中国东南部沿海城市与发达的丹麦、高度发达的日本之间,在儿童早期教育阶段的重大差别。

针对这种现象,池田大作高度赞扬大阪国际儿童文学馆名誉馆长中川正文的做法。他说:"著名绘本作家中川正文就曾称赞青妇的亲子共读运动:'并非是单方面念给孩子听,而是妈妈出声朗读得到感动,小孩听了也才会感动。这种态度很重要。'并做结论说:'一起成长'是亲子与故事书共同建构出来的基本'型态'。"(《圣教新闻》2006年11月12日)

作为教育工作者,笔者有幸亲身体验过多种形式的"亲子教育"。为孩子朗读诗歌、读历史故事,读《西游记》里的"大闹天宫""孙悟空三借芭蕉扇",共同表演儿童剧,分角色体验童话里不同的人物、动物角色,共同感受角色的喜怒哀乐,共同在旅游中验证课本里的地理山川、江河湖海、历史名人的丰功伟绩,领略《诗经》的久远与《山海经》的浩繁……笔者将这些感受写成系列的文章发表后,又获得了教育研究的立项课题,进而指导了若干中、小学教研改革。笔者孩子所在的佛山市实验学校获得教育部教育科学研究所的地方教育综合改革立项,以《营造"书香校园"与促进师生发展》获得全国教育学会颁发的优秀成果奖。笔者的征文作品《我们共同"成长"》赢得《广州日报》2007年8月8日"成长"杯全国征文一等奖(第一名)(见彩图1),佛山市禅城区"十佳好父亲"荣誉称号(2012年6月,证书见彩图2、颁奖现场见彩图3)。孩子参加的"同分享 共成长 让爱流动之旅"被授予"爱心小天使"称号(见彩图4)。孩子班级在学校里自发组织的"迎六一,献爱心"行动,引起佛山市电视台品牌栏目"小强热线"的关注,全程采访、录像后,面向全市播出,引发了广泛而强烈的社会反响。孩子们将亲手做成的工艺品、书法、绘画、玩具、装饰品、航空模型现场拍卖,拍卖所得全部捐献给本市三水区"地中海贫血儿童救助中心"。孩子带回来整个活动的现场图片、录像给我们看,父母与子女共同感受

---

① 汉斯·亨宁森、池田大作:《开创未来的教育圣业:与丹麦教育家的友情对谈》,刘焜辉译,台北:正因文化事业有限公司,2011年,第60页。

"亲子体验"、"亲子创造"、"亲子义卖"的乐趣。那种幸福感和成就感,是置身事外的人无法深刻体会和替代的。一年后,孩子以此为题参加全区即兴口头作文大赛,竟然因为内容的真实可亲、生动有力赢得了特等奖。

做好事乃人性本性所驱使,不为功利目的所左右。在即兴作文的现场,孩子没有时间来充分构思文章的篇章结构时,生活积累的丰富充实就成为高下立判的试金石。当然,家长平时不应以权威姿态自居,不宜对孩子搞生硬的灌输,而是随着孩子的兴趣而隐形地诱导、激发。笔者深信,这种隐形引导而非强制灌输的教育方式,也是成功的诱因之一。再加上,孩子担任学校播音员、升旗仪式的领队,经常主持大规模的集会活动,锻炼出临场镇定、从容应对的良好心态,也是成功的另一个重要心理品质。

总之,笔者以自身及孩子的亲切体验来夫子自道、现身说法,证明池田大作先生提出的"亲子共读"教育思想的实践效果,自少在笔者的家庭、孩子的学校里多年的实践效果,是非常显著又十分可行的。

就是在这个意义上,与池田大作对话的丹麦教育家亨宁森得出的如下结论,笔者深表认同,可谓《孟子》所云"于我心有戚戚焉"。亨宁森认为:"听故事的时候,大家都是平等的。我想'共读'蕴藏着结合人与人及文化的力量,在培养儿童能力上有莫大效果。"①

池田大作见识广博,他提供了一段大历史学家汤恩比成长的片段。汤恩比对他的儿子回忆自己幼年读书的经历:"小学读英国史时觉得很无趣。后来因为家计关系,母亲辞掉保姆,每晚亲自带我上床、哄我入睡,并从头开始为我朗读英国史。那时我五六岁吧。"② "那乐趣真是无可计量。"③

笔者发现,许多大作家没有接受过博士教育,可是他们都接受过家庭教育和小学教育。影响了他们终生创作成就的恰恰是童年记忆与小学教育。中国现代文学的文豪鲁迅在《故事新编》里回忆了许许多多童年生活及母亲对他的教育。2012 年诺贝尔文学奖得主莫言在颁奖盛典的答谢致辞就是《讲故事的人》,讲的都是童年故事和小学时代的记忆对其创作的影响。笔者的作家老师魏巍、玛拉沁夫,大诗人公木、儿童文学耆宿蒋锡金,都再三告诫笔者,童年生活、少年体验对作家一生的创作具有决定性的影响。至于中学语文课本里选取的朱自清《背影》、魏巍《我的老师》、朱德元帅《我的母亲》乃至于选入《大学语文》教材里的贾平凹《我的父亲》、梁晓声《父亲》、史铁生《我与地坛》,都体现出少年时代与父母的共同生活对他们一生的深刻影响。

---

① 汉斯・亨宁森、池田大作:《开创未来的教育圣业:与丹麦教育家的友情对谈》,刘焜辉译,台北:正因文化事业有限公司,2011 年版,第 62 页。

② 腊山政道:《汤恩比史学与现代的课题》,收录于《世界名著》,(日本)中央公论社,第 61 页。

③ 汉斯・亨宁森、池田大作:《开创未来的教育圣业:与丹麦教育家的友情对谈》,刘焜辉译,台北:正因文化事业有限公司,2011 年版,第 62 页。

三、最佳的教育方式：耳提面命、亲身教育

池田大作强调教师要注重自身的人格磨炼。他说："知识本身是可观的，利用讲义、传声器完全可以传授。而人格形成、人性等应当如运用知识的价值创造问题，是要通过教师和学生之间的交流和接触才会自然刻印在生命中的。"①

这一思想不仅中肯，而且对于当代教育具有显著的针对性。在电子信息革命和全球化的当代世界，不仅教育的手段越来越工具化，教育的目标和归宿也越来越出现了路径依赖，似乎不能"触电上网"就寸步难行，甚至要被时代淘汰。针对这种趋势，池田大作的这一教育思想，不啻为教育观念的春雷、教育手段的清醒剂。

在教学实践中，许多语文和英语教育的名师反复强调过，语言教育才是最本位的。适当运用多媒体手段可以强化语言教学的效果，例如，播放著名播音员的诗歌朗诵视频。但是，过多依赖多媒体的结果，往往是视觉图像淹没了语言教学本身，造成文、史、哲、政治、心理、教育课堂变成了电影、视频课堂。现在盛行的远程教育、慕课，比较适合于客观性知识的大规模、多受众的传授。但是，如果受教育者选修的是书法、绘画、音乐、武术、文学、钢琴、舞蹈等艺术性强、个性化突出的课程，尤其是到了高级阶段，特定的主观经验未必具有广泛传播性，必须师傅亲身面对徒弟耳提面命，手把手地训练、提示、体悟，纠正学生随机出现的那些不可预见到的差错，有些技巧、经验甚至"可意会而不可言传"，需要心灵与心灵的沟通与顿悟。就像禅宗五祖弘忍给青年时期身为仆役的六祖惠能，三更半夜里秘密传授衣钵那样，那种心传神授，殊非计算机远程传播所能替代，至少可以说，不能完全替代。

据佛教入门经典《五灯会元》卷一记载，释迦牟尼佛在灵鹫山法会上拈花示众，众生徒都不明白佛祖这是何意，只有迦叶尊者破颜微笑，心领神会，知其意旨。于是释迦佛说出了后世流传甚广的名言："吾有正法眼藏，涅槃妙心，实相无相，微妙法门，不立文字，教外别传。"

这"不立文字，教外别传"就是堂奥之所在。笔者相信，任何学科，到了高级阶段都会"殊途同归"，宋代大理学家朱熹所云"理一分殊"，此之谓也。

我的学生写了一篇作文《应该优待我们的老师》，文中讲了一个故事：从前有一位国王，要把自己最心爱的一枚勋章，作为最高奖赏，奖给对社会贡献最大的人。这一天，很多军功显赫的将军、成绩卓著的发明家、作家以及社会名流、学者都到齐了。可是，国王看了他们以后，并没有动那枚勋章，而是走到一位教了一辈子书的白发老妇人面前，恭恭敬敬把勋章奖给了她。国王十分郑重地对她说："你是人类智慧的开拓者。专家、学者、将军、国王都是从你这里得到启蒙的，你对社会的贡献最大。"笔者在这篇作文后面的评

---

① 池田大作：《创立者と共に——创立精神を学ぶ》，东京："创立者とともに"编辑委员会，2004年，第60页。

点中写道:"这确实是一个令人深思的故事,它隐含着千言万语,作者借用它形成了强有力的论据。这种论证方法,要比直接讲一些浅显的道理更有说服力。"①

无论是佛祖释迦牟尼、汤恩比还是学生作文里的那位国王,他们都采用了亲身实践、现身说法、耳提面命、"以身证道"的方式来教育大众。笔者由此获得的顿悟是,身边的、生活中的榜样才是力量无穷的,亲身正道、现身说法的示范效果可以胜过抽象的道理。

四、教育的使命:幸福与和平

牧口常三郎于1930—1934年出版《创价教育学体系》四卷巨著②,终身践行其"人性教育"的思想。在军国主义横行无忌的时代,牧口常三郎反对培养武士道的少年,而主张教育的目的是民众的幸福和"人格的价值创造"。今天看来这是难能可贵的,但在当时却被军国主义者视为异端。1943年7月,创价学会的两代会长牧口常三郎、户田城圣被捕入狱,罪名是"不敬罪与违反治安维持法"③。战后,池田大作为了表达民众的和平诉求,创建了公明党,却于1957年7月被冠以"违反选举"的罪名入狱。"池田的出狱之日7月17日成为(创价)学园学生永远的原点和祈誓之日"。④

池田大作认为,教育可以防止国家之间的战争和其他不幸事件的发生。"我们可以期待通过人民大众之间的信赖渠道,来防止国家之间发生可预见的不幸事态。"他进而指出,教育可以超越国家主义和意识形态的限制,"学问就是普遍的世界,可以超越国界、民族、语言来进行交流。教育应该担负起培养立足于全球视野的世界公民的职责"。他在与当今世界新儒学的泰斗杜维明教授举行的《对话的文明》一书里,更加坚定地认为,这样的教育"一定会成为把'战争与暴力的世纪'转换为'和平与非暴力的世纪'的'主轴'"。

池田大作一以贯之地认为:"要开拓世界和平、人类平等、精神自由之路,这是'教育'的神圣使命。不如此则无法形成让人活得像个人的'人性绿洲'。此外,要打破阻止此趋势之权力者,打破权力魔性,使权力、权势归属于民众,也是要仰赖'教育'才能做到。"

这种思想在多半个世纪前的牧口常三郎关于"山和人生"的演说中就体现出对日本国粹主义倾向有清醒的批判意识:

"实际上山是天然的城墙的同时,也会使国家变得狭隘。在狭隘的山国中成长起来的人怎么可能具有宏大的气魄呢?如果思想狭隘,就会嫉妒他人,排斥他人,最终导致内

---

① 姚朝文等:《全国中学生优秀作文评点》(演讲卷),长春:长春出版社,1993年,第26页。
② 牧口常三郎:《创价教育学体系》(1-4卷),刘焜辉译,台北:正因文化事业有限公司,2011年。
③ 奥田真纪子:《创价学园的人性教育——激发人类内在的多元可能性的人性教育理念》,转引自高益民主编《和平与教育》,北京:教育科学出版社,2010年,第257页。
④ 池田大作、松下幸之助:《人生问答》,北京:中国文联出版社,2000年,第353页。

订。封建时期这样的风气，实际上山的影响很大。这种风气到现在仍然没有消失。这样自然而然就出现了岛国根性。岛国根性不也体现在与外国贸易的许多共同事业上吗？那实际上是日本人的一大缺点，作为教育者，将来一定要大力纠正它。"

这段演说发生在 1899 年，是日本军部在甲午海战中战胜清朝五年后，积极酝酿对沙俄帝国发动占领中国东北的战争之前的五年。牧口常三郎先生对国民性格洞察之深邃、胆识之过人，令人倍加钦佩。这种对国粹主义的清醒抵制，在当前剧烈变动的国际局势面前，就显得尤其有现实意义。

创价学园于 1968 年 4 月初创。开始是中学建制，1971 年创价大学（創価大学，Sōka University）成立。池田大作确定的创校校训有五条：（1）要成为追求真理、创造价值的英知和热情之人；（2）要成为绝不给别人添麻烦，对自己的行动负责任之人；（3）要成为对他人亲切、彬彬有礼，否定暴力，重视信赖与协调之人；（4）要成为堂堂正正地陈述自己的信条，为了正义具有贯彻实行勇气之人；（5）要成为富有进取禀性的光荣的日本的领袖、世界的领袖。①

创价学园的校训里，特别体现出池田大作的对人生与教育的信仰，其关键词就是"追求真理""不给别人添麻烦"、对自己的行动"负责任"、否定暴力、信赖与协调、坚持正义、贯彻力行、世界领袖。池田在关西创价学园第一次入学仪式上强调，要懂得报恩而不是一味索取，抵制邪恶而非作恶，尤其"不能将自己的幸福建立在他人的不幸之上"②。池田大作先生不仅把这些可贵的"人性教育"理想确立在校训中，而且灌注到创价学园的校歌中。冲洋作词、川上慎一作曲的创价校歌，弘扬的主旨是为了创造社会的繁荣、民众的幸福、世界的和平、承载后代的世界。池田大作一生具有超越眼前得失利害，跨越民族、国家与集团利益的限制，舍弃小我、成就大我的宏阔胸襟与远大理想。在 1968 年，日本国内右翼势力占主流、中国正处于"文化大革命"的混乱时局之下，池田先生能够不畏惧极端分子的暗杀威胁，以大无畏的毅勇发表了《日中邦交正常化倡言》。这种可贵的精神品质，在当代尤其需要发扬光大，不仅仅在中日两国的基础教育阶段，也适用于各国各种层次的教育实践。

---

① 池田大作：《教育の世紀へ》，东京：第三文明社，2003 年，第 201 页。
② 池田大作：《随笔新人间革命（327）》，东京：圣教新闻社，2003 年。

创价大学"初创史"对我国新建本科院校的启示

北京大学 施晓光 王小青

2014年，中国政府颁布《国务院关于加快发展现代职业教育的决定》中明确："引导普通本科高等学校转型发展。采取试点推动、示范引领等方式，引导一批普通本科高等学校向应用技术类型高等学校转型，重点举办本科职业教育。"这一政策出台意味着全国600多所新建地方本科院校①面临转型的压力。政府指导性意见的出台使各地方开始探讨地方本科院校转型问题。俗话说，"他山之石，可以攻玉"，他国办学经验也是寻找新建本科院持续发展的有效路径之一。因此我们利用参加池田大作思想国际研讨会的机会，认真研究了"创价大学"（下文简称"创大"）的初创史（1971年前后到2000年前后），试图从理论准备、建校设想、建校实施等方面考察该校创建和发展的过程，期冀寻找出于我国地方本科院校转型有价值的办学经验和启示。

一、创价大学的创建史：理想变成现实的过程

（一）创价大学建立的理论基石

创大的理论基础可追溯到创价学会首任会长牧口常三郎的创价教育学体系。创大的"创价"二字即是从《创价教育学体系》中汲取而来的。②"教育学的目的是什么？创造价值。"1929年牧口和户田圣城的师徒对话成为创价教育学的起点和源头。③创价教育学思想的哲学基础在于"价值哲学"。关于价值的本质认识，牧口在书中做了详解的推演。他区分了"价值"和"真理"的关系：真理与价值之间存在某种联系；真理和价值的概念和范畴需要区分开，真理是客体以及客体之间相互联系的概念，它意味着客体性质的相同，真理不能被创造，只能被认识，而价值是客体与人生活之间的感情关系，价值可以创

---

① 所谓新建本科院校指的是教育部2000年以后批准设立的本科院校。
② 山本英夫：《大学对所处区域社会的贡献——以日本创价大学为例》，《福建师范大学学报（哲学社会科学版）》，2008年第1期，第37页。
③ 施晓光、任玉珊、高玉婷：《牧口长三郎教育思想研究》，沈阳：吉林人民出版社，2012年，第74页。

造和被人们加以利用。①牧口的价值体系与传统有所区别。他将价值体系区分为"美、丑""利、害""善、恶"三组范畴,将原来的"真善美"改成"美、利、善",其中美的价值是通过人们感觉的判断所产生的价值,利的价值是关于全人生命的个体价值,善的价值是关于团体生命的社会价值②。在价值哲学和价值体系阐述清楚后,教育和价值的关系就自然地联系起来了。"人的教育活动是对人生的指导,人生就是价值创造的过程。人生的意义是教育和价值紧密联系的纽带。人生的意义是如何获得幸福,幸福生活就是充分获得有价值的、美满的生活。③"故牧口得出创价教育学的定义:创价教育的意义不在填塞知识,而是使人们在任何情况下皆能打开生路,生利除害、趋势避恶,并且培育能顺应环境开拓地创造美、利、善价值的人④。创大的使命是培养创造"美、利、善"价值的人⑤,就是从创价教育学的定义中继承而来。不仅仅是创大,创价女子短大也是牧口教育学说的实践场所⑥。

(二)三代"创价人"的梦想

创大的设想远远早于创校时间,而且也是源于创始人及相关人士的教育情怀。创大的设想最初来自 1950 年户田与池田的对话。⑦1954 年路过八王子的时候,户田突然对池田说:我真想什么时候在这里建造创价教育的城堡啊!⑧户田希望建立创大是因为希望完成牧口的梦想,但没有等到创大诞生之日。创大的建立是基于创价学会三代领导人牧口、户田和池田在创价教育学思想的"一脉相承"的。池田是在完成两位前人的遗愿,从大学创建准备工作开始就做了很多实际有效的工作。他于 1964 年 6 月发表了创办创大的构想,首先于 1968 年创办创价高中和初中,然后配合第一届毕业生于 1971 年创办了经济学院经济学系,法学院法学系,文学院英语系、社会学系这 3 个学院 4 个系。⑨池田本人也捐出了自己所有著作的版税及其他收入,部分创价学会的会员纷纷捐款。⑩终于创大在八王子市问世,户田逝世的 4 月 2 日成为创大的

---

① 施晓光、任玉珊、高玉婷:《牧口长三郎教育思想研究》,沈阳:吉林人民出版社,2012 年,第 82 页。
② 施晓光、任玉珊、高玉婷:《牧口长三郎教育思想研究》,沈阳:吉林人民出版社,2012 年,第 84-88 页。
③ 施晓光、任玉珊、高玉婷:《牧口长三郎教育思想研究》,沈阳:吉林人民出版社,2012 年,第 89 页。
④ 施晓光、任玉珊、高玉婷:《牧口长三郎教育思想研究》,沈阳:吉林人民出版社,2012 年,2012 年,第 89 页。
⑤ 2016 年 7 月 3 日下载于创价大学网站:http://www.soka.ac.cn。
⑥ 池田大作:《走在大道上——我的人生记录(第 2 卷)》,长沙:湖南师范大学出版社,2011 年,第 81 页。
⑦ 2016 年 7 月 3 日下载于创价大学网站:http://www.soka.ac.cn。
⑧ 池田大作:《走在大道上——我的人生记录(第 1 卷)》,长沙:湖南师范大学出版社,2011 年,第 10 页。
⑨ 2016 年 7 月 3 日下载于创价大学网站:http://www.soka.ac.cn。
⑩ 李庆:《池田大作传》,杭州:浙江人民出版社,2008 年,第 71 页。

创办之日。①

创始人亲自确定了创大的建校精神：成为人本教育的最高学府、成为新式文化建设的摇篮、成为坚守人类和平的要塞。②建校精神体现的是创价教育的核心理念和价值追求，创大的使命就是培养学生成为能创造"美、利、善"价值的人才。"学生第一"是建校以来的传统，在创大的官网上显赫地写着：发现自己的能力。③创大目标表现出极强的持续性和稳定性。该校将建校50周年时的创大目标确定为：成为"按照建校精神培养'创造性的人才'的大学"④。

（三）艰辛的创办过程

1. 师资

创大要运转，除了硬件建设，最重要最核心的当数建设第一批高水平的教师队伍。牧口作为小学校长，为了不辜负家长们期待，早在20世纪初期就提出"教师素质决定教育"的口号，并决定向全国招聘才德兼备的优秀教师"。很显然，池田也继承了前人的衣钵，"教育取决于教育者"⑤。他常引用苏格拉底举"电鳐"的例子勉励教师。"人们把苏格拉底对青年的感化力评价为好像'电鳐'一样，而苏格拉底回答说，电鳐因为自己充了电，所以才能使他人触电。"⑥同时，他还指出，教育最首要的是教师本身作为人的向上心，以及由此而渗透出的人格和人生。⑦按照这些教师的理念，创大开始了优秀教师的招聘之旅。然而，招聘合适的教师参与创大的创业时，也遇到很多尴尬和质疑，包括学校的性质、言论自由等。⑧尽管如此，池田对于教师的要求依然有三个：人格魅力、责任感和创造性。⑨同时，池田在与汤恩比20世纪70世纪的对话中认为，大学教师不能没有社会经历或体验。⑩创大对于教师素质的设置不仅把好了入口关，对教师的在职教育方面也花了很大功夫。在2000年，创大设立了"教育、学习活动支援中心"，尝试支援教员开发各种革新的讲课方法、向学习遇到困难的学生提供使他们能自行解决问题的

---

① 山本英夫：第37-38页。
② 池田大作，松下幸之助：《人生问答》，卞立强译，北京：中国文联出版社，2000年，第342页。
③ http://www.soka.ac.cn。
④ http://www.soka.ac.cn。
⑤ 池田大作：《"和平与教育：池田大作国际学术盐田会"献词》，高益民主编：《和平与教育——池田大作思想研究》，北京：教育科学出版社，2010年，第5页。
⑥ 池田大作：《人生的坐标》，上海：上海外语教育出版社，2002年，第97页。
⑦ 池田大作：《人生箴言》，卞立强译，北京：中国文联出版社，1995年，第129页。
⑧ 李庆，第72页。
⑨ 张杨：《论池田大作的"以人为本"大学教育观》，高益民主编：《和平与教育——池田大作思想研究》，北京：教育科学出版社，2010年，第191-192页。
⑩ 阿诺尔德·J.汤恩比，池田大作：《展望二十一世纪：汤恩比与池田大作对谈集》，台北：正因文化事业有限公司，2000年，第75-76页。

学习志愿服务。①

2. 学生

池田在其著作文献中反复强调创大"重视第一届学生"。20 世纪 70 年代，松下幸之助和池田对话"培养 21 世纪的人才"时，为创办"松下政经塾"搜集建议，池田的回答是："重要的是'第一届学生'。接着每年都要送出一届学生。要以这样的决心来对待。"②他认为："第一期学生是极其重要的。建立什么样的传统，刻印下什么样的发展步伐——完全取决于第一期学生。"③池田观点精彩之处，在于创大的传统是从第一届学生开始建立的，诚如池田所说"你们都是创大的创办人，跟我一样④"。这给第一届学生代表田代康则（现任创大理事长）心里留下深刻印象，并且备受鼓舞。⑤人人都是创办人的精神实际上就是在"演绎"和传播"学生第一"和"学生为主角"的校风。当学生需要作为学校建设的参与者时，其责任感、使命感和自豪感便油然而生，池田提倡的"学生自治"的传统也就奠定下来了；这样学生负责大学管理、通过对话讨论问题一起努力克服困难解决问题的经历，便能促进培养每个学生的"创造性"。⑥对第一届毕业生来说，最大的课题是就业。⑦池田勉励第一届毕业生"先就业再择业"，成为创大学生的核心，在同学们和创大就业科的努力下，首届毕业生就业率达 100%。⑧创大"前辈帮助后辈"的就业支援体系令一名校友印象深刻。⑨

大四已就业前辈会组成"CSS（职业支援工作人员）"和"RSS（就业支援工作人员）"帮助后辈就业。"CSS"主要功能是：帮助一、二年级学生找到大学生活的目的；分享国家考试、公务员考试等各种资格考试的经验；提供通过实习和企业参观接触企业和工作的机会；帮助学生使自己的梦想和课程、留学、社团活动、社会福利活动、兼职等相结合；提供平时可利用的有关职业的咨询平台。而"RSS"主要为开始找工作的大三学生提供简历、面试指导，就业、企业资讯，到最后的录取手续等"一条龙"服务。

"重视第一届学生"的真正内涵在于从第一届学生开始认真践行"学生第一"的理念。创大学生满意度在日本总是名列前茅。⑩另外，重视第一届学生的做法，还包括池田创

---

① 张杨：《论池田大作的"以人为本"大学教育观》，高益民主编：《和平与教育——池田大作思想研究》，北京：教育科学出版社，2010 年，第 192 页。
② 池田大作：《走在大道上——我的人生记录》（第 1 卷），第 8 页。
③ 池田大作：《走在大道上——我的人生记录》（第 2 卷），第 80 页。
④ 竹口春菜：《池田大作的人本教育之实践——以创价大学生宿舍和社团活动为例》，高益民主编：《和平与教育——池田大作思想研究》，北京：教育科学出版社，2010 年，第 199 页。
⑤ 田代康則：《草創の滝山寮と大学を語る》，《創価教育研究》，2001 年第 4 期，第 115-123 页。
⑥ 竹口春菜，第 30-31 页。
⑦ 池田大作：《走在大道上——我的人生记录》（第 1 卷），第 11 页。
⑧ 池田大作：《走在大道上——我的人生记录》（第 1 卷），第 11 页。
⑨ 竹口春菜，第 49 页。
⑩ 池田大作：《走在大道上——我的人生记录》（第 1 卷），第 12 页。

造各种机会面对面与学生对话①,如参加开学典礼、创大祭②等。创大提倡创建校友会(创友会),鼓励学生组建各种社团③,创立了如由学生主办入学典礼等重大活动的传统,培养学生的创造性④。

3. 学校的国际化

国际化作为创大的传统之一绵延发展,"创价大学完成'保卫人类和平的要塞'的使命,国际交流就极为重要"⑤。在学校初创时,创始人让设计人员到欧美参观著名的大学,如牛津大学、剑桥大学,加州伯克利、洛杉矶两个分校,哈佛大学,马萨诸塞州大学⑥,从中汲取灵感,为第一批学生打造一流的校舍。学生的国际流动也是高等教育国际化的表现之一。创大很早就和中国的复旦、北大等大学建立了交流关系,并主动在1975年招收了中国留学生。⑦截止2015年1月,创大已经和48个国家、154个大学达成了国际交换学生协议。⑧创大留学服务进一步的特色在于,学生自发组成"创大世界会",为有留学规划的同学提供免费咨询服务、分享留学信息和心得,帮助他们更快地更好地适应国外学习生活。⑨

创大另一个国际化战略是创建美国创大。在发表要设立美国创价大学的远大构想并付诸实现时,池田说过这样的话:在我的时代如果无法完成,希望能继承我的遗志,花几十年的时间也要实现这一目标。⑩实际上创大仅用了23年就完成了池田的心愿。1987年在美国加州洛杉矶北部的加拉巴萨斯创大分校创立,直到1994年分校内开设了研究生院英语教授法专业的硕士课程,创大分校发展成为美国创大⑪。更厉害的是,2001年,美国创大在加州奥兰治郡阿里苏·维亚荷(Aliso Viejo)开办了四年制基础教养大学。美国创大最有特色的地方是,"三年级一个学期全体学生去海外留学"⑫。创大本土国际化也颇有特色。每年会有来自不同国家的学者来创大做讲座,根据学者国籍,创大派出相关学生社

---

① 池田大作:《人生的坐标》,第44页。
② 田代康则:《草創の滝山寮と大学を語る》,《創価教育研究》,2001年第4期,第115-123页。
③ 竹口春菜,第32页。
④ 竹口春菜,第31页。
⑤ 竹口春菜,第36页。
⑥ 李庆,第71页。
⑦ 李庆,第73页。
⑧ http://www.soka.ac.cn。
⑨ 竹口春菜,第38页。
⑩ 池田大作:《走在大道上——我的人生记录》(第2卷),第83页。
⑪ 羽吹好史:《在池田大作思想国际学术研讨会上的致辞》,华中师范大学池田大作研究所、日本创大合编:《中外学者论池田大作:和谐社会与和谐世界》,武汉:华中师范大学出版社,2007年,第8页。
⑫ 羽吹好史:《在池田大作思想国际学术研讨会上的致辞》,华中师范大学池田大作研究所、日本创大合编:《中外学者论池田大作:和谐社会与和谐世界》,武汉:华中师范大学出版社,2007年,第9页。

团接待。①学生在自己校园就能体验不同国家文化,强化语言技能,提高创造性和自主性。令人惊讶的是创大还将国际化和地方性紧密结合在一起,拓展了高等教育国际化的外延和内涵。创大每年都会派遣留学生与当地小学交流,帮助小学生形成国际观。②创大教育学院从 2002 年开始举办"教育研究大会",旨在提供中小学教师和市民们共同思索教育的平台,2005 年得到八王子市教育委员会的支援。目前创大教育学院与正与北京师范大学、中山大学等中国知名学府进行共同研究,并将研究成果在八王子市试行。③

二、对中国新建本科院校转型的启示

(一)明确的自我定位是完成应用技术大学转型的先决条件

所谓定位,就是一所高校确定经过若干年的努力,将自己建成一所怎样的高校的问题。④定位明确之后才能明确对培养对象的培养目标和规格,决定设置什么专业和课程,采用什么样的教学方式,以及购置什么教学仪器设备等。⑤办学定位包括政府对新建本科院校的定位和院校的自我定位。学校发展的关键问题是能否找准自己的优势,办出特色,确定自己的发展方向,制定自己院校特色的发展规划。比较教育学家盖伊·尼夫在考察英国多可技术学院升格后,认为这是大学一种学术趋势趋同现象,这就是为什么学者认为可以用"学术漂移"的解释框架从高校的自身诉求来剖析新建本科院校对于"学术性"取向的苦苦追寻之现象。即便是当前教育部的应用型技术大学的试点工程,院校自我定位仍需"谨慎",并不是所有的大学或文理学院都适合转型,或者说,其困难程度是难以想象的。如果说,共性是获得生存的保障,那么个性则是获得发展的资本。将"创立人学最高学府"作为办学目标的创大个性鲜明,根据实际情况确立的自我定位较为清晰。以系和专业设置的发展为例,创大并未追求大而全,1971 年建校之初设有三系四专业;建校第五年的 1976 年,增设经营管理系和教育系;1991 年,增设工学系;与研究生院的扩充同时,增设专业,构成了六系九专业体制。因为创价大学要完成'保卫人类和平的要塞'的使命,那么国际化就不可避免。创价大学建立美国分校进而成功举办美国创价大学,在国际交流方面建立了覆盖五大洲的创大全球网络。创大每年能够对希望作为具有全球视野的 "世界市民"大显身手的 600 名左右的学生提供全力支持。

---

① 竹口春菜,第 37 页。
② 山本英夫,第 37 页。
③ 山本英夫,第 39 页。
④ 朱中华:《关于新建本科院校发展定位的研究》,《高教探索》,2004 年第 4 期,第 37-38 页。
⑤ 潘懋元:《论新建本科院校的定位问题》,《上海机电学院学报》,2006 年第 1 期,第 2 页。

(二)形成独具特色的教育理念是实现新建本科院校转型的先导因素

独特的教育理念是形成独特办学模式的理论基础和要素。它必须是院校独有的,承载着历史的传承和办学特色。从这一点来说,创大做了很好的尝试和实践。创大的教育理念体系就是牧口常三郎的创价教育学体系,而创大就是其理论体系实践的场所。从理论到实践,从抽象到具体,是一脉相承的。在创大也流传着非常丰富的创业先辈的故事,使得建校精神变得更加饱满、生动,给全体师生留下深刻印象,能够打动师生、推动师生共同为着本校的发展努力。池田在创办早期的演讲中传播着创造价值的教育理念,如第三届入学典礼的演讲"成为创造性的人"、第二届泷山节纪念演讲"经院哲学与现代文明"、第四届入学典礼演讲"使创造性的生命开花吧!",被编成"草创三部作"为名的书,很多学生现在还在学习。①池田与里夏德·尼古拉斯·库登霍夫-卡雷尔基(Count Richard N. Coudenhove-Kalergi)(1967)、阿诺尔德·J. 汤恩比(Arnold J. Toynbee)(1972、1973)、安德烈·马尔罗(André Malraux)(1974)、松下幸之助(1967、1974)等世界各领域的专家展开过上千次对话,他本人在创大成立后与学生近距离的对话,作为一个创办人、一个师者、一个前辈,他的行为对创大的学生的影响是至关重要的。创大学生在宿舍和校园开展对话活动。在宿舍开展学习池田讲话集《创办人的对话》(创大成立以来的演讲)小组学习会,在学习会上研究创办人池田的人本主义思想、教育方针以及创价大学的建校精神,谈论各自的意见。学生之间互相启发,都深深地思考作为创价大学的学生自己肩负何样任务、作为人应该如何生活等②。实际上,我国新建本科院校都有各自的历史传统,都有各自的办学特色,也有潜在的教育理论,有丰富的创业故事,对于转型后也有着美丽生动的憧憬和激动人心的蓝图,关键在于院校是否把提炼具有特色的教育体系这项工作当做紧急、重要的事情来推进。一旦零碎的教育理念成为一个体系,地方本科院校愿景便能更加清晰化,在国家的种种定位面前不会迷失自我,也能够在精神层面上,引导全校师生对本校形成更强的认同感,即达成精神的共鸣和共振。综合之,新建本科院校的教育理念要成为"理念体系"还缺乏最关键的一步即进一步提炼、概括总结,寻究问底,探寻这些教育理念的精神支撑,将自己的文化传统、办学特色贯穿其中。值得指出的是,池田和松下幸之助的对话曾经提出一个问题:会不会缺乏"人学"因素,过于强调大学的"应用性人才培养"的定位,过于强调应用技能的培养,而缺乏或者淡化对大学生首先作为一个优秀的人的培养。③因此不管是哪种教育理念体系中,对"人"的重视应镶嵌在大学教育理念体系中。

(三)完善教师人才选拔机制是实现新建本科院系转型的保证

专科学校与本科院校的差距,关键不在硬件,而在于软件,其中师资队伍最为关键,

---

① 陶东梅,杨东平:《应用技术大学的多样化:欧洲对中国的启示》,《江苏高教》,2015年第6期,第31页。
② http://www.soka.ac.cn。
③ http://www.soka.ac.cn。

差距最大，也是建设的重中之重。①教师质量问题，首先是年龄结构不合理、学历结构偏低②，更令人担心的是教师知识结构问题。即便是教育部启动的合格评估，对于教师质量的评价也主要基于数量上的考察，此为底线要求，而教师的知识结构和实际的教育行为还得靠院校来做深入的考核和把关。培养应用型人才的本科院校，其教师首先必须是应用型人才，即"电鳗"，才能给学生"触电"。新建本科院校原有的教师队伍知识结构普遍处于"专科教师"的历史阶段，即使靠培训知识结构的更新也需要一定周期，而学生一旦招进来，是不可能等教师先成长，再促进学生成长的。而新教师队伍往往由新毕业的博士补充，严重的研究取向、缺少一定的实践经验的新教教师，培养出的人才亦容易脱离社会需求。这就是上文提到的汤恩比和池田为何都认为大学教师不能没有社会经历或体验。创价女子短大的第二任校长若将正三就是创价大学建校的一名普通教师，他的经历非常丰富。他曾在美国伊利诺伊大学获得博士学位（数学科），在亚利桑那大学和加拿大的马尼托尼大学执教过。③除了传统的创造在职教师下企业和引聘兼职的企业导师外，能够解决这个教师的应用型问题，还有至少两个路径：一方面招聘具有企业经历或学术机构以外的经历的师资。欧洲应用技术大学对于教授的资格要求是"具有在大型组织中担任领导职务的宽广经历，对特许任教资格无要求，多来源于行业、企业等"④。另一方面通过一流应用技术大学的海外研修计划或者国内访问学者的计划提升青年教师的"双师素质"⑤。在未来应用型师资方面，还可以与国内外应用型技术大学开展合作，"为学术性硕士博士和专业硕博士提供实习见习的平台和资源，通过与这些院校合作为应用型大学订单式或者针对性地培养具有应用型高等教育素养的未来教师"⑥。在教师的"硬"条件外，还应关注"软"素养。"所有从事教育的机构和教师，都必须具有饱满的热情和牢固的教育理念。"⑦教师的招聘不应只是抽象的"职称、学历、年龄"的要求，而应该有具象的"人格魅力、责任感和创造性"，还有"献身于教育事业的泥土精神"⑧。

（四）构建全面的学生就业支援体系是完成应用本科院校转型的关键

在高等教育大众化时代，大学毕业生的就业形势日趋严峻。促使大批地方高等院校从学术型向应用型方向转型是解决"供给矛盾"突出的重要途径和手段。创大就业措施的成功之处在于，他们从建校开始就创建了"前辈帮助后辈"的传统。"即使是就职，那也是

---

① 竹口春菜，第30页。
② 竹口春菜，第28-29页。
③ 池田大作、松下幸之助：《人生问答》，第346页。
④ 朱中华，第104页。
⑤ 魏饴：《提高新建本科院校教育质量的四大对策》，《湖北社会科学》，2002年第6期，第150页。
⑥ 池田大作：《走在大道上——我的人生记录》（第2卷），第82页。
⑦ 王宝玺，迪尔特·欧拉：《什么是欧洲应用科技大学——瑞士圣加仑大学迪尔特·欧拉教授访谈录》，《高校教育管理》，2015年第4期，第3页。
⑧ 魏晓艳：《应用型大学教师发展：目标、困境与突破》，《大学教育科学》，2015年第4期，第72页。

为后辈们开辟道路的宝贵的挑战。"①尽管当前本科院校学生就业问题原因较为复杂，可能会涉及人才的结构和市场人才需求脱节等问题，但完备的学生就业支援体系也可以帮助缓解大学生的就业压力，从早期的规划到求职过程中院校都可以给予具体的支持。创大的就业支援包括职业支援和就业支援。也就是说，就业支援体系是贯穿整个大学，而非仅局限于毕业季。创大的支援团队也不是十几个、二十几个人那么简单，每年职业支援和就业支援人员分别在 100 人左右。②在支援团队方面还增加了校友（创大人称为 OBOG，即 Old Boy 和 Old Girl），OBOG 会积极参加职业咨询会和恳谈会③，给后辈提供职业咨询和分享求职经验。地方本科院校要充分发挥已获得工作机会的大四学生和校友的主观能动性，为大学生职业发展提供庞大的"亲友团"，将成功校友个人的大学学习经验和求职经验分享给后辈，并在实践环节给予指导。关注大学生早期的职业发展规划，帮助低年级同学寻找到大学的目标，指导他们更好地认识自我，培养职业兴趣，在专业学习方面答疑解惑，专业实习指导等等。特别是如何将专业学习和职业联系起来，创大职业中心为学生建设的对"职业"进行思考的日常空间非常有特色。其中之一是"提供'专门科目与职业''留学与职业''资格与职业'等将日常的学生生活和职业联系在一起的机会"④地方本科院校也需引导学生在大三实习基础上，提早进入求职阶段，引导和支持大四学生给予他们系列的就业支援活动。沿着创大"重视第一届学生"的经验，创建高年级学生支持低年级学生全方位的职业支援和就业支援传统。同辈之间的一对一的指导，或者小群体内互动式的指导，其效果往往比学校就业工作人员单向的撒网式职业指导效果要更佳。这种前辈带动后辈的传统，新建本科院校可以借转型之际研究确立，这个阶段组织的可塑性往往比较强。这种朋辈的支援不只是缓解学生的就业压力，还能够培养"自他共同发展"精神和"报恩之情，"⑤可以吸引更多的大四学生和校友加入到支援体系中来，强化和巩固前辈帮助后辈的支援互助传统。然而，如何调动高年级学生支援低年级的内在动力则是地方本科院校和二级单位需要主动研究的问题。

（五）推进大学国际化战略是高校转型之不可或缺的充要条件

大学国际化是国际高等教育发展不可扭转的趋势，这种趋势同样适用于地方高校的发展和战略选择。尽管要像创大在美国开办分校一样对于大多数新建院校来说短时间难以企及，但创大在学校战略层面和学生服务层面的做法仍值得借鉴。学校层面，第一，院校分管教育国际化的校领导国际化能力高。在 1971—2010 年，池田作为创大创办人亲自访问世界各国，到美国的哈佛大学、加利福尼亚大学、俄罗斯的莫斯科大学、意大利的博

---

① 魏晓艳：《应用型大学教师发展：目标、困境与突破》，《大学教育科学》，2015 年第 4 期，第 71 页。
② 池田大作，松下幸之助：《人生问答》，第 331 页。
③ 池田大作：《"和平与教育：池田大作国际学术盐田会"献词》，高益民主编：《和平与教育——池田大作思想研究》，北京：教育科学出版社，2010 年，第 5 页。
④ 池田大作：《走在大道上——我的人生记录》（第 1 卷），第 176 页。
⑤ http://www.soka.ac.cn。

洛尼亚大学、中国的北京大学等世界著名的 28 所学术机关做了 31 次演讲,他到世界各国率先访问演讲确实促进了创价大学与各国学术机关之间的交流。[1]创价大学现任校长马场善久,就是在加利福尼亚大学圣地亚哥分校获得经济学研究专业博士学位和哲学博士的,女子短大的第二任校长若江正三也有丰富的海外留学和执教经历。第二,高校之间的协议注重长期合作,如创大与北京大学、复旦大学的合作至今持续了 40 余年。合肥学院的国际化,不仅仅指交流规模,更重要的是研究、提炼国际上一些人才培养的成功经验、关键要素为我所用。[2]"现在的新建本科院校与国外海外大学的合作协议数量上不是问题,关键是长期稳定深入交流即关注质量和内涵,通过合作,提高应用型师资水平,提高学生的国际化的职业能力。第三,国际合作是否能够惠及当地的利益。地方本科院校与国外的大学、机构技术的合作首先是能够促进国内课程的国际化,能够提高师资的水平,能够推动学生跨文化能力的提升,同时,也可以兼顾当地的利益。像创大一样,将与北师大等中国大学的合作研究成果服务于八王子市的教育,实现"面向地方"的服务功能,正好符合新建本科院校的地方性和应用型的办学定位。在学生服务方面,一是充分运用校园国际资源提升学生国际化能力。创价大学的亮点在于国际上的学者来访可以让学生自主接待,而非传统的由专门的教职工陪同,如此让学生不用走出国门就能培养国际观、跨文化能力。毕竟对于国内大学学生来说,大规模地走出国门接受国际化的高等教育不现实,可以充分运用校内的国际资源,"用来访外宾、外教及留学生资源,扩大校本国际交流机会",[3]对于新建本科院校来说是切实可行的措施和办法。二是支持建立"留学生世界会",服务有留学规划的学生。充分发挥本校海外留学生包括在校生和毕业生的能动性和积极性,在学习和生活方面给予指导帮助他们做好职业规划和海外的留学生活适应,帮助他们达到学业优秀,既能促成个人成长也能为所在大学树立良好形象和声誉,无形中又促进学校与更多更好的大学形成国际合作机会。三是创建外语学习中心。创价大学布置了有实践性的学习外语场所"世界语言中心",由外国留学生做老师,会举办汉语、法语、德语、西班牙语、韩语、葡萄牙语、意大利语、俄语、蒙古语、尼泊尔语等十个语言的会话班,给学生提供可以主动地学习外语的环境。学生根据自己的目的与水平提高自己的外语能力[4],不管出国与否,都能在国际素养和自信心方面得到提升。

---

[1] http://www.soka.ac.cn。
[2] http://www.soka.ac.cn。
[3] 竹口春菜,第 50 页。
[4] 竹口春菜,第 37 页。

人本主义教育思想是文明融合的基石

——池田大作、杜威思想的引证

刘焜辉

前言

2016 年 SGI 倡言以"万人的尊严——迈向和平大道"为题，呼吁以民众坚强的联系与行为开创人道世纪的曙光。众所周知，池田大作指出如何克服现代世界文明间的冲突存在，是 21 世纪人类的根本问题。他提出"全球性的对话"之重要，认为"对话的精神是克服文明间的对立与纷争最有力的、唯一的途径"。为了彻底改造人，特别重视教育，唯有儿童、青年、女性教育的扎根才有变革人性的可能，尤其大学教育在融合东西文明方面负有决定性的使命，因为西方的技术文明与东方的精神文明会合的地方就是大学。

本文拟从人本主义教育思想去探讨文明融合的课题，并且以池田大作与杜威的教育观点为主，池田大作 SGI 会长与杜威协会两位前会长加里森博士（Jim Garrison）、希克曼博士（Larry A. Hickman）的对谈集"人本教育新潮流"[①]对于杜威与池田大作的人本主义教育思想有非常精辟的探讨，人本主义教育思想是民间外交与文明融合的基石，本文旨在阐明其关联与旨趣。

一、人本主义教育思想的内涵

"人本主义与教育"是杜威的主张。如所周知，杜威在其著作"民主与教育""学校与社会""明日的学校"等都阐明其人本教育的理念。依他的见解，个体的生命虽然不能持续，社会的生命却是可以持续的。因此"教育是社会上维持生命的手段"。生命是借对于环境的活动使自己崭新的过程。依杜威的见解，教育是持续不断地成长（发展），成长的过程就是教育的目的。他认为教育的任务是"经验的持续的改造"，为了实现人本的社会

---

① 池田大作、格立森、西克曼：《人本教育的新潮流》，刘焜辉译，台北：正因文化事业有限公司。

而实施人本教育。对于人本主义教育目的的下列诠释是非常正确的。杜威的教育实质目的观，显然是调和主义。从教育的本质而言，目的是不断成长发展的过程，教育特殊问题为旨趣的一般目的归于各种理想的调和。杜威说教育是社会化的过程。经验的再改造是属于个人的，也是属于社会的。要决定社会生活方式的价值，必须对照两个标准：一是隶属于一个社会的个人要如何参与其社会的利益，一为其社会是有多少程度能完全而自由地与其他社会交涉。前者是从内在去看的，后者是从外在去看的。不理想的社会无论是对内或对外，都会阻碍自由往来或经验的交换。至于理想的社会乃是让全体成员以平等的条件相处。

杜威在《我的教育信念》中对教育提出四个观点：（1）要了解儿童的力量，需要社会情况或现代文明状态的知识。儿童有儿童本身的本能或倾向，我们要从社会角度去看，转换为同等的，否则不能了解其意义；（2）教育是生活的过程而非将来生活的准备；（3）教育是经验的继续的改造，教育的过程与目的不是不同的存在，而是相同的；（4）兴趣是成长的力量与征候，兴趣是能力的曙光。因此，对于兴趣的细心的观察是最重要的。[1]这些观点在全球成为教育的指针。

人本主义是和平共生的基础，除非从人的变革着手，和平共生将流于空谈。

池田大作倡导的新人本主义有三个项目：

（1）所有的现象是相对的，可变的；

（2）要培养能看透现象的相对性、可变性的观察能力和不为其迷惑的强韧主体；

（3）以此观察能力为基础的人本主义不会忽视思想形态、种族、民族而将人"定型化"，进行压迫或歧视，也不会拒绝对话。

由此观点延伸，创造"和平文化"的条件有三：第一个条件是尊重多样性；第二个条件是实践的对话，第三个条件是普遍性的洞察。

从池田大作的对谈、著作可以深深地感受到他坚守中道主义的立场，生命尊严、人性尊严、绝对和平主义是中道人本主义思想的核心。中道主义的内涵，包括（1）对于生命价值的肯定，（2）以中道人本主义为基础，（3）追求和平共生的理念，（4）以佛教为基础的人性主义。

池田大作基于这个观点所提出的教育思想很有前瞻性（1）教育目的是增进儿童的幸福：真正的幸福感是从人与人、人与自然的结合中才能得到。（2）重视创造教育与人格教育："创造价值"就是找出生存的意义，充实自己为别人的幸福贡献力量，"创造多样价值"才是人生的目的。（3）重视生命尊严与家庭教育。（4）重视道德教育与人性变革。（5）对于青年教育的理念。（6）重视国际人教育。[2]

---

[1] 日本デューイ學會编：《デューイ教育學の根本問題》，东京：刀江书院，1960年，第P34-36页。

[2] 刘焜辉：《池田大作教育思想的源流与前瞻性》，陆建飞、寺西宏友主编，《多元文化交融下的现代教育研究》，上海：上海三联书店，2014年，第245-246页。

池田大作虽然在不同场合用不同的文词说明"人本教育",但其精神与内涵完全一致。"人本教育"是创造"和平文化"的基础。物质主义与效率优先的社会,使世界世俗化,被物质主义的价值观充斥,生命价值淡泊化,杀戮时起,这些都是"教育"的问题。"教育"是创造未来的力量,牧口会长提出教育的目的是"儿童的幸福"之观点,儿童要无限地扩展其可能性,培养幸福人生的力量,这是"人我都幸福"的境界。1968年创价学园创校时提出人本教育的五个指标:(1)成为追求、创造价值的人;(2)自己的行为要由自己负责;(3)待人亲切、有礼貌、否定暴力、重视信赖与协调;(4)明确叙述自己的信念,为了正义,要勇敢实践;(5)要有进取的勇气,培养光荣的领导者。

迎接21世纪,他再提出下列五项:(1)要有生命的尊严,(2)尊重人格,(3)友谊深厚,终身的友谊,(4)否定暴力,(5)成为知性的人。

他强调教师是教育成败的关键,"教育革命"即"教师的革命"。

林彩梅教授将池田大作的新人本主义思想归纳为三点,简要而明确①:

(1)要认知所有现象是相对的、可变的;

(2)要培养能看透现象的相对性、可变性的观察能力和不为其所迷惑的强韧主体;

(3)有此观察能力基础的人本主义者,不会根据自我思想形态对种族、民族而将他人"定型化",进行压迫或歧视,也不会拒绝对话,而会加强沟通。

二、池田大作、杜威是人本主义教育思想的倡导者

池田大作倡导"人道世纪",虽然因为时空而有不同的表达,其基本精神并无二致。包括下列几个内涵:

1. 彻底废核与反战,要从"战争的文化"转移到"和平的文化";2. 宗教人性化的实现,并指出佛教的生命尊严、万人平等、人性尊严;3. 保护地理环境,迈进人道世纪。

他所建构的新价值观有几个特征:

第一,彻底的人性变革,一个人的变革将转为改变人类全体的命运;

第二,价值创造的信念:即改变生活方式的质,从以"物"为中心的社会转变为以"人"为中心的社会;

第三,对话哲学的落实;

第四,女性角色的肯定;

第五,儿童幸福的保障。②

杜威对于社会功能的教育提出三点:第一,要营造单纯化的环境。最初得到的要作为

---

① 林彩梅:《池田和平思想对现代教育之启示》,陆建飞、寺西宏友编,《多元文化交融下的现代教育研究》,第261页。

② 刘焜辉:《池田大作的人道世纪新价值观探讨》,《池田大作思想研究论文集》,台北:中国文化大学池田大作研究中心,2011年,第13—39页。

了解更复杂的内容之手段;第二,学校设置纯化的行为环境,要使最好的力量增大;第三,学校要使社会环境中的各种因素均衡,各个人要摆脱自己出生的狭窄的社会环境去接触更广泛的环境。①可见杜威对于学校与社会的关联非常重视。他说:"人性若是不能改变的,则无教育其事;所有一切努力,势必无效——盖教育的根本之义是以改变人类的本性、形成异于原始本性之思维、情感、欲求和信仰的种种新方式。"②教育能以发展人性、促进社会、造福人群、创造宇宙为目标。他自述其形而上学的哲学系统为"自然的人文主义",说明其形而上学是以"人的情境"为中心,建立人际互助的人际关系。杜威实验学校的活动设计,随着学生身心发展,逐渐从家庭扩展到社会生活,活动重点在培养学生与他人合作的能力。换言之,杜威的教育实验以互助合作的人际互动取代传统教育重视竞争的模式。

"培养社群意识"也是其重点。杜威认为儿童的社会性格是在团体生活中与他人相处而发展的,应该要学习如何与他人沟通,从此过程中学习同理他人的观点。他在《民主与教育》中说:"学校应该努力使学生获致的经验包括:处理各种资源和困难的实践能力、合群性或与人为伍的兴趣、欣赏少数几种艺术品的能力、处事的理智做法或对某几门科学的兴趣、对他人的正当权利之敏感。"③

教育具有创造和平的力量,杜威在这方面的教育概念是:"个人与社会的成长才是教育的目的。"这是非常具有机能且极新的想法。其唯一的最高价值就是"生命本身"。④

我们从杜威学习的是他那种广阔的视野和深远的展望。世界上的众多教育家中,像杜威一样建立广阔视野与远大的展望的学者并不多。杜威以真、善、美、圣的全领域为研究对象,在严谨意义的哲学与知识论、逻辑学、伦理学、美学、艺术论、宗教论等各领域留下富于独创性的著作。杜威的社会立场可以通往社会主义,也可以通往世界主义。他不是国家主义者,是社会民主主义者,也是世界主义者。其历史、社会的立场不停留在只是历史、社会的立场,而是把历史、社会的立场挖深,通到经济、政治的脉络去把握教育"人"的技术⑤,一针见血。

池田大作的和平观也很精辟,他融合佛教思想的灵魂,奠定"中道主义"和"人道主义"的基石,探求世界和平的本质,刘建荣教授曾经归纳为四点。⑥

(1)倡导全面认识"和平"概念:池田大作认为要实现和平,确立全面积极的和平观

---

① 田尾一一:《デューウイの教育》,东京:福村书店,1963年,第30页。
② 赵一苇:《当代教育哲学大纲》,台北:正中书局,1998年,第185页。
③ John Dewey:《民主主义与教育》,林宝山译,台北:五南出版公司,1075年,第285页。
④ 《吉姆·加里森、拉里·希克曼、池田大作对谈》,刘焜辉译,台北:正因文化事业有限公司,2016年,第101页。
⑤ 日本デューイ學會编:《デューイ教育學の根本問題》,东京:刀江书院,1960年,第7页。
⑥ 刘建荣:《感言池田大作的和平观》,《多元文化与世界和谐——池田大作思想国际学术研讨会轮文集》,长沙:湖南师范大学,2007年,第64-67页。

很重要。

（2）强调"爱"是世界和平的源泉：强调人、社会、自然互相依赖，共同和谐相处，平等相待，才能实现和平。

（3）指明"人性革命"是世界和平的关键：池田大作指出人本身固有善恶二性，世界要和谐发展就必须进行"人性革命"。

（4）揭示"中道主义"是世界和平的基本方法。池田大作提出"中道政治"的理念，主张建设人性社会主义、佛法民主主义的社会，强调道德思想在社会、经济、政治、文化等领域发展中的存在与运用。

在文明观方面，池田大作提出"新文明观"，可以归纳下列几点。

1. 重视和平与共生的文化

他说："21世纪将是一个人的生命本身更受瞩目、人类的幸福与健康更受重视的时代。"①

（1）尊重多样性：他从佛教的观点阐明生命变革，取协调而放弃对立；把握最佳选择的人本主义精神。

（2）实践对话：天道与人道的根本是一致的。天人合一论形成中国思想的人生论、宇宙论的根源。

（3）洞察普遍性：人类文化的增进是使人更人性化，文明更文明化，人类的目的、文明的目的就是创造价值。

2. 宗教人性化的实现

池田大作指出大乘佛教说的"大我"，是"开放人格"。把众生之苦当作一己之苦。经常面向现实社会的人群，展开把苦与乐的行动。

马亚男在"池田大作人本教育理念的内涵解读"②一文指出家庭教育是人本教育的启蒙发端阶段、学校教育是人本教育的拓展深化阶段、社会教育是人本教育的价值延伸阶段，"家庭—学校—社会"三位一体的人本教育理念正反映池田大作人本教育的一贯性。

三、池田大作、杜威奠定文明融合的基石

1995年池田大作在雅典文化、学术协会以"21世纪文明的黎明"为题的演讲中说，"世界混沌，暗淡无光"，时代覆盖"世纪末日"的黑云③，他指出，当前最常被指出的就是21世纪文明不能视为近代产业文明、科学文明的延长在线。大量生产、大量消费、大量放弃的近代产业文明如果继续推动，人类社会迟早会陷于毁灭。④于是他提出修正文明

---

① 池田大作：《萬年の遠征——カオスからコスモスへ》，第23届SGI纪念倡言，1998年，第53页。
② 马亚男：《开创精神丝网之路的新纪元》，西安：陕西师范大学，2014年，第235-240页。
③ 池田大作：《教育の世紀へ》，东京：第三文明社，2003年，第53页。
④ 池田大作：《教育の世紀へ》，东京：第三文明社，2003年，第54页。

轨道的三个方向：

第一是自律。他举出佛教追求安稳、解脱、禅定的精神状态，强调控制内在世界的重要性。佛教以自律为优先，要教他人者，自己先做，自我完整才能教他人。一言以蔽之，就是自律。要律己就要排除我见与傲慢，彻底依法。

第二是共生。现代文明的基础是人与自然对立，认为自然是人所支配、征服的对象，结果人本身陷于孤立自我疏离。池田大作强调修正此自然观、宇宙观的重要性。于是共生成为未来世纪的重要焦点。佛教认为人与社会、自然、宇宙等环境不可分，其理由自明。池田大作所重视的人与自然的和谐不是静态的，而是互动的，充满活力的世界。充分摄取进步、创造、挑战等积极主动的能量。

第三是陶冶。近代文明的盲点是盲目追求经济发展、资源枯竭、破坏环境，相对地带来内在世界的恶化。一味追求方便、舒适而忽略内在的陶冶的重要性。池田大作揭示人间革命，其见识之远大由此可见。

他指出更严重的事情是由于产业文明的进展，导致生命力衰弱，引起内在世界老化的现象。①流弊所及，为了贪图方便、舒适，回避困难，把陶冶置之脑后。世纪末的人类社会横行物质主义、拜金主义、伦理崩溃，池田指出，人间革命就是人格磨炼，教育重视内在陶冶或锻炼。除了佛教，东方思考的特征是一切知性活动都与"自己是什么""人要如何生存"等存在的、主题的发问有密切的关系。打破被欲望、憎恶所拘泥的个人之我的小我，超越民族的心的深层，让生命向宇宙的、普遍的自我即大我开启、充溢，这就是佛法所开示的智慧。这个智慧不必远求，"足下有泉水"，自己的胸中就具备"小宇宙"。当这个智慧为了人、为了社会、为了未来而勇猛贯彻慈悲的行为时，就会永远涌出。

池田大作认为从"人间革命"着手，朝向社会革命，才能开创"恒久和平"，才能保障人的安全。从此观点着手，他提出21世纪的两个构思的转变方向：②

第一，从知识到智慧：他引用户田会长的"现代人最大的迷惘就是误以为知识就是智慧"的观点，认为在高度信息化时代，开发正确使用庞大的知识与信息的"智慧"是最重要的课题。他认为东方思想的特征是一切知性行为从"我是什么？""人要如何生存？"的观点出发，呼吁佛法所说的打破被欲望与憎恶所有的"小我"，超越民族的心的深层去开创宇宙、普遍的自我之"大我"的生命观。

第二，从一样性到多样性：近代文明一路追求经济成长，舍弃人与自然的多样的个性而追求一元化、统一的目标，带来环境破坏等严重的"地球问题群"。因此需要"持续可能的人的开发"，人与自然必须配合为有人在控制自我的方面成熟，接受多样的文化，承认不同的价值观时才有人类的融合。佛教的睿智有许多启示，"樱梅桃李"各自发展，人与社会重视多样性，这就是佛教的"缘起观"。孕育"开放的共鸣"，才有"共

---

① 池田大作：《教育の世紀へ》，东京：第三文明社，2003年，第72页。
② 池田大作：《「人間主義」の限りなき地平》，东京：第三文明社，2007年，第87-109页。

存"的文明。

上述两种变革就是生命内在的变革,也就是开辟智慧、慈悲、勇气的"大我"的"人的革命"。"除非能倾听制造历史的水底之缓和的流动",不可能展望 21 世纪。汤恩比的绝妙的比喻,发人深省。

杜威的表达方式虽然与池田大作不同,其内在精神并无二致。他说:"人性若是不能改变的,则是无教育其事;所有一切努力,势必无效,因为教育的本旨是以改变人类的本性、形成异于原始本性之思维、情感、欲求和信仰的种种新方式。"①教育的目的是要发展人性、促进社会、造福人群、创造宇宙。杜威自述其形而上学的哲学系统为"自然的人文主义",说明其形而上学是以"人的情境"为中心,建立人际互助的人际关系。杜威实验学校的活动设计,随着学生身心发展,逐渐从家庭扩展到社会生活,活动重点是要培养学生与他人活络的能力。总之,杜威的教育实验以互助合作的人际互动取代传统教育中的竞争模式,同时也要培养社群意识。池田大作的新文明观则引用饱林在对话中所说的话——"21 世纪将是一个人的生命本身更受瞩目,人类的幸福与健康更受重视的时代"②,个人与社会的定位非常明确。

四、在教育实践上重视和平与共生的文化

1.以学生为主的教育

杜威认为教育是从个人参加民族社会意识中开始。唯一的真正的教育是透过孩子所隶属的社会要求的刺激而实施的。因此,"教育必须从个人社会化的观点去把握"③。教育并非为人生所做的准备,"教育即生活"这句话充分表达出生命尊严才是最崇高的思想、普世的智慧。对生命抱以敬畏之心,贯穿杜威博士的教育哲学之中。④这个观点成为学校教育最明确的方向。

2. 教育是社会化的过程

杜威认为教育是哲学最重要的实验基地,是哲学的"实验室"——教育是一个社会化的过程,学校是一种社会生活方式,凡是那些能有效地使儿童接受人类的种种遗产,使他们尽其所能为社会做奉献的作用形式都集中在学校里。杜威认为教育与成长是很有关系的,教育就是成长,没有教育就没有成长。教育不进步,社会也不能进步。⑤换言之,杜威终身站在儿童、社会乃至全人类福祉的立场,为儿童的健全成长、社会的民主进步、人

---

① 赵一苇:《当代教育哲学大纲》,台北:正中书局,1998 年,第 185 页。
② 刘焜辉:《迈向人道世纪——池田大作文明观探讨》,李萍、寺西宏友编:《构建 21 世纪之新文明》,北京:人民出版社,2015 年,第 53 页。
③ 日本デューイ学会编,《デューイ教育学の根本问题》,东京:刀江书院,1960 年,第 217 页。
④ 《吉姆·加里森、拉里·希克曼、池田大作对谈》,刘焜辉译,台北:正因文化,2016 年,第 16 页。
⑤ 赵一苇:《当代教育哲学大纲》,台北:正中书局,1998 年,第 95 页。

类的教育发展而发出铿然有力之声，他以连续原则试图调和个人与社会、儿童与课程、自由与纪律的对立。①

杜威对民主的诠释上有一项很基本的贡献，就是把民主和沟通关联起来，把民主与人类合群的天性和道德的天性关联起来。共享的经验是人类最大的喜事。沟通固然是工具性的，但同时也是圆满自足的。沟通本身也可以看作一种终极的目的。②沟通成为师生关系的重要指针。

池田大作重视传承师徒精神，认为它是人本教育的真谛。汤恩比博士洞察："将民众创造历史的意志与力量正确传导往世界和平、人类幸福方向的就是教育，以'生命尊严'为根基的'人本教育'"。③教育具有创造和平的力量。

池田大作教育思想的前瞻性，笔者在《池田大作教育思想的源流与前瞻性》④一文，提出下列见解。

1. 教育目的是增进儿童的幸福

牧口常三郎说教育的目的是人格的完成和儿童的幸福，真正的幸福感是从人与人、人与自然的结合中才能得到，也只有在其中才能锻炼人格——这是佛家的缘起所说的人性关的核心。⑤

2. 强调共生的原理

牧口常三郎主张创造价值的人生，池田强调共生的原理。池田认为为了儿童的幸福，其前提是对儿童的爱的哲学，是生命尊严的思想深深在社会扎根。⑥牧口主张创造价值的人生，池田强调共生的原理，重视创造价值与人格教育：池田大作对于牧口常三郎的价值思想与杜威的实用主义思想加以研究，牧口相信人有无限的潜力，杜威希望学生能够实际接触现实社会的各种行业，以及团体艺术、历史、科学的本质。池田大作说："牧口和杜威是人类创造新意识的导师"⑦，诚然。

3. 重视生命尊严与家庭教育

池田提出"成长家属——理想与目标的共有"⑧之观念。他认为创造新的"家属像"是迈向 21 世纪的人类的课题。父母面对家属的危机，应该从家属和社会的关联、亲子的关联两点去考虑。

---

① John Dewey：《经验与教育》，单文经译，台北：联经出版社，2015 年，第 85 页。
② George R. Geiger：《杜威——科学的人文主义哲学家》，李日章译，台北：康德出版社，2005 年，第 163 页。
③ 《吉姆·加里森、拉里·希克曼、池田大作对谈》，刘焜辉译，《人本教育新潮流》，台北：正因文化事业有限公司，第 46 页。
④ 刘焜辉：《池田大作教育思想的源流与前瞻性》，陆建飞、寺西宏友主编，《多元文化交融下的现代教育研究》，上海：上海三联书店，2014 年，第 245-259 页。
⑤ 池田大作：《希望の世纪，东京》：凤书院，2014 年，第 17 页。
⑥ 池田大作、M.S.スワミナサン：《"綠の革命"と"心の革命"》，东京：潮出版社，2006 年，第 89 页。
⑦ 池田大作、A.リハーノフ：《子どもの世界》，东京：第三文明社，1999 年，第 236 页。
⑧ 池田大作：《教育の世纪へ》，东京：第三文明社，2003 年，第 258 页。

4. 重视道德教育与人性变革

池田大作强调人与人之间、人与自然之间共同生存、互相支持，一起繁荣。儒家共生的道德气质是一种发自纯粹的、能活跃地扩展和脉动的普遍心情。① 池田大作的见解与当前认知倾向品格教育探讨人本身及环境对个人道德发展之影响所提出的统整式伦理教育之理念是吻合的。

5. 重视国际人的教育

池田大作强调"世界市民"的概念。他说"今后在地球一体化的时代，苦乐与共的'人与人的交往'才是最基本的"。世界是多歧的，文化也不同，要如何尊重此多歧性而共荣呢？21世纪要成为和平的世纪，必须扩充"国际人"的连带意识，此"和平的王道"、"人本主义的原动力"就是教育。教育上从自己、自己和他人、群体的扩充成为重要的目标。因此，"国际人"的概念本身意味着生命的改造。21世纪是人道竞争的时代，在全球一体化时代，最基本的是苦乐与共的人与人的相处②，他认为尊重生命和谐的人是21世纪的世界市民。池田大作对于"世界市民"的描述有三点：

（1）有智慧，认识生命的相关性的人。（有智慧的人）

（2）尊重、理解种族、民族及文化的差异的人。（有勇气的人）

（3）对于远处痛苦的人也会有同苦、连带感的人。（慈悲的人）③

池田大作对于"国际人"做更进一步的诠释④：

（1）了解生命的平等，在众人中绽放光辉的智慧的人，

（2）让无差别心的种子长成大树，

（3）要具体展开智慧、勇气、慈悲的心。

池田大作对于二十一世纪的青年提出具体的期许：

（1）要成为"地球公民"：青年要摆脱狭隘的国家主义的桎梏，地球一体化、苦乐与共的"人与人的关联"。

（2）要有追求意义的意志。人生的意义有三种价值：即创造价值、经验价值、态度价值。

（3）要发挥真实的人类爱：包括洞察生存的意义、尊重人权、人道竞争。

（4）要彻底改造自己。青年的自我变革有两个重点：一为珍惜自己是独特的存在，二为要有使命感。

（5）要充实对话的能力。诚如杜维明教授所说，对话的心态是容忍、尊重、参照、学习。

（6）要重视价值创造与韧性问题。所谓韧性就是"为开创一个希望的未来而应该发挥

---

① 池田大作：《和平世纪的倡言》，香港：天地图书有限公司，1997年，第10页。
② 池田大作：《教育の世纪へ》，东京：第三文明社，2003年，第152页。
③ 池田大作：《希望の世纪へ》，东京：凤书院，2004年，第46页。
④ 池田大作：《21世纪の教育と人間を語る》，东京：第三文明社，1997年，第206页。

的能力"。有韧性的青年将含有稳健性、可取代性、灵活性与迅速性。①国际人的教育理念充分反映在各层级的创价教育上,这是有目共睹的。

五、池田大作、杜威是文明融合的舵手

(一)池田大作在文明融合上的贡献

1995年制定的SGI宪章强化三个基本方针:大力伸张世界市民理念、宽容精神、尊重人性。21世纪对于人的学术研究重视身心灵三个层面,池田大作一生追求生命尊严、心灵复苏,池田大作与阿根廷人权活动家、诺贝尔和平奖得主艾斯贝尔的对谈集《给人权世纪的建言》对于维护生命尊严提出三个方向:

1. 维护生命尊严

(1)确立以"人的尊严"为基本思想的社会。

(2)从"权力控制"到"民众为主体"的时代。

(3)"女性"在历史舞台受到注目的世代。

2. 肯定生命价值

池田大作重视生命价值,从佛教的观点主张生命的尊严性,认为一切生命是相关的、互相依赖的,即"缘起"世界观。

3. 主张人权世纪、和平共存

池田大作长期以来将"维护生命尊严"的观点延伸为寻求新人文主义,重视人的改造,主张人权世纪。

(二)杜威在文明融合上的贡献

杜威所寻求的统合是在承认差异下的和谐一致。杜威追求多样多种的统合,并非硬将许多差异还原为同一事物之划一化的统合。②承认差异、融合多样性、恢复平衡——杜威进化的统合思想为开创21世纪之和平社会带来非常重要的观点。杜威承认彼此的个性并予以尊重,也引导我们以这样的态度面对不同的文化。③他对于民主的诠释有一项很基本的贡献,就是把民主和沟通关联起来,更把民主与人类合群的天性和道德的天性关联起

---

① 刘焜辉:《二十一世纪青年发展的课题》,《开创精神丝绸之路的新纪元》,西安:陕西师范大学,2014年,第89页。

② 《吉姆·加里森、拉里·希克曼、池田大作对谈》,刘焜辉译,《人本教育新潮流》,台北:正因文化事业有限公司,2016年,第24页。

③ 《吉姆·加里森、拉里·希克曼、池田大作对谈》,刘焜辉译,《人本教育新潮流》,台北:正因文化事业有限公司,2016年,第25页。

来。共享的经验是人类最大的喜事。①他认为科学与价值的分离是一件令人遗憾的事情。哲学家的任务应该是重新恢复二者之间的内在连结。因此他坚持建立起一个伦理学的科学体系。也就是说,自然科学的研究步骤是任何知识的寻求所必须遵循的步骤。同时,科学在运用于生活时,又总是可以对它做出价值和伦理评价的。

杜威认为教育是一个社会化的过程,学校是一种社会生活方式,凡是那些有效地使儿童接受人类的种种遗产、使他们尽其所能为社会做奉献的作用形式,都集中在学校里。他之所以要主张改革教育,正因为他知道事实上当时美国的许多学校都不合乎这一要求。

杜威在《民主与教育》中说:"选来衡量一种社会生活之价值的两个要点是:第一,群体的利益能被成员分享到什么程度;第二,该群体与其他群体的互动是否充分与自由。换言之,一个对内对外设立许多障碍以阻止经验之自由交流与沟通的社会乃是一个不可取的社会。"②承认彼此的个性并予以尊重,也引导我们以这样的态度面对不同的文化。③

杜威对民主的诠释有一项很基本的贡献,就是把民主和沟通关联起来,更把民主与人类合群的天性和道德的天性关联起来。他说:"共享的经验是人类最大的喜事。"④

杜威"以学生为主"的教育、传承师徒精神、重视地理、重视道德等其教育主张已成为 21 世纪教育的指针,他的教育主张仍然是 21 世纪最重要的指针,曾对教育界起到相当重要的作用。对于当代的中国人来说,杜威对中国思想界所产生的影响是不能忽视的。

结语

杜威与池田大作是举世闻名的大哲学家、教育家、思想家,本文所提到的是其思想与实践的一端而已,杜威曾经于 1919 年到达中国演讲,他的演讲对中国教育有很大的影响,对政治哲学与社会哲学的关联、教育哲学的重视、教育的社会目的、道德教育的社会层面等都有深入的分析。他说:"个人的见解逐渐推到社会、全世界;结果教育收效之日即全世界共同利害的见解成立之时,岂是一国一社会的幸福而已。全世界共同利害见解的养成,便是精神的解放;到那时候全人类都有此共同心理。我们为民治主义奋斗的人,亦可略为安慰,因为结果不但为了社会经济等等的制度,还替人类的精神大大解放。"真是最好的指针。

---

① George R. Geiger:《杜威——科学的人文主义哲学家》,李日章译,台北:康德出版社,2005 年,第 163 页。
② George R. Geiger:《杜威——科学的人文主义哲学家》,李日章译,台北:康德出版社,2005 年,第 179 页。
③ 《吉姆·加里森、拉里·希克曼、池田大作对谈》,刘焜辉译,《人本教育新潮流》,台北:正因文化事业有限公司,2016 年,第 25 页。
④ George R. Geiger:《杜威——科学的人文主义哲学家》,李日章译,台北:康德出版社,2005 年,第 163 页。

过去多年来，池田大作已经对谈过并且出版对谈集超过五十册。如《和平人生与哲学》（季辛吉）、《展望人本主义的世纪》（加布赖思）、《今日的世界，明日的文明》（亚曼）、《展望二十一世纪》（汤恩比）、《二十世纪的精神教训》（戈巴契夫）、《生命世纪的探求》（保林）、《迈向二十一世纪的人与哲学》（迪尔堡拉夫）、《二十一世纪的选择》（特拉明）、《二十一世纪的人权》（阿雪里）、《探求地球的和平》（罗特布拉特）、《迈向光辉的女性世纪》（亨达森）、《新人类，新世纪》（莎德维尼兹）、《探求一个灿烂的世纪》（金庸）、《对话的文明》（杜维明）、《二十一世纪的和平与宗教》（库思）、《人本教育新潮流》（加里森、希克曼）等，他在对谈中所表达的理念是反战反核的和平思想、重视"人"的改造、尊重生命尊严、不同宗教的交流等，他指出"中道"是第三个生命之路，在文明融合上的贡献令人敬佩。

通向和平的金桥

——池田大作的和平教育理念

大连海洋大学　洪　刚

一、人类社会的共同价值

新儒家代表人物杜维明先生在给他和池田先生对谈的《对话的文明——谈和平的希望哲学》一书作序时高度肯定了池田大作先生对于和平文化建设的贡献。他说："池田先生是和平的使者,也是世界上最有影响力的宗教领袖之一。他遵从慈悲、宽容、博爱的精神。他交际广泛,愿意倾听。他以佛学思想为源泉,以推动世界和平为天职。他领导的'创价学会'遍布世界各地,吸引了成千上万的青年,为和平事业无偿奉献。"①

池田先生始终对于人类社会的和平抱有很高的期盼,对于恐怖主义、种族纷争、核武器扩散以及国与国之间的战争抱有极大的厌恶。他把经历无数惨烈战争的20世纪称为"战争与暴力的世纪",期盼21世纪成为"和平与共生的世纪"。在创造"和平与共生的世纪"的历史进程中,至关重要的事情就是通过教育帮助每一个人真切地认识到和平的价值,认识到和平作为人类社会价值的共同性。

池田大作关于和平的理论包括三个方面,他首先指出："一般来说,人们认为和平的反义词就是战争。但是,研究和平的人们不这么看,而是认为和平的反义词是暴力。和平是通过同包括战争在内的各种暴力——贫困、饥饿、环境破坏、压制人权等等作斗争,通过根绝各种暴力而实现的。"可以说,只有根除所有的暴力,才能实现真正的和平,这是一种"积极的和平主义",不同于仅仅反对战争的"消极的和平主义"。其次,他强调："人类所要解决的课题,不单是实现没有战争这一消极的和平,而是要实现积极的、一种能从根本上改变威胁'人性尊严'的社会构造的和平。只有这样,我们才可以明白并享受到和平的真正意义。"人的尊严是甚为宝贵的,不断地努力奋斗去实现人的尊严是文明的人应

---

① 池田大作、杜维明:《对话的文明:谈和平的希望哲学》,卞立强、张彩虹译,成都:四川人民出版社,2007年,第2页。

有的一种信仰,而战争正是毁灭、破坏和消弭这种信仰的可怕活动。池田先生把战争看作是绝对的恶,反对一切形式的战争,倡导"慈悲与宽容的绝对和平主义"。第三,池田大作把和平的理念贯彻到人与自然的关系中,认为人与自然界一样都是一种"生命的存在",人损害了自然就意味着损害了人本身。如果人们"只是按照自己的物质欲望去生活,结果就只能招致自己和人类的灭亡",那么和平就会被彻底葬送。因此,人们要善待地球、珍爱自然、关照未来,这样才能使得和平成为包括过去、现在和将来的可持续发展的过程,从而达到"彻底的和平主义"境地。因此池田大作最终得出和平的定义:"所谓和平,是相互之间不加任何恐怖于对方,相互衷心信赖,相互爱护的一种状态。这样的和平状态才是人类社会的正常状态,唯有这样才可以称之为人类社会。"①显而易见,反对战争、坚持和平是池田大作先生世界和平教育思想的基本内容,其所希望的是通过和平教育,建成以不加任何恐怖于对方、相互衷心信赖、相互爱护为特征的人类正常社会。

二、和平教育的含义和目的

和平教育是关于获得和维持和平的需要和可能性的知识的传授,解释知识的技能的训练,应用知识解决问题、获得可能性的反思和参与能力的发展。池田大作认为和平与教育是紧密相连的。一方面,池田大作认为教育的全部价值在于追求社会和平、人类进步和人类幸福,这一思想体现在他为国际创价学会确立的基本方针:以佛法为根本,通过发展文化和教育争取世界的持久和平;反对暴力和战争,为人类幸福做出贡献;倡导人性主义,反对法西斯军国主义。同时他规定创价大学的基本理念:要成为人的教育的高等学府;建设新的伟大文化的摇篮;要成为保卫人类和平的堡垒。②因而认真研究和平发展问题,从教育追求和促进个人发展的角度说同样重要。

就教育的目的来说,池田大作认为,教育是培育"人"的事业。教育的目的并不是国家、社会、政治、经济、世界和文明等等;教育的根本课题是在于说明和回答人类应当怎样存在、人生应该怎样度过这些人类最重要的问题,人类可以从教育中得到很大的实利效果,但这终归是作为结果而自然形成的,不是教育应有的状况,或者说,不是教育自觉追求的目的。③工具理性使现代教育日益功利化,池田大作指出:就教育来说,确实可以从中得到很大的实利效果。但这终归是作为结果而自然形成的,光把实利作为动机和目的,这不是教育应有的状况。现代技术文明的社会中,不能不令人感到教育已成为实利的下贱侍女,成了追逐欲望的工具。池田大作认为,学问的本来意义是研究人类基本的生活条件

---

① 汤恩比、池田大作:《展望二十一世纪——汤恩比与池田大作对话录》(中译本),北京:国际文化出版公司,1985年,第60页。

② 王学风、刘卓红:《池田大作的和平教育思想探讨》,《外国教育研究》,2010年第1期。

③ 汤恩比、池田大作:《展望二十一世纪——汤恩比与池田大作对话录》(中译本),北京:国际文化出版公司,1985年,第60页。

和人类存在的本质。教育是传授学问的方式。因此，教育目的应当摒弃外在的功利和工具价值。他呼吁：我们必须用这种本来的学问和教育来取代已被政治和经济所操纵的蜕变的学问和教育，回归教育的本真意义，还人类应有的尊严，爱护人类应有的生态，尊重人类的生命。

和平教育的目标就是培养"国际人"，有一颗向"世界开放的心"的人。在池田先生看来，"国际人"就是"作为人的人"。"对于我们人来说，'是人'是一切的出发点，同时也是一切的归结点，而且应当是各种人生态度的规范。迷失、忘却这一不言自明的道理，可以说是现代人最大的不幸。"① 人对自我的认同，不能仅限于本民族的人，还应该同时扩大自我认同的视野，从世界的角度来认识自我，了解到自我作为人类一员存在的现实。要唤醒人作为人而存在的意识，教导人们看到那些超越社会差别、种族差别的共同的人性。这种共同人性的体认，能帮助人类即使在最严重的对立和对抗的情况下，也不会完全丧失理智和对话的希望。

学校应成为人类唤醒、人类理解和人类和谐的基石。学校教育应有更加宽广的价值理想，应强化自己的人类价值意识，学校应该教会学生具有公民意识，帮助一个人更清晰、更深刻地体认到自己的公民责任。学校是培育人类共同体的力量。唤醒人类的意识，其根本目的是在于加强人类的团结以应对人类共同面对的问题和可能的灾难。这个世界上存在着许多的不同种类的问题，有的问题是个人的问题，需要个人的努力才能解决；有的问题是社会的问题，需要社会的一致行动才能解决；有的问题是人类的问题，需要不同区域、国家、肤色的人们共同努力才能解决。学校教育应该对青少年学生阐明这些问题对于人类的危害，鼓励他们从小做起、从我做起，积极参与到旨在解决这些问题的认识、宣传和行动中来，培育他们的人类命运共同体的意识和责任感，成为一个拥有国际化心灵的世界公民。学校教师应将这种人类意识传递给青少年一代，应从人类困境、人类需要和人类福祉的高度理解自身工作的意义。这是和平教育对教育机构和教育者提出的要求。

三、实现和平教育的根本途径

可以承认，人们还是认同一些共同价值的，但这种认同如此脆弱，以至于常常为某种程度的"自我中心主义"所取代。所以，要创造一个"和平与共生的世界"，最主要的途径就是要创造一种"对话的文明"。"对话的文明"提倡世界上不同文明之间的对话；"对话的文明"强调"对话是和平行动的原点"，对不同文化的"洗耳恭听"是开展文明对话的第一步，要想创造一个和平共生的世界，必须由"尊重——倾听"深入到"向他人学习"并开展共同的行动中去。文明的对话不仅是彼此之间的尊重、承认，还是彼此之间的交流与学习，更是彼此之间的携手共进，应对挑战。正如费孝通先生所倡导的"各美共美，美

---

① 池田大作：《谈幸福》，立强、张彩虹译，北京：中国文联出版社，2007年，第110页。

人之美，美美与共，天下大同"的思想。

　　人类社会彼此之间要真的在民众心里培养起相互的敬意，就必须通过系统的教育一方面帮助各自的人民正确地理解历史，不忘历史；另一方面又帮助青少年一代放下历史的"宿怨"，尊敬别国的历史和现实。一个不尊重他人的人，一个骄傲自满、自以为是的人，一个对他人充满怨恨和报复心理的人，是不可能认真向他人学习的。有了相互尊敬、耐心倾听、互相学习的条件，共同行动就有了基础。共同行动的展开依赖于三个要素：共同面对的问题、共同行动的必要性和共同价值愿景的达成。

　　池田大作认为，对话是人生最美好的喜悦。杜维明先生认为池田大作是指导"和平的文化"和"对话的文明"的思想家和实践者。池田大作倾注全部精力和心血于国际和平活动，几十年如一日，坚定不移地反对战争，维护世界和平，为争取世界持久和平，促进各国文化教育事业的交流和发展，曾多次与各国领导人、著名学者、友好人士进行诚挚而认真的会谈，比如英国的历史学家汤恩比，苏联的戈尔巴乔夫，中国的季羡林、巴金、常书鸿、金庸等人。这些对话大大地提高了人们的认识水平，给许多人带来了深刻的自我批评与反省的机会，对世界和平与文化交流的贡献是巨大的。

　　在世界观和价值观的层面上，人类亟待建立一种"世界主义"哲学。这是 21 世纪人类社会发展对学校教育提出的新的价值要求，也是池田先生"希望的和平教育哲学"所大力提倡的。结束战争与暴力，在 21 世纪实现世界的持久和平，是池田大作的理想，也是他世界和平观的主旨。

四、池田大作的现代大教育观

　　在池田大作的教育主张中，认为教育环境影响着教育的效果。为此，池田大作对育人环境给予了高度的关注。他认为，和平教育是由学校、家庭和社会共同进行的。

　　首先，学校对和平进行系统教育所产生的影响是无可替代的，学校或公共教育机构培养了人们尊重个人自由判断的品质，给他们提供正确判断的素材。所有各级的教育是建立和平文化的主要手段之一。

　　学校应成为人类唤醒、人类理解和人类和谐的基石。学校教育应有更加宽广的价值理想，应强化自己的人类价值意识，学校应该教会学生具有公民意识，帮助一个人更清晰、更深刻地体认到自己的公民责任。学校是培育人类共同体的力量。唤醒人类的意识，其根本目的是在于加强人类的团结以应对人类共同面对的问题和可能的灾难。这个世界上存在着许多的不同种类的问题，有的问题是个人的问题，需要个人的努力才能解决；有的问题是社会的问题，需要社会的一致行动才能解决；有的问题是人类的问题，需要不同区域、国家、肤色人们的共同努力才能解决。学校教育应该对青少年学生阐明这些问题对于人类的危害，鼓励他们从小做起、从我做起，积极参与到旨在解决这些问题的认识、宣传和行动中来，培育他们的人类命运共同体的意识和责任感，成为一个拥有国际化心灵的世界公民。学校教师应将这种人类意识传递给青少年一代，应从人类困境、人类需要和人类福祉的高度理解自身工作的意义。这是和平教育对教育机构和教育者提出的要求。

池田大作认为，教育的全部价值在于追求社会和平、人类进步和人类幸福，而教师不仅是教育活动的组织者和人类文明的传播者，更主要的是，教师是制约教育能否实现其价值的关键，是人类自身进步的促进者和人类幸福的缔造者。作为教育对象的青少年是人类的未来，因而教育负有更多的责任，影响着青少年的成长，并通过对青少年的影响而决定着人类的未来和世界的和平。也正因为如此，从事教育事业的一切机关和教师必须具有饱满的热情和坚定的教育信念。

在谈到家庭教育问题时，池田大作认为家庭教育是各种教育中最完善的"育人教育"、"灵魂教育"，其主要内容就是父母通过自己的生活态度、礼仪和风范，使孩子认识正确的人生态度，并使其贯穿于生活之中和不断培育下去。

在大教育观的前提下，整个社会又可以看作是一个大的教育体系。池田大作积极主张学生的学习要与现实生活相结合，不是仅仅关注学历和知识，而要更多地关注人的幸福和人的发展，不能仅仅囿于知识和技能的培训，要让年轻一代在成长过程中接受合乎人性的陶冶。

五、对我国高等教育发展的启示

和平发展是一个国家实力、地位和形象的整体提升，教育作为和平发展的重要指标和核心手段，将受到更多的关注，得到更多的支持，获得更好的机会。因此我国应努力适应和平发展的新形势，使教育发展有机地融入和平发展的时代大潮中去。

第一，教育要认真研究和平发展问题，将教育优先发展的战略切实得到全面贯彻落实。

纵观世界强国发展史，综合国力的提高和强大无不以教育的强大为基础。我国是一个教育大国和人口资源大国，但还远不是一个教育强国和人口资源强国。在当今知识经济和经济全球化时代，我们若想不断提升综合国力和竞争力，逐步实现和平发展的目标，就必须加大教育发展和改革的力度，必须制定更加科学合理的国家教育发展战略与政策。

一个世界教育大国，不仅教育综合实力要强大，教育质量、水平和条件居于世界前列或先进水平，教育理论自主创新，学术繁荣，而且教育模式要自成体系，特色突出，国家之间的合作交流频繁，成为国际上有竞争力的人才培养中心，国际影响力巨大。我们要主动围绕大国崛起、和平崛起、和平发展等问题，及时调整教育发展思路，整体规划教育发展的长远目标和行动策略，把教育有机地融入到和平发展的行列中去，不断加强高层次人才培养和高水平大学建设，强调国民综合素质的提高，加强国际教育交流和对话等。

第二，开展专门的和平发展教育。我国教育新的重大课题是如何使和平发展战略成为全国人民的共同追求，凝聚人心意志，为此，需要在培养目标和内容体系方面反映和平发展战略，开展专门的和平发展教育。总体来说，当前我国国民尚未具有成熟的大国意识和全球眼光，难以适应国家和平发展的战略目标。为了改变这种局面，必须高度重视和积极开展和平发展教育。

具体说，和平发展教育主要有如下三个要点。一是全球意识、全球责任和国际理解教育，即开展有关关注国际动态、了解国际规则、承担国际责任、参与国际事务和尊重世界多元文化等方面的教育。二是民族精神教育，即培养国民深刻的民族认同感、民族自豪感和使命感，了解中华民族的文化和历史传统，陶冶国家胸怀和现代意识，这也是构建核心价值体系的一个重要内容。三是关于和平发展的专项教育，即向国际社会传播和谐世界理念，宣传中国是爱好和平的国家，中国发展是和平发展、共享发展，培植国民热爱和平与发展的情感，坚定维护世界和平、稳定和发展的信念等。简言之，就是要努力培养国民内在的民族精神、国际视野、国家情怀与和平信念。

第三，教育公平是现代文明社会共同的基本价值取向，它既是社会公平的重要基石和组成部分，也是一个国家和平发展的重要组成部分。教育公平的内容广泛，其外部因素涉及区域发展程度，社会文化传统，家庭经济状况甚至地理交通条件等因素，内部因素涉及教育体制、师资条件、教学设施、学校管理、招生考试、课程设置、学生评价、校园文化等方面。我国当前宏观教育政策的重点是逐步缩小区域之间、城乡之间义务教育发展水平差距，以及对不同教育阶段困难学生实施资助和援助方面。为此，需要在改善教育条件、完善教育结构、扩大教育规模、提高教育质量、健全教育制度与管理、优化教师队伍、加强教育科学研究、提升教育科学化水准等诸多方面，全力以赴开展工作，以便更快更好获得整体发展和全面提升，使教育公平这一基本原则，逐步体现在教育发展的各个阶段，各个方面，各个环节。

池田大作对牧口常三郎创价教育思想的继承与发展

陕西师范大学 曹 婷 常 娜

自 1968 年创办创价学园、1971 年创办创价大学以来,池田大作创办了从幼儿园到大学的一套完整的创价教育体系,包括遍及世界的五所幼儿园、日本国内的创价学园和创价大学,以及美国的创价大学。所谓"创价"即创造价值,帮助每个人获得人生幸福。创价教育的概念最早由日本著名的教育家、创价学会的创立者和第一任会长牧口常三郎提出。他毕生从事教育事业,甘于奉献,具有独特的人格魅力。他将创造价值作为教育的目的并以此贯穿教育始终,提出了一套以学生为中心、以人为本的创价教育思想。但是,由于第二次世界大战的爆发,牧口的教育思想未能得到实践,后来这也成为他的学生户田城圣终生坚持的理想。最终,通过第三任会长池田大作对牧口常三郎创价教育思想的继承与发展,这一理想得以实现。本文主要就池田大作继承与发展创价教育思想的主要内容进行初步探讨,期望能给予中国的教育改革一些启示,同时促进中日两国之间的教育交流,以相互学习,共同进步。

一、以人为本的教育思想

1. 牧口常三郎以人为本的教育思想

"以人为本"是牧口常三郎创价教育思想的本旨。所谓"以人为本",就是把人作为教育的出发点,把培养人当成教育的最高目标。牧口常三郎认为,创价教育就是要培养能够创造"美利善"价值的人,通过创造这样的价值来获得人生的幸福。他指出"创价教育的意义不在塞填知识,而是使人们在任何情况下,皆能打开生路,生利除害,趋善避恶,并且能够培育能顺应环境开拓地创造美利善价值的人"[1]。而且,牧口认为以人为本的教育应该重视人的欲望,因为"如果人的欲望被忽视,无论什么东西都只能被看作是没有价值的"[2]。牧口常三郎改革教育方法的原始动因也始终坚持一切着眼于人,坚持以人为本。正如他所说,"人的尊严在于他创造价值,为了教育青年人以便使他们能够成为有活力的

---

[1] 施晓光、任玉珊、高于婷:《牧口常三郎教育思想研究》,长春:吉林人民出版社,2012年,第89页。
[2] 牧口常三郎:《价值哲学》,马俊峰、江畅译,北京:中国人民大学出版社,1989年,第143页。

民族的一分子,能使自己适应于创造价值的目的,我们应该尽自己最大的努力改革教育方法"①。通过改革教育方法使得青年适应于创造价值的教育目的,由此可以看出,牧口对创价教育要坚持以人为本的重视。同时,牧口对"人生"一词的执着也体现了他以人为本的思想情怀。"人生"一词首先出现在牧口的《创价教育学体系》中,他这样写道:"创价教育学,就是培养创造人生目的与价值的人才之知识体系。"②由牧口撰写的《人生地理学》也使用了这一词汇,体现了他对人、对人生的关注,在该书中,牧口阐述了人与自然的关系及其与当代生态文明教育的关系。作为一本地理学的教科书,它向人类渗透一种全新的教育理念,提出了人生与人赖以生存的自然环境和社会环境的关系问题,体现了对生命的重视归根结底还是对人的关注,以及对人创造价值获得幸福人生的重视。

2. 池田大作对牧口常三郎以人为本教育思想的继承与发展

(1) 教育是培养人、造就人的事业

创价学会第三任会长池田大作继承了牧口常三郎的这一教育思想,将其进一步发展并付诸实践。池田大作指出,"造就人的事业,正是教育。启发、锻炼人内在的无限潜能,把它导向创造价值的方向,这就是教育"③。同时,他又提出"教育的目的是在于人的形成和人的建设,可以认为这是无需多谈的"④。所以,重视对人的培养,将造就未来人作为教育的目的,体现了池田大作以人为本的教育观。而且,池田大作继承牧口常三郎的遗志创立了创价大学,并规定日本创价大学的校训为"成为人类教育的最高学府"⑤。他认为,大学应该成为教育人的最好的、最核心的场所,足以反映其"以人为本"教育理念。

(2) 教育的根本是对人生价值、人生意义的追求

池田大作认为教育应该是对人生价值、人生意义的追求。"教育的根本课题在于说明和回答人类应当怎样存在、人生应当怎样度过这些人类最重要的问题,人类可以从教育中获取的实力效果有很大的作用,但却是自然形成的,不应该将追逐这样的实力效果作为教育的最终目的。"⑥此外,池田大作还指出了现代教育存在的问题,以此来提醒人们教育要坚持以人为本的观念。他这样说道:"现代教育陷入了功利主义,这是可悲的事情。这种风气带来了两个弊病:一个是学问成为了政治和经济的工具,失掉了其应有的主动性因而也失去了尊严性;另一个是认为唯有实利的知识和技术才有价值,所以做这种学问和研

---

① 牧口常三郎:《价值哲学》,马俊峰、江畅译,北京:中国人民大学出版社,1989年,第2-3页。
② 牧口常三郎:《创价教育学体系》,刘焜辉译,台北:正因文化事业有限公司,2011年,第33页。
③ 池田大作:《教育之道 文化之桥——在北京大学的演讲》,1990年5月。
④ 池田大作、松下幸之助:《人生问答》,卞立强译,北京:中国文联出版社,2000年,第332页。
⑤ 日本创价大学官网:http://www.soka.ac.jp/,2016年7月。
⑥ 池田大作、汤恩比:《展望二十一世纪》,北京:国际文化出版公司,1985年,第60页。

究的人都成了知识和技术的奴隶。"①因此教育不应该成为政治、经济的工具,也不是要培养只会运用知识和技术的人,而是在教授学生知识的基础上,培养他们潜在的创造力,并帮助他们追求人生价值和意义,从而再影响他们的价值观、人生观等。这才是教育的本真意义。

(3) 教师要以学生为根本

作为教育的主体,教师也要本着以学生为根本的理念去教育学生。"教育不是埋没个性,而应当发展个性,一个好的教师应该做到因材施教。"②由于教育面临的是不同性格的对象,他们的心理、能力、经验等都不尽相同,所以,教师在教学过程中要以学生为根本,尊重学生的需求以及个性自由,加深对每一个学生的理解和关怀,为学生创造良好的教育氛围。帮助学生不断成长和完善自己,而不是去压制、扼杀学生的个性,阻碍他们的发展。而且,"教育是以人为对象的,而每一个人都具有不同的性格,其生命每一刻都在进行微妙的活动。因此,教育是最艰难的事业"③。所以,为了使这一"最艰难的事业"得以延续,教师必须具有饱满的热情和坚定的信念,为教育事业无私奉献。教师要时刻注意自己的言行,并不断提高自身的专业素养,以优良的品质去引导和影响学生,使学生形成积极向上的世界观、人生观、价值观。同时,教师也要做到关爱学生,与学生平等交流,培养与学生的师生情谊。正如池田大作所说:"教育者和青少年不是对立的关系,他们要共同成长,一起走向未来。这样,才能结出教育的果实。"④

二、家庭、学校、社会三位一体以及注重社会实践的教育思想

1. 牧口常三郎重视社会生活与实践的教育思想

牧口常三郎主张教育要将学习和生活紧密联系,学习要亲近社会、亲近自然,重视实践经验。他指出,"教育学应该有特定的对象,重视实际经验,成为一门与学校、家庭教育生活有密切关联的独立科学"⑤。牧口将体验生活,与自然环境、社会环境接触作为教育的课程,希望能在自然、社会、生活中培养学生的创造性。因此牧口提出,"使学生走进生活,亲密接触自然和社会,是我们在制定教育计划时永远不能忽略的一个基本原则,也是一把挖掘和培养孩子内在潜能的钥匙"⑥。为此,牧口还提出了"学习生活化,生活

---

① 池田大作、汤恩比:《展望二十一世纪》,北京:国际文化出版公司,1985年,第58~59页。
② 池田大作、B. 威尔逊:《社会与宗教》,梁鸿飞、王健译,成都:四川人民出版社,1991年,第147页。
③ 池田大作:《人生寄语》,上海:社会科学院出版社,1996年,第108页。
④ 池田大作:《人生寄语》,上海:社会科学院出版社,1996年,第108页。
⑤ 牧口常三郎:《创价教育学体系1》,东京:圣教新闻社,1999年,第14页。
⑥ 牧口常三郎:《人生地理学》,陈莉译,上海:复旦大学出版社,2004年,第11页。

学习化"①的口号。而且，牧口也非常注重培养学生的社会性，他在担任白金小学校长时期，常常对学生说"就像鱼儿离开了水会死掉一样，人类离开了社会也无法生存"②，"人类只有在社会中才能称之为人类，离开了社会，教育不存在，人类也将不存在"③。同时，培养学生的社会性，便不能把学生关在学校里办教育，家长的支持也是至关重要的，所以，当时牧口对家长协会的人员组织进行了改组，尽可能地使家长参与学校的教育。此外，他还创办了学校内部刊物《白金》，以此拓宽学校与家庭的联系渠道。

牧口常三郎对教育制度提出了改革，他认为要清除当时日本军国主义抬头和极端国家主义支配下教育制度的弊病，必须要实行半日制学校制度。他指出推行半日制学校制度，首先在于弄清楚学习与生活的密切联系，"没有实际生活就没有学习可言。通过学习可以更好地生活，生活的实践反过来又能促进学习的进步"④。所以学习是为了更好地生活，而生活中我们也需要通过不断的学习来提高、充实自己。所以牧口认为实施半日制学校制度可以使生活与学习融为一体，可以很好地培养学生勤劳的习惯，减少游手好闲的人的出现。除此之外，实施半日制学校制度可以提高教育的效率，使原来在一天内进行的教学内容有效率地压缩到半天完成。而且，通过实施半日制学校制度，可以有效地解决理论学习与实践脱节的问题。"受教者半天在学校生活，学校生活以外的半天参与生产型的实业生活，或者同来帮助父母的职业，或者从事能力相称的职业，或者学习与往后生活相关的专业"⑤，通过这样的活动，使父母更加了解学生的教育情况，从而促进家庭教育与学校教育的联系，也可以使学生了解社会，更好地处理人际交往问题，为将来进入社会后能更好地适应工作奠定基础，而更好地发挥自身的创造价值。

2. 池田大作对牧口常三郎社会生活与实践教育思想的继承与发展

牧口常三郎认为教育要走近自然、生活与社会，重视实践经验。池田大作继承并发展了其观点，认为不只是学校，家庭和社会在教育中同样起着重要作用。这三者构成三位一体，共同营造良好的教育环境，促进学生的发展，使学生发挥最大的创造价值。

（1）学校、家庭、社会三位一体的教育思想

池田大作认为，在教育中，不只是学校，家庭和社会同样也扮演着非常重要的角色，各自都对学生的教育起着不同而又重要的作用。家庭是教育的基础，是孩子教育的启蒙，它交给孩子的可能并不是知识，而是通过家庭行为来影响孩子的性格塑造，以及做人的基本素养，从而培养孩子成长并获得独立自主的精神。正如他所说，"家庭是一切的基础，

---

① 冉毅、曾建平主编：《关爱人性 善待生命——池田大作思想研究》，长沙：湖南师范大学出版社，2003年，第114页。
② 《創価教育の源流 牧口常三郎》，东京：潮出版社，2004年，第45页。
③ 《創価教育の源流 牧口常三郎》，东京：潮出版社，2004年，第42页。
④ 牧口常三郎：《创价教育学体系3》，东京：圣教新闻社，1993年，第250页。
⑤ 牧口常三郎：《创价教育学体系3》，刘焜辉译，台北：正因文化事业有限公司，2010年，第250-251页。

根本是教育"①,"家庭教育的根本,可以说就在于'使孩子自立的教育'"②。池田大作又指出了家庭教育与学校教育的关系,"学校教育要把重点放在开发人的生命的智能上,而在家庭教育中,一方面固然要把重点放在'情'与'意'上,同时还应当为人的全面发展教育进行不懈努力。家庭教育是人的教育基础,在这一基础之上,学校教育才能很好地开花结果"③。可见,池田认为,家庭教育是第一步,是基础,学校教育才是第二步,必须建立在家庭教育的基础之上进行。由池田大作创立的日本创价大学也非常注重学生社会性的培养,因而,学校会通过一些重大的活动来加强与家庭、社会之间的联系。如:"创价大学每年开学、毕业典礼重大活动,都要邀请学生双亲参加。并且在学校纪念典礼、各种祭祀活动、学生举办的各类活动中,都邀请家长和社会人士进行参观。学校里洋溢着学校、社会、家庭三位一体的携手共同育人的和谐气氛。"④这样,加强了学校与家庭和社会之间的联系、也促进了三者之间的交流,三者共同见证学生的成长,从而使教育更加全面、完善,以利于学生创造价值。而且,"创价大学学校道德教育与社会地域联合的方法也是各式各样,把道德教育的意义和在家庭中进行道德教育的重要性,通过演讲、报纸等方式广而告之。还有公开授课,让周边人们参加并写作的教育活动。创价大学向周边地域以及社会全方位地开放,包括图书馆、文化活动场所"⑤。创价大学在对学生实施教育的过程中,将学校教育作为中心,将家庭教育和社会教育联合起来,全面贯彻这样三位一体的教育思想,更有利于学生社会性的培养、全方位的发展,以创造出更大的价值。

(2) 社会实践对教育具有重要意义

池田大作还继承了牧口常三郎注重实践经验的教育理念,他认为,社会实践对教育具有重要的意义。学校是教授学生知识的重要因素,这是毋庸置疑的,但是,学校教育所能承担的任务是有限的。当今社会发展日新月异,对人才的要求也越来越高,而且要将所学知识活用到工作以及生活中,仅仅靠学校教育的理论知识是不可能的。所以,应该将整个社会作为整体的教育体系,注重从社会实践中获取经验与智慧,将所学知识灵活运用。因此,池田大作指出,"脱离现实社会中的生活基础,只是掌握知识、学习理念,往往会陷于为知识而知识,导致在概念的世界中游戏的结果。在与现实相结合中来领会到的知识,就不会是暂时死记硬背的知识,而成为给指挥带来营养的源泉,变为该人自身的血肉。各种思想或理念如果有着现实生活的基础,就会获得正确的位置,能够被灵活地加以运用"⑥。所以,这样也更符合社会对人才的需求。

---

① 池田大作:《人生の座標》,东京:グラフ社,2007年,第145页。
② 池田大作:《孩子是未来的宝贝》,卞立强译,北京:中国文联出版社,2005年,第14页。
③ 池田大作、松下幸之助:《人生问答》,卞立强译,北京:中国文联出版社,2000年,第21-22页。
④ 王丽荣:《池田大作道德教育思想初探》,《外国教育研究》,2005年第6期。
⑤ 王丽荣:《池田大作道德教育思想初探》,《外国教育研究》,2005年第6期。
⑥ 池田大作:《人生的坐标》,香港:商务印书馆有限公司,2003年,第105-115页。

当然，池田大作对牧口常三郎教育思想的继承不止以上两点内容，他对终身教育思想以及这些理念在创价教育中的实践等问题也进行了继承与发展，还有待于笔者进一步分析与研究。总之，牧口常三郎和池田大作的教育思想都是创价教育思想的重要组成部分，池田大作对牧口常三郎教育思想的继承与发展充分体现了创价教育的一脉相承性。他们的思想理念对我国教育事业以及教育工作者都有很好的借鉴意义，我们可以根据国情现实，进行选择性地吸收并发展。

文明融合与教育

肇庆学院 蒋 菊

解决当今人类遭遇的各种难题和危机,单靠一种文明价值的智慧和能量,常常显得捉襟见肘,只有充分挖掘和利用各种不同秉性的文明价值资源,实现互补、融合,才能帮助人类破解难题、走出危机。作为一位教育家、哲学家、文学家和和平建设者,池田大作先生所推动的人性教育与知识的对话,以及促进和平的行动,都在世界上受到很高的评价。池田先生创办了以人和学生为主体的教育,创价的一贯教育从幼儿园到研究生院,在日本、马来西亚、新加坡、韩国开办有幼儿园,在巴西也有从小学和初中的创价学园,在日本东京和大阪则有男女合校的初中、高中,以及日本创价大学、创价女子短期大学,还有美国创价大学。除此之外,他还创办了波士顿21世纪中心、东洋哲学研究所、户田纪念国际和平研究所、民主音乐协会、东京富士美术馆等多数的国际性非营利的和平与文化机构。①从理论出发,与实践,特别是教育实践紧密结合,为世界融合与教育的重要作用进行了强有力的佐证。

一、21世纪是文明融合的世纪

人是一个社会产物,就必须与外界进行交流,而随着文化交流的日益频繁紧密,融合的理念就更被推及到一个无可企及的高度。它成了大势所趋,成了民心所向,顺者繁荣昌盛,逆者则会逐渐衰落而最终淡出时代的舞台。融合是时代进步的产物,它是不同个体激烈碰撞而激起的耀眼的火花。追溯历史,我们会发现没有哪一个民族是光靠自己"单干"而能够屹立于民族之林的。

融合是人类未来的趋势。人类历史上的许多惊心动魄或者惊天动地的争执和论争,到后来都因趋同而化解或由于折中而和合。人类的思维之路所以无限曲折,是由于人们有"执":执于"一",而不知有"二";执于此,而不及于彼;执其始,而不知所终,未能做到孔子说的"扣其两端"。我国已故的老一辈文化社会学家费孝通先生,晚年提出"各美其美,美人之美,美美与共,世界大同"的文化论说,即主张世界上各种不同的文化,都

---

① 池田大作:《我的履历书》,赵恩普等译,长春:吉林人民出版社,1984年。

有其优长之处，我们既要看到自己的长处，也要看到他者的长处。宋代的思想家张载把自己对宇宙世界的看法，概括为四句话——有象斯有对，对必反其为，有反斯有仇，仇必和而解。意在说明，宇宙间万事万物，不过是对待、流行、校正、和解而已。对待与流行的结果，不是吃掉、消灭，而是通过校正，达至和解、共生。世界上不同的文化、不同的"文明体国家"，不必然发展为冲突，而是需要通过交流与对话达成文化的互补与融合。人类的未来，世界历史的大趋势，是走向文明的融合而不是相反。

为了彰显池田先生在教育、文化以及推进和平方面所作出的贡献，莫斯科大学、伯罗尼亚大学、北京大学、格拉斯哥大学、内罗华大学、纽约市立大学、德里大学、约旦大学、巴拿马大学、悉尼大学等横跨世界40个国家的高等学术机构，授予池田先生名誉博士以及名誉教授称号超过230个。并且还有来自20多个国家授予的国家勋章、联合国和平奖、西蒙·威森塔尔中心国家宽容奖、罗萨·帕克斯人道奖等诸多殊荣。 19岁的池田先生见到了影响他一生的恩师户田城圣先生（1900年—1958年）。户田先生是著名的教育家、佛教哲学家。因公然反对军国主义政府曾一度被投入监狱。其面向正义不屈不挠的精神，以及充满人性的人格和深远的见识使池田先生深感敬佩，誓愿要作为户田先生的弟子，为了世界每个人的幸福与和平竭尽全力。

二、文明融合中教育的作用

古代文明，如果不能用现代文明来理解它，最终它是毫无用处的。如果人们坚持，只能对历史的传承做点贡献，而且这种贡献还是无意识的。实际上，根本没能厘清未来的出路。西方文明，如果不能用东方文明来实践它，其实它是漫无目标的。如果人们坚持，最多对现实的矛盾进行抨击，而且这种抨击还是欠解决的。实际上，根本没能开发功利的价值。精神文明，如果不能用物质文明来直观它，其实它是矫揉造作的。如果人们坚持，不过是相互把别人管教起来，而且这种热情还是帮倒忙的。实际上，根本没能舒张自己的人性。

教育在一个国家的文明建设上扮演一种积极的角色，其中一个重要的任务就是将正确的、符合时代要求的文明观播种在青少年的心田上。如果今天的教育播种的是文明中心论、文明进化论和文明冲突论，那么他们将来就只能沿着这样的方向来开展他们的文明之旅；如果今天的教育播种的是文明多元论、文明生态论和文明对话论，那么他们将来就会沿着这样的道路来铸就人类新的文明格局。从这个角度来说，今天的教育应当深思自己的文明立场和态度，以一种更加广阔的视野向青少年学生传播新的文明观。这是今日教育的巨大责任和使命！在这个基础上，今日的教育才可以构筑世界文明，重塑国家文明，繁荣社会文明，培养文明的公民。

1958年户田先生去世。池田先生作为后继者，致力于推进和平与人类幸福，进行了世界性范围的广泛对话活动。活动的中心是跨越国家、民族、宗教、意识形态的差异，作为世界文明的渡桥,以摸索全世界范围的问题群的可行性解决办法为目标,并且以人本主义者的姿态开展对话,促进相互理解。通过民间外交在 20 世纪 70 年代所进行的活动,构筑中日关系正常化的友谊之桥,并且有效地缓和了中苏政治紧张。①

文明是教育中最根本的东西,教育诞生于文明。一个民族的文明,甚至是一个区域的文明,必将影响到教育的方方面面。以中国本土文明看,单是儒家思想以"仁"为核心的"三纲五常"的伦理道德对教育的影响,就产生于持续两千多年的"黑板、粉笔加教鞭"的教学模式和"演讲式、谈话式"的教学方法。而西方以"自由主义"为核心的文明背景,相应地就有"放羊式"的教学。文明与教育,相互渗透、相互影响:

(1) 和谐与统一

科学而恰当的教育,应该是与诞生这一教育的文明达到和谐、统一的。抛开文明说教育,等于建造空中楼阁,不切实际。教育的发展固然要随文明的发展而进步,但是一个文明中优秀的传统无论何时也不能丢掉。比如,我们今天批判儒家思想,不过我们却仍然要继承和发扬儒家思想的"诚以律己、信以待人、先公后私、先义后利、有爱人惜物之心、有兴亡系己之责"等思想。

如何达到文明与教育的和谐,其关键在于怎样在新时代看待历史文明。既不能置历史文明于不顾,又不能将传统完全再现于教育。只有从教育的各个环节入手,将传统的东西修正为时代的需求,不背离文明、不阻碍进步,才可能实现和谐的文明、和谐的教育。二者统一于教育的发展过程,是教育在发展中不能脱离的原则。

(2) 思想与行为

教育思想的定位居于开展整个教育活动的首位。站在教育衔接文明的立场,教育思想的确立应该从文明方面着手思考。建设社会主义社会需要有中国特色,开展教育活动就要凸显该地区、该民族的文明特点。只有确立了这样的教育思想,教育与文明才可能达到和谐和统一。

有正确的教育思想作指导,教育行为的实施才有明确的方向。在从传统教育向现代教育的转轨过程中,曾出现过许多对教育改革的误解——有的完全抛弃民族精神,大肆鼓吹"强强竞争"需要"狼的精神";有的则彻底打破传统教育模式,改行"走班制",等等。寻根究源,这些现象的出现都是因为教育思想与教育行为没有很好地同文明相结合,走上与历史文明相背离的道路,从而令人费解和惊讶。

(3) 同化与特色

随着人类文明向统一的全球化趋势发展,教育也相应地走上一条融合、同化的道路。其中就会产生许多矛盾。文明与文明之间存在差异,教育与教育相比较就表现出许多不同。文明的发展要求教育同国际接轨,教育的发展却无现成模式可参照。

怎样积极地参与教育的融合和同化,在一定程度上影响着文明的发展进程。近代中国

---

① 池田大作:《人生箴言》,卞立强译,北京:中国文联出版公司,1995 年。

的落后，可以从教育的保守方面找到原因。吃一堑、长一智，文明程度发展了，教育不能再故步自封。不过，教育也不能盲目地追求同化，一味地将我们认为先进的教育的诸个环节都照搬过来。实现教育同国际接轨的过程中，一定要认清其他文明的优秀成果才是教育同化的根本，而组织教育活动依然要具有本民族文明的特色才易于传承和发展本民族的文明。

（4）时代与地域

文明的发展毫无疑问地具有时代性，教育就要体现时代的要求。体现时代的要求，并不意味着对教育的改革就能一蹴而就，而是要经过无数次改革后才能最终实现，具体地说，地域条件等客观因素在一定程度上制约着教育的发展，发展教育不能只依靠人的主观能动性来冲破区域文明影响教育的束缚。正确处理时代对教育的要求和区域文明对教育的影响，需要教育向区域文明展开研究。从研究中找到区域文明开启时代大门的钥匙，从研究中掌握将时代要求安装到区域文明的程序。

教育是文明的衍生，文明的发展是教育的归宿。在文明向更高程度发展的过程中，教育不仅要为今天的发展服务，更要为明天的辉煌奠基。在教育要体现时代的要求形势下，不能抛开文明说教育，也不能摒弃传统谈发展。

三、努力实现融合的教育与教育的融合

文明与教育，两者相辅相成，互相促进，互利双赢。其基本理念在于：尊重学生的身心特点和发展需求，尊重教育规律，坚持以人为本、促进融合。实现文明的教育与教育的文明不仅具有时代意义，而且也符合国际教育的发展趋势。

截至目前，池田先生应众多海外知名高等教育机构的邀请，在莫斯科大学、北京大学、哈佛大学等28所高校学术机构发表32回演讲。如此广泛的活动中，池田先生最倾注心血的是教育事业。他说"教育是我毕生的最终事业"。秉承这一信念，通过教育倡言等各种出版物的发行，积极地阐述教育及其重要性，企望学生们快乐地成长，并对他们进行不断地鼓励与鞭策，借此以实现具有全球化融合趋势下具备文明素质的世界公民。①

（一）保障有质量的教育公平是实现融合教育的核心

2008年6月和2008年11月，在巴厘岛举办的亚太地区全钠教育会和在日内瓦举办的第48届国际教育大会，该会的主题是"融合教育，未来教育之路"。融合教育（Integrated Education）强调为身心障碍儿童提供正常化的教育环境，在普通班中提供所有的特殊教育和相关服务措施，使特殊教育和普通教育融为一体。"融合教育是一个不断变化的进程，其宗旨是向所有人提供有质量的教育，并尊重学生和社区的多样性以及不同的需求、能

---

①池田大作、奥锐里欧·贝恰：《二十一世纪的警钟》，卞立强译，北京：中国广播出版社，1988年。

力、特点和学习预期,消除一切形式的歧视"。融合教育包括有特殊需要儿童的教育、社会边缘人群、少数民族、女童、艾滋病病毒携带者和艾滋病患者、移民和难民儿童的教育。

第 48 届国际教育大会的总干事提出要走向融合,遇到的第一个挑战就是如何制定政策使大多数被边缘化和处境不利的孩子入学,第二个挑战就是教育走向融合的质量问题。融合教育的准则向我们提出的挑战是思考教育的多样性、开放性和灵活性,保障教育的基本需求,最大可能地提高学习质量,核心因素是教师的质量。教育公平是社会公平的基础,也是实现社会阶层合理流动的重要通道。"教育问题是重大民生问题,教育公平是社会公平的起点,人民群众对于教育公平的期望远远高过其他领域"。在明确教育资源优先向农村、边远、贫困、民族地区配置的同时,特别提出要支持特殊国家、地区或民族的教育,让每个孩子都能够成为有用之材。

融合教育应注重学校与家庭、教师与家长、教师与学生的合作,共同为学习者创造融合的环境。教师应重视课程和教学方法的开发,运用现代信息技术,使其更好地适应学生多样化的需求,并全面提升教师的综合素质和专业化水平,是推进有质量的融合教育的有力之举。

(二) 推进可持续发展教育及生命教育是实现教育融合的重要保障

"教育的融合"既是当今世界的基本事实,也是未来教育发展的基本趋势。首先是教育观念。世界各国虽然社会制度、文化传统、发展水平、意识形态各不相同,但关于教育的基本观念却越来越趋于一致。比如教育宗旨,正在形成以"促进学生健康发展"为核心的"人本主义"共识;在其他方面,由生理科学、心理科学、行为科学和社会科学各分支以及自然科学各相关领域的研究进展,正在构筑起关于教育活动的核心观念,如认知发展阶段理论,道德发展阶段理论,终身教育理论多元智力理论,需求层次理论,教育目标分类理论,人力资本理论,教育产业理论等等。正是在观念层面的融合与趋同为制度层面的模仿和新技术的扩散提供了共同的基础。全球性的教育现象在世界各国的教育制度中最典型的表现就是义务教育制度。自 200 多年前德国最先创立义务教育制度后,目前义务教育制度已经在全球得到普及,尽管各国在义务教育的年限上有较大的差异,但它的基本原则,比如普及性原则、强制性原则等都得到普遍遵守。其他如学校制度、学位制度等方面都有非常相似的制度架构。再看教育内容。尽管世界各国的课程和教材在表现形式上有很大的差异,但由于知识本身所具有的统一性,使得世界各国的教育内容在学科结构上有很大的相似性,比如常见的"人文、社会和自然科学"课程框架以及"工具、知识和教化"课程框架等等。在教育手段方面,综合运用电视技术、卫星技术、计算机和网络技术的现代远程教育,正在世界各国得到推广和普及,并且正在创造出一种前所未有的、更具有全球性特色的教育活动形式。 可以肯定,随着互联网的普及和发展,世界各国教育体系之间的交流会更加便利,各国教育活动中相似和相同的现象也会越来越多。"教育的融合"的本质，是一个在全球范围内以不同形式不断扩大教育资源的共享程度，并且不断增加不同教育体系的共同因素，以形成一个联系更加紧密的全球教育体系的过程。

　　无论国内还是国外的教育投资，其主体都是努力创造一个公平竞争的市场环境，以期实现教育的全球化与本土化、民族化的和谐统一。所以无论命题"只有民族的，才是世界的"，还是其逆命题"只有世界的，才是民族的"，在大的历史尺度上，都具有一致的属性并已经被证实或将继续为人类实践所证实。

池田大作人本主义道德教育思想研究

厦门大学　章舜钦

池田大作是日本著名的宗教家、哲学家、社会活动家和诗人，同时也是一位杰出的现代教育家，先后创办了创价学园、创价大学、东京富士美术馆、民主音乐协会、东洋哲学研究所等多所教育机构，并把教育作为自己毕生奋斗的最重要工作。他在教育实践活动中提出的人本主义道德教育思想，构成了池田大作教育思想的重要内容。池田大作认为，加强道德教育十分重要，要坚持人本主义教育方法才能取得教育成效，他的道德教育思想对日本和其他国家的现代教育改革与发展都有启示作用。

一、池田大作人本主义道德教育思想的渊源

池田大作人本主义道德教育思想渊源主要有以下几个方面。

1. 两位恩师的人本主义教育思想

池田大作教育思想渊源之一是他的两位恩师，即户田城圣和牧口常三郎。户田城圣和牧口常三郎是创价教育学会创始人，也是日本杰出的现代教育家。池田大作跟随户田城圣学习十多年，他一直将户田城圣誉为自己的"人生教育的导师""第一流的人生的指导者"。户田城圣和牧口常三郎认为，教育的目标就是创造价值，创造价值是创价教育学会的核心思想，户田城圣和牧口常三郎的教育思想，对池田大作产生了重要影响。

2. 佛教经典特别是《法华经》的智慧

池田大作是当代著名的宗教家，他信奉日莲佛教，特别是日莲正宗所遵循的经典《法华经》的智慧。他的人本主义道德教育思想与《法华经》的智慧是一脉相承的。《法华经》倡导，不论过去、现在还是将来，不管身份、地位、财富、性别、根基如何，"一切人都有佛性""一切众生皆能成佛"，这种对每个生命的尊重、众生平等的思想，就是一种人本主义精神。池田大作指出："《法华经》里有根本的人本主义——以人为主人，以人为王者。""人性教育与佛法是表里如一的。"① 又如，池田大作十分遵循日莲佛法中的"色心不二"哲学思想，也就是说"佛法就是让'人'全身心地达到'色心不二'的境界"。如果说"色"

---

① 池田大作：《法华经的智慧》，创价学会译，香港：明报出版社，1997年，第14、116页。

是指人的肉体，那么，"心"就是指人的精神，把这二者合为一体，才有了生命，才真正成为"人"。[①]池田大作创办的教育机构就是以佛法为基调的教育，倡导对生命的尊重和对人精神的信赖，他的人本主义是佛法的人本主义，强调的是众生的平等、生命的尊严，这是其他任何东西所不能取代的。佛法中的智慧对池田教育思想的形成产生了重要影响。

3. 与世界著名专家学者的交流对话

在过去几十年时间里，池田大作先后与世界各国许多教育专家、学者进行了广泛交流和对话。他到过许多国家的大学或者其他教育机构参观考察，在世界许多教育机构发表演讲，宣传人本主义教育思想。这些参观考察、对话交流，对池田大作人本主义教育思想的形成也起到了重要作用。池田大作强调，教育的真正意义不是帮助学生获得多少知识和技能，而是帮助学生创造价值，获得幸福，实现人生意义，维护世界和平，促进人类进步。他特别认同宗教改革家马丁·路德金的观点，即"一个国家的兴盛，不在于国库的殷实、城堡的坚固、公共设施的华美，而在于公民的文明素质，也就是人民所受的教育、人民的远见卓识和人民的品格高下"。[②]

4. 池田大作本人的教育实践活动

池田大作十分关注现代教育事业的发展，不但从理论上进行研究，而且在实践中积极探索，先后创办了创价学园、创价大学等众多教育机构。他一方面传承了创价教育学会的人本主义精神，并加以发扬光大；另一方面在教育实践中形成自己独到的见解。池田大作所倡导的人本主义道德教育思想，是人性的道德教育，认为教育的终极目标是造就人，即以"人"为道德教育的出发点，把"人"作为理解教育问题的原点和归宿。他特别关注人的心灵世界，追寻人的生命意义，并用"人"的方法去理解人，对待人、关怀人、教育人，特别是要关怀人的精神世界、精神生活和精神生命的发展，以"成人"为道德教育的最终目的，正是这种对人的心灵世界和生命意义的不懈探索，使他的道德教育思想中蕴含着丰富的人本主义精神。人本主义道德教育是池田大作教育思想的主要特征之一。

二、池田大作关于人本主义道德教育重要性的思想

池田大作从以下几个方面论述了加强道德教育的重要性。

1. 从现代人类所面临的问题分析

当今世界，现代人类面临许多问题。池田大作指出，现代人类"在物质世界充分优裕的时候，没有构筑一个丰富健康的精神世界，这也许是现代人面临的最大问题"[③]。在现代人类所面临的精神世界问题当中，一方面，精神世界问题主要是道德危机。池田大作认

[①] 池田大作：《"佛法和宇宙"体会谈》，《池田大作全集》（第10卷），上海：上海远东出版社，2003年，第57页。
[②] 曲庆彪、寺西宏友主编：《与池田大作对话人类发展》，北京：中国社会科学出版社，2012年，第281页。
[③] 池田大作：《佛法——西与东》，王健译，成都：四川人民出版社，1996年，第3页。

为,道德危机主要体现在:在人与自然的关系上,过分强调对自然的征服与利用;在人与物质的关系上,过分强调对物质的追求与满足;在人与科技的关系上,过分强调依赖看重科技的作用;在人的感性和知性的关系上,过分注重知性的作用。那么,要如何解决这些问题呢?许多人首先想到的是现代科学技术。科学技术的产生,的确推动了人类社会的发展,改变了人类社会的生活,但是,科学技术不是万能的。现代人类过分看重科学技术的作用,出现错误的价值观,对伦理道德带给人类社会发展的影响和作用,认识不足,重视不够。他指出,现代社会"人的道德水平,随着技术的进步反而降低。这是由于人的愚蠢造成的。人们有一种错觉,以为从技术进步所得的力量,可以代替道德所完成的任务。我认为从这种错觉中解脱出来,是解决人们招致的现代危机的出发点"。①另一方面,实际上现代人类所面临的问题,归根到底是由于人类本身的错误所致,他说,"现代人类生存的危机是自己招致的。因此解决这个危机的钥匙也掌握在人类自己手中"②,也就是人性当中的"恶"招致的,这种"恶"不是来自人的外部,而来于人的内部,也就是人的道德观和价值观出现了问题。池田大作认为,人的生命既具有善的可能性,同时也具有恶的可能性。因此要弘扬人性,就要扬善制恶。那么,怎样才能扬善制恶,除掉人的内部的恶呢?池田大作认为,人类"要想克服恶的生命,就必须加强善的生命。我们称其为'人性革命'"③。"人性革命",除了宗教、对话交流外,最重要的途径就是教育,通过道德教育,在人的内心构建"善"的精神世界。21世纪人类社会要实现的"人性革命",实质上就是人的内在的精神革命,其中包括通过加强道德教育,完善人类的精神世界,这也是这个时代的崇高的、不可回避的责任。

2. 从现代教育所面临的问题分析

关于现代教育所面临的问题,池田大作认为,现代教育最大的问题是教育的功利主义,过于重视知识教育,而对道德教育重视不够。这种教育培养出来的人,"有学问却没有良心,社会上充斥着像机器人一样冷酷的专家的话,是很危险的"④。池田大作认为,道德教育是教育的应有之义,技能教育与道德教育应当同时推进。培养什么人,怎样培养人,是教育的根本问题和中心任务。池田大作并不是反对知识教育,而是坚持"专业性知识教育"与"教养性智慧教育"并重。教育是为了启发人的内在潜能,创造生命的价值,因此,应该摒弃外在的功利和工具价值,回归教育的本来意义。"教育者应该致力的最重要的事情不是'讲授某个学科的知识',而是'教育人'本身。就是使受教育者的人格健康向上,德才得到开发"。⑤学校教育是人本主义教育的拓展阶段,学校不能只是灌输知识,还必须加强道德教育,培养健全人格、完善人品、陶冶情操。

---

① 池田大作、阿·汤恩比:《展望二十一世纪》,荀春生译,北京:国际文化出版公司,1985年,第388页。
② 池田大作、阿·汤恩比:《展望二十一世纪》,荀春生译,北京:国际文化出版公司,1985年,第390页。
③ 池田大作、戈尔巴乔夫,《二十世纪的精神教训》,孙立川译,香港:天地图书有限公司,1985年,第391页。
④ 池田大作:《青春对话:与21世纪的主人翁倾谈》,北京:中国友谊出版公司,2000年,第265页。
⑤ 池田大作、B. 威尔逊:《社会与宗教》,成都:四川人民出版社,1991年,第148页。

3. 从现代教育的目的分析

教育目的是指教育所要培养的人的质量和规格的总要求，即解决把受教育者培养成什么样的人的问题。人是教育的主体和核心，也是道德教育的出发点和归宿点。池田大作认为，教育是关于"人"的事业，"教育始终是以人为对象，而且大多是决定承担未来重任的青少年的动向"①。教育不仅以人为对象，而且直接关系到人类社会的未来，"施行教育的目的是培育下一时代的人，或者从更根本意义上来说，是把下一代人改变成能够承担下一时代重任的人"②。教育虽然也对社会发生作用，但这种作用必须通过培养的人去参与才会实现。因此教育是培养开拓未来、造就未来的"人"的事业。创价大学的教育理念就是要成为"人"的教育的高等学府。大学在成为最高研究场所的同时，更重要的还是最高的人的教育的场所，"教育的目的是在于人的形成和人的建设，可以认为这是无需多谈的"③。在此池田大作强调，教育的终极目标不在于国家、社会、经济、政治，而在于"人"本身，在于追求人生的意义和价值。池田大作指出，"教育的根本课题是在于说明和回答人类应当怎样存在，人生应该怎样度过这些人类最重要的问题"④。池田大作在剖析了现代教育的本质和所存在的功利主义的弊端后指出，"现代教育陷入功利主义，这是可悲的事情。这种风气带来两个弊病，一个是学问成了政治和经济的工具，失掉了其应有的主动性，因而也失去了尊严性；另一个是认为唯有实利的知识和技术才有价值，所以做这种学问研究的人都成了知识和技术的奴隶"⑤。池田大作的道德教育思想和教育实践，都是力图使教育回归它的本真意义。

池田大作认为，教育的另一个目的是人的幸福，使人类能过着幸福的生活。幸福就是人们对自己生存和发展等需求现状的一种满意程度的主观体验，人作为高级的生命体是有各种需求和欲望的，这些需求和欲望构成了追求幸福的源动力。人为了满足需求去奋斗，通过奋斗获取了自己所需要的，满足了自己的需求，从而产生快乐感和幸福感。创价学会首任会长牧口常三郎始终坚持教育的目的是使人幸福，教育最终是为了令人获得幸福和安乐。池田大作始终坚持这一理念，他在给2008年由北京师范大学和日本创价大学联合主办、北京师范大学比较教育研究中心承办的"和平与教育——池田大作思想国际学术研讨会"的贺信中再次强调：教育的本意不在于从外面灌输知识或信息，而是教育学生如何把知识和信息用于人类幸福、社会繁荣和世界和平。

池田大作也强调，教育的又一个目的是世界和平。实现世界长久和平是池田大作人生奋斗的最终目标的重要理想。他认为："战争是绝对的坏东西，是向人的生命尊严的挑战。""现代人经历了太多的战争。我们必须消灭破坏文明、夺走宝贵生命进而招致人类灭绝的

---

① 池田大作、松下幸之助：《人生问答》，卞立强译，北京：中国文联出版社，2000年，第331页。
② 池田大作、松下幸之助：《人生问答》，卞立强译，北京：中国文联出版社，2000年，第332页。
③ 池田大作、松下幸之助：《人生问答》，卞立强译，北京：中国文联出版社，2000年，第330页。
④ 池田大作、阿·汤恩比：《展望二十一世纪》，北京：国际文化出版公司，1985年，第58页。
⑤ 池田大作、阿·汤恩比：《展望二十一世纪》，北京：国际文化出版公司，1985年，第59页。

可怕的战争。"①如何实现世界的长久和平呢？池田先生认为，解决各种社会问题，实现世界和平的根本出路在于"人间革命"，在于通过"教育"，特别是道德教育在人们心中播撒"和平"的种子，使之生根、发芽、开花、结果，才能带来世界和平的美好前景。

三、池田大作人本主义道德教育方法思想

池田大作人本主义道德教育主要有以下几种方法：

第一，坚持以学生为主体。池田大作认为，"教育的根本永远是学生，教育的根本取决于学生有无自觉性，学生是学校的主体"②。在道德教育中，首先是坚持以学生为主体，平等地对待每个学生，不能因学生有某些问题而被看不起、不受尊重或弃之不管。池田大作强调，"作为教师，应该不回避这些不好的男女学生，努力把他们拉到正道上来"③。其次要尊重学生，让学生积极参与道德教育活动，使学生内心得到沟通和启发。池田大作认为，要摆脱日本教育中的困境，"重要的是教师要加深对学生的理解，在正确的意义上，把学生看成一个受到尊重的人"④。当然，教师与学生要形成一种相互尊重、共同成长的局面，作为教师必须有自己的坚定信念，必须成为一个值得学生尊敬的人。这样，才能取得良好的道德教育效果。再次要因材施教。池田大作认为，道德"教育是以每个具有不同性格的人为对象，这每一个生命在每一瞬间都在进行微妙的活动"⑤。作为道德教育的对象，一个好的教师应该做到因材施教，他应该知道学生需要接受何种教育，在每一个个体独特生命的基础上去促进他们的成长、发展和完善，而不是去遏止、压抑和抹杀他们的个性。

第二，坚持以教师为主导。人本主义道德教育，要坚持以教师为主导。池田大作认为，"教师是最重要的教育环境"⑥。教师在教育中起着重要作用，是道德教育成败的关键；教师是教育活动的组织者，人类文明的传播者，人类进步的促进者和人类幸福的缔造者。因此，人本主义道德教育，必须要有高素质的教师队伍。追求真理和教养才是教师的根本、卓越的研究者和最好的教师，才能培养出有教养的学生。教师不但传授知识和技能，而且要传授道德和人格，两者要并重，不能偏重。池田大作指出，"可以担当教师的人，一定要是人格高尚而又知识丰富、足以教育承担下一时代重任的青少年的人"⑦。教师还要自

---

① 池田大作、阿·汤恩比：《展望二十一世纪》，北京：国际文化出版公司，1985年，第230-231页。
② 圣教新闻社编辑委员会：《创价学会指导》第3集，东京：圣教新闻社，1976年，第351页。
③ 池田大作、狄尔鲍拉夫：《走向21世纪的人与哲学》，宋成有译，北京：北京大学出版社，1992年，第254页。
④ 池田大作、狄尔鲍拉夫：《走向21世纪的人与哲学》，北京：北京大学出版社，1992年，第263页。
⑤ 池田大作：《人生箴言》，卞立强译，北京：中国文联出版社，1995年，130页。
⑥ 池田大作、米哈埃尔·兹古罗夫斯基：《和平世纪的教育曙光》，台北：正因文化事业有限公司，2012年，第134页。
⑦ 池田大作、松下幸之助：《人生问答》，卞立强译，北京：中国文联出版社，2000年，第355页。

觉承担起教育的重任，要有责任感，"教师从事着培育肩负未来的青少年人格的重要工作，如果没有'圣职'的自豪感和热情，就不要指望有成效的教育活动"①。他总结多年的教育实践经验，坚信教师是制约教育能否实现其价值的关键，是完成道德教育的重要条件。

第三，要构建学校、家庭和社会"三位一体"的道德教育体系。池田大作认为，家庭教育是教育的原点，是人生的教育的第一步，家庭教育搞好了，学校教育才能培养出真正的人才。在家庭道德教育方面，父母在教育中的作用，"父母是最大的教育环境"，"父母的人生观、生活观念毫无疑问、很自然地会传授给孩子"。"母亲是孩子的第一个启蒙教师"，"在现代的教育中，我觉得最缺乏的是父亲对自己孩子的教育"。②家庭教育不但要传授"生活的能力"，更是各种教育中最完善的"人格教育"和"灵魂教育"的场所，家庭道德教育发挥着学校教育不可替代的作用。在道德教育方面，父母的身教要胜过言教，父母赐给子女的教养、学问以及人生观等会令他们终身受益。池田大作认为，学校教育是人本主义道德教育的拓展阶段，学校教育不能只灌输知识，还必须加强道德教育。同时学校要经常与家庭配合，才能收到良好的教育效果，池田大作指出，"在考虑人的教育时，不能忽视学校与家庭的联系。教师有必要积极负责地与学生的家庭保持联系"③。

池田大作还根据学校教育和家庭教育不同特点，认为"学校教育把重点放在开发人的生命的智能上。而在家庭教育中，一方面固然要把重心放在'情'与'意'上，同时还应当为人的全面发展教育进行不懈努力。如果是这样，那就可以认为，家庭教育是人的教育基础，在这一基础之上，学校教育才有可能很好地开花结果"④。池田大作还认为，社会教育是人本主义道德教育的价值延伸阶段。人的道德品格是不可能仅通过学生时代就完成，离开学校成为社会人之后，也还是要继续接受道德教育。池田大作在和汤恩比的谈话中说："人生并不是只用学校教育来培养的。学生时代的优等生不见得就是人生的成功者，这个事实就是证明了这一点。许多人在学校读书时并不引人注目，但到了中年或晚年以后才表现出才华。"⑤他还针对当今家庭教育、社会教育遭到忽视的现状，指出教育不能只停在家庭、学校阶段，"人性的磨炼不应当全委托于学校，应当作为家庭、地区乃至整个社会的问题提上日程"⑥，这才是现代教育应有的理念。他还重视社会实践对道德教育的重要意义，主张道德教育与社会实践相结合，在社会实践中给予智慧，提升道德品质，健全人格尊严。可见，池田的道德教育是"家庭—学校—社会"三位一体的教育体系，是一种大教育理念。

---

① 池田大作、狄尔鲍拉夫：《走向 21 世纪的人与哲学》，宋成有译，北京：北京大学出版社，1992 年，第 321 页。
② 池田大作、松下幸之助：《人生问答》，卞立强译，北京：中国文联出版社，2000 年，第 356 页。
③ 池田大作、松下幸之助：《人生问答》，卞立强译，北京：中国文联出版社，2000 年，第 334 页。
④ 池田大作、松下幸之助：《人生问答》，卞立强译，北京：中国文联出版社，2000 年，第 353 页。
⑤ 池田大作、阿·汤恩比：《展望二十一世纪》，北京：国际文化出版公司，1985 年，第 61 页。
⑥ 池田大作、松下幸之助：《人生问答》，卞立强译，北京：中国文联出版社，2000 年，第 353 页。

第四，必须坚持以心对心的道德教育。不同的教育内容要采取不同的教育方法，在道德教育方面，不能如知识传授那样教授，而要以心换心的交流，才能使道德教育走进学生的心灵。这是因为"知识本身是客观的，利用讲义、传声器也完全可以传授"①。但是道德则不能采用这样的方法进行教育，它必须通过以心对心的交流，通过启迪、感化来培育。池田大作认为，教育既是人类最光辉的事业，同时，也是最为艰难的事业。从一定意义上讲，道德教育比知识的传授更为困难。为此，池田大作认为，能打动人心的只有人心。道德教育也不能是道德知识的堆积，而是一种心灵的"唤醒"，需要师生之间以民主平等的教育方法，"要通过教师与学生之间的交流和接触才会自然地刻印在生命中"。②道德教育是教会学生如何做人，毫无疑问还应该是进行情感教育。在情感教育中，教师与学生要进行双向对话，平等交流，以增进相互之间的相互理解和信任，才能达到教育目的，道德教育的效果不是来自教师的权威。

池田大作人本主义道德教育思想是池田大作教育思想的重要组成部分，它充分体现了东方道德文化的特点，对日本和其他国家的道德教育都有一定的启示作用。在教育过程中，我们应当传授哪些内容、采取何种方法来传授，都直接关系到受教育者是否能够成为真正的人才，池田大作人本主义道德教育思想，对我们重新审视教育问题具有重要启示作用。

---

① 池田大作、松下幸之助：《人生问答》，卞立强译，北京：中国文联出版社，2000年，第352页。
② 池田大作、松下幸之助：《人生问答》，卞立强译，北京：中国文联出版社，2000年，第353页。

池田大作人本教育思想对大学生成长的作用研究

——基于创价大学的实地调查分析

大连艺术学院 李 丹

人为什么要受教育？教育的目的是什么？作为培养人才的机构—大学的使命是什么？而完成其使命的教师的职责又是什么？作为大学的主角，大学生在追求人生价值、探索人生真谛的成长过程中，面对理想与现实、奉献与索取、责任与权利等一系列人生问题时，往往容易产生许多困惑。如何为学生解惑，培养怎样的人才，如何培养人才，对于教育者来说，是需要进一步深刻认识和理解的问题。以人为本，是现代教育理念的核心问题。日本著名教育家暨日本创价大学的创办人池田大作对以上问题具有深刻的理解与洞察，尤其是其贯彻实行人本教育思想的实践在国内外教育领域取得了卓越的成效，培养了大批活跃在世界舞台上并在各个领域发挥重要才能的优秀人才。笔者将通过对其人本教育思想的作用场所，也是创价教育实践的原点——创价大学的实地调查分析，揭示池田大作人本教育思想对大学生成长的作用，进而若能对目前迫切需要教育者去研究、去实践、去解决的人才培养等诸多的教育问题提供一些参考和借鉴的话，将不胜荣幸。

本文采用实地访谈与体验、网络调查、文献检索等多种方法，分三部分对"池田大作人本教育思想对大学生成长的作用"进行考察分析。第一部分对创价大学的成立背景及成立的意义进行考察；第二部分对创价大学的建校精神的实践进行考察；第三部分对"面向创立50周年的宏伟设计"的实践进行考察。

一、创价大学成立的背景及成立的意义

（一）师弟传承

创价大学的建校渊源要追溯到1930年使创价教育学体系问世的牧口常三郎先生（1871—1944）。建校构想先由其弟子户田城圣先生（1900—1958）依据创价教育学所继承，随后于1950年由户田先生的弟子池田大作先生继承，并随着1968年创价学园的成立开启了第一步。创价大学成立于1971年，正门前石碑上刻有"创价大学"的碑文，这正是

教育家，创价学会的第一任会长，创价教育学的创始人牧口常三郎先生所遗留下来的墨宝。创价大学于1971年建校，恰逢牧口先生100周年诞辰，因此具有重大意义。"创价"一词是取自于身为小学校长的牧口先生以"教育的目的即是价值创造"的理念。1930年11月18日，牧口与其弟子户田共同发起了"创价学会"，并于同年出版了《创价教育学体系》，该教育学说在当时虽然拥有不少的支持者，但是在军国主义和国家主义当道的时代，该学说与"教育是为了国家"的教育理念冲突，因此牧口被以"违反治安维持法"和"不敬罪"的罪名被逮捕入狱，1944年11月18日在狱中结束了他的一生。由此看来，[1]牧口先生坚定自己的信念，超越了当时作为一名教育者、一名市民的某种恐怖而被逮捕，没有他就没有创价教育，就没有创价大学的存在。

创价学会的第二任会长户田城圣先生除了极力地宣扬牧口先生的教育学说之外，也出资协助《创价教育学体系》的出版。为了实践该理论还亲自设立了"时习学馆"。他还出版了《推理式指导算术》的教授实践法一书，当时受到热烈的反响。户田先生二战期间也因反对日本对外侵略曾被捕入狱。[2]户田牢记牧口的"我想建立一所体现创价教育的教育机关，可是，我这代若不能实现就托付给户田君你这一代了"的嘱托，因此，池田先生在《青年时代的日记》中提到了在东京的日本大学的学生食堂里，户田先生对着当时仅有22岁的池田先生说道："大作，创办大学吧！让它成为世界第一的大学吧！"户田先生逝世后，池田先生为实现先师的梦想，于1964年发表了创办创价大学的构想，并把户田先生逝世的4月2日这一天定为创大的创办之日。[3]他曾说过："户田先生的梦想是要创立人才辈出的创价大学，我的梦想是实现先师的梦想，达成与先师的誓愿。"由此可见，池田先生在创立创价大学的背景中，贯穿了师弟传承这一点。

（二）池田先生的人本教育思想与创价教育

池田先生曾说过"教育是我人生最后的事业"[4]。池田先生在发表创价学园及创价大学设立构想中提到："在这里（学园·大学），我要培育20年后、50年后的日本领导人，培育构筑世界和平的领导人。与此同时，特别是要想做彻底实践初代会长的创价教育学说的教育。因此，我想建立与之相符的完备的教育阵营和教育设施。"由此可见，牧口先生的"创价教育学体系"对池田先生人本教育思想的形成及日后致力于人本教育思想的实践具有重要的影响，因此有必要先考察一下牧口先生的教育观。

牧口先生在《创价教育学体系》（1930年）中提到创价教育学的含义就是能够创造人生价值的培养人才的方法知识体系。他尤其关注对儿童的教育，提出"教育的目的是儿童

---

[1] 神立孝一：《創価大学の創立と創価教育》，《创价教育第1号》2008年3月，第88页。
[2] 神立孝一：《創価大学の創立と創価教育》，《创价教育第1号》2008年3月，第94页。
[3] 井上比吕子：《池田先生のリーダー育成論》，《創立者池田大作先生の思想と哲学》（第2卷），创价大学通信教育部学会编，2006年，第232页。
[4]《教育ルネサンス－池田名誉会長の指針から》，创价学会教育部编，东京：圣教新闻社，1995年，第191页。

的幸福"。牧口先生的教育观的基本出发点是"教育不是为了经济的发展而是为了人们的幸福"基于"人间尊重的精神"。他主张教育的目的和人生目的是一致的,就是追求幸福。而幸福并非依靠牺牲他人,陷入只追求自己的利益的利己性的满足状态,而是在与建立他人共存共荣的关系中获得。教育就应该以此为指导,提高作为社会一员的自觉性,培养具有能够期望个人与社会共同繁荣的人格。牧口先生把"经验的尊重"作为目标的价值的明确化,"经济性的重视"作为创价教育学的基本立场。也就是说要想谋求教育的经济化,提高教育的生产性就需要明确意识作为目标的价值,进行基于经验的实践研究。他主张只有在价值的创造中才产生教育的意义、人生的意义。牧口先生还对"指导者革命"谈了自己的看法。就是说权力者、为政者必须终止以民众为生存手段的时代,领导人自身要动脑动身,朝着为了社会、为了民众而做贡献的时代转换。

恩师户田先生身体力行,不仅帮助池田先生完成了高中乃至大学的学业,还培养了他的人学观与人生观。他的顽强的斗志与高尚的人格魅力深深影响了池田大作以后的人生。户田费尽心思,利用每天早上工作开始前的时间和周末,教授他万般的学问。户田向池田保证,他所接受的教育,至少不会输给一流大学。池田称此为"户田大学",这些课程也使得他亲身体验了创价教育。

池田先生认为"担当社会的自觉与责任是必要的"①,强调人们要关注现实中发生的各种问题,并在运用自身所学的知识用于提高和发展的过程中,绽放创造之花。②"我想培育的不是'精英',而是'领袖',也就是能够站在陷于烦恼的人、痛苦的人、不幸的人的一边的人才是真正的领导人。"池田先生在创价学园开学中的讲话中希望学生要在学生时代打好三个基础,即"强健的身体、坚强的心、聪慧的头脑",强调了知性、人格、健康的平衡,无论何时都能为民众而战,与民众共同前进。

由此可见,池田先生在创价教育实践中所重视的知识、人格的培养及关注个人的贡献度与社会价值上与牧口先生的创价教育学有相通部分,其日后致力于以培养"为社会做贡献,自他幸福的民众的领导人"及"培养具有丰富的价值创造力的人才"为目标的池田先生的人本教育思想也与牧口的教育理念有很大的共通点,并具体反映在了致力于其人本教育实践中。池田先生在创价学会中实行的"人性变革"("人间革命")与"一人立起"等概念,在很大的程度上是来自户田的熏陶,这在池田为培育青年所投入的精力中明显可见。

(三)大学的使命

创价大学创立之初的1960年后半期正是日本大学纷争的时代,然而在这样的背景下所诞生的大学更具有意义。当时,学生运动风起云涌,主要原因包括对入学的不平等,对学费涨价的不满,对大学无偿使用学生的不满,教授与学生之间的隔阂等等。就在"大学

---

① 《創立者の語らい》(上卷),"創立者の語らい"编辑委员会,创价大学学生自治会,1990年,第209页。
② 池田大作:《青春对话》,东京:圣教新闻社,2003年,第22页。

应有的姿态"被公然拷问的时期,池田先生设想创立什么样的大学。在这样的社会背景中结合创价教育,创价大学提前两年建成。在 1968 年 5 月 3 日"第 31 次创价学会本部总会"上,池田先生说:"教育决定下一时代的日本及世界的动向,是最重要的事业,然而,我们国家的政治家和领导人非但对此问题很不关心,反而施行政治支配,并把教育当作政治斗争的工具,有种种强化干涉的兆头。"在一年中最重要的大会上,池田先生当时的演讲具有非凡意义,阐述了创价大学的根本。在"第 32 次创价学会本部总会"上,池田先生发表了创价大学的建校精神:即(1)成为人本教育的最高学府(2)成为新式文化建设的摇篮(3)成为坚守人类和平的要塞。

创价大学的建校精神可以说是所有创大人的永远的目标,是贯穿创大今后数百年的生命线。在 1969 年 6 月所发行的《开拓新时代大学的未来像》一文中,池田先生提到:"创价大学的第一特色是即使教授没有名气,但是由具有像青年的那样旺盛的研究欲望,用生命致力于教育的人所组成。"①"教授与学生的关系不是相互对峙的关系,而是共同探求学问之道的同志,也可以说是前辈和后辈的关系,不管怎么说都是民主的关系。""因此,学内的运营也好,要实现学生参加的原则,建立理想的学园共同体。"另外创价大学成立前夕,由于资金不足,许多民众从心底里真正认同并纷纷解囊相助,创大肩负着这些民众的期许与使命,也被称为"民众的大学"。由此可见②,池田先生创立创价大学的原因有三:一是达成牧口先生及恩师户田先生的遗训;二是明确了"人本教育""建设不把学生当作机器零件的大学"的教育理念;三是立足于面向未来的人才培养目标。池田先生始终以"人"为出发点,他所想的是为了学生,建设的是以"学生为主体,学生第一"的大学。

笔者曾参加过创价大学的共通科目"人间教育论"课程。该课程主要由校长、学科长及对创价教育研究颇深的教员授课,授课的内容主要围绕人间教育与创大教育、人间教育与人间理解、创价教育学等展开,有时会聘请社会名人来做讲座。学生在校学习专业知识的同时还能从其他课程中受到启发,对母校创立的历史及意义有所了解并继承母校精神,这些课程也对如何发掘自身的潜能、提高学养、培养领导意识等起到了一定的促进作用。

二、创价大学的建校精神的实践

(一)成为人本教育的最高学府

事例 1:创大最大的学生运营团体及学生组织中心是学生自治会,下设 110 多个学生社团。学生自治会的目的一是实现创立者的建学理念,二是实现学生参加的原则。主要举办校内大型赛事、典礼,把学生的意见反馈给大学运营的协议会等活动。通过采访得知这些活动都是学生自己组织,实施。"我是一个非常内向而腼腆的人,但是自从来到创大后,

---

① 神立孝一:《創価大学の創立と創価教育》,《创价教育第 1 号》,2008 年 3 月,第 107 页。
② 高村忠成:《学生こそ"大学建设"の主役》,《创价教育研究创刊号》,2002 年 3 月,第 66 页。

通过学习创立者的'人生抄',我的性格发生了变化,我经常以不服输的精神迎接各种挑战,受池田先生的鼓励,我能够很好地与大家沟通合作,活动和学习都能顺利进行。池田先生的存在对于我们不可或缺,这也是我们和池田先生紧紧相连的心灵纽带。"——原学生自治会中央执行委员长石黑同学

事例2:学生社团硬式棒球部自成立以来,池田先生经常深入社团中,与学生一起切磋技艺,不断鼓励队员,并赠送给社团"用心取胜,然后靠技术,练习就是实践,实践就是练习"的指针。队员们一直把这个当作青春的宝物、人生的坐标,取得了一个又一个辉煌的成绩。创大校园中有池田先生亲笔题有"光球""人间野球"的石碑,寓意为:每个人都是闪亮的存在。池田先生强调,作为人成长比什么都重要。要通过棒球磨炼人格,最终取得人生的胜利。"学生通过活动学到了什么是报恩,什么是成长。池田先生教导我们,一定要重视学生,把学生放在第一位,我们对待学生是超越平等的尊敬,我还是学生心理咨询室的负责人,会与学生促膝相谈,不断鼓励他们,解决一切问题。"——奥富雅之学生部长

(二)成为新式文化建设的摇篮

做智慧之人。

事例1:创价大学的校园环境极具特色,教职员工每天几乎都佩戴着校徽,校徽的中间是一支钢笔,两侧是凤凰的翅膀。钢笔表示才智,凤凰的翅膀象征着在世界上展翅高飞。坐落于文学系A栋前的两个青铜像下面的题字是创办人在开学之日赠给学生们的指针:为何需要磨炼才智,你们莫忘这一点。只有在劳苦和使命当中,才能产生人生的价值。由此可见,池田先生告诫大家只有克服重重困难,不要忘了世界和平、人民幸福的使命,才会在真挚地面对学问的劳苦中产生智慧,成为具有创造性的人才。

事例2:"创立者在开学典礼及文化讲座中多次提到'创造性的人间'这个字眼,我对其理解为:以知识为基础,通过知识产生智慧,不断思索,消除意见分歧,控制自己的情绪,往大说是不断减弱战争的可能性甚至消除。我年轻的时候担任过池田先生的德语翻译,由于当时没有什么翻译经验,成效甚微,池田先生鼓励我说:'你不需要都翻译,发挥聪明才智,把重要内容表达出来,不违背原意,忠实于原文即可。'从此我深受启发,认识到了运用智慧的重要性。"——寺西宏友教授

做勇气之人。

事例1:池田先生身体力行,为创大人树立了"勇气"的榜样。最明显的例子是与中国之间的关系。每年在创大校园所举办的"周樱观樱会"上都会介绍1968年震惊中外的勇气之篇——"日中邦交正常化倡言"。这样的倡言当时遭到强烈的批评,还受到来自右翼份子的生命威胁,但他仍然坚持。具有历史性意义的倡言敲开了日中友好的门扉,促成了日中在政治层面上一连串的交流活动,也促进了后来两国邦交的恢复。

事例2:创大校园的一大景观是校园中充满鼓励话语的纪念碑比比皆是,比如"努力

学习的话，会在真正较量中绽放光芒构筑人生"等等。池田先生在开学典礼、毕业典礼上的演讲中无不渗透着对学生们的鼓励。他著述颇丰，其中很多诸如"青春对话""人生抄"等给予了创大生莫大的勇气与力量。并且，除了与学生作书信上的往来，他还不时造访校园，与学生对话，仔细倾听他们的烦恼。"每当我遇到困难时，脑海中都会不断浮现出池田先生鼓励的话语，他在我们学生心中是真正伟大的存在，让我克服万难，组织同学搞好各项活动，也实现了自我价值。"——原学生自治会副书记堀同学

做慈悲之人。

事例 1：创价大学的校园的另一大景观是栽种着很多的樱花树，并且得到精心的管理，牌子上面写着"周恩来、邓颖超夫妇樱""学生樱""教职员樱""留学生樱"等。另外，校园内还设有师弟广场，墙上还镶嵌着刻有每期毕业生的名字的牌子，还有中央教育楼落成时捐款人的名单等，潜移默化中教导后人也能像前辈一样懂得报恩，启发慈悲。创大的校歌是由学生作词的，其中写道"为谁学习人间之道、为谁构筑和平要塞、为谁寻求生命真理"，每当有重要的活动时，创大生都会非常自豪地、铿锵有力地演唱校歌。

事例 2：创价大学为了让学生能够通过共同生活相互之间切磋成长，具有丰富的教养和健全的人格而设置了学生宿舍。笔者通过学生部采访了全寮代表的同学和国际学生寮创春寮的寮长。作为残寮生，她们从各方面帮助后辈而留下来一年。她们说，寮内每年都举行各类活动，彼此之间联络感情，建立友情，跨越语言的障碍，多为他人着想，实现自身的价值，这也是回报池田先生对我们的满满的爱。创价大学校内一年中最大的节日活动是"创大节"和"白鸟节"。在第一届创大节时，有学生主动提出邀请池田先生参加。池田先生说："学生让我去我一定要去。"因此创大节意义非凡，代表了学生的非常有勇气的行动，也是"学生主体"的原点，是学生怀揣前辈的梦想与不忘创立者永无止境的追求，对创立者爱的最好表达。

（三）成为坚守和平的要塞

事例 1：在池田先生的眼中，教育改革是世界和平不可或缺的部分。他创办学校，尽一切所能在全球推进人本教育，其中更包括与世界上众多的教育家及有识之士进行对谈。校内经常举办和平展览，让学生学习世界和平思想。国际学生交流活跃，也反映出追求和平和人类幸福的理念。1975 年，创价大学接受由新中国派遣的第一批留学生，其中现任中国驻日大使程永华先生就是其中的一员。他经常来校演讲，讲述池田先生为日中友好所做的功绩，并呼吁青年学生，一定要不断加固周总理与池田先生所搭建的金桥。

事例 2：池田先生非常重视培养学生们的外语能力和世界友好思想。在他的思想的感召下，学生们也不断实践和平的真谛。创大学术局下属的社团中以语言命名的组织非常多，每年都有来自世界各地的学者专家访问创大，每次访问，分属各个语言的研究会成员就会出来迎接、接待，他们挥舞着来访国的国旗，唱着歌，打着精心装扮的标语牌进行欢迎。学生们开阔了视野，提高了世界市民的意识。其中的"中国研究会"的创立来源于池

田先生的"日中邦交正常化倡言",每年还有部分同学赴北京语言大学进行双学位课程学习,他们为日中友好不断发挥着青年的热能。

通过实地访谈、网络调查等研究,笔者认为创价大学的建校精神最能体现池田先生人本教育思想中蕴藏着的创造价值的实践意义,对学生影响颇深,为学生的人生观、价值观的形成起到了良好的促进作用。而在建校精神的指引下,创大生也取得了一个又一个令人瞩目的成绩。①比如其中的一个学生社团叫"先锋吹奏乐团",受池田先生的不断鼓励,已上升到专业水准,在全国大赛中屡次夺冠。等等类似情况不胜枚举。

三、面向创立 50 周年的宏伟设计

无论发展到什么时代,我们始终坚持体现创办人池田大作先生提出的建校精神,在各个领域培育出创造新价值的"创造性的人才",这也是创价大学永远的使命。创价大学宏伟设计明确了到 2020 年建校 50 周年时,实现本校不变的使命这一战略目标。坚持建校以来"学生第一"的精神,全校师生将与各相关人士共同努力,构筑新历史新传统!②——马场善久校长

创价大学不变的使命就是无论发展到什么时代,都要体现建学精神,在各个领域培育创造新的价值的"创造性的人",值此面向创立 50 周年之际,我校宣布要将使命具体化,检验有史以来的教育、研究的传统与实绩,由此制定了宏伟设计。此设计的制定是征求了教职员工的意见,经过讨论决定的。历时两年半的准备,在 2010 年发表了"创价大学宏伟设计"③。——田代康则理事长

由此可见,创价大学的使命及人才培养目标都是基于池田先生所提出的建学精神,以培养"创造性的人才"为己任。"宏伟设计"主要涉及"教育战略""教员的研究·教育活动""学生支援""超级全球化大学的建设""通信教育部的建设"五项内容。尤其是 2014 年度在文部科学省所公布的"超级全球化大学"评选中,创价大学在众多高校中脱颖而出,以"建设人本教育的世界据点——引领和平与可持续发展的'世界市民'教育项目"获选"全球化牵引型大学"(B 类)。为了进一步完善长期以来推进的全球化人才的培养,该校正在以下 4 个方面投入工作:Global Mobility(为促进教育环境的国际多样化,扩大外国留学生的招生及日本学生的海外派遣),Global Learning(提升教育项目的国际通用性),Global Administration(校内会议、文书等英语对应及增加外籍教师的比例等,促进校内管理的全球化),Global Core(促进教育研究领域的全球化,开设"Global Core Center"及"和平·世界市民教育研究专业")。在创办人池田先生提出的建校精神的指

---

① 山冈政纪:《魂の激励－創大パイオニア吹奏楽団の原点》,http://home.soka.ac.jp/~myamaoka/mentor_pioneer.html,2005 年 12 月 23 日。

② 马场善久:《面向 50 周年的宏伟设计序言》,http://www.soka.ac.jp/cn/about/grand_design/。

③ 田代康则:《創価大学グランドデザイン　ストーリー》,http://gdreport.soka.ac.jp/story.html。

导下,积极建设"培养学识与品格兼备的世界市民"的人本教育世界据点。可见,创大无论从硬件和软件上都在为进一步推进世界和平人才的培养而努力着。

为了纪念创价学会成立 70 周年及牧口会长的《创价教育学体系》发刊 70 周年,池田先生在 2000 年 9 月发表了以"建设'为了教育的社会'。21 世纪与教育——我的所感"为题的倡言。倡言指出:"现代的青少年问题的产生的要因是大人的道德衰退而引起的整个社会的'教育力的衰退'。比起教育法的重新研究和粗而快地推进,首先要解决的应该是视教育为手段的社会的风潮。"①他呼吁"为了社会的教育"向"为了教育的社会"转换的必要性,另外还触及了"交流不全"的现代的病理,为了孩子的幸福,恢复"人与人之间""人与自然之间"的"联系"尤为重要。然后,在介绍牧口初代会长具有先见性的教育思想的同时,具体提出了改革的方向性和试行方案。值得称赞的是试行方案在十年后的"宏伟设计"中,一步一步实现。比如仅在学生支援方面,创价大学所设立的"教育·学习活动支援中心"支持教师教改项目,为学生提供能够解决自身学习上的困难的学习支援服务。导入了"双专业""双学位"制度,充实了"单位互换""编入学的相互接收"制度,丰富了"奖学金制度""国际学生宿舍的再建""日本学生和留学生的就业活动的支援""学生生活的支援与充实""大学国际交流活性化",导入具有多种选考方法的新的"入试制度""秋季入学制度"等等。

由此可见,创价大学是一个通过这些根本性的教育改革,来培育具有"人间性"的创造性人才的"学习场所",是池田先生继承前两代会长的遗志,进行人本教育思想实践的最能体现创价教育的场所。池田先生在倡言中提到,"就像'脱离社会的教育'没有生命一样,'失去教育的使命的社会'不会有未来。教育不单单停留在"权利""义务"上,教育是每位成员的使命,社会整体意识的变革是根本"②。

综上所述,池田大作人本教育思想并非用一句话、一段文章所能概括,池田先生继承先师遗志,实践了符合现代教育的创价教育理念,并作为创立者为学生人生导航,培养了大批创造价值的人才。这些身体力行的实践正是其"人本教育思想"的最深刻的体现。再次回到文章开头,笔者认为,池田先生的人本教育思想的实践给予了这些问题最好的回答。池田先生的思想博大精深,由于篇幅有限,暂且告一段落,今后还将继续深入研究下去,并在教育实践中不断探索"人本教育思想"的真谛。

---

① 池田大作:《"教育のための社会"目指して》,2000 年 9 月 29 日,創価学会公式サイト http://www.sokanet.jp/sokuseki/ koen_teigen/teigen/kyoiku2000.html.

② 池田大作:《"教育のための社会"目指して》,2000 年 9 月 29 日,創価学会公式サイト http://www.sokanet.jp/sokuseki/ koen_teigen/teigen/kyoiku2000.html.

论池田大作"幸福教育"视阈下的学生自我管理

南开大学 袁 婧

现在的青少年,无疑就是 21 世纪的主人翁,而开启他们生命之门的主体者,正是直接与他们有关的教育家。由此观之,教师的每一个念头,皆与青少年的成长与时代变革息息相关。在池田大作"幸福教育"理念的指导下,教师作为"引路人"而非"管理者",要通过不懈努力,为学生独立人格的发展和健康幸福的成长营造良好的教育环境。

一、自我管理的前提在于健全人格的塑造

众所周知,施行教育的目的是培育承担下一时代的人,或者从根本意义上来说,是把下一代人改变成能够承担下一时代重任的人。那么在培育下一代青年栋梁上,首先要求的就是放眼广阔世界的展望和胸怀,即普遍性的作为人的自觉和英明智慧。

1. 教育的目的是人的幸福

创价学会首任会长牧口常三郎,根据其常年从事教育的实践研究,对教育目的提出了如下的定义。他认为教育目的并不是由学者决定,也不能被他人利用,教育的目的必须与人生的目的一致。基于这样的观点,他说:"教育的目的是要增进儿童的幸福。"[①]

继承了牧口常三郎和户田城圣的教育思想,池田大作将教育视为自己人生最重要的终身事业,其中一个非常重要的原因就在于教育必须且应永远是人道主义的推动力,因为我们知道,教育是唯有人类才能享有的特权。人要活得像个人,并且能够作为真实的人,悠然自得、堂堂正正地实现真善的使命,那么其原动力就在于教育。如果只重视知识的增长,忽略道德的教育,结果会演变成制造大量屠杀的兵器。相反地,透过生产为人类社会带来最大便利,使社会丰饶的也是知识的增长。因此要把一切知识导向创造人类幸福与和平,其唯一的原动力就是教育[②]。

由此我们可以看到,教育的目的就是人的幸福。而对于幸福的定义,其实仁者见仁,智者见智。笔者所理解的池田大作先生幸福教育的理念,就是通过教育培育学生拥有创造

---

① 池田大作:《教育的荣光——池田大作谈教育文选》,马来西亚创价学会,2005 年,第 8-9 页。
② 池田大作:《教育的荣光——池田大作谈教育文选》,马来西亚创价学会,2005 年,第 22-23 页。

价值的幸福人生。这种充盈而饱满、丰富而有意义的人生是独立自主的，是尊重差异的，是具有世界胸怀的。

2. 幸福教育旨在培育人格

在池田大作有关教育的讲演稿中，开场白往往会旗帜鲜明地提出"教育是为了什么?"对这一问题，可以用"追求人生意义"这六个字来概括。池田大作认为，"教育是培养'人'的事业"①，"教育的根本课题在于说明和回答人类应当怎样存在，人生应该怎样度过等这些人类最重要的问题"②。因此他指出，"教育者应该致力的最重要的事情不是'讲授某个学科的知识'，而是'教育人'本身，就是使受教育者的人格健康向上，德才都得到开发"③。教育的终极目的是造就人，对于人来说，磨炼知性、丰富知识固然重要，但他坚信更不可欠缺的是伦理和道德方面的修养④。

正如贾蕙萱女士在谈到池田的教育理念时，指出"池田大作的教育理念就是他主张的'人性革命'：通过教育，提高对人的洞察和理解能力，培养其爱心，以利使其成为一个思想成熟的人。有洞察力，可知人的优缺点，向其学习什么，自己警惕什么；理解他人，就会主动助人为乐；有爱心，关爱他人，则会产生幸福感，增强自信心。这样的人活跃在社会上，不仅会产生自我变革的效果，也会帮助他人变得愈来愈好。当然，这要在好事互动的原则基础上，才会取得最佳效果。简言之，就是培养有创造性的人才、有爱心的人才和对社会有贡献的人才"⑤。

可见，池田大作所重视的教育，更为突出地体现在健全人格的塑造及培养上。刘焜辉指出人格教育是教育最重要的一环，池田大作对于人格的诠释很多，包括"坚强正义之心""必胜之信念""谦虚、忍耐""勇敢的挑战""率直的心""人性""心、知性、身体的调和"等。总之，人格、智力与哲学——毫无偏颇的，人性的发展与完成，这种"教育"才能滋润一切。唐彦博也认为，学生人格养成的内涵总括而言，就是培育德、智、体、群、美五育并重的"全教育"，以追求真、善、美、慧、圣五德具备的"全人格"。⑥

3. 寓幸福教育于自我管理

学生的自我管理是建立在教师的教育和引导、学校教育大纲要求和培养目的基础上对自己思想和行为进行自我约束自我调节的一种能力。⑦无疑，这种能力的培养对于学生

---

① 池田大作：《教育之道、文化之桥》，北京：作家出版社，2002年，第54页。
② 池田大作、阿·汤恩比：《展望二十一世纪》，北京：国际文化出版公司，1985年，第60-61页。
③ 池田大作、威尔逊：《社会与宗教》，成都：四川人民出版社，1991年，第148页。
④ 池田大作、狄尔鲍拉夫：《走向21世纪的人与哲学——寻求新的人性》，北京：北京大学出版社，1992年，第226页。
⑤ 贾蕙萱：《池田大作研究论文集》，香港：社会科学出版社，2004年，第182页。
⑥ 《池田大作思想研究论文集》（第二册），中国文化大学池田大作研究中心，2006年，第97-118页。
⑦ 王春娟：《新时期大学生班级自我管理问题浅析》，《.科技信息》，2011年8月。

的成长和发展都是非常重要的。

比如池田大作先生"樱梅桃李"的教育理念，就是寓教育于管理的典范。在教育过程中，我们应将学生视如这四种花一般，因各有特点，所以要因材施教，根据每个孩子的气质进行引导。此外，"樱梅桃李"也蕴含着一层意思就是每种花都有着不同的花期，每个孩子对知识的理解以及自身的成长也是一样，有的可能在早春 4 月，有的可能要到寒冬腊月，因此我们在教育过程中尤其要注意他们的"花期"，耐心地等待和培育每一个孩子开出属于自己的美丽之花。正是在这样的幸福教育理念之下，学生自然而然地学会了自我管理学习的进度和难易程度，对于学生人格的发展和学习能力的提升都是不无裨益的。

再如，池田先生曾谈到大学教育应有的方式。他认为，大学应推行"全面、专业"兼备的教育。他担心随着社会的急剧变化，会加速学问的专业化，使学生所接受的教育内容也愈加受到限制。他强调应重新确认大学的基础教育理念，充实其必修基础课程教育或称"通识教育"，而以研究所来配合发展专业教育。那么在这种通识教育的理念下，学生们进校后在一年级和二年级是不分专业的，可以学习各类课程，到了三年级之后根据自己的兴趣再来选择专业，进行专业化的学习。而且有志于出国交流的学生还可通过选拔，到中国等国家留学。这样培养出的具备综合素养的学生除了专业课程学习外，还有很多自主学习的机会。比如校园里专门设有英语角、互助小组，以及师生交流场所，利用这些可以增强师生间以及同学间的深入交流，也可潜心阅读，好好思考、设计自己的人生，促进学生自我生涯管理。

二、学生自我管理是攀登幸福人生的阶梯

大学的根本是人的教育，是要陶冶人，以知识为食粮，负起教育之人的最终责任，培育能发挥无限创造性及主体性之人的机构。如日本创价大学自创办以来，以"成为人本教育的最高学府"为目标，理由即在于此。因此在高等教育的组织、大学的经营上，不能从教导的立场出发，而是以学生为起点，以学生为本，为学生搭建攀登幸福人生的阶梯。

1. 自我管理是学生幸福成长的必修课

池田大作认为，在日益庞大化的科学文明中，稍有差错，人就难免变成其奴隶。人要想始终作为主人公，当务之急是要培养出能够随机应变、充分发挥智慧的人才。今后的教育界，可以说正面临着要下定决心来承担这一任务的时刻[1]。对于学校等的公共机关应当教给个人的东西，他认为是磨炼各自能够尊重个人自由的人格，给予为作出正确的判断所需要的素材。如果个人判断的结果是错误的，那就证明学校没有完全完成这一任务，而干涉个人的自由只不过是表明自己的无能和傲慢。[2]池田大作认为也许是自己过于理想主

---

[1] 池田大作：《人生箴言》，卞立强译，北京：中国文联出版社，1994 年，第 139 页。
[2] 池田大作：《人生箴言》，卞立强译，北京：中国文联出版社，1994 年，第 131 页。

义，但所谓学校教育应当是这样的教育。

在池田大作看来，能够在尊重自由人格的基础上，使学生对自我发展的相关因素做出正确的判断是需要学校不懈努力的。作为培育学生的重要教育环境，在学校教育中，不能只有书本学习，还要考虑建立与社会的联结点，以人生经验为基础的方法，要尽可能创造更多的机会，使学生具有课外活动和共同生活的经验。作为现在追求的理想教育，我认为要强调必须争取人的全面发展的人的教育。①在这样的教育理念下，学校须为学生提供自我管理、自我服务的环境，以及使学生幸福成长的必修课。

2. 自我管理是培育世界领导人的关键

对于青年学生的培养，池田大作深刻地指出，"我们应当做的，不是培养那种极其廉价庸俗的学者、野心勃勃的领导人，或者躲在学问的象牙之塔中、脱离整个未来蓝图的研究者。最重要的是建造知性的环境和创造性的教育场所，以便维持和发展这蓝色的孕育生命的地球，培育具有需要强忍耐力的意志的世界公民"②。由此观之，世界领导人应为学校教育努力培养的目标。那何为世界领导人呢？笔者所理解的世界领导人，就是要具备世界公民的视野、平等对话的能力、尊重差异的意识，以及一心为民的情怀。

池田大作认为教育的本意，就是在于培养一种不是只顾自己，而是掌握"整体智慧"，能把自己的存在与人类命运结合在一起的高逸俊才。③无疑，注重学生自我管理能力的提升是培养世界领导人的关键一环。健全的规章制度、鲜明的文化内涵、开放的交流借鉴，以及高质量的品牌活动，都是培育学生自我管理、自我服务意识的优质土壤。我们要通过积极的沟通，鼓励学生民主参与事务性管理，引导学生激发出巨大的个人潜能，在自我管理中开阔视野、增长知识、提升能力，为真正成为具备"敬业乐群、公能兼备"素养的世界领导人而不断成长。

3. 自我管理是国际化发展的必然趋势

池田大作明确指出，教育的一个重点，可以说就在于面向世界，开阔视野，扩大与他人的共情。④在 21 世纪"以教育为本的社会"，无论如何，人不是受孤立与分裂的摆布，而是要超越人种或国境，加强团结，与大自然尽情地交流，齐奏共生和谐之音——这就是完善人格的目的，应占排列顺序的第一位。⑤因此池田大作主张教育要有国际视野，而且积极推动教育的国际交流与协作，这也成了其创办创价教育体系的一大突出特点。只有通过交流，才能提供许多学生和教员到外国学习的机会，借此加深彼此间文化的理解，从而推进"教育环境国际化"。

---

① 池田大作：《人生箴言》，卞立强译，北京：中国文联出版社，1994 年，第 133 页。
② 池田大作：《人生箴言》，卞立强译，北京：中国文联出版社，1994 年，第 140 页。
③ 池田大作：《教育的荣光——池田大作谈教育文选》，马来西亚创价学会，2005 年，第 10 页。
④ 池田大作、杜维明：《对话的文明——谈和平的希望哲学》，四川人民出版社，2007 年，第 23 页。
⑤ 池田大作：《教育的荣光——池田大作谈教育文选》，马来西亚创价学会，2005 年，第 41 页。

众所周知，日本、美国、英国等国家的高校都是没有"辅导员"这一职位的，取而代之的是宽敞的办公室，里面设有教务科、交流科、奖学金申请科及就业指导科等部门，学生根据自己的需求到相应科室咨询申请就可以了，简单而有效率，却又不失高水准的服务。随着社会的不断进步，学生民主、法制的意识不断增强，思维更加多元。为了更好地顺应国际环境，提升育人质量，我们应积极开展国际交流与合作，吸收不同国家先进的办学理念、教学经验，把有益之处补充到自己的教育体制中去。这就特别要求大学能成为向社会开放的大学，同时还要超越国界，成为向世界开放的大学。

三、幸福教育视阈下的自我管理实现途径

教师不仅是重要的教育环境，而且还是教育变革最重要的力量。池田大作相信，教育革命必须以人的革命为前提，实现这样的革命，教育者必须首先进行革命，形成自然的人格和人性，确立关注人生和追求人的进步的积极品格[1]。因此必须培养出不屈服于苦难的耐性和坚强的信念，要有信心，这就是人本教育的根本[2]。

1. 提升专业教师的教育激情

池田大作认为，大学的教育目的，教师应有之教学理念，不只是把专业知识传授给学生，更需要教导学生求学的目的不为自己利益极大化，而是能为社会服务极大化，以所学之学术和技术，关怀他人，帮助他人，奉献更多对国家社会有益的服务，成为国家、社会所需要的卓越人才。大学教育应以"德、智、体、群、美"五育并重教育学生。德育是人格教育；智育是学术教育；体育即加强心、身健康之教育；群育即辅导学生社团的发展；美育是教导为人处事多用一份心，为人处事力求完美的教育。[3]

因此专业教师除了课堂上专业知识的传授外，更重要的是培养学生自我学习和自我管理的能力，这是将所学知识用于为社会服务所必须具备的素质。一方面，我们应鼓励专业教师成为学生的"人生导师"。学校应提供必要的场地和条件，营造良好的氛围，为教师在课程之余与学生见面畅谈提供平台。当然，聊天的内容不仅限于专业学习，也可包括学习方法、时间管理、生涯管理、未来发展等。教育的形式也不仅限于聊天，可到郊外一边感受大自然的魅力，一边谈及生活中的困难抑或人生的困惑等。到了假期，教师也要同学生一起进行社会实践，开展各项调研，提升学生自我学习的能力和学术研究的水平。

另一方面，身为教师，与学生在一起对话、碰撞、思考、实践，感受着学生学业的提升和人格不断完善的同时，更要以身作则，通过言传身教让学生们感受到自我学习和自我

---

[1] 李云芳等：《池田大作教育观论述》，苏州大学学报（哲学社会科学版），2002 年第 3 期，第 124-125 页。
[2] 池田大作：《教育的荣光——池田大作谈教育文选》，马来西亚创价学会，2005 年，第 74 页。
[3] 林彩梅：《池田大作对二十一世纪大学展望之教育论——探讨汤恩比与池田大作之智慧生物论》，《池田大作思想研究论文集》（第二册），中国文化大学池田大作研究中心，2006 年，第 17-18 页。

管理的重要性。有这样一个传说，人们把苏格拉底对青年的感化力评价为好像"电鳐"一样，而苏格拉底回答说，电鳐因为自己充了电，所以才能使他人触电。①所以说，触发学生"创造力"的力量，来自教师自身创造性的生活，否则再怎么高呼要开发"创造性"，也只不过是画饼充饥而已。在思考教育的力量时，这是万古不变而且不能变的正道。要知道，能打动人心的，只有人的心。

当然，要提升学生的创造性以及自我管理和提升的能力，教育者自身磨炼人格而获得成长就显得尤为重要了。池田大作认为，知识本身是客观的，通过印刷品和麦克风也完全可以传授。但人格的形成即培养真正的人、如何活用知识之类创造价值的问题，是通过教师与学生之间的人的交流和接触，自然而然地刻印在生命上的。②

2. 注重管理教师的服务热情

一个好的教师，除了要具备忍耐、勇气、爱以及激情，池田大作认为，在激烈的竞争时代之中，发展大学和学园的关键就是教员的魅力。大学取决于教员。优秀和富有魅力的教员能吸引学生到来学习。③管理教师不仅关系着学校的招生数量，更关系着学生发展的质量。

因此，作为管理教师，要与学生一同切磋琢磨，积极主动地学习、对话、讨论，攀登学问之峰。唯有如此，才堪称大学理想的教育姿态。无哲学知识的人，会变得何等冷酷野蛮啊！欠缺形成人格陶冶教养的人，会做出怎样否定人性的残酷行径啊！——这是重大的历史教训④。所以池田大作呼吁，无论教师的教育热情到什么程度，如果在自己的事业领域只有化石般陈旧的知识，教学绝不可能有魅力。反之，开拓新领域、从事知性运作的教师，其姿态本身对于学生就能引起最大的教育结果。⑤在这样的理念下，行政管理教师要坚持学习，掌握教育学、心理学、管理学、生涯规划等相关知识，还要注重参加培训，更新知识体系，不断提升服务的能力和水平。

与此同时，管理教师还要坚持以人为本，为学生搭建自我管理自我服务的平台，提升服务意识。在池田大作看来，大学本来就不是从建筑物或制度出发，乃是人与人的结合才产生的。为了让师生能有人与人的交流及结合，教师必须谦虚地向学生学习，和学生接触、晤谈时，不能有丝毫的傲慢。因为为学生服务的精神中有真正的人本教育，师生的接触也逐渐具备创造性的性格⑥，所以作为行政管理人员，一言一行、一举一动都要以服务

---

① 池田大作：《人生的坐标》，卞立强译，上海：上海外语教育出版社，2001 年，第 97 页。
② 池田大作：《人生箴言》，卞立强译，北京：中国文联出版社，1994 年，第 134 页。
③ 池田大作：《教育的荣光——池田大作谈教育文选》，马来西亚创价学会，2005 年，第 72 页。
④ 池田大作：《教育的荣光——池田大作谈教育文选》，马来西亚创价学会，2005 年，第 90-91 页。
⑤ 池田大作、V. A. 沙德维尼兹：《学是光——文明与教育的未来》，台北：正因文化事业有限公司，2009 年，第 108-111 页。
⑥ 池田大作、V. A. 沙德维尼兹：《学是光——文明与教育的未来》，台北：正因文化事业有限公司，2009 年，第 99-101 页。

学生成长为宗旨，尽可能地为学生的发展提供便利。

他还呼吁，教育家的使命就是以身作则，树立好榜样。既然一切都是斗争，那么首先就从"教员革命"出发①。"教育革命"可以说是起始于"教员革命"。教员不好，学生就不会好。学生不好，就培养不出未来的领导人。池田大作也经常和创价大学、创价学园的老师们互相保证，要回到教育的原点上来②。而教育的原点，就在于培育学生自我发展、健康成长的独立人格，这既是教育的出发点，也是教育的最终目标。

3. 增强学生自我管理的意识

池田先生曾转引当过小学校长的牧口先生的想法，即"教育的目的是在于儿童的幸福"，主张教师不应是"受人尊敬的宝座"，而是"指导学生坐上宝座的公仆"，并不是"示范榜样的主角"，而是要"指引别人成为榜样"，以此呼吁教育革命。换句话说，就是教师在教育的过程中，要相信"现在尚未成熟的学生总有一天会超过自己，成为伟大的人物"。③

因此学校要为学生提供各种条件，为学生的自我成长和服务搭建平台。这就需要我们转变观念，让学生成为学生管理的主体，以人为本，重视学生的需要和自我实现的愿望，发挥其自我意识，激发其自我提升的潜能。这就要求我们给予学生自治组织如学生会、研究生会等必要的自主权。我们应当创造条件，实现学生的自我管理，激励学生发掘潜能、自我教育、自我实现。不能把学生自我管理组织仅仅当作是管理者实现管理的机器，如果是这样的话，那还是要学生服从管理。④

更重要的是，学校要充分重视社团在学生成长中的关键作用。池田大作在跟学生的谈话中，就社团活动的重要性说道，"在青春时代面对着北风学习、参加社团活动的学生才是尊贵的。社团活动和学业结合起来才可以成为真正的人，这样的人走进社会以后也不会成为偏颇的人，而会自然地保持人际关系"。池田曾经跟学生说道，为完成人本教育，社团活动是一个不可或缺的因素。创价大学的社团活动有两个特色：第一，以实现建校精神为目标；第二，有"高年级帮低年级"的传统。⑤可见，求学时期的社团活动经历，对于学生自我管理自我服务，以及毕业后的发展都是大有裨益的。学生在社团活动中将实现建校精神定为目标，在向其目标前进的过程中就会自然而然地提升自主性和主体性。如创价大学的校园祭就是完全由学生社团来组织和开展活动的。而在此过程中，高年级生会以"将低年级培养成超过自己的人才"为目标而为后辈尽力，在这样的传承中，学生就会学到使命感、责任感和耐性，就能磨炼自己而得到成长。

中国有句古语，就是"无为而治"。在学校教育与管理中，"无为而治"并不是什么也

---

① 池田大作：《教育的荣光——池田大作谈教育文选》，马来西亚创价学会，2005年，第84页。
② 池田大作、季羡林、蒋忠新：《畅谈东方智慧》，成都：四川人民出版社，2004年，第36-37页。
③ 池田大作、季羡林、蒋忠新：《畅谈东方智慧》，成都：四川人民出版社，2004年，第36-37页。
④ 刘林：《对高校学生自我管理的思考》，《安徽工业大学学报》，2003年第5期。
⑤ 竹口春菜：《池田大作的人本教育之实践——以创价大学学生宿舍和社团活动为例》，转自高益民主编：《和平与教育：池田大作思想研究》，北京：教育科学出版社，2010年11月第1版，第198-199页。

不做，而是不过多的干预、顺其自然、充分发挥学生的创造力，做到自我实现、自我管理和自我服务。这是一种境界，也是幸福教育视阈下学生自我管理的愿景。一旦达到这样的境界，学生就可以充分感受到被信任与尊重，我们也将看到由此而激发的学生的热情和能力的提升。更重要的是，学生会在实现自我管理而不断创造价值的过程中体会到无尽的幸福感，并由此而不断向社会传递正能量！

对现代性问题的德育回应

——以池田大作德育思想为例

中山大学南方学院　李　文　王丽荣　陈腾华

在池田大作先生看来,教育不仅仅是神圣的同时也是可怕的事业。神圣是因为教育直面的对象是人类的灵魂,可怕则是因为教育对于人类灵魂的塑造具有直接的影响,善的教育塑造受教育者善的品行,反之,恶的教育则塑造恶的品行,甚至产生更为严重的后果。那么怎样才能做到善的教育,避免恶的教育?从现代性的角度去审视和关照这一问题则显得尤为必要,只有弄清楚问题的症结点,弄清道德问题的由来这一根本性的问题,我们才有可能采取切实有效的措施提出对应的教育之法,以彻底改良人心,达到"德性"的生活,反之则有可能脱离实际,走向道德理想主义。

一、理想与虚无:现代性的道德困境

现代性是当今学界讨论的一个热点话题,之所以会成为一个热点,不是因为现代性给人类带来的福祉,而是因为伴随现代性而来的问题。那么何为现代性以及现代性问题,则是一个见仁见智的话题。就字面意义而言,现代性是指现代社会的总体性的特征,表现为外在的社会制度结构层面的总体性特征以及内在的社会心理层面的总体性特征两个维度。从外在的社会制度结构层面来看,现代性表现为经济市场化、政治民主化、知识科学化、人的个体化等方面,也就是强调通过理性在诸如经济、政治等世俗生活中构建一整套合理性的或者工具性的秩序规范,因此从这一意义而言,现代性就是合理性,它所追求的是"是然"而不是"应然",这在很大程度上意味着超越性价值和理想的萎缩。在这种理性原则建构的秩序世界中,"那些终极的、最高贵的价值,已从公共生活中销声匿迹"。[①]这一状况反映到社会道德领域就是道德文化危机,其中最直接的体现就是道德的虚无化,传统的道德观念在实用主义和功利主义的狂潮中土崩瓦解,诸如诚信、友善、公正等价值观念逐渐从世人的视界中淡出,由此而最终导致整个社会道德水平的滑坡。在这一过程中个体的追求日渐趋向于物质的满足,追求微小而确定的幸福,选择做一个凡人、追求凡人

---

① 马克斯·韦伯:《学术与政治》,北京:生活·读书·新知三联书店,1998年,第48页。

幸福，成了现代社会的主导价值。

从内在的社会心理层面来看，现代性则主要表现为心性秩序的感觉化倾向，这一倾向则进一步加剧超越性价值的虚无化，反映到个人生活领域就是生活的无意义感，即"那种觉得生活没有提供任何有价值的东西的感觉"①。这种生活的无意义感，并非现实的生活世界没有提供有价值的东西，而是价值的多元化和虚无化，个体生活是否有价值不在于外在的某种价值规范，而在于个体的主观体验，即以自我感觉来判定生活的价值和意义。值得指出的是，在这种感觉化的倾向之下，必然会导致个体感性欲望的无限制膨胀，人体生活的全部意义也逐渐趋向于自我感性欲望的满足和实现，或者说个人生活的价值就是感性欲望的满足和实现。但是如果把感性欲望的满足作为个体行为的出发点甚至是行为的准则，那么道德与否也就成为一个伪命题。正如黑格尔所言："如果感觉、愉快和不愉快可以作为衡量正义、善良、真实的标准，可以作为衡量什么是人生的目的标准，那么，真正说来，道德学就被取消了，或者说，道德的原则事实上也就成了一个不道德的原则了；——我们相信，如果这样，一切任意妄为将都可以通行无阻。"②很难想象一个把自我感觉作为衡量道德标准的社会是怎样一番景象，也许问题就在于此，把道德上的善恶价值归结为感觉上的快乐与痛苦，使个人沉溺于物质感官的世界，这无异于放弃人的神性而重归于人的兽性。从表面上看，在感觉主义之下，个人变得自由而不受约束，实质是在不经意间沦为了兽性的奴隶，受自身动物本能的支配。

当尼采宣传"以感觉为准绳""上帝死了"的时候，他或许已经敏锐地察觉到现代性的问题实质。不论现代性表现为外在的社会秩序结构还是内在的心理层面，就其实质问题都指向道德文化危机：一方面精神游离的世人渴望理想道德，努力找寻心灵的归宿；另一面却又在现代性背景下极易背离道德理想，陷入道德虚无主义或功利主义的泥沼。这也正是现代性的道德困境所在。

二、超越与回归：对现代性问题的回应

现代性的道德困境是当今世界和人类面临的一个共同问题，直面现代性的道德困境，不同领域的专家和学者都做出了各自的回应。作为当今著名的教育家，池田大作先生从德育的角度对现代性问题予以了回应。池田大作先生对现代性问题的回应主要表现在以下两个方面：其一，强调个人对现实的超越，追求人生的"绝对幸福"；其二，强调教育在道德养成过程中的作用，倡导教育应摒弃功利化，回归教育的本真。

直面现代性的道德困境，池田大作先生有着深入的理解，在他看来，与人类物质文明发展形成鲜明对照的是人的精神需求遭到了遗忘，甚至随着物质的丰富，精神方面反而变得越来越贫乏。反观现代社会，人类通过自身的理性创造了比古人更多的东西，但是这些发明创造除了满足人类的物质欲望实在看不出还有什么其他的意义，当世人沉浸于物欲满足的快感之时，人类的精神世界则不断地在现代性展开的过程中消解。正如马克思所说

---

① 吉登斯：《现代性与自我认同》，北京：生活·读书·新知三联书店，1998年，第9页。
② 黑格尔：《哲学史讲演录》（第3卷），香港：商务印书馆，1959年，第73页。

的"异化的人"以及马尔库塞所说的"单向度的人",在世俗化、功利化的作用之下,作为个体存在的人在不经意间已经失去了人之为人的本质特性,那就是人的精神维度。那么如何才能走出现代性的道德困境,重塑人的精神世界?池田大作先生则进一步提出了"人间革命"的观点,即以自律精神来提升自我道德修养,到达善的境地。他说:"为不信与自私所愚弄,为权利欲念所驱使,生命内在之'恶',以自律之精神与之斗争,凭借利他与慈悲的双翼,向'善'的天空飞翔,以自我完善为终极目标的人性的研磨。"①人间革命的观点可以说触及了现代性问题的症结所在,在现代社会不是没有普遍性的伦理价值规范,作为公共领域的个人亦深知这种普遍性的伦理价值规范的重要性,但是问题的关键在于这种普遍性的伦理价值规范并不一定具有现实的有效性。"人们在实际生活中的道德标准最后变成了个人的偏爱和好恶,人的规范并不规范人,人制定了规范却并不遵守规范。"②池田大作先生敏锐地意识到,现代社会普遍性的伦理价值规范是否能为个人所遵循,关键还在于个人自身的道德自律。"自律之精神"是主体的一种内在品质,是个体在践行道德过程中一种自觉、自愿的力量。毋庸置疑,"自律之精神"是"人间革命"的要旨之所在,普遍性伦理价值规范在现实层面能否有效践行则有赖于主体人格上的"自律之精神"。通过自律的途径,去除生命内在之"恶",超越现实此岸世界,以此途径到达"善"的彼岸。

那么,这种"自律之精神"何以可能呢?池田大作先生则强调通过教育的途径从外在层面对主体施加影响,以此养成良好的德性。池田大作先生首先对现代社会功利化的教育方式进行了批判,他说:"现代教育陷入功利主义,这是可悲的事情。这种风气带来两个弊病,一个是学问成了政治和经济的工具,失掉了其应有的主动性,因而也失去了尊严性;另一个是认为唯有实利的知识和技术才有价值,所以做这种学问研究的人都成了知识和技术的奴隶。因此产生的结果是人类尊严的丧失。"③不难看出,在池田大作看来在现代性展开的过程中,人类的教育事业亦逐渐背离了自己的宗旨,陷入功利主义的窠臼不能自拔。传统教育所倡导的个体内在道德修持被掌握各种具体的知识和技术所取代,教育的唯一目的似乎只是传授个体赖以生存的劳动技能,即培养一个合格的"劳动者"。反之,对于人类应当怎样存在、人生应该怎样度过这些人类的终极关怀问题则显得过于淡漠。一个不争的事实是在现代社会中,教育已成了追逐利益和实现欲望满足的工具。针对教育的功利化弊病,池田大作进一步提出了回归教育本真的观点,他说:"无论如何要恢复其原来的宗旨,即学问本来是为了阐明人类的基本生存生态和存在的根本,而教育则是要把这种学问传播开去。"④池田大作先生所强调的回归教育本真,实质就是寄希望于通过非功利的本真的教育方式来唤起人的本真需求,毫无疑问这种本真需要不是物质性、功利性的,而应当是对精神性、价值性的超越理念的追求,它

---

① 冉毅、曾建平:《关爱人生,善待生命——池田大作思想研究》,长沙:湖南师范大学出版社,2003 年,第 156 页。
② 李佑新:《走出现代性道德困境》,北京:人民出版社,2006 年,第 5 页。
③ 池田大作、阿·汤因比《展望二十一世纪》,北京:国际文化出版公司,1985 年,第 61 页。
④ 池田大作、阿·汤因比《展望二十一世纪》,北京:国际文化出版公司,1985 年,第 61 页。

以人类的基本生存生态和存在的根本为目标指向。除此之外，池田大作先生还强调社会环境对个体"自律之精神"养成的影响，他主张个体德性的养成应该在具体的社会环境中逐步习得，因此，家庭教育、学校教育和社会大环境就显得尤为重要。

在现代性的道德困境问题上，池田大作从"内外兼修"两个层面做出了回应，一方面他强调通过道德自律的途径，以达"善"的境界，另一方面通过倡导教育本真的回归，以善的教育作用于人心，以此达到改良人心的功效。

三、批判与反思：道德理想主义的扬弃

道德教育的成功与否取决于多种因素，在现实的道德教育过程中弄清楚道德的特性，道德的由来以及形成和发展的规律，才能在做到"有的放矢"，采取切实有效的措施对社会大众施以影响，以此提高道德教育的针对性和实效性。

在马克思看来，道德是一种"实践精神"，每一个人都有意识，都有感觉，但是并不是每一个人都有美感或者道德意识，一个人是否具备美感和道德意识则取决于实践。也就是说，在马克思那里道德不是先验的存在，个体是否具备是非善恶等道德观念则完全有赖于后天的实践，而且道德是个体在社会实践过程中逐步形成的主观体验。从此意思而言，道德教育要取得成效，就必然要从个人的主观意识和实践两个方面入手。如前文所述，池田大作先生的德育思想在很多方面就体现了这一点，比如强调心性的自我修养，强调通过教育的实践对个体施加影响以促进"自律之精神"的养成。除此之外，池田大作在谈及德育的途径时，他还反复强调要通过情感教育的方式对个体施以影响，强调个人道德的养成与社会、家庭以及学校的关系，这些道德教育的途径方法是与道德的特性及形成发展过程相吻合的。

值得指出的是，直面现代性的道德困境，池田大作先生寄望于通过"善"的教育以提升世人的道德和精神境界。但是道德毕竟具有极强的主观性，仅仅寄望于通过善的教育来改良世道人心，难免过于理想主义。道德作为一种主观意识，在一定程度上本身就是一种理想，是世人对于现实生活不足的美好期待和追求。正因为如此，道德理想与现实生活之间总会存在一定的张力，古往今来，不论是哪一历史时期或者社会制度之下，几乎没有一个现实社会能让当时的人们在道德上感到满意。正如朱熹所指出的那样，尧舜三王周公孔子所传之道，未尝一日得行于天地之间。在池田大作的德育思想中，虽然强调"善"的教育对道德养成的作用，但是所谓"自律之精神"仍然是以一种先验预设的方式来确定道德行为的可能性，即在逻辑上先天的设定人的道德意识和德性人格的存在。从这一意义而言，池田大作的德育思想则带有一定的理想主义色彩。为了实现其教育理想或者说道德理想，池田大作并没有仅仅停留在观念层面，而是采取了实际行动。池田大作是创价学会的创立者，同时也是宗教领袖人物，凭借这一身份他可以在一定程度上践行自己的理念。问

题或许也正在于此，在池田大作的德育思想中，宗教化色彩则若隐若现。比如主张人们通过佛法的修行，以获得"绝对的幸福"。虽然池田大作坚决反对道德教育与政治实践相结合即道德的意识形态化，但是又存在一定宗教化的嫌疑。把道德理想宗教化从根本上违背了道德自身存在、发展和起作用的规律，因为道德的宗教化极有可能使道德演变为一套外在规范，在宗教化的道德领域，道德不道德的标准完全掌控在权威的手里，这与他所提倡的"自律之精神"相违背，道德自律成了外在的他律。

基于池田大作和平思想的跨文化教育研究

佛山科学技术学院　李　锋

一、引　言

在全球化不断推进的现代，随着科技和互联网的发展，自然地理限制被打破，国家、地区间的交流与交往变得越来越方便、快捷，原有的生活方式、价值观念、思维方式等的差异也随着交流而不断缩小，出现文化融合的现象。全球化带来的不是文化的单一化，而是多元化，科技的发展虽然大大缩短了空间距离，但文化距离或心理距离并未能瞬间缩短。不同国家、地区不同类型的冲突并没有相应地弱化，反而激化民族自觉，民族主体性的增长又带来本土文化意识的复苏[①]，引发了更多的文化间、文化内的冲撞和冲突。全球化日益加深的今天，要想在不同地区、国家间顺利交流，我们需要认识自身文化和他者文化之间的异同，认同他者的文化。池田大作先生认为，超越民族、种族和国家界限的地球公民意识的培养，是化解因民族、种族、宗教而导致冲突的重要步骤。以暴制暴，暴力永远不会被制止，富有人性的对话才应该是消除误解和暴力的最佳途径。人类的最大优势便是善于相互沟通、相互理解，通过教育，培养善于对话的人，这是教育的目的之一，也是人类通向和平的唯一正确通道。[②]为此，本文拟在池田大作和平教育思想的基础上对跨文化教育进行研究，探索如何提高学生的跨文化交际能力和"对话"能力，培养学生的和平意识，避免不必要的误解和冲突。

二、池田大作的和平教育观的主要内容

池田大作先生作为著名的和平活动家和教育家，长期致力于和平、文化和教育事业，认为应在全世界奉行文化相对主义，加强文化对话和交流，增进彼此理解，才能引导人类走向光明和智慧。他在与世界各国的领导人及文化界代表人士进行广泛对话时，极力主张

---

① 潘一禾：《超越文化差异：跨文化交流的案例与探讨》，杭州：浙江大学出版社，2013年，第24-25页。
② 曲庆彪、寺西宏友：《与池田大作对话文明重生》，北京：中国社会科学出版社，2011年，第3-4页。

和强调教育的全部价值在于追求社会和平、人类进步和人类幸福,而和平思想要为人们普遍接受与认同,就必须经过教育的培养和熏陶。教育是促进和平的最好方法,教育能够承担起文化交流的光荣使命,通过教育交流就能传播文化,增进人们之间的相互了解,促进团结与和平。①从池田大作先生的主张中可以看出,教育可以培养学生的和平意识,也可以促进文化传播和交流,在对他者文化了解的基础上也可以反思自己的文化,促进文化融合。

文化是一种共享知识,它为一个群体的多数成员所认同,决定了他们思维和行动的基本取向。个人有本能的"自我中心主义",文化群体也有集体的"我族中心"倾向。在人类团体中普遍存在"我族中心主义",主要由两部分组成:一方面是自己的文化被看作"理所当然的";另一方面,是在其他群体、种族、民族和文化面前的那种"优越感"。各族群认识中的理所当然、自以为是的优越感,极易造成对其他文化的歧视、偏见和拒绝。②全球化不但不会带来文化的均一化和纯粹化,反而会显出文化的多样性和多元化。重视多样性,承认并尊敬与自己不同的他人,与学习并吸收他人长处是相通的。不管国家、团体或个人,如果有此宽阔的精神,定能日益自我革新和成长。相反地,如果排斥异质事物、一味闭关自守的话,最后将是画地自限,陷入僵局。③也就是说,文化之间应该相互尊重,也就是不要只以"我族中心主义"看问题,还要超越自身文化、保持从整体人类利益的高度看问题的人类文化整体意识,否则随着我们各国交往的密度加大和程度加深,我们这个世界的许多公共问题如贫富差距、资源有限、环境变化、气候异常、流行病传播、武器走私等就都无法有效应对了。④基于此,池田先生提出了"和平共生"的理念,共生就是人要重视超越种族、民族、宗教、国家孤立的状态,强调互相交流、互相理解、互相尊敬的重要性;他认为人本主义与和平共生的理念成败的关键在于"人",而"教育"才能达成"人的变革",唯有人的变革才能实现和平共生的理想,尤其对于"地球市民教育"寄予厚望。"地球市民"的含义有三点:(1)深刻认识生命相关性的"智慧之人";(2)对种族、民族、文化的差异不畏惧,不排斥,予以尊重、理解,并视这些差异为自我成长重要资源的"勇敢的人";(3)对受苦受难的人,无论远近都会给予关怀提携的"慈悲的人"。⑤其中的第(2)点给我们的教育指明了方向,需要通过跨文化教育,培养对文化差异的敏感性,缩短文化距离,发展跨文化交际能力,才能最终培养出"地球市民"。

池田大作先生认为,在世界日益纷乱的今天,应当在各种文明之间架起互相承让、互相学习、互相尊重的真正的对话的桥梁,对话在构建世界"和平与共存的环境"中承负着重要作用,而且他一直相信,以教育和文化为中心的人际交流是和平的基础。他说:"这

---

① 黄富峰:《池田大作教育伦理思想研究》,北京:中国社会科学出版社,2010年,第131页。
② 潘一禾:《超越文化差异:跨文化交流的案例与探讨》,杭州:浙江大学出版社,2013年,第8-9页。
③ 杜维明、池田大作:《对话的文明》,陈鹏仁译,台北:正因文化事业有限公司,2014年,第62页。
④ 潘一禾:《超越文化差异:跨文化交流的案例与探讨》,杭州:浙江大学出版社,2013年,第12-13页。
⑤ 曲庆彪、寺西宏友:《与池田大作对话人类发展》,北京:中国社会科学出版社,2012年,第150-153页。

是由于我始终抱着这样的信念：如果没有民族之间的深刻理解和广泛交流，就不会有和平；而且这种理解和交流，是不能坐享其成的。"①尽管池田大作先生没有明确地指出跨文化教育，但是他在不同场合多次提到"国际理解教育"和"地球市民教育"，可见在他的教育理念和思想中都暗含着需要进行文化教育特别是跨文化教育，来消除学生对其他地区、民族等的偏见与歧视，促进世界的和平。

三、跨文化教育研究

如前所述，随着全球化、国际化的深入发展，由一元化转为多元化，在享受文化融合的同时，在不同地区和领域也出现不同程度、不同类型的文化冲突现象，所以维护和平则需要我们加强教育，强化和平意识。当然，教育有多种多样的形式，也有不同的教育内容，但是对于避免或者解决文化冲突、碰撞，最有效的就是进行跨文化的教育，让学生通过对不同文化的对比和比较，了解自身文化及对方文化的特殊性以及两者的差异性。

（一）跨文化教育的概念及必要性

跨文化教育，顾名思义就是在不同文化间进行的教育。跨文化教育有各种各样的解释和概括，其中鲁子问（2002）对跨文化教育界定得较为全面，认为跨文化教育是对呈现某一文化的人类群体的学生进行相关于其他人类群体的文化教育活动，以引导这些学生获得丰富的跨文化知识，养成尊重、宽容、平等、开放的跨文化心态和客观、无偏见的跨文化观念与世界意识，并形成有效的跨文化交往、理解、比较、参照、摄取、舍弃、合作、传播的能力，从而通过教育层面的努力，消解跨文化冲突，构建和谐的跨文化社会，促进整个人类社会的发展。②从这个概念可见，跨文化教育的目标是"养成尊重、宽容、平等、开放的跨文化心态和客观、无偏见的跨文化观念与世界意识""消解跨文化冲突，构建和谐的跨文化社会，促进整个人类社会的发展"等，这和池田大作先生提出的"国际理解教育""地球市民教育"等目标是一致的，最终都是为了培养出无偏见、无歧视的维护世界和平的人才。

正如前面所说，跨文化教育顾名思义就是在不同文化间，也就是两种及两种以上的文化中进行的教育，所以很多人误认为只有外语、对外汉语以及传播等学科或专业才会涉及不同的文化，其他专业和学科都是在母语文化范围内开展的。其实不管哪个学科都会有些课程会涉及其他文化，只不过没有外语等专业那么明显，属于隐性的跨文化而已。例如，经济、历史、文学、地理、政治、哲学，甚至数学、物理等都或多或少地隐含着跨文化成分。同时，从目前的全球化发展形势来看，社会需要的是跨学科的综合型人才，非外语专业的学生从事的职业也会或多或少涉外，跨文化交际的概率大大增加，所以在我们学校教

---

① 林振武：《池田大作人本思想的内在逻辑》，北京：中国社会科学出版社，2014年，第126页。
② 鲁子问：《试论跨文化教育的实践思路》，《教育理论与实践》，2002年第4期。

育中需要增加跨文化教育,有意识地提高学生的跨文化敏感性,提高跨文化交际能力。

(二)跨文化教育的实践

跨文化教育的最终目标是要提高学生的跨文化交际能力,而跨文化交际能力的形成具有层次性和阶段性,所以跨文化教育是一个长期性、系统性的教育,并不是开设几门课程或者几次讲座就能达到目标的短期培训。我们在整个跨文化教育的实践中需要通过课堂的理论传授,也需要互动交际的实践,同时还需要加强学生的外语学习,提高外语的水平,才能真正地培养出具有跨文化交际能力的"地球市民"。

1. 课堂的理论传授

文化相对主义认为,文化不分高低、优劣,每个文化都有其自身的价值和特征,能够衡量所有文化的、绝对的评判标准是不存在的。①不过,事实上人们总是以自己的文化为中心,常常把属于某个族群特殊性的文化看作普遍性的文化,甚至把它强加于人,这也就是我们通常说的文化的"我族中心主义"。所谓"我族中心主义"也就是某一个国家或者地区的多数成员所认同的,如果没有跨文化,和其他文化进行对比就难以发现其差异,就容易出现偏见。其实,跨文化的实质和最终结果就是"认同",不管是文化认同,还是民族认同,其基础就是对跨文化间差别的理解和确认。

文化具有"我族中心主义"的特点,没有离开过本土的人往往不会轻易地注意到自己的文化和他者文化的差异,这已是大家的共识了。然而许多人以为只要大量接触外国人或长期居留异文化环境,就一定能具备跨文化交际能力,也一定适应外国环境。他们的理由是他们已经熟悉了这种交际模式或者所居住的新文化环境。这种看法不仅不合实际,也十分有害。因为他们忽略了跨文化交际和跨文化适应中一个起决定作用的因素:必需的"跨文化意识"。跨文化意识要求人们认识到自己具有文化属性,也要基于同样的认识去探寻其他文化的突出特征。只有这样,他们才能在跨文化交际中有效地理解他种文化人们的行为。②课堂教育作为体系化教育,教师可以根据学生的理解能力和接受能力等,通过图片、文字、影视等向学生介绍他者文化,传授相关的理论,进行案例分析,让学生积累多种文化知识,理解不同文化间的差异,从一元文化变成多元文化。多元文化主义不仅承认文化差异的合法性,而且把文化多样性当作社会生活不可或缺的组成部分加以珍视和推崇,显然比同化主义更为开放和宽容。③此外,随着现代技术的发展,尽管人们可以轻易从网络、杂志、旅游等多种途径获取不少的异文化知识,但是这种知识只是零散的、不成体系的知识。即使他们意识到世界上存在着千差万别的文化,但如果没有专业的理论性指导的话,也很有可能无法改变他们的偏见或者歧视等原有思维方式。

因而在我们教育中需要通过实施跨文化教育来提高学生的文化敏感性和共感性,增

---

① 戴晓东:《跨文化交际理论》,上海:上海外语教育出版社,2014年,第57页。
② 毕继万:《跨文化交际理论研究与应用》,北京:北京语言大学出版社,2014年,第89-90页。
③ 戴晓东:《跨文化交际理论》,上海:上海外语教育出版社,2014年,第79页。

加对其他文化的了解和理解,强化跨文化意识,让他们养成开放、宽容和平等的心态和客观、无偏见的观念,尽可能不带偏见地理解其他文化行为,避免不必要的冲突或误解。

2. 交际互动实践

课堂上的跨文化教育大多是理论性的知识传授,这些知识的传授有助于学生对跨文化知识进行系统、全面、深刻的整理,加强他们对文化差异的熟悉、理解和评判,以提高他们对文化差异的敏感性和跨文化意识。不过,课堂上的教育缺乏系统实操性环节,无法让学生在实际交流中体验文化差异以及灵活应对文化冲突。因此跨文化教育不能只停留在理论层面,更应该进行交际互动的实践教育。在这方面,池田先生做出了一系列的重大贡献,为我们的跨文化教育树立了榜样。他一直重视通过文化与教育交流的方式来推动中日国民外交的发展,认为优秀的文化与艺术可以把人们的心连接在一起,可以超越国境和体制,用共同的"感动"把人们连接在一起。创价学会通过创价大学、东洋哲学研究所、民主音乐协会(民音)、东京富士美术馆等单位,诚心诚意地在同中国及其他许多国家进行教育、学术、艺术、文化交流。①这种交流实质上也是"民间外交"的一种形式,其主体就是我们的学生。

跨文化交流的参与者可以是国家领导人和外交部门的工作人员,也可以是各种团体和任何个人,而且国家间的交流也需要通过领袖、精英、专业人士和普通人的多种渠道进行频繁交际,通过实体空间和网络虚拟空间进行更充分的交流,才可能真正实现丰富的交际意愿和沟通目的②。除了政府层面,在地方或民间层面加深相互理解、广结友情也是非常重要的。池田先生也十分重视民间组织的作用,民间组织的交流有助于加深人们之间的信赖,有利于彼此之间的经济交往,当民间组织的发展达到一定程度的时候,他还可以直接促进政府间的交往。创价学会在中日民间组织交流中扮演着非常重要的角色。创价学会的访华团多次到中国访问,热情接待中国留学生,通过交流,让青年加深了彼此的了解。③目前,我国很多城市和其他国家的城市建立了"友好(姐妹)城市",据不完全统计,到2014年4月为止,中国和日本结为友好(姐妹)城市的大约有251对,这些城市主要都是为了增加居民的文化交流,不定期地进行各种形式的交流,即使是在出现"政冷经热"的时候,民间的交流即跨文化的交流还是没有间断。这种跨文化交流的体验可以使参与者抛弃偏见,全面认识到文化的差异。例如,如广东佛山市不定期地组织市民团到日本伊丹市等城市去进行参观、交流,日本伊丹市每年组织学生团到佛山市来进行交流,两个城市互派留学生等等。此外随着国家之间交流政策的宽松,有条件的年轻人自己去国外旅行,在感性上了解国外的文化,体会不同文化的差异。

这些跨文化的体验可以为学生揭开他者文化的神秘,让他们通过亲身经历,体验不同

---

① 池田大作、季羡林、蒋忠新:《畅谈东方智慧》,卞立强译,成都:四川人民出版社,2004年,第49页。
② 潘一禾:《超越文化差异:跨文化交流的案例与探讨》,杭州:浙江大学出版社,2013年,第27页。
③ 曲庆彪、寺西宏友:《与池田大作对话人类发展》,北京:中国社会科学出版社,2012年,第73页。

文化，在某种程度上促进文化的融合，大大提高跨文化教育的效果。不过，我们还要注意到这些都只是感性上的认识，尽管通过体验了解到不同文化、民族间的差异，但是如果没有相应的分析，他们反而会觉得很迷茫，甚至会出现"文化休克"，所以需要及时指导，提供应对方法，提高他们的处理能力。

  3. 加强外语学习

  语言和文化是相辅相成的，语言作为交际的工具，也是文化的载体，不同文化背景的人们都有一套自成体系的习惯说法，在跨文化的交际活动中，人们总习惯于将自己的语言使用习惯和说话方式带入双方对话中，用自己的说话方式来解释对方的话语，导致相互无法正确理解的交际障碍[1]。因而在跨文化教育中，必须要加强外语学习，提高学生的外语理解能力和表达能力，才会有利于不同民族或者文化间的交流，避免出现不必要的误解。

  不同的民族由于在自然、地理、宗教及价值观念等方面的差异，对世界的认识也各不相同，通过语言和词汇系统表现出来后，使得相同的事物在不同的文化中可能有不用的所指，一种文化的词汇系统不能与另一种文化的词汇系统完全对应，同样的能指反映的可能不是同一事物。[2]如，在很多民族及其语言中，"乌鸦"代表着吉利，受到人们的喜爱和尊敬，但在汉语中乌鸦代表着不吉利；东方的语篇结构与思维方式是侧重归纳法和螺旋式，西方的是偏向于演绎法和直线式；等等。张占一先生从背景知识角度将文化分为交际文化和知识文化，知识文化指的是两个文化背景不同的人进行交际时，不直接影响准确传递信息的语言和非语言的文化因素，交际文化指的是两个文化背景不同的人进行交际时，直接影响信息准确传递（即引起偏误或误解）的语言和非语言的文化因素[3]。可以说学习外语的同时也是在学习目的语的交际文化，通过语言的对比，如在词汇、语法、语义、语用等方面有意识地进行跨文化的比较和对比，分析不同文化中隐性差异，不但让学生更多地认识到文化之间的巨大的差异，积累丰富的跨文化知识，还有助于他们形成正确的文化意识，提高跨文化素养，储备文化差异的知识。可见，不了解一种语言则难以准确认识该语言中隐含的文化，因而可以说外语教育其实也是一种跨文化教育。

四、结 语

  随着国际、地区、民族等的文化交流的发展，单一的民族文化逐渐发生变化，形成了多元化文化格局。特别是统一国家或者地区，由于共享共同的语言，但是由于民族一直以来形成的独特风俗，语言风格存在差异，这些差异在同一国家或者种族的"共同"下往往更具有隐蔽性，更容易被忽视，从而也更容易产生误解或者冲突的发生。因此要应对各种

---

[1] 潘一禾：《超越文化差异：跨文化交流的案例与探讨》，杭州：浙江大学出版社，2013年，第60页。
[2] 刘荣、廖思湄：《跨文化交际》，重庆：重庆大学出版社，2015年，第65页。
[3] 张占一：《试议交际文化与知识文化》，《语言教学与研究》，1990年第3期。

各样的文化冲突,实现和平,"唯我独尊"的人很难适应了,需要培养国际化的人才,也就是池田大作先生提出的所谓"地球市民"。池田大作也认为,人类的互相理解,是 21 世纪获得和平的关键。为此,重要的是身为人的我们必须互相"认识",要"心连心"。建立友谊就能看到对方的长处,进而互相学习,由互相理解提升互相信赖。①因而我们需要在教育中重视跨文化教育,而不是停留在涉外的某些学科上,这样不但可以解决日常跨文化交际中出现的各种冲突和障碍,从大的层面来看,还可以为世界的和平、文明的融合作出更大的贡献。

---

① 林振武:《池田大作人本思想的内在逻辑》,北京:中国社会科学出版社,2014 年,第 117 页。

以教学证悟池田生命尊严思想的实践

电子科技大学中山学院　奥田真纪子

前　言

池田大作在与英国历史学家汤恩比博士（Arnold. J. Toynbee）畅谈录中，对文明活力的源头作了如下的阐述："我认为能正确把握文明的发展方向，具有敏锐的前瞻与判断力，这种智慧存在于宗教与哲学之中。"①重点在于，要意识到是为了什么而进行创造。这里所说的宗教，指的是对待人生的态度、每个人的生存方式，以及与人的生命息息相关的看法。池田大作认为，21世纪是"生命的世纪"，他从"生命的本质"出发说明人的存在，人的存在不仅是以一个国家为基础的社会性存在，更是与人类社会、全球自然、宇宙整体有关联的生命性存在。他从两个方面看待人的生命尊严，一是"存在本身的尊严性"，即生命尊严意味着绝对性以及平等性；二是"生命本身具有功能（作用），或者说是其机能上的尊严性"，即生命尊严具有创造性。我们将以此为切入点，从三个方面分析池田大作生命尊严思想的特征，探讨其对现代社会的教育、和平事业的丰富启示。

一、池田大作生命尊严思想的特征

1. 生命尊严的绝对性

关于尊严的概念，池田解释为"超过一切价格，因之也不承任何等值物的宝贵东西，就是有尊严的东西""必须把生命的尊严当作最高价值，并作为普遍的价值基准。"②所以，生命即尊严就意味着它是绝对的价值标准。

池田的生命尊严思想受到日莲大圣人（1222—1282）教义的影响。在释尊的思想中，日莲至为重视的是《法华经》，在《法华经》中他把生命称为"宝塔"，宝塔用七种宝玉装饰，其大小至少有地球的三分之一，表示宇宙之大的尊严和生命的壮丽。所谓真正的尊

---

① 池田大作、A. J. Toynbee：《21世纪への対話》，东京：圣教新闻社，2003年，第110页。
② 池田大作、阿诺尔德・汤因比：《眺望人类新纪元》，香港：天地图书有限公司，2000年，第484页。

严，是没有任何东西可取代，是具有绝对价值的存在，以强调"生命存在本身的尊严"。

池田对生命尊严的绝对性是从两个方面阐述的。第一，生命尊严的绝对性来自生命内含着绝对的境界。在佛法上，称生命的最高、最极的状态和境界为"佛""佛性""佛界"，即最高贵的东西。关于生命的尊严性，池田从生命里最高、最极的境界，即从"佛界"的观点上来探究，并进一步地阐明。他认为："所有人的生命都是宝物，其中包含着极其珍贵的至宝——佛界或佛性。"①在佛教里，人类的生命中潜藏着"佛界"这一尊极的生命境界，这也表示生命存在本身的尊严性，同时提示生命尊严的绝对性价值。

第二，生命尊严的绝对性来自绝对的完整性和自我完满。生命尊严是池田思想的基础，他认为："生命的尊严才是普遍的、绝对的基准。"②这也是池田大作在与汤恩比博士畅谈录中最后提出的重要论点，也可以说是这次对话的一个重要结论。在此，池田对于生命尊严作出以下论述，即"生命是尊严的，没有任何等价物""人的生命没有任何东西可以代替"③等。此外，池田用以下描写来表现生命本身就是尊严，它拥有着宇宙般的价值，即"一棵生命的分量比地球还要重""一个人的生命是作为宇宙全体的缩影的尊贵的'小宇宙'"④，强调生命是其他东西所无法代替、唯一绝对的价值。

2. 生命尊严的平等性

生命意味着尊严，生命的尊严具有平等性。对此，池田通过佛法的"十界论"以及"十界互具论"来说明。"十界论"是把生命分为十个范畴来表现幸福感的状态或情况，这十个范畴按痛苦大小依次排列，越往高处幸福越大，痛苦越小。池田认为，十界中包含着所有生命："如果作个结论，'十界论'就是主张所有生命本来就包含着全部十界。因此，这里就产生出所有生命——当然包括所有的人——都潜藏着'佛'这个生命，都是宝贵的这种思想；并且包含着，所有的人透过实践佛法，都能够悟出'佛界'的生命这个人类变革的原理。"⑤这是对佛教"一法界具十法界"思想的发挥。

池田将佛界视为最高境界，认为："（佛界）指的是'菩萨'修行的结果而达到的境界。这个境界已经穷尽了宇宙和生命的'终极的真理'，达到自己跟宇宙、整个生命存在融为一体的感觉。它是一种醒悟到生命的永恒性，是绝对的幸福境界。"⑥在佛界涌现的幸福境界中附加着"醒悟到生命的永恒性"这一条件，池田对此有以下说明："包括横（空间的）的一切的'完全'，包括纵（时间的）的一切'永恒的满足'的状态。"⑦这象征着"大宇宙的境界"。就是说，池田认为人不论从时间还是空间上，都拥有获得自由自在境界的巨

---

① 池田大作、阿诺尔德·汤因比：《眺望人类新纪元》，香港：天地图书有限公司，2000年，第216页。
② 池田大作、阿诺尔德·汤因比：《眺望人类新纪元》，香港：天地图书有限公司，2000年，第483页。
③ 池田大作、Lou Marinoff：《哲学ルネサンスの対話》，日本：潮出版社，2011年，第486页。
④ 池田大作：《希望の明日へ》，东京：圣教新闻社，2000年，第435页。
⑤ 池田大作、阿诺尔德·汤因比：《眺望人类新纪元》，香港：天地图书有限公司，2000年，第402页。
⑥ 池田大作、阿诺尔德·汤因比：《眺望人类新纪元》，香港：天地图书有限公司，2000年，第402页。
⑦ 池田大作、齐藤克司等：《法华经的寿量》，香港：明报出版社，2000年，第82-83页。

大潜能。在佛界中涌现出的幸福境界,就达到了"绝对"这一条件。池田对此作出如下说明:"'绝对'意指无论发生任何事,都能以智慧看清事实,抱持坚强之心,毫不动摇。故随时都能自生命奥底涌出智慧和坚强之心,这就是绝对幸福之人。"①在这里特别强调的是"智慧"和"坚强",它迈向生命的尊严。尊严之佛的生命是什么呢?池田基于佛界的生命有以"三身"这种形式来表现的说法,举出智慧和生命力以及慈悲的潜在能力,作为其具体功能,即强大的生命力(普遍的,宇宙的自我,法身)、佛的智慧(报身)、慈悲的能量(应身)。就是指将顽强生存的力量,智慧的力量,慈爱的力量自在地发挥,生命到达极致光辉闪耀的状态,通过十界论来看各种人,生命就会一律平等,众生平等地存在于这个世界上。

关于生命的活力,池田通过佛法的"十界互具论"(十界中的生命是由于各种各样的因缘而起,而又各自显现为十界的各个生命状态)来考察。正如"地狱界所具之佛界""人界所具之佛界""菩萨所具之佛界"所说,所有生命中俱涌现着佛界。基于"十界互具论",佛界也具有九界。关于"佛界所具的地狱界",池田认为:"佛界所具的地狱界——亦指'同苦'、自愿承担苦恼一事,是责任感与慈悲的表露。"②正因为是自愿承担的责任感与慈悲,才可称得上是极为能动性并积极性的。池田立足于同一观点,积极地开展论述且强调众人生命的平等性,认为这种尊贵的生命平等地存在于每个人,从每一个人身上显现出来,即自由自在,敞开心扉的状态,对世间万物都充满慈爱,对遭受苦难的人或物应该有着一同受苦的心境。

立足于佛法的生命尊严这一个视点,池田重视"人个体的尊严",同时重视"所有人的尊严",提倡相互尊敬的视点。他认为:"宝塔存在于每个人的'生命'里———这需要人超越一切差别,重视'人的尊严'。生命没有先后顺序,任何人都拥有生命,生命没有男女、肤色、民族之分,也无贵贱上下之别,一切皆平等。因此,建立即树立'人类平等'的尊严观,是真实的人道主义。"③从这个立场出发,他认为:"因此,歧视他人者,就等于伤害自己的尊严。相反,尊严他人可使自身的宝塔更加光辉。伤害他人的生命或轻率地对待自己的生命的行为是一种否定'佛界'可能性的行为。"④他进一步解释说:"视我身为宝塔,视我友为宝塔。在整个地区乃至地球上'宝塔'林立的样子,表现着所有人都平等的尊严观。"⑤

3. 生命尊严的创造性

池田认为,生命尊严的创造性指的是一种为了打开狭隘的自我主义(小我)而达到大

---

① 池田大作、齐藤克司等:《法华经的寿量》,香港:明报出版社,2000年,第163页。
② 池田大作、齐藤克司等:《法华经的寿量》,香港:明报出版社,2000年,第197页。
③ 池田大作、齐藤克司等:《法华经的寿量》,香港:明报出版社,2000年,第21页。
④ 池田大作、齐藤克司等:《法华经的寿量》,香港:明报出版社,2000年,第21页。
⑤ 池田大作、齐藤克司等:《法华经的寿量》,香港:明报出版社,2000年,第23页。

我境界的生命磨炼和挑战,也就是向阻碍生命可能性的界限(软弱,放弃,绝望等)的挑战,包括向自身与所有人类内在生命可能性极限的挑战,这种挑战同时也创造着人生的幸福。在此过程中,沉浸在苦恼的自己必定会开辟生命新的境界,从而能够达到绝对幸福。他认为,这种"创造性"是在献身性行为中绚烂夺目的佛界生命的功能。"为何而生呢"——倘若毫无目的,仅是生存,进食至死亡的话,那是低级动物般的人生。如非同前述,为了他人,为了社会,为了自己做一些事情去创造并贡献。只要一息尚存,终其一生去战斗到底,这才是充实的人生。关于利他性,池田认为:"照顾他人,不但能引发他人的活力,也加强了自己的生命力。扩大他人的生命,自己的境界随之提升,利他与自利一致,此即菩萨道之妙。"①为他人着想而做出的行动会治愈我们自己,不会感到为别人尽力就要受到什么损失,也能经受有慈爱行为时的冷嘲热讽,更不会因为傲慢给社会带来诸多不幸。

实现生命的尊严就是要发挥生命尊严的创造性,显现佛的生命力及其作用。为此,池田强调要从生命的"基底部(根基部分)"进行变革。他认为,人是十界互具的当体,生命的根基于何界,将左右人的一生,而将此"基底部"返归至菩萨界、佛界,便是境界变革与提升。即使根基是佛界,仍有九界,所以并非没有烦恼和痛苦,但生命仍然会充满希望,安心而欢喜。这就是人的绝对性幸福。池田认为,人本来就具有在不论多大的困难前不倒的坚强之心与智慧,而这意味着人无论在怎样的环境中都能确立坚强不倒的自身。如此,人就会拥有克服一切困难的坚韧性,这奠定了生命尊严创造性的基础。

所以,池田着重于强化生命本来就具有的功能——菩萨界的生命,其生命的特征就是慈悲、利他性行为。池田认为:"佛教的'慈悲',就是'拔苦与乐'的意思。所谓'拔苦',就是除掉潜伏在人生命中苦的根本原因。'拔苦'是建立于'同苦'(同感痛苦)的基础之上的。也就是把对方的痛苦的呻吟,视为自己内心的痛苦去感受。在这样共同感受的基础上来根除这种痛苦。没有'同苦'(同感痛苦),就不能产生对对方的关怀,也不可能有想除掉痛苦的实践。"②池田从人生实践的角度,对"拔苦"即除掉苦恼作了解释。因此"'同苦'不能只是安慰一下了事,或者疏导一下人们的思想,或者一起抱怨一下弱点。"③在这点要明确"拔苦"的积极的意义。即"必须以'同苦'的共感起点,为了除掉对方的苦恼而采取行动"。④因此可以说:"'慈悲'有包容他人的'亲切',同时又兼有能打败引起自己和他人生命痛苦的'恶'的'坚强'。"⑤对于这项艰难的实践,池田强调,取代慈悲的,应当是"勇气"。池田说:"在他人深受苦难时与他人感同身受,并且给予鼓励——这就是人性的光辉所在。这时,朋友心中的勇气会如泉水般涌流而出,接着人与人将就此结合起

---

① 池田大作、齐藤克司等:《法华经的寿量》,香港:明报出版社,2000年,第160页。
② 池田大作、阿诺尔德·汤因比:《眺望人类新纪元》,香港:天地图书有限公司,2000年,第473页。
③ 池田大作、阿诺尔德·汤因比:《眺望人类新纪元》,香港:天地图书有限公司,2000年,第473页。
④ 池田大作、阿诺尔德·汤因比:《眺望人类新纪元》,香港:天地图书有限公司,2000年,第473页。
⑤ 池田大作、杜维明:《对话的文明——池田大作与杜维明对谈集》,香港:商务印书馆,2008年,第81页。

来。"从这种不懈的努力中,支持这种行为的慈悲力量就会不断增大,同时亦增加自我睿智的光芒。菩萨的自我从利他的实践中,把自己生命奥底的慈悲能力抽出来。慈悲行为基于责任感和慈悲,可以引导人积极能动的利他行为。以这样的境界在人与人之间的关系中,在社会环境和自然环境中,不断努力利他,便是池田所提倡的人性革命(人间革命)的实践。人在这慈悲行为中,自觉自己本身的生命尊严。

池田认为,人的生命想要得到真正的尊严,自己做出菩萨般能动行为十分重要,慈悲行为不可或缺。实践不可能仅有自己独身幸福,也无他人单独不幸。个人不受外界影响而生存下去亦不可能,即便是想避开与他人联系而生活,也会经常生活在外部所带来的"缘"的相关作用中。佛教"依正不二论"(自己与环境处于不可分割的联系的哲理)认为,如果没有他人,就没有磨炼自己的环境。而且,佛法所说的"慈悲",绝不是要强迫压抑喜恶这种人类的自然感情,而是即使是讨厌的人,也能从他的身上学习到对自己的人生有价值的事物,加深自己的人性。这意味着,有了他人,才能发挥自己人性的光芒。

池田按照"十如是论"的看法展开生命的尊严性。在十如是论与生命尊严性的关系中,池田十分关注生命的相互作用。十如是论中包含的"因""缘""果""报"联系在一起形成生命的因果律,而它亦被认为是生命充满活力的状态,他将这个法则视为菩萨界演变至佛界的过程,注重"缘"在其生命作用中的相关作用。从个人角度上看,"恶缘"可视为重病(难症)或在社会中受到的不平等待遇(歧视等);而从更广角度上看,可视为国际上的纷争与战乱等。这种"缘"给普通人带来苦恼,对其生命带来不利影响。从人生命的内在过程来看,恶业之因——地狱、饿鬼、畜生、修罗界成为潜在力,发动嗔恚等三毒于人的身心,最终变成悲叹、绝望,或充满暴力、贪欲的破坏毁灭性行为。而这种行为又再一次成为"恶业之因",被刻印于生命的内在过程。如此恶之连锁将强化"恶业因果",形成更强的生命内侧的"四恶趣"(地狱、饿鬼、畜生界、修罗界)。

那么如何切断这恶之循环呢?池田在跟洛克什钱德拉博士(印度佛教学者)畅谈中提及:第一是要将"恶缘"转变为"善缘"。所谓"善缘"就是结交善友(善知识)。就是说,结交良友可以防止"恶缘"——苦恼之缘。"如果自己的一念没有以佛界坚定的目标,就会遭受世间惊涛骇浪的吹打而沉入苦恼的大海。此外看似坚定的人,如果脱离了善的结果,染上恶缘的话,也会脱离成佛的轨道。所以,坚持求善、扬善的勇气是很重要的,同时也要珍惜能相互鼓励的同志这种良缘。"[1]池田认为,即使在受到恶缘作用时,亦可通过自身显在的善的业力来抵抗恶缘。例如在受到歧视时,利用智慧洞察其原因,敢于对其不正表现愤怒,并借用菩萨的非暴力、慈悲之善的业力,将善心具体表现在身(身体)、口(言语)和意(意志)的三种行为上。这样就可以强化善业之因果,形成善的循环。通过善的循环,人类生命的"基底部"所存在的菩萨界、佛界将被强化。因此池田强调,为强

---

[1] 池田大作、洛克什·钱德拉:《畅谈世界哲学——钱德拉与池田大作对谈录》,香港:明报出版社,2005年,第207页。

化生命的"基底部"的菩萨界、佛界,最重要的是善行。善行的真谛在于不为苦恼、烦恼的恶缘所污染,而把它作为强化自身的食粮,确立坚强的自我。

作为"菩萨实践"的模范,池田还强调"不轻菩萨":"正如其名字的意义,'常不轻——无论何时均不轻薄'"①。他把任何人都视作"其人将来会成佛,所以要尊敬",而对人人礼拜。行礼拜的不轻菩萨,即便被抱持瞋恚之心的人的恶言骂詈,用杖木、瓦石掷打,遭受精神上的迫害,可是也丝毫不屈服。池田认为,通过菩萨实践就可以将"生命尊严"这一理念具体化。作为生命尊严创造性的具体途径,池田在日常行为中最看重的善行就是对话,即坚持"重视每一个人"的对话,并鼓励这种对话、扩大这种对话。也就是超越一切虚饰和外在的因素,在任何情况下,都采取"同等视人"、相互理解的慈悲的态度进行对话。人与人之间结成多重友谊,把这希望之光撒播到全世界。这种共同发展精神的扩大即是生命尊严的创造性。敞开胸襟畅谈,相信人与人之间必能相互理解的信念,"慈悲之光"就跨越了宗教、民族与文化的差异,成为人类的一种普遍共识。

二、我的教育实践体悟

为证悟生命的尊严性,最重要最关键的就是在用生命体悟中实践。长期以来,我通过日语教育文化交流工作和池田教育思想的理论学习,今年6月,我以"池田先生生命尊严思想"为论题,在导师王丽荣教授指导下,最终取得了中山大学博士学位,继而在大学教育前线岗位上,围绕自己论文的主题,从教育的角度进行生命体悟的实践和证悟。下面就我的具体实践作一汇报。

目前,我奉职大学是广东省中山市电子科技大学中山学院,日语教育教学活动已满两年。近年,我奉职的大学连续四年位居中国独立学院100强综合实力排名第4位。中山学院最早是伟人故里——中山市的最高学府,我对来这所大学求学的学生充满了期待。然而实际上这是一所理科大学,日语学科只是一个小小的存在。

我以前从事过的日语教育机构是湖南师范大学,广东省肇庆学院,仲恺农业工程学院等,所奉职过的大学都与创价大学有教育文化交流的提携关系,且来往频繁,几乎都设有池田大作研究所,学生们对创价大学的创立者的教育理念有很多机会受到熏陶并有良好的反馈,所以与学生一起进行教育文化交流的活动和场面深深地刻在我的脑海里,让我倍感充实。中山学院和之前奉职大学最大不同在于,它与创价大学完全没有任何交流活动和关系,因此,刚到中山学院,我心里感觉没有依靠。

然而基于池田思想"无论是什么水平的大学学生,无论是各种状态下的学生,他们都是具有平等地位、有尊严的存在"的生命尊严思考,在这两年期间,我一直把这个思想当作准则,努力探索该如何开展好的日语教学,如何能激发学生们的潜能,绞尽脑汁坚持不

---

① 创价学会教学部:《佛法教学基础》,香港:香港国际创价学会,2002年,第85-86页。

懈地面对自己拟定的目标挑战。我在教学中投入极大心力的课程是日本文化介绍。向学生们讲述现今日本人的思维方式和背景，将真正的日本社会如实介绍。其中，尤其重视的一点是，池田先生说过"中国对日本来说是文化的大恩之国"教诲。

终于，教育成果以一种想象不到的形式给我回馈了。在日语教学实践中，证悟的池田生命尊严的思想，指导着我不断努力，充满信心，从自己生命里涌出力量，我的潜能最大发挥出来了，我的学生，以我的日语教学实践为实例，在导师指导下，终于完成了博士论文，取得了学位。领取博士学位证书和毕业证书的日子，正好本科大三年级全班共同制作了一个相册送给我。而这个班却是两年以来，教学班级中对我很冷淡的班级。从相册里可以看到每一个学生流露出内心的感激之情。这些看似毫无反应的孩子们内心深处，明白我用生命证悟体验生命尊严所付出的努力。因为我用心用生命证悟，我实在感受到了收获。在自己感到辛苦的时候，能对同时感到煎熬的人给予支持与鼓励，一定会在对方的心里留下滋润饥渴的甘泉一样的感受。最让我感受深刻的是今年上半年向学术杂志 C 刊向投稿论文时，收到了许多人的鼓励，同时我也为正面临名校考研压力的一位大四学生加油打气。最终我们共同取得了成功，那个学生考上了一流大学研究生，这让其他许多学生燃起了希望。另一个更生动的教学实践获得成功的实例是，大三 A 班有一个学生正以创价大学为目标，开始准备研究生的入学考试。这一过程中，一定有许多困难，我推测应该与我在课堂上介绍创价大学有培养世界公民的教学理念的视频产生的后效，以及与曾经来访的澳门大学创价留学生之间的交流等产生的激励效果有关。后来，他因为想去日本开拓视野参加了赴日企业实习，其间正好赶上了参加 8 月创价大学举行的 open campus 活动。创价大学的学生和老师们都激励他支持他挖掘发挥自己无限潜能，这让他深受触动。为了培养世界公民的人才，在他通过入学考试前，我都会努力帮助并支持他。

结 语

教育实践证悟生命尊严的体悟成果并非一朝一夕就能显现。但是在电子科技大学中山学院日语教学两年，我渐渐拥有了自信，不管面对什么样的学校什么样的学生，我都会始终相信每一个学生都拥有绝对的平等的生命尊严，并且具有创造性。接下来的日子，我会在更多的实践中让自己更加努力，去实践池田"生命尊严的思想"而不断学习充实，走向成熟。

杜威与池田大作的教育价值观比较探析

肇庆学院　原青林

一、杜威的教育价值观释述

杜威是 20 世纪美国和世界著名教育家,其教育思想是一个庞大而复杂的体系。其中的教育价值论散见于他对教育问题的各种论述中,着重分析评价了教育在社会生活中的实际作用。这一理论有许多独到的见解,对于我们今天的教育研究和教育实践仍然具有重要的现实意义。

杜威指出,教育的价值就在于对现实社会中的人的生活所带来的益处,任何教育皆有价值性质。他将教育的价值分为相互关联的两个方面:一是所谓内在的价值,即指某一事物的意义和可能效用,如科学知识,包括丰富的生活经验,能直接增长学生的生活经验,杜威说:"科学之所以有价值,就是因为它给了我们一种能力去解释和控制已有的经验。"二是所谓工具的价值,即指某一事物在达到一定的目的方面所起的实际作用,如科学知识本身含有的内在价值,只有在学生掌握它、运用它来扩展自己的经验,指导自己的生活的时候,才能真正体现出来。①可见,工具价值强调现实性和实效性,显得更为重要。杜威正是从这一基本的教育价值观出发,构建了他的教育价值论体系。

(一) 教育的社会价值

杜威认为,任何一个社会团体,哪怕是一帮匪徒,都需要用某些共同的价值和利益组成一个团体,而教育则是维系一个社会团体的基本条件之一,因而教育具有社会价值,教育的社会价值是由社会决定的。杜威还根据他的"内在价值"和"工具价值"观点,将教育的社会价值分为两个方面:一是教育具有促进社会发展、维持社会统一的内在价值,如同药物能够治病一样;二是教育的社会价值最终体现在培养适应社会生活的人身上。也就是说,只有当教育造就出的人参与社会生活,对社会的进步起作用的时候,教育的价值才真正得以实现。这也如同病人吃药能把病治好一样。杜威说得很明确:"学校教育的价值,它的标准,就看它在什么程度上创造出继续生长的愿望,看它在什么程度上为实现这个愿

---

① 赵祥麟、王承绪:《杜威教育论著选》,上海:华东师范大学出版社,1981 年。

望提供方法。"①

杜威对传统教育提出了批评，认为传统教育片面强调书本知识的传授，而忽视了社会因素，传统教育没有为学生提供继续生长的合适方法。杜威说："现在我们丧失了很多文学和语言科目的价值，这是因为我们抛弃了社会因素。现在教育上许多方面的失众，皆是由于它忽视了把学校作为社会生活的一种形式这个基本原则而造成的。"②关于教育的社会价值，杜威的观点是很明确的：（1）教育具有社会价值；（2）教育的社会价值体现在为社会所培养的合格人才上；（3）用这种社会价值观去评价传统教育，就会发现它有许多弊端，突出的表现是割裂了学校与社会的联系。③其结论必然是对传统教育模式进行彻底的改革。

（二）教育的知识价值

杜威首先肯定，科学知识是有价值的。学生通过学习知识，就能够扩展他自己的生活经验，就能给学生的心理、生理发展和生长带来益处。杜威说："历史就它提供社会生活和生长的各个方面来说，是具有教育价值的。知识本身之所以重要，那是因为它对于他所需要做的事情和他所要创造的东西有影响，它帮助他使自己的欲念明确化，帮助他构成他的目的，并帮助他去求得实现这些目的的手段。"④在肯定知识价值的前提下，杜威认为，"教材和教法的任务在于使特定的个人在特定的时间产生出有教育价值的经验"。⑤但是知识价值并不等于教育价值，也就是说，离开了儿童相应的发展阶段，离开了儿童的兴趣与努力，知识的价值是无从表现的。

很明显，杜威的知识价值论是相对的。他认为，没有一种学科本身能够自然地或者不顾及学习者的发展阶段就具有固定的价值，我们也不能武断地决定它的价值。知识的价值最终体现在学生用什么方法去获得它并应用它。⑥从这个意义出发，杜威认为传统教育不考虑适应学习者的需要和能力。这种思想的根源是，以为某些资料和某些方法具有内在的文化价值，或者是有益于心理训练。事实上并非如此。传统教育造成的后果是严重的，学生本应是学习知识的主人，最终竟变成了在教师控制下摄取"营养"的被动接受者。

杜威批评道："如果在学习过程中，一个人失去了自己的灵魂，即失去了对有价值的事物以及和这些事物有关的价值的正确评价能力，如果他失去了应用他所学到的东西的愿望，最重要的是失去了当其未来经验出现时从中吸取意义的能力，那么让他去学习规定的一套地理、历史的知识，获得读和写的能力，又有什么用处呢?在学校里，学生这个名

---

① 赵祥麟、王承绪：《杜威教育论著选》，上海：华东师范大学出版社，1981年。
② 赵祥麟、王承绪：《杜威教育论著选》，上海：华东师范大学出版社，1981年。
③ 赵祥麟、王承绪：《杜威教育论著选》，上海：华东师范大学出版社，1981年。
④ 赵祥麟、王承绪：《杜威教育论著选》，上海：华东师范大学出版社，1981年。
⑤ 赵祥麟、王承绪：《杜威教育论著选》，上海：华东师范大学出版社，1981年。
⑥ 赵祥麟、王承绪：《杜威教育论著选》，上海：华东师范大学出版社，1981年。

词几乎是指直接吸收知识者,而不是获得丰富生活经验的人。"①并进一步指出:"赫尔巴特主义基本上是一种教师心理学,而不是儿童心理学。"②根据这种心理学,给儿童提供的教材是"从上面和外面"所强加的。这种教育什么都考虑到了,唯独忽视了最主要的东西,即儿童具有寻找机会、生动地表现自己的生命力这一因素。

由此可以看出,杜威对知识价值的探讨,也体现出他的相对价值论观点。所谓知识的价值没有"固定性",是他批评传统教育传授知识的机械性和接受知识的被动性的理论依据。可以说,杜威是从知识的相对价值出发,用工具主义的方法论,对传统教育的落后一面提出了尖锐批评,从而阐述了他的一个基本观点:知识的掌握是一种手段,其目的在于能够促进学生后来经验的扩展,能够通过学生的主动学习来熟悉社会生活,以便将来参与、适应社会生活。针对传统教育中书本知识与学生的实际生活和社会需要想脱离的现象,杜威主张将学生的生活世界和科学世界加以整合,强调在学校教育中学生知识的获得要与社会生活环境中所进行的种种活动或作业联系起来,要求学生"从做中学""从生活中学"。学科教学中应该有活动的设计,因为活动是知识走向生活的桥梁和纽带;而活动教学中也必须体现学科的内容和对活动本身的反思,否则就是形式化、机械的活动,没有任何实际的意义和价值。

(三)教育的道德价值

杜威认为,一个社会的道德言行规范是该社会人们行为取向的标准,所以"公共学校系统的道德工作和价值总体上要根据它的社会价值来衡量"。那么,学校道德教育的任务和步骤是什么呢?首先,通过各科教学形成儿童的内在道德意识,教师应学会在所用的教材里传授道德价值的社会标准。杜威不仅承认有道德价值的社会制约性,而且指出了在德育过程中,教师与学生活动的一致性,特别强调了儿童在德育过程中的主动性。这与他的整个教育思想体系是相吻合的。但与此同时,杜威并不赞成所谓"为了道德而进行的道德教育"(直接道德教育),这种教育"即使是最好的,但就其数量和影响而言,总是相对渺小和微弱的"。他主张通过整个教育过程(包括各科教学)来培养学生的健全人格和品质。

杜威受达尔文进化论观点的影响,反对道德价值上的二元论,认为一个完全的道德行为应该兼顾内外各种因素。在行为发生之前,先要考虑行为的动机;在行为发生之后,还要考虑行为的后果。只有当动机和效果都好时,这一行为才符合做人的道德规范。一个人只有择善弃恶,并有所行动,才能获得好的道德结果,也才能实现其部分道德价值。杜威还认为,在道德行为发生过程中,每种情景都蕴含着独特的善。唯有凭借智慧对特定情景进行分析,并不断地修订已制定的原则,才能实现最后的道德理想。道德教育的过程是:一方面,让学生理解和接受社会的价值标准,形成他们正确的认识和判断能力;另一方面,让学生过上正常的道德生活,学会如何根据社会的需要,创造完成良好道德行为的条

---

① 陈科美:《杜威教育哲学的重新探讨》,《上海师院学报》,1982年2月。
② 杜威:《和意志有关的兴趣》(英文版),1931年8月。

件，并在社会生活实践中不断加以修正和完善。当然，这一过程应当在教师的正确指导下进行和完成。

杜威由此得出结论：价值是个人的人格在社会环境中逐渐展开、生长起来的。善的观念与善的行为合二为一，就是道德的价值所在。至于道德原则，杜威认为，它同科学法则一样，只是道德行为的假设，并不是固定不变的范畴。它是智慧的工具，有赖于人们去正确地理解和运用它。[①]可见，杜威的道德价值论同样具有相对性。在动机和效果上，他既重视动机的正确性，又强调行为的合理性，动机和效果的统一才称得上是"善"。每一个具体的情景都蕴含着独特的"善"，绝对的恶是不存在的。因此一个人只有凭借智慧去进行合理的选择，才能实现其最后的道德理想。此外，道德原则也是可以改变的，人们可以根据自己的理解去选择或改变它。值得注意的是，杜威还运用自己的教育价值论，对学校道德教育过程本身进行了道德意义上的反思，认为学校教育不仅要培养合乎社会道德标准的人，而且还要用社会的价值标准去衡量学校工作是否全部合乎道德，使学校教育的实施或对学校道德教育的评价，皆有一定的评判标准可依。

二、池田大作的教育价值观释述

池田大作既是一位著名的宗教思想家、民间活动家，也是一位杰出的教育家。他所倡导的培养"世界公民"，提倡"人类和平"的教育理念和教育实践具有国际影响力，其德育理论和思想也十分丰富。这里重点分析池田大作影响21世纪教育的七大"核心价值观"：和谐教育、尊重理解教育、世界公民教育、创价教育、生命教育、和平教育和幸福教育。

（一）"和谐教育"价值观

随着现代社会经济的快速发展，社会化大生产的进程加速，人们缺乏对大自然的敬畏之心。在"人类中心主义"价值观的指导下，人类通过科学技术从大自然中肆意掠夺，导致了环境污染、资源枯竭等一系列的生态危机，打破了人与自然原有的平衡与和谐，造成了人与自然关系的危机。池田大作认为："现代的科学文明是以一种对立的关系去处理人与自然的，它的出发点是为了人的利益去征服和利用自然。""人类中心主义"的价值观及其践履使得人与自然的关系崩溃，人对自然的征服业已到了登峰造极的地步，导致21世纪人类面临着严重的自然环境危机。技术文明的危害还进一步导致了人的精神领域和道德领域的危机，威胁了人与社会、人与人、人与自身的和谐关系。正如池田大作所言："现在有威胁我们人体健康的物质危机，也有威胁心理健全的精神危机，而最后决定性地表现出来的将是道德的危机，它将窒息我们的精神生活。"他认为，"现代文明最大的缺陷和歪曲，归根结底在于使人们丧失了凝视自己的内在并加以正确引导的态度"，所以他

[①] 孟宪德：《论杜威的教育哲学体系在教育史上的地位》，《杜威赫尔巴特教育思想研究》，济南：山东教育出版社，1985年。

认为应该把"调和"作为生命的法则和心理世界的法则,充分意识到人与自然、社会以及人与自身保持和谐关系的重要性。①

基于20世纪人类对自然的破坏所导致的生态环境的危机、精神世界的失落和道德世界的危机,池田大作认为,21世纪人类开始在国家、民族、社会、文化、教育、宗教、阶级、性别等一切层面上摸索"共生"和更加深入的"和谐",在"环境与人""科学技术与人类""科学与宗教"等各个方面越来越注重"和谐","和谐"应该成为21世纪教育的一个重要核心价值观。21世纪作为全球化的时代,教育必须吸取20世纪的教训,培养孩子正确处理人与自然、人与社会、人与人之间的关系,达到人与自然的和谐、人与社会的和谐、个人内心世界的和谐,以达到人与人之间的互信、互利、平等、协作、共存、共生,以促进"世界和谐","和谐教育"必然成为21世纪全球化时代追求的一个重要的教育目标。

(二)"尊重理解教育"价值观

"尊重理解教育"主要表现在两个方面:一方面要尊重理解不同国家和民族的文化,不同的国家和民族有不同的文化背景,所以首先要尊重文化的多样性,尊重不同民族文化的差异性,承认世界文化的多样性,以宽容、开放的心态来看待不同民族的文化,遵循各民族文化一律平等的原则。"尊重多元文化理解,可以使得不同文化、宗教、人种和社会阶层学会保持和平与协调的关系,从而达到各国文化的共生与共荣。"②另一方面"尊重理解教育"要尊重和理解不同民族的价值观,不同民族的文化必然会导致截然不同的价值观,价值观通过信念、信仰、信义等形式来表达,不同民族的价值观皆是多元的,正是由于多元价值观的存在,对于同一事物就有不同的价值判断。所以,对待每个民族的多元价值观,就必需相互理解、相互尊重,对不同民族的价值观不仅要做到包容,而且还要学会尊重、理解甚至接纳,真正做到尊重不同国家和民族的价值观,做到"和而不同"。

池田大作高度重视"尊重理解教育"的重要性。他认为,现代社会是一个陌生人的社会,在多元文化的社会中,只有异质文化间的对话,尊重多元文化,才能带来人与人之间的信任感,增加人与人之间的相互理解,促进社会的稳定发展和世界的永久和平。21世纪是文明对话、理解、融合和共生的世纪,在这样的背景下,尊重和理解多元文化和价值观念的教育必然会成为各国教育的核心价值观,这就要求各国在世界教育文化交流中,要尊重差异、理解个性、和平共处,共同促进世界教育文化的繁荣,反对盲目自大、排斥和贬低异质文化,或者妄自菲薄、盲目崇拜异质文化的错误倾向,只有在世界民族平等的基础上,世界各国人民才能相互尊重、共同发展,才能保持世界文化的多样性,世界才能更加丰富多彩,充满生机与活力。

---

① 池田大作、路奈、尤依古:《黑夜寻求黎明》,北京:中国国际广播出版社,2003年,第31-32,8,229页。
② 周传和:《论民族高校实施多元文化理解教育的途径》,《当代经济》,2012年21期,第108-109页。

(三)"世界公民教育"价值观

当今对"公民"的理解存在两种截然不同的取向:一种是国家取向的公民观,即视"公民"为特定政治共同体的成员,并以此成员在共同体中所享有的权利与义务关系作为公民身份的内涵;另一种是世界取向的公民观,即视"公民"为从属于全人类,不为任何特定政治共同体所垄断,也不因阶级、性别、族群、宗教信仰、党派等之不同而有截然不同的身份内涵。池田大作认为,21世纪,由于全球化浪潮的席卷,各国不同民族、政治、经济、文化、宗教之间的矛盾、摩擦甚至对立、冲突将成为影响世界和平与稳定的重要因素。在全球化的今天,相互依存的问题依然异常严峻,反对狭隘民族主义、消弭血腥屠杀、打击恐怖主义、尊重多元文化、祈求国际理解、倡导世界和平,在认同民族国家文化的同时,努力塑造世界公民的角色,具有公理意义和普世价值。在这样的背景下,池田大作提出了新的教育目标,主要是培养具有国际情怀、国际视野和国际合作能力的"世界公民"的核心教育价值观。"未来的世界公民是充满多样性、开放性和宽容性的人,他们作为好邻居、好公民和好地球人和其他人共同生活,从而可以为文明的'共生共荣'和人类的和平稳定做出自己的贡献。"①世界公民的培养需要文明对话、宽容多元文化、尊重差异,这对21世纪的和谐秩序的建构具有重要的现实意义。

在"世界公民"的培养中,公民的内涵开始发生很大的变化,公民不仅仅局限于国家范围之内,而是超乎国界之外,即培养具有全球视野,胸怀天下的"世界公民"。联合国教科文组织在重新界定教育使命的基础时提出了世界公民的目标:"培养和平、人权和民主的具体实施过程中所依赖的价值观念,不能只强调认知学习,还要强调情感和行为学习;学做世界公民,是以把共同的价值观念和知识应用于实践为基础的。"可见,"世界公民"不仅要有国际视野和全球意识,还应有国际知识和能力。由此可言,培养"世界公民"必将成为21世纪各国教育的核心价值观之一。为此,世界各国的学校教育要通过各种渠道帮助学生提高与来自不同文化、不同民族或不同国家的各种人交流和协作的能力,缓解和消除不同文化背景可能带来的矛盾或冲突的能力,使学生能够学会接纳、宽容、关心和尊重不同的文化形态、意识形态和各民族的风俗习惯,顺应文化多元化和全球多元文化共生的趋势,以培养具有国际视野、具有普世价值和普世品质,具有全球共存、爱好世界和平的"世界公民"。

(四)"创价教育"价值观

"创价"是创造价值的简称。在池田大作看来,人能够创造价值,人生的价值在于创造价值。池田大作认为:"创价教育就是以人为本,创造人生价值的教育,其融合了和谐的世界观、创造的人生观和'利、善、美'的价值观,同时,围绕创造幸福人生的教育目的观而展开的教育。"②"创价教育"的内容十分丰富,主要体现在以下六个方面:

---

① 王丽荣:《池田大作德育思想理论与实践》,哈尔滨:黑龙江教育出版社,2012年,第130页。
② 王丽荣:《池田大作德育思想理论与实践》,哈尔滨:黑龙江教育出版社,2012年,第130页。

第一，创造化。人的价值在于创造，创造的目的就在于获得价值，为了人类的幸福，促进社会的福祉，最大限度地发挥人的内在潜能、个性和创造力，为人类的幸福、社会的繁荣和世界的和平做出贡献。第二，生活化。"创价教育"必然要走向生活，走向自然，走向社会，在生活中、在自然中、在社会中学习，去培养人的创造性和创造力。"创价教育"来源于生活又高于生活，其目的在于改变生活，让人类过上幸福的生活。第三，社会化。"创价教育"注重培养学生的社会性，主张学校教育必须和社会相联系，反对把学生关在学校里面实施"课本教育"，倡导为学生营造更广阔的社会空间，拓展学生的活动空间和教育渠道，并提出了"生活学习化，学习社会化"的口号，为学生的心灵提供更开阔的世界。第四，自然化。"创价教育"提倡自然教育，讲究顺其自然。池田大作认为，只有自然的教育才能培养学生的创造性，打开学生的创造大门，诱发学生的好奇心和探究心理，强调教育的过程是一种"唤醒"的过程，强调学生在自然中亲身参与实际体验，重视学生的生活能力、创造能力的培养，让学校成为创造的摇篮。第五，人性化。池田大作认为"创价教育"的核心是"以人为本"，强调教育的"人性化"，把"人"作为教育的出发点，把"培养人"作为教育的最高宗旨，在教育的过程中，要关注学生的人性与自由发展。第六，个性化。"创价教育"要充分肯定人的主体地位，尊重人的个性发展，关注每一个孩子的成长，关注每一个孩子创造价值的可能性，始终把孩子的幸福放在教育的首位。①

池田大作提出人的价值在于过上幸福的生活，而"创价教育"的目的就是让人过上幸福的生活，过上有价值的生活。21世纪的教育目的就是充分挖掘人的价值潜能，发挥人的个体价值与社会价值，使人过上幸福的、有价值的生活。这种教育理念，正是"创价教育"价值观的核心，幸福是人生最终的目的，教育也应以人生幸福为最终目的。"创价教育"符合21世纪社会对教育的要求，也满足了教育对现代人的期许。

（五）"生命教育"价值观

池田大作的生命教育理念来源于他的生命观。他提出"共生观"，即众生平等，人并没有什么优越性，不能高居万物之上，对万物实行主宰，尊重生命不仅仅要尊重自己的生命，还要尊重别人的生命，更要尊重宇宙万物的生命。对生命的尊重，对万物的尊重，永恒的生命观才是创建文明之路，只有真正懂得生命的根源、生命的价值，人类才能最终走向文明之路。

生命教育在世界范畴内属于一个新型的教育概念和教学门类，它是在西方社会频频上演暴力、毒品横溢和男女性关系错综紊乱的一幕幕人间丑剧的情况下，由美国知名作家杰·唐纳·华特士首先提出的。在华特士所创建的"阿南达村"学校，"孩子们所学习的是如何生活在这个世界上，而不只是如何找到一份工作、一种职业。他们必须懂得如何明智、快乐而且成功地生活，而不违背自己内在深层的需要，当然，更不会执着于金钱

---

① 石军齐、学红：《日本池田大作的德育思想研究——兼谈21世纪教育的核心价值观》，《高等理科教育》，2015年4月：第33-34页。

和权力。"①

自工业社会以来，随着人口数量的不断膨胀，对物质世界的过分肆虐，出现了一系列的问题，如生态环境的恶化，环境污染严重，造就了人与自然关系的紧张，人与人关系的冷漠，人与社会的矛盾，人的精神世界的迷惘，导致了精神性疾病和自杀行为的增加，这些都前所未有地威胁着人的生命与尊严。在这种背景下，池田大作强调生命的尊严，强调人与自然的和谐，人与世界的和谐，强调重新尊重人的生命尊严，确立人的意义与价值，与自然和谐共生，从而达到"共荣"的景象。池田大作认为 21 世纪的关键词是"生命"，21 世纪是从"科技的世纪"到"生命的世纪"，这两个世纪的转变是要摆脱工具理性对人性的颠覆和压抑，重新确立人的意义与生存的价值。

为此 21 世纪，生命教育已经成为世界各国教育的重要内容，对学生进行生命教育具有很强的必要性和紧迫性，生命教育是一切教育的前提，没有生命教育的教育是不完整的。为此，21 世纪的生命教育，要立足于每个学生的个人成长，以人为本，以学生的发展为本，尊重、关心、理解和信任每一个人，让每一个学生懂得珍爱生命的同时，还要帮助他们认识生命的本质，理解生命的意义，创造生命的价值，这才是生命教育的真意。

（六）"和平教育"价值观

池田大作将一生的全部精力和心血倾注到国家和平事业之中，致力于世界的永久和平，并提出了"和平教育"价值观。他认为，教育不应该成为政治的附庸，而应该成为人类和平的堡垒和人本文化的守护者。池田大作提倡"积极的和平观"，它不同于传统的"无战争状态"的和平观，强调人类要解决的课题不仅仅是实现没有战争状态的"消极的和平"，还是要实现一种积极的、能从根本上改变威胁"人性尊严"的社会构造的和平，这才是和平的真正意义。

池田大作追求的和平不是短暂、一时的世界和平，而是追寻世界的持久和平。他认为，世界和平不是依靠政治领导人签署条约或者商界领袖进行经济合作就可以实现的，只有在人民之间，在他们的内心深处建立起最深层的互信，通过和平文化、对话和教育，才能实现真正永久的和平。于是，他一方面通过寻找最普遍、最绝对的标准，也就是维护生命的尊严，以生命来看待人，把和平根植于彻底的生命标准来激发起人类"普遍的爱"，爱人类，爱世界，通过和平文化来寻求实现和平的最根本的出发点。

此外，池田大作还把实现"世界和平"的愿望寄托于后代的教育与对话，主张实现世界和平的重要途径就是通过创办学校和教育，培养儿童的和平意识，在教育理论和教育实践中融入生命价值，树立以人为本的根本观点，渗透和平教育的观念，倡导和平对话，为世界和平贡献自己的力量。池田大作认为，21 世纪是和平的世纪，虽然全球仍然存在局部的冲突，但在经历了 20 世纪两次世界大战之后，世界人民深深地体验了战争对世界的破坏，也正因为有了这种体验，21 世纪的人们才会更加热爱和平，和平观念早已深入人

---

① 杰·唐纳·华特士：《生命教育——与孩子们一同迎向人生挑战》，成都：四川大学出版社，2006 年 5 月。

心，维护和平的力量也在不断壮大，各国的教育都渗透着"和平教育"的理念，"和平教育"要求各个民族能够树立正确的宇宙观和生命观，扩大人类心灵的交融，深入进行思想的对话，实行"世界公民"教育，培养全人类共同体的归属感和责任感，形成一种"世界公民"的文化自觉与责任使命。21世纪的"和平教育"理论和实践是实现"世界和平"的真正力量。

（七）"幸福教育"价值观

幸福是人们对自己生存与发展等需求现状的一种满意程度的主观体验。实现世界长久的和平与人类的幸福，是池田大作人生奋斗的最终目的。他认为，"幸福教育"就是让每个人完成自我建设，从而使家庭、社会乃至全球进入幸福的时代。教育的全部价值在于追求人类的和谐幸福。"幸福教育"就是在世界范围内，各国把"幸福"作为教育内容，树立正确的幸福观，培养学生理解幸福、体验幸福、创造幸福、享受幸福的能力，"幸福教育"既是教育的目的，也贯穿于整个教育过程，并为学生未来幸福生活做准备，实现每一个个体的幸福，从而实现全人类的幸福。

池田大作认为：教育的核心是为了人类的幸福，帮助每个人实现自己的幸福。他把幸福分为"绝对的幸福"和"相对的幸福"。前者指的是"生命本身的跃动、充实而感到的幸福"，后者指的是欲望得到满足的幸福，这种幸福常常来自外界。池田先生并不否认"相对的幸福"，但是他指出，"真正的幸福是需要从内心深处去缔造，而不是通过外在欲望的满足来实现，真正的幸福在于返回自我，争取自我的成长和内在充实的人生，从生命深处洋溢出来的幸福感"①。

21世纪，随着社会文明进一步推进，"和谐世界"的理念早已深入人心，追求幸福是每一个人的基本权利，"幸福教育"已经成为全球共有的价值取向，已经成为21世纪的教育的核心价值观，成为世界各国教育的重要内容和培养目标。同时，"幸福教育"也是21世纪教育的使命和价值所在。

三、杜威与池田大作的教育价值观比较评析

杜威作为20世纪美国乃至世界最为著名的教育家之一，其教育理论和教育思想对20世纪以来各国的教育事业产生了重大影响。而在他的教育理论体系中，其教育价值论占有重要地位。他将其哲学价值观运用于教育研究，提出了令人深思的教育主张，切中了传统教育弊端的要害，无论在理论研究层面，还是在实践运作层面，对于我们当今的教育仍有积极的指导意义。池田大作作为21世纪日本一位伟大的教育家，针对日本和其他国家普遍存在的社会问题和青少年问题，抨击了当今学校教育脱离生活、脱离社会、脱离时代、脱离自然的种种弊端，提出了自己的教育主张，并在此基础上形成了他的教育思想体系，

---

① 池田大作：《谈幸福》，北京：中国文联出版社，2007年10月。

对当今的教育理念和实践产生了重要影响。特别是他在教育方面的七大核心价值观,更是代表了当今世界教育的发展目标和方向。可以说,杜威的教育价值论与池田大作的教育核心价值观之间存在着一种继承与发展的关系。

首先,就教育的社会价值而言,杜威从维护和改良美国的社会制度出发,在教育与社会的关系上,提出了教育的社会功能和目的,认为没有教育,民主主义社会便不能维持下去;他提出的"学校即社会"的论断便是明证。在30年代美国陷于经济大萧条的时期,杜威又提出了教育必须参与社会改造的教育主张。虽然他试图将教育目的的社会制约性和满足个人需要调和起来,提出了既有个性特征,又有社会特征的教育目的论,但其最终目的还是指向社会的未来发展,即通过民主主义教育来实现社会改良的目的。在教育的社会价值方面,池田大作继承和发展了杜威的主张和思想,从现实需要和时代高度提出了和谐教育、世界公民教育以及和平教育等核心价值观。其中,和谐教育旨在教育人们学会建立人与自然、人与社会、人与自身的和谐关系;而"世界公民教育"和"和平教育"旨在培养具有国际情怀、国际视野和国际合作能力的"世界公民",培养全人类共同体的归属感和责任感,形成一种"世界公民"的文化自觉与责任使命,他们作为好邻居、好公民和好地球人和其他人共同生活,从而可以为国际社会和全人类的和平稳定做出贡献。

其次,就教育的知识价值而言,杜威推崇实际知识,强调经验的改造或改组。针对当时学校里教授的书本知识与学生的实际生活和社会需要想脱离的现象,杜威主张将学生的生活世界和科学世界加以整合,在学生的生活世界和科学世界之间建立有机的联系,强调在学校教育中学生知识的获得要与社会生活环境中所进行的种种活动或作业联系起来,要求学生从生活中学习。学科教学中必须有活动的设计,因为活动是知识走向生活的桥梁与纽带。池田大作同样继承和发展了杜威的这一教育主张和价值观,主张学校教育必须关注当今世界和国际社会存在的现实问题,必须担当起培养新时期合格人才的重任。在此背景下,他提出的"尊重理解教育"和"生命教育",认为在现代社会这个陌生人的社会和多元文化的社会里,学校必须培养学生相互信任、尊重差异、理解个性、和平共处的意识和能力,尊重和理解多元文化和价值观念的教育是各国教育的核心价值观。针对当今不断升级的军备竞赛和频繁发生的局部冲突,池田大作又提出了生命教育的理念,要求学校教会学生珍惜生命,不仅要尊重自己的生命,还要尊重别人的生命,更要尊重宇宙万物的生命,以便向社会输送一批批反对杀戮、反对战争、爱好和平、珍惜生命的新型地球人或世界公民。由此可言,池田大作同样重视将学校教育与学生的生活需要及社会的现实需要紧密地结合起来。

最后,就教育的道德价值而言,杜威从价值论角度提倡把学校建成一种雏形的社会,使学生在这小社会里接受道德风尚的熏陶。他对传统教育提出了批评,认为没有在学校里建立小社会则是传统教育中道德教育失败的原因。杜威提出的理想社会就是所谓真正的民主社会,这正是当时美国社会改良和发展的方向。在杜威看来,其主要途径之一便是在学校里推行民主主义教育。就民主主义教育的实施而言,杜威认为,民主主义精神只有在学校的道德教育活动中得到充分的体现，才会成为学校道德教育价值取向的目标。因此学校道德教育价值取向的具体目标必须紧紧围绕"民主主义教育"这个本质，在"民主主义"道德教育实践中实现其道德价值取向。可以看出，杜威把以改良美国社会制度为目的的民主主义教育看作学校教育的道德价值取向。和杜威一样，池田大作也是站在改良当今社会制度和端正当今社会观念的高度，提出了自己的道德教育价值观，如创价教育和幸福教育。前者的道德价值在于以人为本、创造人生价值，其融合了和谐的世界观、创造的人生观和"利、善、美"的价值观。这也是当今教育的重要价值取向所在。后者的道德价值在于让每个人完成自我建设，从而使家庭、社会乃至全球进入幸福的时代。其主要目的是培养学生理解幸福、体验幸福、创造幸福、享受幸福的能力，为学生未来幸福生活做准备，实现每一个个体的幸福，从而实现全人类的幸福。 21 世纪，随着社会文明进一步推进，创价教育和幸福教育的理念必将深入人心，成为全球共有的价值取向和教育目标。

实践创价教育的教师特征

华东师范大学　仓贯势津子

一、实践创价教育的教师

实践创价教育的池田大作先生,一直以培养致力于建设和平与民众幸福的人才为首要己任。这与创价教育学的创始人牧口常三郎及实践者户田城圣的目标相同。虽然在任何地方任何人都可以实践创价教育,但在学校里的创价教育实践者是教师们。因此,本论文以实践创价教育的教师(以下省略为"创价教师")为对象,探究其特征。

本来"创价教育学"就是为教师所撰写,是在一位普通教师牧口常三郎的实践中产生的。笔者感觉到最能体现创价教育的就是"创价教师",因此,将创价教师与一般教师进行比较的话,也许可以发现"创价教师"的特征。可以说,本论文是从探究"创价教师"的角度出发,研究创价教育的。这些都是从摸索开始,因此首先需要说明,本研究仅是实践中的一部分。

所谓"创价教育"是根据牧口常三郎的《创价教育学体系》所指的教育,以及根据其精神由户田城圣、池田大作所形成和发展的教育。《创价教育学体系》就是培养创造人生目的的价值之人才方法的知识体系。[①]创价教育一直在实践"人间教育",目标在于培养创造价值的人才。池田大作主张"对于学生而言,教师才是最大的教育环境",认为教师在不断学习的"人间革命"中,才能培养出创造价值的人才。其实"创价教育"和"人间教育",几乎可以理解为同义词。[②]这里的"人间教育"是在池田所提倡的"人间主义"的基础上而进行的教育,池田的书籍和文章也经常使用"创价的人间教育"这一词。对此池田指出,"创价教育是指贯彻人间主义、文化主义、和平主义、以创造与世界共生存的'开放的人格'为目标的人间教育"。[③]另外"人间革命",虽然有许多种说法,本研究按照池田的原意,指"从平凡出发,扩大视野,努力献身于更高、更深、更广

[①] 牧口常三郎:《创价教育学体系Ⅱ》,刘焜辉译,台北:正因文化事业有限公司,2006年,第241页。
[②] 池田大作、顾明远:《和平之桥——畅谈"人间教育"》,北京:教育科学出版社,2004年,第174页。
[③] 创价大学学生自治会:《創立者の語らい18》,东京:明和印刷,2008年,第28页。

领域的行动"①。

本研究的"创价教师",狭义上指的是接受过创价教育的教师们,即从创价学园和创价大学毕业的教师们。广义上指的是学习创价教育思想并在实践的教师们。创价教师的大部分可以认为是创价学会会员,当然也包含了不是会员的创价教师(即创价教育的赞同者)。同样,以创价学园和创价大学为母校的全部教师也不一定是创价学会会员,因此本研究的对象是拥有"实践创价教育意识"的创价教师们。

另外,本研究主要以小学教师为对象。日本的小学教师不仅在课堂,而且在学校的日常生活中与学生们关系密切,因此,笔者认为研究小学教师的特征最容易让人理解。关于"创价教师",也不是在创价学园等,创价一贯教育学校工作的"创价教师",而是以在全国各地一般公立小学工作的"创价教师"为对象。因此与之进行比较的一般教师也是同样在全国各地工作的公立小学的教师,本研究试图比较处于相同环境下的"创价教师"和"一般教师",以更好地凸显"创价教师"的特征。

二、创价教师与一般教师的封闭式问卷调查比较

本次问卷调查以日本各县的公立学校的小学教师(一般教师共计 208 名、创价教师共计 239 名)为对象。问卷调查一共设定了 42 个问题,本研究着重介绍其中的一部分。

此次为比较一般教师与创价教师,在进行问卷委托时一直有考虑两者平衡。但结果在分年龄比较上存在一些差异。原本预计以 20 岁至 59 岁的在职教师为对象进行问卷调查,但实施之后发现创价教师返回的问卷结果中,许多 60 岁以上的教师均有参与,并在原本只到 50～59 岁的年龄层上自行加入"60 岁以上"的选项。60 岁以上的教师中,有的已退休,有的依然通过返聘处于在职状态。基于这一情况,调查中途曾尝试针对一般教师追加 60 岁以上的调查,但因无法联系到已退休的一般教师或因委托朋友进行调查而迟迟收不到结果,到截止日期时仅收集到数份。为方便统计,曾考虑将 60 岁以上创价教师删去,但因创价教师总数较少,且进行分年龄层分析时具备参考意义,最终决定仅保留创价教师中 60 岁以上的数据。基于以上原因,调查的数据中,创价教师的年龄层相较一般教师多一个,整体人数也较多。(见表 1 及图1)

表 1 教师年龄分布

分类	总数	20 岁—29 岁	30 岁—39 岁	40 岁—49 岁	50 岁—59 岁	60 岁以上
一般教师	208 名	32 名	44 名	66 名	66 名	—
创价教师	239 名	24 名	37 名	39 名	80 名	59 名

---

① 池田 SGI 指导选集:《幸福と平和を創る智慧》,东京:圣教新闻社,2015 年,第 16 页。

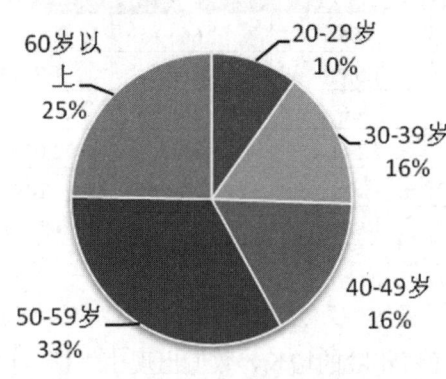
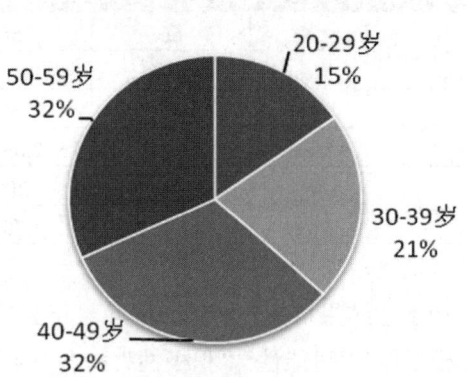

图 1　教师年龄比例

本次问卷调查针对一般教师与创价教师的差异及特征体现于何种侧面的研究尚处于摸索阶段，因此制作问卷时开始分为了五个项目，分别为教育的价值观、教师自身的背景、对学生的关怀与态度、教师的学习态度、教师的人际关系。

此处首先针对各设问项目，比较一般教师和创价教师，以求把握两者的差异及特征。另外，本次问卷的内容分为"量性设问"和"质性设问"，其中量性设问通过图表上注有符号选项的"1—4"数值表示，这里的"1"代表最大或最高评价，"4"代表最小或最低评价，而质性设问则在图表中不进行符号表示。

笔者根据问卷最初的五项内容中得出的结果进一步明确了各自的特征，仅针对"量性设问"进行重新分类。分别为：①教师的目的性，②教师的模范性，③对于学生的可能性，④教师的积极性，⑤教师的同伴性。因此，本研究聚焦于此五项进行分析。

① 目的性……教师对于教育的目的观、信念及理想程度。
② 模范性……对于教师有无模范性存在，有无可获得启发或尊敬的人。
③ 可能性……是否相信学生拥有无限的可能性。
④ 积极性……关于教师的学习姿态、意欲及自省程度。
⑤ 同伴性……与年长教师、年轻教师及同事的关系及关联性程度。

此处将各数据的平均值基础上，进一步计算一般教师和创价教师在此五个项目上的平均值，结果如下。（见表2、表3）

表 2　一般教师在五个项目的平均值

年龄		目的性	模范性	可能性	积极性	同伴性
20～29 岁	N	32	32	32	32	32
	Mean	1.8125	1.6458	1.8125	1.6518	1.8750
30～39 岁	N	44	44	44	44	44
	Mean	1.8788	1.5682	1.9394	1.7078	1.8364

续表

年龄		目的性	模范性	可能性	积极性	同伴性
40～49岁	N	66	66	66	66	66
	Mean	1.6061	1.4949	1.9596	1.6710	1.7576
50～59岁	N	66	66	66	66	66
	Mean	1.7475	2.0354	2.1414	1.9957	2.0303
Total	N	208	208	208	208	208
	Mean	1.7404	1.7051	1.9904	1.7788	1.8788

由上述结果可知，一般教师随着年龄增长，"目的性"会出现些许加深倾向，但其他的"模范性""可能性""积极性"和"同伴性"随着年龄的增长，数值出现由"1"向"2"的变化，即可认为一般教师随着年龄的增长，"模范性""可能性""积极性""同伴性"会下降（弱化）。

表3 创价教师在五个项目的平均值

年龄		目的性	模范性	可能性	积极性	同伴性
20～29岁	N	24	24	24	24	24
	Mean	1.6111	1.1597	1.2778	1.5298	1.5917
30～39岁	N	37	37	37	37	37
	Mean	1.4324	1.1036	1.1982	1.4363	1.4108
40～49岁	N	39	39	39	39	39
	Mean	1.3419	1.1154	1.2222	1.2344	1.3487
50～59岁	N	80	80	80	80	80
	Mean	1.1792	1.1792	1.2625	1.4250	1.3500
60岁以上	N	59	59	59	59	59
	Mean	1.0565	1.1864	1.2655	1.2542	1.3254
Total	N	239	239	239	239	239
	Mean	1.2580	1.1569	1.2483	1.3640	1.3774

由以上结果可知，创价教师的"模范性"随年龄增加呈现些许下降趋势，但数值变化不大，"可能性"在各年龄层上数值也基本相同。此外，"目的性""积极性""同伴性"随着年龄增长，数值由"1.5"向"1"接近，即可看出创价教师的目的性随着年龄增长会深化，对学生可能性的相信、学习意欲及积极性会持续，与同事间的关联性也会加强。通过此项调查，不仅可看出一般教师和创价教师的差异，而且通过分析不同的年龄层，使两者差异更加明确。

下面将上述五个项目中一般教师和创价教师的平均值总分用雷达图表示。（见图2）

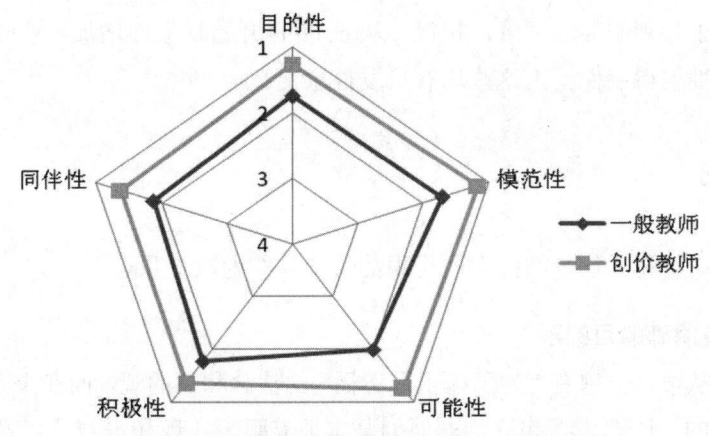

图 2　一般教师和创价教师的平均值总分雷达图

由图 2 可知，越接近数值"1"代表程度越高。一般教师不论哪个分类均在"1.7～1.9"的范围内，关于学生的可能性一项出现接近"2"的数值。创价教师整体区间分布在数值"1.1～1.3"之间，特别在相信学生的可能性一项上与一般教师呈现出比较大的差异。

此外，本研究还针对一般教师和创价教师分年龄层的差异进行调查，结果如下。（见图3）

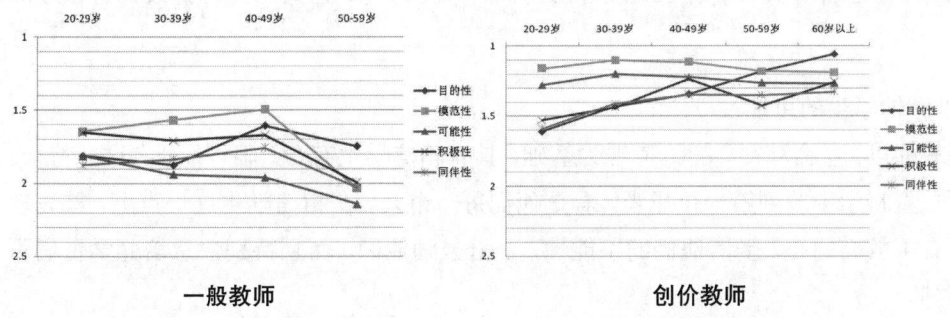

图 3　一般教师和创价教师分年龄层的平均值分布

由图 3 可知，一般教师的"模范性"在 40 多岁一档上出现上升，50 多岁一档上出现骤减。而且"积极性"和"同伴性"也在 50 多岁档出现急剧回落。"目的性"方面从 40 多岁档开始上升，在 50 多岁档也保持较高数值。"可能性"方面从 20 多岁档开始逐渐下降，在 50 多岁档上呈现出最低数值。总体来看，一般教师从 50 多岁开始的数值回落很明显。可以认为是由于退休将近，虽然理解教育的目的性，但积极的姿态逐渐出现下降，也越来越感受不到学生的可能性。

关于创价教师的"模范性"，可看到在 50～69 岁档出现些许下降。"可能性"不论任何年龄层均基本无变化，"目的性"随年龄增长呈现更进一步的上升。"积极性"在 50 岁档上出现一时下降，到达 60 岁档时又再次升高。"同伴性"也是从年轻时开始，随年龄积累出现上升。总体来讲，创价教师全年龄段均保持较高数值，特别在 50 多岁和 60 多岁档上也没有出现特别明显的下降。相反,从60岁档开始积极性增加,明确的目的观被确立,而且同伴性也得以保持,这些均有启发性意义。

三、结论

通过这次研究将"创价教师"所呈现的特征总结为以下几点。

(一)具有明确的目的观

创价教师从根本上抱有"为了孩子们幸福"的信念和目的观,而在个人生活中,也有明确的学习目的。比起成绩和评价,他们坚定地着眼于实现和平社会以及每一个人的幸福,教师本身以较广阔的视野投身于教育活动中,从这个角度也可看出他们培养世界公民的意识较高。此外拥有的这种强大而明确的目的,正是他们一生可以持续挑战的原动力。

(二)拥有人生导师

创价教师心中有人生导师(模范人物),常常将其作为自身的行动准则和指针。当他们迷惑时,总会回归起点,思考"如果是导师的话会怎么做""希望能成为导师那样的人"等,导师成为促进自身成长的存在。此外因为拥有人生导师,让其一生都持续拥有谦逊的学习态度。

(三)深信学生的可能性

创价教师以"生命尊严"的价值观为基础,具有相信学生有"无限可能性"这一特征。创价教师一直将学生放到第一位思考,看重他们每一个人。在相信学生这一点上,首先教师本身要有不放弃的心,坚信他们的可能性,一直鼓励他们,而且特别注意培养学生们不服输的精神。

(四)积极挑战困难

创价教师不逃避眼前的困难和棘手事,会为了克服困难,不断挑战。他们将困难当作自身成长的机会。这些困难的大多数是与自己相关的学生的事情,创价教师怀有很大的勇气去理解学生们的烦恼和痛苦,和他们一起共渡难关,在这个过程中能发挥教师的智慧,让自己的可能性也得以延伸。此外创价教师还铭记"教师才是最大的教育环境"这一指针,亲自示范迎战困难的生存方式。

(五)保持相互学习的关系

创价教师与年长教师、年轻教师和同事之间的关系紧密,身边的事情都可以共同商量、相互鼓励。创价教师一直从这种关系中获得启发,进而相互学习。此外,他们倾听对方的苦恼,一起烦恼,在鼓励别人的过程中自己也得以成长。像这样鼓励与被鼓励的关系不断转换,随着年龄的增长显得越来越重要。

在创价教育中，理想的教师，就是和学生一同成长的教师。教师为了价值创造而不断挑战的姿态对于学生来说，正是最好的教育环境。所以说，创价的人间教育就是"从教师自身进行人间革命的教育"。如果教师们自己不能保持学习的姿态，就会影响到学生们的潜能发挥，使得他们的可能性变小。也就是说，如果只看到学生的缺点，那么也就很难看到学生身上的无限可能性。创价教育的优越性就在于，相信学生的可能性，鼓励他们持续挑战决不放弃。人的一生都处在"善与恶"的斗争当中，培育能够不断迎接斗争的人正是创价教育的着重点。并且，这种"无论如何决不气馁的姿态"也能感染他人，触动他人，感化他人。

教育真正的价值在于，接受教育的个人是如何为了人类尽心尽力，是如何为了和平事业做出贡献。考虑到这些，创价教育今后在为了人类幸福和平努力的道路上，还有艰巨的使命。

本论文只触及创价教育的基础部分，针对创价教师的实践也只涉及一部分，在创价教育领域中，今后还需要大规模的实践研究。现在最重要的是日本的创价教师制作的"教育实践记录"在全国范围内已达到9万5000个案例，亟待将之理论化和体系化的研究。今后的实践研究中，希望还能引入比较研究的方法，进一步明确创价教师的实践及特征。

人本
主义

文明交融视野下的民间外交

——兼论池田大作的民众力量思想

厦门大学　黄顺力

一、引言

一般来说，不同的国家、不同的民族、不同的文化、不同的文明之间很难实现完全意义上的"融合"，而是不断地碰撞、互知、交融和生长，这是从古至今我们这个多元化地球世界的基础。纵观人类社会历史的宏大进程，不同国家、不同民族、不同文化、不同文明的最初相遇，基本都沿着碰撞、互知、交融和生长的轨迹前行，而且这种碰撞、互知、交融和生长的过程大多都以不同文明的最主要载体——广大的民众为主轴展开。

历史上，不同国家之间交往的关系正常与否，除了一时一事的、国家层面上的经济与政治利益，不同国家民众之间的互信、友善和好感将起到长久的、潜在的决定性作用，并成为国家间交好的基石。池田大作先生在不同场合多次强调说："从长远的目光来看，推动时代前进的是民众的意志、民众的力量。"[①]国家间关系的正常友好发展也是这样，不论是发展中日友好，还是维护东亚安宁，抑或是追求整个人类世界的和平，最终推动这一事业发展进步的，归根结底将是民众的力量在起决定性的作用。本文试以"文明交融视野下的民间外交"为题，探讨池田先生有关文明发展理论、民间外交和民众力量的思想，以此就教于各位师友先进。

二、文明发展理论与池田的"生命哲学"

在当代有关文明发展理论的研究上，无疑以著名的英国历史学家阿诺德·汤恩比和美国政治学者塞缪尔·亨廷顿最具代表性。

[①] 池田大作、高占祥：《联结地球的文化力——高占祥与池田大作对话录》，北京：中国人民大学出版社，2011年，第40页。

阿诺德·汤恩比以一种世界性的历史视野，把全人类的历史看作是多元文明的动态演化过程，不同地区、不同民族的文明都以原始的力量从其自身的土壤中勃兴，在与不同文明的接触、碰撞和交融过程中，经受挑战与应战，或生成、发展，或衰落和解体，这是文明的生命力之所在。他认为，从本质上说，文明没有先进和落后之分，所有的文明都是同时代的、多元的，其发展是平行的、反复的和循环的，因而文明的成长必须与其他文明的接触、碰撞和交融。为此，汤恩比把成长中的文明比喻为一扇永远开放着的友好之门，开放与友好有助于文明的生长；衰亡中的文明则是一座不再开放的水闸，而堵住流水的堤坝最终将被冲垮。因此，文明的接触、碰撞和交融是挡不住的，不是和平的交流，就是武力的交流，而武力往往会招致一种文明的毁灭。

从学术的角度看，汤恩比属于文化形态学派，他以文明为基本研究单位，从世界史的宏观视野，"为人类对自己创造的所有文明进行'通盘的'考察开辟了道路"①，构建出一种堪称气势恢宏的文明形态史，因此汤恩比的文明发展理论常被人们称之为思辨的"历史哲学"。

美国著名的政治学者塞缪尔·亨廷顿在冷战结束后不久，提出了后来屡遭人们争议甚至责难的"文明冲突"理论。他认为，冷战之后，世界格局的决定因素表现为七大或八大文明。冷战后的世界，冲突的基本根源已不再是意识形态，而是文明、文化方面的差异。今后国际间的冲突将主要在各大文明之间展开，即主宰全球的将是"文明的冲突"。这种异质文明集团之间的冲突（他称为"断层线战争"）不但持久而且难以调和。2001年美国"9·11"事件发生后，许多人立即将之与亨廷顿的"文明冲突论"联系起来，认为这是一个不祥的预言。

在塞缪尔·亨廷顿看来，冷战后，人类的意识形态界限和经济利益的冲突将随着全球化过程而消解，取而代之的是文化上的差异或文明间的矛盾；冷战后的国际政治秩序将是西方文明与非西方文明，以及非西方文明之间相互作用的结果，在不同文明之间，核心国家间的关系将影响冷战后国际政治秩序的形成和未来走向；文明冲突是未来世界和平的最大威胁。

值得一提的是，亨廷顿也认为，为了避免因文明冲突而发生世界战争，在不同文明之间，尊重、承认和跨越相互的界限，即文明交融非常重要，建立在文明基础上的世界秩序才是避免世界战争的最可靠的保证。当然，亨廷顿这里强调的所谓"文明基础"，主要是以他心目中的"西方文明"为旨归，其潜意识的"西方中心论"思想导致他的"文明冲突论"饱受人们的非议。

可以看出，相较于阿诺德·汤恩比以文明作为研究人类历史主要载体的"历史哲学"，塞缪尔·亨廷顿是把文明当作绘制冷战后世界政治地图的基本理念，并以此重构其具有政治意识形态的全球战略，故他的文明发展理论可以称之为"政治哲学"。

---

① 阿诺德·汤恩比：《历史研究》，上海：上海人民出版社，2005年，第25页。

池田大作先生与包括汤恩比在内的众多著名学者有过各种各样的对谈，其中也广泛涉及有关文明发展理论的问题①，对此笔者认为池田先生有关文明发展的思想主张与汤恩比基本一致，但作为思想深刻的佛教哲学家，他的"宇宙即生命"的大宇宙视野在相当程度上可以说比汤恩比的世界史视野显得更为开阔，也更为深刻。

例如在文明的载体——生命的起源问题上，汤恩比坚持认为生命的起源是一种"创造"，"即迫使以前阶段没有存在过的东西存在，并存续下来"。②汤恩比在讨论文明的生成、发展，或衰落和解体时，常常难以释怀对西方文明发展前景的深层忧虑，这实际上从另一个角度折射出其"西方中心"的潜在意识。

而池田先生则主张生命是一种"发现"，即"生命绝不是静止的，而是动态的，而动态的生命绝不是被动的存在"，因而不可能由某个造物主突然"创造"出不存在的"生命"来。他认为，生命的出现是在早期看似"无生命的地球内部，已经存在向生命发展的方向"，即"还未显出动态的生物，无生中已蕴含有生，而这种生使自己显现出来（发现），这一过程就是地球上生命的起源"。③

不仅地球上的生命是如此，整个大宇宙的生命也是这样，"大宇宙本身就是一个生命体。看起来，好像完全没有生命世界的天体，也可以认为其中蕴育着向生命发展的方向性。因此，一旦环境条件具备，顺应其条件的变化，就会出现各种生物学上的生命"④。也就是说，要"把大宇宙本身看成为一个巨大的生命体，从这里出发，展开了逻辑思维"。

笔者认为，了解和认识池田先生与汤恩比在生命起源问题上这种看似微小的区别是非常重要的。池田先生这种"宇宙即生命"的大宇宙观，不论在文明发展的理论上，还是在实践上都有着极为重要的意义，因为正是从这里出发，池田先生坚定地认为，在文明的起源问题上，人类文明"正如生命体一样，按发生——发展——衰亡的过程在反复流转着。"⑤文明勃发生机的关键在于自文明能否在与其他文明的接触、碰撞和交融过程中，顺应时代的发展，吸取其他文明的长处，成功地加以同化，从而建立起具有新特点的文明⑥。而且，人类社会"多样性"文化或文明的存在和相互交融是文明本身"'自我革新'

---

① 池田大作与汤恩比在有关文明发展理论的问题上观点相近，对亨廷顿的"文明冲突论"则表达了谨慎的保留意见。（参见池田大作、高占祥：《联结地球的文化力——高占祥与池田大作对话录》，北京：中国人民大学出版社，2011年，第42-43页；池田大作、杜维明：《对话的文明——谈和平的希望哲学》，陈鹏仁译，台北：正因文化事业有限公司，2008年，第60页。）

② 汤恩比、池田大作：《眺望人类新纪元——汤恩比与池田大作对谈录》，香港：天地图书有限公司，2000年，第351页。

③ 汤恩比、池田大作：《眺望人类新纪元——汤恩比与池田大作对谈录》，香港：天地图书有限公司，2000年，第351页。

④ 汤恩比、池田大作：《眺望人类新纪元——汤恩比与池田大作对谈录》，香港：天地图书有限公司，2000年，第376页。

⑤ 汤恩比、池田大作：《眺望人类新纪元——汤恩比与池田大作对谈录》，香港：天地图书有限公司，2000年，第407页。

⑥ 汤恩比、池田大作：《眺望人类新纪元——汤恩比与池田大作对谈录》，香港：天地图书有限公司，2000年，第411页。

的巨大原动力"①。

在文明的本质问题上,不同的文明没有先进或落后之分,"从文化相对主义观点来看,人的集团拥有各自的文化,它们之间没有优劣深浅之分,谁也不能否定、蔑视与自己文化不同的其他文化的固有性"②。

在文明的发展问题上,文明的成长和进步只有在与其他文明的接触、碰撞、学习和交融过程中才能得以实现,"重视多样性,承认并尊敬与自己不同的他人,与学习并吸收他人长处是相通的,不管是国家、团体或个人,如果有此宽阔的精神,定能日益自我革新和成长。相反地,如果排斥异质事物,闭关自守的话,最后将是画地自限,陷入僵局"③。因此,"相互了解、相互理解对话的文化、相互学习是绝对需要的"④……

可见,池田先生是从"生命的起源"这一佛教哲学的基点出发,构建其富含生命哲理的,精致、严谨、辩证的文明发展理论,这与阿诺德·汤恩比的"历史哲学"和塞缪尔·亨廷顿的"政治哲学"有所不同。这种不同之处即在于池田先生的文明发展理论呈现出的是"生命哲学"的鲜明特点,而笔者认为正是在这一"生命哲学"的基础上,其文明交融视野下的民间外交及其重视民众力量的思想主张才更加有理论和实践的意义。

三、文明交融与民间外交

"宇宙生命观"是池田先生有关生命哲学、生命尊严理论的基石和核心⑤,而"宇宙即生命"的大宇宙视野使他坚信促进不同文明的相互理解、相互交融是人类社会不可逆转的发展趋势,也是推动世界和平的有力保证。正是在"生命哲学""生命尊严"的基础上,不同文明间的交融才能得以顺利进行,民间外交和民众力量也才能在国家层面的交往关系中切实发挥作用,从而成为国家间交好的基石。

池田先生一贯认为,不同国家之间关系的正常发展、不同民族的友好往来,其根本在于"人心",而"人心"问题归根结底要讨论到"人的生命"的问题。他说:"如果有人问:只有和平的愿望就能得到和平吗?我要说这绝不可能。追究其根本原因,最终必定讨论人

---

① 杜维明、池田大作:《对话的文明——谈和平的希望哲学》,陈鹏仁译,台北:正因文化事业有限公司,2008年,第73页。
② 池田大作、高占祥:《联结地球的文化力——高占祥与池田大作对话录》,北京:中国人民大学出版社,2011年,第43页。
③ 池田大作、杜维明:《对话的文明——谈和平的希望哲学》,陈鹏仁译,台北:正因文化事业有限公司,2008年,第72页。
④ 池田大作、高占祥:《联结地球的文化力——高占祥与池田大作对话录》,北京:中国人民大学出版社,2011年,第43页。
⑤ 黄顺力:《池田大作"宇宙生命观"探微》,载《走向 21 世纪的生命尊严——2012'池田大作思想研讨会文集》,北京:中国社会科学出版社,2013年。

的'生命'问题。这也是联合国教科文组织宪章所讴歌的'心'之问题,依靠使心灵深处的人类生命根本变革的哲理,(才能)在这个地球上建立真正的世界和平。"①

这也就是说,实现世界和平的一切努力都要从"生命哲学"这一逻辑起点出发,从"生命尊严"这一人性的根本出发,才能在人与人之间进行心与心的沟通和交流,那些由不同地区、不同民族的人所创造的不同文明才能得以接触、碰撞、互知和交融,这也才是真正的世界和平的根本保证。

有基于此,从文明交融的角度,进行人与人、心与心的沟通和交流,推动民间外交发展,进而促进国家层面的友好交往,建立真正的世界和平,就不仅有理论价值,更有现实意义。在这一问题上,池田先生有关"生命哲学"的文明发展理论思想与实践至少在以下三个方面给予我们深刻的启迪。

第一,只有尊重生命,才能尊重不同的文明,这是推动民间外交的心理前提。

池田先生非常强调对生命的尊重,他说:"必须把生命的尊严看作最高价值,并作为普遍的价值基准。就是说,生命是尊严的,比它再高的价值是没有的。"② 在尊重生命这一基点上,尽管人们归属于不同的国家、不同的民族,有着不同的肤色,但作为同样的人,就应该从生命尊严、生命平等的立场出发,从内心去尊重"同样是人"所创造的不同的文明,这不仅说明不同的文明本身没有优劣高低之分,而且能够促使人们去学习并吸收他文明的长处而使自文明得以"自我革新"和成长。

同样道理,在国与国之间、各国民众之间的交往关系上,不论政治制度、意识形态、民族肤色、文明文化等有何不同,但"同样是人"这一事实是客观存在的,用"同样是人"这一意识去思考问题,从尊重生命到"重视多样性,承认并尊敬与自己不同的他人",再从尊重生命到尊重生命所创造的不同的文明,也就顺理成章了,这就是我们需要、也能够在各国、各民族间推动民间外交,促进和平友好的心理前提。这正如池田先生指出的,开展民间活动,通过民间交流,在民众中树立生命尊严、生命平等的共生意识,才能使世界从对立、对抗转变为和平、和谐。因此,他坚信:民间外交、民间交流如同在社会大众中播撒和平的种子,而这无数粒的大众种子终有一天会在彼此的国家里长成参天大树,建立起真正的世界和平。

第二,只有尊重生命,才能建立彼此间的互信,这是推动民间外交,构建永久牢固和平的基础。

池田先生认为,只有在尊重生命、尊重生命平等的前提下,才能建立起彼此间的互信,加深彼此间的相互理解。"维系更长久的友好交流的,还得是连接人民与人民之间的'心的纽带'。如果缺少人民之间的信赖关系,那么就算在政治、经济上有什么样的关系也

---

① 池田大作:《人生寄语》,上海:上海社会科学院出版社,1992年,第139页。
② 汤恩比、池田大作:《眺望人类新纪元——汤恩比与池田大作对谈录》,香港:天地图书有限公司,2000年,第483页。

是等于空中楼阁。"①为此，他以推动日中友好、东亚与世界和平为例，反复强调日中两国友好的根本在于两国民众间的相互信任。因为历史上，日本曾多次侵略过中国，在给中国造成深重的民族灾难的同时，也深深地伤害了中国人的民族感情。在这种情况下，怀疑和疑虑很容易造成两国民众心理的疏离，而因心理疏离而产生的怀疑会催生旧有的仇恨，仇恨就很可能会破坏来之不易的和平而导致战争。因此为了不让不幸的历史重演，就必须要抛弃彼此的不信任，加深彼此间的相互认识，加强彼此间相互信赖与理解的纽带。

对此，池田先生反复强调：日中两国之间"最重要的就是互相信赖、互相贯彻信义、身为人的相互理解和尊重，并以此为基础，一起面对未来"②。日中两国"根本的核心，我认为就是信义二字"③。

应该说，池田先生对中日关系存在的问题和解决之道真可谓一语中的！在已经进入现代社会的今天，中日两国关系的正常友好与否，相当程度上的确取决于两国间长期以来难以消除的不信任感！因此，"要拆除不信任的墙，就要寻找闪耀于人们心底的善良"④。也即寻找人性的共同点，尊重生命尊严和生命平等，积极推动民间外交，以此加深两国民众间的相互理解和互信，构建牢固的中日友好和平基础。

第三，只有尊重生命，才能跨越文明的"鸿沟"，通过民间外交，构筑国家友好与世界和平的金桥。

在尊重生命和生命平等的基础上，能够跨越不同文明间的"鸿沟"，实现文明的交融。因为，所谓的文明"鸿沟"，只不过是一种差异罢了。"一个个人的个性不同，丰富多彩的社会或文化的差异，乃至大自然生态系的多样性，应该被最大限度地尊重、发挥、伸展。因为只有如此，才能觉察到一切层次的'天人合一'以及'宇宙即我'的至尊生命光彩。"⑤文明也是如此，从本质上说，人类创造的文明没有先进和落后之分，所有的文明都是同时代的、多元的，其发展是平行的、反复的和循环的。不同文明有其特点而显示出不同的差异，但彼此并不存在不可逾越的"鸿沟"。不论是西方基督教文明，还是东方伊斯兰文明，抑或中国的儒家文明在本质上都是相通的，"许多宗教的本源，有着对他人的尊重与宽容性"⑥。"世界和平不是画一的，也不是异文化的对立，而是多样性的相互启发，升华至多

---

① 何劲松选编：《池田大作集》，上海：上海远东出版社，2002 年，第 269 页。

② 《池田大作国际会长贺词》，《黎明圣报》2004 年 6 月 21 日，第一版。转引自纪亚光：《生命尊严与世代友好》，《走向 21 世纪的生命尊严——2012'池田大作思想研讨会文集》，北京：中国社会科学出版社，2013 年，第 75 页。

③ 池田大作：《继承尊敬的先辈们开拓的道路》（1978 年 9 月 17 日在北京欢迎宴会上的讲话），《我的中国观》，成都：四川人民出版社，2009 年，第 42 页。

④ 池田大作：《我的履历书》，长春：吉林人民出版社，1984 年，第 98 页。

⑤ 《池田先生贺辞·第五届池田大作思想国际学术研讨会》，《与池田大作对话人类发展》，北京：中国社会科学出版社，2012 年，第 5 页。

⑥ A. 瓦希德、池田大作：《和平的哲学 宽容的智慧——伊斯兰教与佛教的对话》，陈鹏仁译，台北：正因文化事业有限公司，2012 年，第 145 页。

彩创造性的世界。"①正因为这样,"对于他人、异文化,以及自然环境,只要以虔诚的眼光来探视其尊严性,就会发觉到世界是多么的丰富多彩,光辉灿烂。假如能够以宽广的心互相学习启发,就能经常使自他都满溢生气勃勃的活力,增强新鲜的创造力。打开任何僵局,开辟和谐与发展的心路,其源泉即在于此。"②

因此开展民间外交活动能够建立起民众间心灵的纽带,开辟出和谐发展的道路。正如池田先生所说:"人民与人民间的新的纽带是肉眼看不见的,但正因为看不见,所以才牢固,正因为无形,所以才是普遍的、永久的纽带。"③

为此,他对日中邦交正常化后的前景作过这样的期许:"现在日中邦交的大门打开了,但是,只靠政府方面的交往达不到真正的正常化。重要的是架起友情之桥、信赖之桥,把民众的心牢固地连在一起。民众是海,开放民众交流的大海,交流的航船才能来来往往。还有文化、教育的交流,人的交流。要架起永远不会垮掉的日中友好的金桥!"④

在当今中日关系处于相对敏感之际,池田先生的这一至理名言真的需要我们时刻牢记在心!

四、池田"民众力量"思想述略

池田先生不仅从"生命哲学""生命尊严"的理论上深刻阐述了文明交融视野下民间外交的作用,而且在实践上也毕生为之努力奋斗。从1968年发表著名的"池田倡言"至今,数十年来,池田先生与他所领导的国际创价学会及其亲手创办的创价大学通过积极而富有成效的民间外交活动,为日中友好,为东亚和平与世界和平做出无与伦比的贡献。而在这一过程中,池田先生高度重视民众力量的思想与实践更令人印象深刻!

所谓民间外交,其活动的主体必然是广大的民众,民众的力量就是民间外交能否取得成效的关键所在。在这一问题上,池田先生一贯对民众的力量充满了期待和信赖。

1980年4月,池田先生在访问北京大学的演讲中,以"我对中国的一个考察——寻求新的民众形象"为题,表达了对民众力量在日中友好、人类和平事业中将起重要作用的期待和信赖。他说:"新中国一贯坚持提倡'为人民服务'的口号。我在内心里是以新的眼光在看待这一事实。因为从这里令人预感到正在酝酿着开辟历史的新的民众形象。"他认为,中国的精神遗产中最优秀的部分是正视现实,而正视现实的主体是人,是那些似乎"愚钝但却像茁壮生长的杂草一般顽强的民众"。在推动国家间的友好,促进世界和平这一

---

① A. 瓦希德、池田大作:《和平的哲学 宽容的智慧——伊斯兰教与佛教的对话》,陈鹏仁译,台北:正因文化事业有限公司,2012年,第108页。

② A. 瓦希德、池田大作:《和平的哲学 宽容的智慧——伊斯兰教与佛教的对话》,陈鹏仁译,台北:正因文化事业有限公司,2012年,第5页。

③ 何劲松选编:《池田大作集》,上海:上海远东出版社,2002年,第269页。

④ 池田大作:《新·人间革命》(第13卷),《国际创价学会通讯》,5389号。

事关民众自身利益的根本问题上,"民众之间如果不结成超越国界的全球性的联系,就难免有一天还会遭到战争的惨祸"。因此不论是发展日中友好,还是维护东亚安宁,追求世界和平,推动社会进步的归根到底都是民众的力量。①

四年后,池田先生第二次访问北京大学时再次强调说:为了"一直坚信不移,并且努力使之实现的建设永久和平的设想",需要"人民大众为实现和平而作的真诚的努力"。为此,他以中国文明中有着"抑制武力作用的传统力",即在民众间普遍存在着"对外征服是非道、不德的行为"的观念和认识为例,说明民众意识、民众观念、民众精神、民众力量所带来的实际效用,期待"一个人一个人的努力,即使就像水滴那样微小,但终究会穿透石头,而无数的水滴将会汇成掀动并冲走岩石的大河"②。池田先生还引用毛泽东的名言:"人民,只有人民,才是创造世界历史的原动力。"认为这是非常正确的"民众史观",在当前这个时代,"不单是个人,所有的民众都不应再成为历史的配角"。并大声呼吁说:"在纵的一面,我们应确立起自立的形象;在横的一面,人与人之间,世界的市民与市民之间,应该团结起来,并且把团结广泛地推广开去,使之成为一股声势浩大的浪潮。"③

事实也的确如此,因为国家间的关系说到底还是人与人的关系,民众间的互信和友好如同文明的接触、碰撞、互知与交融一样,需要通过民间外交的各种活动以加强、加深相互的交流和理解。全人类的和平友好事业需要"人",亦即广大的民众去共同参与和努力;国家间的友好,需要建立起民众间的友好才是真正的友好。正如中国古语所曰:"国之交,在于民相亲",这也就是池田先生强调的"民众力量"之所在!

此外,尤其需要予以重视的是,池田先生对于民间外交中民众力量的发挥,特别寄希望于青年们的力量。在推动日中友好事业上,他衷心希望通过两国青年间的交流来达到相互了解,加深互信和理解。因为,青年是时代的希望,是国家的未来,青年人的思想和行为将决定两国关系未来的走向,也关系东亚与世界的和平。因此,只有加强青年间的交流和理解,才能消除彼此间的不信任,才能加深彼此间的友谊,才能"以青年人的力量构筑千秋万代的友好"④。他殷切地期望当青年成为社会的核心的时候,"日本的青年和中国的青年必将相互微笑,共同携手创造光明的世界。以日本、中国为代表,亚洲所有民众相互帮助、相互守护之时,才能吹散今天笼罩着亚洲的战争的残酷和贫困的乌云,希望和幸福

---

① 池田大作:《寻求新的民众形象》,在北京大学的第一次演讲,1980年4月22日,《我的中国观》,成都:四川人民出版社,2009年。

② 池田大作:《走向和平之康庄大道》,在北京大学的第二次演讲,1984年6月5日,《我的中国观》,成都:四川人民出版社,2009年。

③ 池田大作:《人才是创造历史的主角》,在上海复旦大学的演讲,1984年6月9日,《我的中国观》,成都:四川人民出版社,2009年。

④ 《池田先生贺辞·第五届池田大作思想国际学术研讨会》,《与池田大作对话人类发展》,北京:中国社会科学出版社,2012年,第7页。

的阳光灿烂照耀的时代就会到来"①。

五、结语

　　作为一个佛教哲学思想家，池田先生以他的睿智和深刻对具有"生命哲学"特点的文明发展理论做出了了不起的贡献，他的文明交融、民间外交和民众力量的理论阐述和实践，正启迪和鼓舞我们不断地去推动中日友好与世界和平的伟大事业。作为一个虔诚的佛教徒，池田先生以他的正直和慈悲对日中历史问题的大义凛然而令我们深深地感动。他多次明确地告诫日本青年们说：在与中国这样曾经被日本侵略过、尝到过辛酸的国家的人民接触的时候，必须正确认识过去那段历史。因为，首先要从正确认识历史、从了解中国人民受到的痛苦和苦难开始，作为日本人才能唤起反省的意识，自然地也就能说出谢罪的话。②因此，"日本必须正视过去、必须作出反省。只有这样，才能创造出未来'新的历史''被标榜的历史'。这是最根本的"③。他还说：日中两国要"想培植友情，缔结友好，就要抱着同样是人的意识来交谈。……如果站在同样是人的角度，就能发现共通之处，会感到亲切。这就是互相理解的端绪，就能产生共鸣。"④总之，一句话："心之和平"才是日中友好、东亚和平乃至世界和平的第一步。⑤

　　由此综上所述，在文明交融的视野下，民间外交大有可为，民众力量大可期待。

---

① 池田大作：《中国の人间革命》，东京：每日出版社，1974年，第214页。
② 孔繁丰、纪亚光：《周恩来、池田大作与中日友好》，北京：中央文献出版社，2006年，第67页。
③ 池田大作：《青春对话Ⅱ》，东京：圣教新闻社，2000年，第339页。
④ 池田大作：《新·人间革命》（第13卷），《国际创价学会通讯》，5314号。
⑤ 《创价学会指导集》，东京：圣教新闻社，1976年，第497页。

池田大作关于幸福的思想及其当代启示

东北师范大学　丛晓波

思想的魅力在于它支撑着生命的力量与激情，使人不管面对怎样的生存境遇都一如既往地保有人的理想与尊严，并为之实践和奋斗。幸福既表达了人们对社会生活的理想追求，也体现了任何一个时代人们向往的生命感受。池田大作关于幸福的思想承续了有关幸福的理论传统彰显了日本社会文化的独特魅力，所展现的时代精神又为我们当下实现美好人生提供了基本的理念摹本。

一、关于幸福的本质及其内涵

无论思想的学术世界还是日常的生活世界，幸福是这个时代最为时尚和备受宠爱的概念。不管是基于"人类更好探求自身合宜发展模式"[①]还是人们慕求更美好生活方式（good life），对幸福的研究已经由传统哲学、伦理学的探讨延展为当下社会学、经济学及心理学最重要的课题。无论是哪一个学科用什么方式，对于幸福问题的研究和思考无非从三个方面展开，即什么时候幸福，幸福是怎样的感觉，幸福由什么因素决定和如何实现幸福。这三个方面从总体上构成了有关幸福是什么也就是幸福本质的思考。池田大作关于幸福本质的思想包含了这三个方面的内涵。

首先，什么时候幸福。池田大作认为在两种情况下人们会感到幸福，因此幸福也就可以分为两种，即由于欲望得到满足而感到的幸福和由于生命本身的跃动、充实而感到的幸福。前者常常依存于外界，并受其左右，因而称为"相对幸福"。与此相反，返回到自我，争取自我的成长和内在充实的人生，从生命深处洋溢出来的幸福感既不为外界所左右所以称为"绝对幸福"。相对幸福与某种欲求的实现有关，比如获得想要的财产、名声或地位等，这种欲求没有界限，即使一时获得也会随时间的流逝而消逝；而且若与他人相比还会变得不值一提，原有的欲求并不能获得满足感甚至可能在获得后产生后悔的情绪。很显然，一时的欲求获得决不能构建真正幸福的人生。相反，绝对幸福源自个体内在的生命，

[①] 丘海雄、李敢：《国外多元视野"幸福"观研析》，《社会学研究》，2012年第2期，第224-241页。

不会因时间的流逝而褪色，也不会受到外在条件的影响。[1]池田大作认为，对于绝对幸福的追求，能够使人们达到以强大的生命力和丰富的智慧克服任何苦恼与逆境的人生境界。[2]因此他把绝对幸福这种在任何时候都能够产生的源自生命个体内在的快乐称作真实（真正）的幸福，也叫"自他共"的幸福。

其次，真实的幸福是怎样的感觉。池田大作指出，真实的幸福使人欢喜，并充满智慧和慈悲，这种欢喜就是如佛陀常说的由"自他共"的智慧与慈悲而产生的快慰，人享受着并在"自他共"的智慧与慈悲中得到的心理满足和喜悦[3]。这里所谓的自他共，是指使人欢喜的真实的幸福不仅指个人自己，同时也包含他人。池田大作的这种观点源于佛教中的缘起思想，他认为个体自我生命的展开与他人的存在及社会的繁荣相联系，[4]因此，为他人点燃火把也会照亮自己，致力于他人的幸福的本身也会使自己浴幸福的光辉，即给他人幸福的同时自己也获得幸福[5]。从生命哲学的角度，帮助别人本身就会引发自我存在的力量，自我的生命力也会随之增长，拓展别人生命的同时自己的生命也会被拓展，此即为菩萨之妙，利他和自利是一回事[6]。对于心理学中助人自助的说法，池田大作指出，因为难以愈合的创伤而丧失生命力量的人如何才能重新振奋起来呢，很多时候，无论如何省察自己的痛苦都只会使自己变得更加消沉，但是相反如果我们走近正在经历痛苦的人，就会因为对他的帮助而恢复自我生命的力量，对他人的同情和利他行动治愈了自己。[7]这种给人以幸福的同时自己也会获得幸福的主张源于我们生命与由自己接纳的外部环境的密切相关，即佛家"缘起的智慧"，池田大作常常说"不在他人的不幸中构建自己的幸福"，"既没有完全个人独有的幸福，也没有完全他人独有的不幸"，"离开他人的幸福，那么自己就不可能幸福"[8]不顾他人而追求完全个人幸福的利己主义不会获得真正的幸福，同样地，为了他人幸福而牺牲自己的做法也绝不是真正的幸福。[9]所谓真实的幸福不仅是自己的个人幸福而且也是在为他人幸福的行动中才能获得，利己主义本身就是不幸的，既伤害自己也伤害他人。实际上正是由于利己主义，人世间才多了不幸和悲惨。[10]基于"自他共"的

---

[1] 池田SGI会长指导选集编集委员会：《幸福と平和を創る智慧・第1部（上）》，东京：圣教新闻社，2015年，第23-24页。

[2] 创价学会指导集编纂委员会：《創価学会指導集》，第186-187页；池田SGI会長指导选集编集委员会：《幸福と平和を創る智慧・第1部（上）》，第11-12页。

[3] 池田SGI会长指导选集编集委员会：《幸福と平和を創る智慧・第1部（上）》，第15-16页。

[4] 池田SGI会长指导选集编集委员会：《幸福と平和を創る智慧・第1部（上）》，第32页。

[5] 池田SGI会长指导选集编集委员会：《幸福と平和を創る智慧・第1部（下）》，第59-60页；池田大作：《名言100選》，东京：中央公论社，2010年，第20页。

[6] 池田大作：《法華経の智慧（4）》，东京：圣教新闻社，2006年，第208页。

[7] 池田SGI会长指导选集编集委员会：《幸福と平和を創る智慧・第1部（下）》，第83页。

[8] 池田SGI会长指导选集编集委员会：《幸福と平和を創る智慧・第1部（下）》，第79页。

[9] 池田SGI会长指导选集编集委员会：《幸福と平和を創る智慧・第1部（下）》，第59-60页。

[10] 创价学会指导集编纂委员会：《創価学会指導集》，第188页。

智慧和慈悲的欢喜就是幸福感。这种幸福感如果只有自己是利己主义，而仅有他人则是伪善，自己和他人共同获得幸福才是真实的欢喜，这种真实的欢喜就表现为幸福感。若用佛家的思想来表达幸福内涵的话，就是智慧和慈悲。① 那么为什么智慧和慈悲与"自他共"的幸福相关联呢？这是因为，有智慧无慈悲生命就会被封闭，那也不是真正的智慧；而有慈悲无智慧或者愚蠢的话，自己和他人都不会得到救赎，不能得到救赎也就不是真正的慈悲。池田大作所强调的"自他共"幸福，正是指向人的确立，即"个人的幸福并不是利己主义的幸福，具有'自他共'基础上的智慧与慈悲使真正的人生成"。②

最后，幸福由什么因素决定和如何实现幸福。归根到底，幸福源于个人，"幸福并不是梦幻，不是随风而来，也不是由谁赐予。它存在于你自身坚定的心灵的耀眼的光芒中。打开你自己的心扉，幸福由你自己去创造"③。为实现幸福个人应该拥有6种品质：第一是充实，第二是深刻的哲学，第三是坚定的信念，第四是豁达而有生气地生活，第五是勇气，第六是宽容——即实现幸福的6把钥匙。充实是指起劲而有意义的行动，繁忙并且充实的人跟无聊的人相比是幸福的④，出色地工作、很好地利用闲暇以及为社会或他人的幸福祈祷、行动、诉说、用心思、照顾这些都是菩萨，是伟大的人生。⑤ 幸福首先是存在于生命的充实中。深刻的哲学是指具有充实的生活的价值观，价值观可以使人们的行动更坚定和执着，因此它是使人进行充实生活的有力保障。坚定的信念是指对善的领悟和追求，即使在不确定何为恶、何为善的时代也坚定不移地坚持信仰和持之以恒地贯彻就是幸福，这里的善与公益相关联，所以信念至少是包含了"他者"这一概念在内⑥。豁达而有生气地生活是指，总是抱怨、总是不满无论是对于自己还是周围都会带来不幸，而一直向前、活力四射地生活，对待别人会因为与他相遇而有了精神，心情变得明快，给人以希望就是幸福。⑦ 这种豁达应该体现出坚强、聪慧、明朗的人格特征，不是因为善意而全部接受或做糊涂的老好人，而是敏锐地把握现实，洞悉人生正确的方向并为正确的方向而努力。若能拥有这样的人格，那么将比任何财产都更加宝贵。⑧ 将聪慧作为豁达的特征加以强调非常重要，并且池田大作又通过坚强来诠释豁达，即"无论在什么时候都不停止追求，总是意气风发、乐观畅快地前行，只要有了这样的坚强则无论在哪里都会幸福"⑨。有勇气的人能够超越一切，没有勇气的人不会体会到人生的快乐⑩。勇气是战胜所有苦难获得人生

---

① 池田SGI会长指导选集编集委员会：《幸福と平和を創る智慧・第1部（下）》，第62页。
② 池田SGI会长指导选集编集委员会：《幸福と平和を創る智慧・第1部（下）》，第62-63页。
③ 池田大作：《谈幸福》，卞立强等译，北京：中国文联出版社，2009年，第3页。
④ 池田SGI会长指导选集编集委员会：《幸福と平和を創る智慧・第1部（上）》，第37页。
⑤ 池田SGI会长指导选集编集委员会：《幸福と平和を創る智慧・第1部（上）》，第38页。
⑥ 池田SGI会长指导选集编集委员会：《幸福と平和を創る智慧・第1部（上）》，第39页。
⑦ 池田SGI会长指导选集编集委员会：《幸福と平和を創る智慧・第1部（上）》，第40页。
⑧ 池田SGI会长指导选集编集委员会：《幸福と平和を創る智慧・第1部（上）》，第40-41页。
⑨ 池田大作：《世界の指導者と語る》，东京：潮出版社，1999年，第184页。
⑩ 池田SGI会长指导选集编集委员会：《幸福と平和を創る智慧・第1部（上）》，第41页。

的胜利的源泉，人生的胜利完全开始于勇气。迈出一步的勇气、不气馁的勇气、战胜自己的勇气等，正是勇气才使人突破一切阻碍和壁垒。①关于宽容，池田大作指出，宽容的人能够给人以安全感，那种小事也责备人、斤斤计较心胸狭隘的人会让别人感到疲惫和恐惧，只有如大海一样胸怀宽广的人才会自己幸福、也让别人幸福②。上述这6把开启幸福的钥匙中，除勇气外都被常用于"自他共的幸福"观念，那么应该如何理解勇气呢，池田大作认为，勇气是正确人生的原动力、发动机，尤其对于学生儿童来说，去学校是勇气、不懈地努力是勇气、对不喜欢的人以微笑相迎也是勇气，因此充实、深刻的哲学、坚定的信念、豁达而有生气地生活，以及宽容的实现都需要勇气作为条件。③

总的来说，池田大作认为真正的幸福是"自他共的幸福"，即在为他人谋得的同时自己也获得的幸福，真正的幸福需要智慧和慈悲才能实现，并且有实现的六个途径即六把钥匙。自他共幸福的实现过程同时也就是真正的幸福，即真正的人的生成过程。

二、幸福思想的基本特征

幸福是个几乎与人类文明一样古老的话题。古老有两层含义，一是原有的，旧的，过时的；另一层含义则是一直以来的，从以前到现在一直持续着的。幸福是后者，是伴随着人类的历史和经历而一直被思考的话题。从西方思想史来看，对于幸福的理解有两种思想传统④，一是追求感性的快乐主义，发端于被称为"犬儒学派"的伊壁鸠鲁。另一种是追求价值的理性主义，最具代表性人物是亚里士多德；中国传统幸福既包含了民间的世俗之福，又包含了典籍的精神之乐⑤。包括哲学的反思、心理学的证明、伦理学的讨论、社会学的考量及经济学的实践，幸福研究从诸多角度被广泛关注。然而池田大作有关幸福的思想完全打破了学科束缚，鲜明地呈现出以下五个特征。

一是理性思想与感性领悟的统一。幸福研究从内容上包括幸福观和幸福感两个部分，幸福观是人们对"何为美好人生"的体认与追求，包含了一整套与此有关的信念、价值、态度及行为意向，此实为幸福之深层结构，会受到文化传统的形塑与引导，而幸福感则是个人依自身的幸福观，在人生追求幸福的进程中，对自己目前之存有状态的整体感受⑥。幸福观是对幸福的整体看法，较为稳定并具有社会文化性，是理性思想，有什么样的幸福观就会产生与之相适应的幸福感。幸福感是个体对幸福的感受，具有个体差异，暂时性和相对性。幸福观主要是哲学和伦理学的研究领域，幸福感则更多被心理学和社会学关注。

---

① 池田大作：《名言100選》，第22页。
② 池田SGI会长指导选集编集委员会：《幸福と平和を創る智慧・第1部（上）》，第41页。
③ 池田大作：《希望对话》，聖教新聞社，2009年，第312、314页。
④ 大坊郁夫：《幸福を目指す对人社会心理学》，ナカニシヤ出版，2012年，第29-32页。
⑤ 丛晓波、王菲菲：《走向和谐：转型期中国人幸福观的差异与整合》，《哈尔滨工业大学学报》，2015年。
⑥ 陆洛：《华人的幸福观与幸福感》，《心理学应用探索》，2007年第9期，第9-30页。

池田大作对幸福的理解既有哲学式的理性论述,又强调幸福生活中的审美领悟。池田大作非常重视对美的创造、沉溺和感动,他强调诗意的生活,在生活中感受和鉴赏自然界的景色、诗歌创作、艺术绘画等,各种形式的美会陶冶人的情操,使人的心灵变得丰富而美好。①这样,幸福既有了内在灵魂的理性,又有了外在心理的感受,观念和体验统一于现实生活中鲜活而富于生机的生命个体。

二是理想追求与实践过程的统一。在池田大作看来,幸福是人生的最高理想,也是社会的终极追求,它体现了人们对美好生活的憧憬,同时也是对什么是美好生活的理解和感受。一方面,幸福在未来,在人们的想象中。另一方面,池田大作非常强调幸福在人们追求美好生活的过程之中,幸福是当下的努力和奋斗,是通过实践而赋予生活新鲜的活力。理想的幸福的就是自他共的幸福,也就是真实的幸福或者叫作智慧与慈悲共有的幸福,这种幸福不是抽象,也不是一时的激情,它需要通过实践来实现。实现真实幸福的方式有六个,即充实、深刻的哲学、坚定的信念、豁达而有生气地生活、勇气以及宽容。值得注意的是,这六把实现真实幸福的钥匙既是幸福生活的应有状态,也是关系实践幸福的过程中需要培养的好的品质和美德。塞利格曼在研究了整个世界横跨 3000 年历史的各种不同文化后,将获得幸福最重要的美德诠释为"智慧与知识、勇气、仁爱、正义、节制以及精神卓越"六种②。虽然极其相似,池田大作的提出却更早,而且不是基于文化的概括而是基于生活世界的实践。

三是自我调控与关系和谐的统一。幸福是由自我出发经由关系世界再回到自我的体验过程,幸福的起点与终点是自我。"归根结底,幸福是绝不会由外界轻易获得的。真实的幸福要在自己的生命的内部缔造,并要使它反映到生活和社会上。当然,这需要不懈地努力,经受更多的劳苦,不轻易地妥协。排除对外界依存的生活态度,有时也许会显得清高,但那里有着作为人的深度、自豪和高尚"③。幸福是个人的主观感受、由个人自己产生。因此池田大作极为重视个人的修养与历练(比如创价大学图书馆一楼人间锻炼的标幅)。同时,抽象的和完全孤立的个体并不存在,即使存在也绝无幸福可言,正如池田大作指出的,"世上有许多疾病。哪种疾病都会令人痛苦。而最令人痛苦的,是一种'自己被人所抛弃'的意识"④,幸福是关系的和谐。关系既包括自己与自身,也包括自己与他人社会、自然及终极关怀与信仰的关系。因此他在谈幸福时,要谈人生态度、社会、夫妻与家人,也要谈人性革命、人本教育、环境保护、文化对话、艺术交流及宗教信仰⑤。

四是积极情绪与消极体验的统一。目前为止的心理学研究认为,幸福是一种满足感,是对于自我及自我的关系世界的主观体验,并表现为一种积极情绪。然而事实上,对于任

---

① 池田大作:《谈幸福》,卞立强等译,北京:中国文联出版社,2009 年,第 65-68 页。
② 马丁·塞利格曼:《真实的幸福》,北京:中国人民大学出版社,2010 年。
③ 池田大作:《谈幸福》,卞立强等译,北京:中国文联出版社,2009 年,第 7 页。
④ 池田大作:《谈幸福》,卞立强等译,北京:中国文联出版社,2009 年,第 91 页。
⑤ 刘建荣、邱正文:《人类幸福的探索》,武汉:华中师范大学出版社,2014 年,第 1 页。

何人以及任何人的人生来说，积极情绪无论如何都不是现实生活的全部，而且人生的过程也必须面对各种不尽如人意和苦难。那么幸福仅仅是积极情绪么，如何理解人生境遇中的各种不如意或苦难，苦难和消极情绪与幸福是什么关系？池田大作从真实的人生境遇出发弥合了幸福所涵盖的情绪，特别指出苦乐不二，痛苦是幸福之门。幸福本身就是直面痛苦及对痛苦的超越，"我希望构筑的不是稍微擦蹭一下就立即变得难看的镀金般的幸福，而是越擦蹭越发出美丽光泽的真金的幸福"，"经受的苦难都变成深刻的人生"。[①]中国素有"风雨之后会有彩虹"的说法，而"宝剑锋从磨砺出，梅花香自苦寒来"的诗句也流传至今，因此作为幸福的满足感不仅仅是积极情绪，还可能表现为某些消极情绪及消极情绪转化后的体验。从池田大作关于幸福的主张来看，作为幸福的满足感其实质是自我存在的意义与价值体验，不论顺境的积极或逆境的消极，个体都可能因为自我存在的意义与体验而获得幸福。

五是反映日本社会文化的基本特征。池田大作的幸福思想体现了日本文化的基本诉求。从文化的角度，日本是一个非常有意思的国家，在地理位置上属于东方国家但从社会发展特征上又被看作西方世界。并且，与西方文化和中国传统文化都不尽相同，日本在历史上既有中国传统文化的血脉，近代以来又受到西方文化强烈的影响，基于日本的自然环境及社会文化状况，池田大作创造了反映日本现代社会的基本特征幸福理论。日本自然环境优美但资源贫乏，地震火山海啸等各类自然灾害经常发生，在这样的环境中，个体想要生存下去须要两个途径，即强大的自我和协作的自我。日本文化强调自我调控，重视个体的自我努力与忍耐（努力、頑張れ、我慢）；另外日本文化又非常重视关系自我与人际合作（思いやり、チームになす、人情義理），生活用语中各种授受动词的使用就可以看出他人对自我的重要性（例えば、食べてくれる、笑ってもらう等）。池田大作所谓"自他共的幸福"正是这种文化精神的体现。

三、幸福获得的当代启示

基于以上，池田大作关于幸福的思想告诉我们需要重新厘清幸福的本质。如果我们不是简单地从某些理论或实证研究的角度，不仅仅从快乐主义或理性主义，或者相对主义与绝对主义，抑或是从某个单一学科的角度，而是从人本身以及人的生存境遇出发，可以认为，幸福是个体作为自我在关系世界中实践和超越生存境遇并实现自我时所获得的满足。关于幸福实质我们可以从以下三层含义进行理解。

第一，幸福是一种满足感。满足感并不仅仅是积极情绪，它有时来自对于失败、挫折和苦难的战胜，对不足的克服，甚至有时候与消极情绪同时存在。因此除了积极情绪，满足感还可能表现为某些消极情绪及消极情绪转化后的体验。满足感的实质是自我存在的

---

① 池田大作：《谈幸福》，卞立强等译，北京：中国文联出版社，2009年，第7-9页。

意义与价值体验，不论顺境的积极或逆境的消极个体都可能因为自我存在的意义与体验而获得幸福，意义与价值可能由自我的能力产生，也可能由自我的存在产生，而正是在克服苦难的过程中自我才更容易获得生的满足，在这个意义上，"我不快乐，但是很幸福"是真的。价值与意义是幸福感的第一要义。

第二，幸福是由自我出发经由关系世界再回到自我的体验过程。幸福不是别人看上去，也不是别人猜猜看，甚至也不是任何人给予（虽然与任何人息息相关，但这种关联归根结底是由自己建构的），而只能是自我作为独立存在的主体去创造和体验，自我经过这种体验不再是原来状态，通过自我出发的自我经验过程自我获得更新和建构，终点的自我变得更加丰富。然而这里的个人不是孤立的，而是以自我的方式存在。自我的实质是关系，是由自我与自然、社会与他人、自己、神与信仰构成的关系世界。自我在实践中通过与关系世界的相互胶着的活动体验意义与价值并因此获得满足感。所以如果幸福不是一个简单的测量指数而是一个体系，那么这种体系就是自我的关系世界，个体在实践中实现自我与关系世界的和谐与平衡。实践是幸福实质的第二要义。

第三，幸福需要借助诸多德性才能够实现。既然幸福的主体是人，幸福获得就需要作为主体的个人去实现。虽然仿佛影响幸福及其获得要素和条件很多，但是关系世界的核心是自我，自我是经验和改造关系世界的决定性因素，即使是自然界或社会环境也都是许多个个体实践的对象，所以影响幸福的关键很显然就是个体的品质，即人格。人格是决定个体的存在样式，以及怎样行动及体验自我世界的诸关系的内在德性。人格是个体社会生活的产物，一个单独的个人无所谓人格也无所谓修养，而且人格特征需要在社会生活中表现出来。在自我的关系世界中不同关系的和谐与平衡需要不同的德性：比如在自我与自然的关系中须要勤劳与勇气，在自我与社会他人的关系中须要责任与宽容，在自我与自己的关系中须要乐观与节制，在自我与神、信仰的关系中须要意义与坚持。这些品质的实现都以个体的独立为前提，德性是幸福实质的第三要义。

池田大作有关幸福的思想对于当代人幸福获得的启发，可以归纳为三个关键即关系，实践与德性。一个人不能孤立存在，一个孤立的人也绝不能获得真正的和现实的幸福。幸福需要个体在自我的关系世界中实现。如弗洛姆所说，一个人感到不幸福，可能是因为他没有获得他所期望的成功，或他的健康受到损害，或由于他生活中的任何外在因素；然而他不幸的根本原因可能是他缺乏生产性、他的生活空虚、他没有爱的能力或有许多使他不幸福的内在不足。他似乎合理地说明了他的不幸福，但他并没有认识到这种不幸福的真正原因[①]。所以这种内在的或真正的原因应该包括：与自然互动在自然界中展示生产性行动；与神即大我互动在信仰中追寻生命的意义；与社会互动在他人中获得爱的能力；与自己互动，在节制中体会自我成长。此外，一个人不能没有任何作为，没有任何作为也绝不可能

[①] 弗洛姆：《为自己的人》，北京：生活·读书·新知三联书店，1992年，第170页。

获得真正的和现实的幸福。幸福需要个体在实践中获得。亚里士多德①指出,"倘使我们所持'幸福在于善行'的说法没有谬误,则无论就城邦的集体生活而言,或就人们个别的生活而言,必然以'有为'(实践)为最优良的生活。但所说'有为'的生活,并不完全像有些人所设想的,必须牵涉到人间相互的关系。"也不能说人的思想只在指向外物,由此引起他对外物活动时,才说他正在有所思想。个体在有为和实践中才能体验自己的存在及存在的价值。德性是为了在关系世界中更好地实践而生成的品质,德性既包括对关系世界的实践能力,也包括在实践中自我价值与意义的体验,德性不是天然生就,而是个体在教育及社会生活中逐渐修炼养成。虽然每一个人都不可能具备所有完美的人格,但德性的养成过程就是幸福获得的过程。这样说来,幸福的获得其实并不那么难,也许人们一天都不曾离开过它,它就充溢在人生机盎然的关系世界里,也正因为常在,它又温润着人关系世界的一切神圣和美好。

---

①亚里士多德:《政治学》,北京:商务印书馆,2012年,第356页。

池田大作个性发展及其思想研究

中山大学南方学院　赵　静
中山大学　王丽荣

一、少年时期铸就坚韧意志力

　　池田大作个性最初的塑造源于父母的言传身教。在他的童年阶段，父亲倔强的性格在平常的生活中不知不觉地传到他身上。在他在童年阶段，由于父亲患了风湿卧床不起，家庭受到致命的打击。但父亲坚决拒绝接受别人的周济，他也告诫孩子："给人家增添麻烦，你们长大之后就抬不起头。宁可吃咸盐度日，也不能接受别人的周济。"[①]父亲的教导让池田大作形成不给别人增添麻烦的性格。哪怕最后听母亲讲"有一位亲戚来看望父亲，把一张百元的钞票悄悄地放在父亲病榻的枕边，临时交代不要告诉父亲。父亲一直到死也不知道这件事"之后，虽然事隔三十多年，他都要立即抽空赶到那家去道谢。[②]正是父母的教导，让池田大作有了最基本的生活价值判断，也是他性格形成的起点。

　　童年辛苦劳作的经历也磨炼了池田大作坚韧的意志。由于生活越来越穷困，池田大作从小学六年级一直到高等小学二年级，共送了三年报纸。他在《我的履历书》中这样描述："清晨，寒风凛冽。呵在手掌里的气白蒙蒙的。沉重的报兜好像吃进肩上的肉里。由于人家分散，送报的地区很广。我唰唰地把报纸叠起来，一家一家地投递。晚报也是要送的。冬天天黑得早，我送报时正是朋友们围坐在熏笼旁休息的时候。外面很冷，我被汗水湿透的身子感到一阵阵地寒栗。送完报，一想到今天又干了点事情，精神顿时为之一爽。我这个人在任何时候都不会伤感的。不论什么事情，都要从克服眼前的困难做起。我一边在大街上跑着，一边心里想：我这样的经历总有一天会起作用的。从那以后已经三十多年了，至今看到每天清晨送进我家的报纸，仍使我想起送报人的辛苦。"[③]正是这样的经历，养成了池田大作一步一个脚印，不断克服困难，勇往直前的性格。

[①] 池田大作：《我的履历书》，赵恩普等译，长春：吉林人民出版社，1984年，第14页。
[②] 池田大作：《我的履历书》，赵恩普等译，长春：吉林人民出版社，1984年，第14页。
[③] 池田大作：《我的履历书》，赵恩普等译，长春：吉林人民出版社，1984年，第18页。

池田大作这种一步一个脚印克服困难的坚韧性格，使他在教育上非常认同具有坚韧性格的人，容易与类似经历的人产生共鸣。亨德森博士做事的经历也深深地感染了他。20世纪60年代，有一天，亨德森博士看到年幼的女儿身上蒙着一层煤烟回家，怎么抹擦也擦不掉，意识空气污染的严重程度。她希望给孩子们一个空气清新的环境！于是，她与人通过一对一的对话，建立了友情与信赖，扩大认同，利用儿女午睡的时间给当地的市长写信。虽然回信冷淡，她却没有放弃，锲而不舍地开展调查活动，不断地游说电视台等传媒，在每天的天气预报中加入"纽约市空气污染指数"的报道！为了打破只有破坏环境才能发展经济的说法，她不断跟庞大企业与政府周旋，被揶揄为"美国最危险的女人"，连她丈夫公司的老板也收到攻击她的书信。她还被嘲笑："连大学都没上过的家庭主妇，懂得经济的架构吗？"为了面对这些围攻，她拼命自修经济学与生态学，掌握到与最高权威学者们共坐论道的实力，把该说的话清清楚楚地说了出来。在她努力下，女性的声音汇合成为一种主调。她与左邻右里的人组成环保运动的先驱团体——"保卫清新空气的市民"，随后才有环境保护法律。此后，人们的环保意识，企业及政府的管理方式等也因此产生了革命性的变化。[1]亨德森博士从认识问题，进行对话，寻求认同，寻求政府帮助，不断说服，不断学习，到不断呼吁，表现了一个不断克服困难、不断努力的坚强品格。这与池田大作后来不断进行和平主义思想宣传是一致的。

正如池田大作所说："通过训练，我们的人生经验会发生变化。"[2]在父辈观念的感染与训练下，在童年日复一日的训练下，就会一点点的积累中不断成长，形成坚韧意志力，不断进取。池田大作后期在创价学会的贡献，正是这样一种一点点的积累的过程。学者杨君游和苏卫平等在研究池田大作的世界和平观时，就提出基于佛法人道主义的独特的世界和平观，"池田大作几十年如一日，坚定不移地反对战争，维护世界和平"[3]的观点，这正是池田大作后期意志力的表现，就是几十年每天不断的努力，就像亨德森博士在赋予重视环境保护那样，不断的沟通、不断地学习。

二、青年时期体验形成和平主义思想

家庭的教育与社会环境的变化是池田大作形成和平主义思想的基础。池田大作少时并不是和平主义的先遣军，相反，他最初是军国主义的预备员。他在《我的履历书》中写道："我的价值观认为天皇就是一切，国家就是一切""我一直这样打算：高小一毕业，就去当少年航空兵"[4]。在《拥抱未来》里他再次提到，"在我的少年时代，日本曾经发动战争，举国狂热，政府号召人民，为了国家，必须'减私奉公'，人人要争当最大的爱国者。

---

[1] 池田大作：《拥抱未来：池田大作随笔集》，香港：紫荆出版社，2009年，第39-41页。
[2] 池田大作：《拥抱未来：池田大作随笔集》，香港：紫荆出版社，2009年，第113-114页。
[3] 杨君游、苏卫平、蔡德麟：《论池田大作的世界和平观》，《江淮论坛》，2005年第2期，第49-56页。
[4] 池田大作：《我的履历书》，赵恩普等译，长春：吉林人民出版社，1984年，第21-22页。

邪恶的军国主义教育铺天盖地,弥漫着整个日本社会。在我们的学校里,有不少相识的友人相继自愿从军或参加去中国的开拓团。我也提交了投身少年航空兵的志愿书"①。军国主义教育的可怕,在于它在儿童洁白的心灵上涂抹上了军国主义的色彩。家里的环境与父亲的坚持阻止了池田大作跨出军国主义的关键一步。在池田大作提交投身少年航空兵的志愿书后,父亲大为震怒地说:"无论发生什么事都不让你上战场。"②正是父亲的坚持,让池田大作与军国主义无缘。

母亲朴实的教育与哥哥们的遭遇,使和平主义思想在池田大作心中生根发芽。在《拥抱未来》中他回忆,1945年春天,敌机空袭,战机被高射炮击中,敌兵空降,一落地就被追至的人群乱棍殴打,被打倒半生半死时,才被宪兵带走。我回家告诉母亲这件事,母亲说"真可怜!那个人的母亲不知道有多么地担心呀!""即使有数万公里的距离、政治思想后壁的隔阂,母亲也能体恤身在'敌国'的另一名母亲所承受之苦。"③母亲的这种朴实的情感教育,在池田大作心里发芽,让他体会到战火中所有母亲承受到的困难。

哥哥对日本军国主义的态度与哥哥阵亡对家人的创伤性影响,坚定了池田大作的和平主义思想道路。战争中回家探亲的大哥说起有关中国的话题的态度是:"日本真是太过分了!那样的粗暴,那样傲慢,大家不都是人吗?这样的行为绝对是大错特错的!"④哥哥的态度在思想上否定了日本的战争行为,而哥哥的阵亡也让池田大作在情感上否定了战争。他在《拥抱未来》中写道,"当时母亲一心只盼被派往中国与东南亚作战的孩子们能复员归来。战争结束后的两年,哥哥们陆续地回家了。我记得,他们回来时都是一身褴褛的军服,宛如幽灵一般。然而,大哥喜一始终没有回来。他从中国大陆向南出发就音讯断绝。母亲常说他梦见大哥:'喜一在梦中告诉我说:没事、没事,一定活着回来的。'1947年5月30日,公所的老职员拿着一封通告来访,说我们家因受到战火烧毁迁移之故,公所为了把通告交给我们,曾花了许多时间与工夫。母亲礼貌地鞠了躬,收下通告。她拿了通告,马上转过身子背着我们。她的背影无言地诉说着她极度的哀伤。其中一个哥哥前去领取遗骨。回来后,母亲紧紧搂住装着遗骨的盒子,我无法直视她那悲伤的身影。战争的无情,在我的胸中留下深深的烙印。"⑤

对于家人归来的期盼,与强烈期盼后得到的哀伤结果,深深地刺激着家人,也在池田大作"胸中留下深深的烙印"。这种创伤性的记忆,一直伴随他,使他极力践行和平主义,避免灾难再次发生。就像他所讲的:"我之所以在1968年倡议日中邦交正常化,以及主张应同韩国及亚洲地区的人民友好交流,并全力以赴地推动这些交流,其中的渊源之一,正

---

① 池田大作:《拥抱未来:池田大作随笔集》,香港:紫荆出版社,2009年,第3-4页。
② 池田大作:《拥抱未来:池田大作随笔集》,香港:紫荆出版社,2009年,第3-4页。
③ 池田大作:《拥抱未来:池田大作随笔集》,香港:紫荆出版社,2009年,第235-236页。
④ 池田大作:《拥抱未来:池田大作随笔集》,香港:紫荆出版社,2009年,第4-5页。
⑤ 池田大作:《拥抱未来:池田大作随笔集》,香港:紫荆出版社,2009年,第236-237页。

是于我的兄长的那番悲痛的话语刻骨铭心。"①悲痛的话语、悲痛的体验是他走向和平主义道路的基础。

三、教育过程提倡行为主义教育

由于自身经历的影响，池田大作在教育过程中，非常重视行为主义教育方式。他认为，"教育有着引导人向善或向恶的作用力，作为其骨干思想如果错误的话，那就会招致非常可怕的结果。"②日本正是在军国主义教育下，大部分日本学生持有为天皇献身的想法。他认为："教育的可怕，就在于它可以在儿童洁白的心灵上随意地涂抹上色彩。"③所以池田大作重视行为主义教育的内容，不断宣传和平教育。他说："我们这一代人被卷入暴力与战争意识的泥沼中，所以才痛切地希望能籍正确的教育引导下一代人走向和谐共生与和平。"④学者王木丹等在研究池田大作和平教育思想时也认为，池田大作希望经过教育的培养和熏陶，让和平思想要为人们普遍接受与认同。⑤

户田城圣的榜样作用也影响着池田大作的教育观。户田城圣对池田大作的榜样作用体现在两方面。一是人格榜样的作用。"在战争时期，他曾跟剥夺了日本国民的自由与权利、狂热推动对外侵略的军部势力进行了不屈不挠的斗争，为此而入狱达二年之久，但始终坚贞不屈。因此，他说出的话语是那么踏实和富有分量。这获得池田大作'这个人值得信赖！'直觉这样告诉我！"⑥户田坚贞不屈的性格获得池田大作的信赖，给池田大作树立了学习的榜样。

户田城圣对池田大作另一个榜样教育表现在户田对青年人的态度。户田是一位非常热爱青年的教育家，他经常面对着青年们提出的各种求问，纵论古今，诲人不倦，给予耐心的启发。他与池田大作的交流，无所不谈。池田大作在《拥抱未来》中写道，"我们这些青年人与户田先生围坐在河岸边空地上的篝火旁，从亲子关系谈到结婚、人生及将来，以及青春时代所面对的各种各样的问题，倾心交流，无所不谈，一直到夜深更残才散去。"⑦另一方面是对青年人的信任。"户田信赖青年们，他的炯眼清晰地看到，年轻人自身具有无限的可能性。而从户田吸取到自信、勇气及希望的青年们，也无一例外地变得个个生气勃勃、精神焕发。"⑧户田城圣对池田大作的影响，让池田大作体验获得一种实在的教育

---

① 池田大作：《拥抱未来：池田大作随笔集》，香港：紫荆出版社，2009年，第4-5页。
② 池田大作：《拥抱未来：池田大作随笔集》，香港：紫荆出版社，2009年，第4页。
③ 池田大作：《我的履历书》，赵恩普等译，长春：吉林人民出版社，1984年，第21页。
④ 池田大作：《拥抱未来：池田大作随笔集》，香港：紫荆出版社，2009年，第4页。
⑤ 王枬、何广寿、陈湘如：《池田大作和平教育思想初探》，《广西师范大学学报（哲学社会科学版）》，2013年第7期：第134-139页。
⑥ 池田大作：《拥抱未来：池田大作随笔集》，香港：紫荆出版社，2009年，第22-24页。
⑦ 池田大作：《拥抱未来：池田大作随笔集》，香港：紫荆出版社，2009年，第22-24页。
⑧ 池田大作：《拥抱未来：池田大作随笔集》，香港：紫荆出版社，2009年，第22-24页。

感触,"那就是青少年得以健康成长的重要原因——就是要遇上真正信赖年轻人的人"①。

池田大作后来在给青年人的建议时,常常会强调行为实践的作用。他认为,"年轻是要尽量多吃些苦,闯过去,为一生打下坚实的基础"②。因为行为的实践体验可以让实践者更好地理解类似经历的人。他在《不屈于苦斗》中写道:"值得庆幸的是,由于我曾遭受过许多病痛劳苦,使我成为一个对他人的病痛和贫困也时时挂怀的普普通通的人。"正如诗人惠特曼说过:"经受过寒冷的人才知道太阳的温暖,饱尝过人生困苦的人才知道生命的可贵。"③

从行为主义出发,池田大作强调内容的和平主义倾向,这与洛克的"白板说"有异曲同工之妙;强调户田城圣老师对他的榜样作用,与行为主义的榜样示范有相同思想;而强调行为的实践性,与行为主义最新发展的行为—认知方向高度一致,而池田大作的这一思想却在 20 世纪 80 年代就已经出版,说明池田大作思想的前瞻性。

四、思想传播时期倡导多元社会价值

在传播思想,表达观点的时候,池田大作非常重视多元文化的作用。学者陆建非认为,在池田大作的思想中,对于多元文化的冲突和融合,对于多元文化背景下的教育都有着相当深刻而独到的真知灼见。④池田大作认为,多元文化更能促进企业的发展。通过观察商业界的动向,他总结出"那些积极地容纳多样性的企业,往往洋溢着创造性,能高度地适应变化,令业务蒸蒸日上"⑤。从商业的发展到社会的发展,他进一步指出,多样性凝聚丰富多彩的睿智与个性,方能酝酿出新的创造力,令社会更加和谐与发展。⑥池田大作认为,由于中央集权化的发展,地方自治性的消灭、地域性多样化的受压抑等产生负面。必须采取把统一化方面限于必要的最小限度以内的基本方针,尽可能保持地方自治的领域,或不如说必须扩大自治,而且组织形式要适合于此地风土与民风,活动方式及计划要与该地的规律合拍,使组织成为易于与当地成员亲近的东西。⑦从社会发展到精神层面的理解,更要求重视多样文化的交融。他认为,"拥有多种多样文化、宗教,以及政治制度的亚洲地区,也具有助长融合的精神土壤。我将之称作以朝向人与人、人与自然调和为目标的'共生气质',那就是与他人的友好交往中,才能显示本来的自我的人生观,从对

---

① 池田大作:《拥抱未来:池田大作随笔集》,香港:紫荆出版社,2009 年,第 22-24 页。
② 池田大作:《青春寄语》,长春:吉林人民出版社,1986 年,第 1 页。
③ 池田大作:《青春寄语》,长春:吉林人民出版社,1986 年,第 1 页。
④ 陆建非:《多元文化交融下的当代教育理念探析——兼论池田大作的国际教育观点》,《教育发展研究》,2013 年第 3 期,第 49-55 页。
⑤ 池田大作:《拥抱未来:池田大作随笔集》,香港:紫荆出版社,2009 年,第 38 页。
⑥ 池田大作:《拥抱未来:池田大作随笔集》,香港:紫荆出版社,2009 年,第 38 页。
⑦ 池田大作:《池田大作思想小品》,上海:上海社会科学院出版社,1997 年,第 141-142 页。

立变成调和，从分裂变成结合，从孤立的'小我'变成多元的'大我'，就是以这种精神去思考的心态"[1]。

从商业的发展到社会的发展，从社会发展到精神层面的理解，从精神层面到文明之间，池田大作一直倡导多元性。他认为："人与人之间有差异，却绝非造成相互反目、伤害的'障碍'，莫如说，文化与文明的多样化，使世界变得更为丰富。'文明间对话'近年来开始备受瞩目，这种对话吸取人类多种多样的文化，宗教传统之中的睿智，探究了我们共同的未来。"[2]

池田大作的这种多元性，是国际创价学会的观点，也是他们努力的方向。就像他所秉承的观点：《地球宪章》的中心，就是各宗教、文化传统等所包含的智慧、道德和生命尊严的思想，以此等为基础所构成的普遍性地球理论。[3]在这种以各种宗教、各种文化传统为载体的智慧、道德和生命尊严的多样性思想的交融下，各国、各文化、各种族进行交流、融合，共生。

---

[1] 池田大作：《拥抱未来：池田大作随笔集》，香港：紫荆出版社，2009年，第59页。
[2] 池田大作：《拥抱未来：池田大作随笔集》，香港：紫荆出版社，2009年，第149-150页。
[3] 池田大作：《拥抱未来：池田大作随笔集》，香港：紫荆出版社，2009年，第220-221页。

"不二"视角下的池田大作民间外交思想探讨

湖南大学 陈晓春 彭燕辉

民间外交是区别于官方外交的民间国际交往，是指由非官方的机构或人士根据多方面国家利益和政府外交政策需要来配合政府外交的一系列影响国际间关系的交流活动。[1]①民间外交不分民族、种族、国别、阶级、等级与社会地位，通过多种形式的交流来促进人民之间的友谊、团结与合作，进而促进国家间关系的改善与发展。民间外交的主体较为广泛，包括除国与国之间的政府官方外交以外的所有主体。与官方外交处于国际关系中的不确定性相比，民间外交更注重各国人民间的相互信任和理解，超越了现实政治经济利益建立起来的互动友谊，为国家间关系的发展注入稳定性因素。②同时，民间外交具有灵活性，不拘泥于严肃的外交礼仪，通过更为亲切的方式在人民之间进行思想文化上的沟通，既可以与未建交国家的人民建立接触，也可以在国家关系处于紧张状态时作为保持官方与民间交往的渠道。随着国际贸易的扩大和世界相互依存趋势的不断增强，世界范围内的民间外交行为日益活跃，丰富了当代多样的外交接触渠道，各国政府也越来越重视并有意识的发挥其在国际社会中的作用。

在这民间外交日益盛行的时代，不能忽视对以往民间外交思想和理论的研究、总结。日本著名社会活动家、佛学思想家、哲学家、教育家池田大作就是民间外交思想和实践的倡导者，他的民间外交思想体现在他关于世界和平、环境正义观、以人为本、多元文化交流和青年教育等的论述中，也深刻体现在他对思想的实践中。本文在此从"不二"的视角来探讨池田大作的民间外交思想，总结和概括其关于民间外交的观点和做法，以期对当前中国民间外交活动提供有益的借鉴和启示。

一、何为"不二"？

"不二"是佛教用语，出自《佛学大辞典》，意思为无彼此之别。《汉语大辞典》中的

---

① 张胜军：《新世纪中国民间外交研究：问题、理论和意义》，《国际观察》，2008 年第 5 期，12-18 页。
② 蔡拓、吕晓莉：《构建"和谐世界"的民间力量——关注中国民间外交的发展》，《学习与探索》，2006 年第 6 期，59-64 页。

"不二"有两层意思：一是没有两样，相同。出自《韩非子·难三》："君令不二，除君之恶，惟恐不堪。"二是不变心，专一。出自《魏书·刘库仁传论》："刘库仁兄弟，忠以为心，盛衰不二，纯节所存，其意盖远，而并贻非命，惜乎！"。明张居正《考满谢手勅赐赍疏》："谓臣备职有年，宠褒匪弼，察臣秉心不二，谬许精忠。"这个世界上，我们所能知的一切无不是相待而有，也就是相对而存在，在佛法上说是"二"。"二"是分别、差异和对立。"不二"是无差别，无分别，行于平等。"不二"即是破除"二"的分别，超越有无、是非、生灭、得失的分野，既超越有的肯定，又超越无的否定，而进入"非有非无"的独特哲学思维中。从佛教哲学观来看，"不二"即是"非此非彼又即此即彼""众生平等""自他平等""心佛平等"等，是佛教认知世界万事万物的方法与观念，演绎阐述的是世间万物本质与表象的关系。"不二"也意指不同事物之间的"不同"（即"二"）其实只是表面的，若就其实质而言，则它们之间并非两个各自有别的存在。

由此笔者认为，"不二"所寓含的意义可以引申为"合一""共生""同一"和"平等"等概念。具体而言，"不二"与中国儒家"天人合一"理念有共通之处，"天人合一"认为天道与人道在其根本上是一致的，人心或人性中都具备着天性和道德，人的存在与自然存在具有统一性，两者之间能够实现和谐相处。儒家的"共生"思想最典型的体现便是"天人合一"，主张人与人共同生存、各尽其才、互相支持从而共同繁荣的精神。池田大作认为，"共生"就是佛法上说的"缘起"，即因缘而起、共生共存。无论人类世界还是自然界，任何东西不能单独存在，所有东西都互相关连、相互依存，构成一个活生生的世界。①"无论人间还是自然界，森罗万象都是'因'、'缘'相互支持，相互关联，事物是在这种关系中产生的。"②一切存在都是在与其他事物的依存性和关系性中形成的，这种依存性和关系性就是"缘起"。"不二"所强调的不分彼此、没有两样的共同性状态，是尊重多样性的基础之上的。世界是很多民族和国家的集合体，每个民族和国家都有自己的文化，而这些文化都有其特殊性，认同特殊性，理解和尊重差异文化是和平共生共存的基本条件。正如池田大作所讲，"任何民族和人种都必须同等地受到尊重，其文化的多样性也必须得到尊重。相互尊重多样性，同时又找出共同的同一性"。③纵观池田大作关于民间外交的观点论述，可以发现"不二"精神始终贯穿其中。

二、"不二"视角下池田大作的民间外交思想探讨

国际创价学会会长、日本创价学会名誉会长池田大作以不遗余力地反对战争、维护世界和平而享誉全球。迄今为止，他先后发表 29 篇"和平倡言"，作了 39 次关于世界和平

---

① 汤恩比、池田大作：《眺望人类新纪元——汤恩比与池田大作对谈录》，北京：国际文化出版公司，1985 年，第 43 页。
② 何劲松选编：《池田大作集》，上海：上海远东出版社，2003 年，第 283 页。
③ 杜维明、池田大作：《对话的文明——池田大作与杜维明的对话集》，香港：商务印书馆，2008 年。

的公开演讲。他从彰显生命尊严的根本目标出发,反对一切暴力与战争,系统地提出了通过民间外交推动世界和平的思想,强调通过民间的"文化交流""教育交流"和"青年交流"奠定世界和平的牢固基石。池田大作认为,民间外交作为民间层面上的交流,是通过超越利害关系、呼唤和平的民众间心与心的沟通与交流,奠定其牢固的信赖和友情。① 为开展民间外交,他自 1960 年担任日本创价学会会长起,积极开展"世界和平之旅"的出访活动,先后访问了 50 多个国家和地区。在促进中日邦交正常化上,他于 1968 年 9 月发表"中日邦交正常化倡言"、先后 10 次访问中国,为建立中日世代友好的"金桥"而不停奔走,同时积极推动创价学会、创价大学和中国民间的交流,使中日和平友好事业不断向前发展。概括和总结池田大作民间外交的观点和论述,可以发现其无处不体现出"不二"的精神,也在思想和实践中达到"不二"的状态。

1. 关于世界和平的"不二"观

实现世界和平是池田大作重要的人生理想,世界和平观是池田大作思想的核心内容之一。池田大作以不遗余力地反对战争、维护世界和平而享誉全球,不仅提出了独特的世界和平观,也身体力行地积极开展"世界和平之旅"。他非常注重通过开展民间外交来推动世界和平。池田大作是从彰显生命尊严的根本目标出发,着眼于维护长久的世界和平而主张民间外交。他认为:政府间外交有其局限性,民间外交由于弹性大,能够超越政治矛盾而奠定相互信赖的基础,不仅可以弥补官方外交的缺陷,而且有助于建立长久的和平与友好关系。他坚定表示:"作为信佛法者,实现人类幸福与世界和平是佛法信徒的社会使命,不管发生什么,非下定断然的决心不可!"② 他为了开拓永久的日中友好局面,在当时极其险恶的环境下,义无反顾地发表著名的《中日邦交正常化倡言》,开启日中友好的时代潮流。池田大作的世界和平观还体现在通过和平对话实现世界和平。他指出:"没有对话就没有民众的幸福,对话是打开和平之门的钥匙。"③ 从 20 世纪 60 年代起,他先后访问 54 个国家和地区,与世界各国首脑和有识之士进行了 7 000 多次对话。池田大作的对话超越了不同的宗教,遍及佛教、基督教和伊斯兰教文化圈,冲破了不同意识形态和政治制度的壁垒,遍及资本主义国家和社会主义国家。通过对话可以打破壁垒,促进沟通,消除不信,促进理解,化解隔阂,促进融合。和平对话是实现有效民间外交的重要实践。

2. 致力于中日友好的民间外交实践

池田大作一直将推进中日两国世代友好作为自己矢志不渝的奋斗目标,梳理池田大作的访华历程,虽所处的历史背景不同,主题不同,重点不同,但始终有一条主线贯穿整个过程,即推进中日两国世代友好的目标诉求。池田大作一直率先垂范、身体力行,实践

---

① 创价学会指导集编辑委员会:《创价学会指导集》,东京:圣教新闻社,1976 年,第 389 页。
② 池田大作:《新·人间革命》,东京:圣教新闻社,2007 年,第 23 页。
③ 池田大作、季羡林、蒋忠新:《畅谈东方智慧》,成都:四川人民出版社,2004 年,第 164-165 页。

着他的民间外交思想。至今，世界 50 多个国家与地区都留下他走访时留下的足迹，尤其在日中友好关系的建立与巩固上，他作出了卓越的贡献，是公认的中日友好事业的"掘井人"和中日友好"金桥"的奠基人。池田大作 40 余年如一日大力促进日中友好，每每中日关系出现困难，站在历史的高度，为两国关系打破僵局献计献策。1968 年 9 月 8 日在创价学会第一届学生大会上发表"日中邦交正常化倡言"，为 1972 年中日邦交正常化奠定了基础。1974 年，他两次访问中国，同年 12 月 5 日受到周恩来总理会见。迄今，他已访问中国 10 次，曾多次会晤中国领导人。为了中日两国世世代代友好，池田大作提倡构筑两国友好的"金桥"和新的"丝绸之路"，并为此不懈努力。他认为中日友好只有坚持下去，使人民之间无形的"心的纽带"转变为现实世界中有形的彼此真诚握手，在政治、经济、文化上长远交流，建立永恒的、普遍的"中日金桥"关系。

3. 通过非政府组织来推动民间外交

池田大作认为，和平作为一种实践活动，关键是要发挥组织的作用。他强调，要建立新的和平秩序，其形成绝不是依靠财富、权力等硬能手段，而是靠组织、规则等软能手段。①在组织的作用中，民间组织的作用是不可忽视的，"就汇集民众的和平意愿这一点来说，非政府的民间组织所起的作用，今后必将愈来愈大。不消说，民间组织的目标不是从单纯的国家利益这一狭隘的立场出发，而是从超国家的角度来实现人类的和平和福利"②。池田大作认为："民间组织只能靠组织的自身的吸引力来维系自己的生存和发展，如果失去吸引力，就无法生存下去。"组织只有能够为成员带来幸福，组织才能得到长久的发展。池田大作任会长的日本创价学会是日本目前最大的宗教团体，在日本的政治、经济、文化等领域具有极大的影响力。该组织还建立了国际创价学会，在全世界 192 个国家和地区还有众多会员，在推进世界和平、教育、文化事业中发挥不可估量的作用。创价学会被联合国经济社会理事会确认为国际民间组织，池田大作经常以民间组织的身份向联合国提出许多关于和平问题的建议，产生较大的国际影响。为促进中日两国人民之间"心的交流"培养开发工作，池田大作带领创价学会、民主音乐协会、东京富士美术馆、创价大学等组织开展丰富多彩的文化、教育交流活动。创价大学已经成为中日友好交流的重镇，至今为止，已经与中国超过 30 多所大学建立了合作交流关系，先后接受了来自中国各高校的 160 余名教师作为交换教员到创价大学进行交流，并将 600 余名学生派遣到中国各大学进行学习。创价大学设立"中日友好学术交流研究资助计划"，对中国的各大学及研究机构进行的"以加深中日两国的相互了解和推进两国友好关系为目的进行的研究"，特别是"为和平、文化、教育事业做出贡献的研究项目"给予资助，从而形成了一整套与中国各高校开展学术研究的资助、交流机制，标志着创价大学与中国的教育交流进入到制度化

---

① 汤恩比、池田大作：《眺望人类新纪元——汤恩比与池田大作对谈录》，北京：国际文化出版公司，1985 年，第 43 页。

② 卞立强选编：《池田大作选集》，北京：北京大学出版社，1988 年。

的新阶段。

4. 推动和促进文化、教育交流

池田大作主张把民间外交的重点放在文化教育和青年交流上。在池田大作看来，文化交流要建立在相互性、对等性和全面性的基础之上，如果单方面的文化移动，会在文化流出国家的国民中产生傲慢的种子，而在文化接受国家的国民心中产生卑屈甚至是憎恶的感情。①池田大作一直相信，以教育和文化为中心的人际交流是和平的基础，他对文化的社会功能看得很重，文化统一是池田大作一个很强烈的信念，他认为需要一个把世界各国民族结成一体的总结或者哲学。他把文化统一作为世界统一的基础，也是世界永久和平的根本保证。池田大作认为，在现代社会发展中，人与自然的关系日益恶化，人与人之间、人与自然之间也存在严重的分裂。不仅如此，人的自身也存在着不和谐的问题。为实现人与自然、人与人之间的和谐与平衡，池田大作认为，解决危机的根本出路就在于通过"人间革命"，以使人自身成为关爱生命、关注人性的存在。在池田大作看来，其所实施的"人间革命"，最重要的就是教育。教育是池田大作实现世界和平的重要途径。池田大作认为，通过教育撒播和平观念的种子在人们心中，使之生根、发芽、开花、结果，才能带来世界持久和平的美好前景。"人心"是世界和平的根本，人与人之间的信任是构建世界和平的基础。实现世界和平，要跨越人与人之间的不信任障碍。教育是构筑人与人之间的信任感的重要途径，在促进世界和平上发挥重要作用。他认为，教育始终是以人为对象，而且教育应该担负起培养立足于全球视野的世界公民的职责。同时，池田大作还强调尊重文化的多样性和多元文化共生。池田大作认为，诚如外来宗教佛教在中国能与本土的儒教和谐共存一样，东方人的生活中融贯着多种思想与哲学。历史上不同文化共存的例子在其他区域也存在。儒教发源于中国，佛教发源于印度，中国人提倡"三教同归"，将两者调和成了一体。池田还提到，"哈佛大学杜维明和我都认为'儒教人道主义'和'佛法人本主义'共同具有的尊重人的尊严的思想，正是使富有多样性的人类能够和平地建构'多元文化与和谐社会'的精神基础，其重要的支柱之一是儒教的'中庸'和佛法的'中道'思想。21世纪的人类应该指向尊重多样性，把彼此的差异作为创造新价值的源泉，相互积极影响，共存共荣，建设一个把任何国家、任何民族都作为不可缺少的存在来尊重的和谐的地球社会。"2001年11月，在巴黎召开揭开21世纪帷幕的联合国教科文组织大会上，一致通过了"世界文化多样性宣言"。该宣言指出，"文化多样性是人类的共同遗产，应当从当代人和子孙后代的利益考虑予以承认和肯定"。池田说，经过全球化社会浪潮考验的同时，在多元化的地球社会怎样才能尊重"固有的"文化多样性，将是一个越来越重要的课题。

---

① 何劲松选编：《池田大作集》，上海：上海远东出版社，2003年，第283页。

三、池田大作的"不二"民间外交思想对我国的启示意义

1. 坚持和平崛起、和平发展

当前,和平与发展仍然是两大发展主题,世界还不和平,各种地区性国家之间的、国家内部因领土主权、经济、政治、能源、宗教信仰和文化差异等原因引发的战争还时有发生,各式各样的暴力恐怖主义行为也在不断危害世界各国人民的生命财产安全。对国际上的各种冲突,我国历来主张通过和平方式解决,反对暴力、战争。这些主张与池田大作的世界和平观和教育思想都是相符合的。池田大作关于世界和平的教育思想,帮助人们理解世界和平的真正意义,尊重和接受各种文化、各种信仰之间的差异,促进国际社会的共同发展,推进世界和平。池田大作的和平教育思想对我们具有重要的启示,启迪我们应该也必须学会如何通过教育来预防冲突、遏制战争、创造和平、创造幸福。

2. 充分重视民间外交的作用

关注民间外交是塑造中国对外良好形象的需要。应大力发展民间外交,借助现代信息技术对外加大有关中国的正面宣传,加强国外公众对中国外交的理解和支持,是帮助中国重塑形象,创造一个和平崛起的国内国际环境,实现中国外交目标的重要战略。通过举办一系列大型文化活动和开展文化交流,不仅宣传了中国的巨大发展成就,也缩短了中国与世界各国的心理距离。另外,文化交流还促进海外人民对中华文化的认同。如"中法文化年"活动对树立我国良好的国际形象,促进中法全面战略伙伴关系的深入发展具有重大意义;"非洲主题年"和"中华文化非洲行"活动,有力推动了中非友好合作关系发展。今后我国的民间外交应该向着"官民互补、相互促进"的方向发展。民间外交一方面要坚持为国家总体外交服务的基本原则和工作思路,另一方面要发挥自身的独特优势,积极开拓新的交流空间和交流方式,发挥好桥梁作用,拓宽总体外交领域,搭建各类交流平台。积极推动经济外交、文化外交等各层面的外交进程,促进和巩固政治层面外交关系,使得总体外交工作良性循环,不断深入。同时还应该与时俱进,发挥民间外交灵活多样的特点,动员各方力量,运用各种技术手段,推动民间外交向深层次发展。只有大力开展民间外交,充分认识民间外交是建设和谐世界的重要力量,才能使国家间关系得到更好的发展,国家间的矛盾和冲突得到有效控制和化解,并进而使双边关系具有一种"韧性"。

3. 发挥民间组织促进民间外交的作用

在中国与外国开展民间外交中,不仅中国的企业有必要走出去,中国的民间组织和个人更有必要走出去。[1] 开展民间外交需要人、财、物力资源的支持。从池田大作开展民间外交的做法来看,其身后的创价学会给予其巨大支持。我国的民间外交在世界上要有所作

---

[1] 陈晓春、刘娅云:《我国非政府组织"走出去"战略研究》,《中国行政管理》,2016年第2期。

为，除了关注人才培养和理念转变之外，还需要培育强大的民间组织。但是目前我国民间组织的对外交往能力参差不齐，区域差距明显。民间组织参与国际事务，前提之一是有一批综合素质较高的人才，包括具有高度的国际视野、博大的知识面、良好的政治素质、专业化知识和良好的多语言能力，除此之外还需要工作人员拥有丰富的参与国际事务的经历、熟练的沟通能力、较强合作意愿和较好的人际关系网络等。这些客观现实因素，使得各类民间组织的对外交往能力和水平有着显著的差距。在中国，既有完全以国际化视野进行项目运作的民间组织，也有仅仅关注国内某领域事物，尚未有过国际交流经验的。此外，各地政府机构的扶持与引导作用也影响了地域间差别的产生。经济比较发达、国际化程度较高的城市往往在促进民间组织对外交往、资源整合、提高活动层次方面有很大的帮助。北京 2007 年成立了"北京市民间组织国际交流协会"（简称市民交协），旨在推动民间组织与国际非政府组织的交流与合作，为民间组织涉外活动提供服务。协会的成立，使民间组织对外交往资源得到整合，具有一定规模的民间组织参与重要国际非政府组织活动逐渐增多。

4. 应重视中国文化的传播和交流

中国文化本身具有的包容性，使它拥有向任何人伸出橄榄枝的开放心态和希望合作的态势，由此多元化成为中国文化的重要特点，如多种语言、风俗习惯。文化是以调和性、主体性和创造性为骨干的，强韧的人的生命力的产物。在重视中国文化的传播和交流方面，中国学者应该坚信东方文化的价值，推动文化的交流，让西方世界了解东方文化的存在及其价值，超越民族界限进行交流。池田大作在深厚的东方文化修养基础上积极努力推进东西方文化交流，具有了完全不同于西方学者的视角，对传播东方文化具有更为广泛的意义和重要价值。当前中国正推动"一带一路"建设展开，加强文化的"走出去"，进而塑造良好国家形象和角色，让世界更了解中国，增强中国文化软实力和影响力。具体而言，应注重文化价值的提升，深度挖掘中国的人文价值，提高对外文化的服务质量，提升文化开放的层次水平。21 世纪是世界多元文化的格局，世界多元文化之间形成的冲突乃至一定程度的对抗也难于回避，在不同时期也面临着不同的困境与挑战，在全球化背景下，这种困境与挑战显得更为复杂和明显。走向世界的中国文化同样面临着各种挑战，中国离不开世界文明发展的大潮。中国文化应该坚持世界眼光，吸收和借鉴人类社会创造的一切优秀文明成果，促进自身发展的同时对世界产生更大的影响。

论池田大作可持续发展思想的内涵

陕西师范大学　拜根兴　周婷婷

在第 37 届 SGI 纪念倡言中，池田大作明确指出可持续发展思想的定义："'可持续发展'是什么意思呢？简单来说，我认为就是：'不把幸福建筑在他人的不幸之上''不把被污染和破坏的社区和地球留给下一代''为未来的子孙着想，不要只为满足现在而牺牲未来'。"[①]看似简单的几行字，包含两层深刻含义，一是创造人的幸福，二是保护环境。从而为我们地球人明确了自己应尽的责任和义务，也明确表达出人类要努力奋斗的方向与目标。本文在学界已有研究的基础上，将从池田大作环境保护观、池田大作消灭贫穷观、池田大作构建幸福观三个方面，探讨池田大作可持续发展思想的内涵，并就教于诸师友方家。

一、池田大作环境保护观

作为地球上的一分子，我们肩负着实现社会可持续发展的巨大责任，池田先生认为解决生态危机就是拯救人性的危机，保护环境要找寻一条以佛法生命尊严为基础，以人性革命为手段的人与自然和谐之路。而这条道路就是可持续发展之路，保护环境是实现可持续发展的基础。

1. 环境破坏的危害和原因

科技是一把双刃剑，现代文明的进步带来了物质上的丰厚与繁荣，但也导致了自然环境遭到破坏的后果，这背后隐藏着严重的生态危机。地球不光是当代人生活的空间，还是后代人生存的栖息地。"今天的这个世界，不仅是我们现在生活着的人们的栖息地，今后还要继续为多少代的人类提供栖息场所。但是，现代人类为了追求自身的欲望，或者被愚蠢的冲动所驱使，造成未来的人类无法生存的世界。"[②]地球是大家共享的资源，毫无节制地开发资源，导致地球环境破坏，进而加速了人类走向自我毁灭的深渊，这"对于我们

---

① 池田大作：《建设维护生命尊严的光辉世纪》，2012 年。
② 池田大作、狄尔鲍拉夫：《走向 21 世纪的人与哲学》，宋成有等译，北京：北京大学出版社，1992 年，第 283 页。

的孩子和孙子以及他们的孩子，这是多么可怕的事啊！"①生态危机不但不利于当代人的生存，更不利于后代的生存。池田大作认为当代人开发资源不能只顾及满足眼前利益和欲望，否则，未来的世界将走向穷途末路的悲剧。他说："假如只为满足现在的我们的欲望，把资源耗尽，或用威胁生命的有害物污染了这个'世界'，那样，未来的后代就走投无路了。"②所以，他忧思未来人类存亡的问题。为了我们后世子孙的生存，环境问题亟待解决，当代人应该确保传承给下一代一个质量起码不比现在差的环境。诚然，寻求环境污染的解决之道必须先追溯其产生的根源，池田先生不仅单纯地指出生态系统失衡给人类生存造成的危害，还思虑环境遭破坏的深层原因。

环境问题层出不穷，诸如大气污染、臭氧层破坏、气候变暖、海平面上升、酸雨、土地荒漠化以及千奇百怪的污染物等。那么，造成环境破坏的原因是什么？

池田认为人的欲望有多种，欲望本身并无害，但放纵欲望会导致对立和纷争，进而导致破坏自然。和汤恩比对谈时，池田谈到"本源的欲望"和"魔性的欲望"是截然相反的两种欲望，"本源的欲望是追求和宇宙合一的欲望，向着创造人的生命的方向发展。但另一方面还存在着魔性的欲望，所谓魔性的欲望就是人想统治别人，或以自然的统治者姿态出现"③。所以当魔性欲望胜过本源欲望时，人类就会表现出自私贪婪的一面。人类征服支配自然的行为，实质上是其内心世界出了问题，"利己主义导致内心世界的破坏，对自然的支配欲与征服欲，是人的利己主义的合法化"④，而利己主义带来的直接后果则是环境污染和破坏。人类的贪欲导致地球环境的荒漠化和精神颓废，地球环境的荒漠化与精神颓废是有联系的，二者互为表里，内心被污染，利己主义就会滋长，那么，就会表现出对自然环境的污染破坏。环境危机实质上是"以天灾形式出现的人灾"⑤。这指出了自然灾害频繁发生是人为因素导致的。

因此可以说，由人的贪欲而造成的内在心灵出现危机是环境遭破坏的根本原因。不过，近代机械论自然观盛行于世，表现为人类是自然的主宰和统治者，"科技万能论"充溢整个西方世界，认为人类进步要完全依赖于科技的推动。受这种错误思想的支配，人类要成为社会的主宰，自然万物要为人类服务，人们几近疯狂地完全相信科技的力量，开始征服自然，无尽地破坏生态环境，因而科技又成了人们破坏环境的帮凶。

基于自然环境破坏和生态系统失衡的危害，我们应该认识到不能任自然环境继续被

---

① 池田大作、狄尔鲍拉夫：《走向21世纪的人与哲学》，宋成有等译，北京：北京大学出版社，1992年，第302页。

② 池田大作、狄尔鲍拉夫：《走向21世纪的人与哲学》，宋成有等译，北京：北京大学出版社，1992年，第351页。

③ 汤因比、池田大作：《展望二十一世纪——汤因比与池田大作对话录》，荀春生等译，北京：国际文化出版公司，1985年，第391-392页。

④ -汤因比、何劲松选编：《池田大作集》，上海：上海远东出版社，2003年，第45-46页。

⑤ 汤因比、池田大作：《展望二十一世纪——汤因比与池田大作对话录》，荀春生等译，北京：国际文化出版公司，1985年，第37页。

破坏,"若任其发展下去,就意味着人类的衰退与灭亡的危险。反之,只有保护、增进大自然的丰富的韵律,才是人类走向永久繁荣的最主要的关键"①。只有保护自然,拯救当前的环境危机,人类社会才有出路。

2. 拯救自然即拯救人类

自然是人类生存的基础,为人类生存提供物质保障,同时还是丰富人类精神世界的源泉,人与自然建立和谐的关系是人类繁荣发展的关键。"破坏、损伤自然,就等于在孕育人类衰退、灭亡的危险未来;反之,维护并促进丰富多彩的自然活动,就等于打开了通往永恒的人类繁荣的大门。"②因此拯救自然即拯救人类。环境破坏程度越来越深,"环境危机可说是'自然'对这近代物质文明的人类中心主义所发出的警告"③。目前人们只在口头上大力提倡保护自然,根本没有停止对自然的破坏,环境形势依然在恶化。针对此严峻形势,池田先生在其著作里有专门章节述及保护环境的具体措施。关于这一点,已有学者论述④,但笔者认为可以从人类社会可持续发展的角度分析池田先生提出的环境保护看法。

(1)能源问题

能源是一个国家发展的命脉,从全球范围来看,解决能源的循环利用问题事关人类的永续发展。就目前的发展水平而言,石油煤炭等不可再生资源是主要的动力能源,但用煤炭做燃料会导致严重的大气污染——酸雨和温室效应,核能成为较理想的能源之一。不过近几年核事故导致的严重污染,让池田认识到只在核能上寻求解决办法不是长久之计,开始担心自然对地球伺机报复,"我认为,仅就能源数量方面来说,还是可以克服的,尽管如此,我怎么也无法消除的恐惧是,来自地球大自然的叛逆已经开始"⑤。那么,该如何才能解决当前的能源危机呢?

关键的一方面"是有赖于开发新的可再生的能源,如太阳能、风力和水力等这些自然能源,而不应去开发诸如石油、煤炭,特别是对人类带来严重威胁的原子能"⑥。开发新能源固然是很关键的,然而池田认为能源使用效率化,比开发新能源还重要,"只要人类继续浪费资源,不克服消费过度的社会倾向,就无法解决问题"⑦。所以,人类可通过开发新能源和革新技术来尽可能地提高能源利用效率。"另一方面,最主要的是应通过改变

---

① 何劲松选编:《池田大作集》,上海:上海远东出版社,2003年,第48页。
② 池田大作:《人生寄语》,上海:上海社会科学院出版社,1992年,第155页。
③ 池田大作、洛克什·钱德拉:《畅谈东方哲学:池田大作与钱德拉对话录》,成都:四川人民出版社,2012年,第235页。
④ 冉毅:《人间革命——池田大作人学思想研究》,成都:四川人民出版社,2005年。
⑤ 池田大作、松下幸之助:《人生问答》,北京:中国文联出版社,2000年,第392页。
⑥ 冉毅:《人间革命——池田大作人学思想研究》,成都:四川人民出版社,2005年,第348页。
⑦ 池田大作、海瑟·亨德森:《珍爱地球:迈向光辉的女性世纪》,香港:商务印书馆,2010年,第123页。

现代人的生活方式来实行节能。"①节约资源很重要，池田曾就普及设置冷暖气的问题发表自己的想法，认为这是一种错误的生活方式。设置冷暖气不仅浪费资源还有损人们的身体健康，比如长时间使用空调，会患上空调病，导致人的抵抗力下降。因而首先转变生活态度，增加与大自然接触的机会，养成健康的生活习惯，寻求变革人们正确健康合理的生活方式和消费方式。

总之，大到国家开发能循环利用的新能源代替非可再生能源，小到个人转变生活态度和生活方式，全社会共同努力，进而力争从"破坏环境型社会"向"环境友好型社会"转变。

（2）保护森林资源

为了基本的生存，发展中国家的人们大量砍伐樵採，把树木当做燃料，如亚马逊河流域大量的森林资源被开发，原生态的热带雨林遭到破坏。保护森林资源亟需被提上日程。

政治稳定是发展经济的前提，池田认为保护森林的前提也是政治上的稳定，如果政治稳定，"考虑国家长期的经济建设，现在这样吃光过去遗产的做法就会自然地得到改正"②，不仅如此，而且"国民能一心想到子孙后代的繁荣，就会想到要重视森林。而且这些地区受到水和太阳的恩惠，自然的再生力极强"③。但是目前发展中国家的政治经济并不稳定，这一切的根本原因是发达国家为自己的眼前利益而利用他们。发展中国家认为应该追究发达国家提前开发而造成生态破坏的责任。另外，发达国家指责发展中国家为了追求高效益的经济增长而破坏环境的做法。所以，双方在环保方面很难达成实质性的协议。

基于此，池田先生发表自己的意见，认为既然自然环境是全人类的，发达国家通过侵占他国资源和污染环境已经发展起来。所以发达国家不能一味制止别国以牺牲环境的代价发展经济，而是应该思考如何帮助发展中国家摆脱贫困。首先，发展中国家不能只看到眼前利害，而应从长远考虑，积极争取独立自主和社会稳定。其次，发展中国家不应该只关心眼前的物质利益，从长远的眼光来看，应该充分认识破坏环境的危害，"推进再生产，制定保存森林及自然的办法，显然是对整个社会作出贡献的唯一途径"④。同时，发达国家应担负起从经济上援助发展中国家的责任，他说："保护人类生存的地球的环境，是我们对下一代所负的责任。所以我希望把援助发展中国家保护森林以及平衡的发展与开发，作为发达国家的责任。"⑤然而由于发达国家和发展中国家均是站在本国立场考虑，执行起来不免出现很多问题和困难，双方在环保方面很难达成实质性的协议。那么联合国作为国际组织，应该充分发挥其协调作用，敦促双方达成保护自然资源的公约，约束那些破坏森林资源的行为。

总之，保护森林是每个人义不容辞的责任和义务，通过以上措施遏制森林破坏，以求

---

① 冉毅：《人间革命——池田大作人学思想研究》，成都：四川人民出版社，2005年，第348页。
② 池田大作、奥锐里欧·贝恰：《二十一世纪的警钟》，卞立强译，北京：中国国际广播出版社，1988年，第41页。
③ 池田大作、奥锐里欧·贝恰：《二十一世纪的警钟》，卞立强译，北京：中国国际广播出版社，1988年，第41页。
④ 池田大作、奥锐里欧·贝恰：《二十一世纪的警钟》，卞立强译，北京：中国国际广播出版社，1988年，第43页。
⑤ 池田大作、奥锐里欧·贝恰：《二十一世纪的警钟》，卞立强译，北京：中国国际广播出版社，1988年，第39页。

森林资源的可持续发展。

(3) 确保粮食安全

粮食安全是关系国计民生的基本问题，确保粮食安全是国家获得长足发展的第一步。工业文明之下的各国以发展工业为动力，忽视了农业作为基础产业的地位。池田认为这种做法是不可取的，世界各国应该重视农业承担提供粮食的任务，最理想的是各国能实现粮食自给自足。"当务之急是增大粮食资源"①。有了丰足的粮食，才能解决人的温饱问题。

确保粮食安全也是从维护生命尊严为出发点的。当今世界粮食安全问题突出，有很多人仍然处于饥饿状况。其主要原因在于"人口增长过快，世界纷争不断，饮食结构不合理"②。池田建议设立世界粮食银行，建立一个稳固的储备粮食机制。这一机制是为缓解粮食危机而设立的。然而单单依凭建立储备粮食制度来保证粮食安全是不行的。土地才是生产粮食的基础，所以，要改变以往刀耕火种的农业生产方式，以免造成因土地荒漠化而带来的粮食产量下降。提高粮食产量还需要国际协作和合理的分工，在不适合农业耕作的贫瘠土地上进行工业建设，在肥沃的土地上种植农业等多种方式。力图实现土地资源利用率的最大化，这样才能循序渐进地实现可持续发展。

(4) 防止种属灭绝

任何物种都是生物链上重要的一环。现如今，已有大量的动植物濒临灭绝的困境，种属灭绝严重破坏人类生存环境的生态平衡系统。防止种属灭绝是刻不容缓的，那么该如何防止种属灭绝呢？

池田以非洲地区偷猎大象为例，指出偷猎捕杀的根本原因是取缔偷猎制度不健全。他认为必须采取紧急奏效的措施防止物种减少。首先，政府应制定有关保护一切生物或非生物的法律政策。其次，全面教育启发人们认识到捕杀动物的巨大危害，从自身做起，不再买卖这些东西。最后，政府要对那些因禁止捕猎而失业人员进行一定的经济补偿，以确保他们的基本生存。不过考虑到因严禁狩猎而出现植林、农作物被毁坏的情况，池田认为不能全面禁止狩猎，应当想方设法权衡这一问题，既努力保护树木和农作物，又尽量避免野生动物被猎杀。如果非杀不可，则要按照科学方法计算出所需数量，再进行捕杀。虽然日本盛行的捕鲸问题饱受争议，但池田认为很难让以此为营生的人们妥协让步，政府应当考虑制定相关政策，如给予捕鲸者一定的经济补偿或帮助他们转业，既能使他们顺利停止这一破坏生态的行为，又能防止鲸鱼灭绝。

总之，能源、森林资源、粮食安全等问题与我们的生活息息相关，人类必须妥善处理好这些问题，环境保护是可持续发展的基础。良好的自然环境为人类提供最基本的生活保障。

---

① 池田大作、奥锐里欧·贝恰：《二十一世纪的警钟》，卞立强译，北京：中国国际广播出版社，1988年，第60页。

② 曾建平：《池田大作的环境危机观》，《中国地质大学学报（社会科学版）》，2012年第2期。

3. 变革自然观是拯救自然的根本之道

地球是一个整体，池田认为在大自然承载范围之内，可以利用自然为人类服务，但征服自然支配自然的做法是愚蠢的。要保证人类永久存在，必须从根本上解决环境问题。而环境问题的彻底解决要依赖于人类精神层次的自然观变革。而变革旧式的自然观，当务之急是建立新型的人类自然学，扭转错误的思想观念。什么是人类自然学呢？实际上"也就是调和、综合并提高人和自然固有力量的学问体系"①。在与威尔逊对谈时，池田提到要建立人类自然学，每个人"不仅决不为了自身的欲望和利益而伤害大自然，而且还要使全人类永远树立与大自然和谐发展、共存共亡的自然观和人生观"②。不仅如此，池田还以维护生命尊严为出发，认为实现人类可持续发展就必须尊重生命，"生命最为可贵，一切的出发点在于生命。……建立一种真正能感受到生命尊严的、正确的生活方式，才是最最重要的"③。显而易见，池田倡导从根本上变革自然观，树立人与自然和谐共处的思想观念，建立以维护生命尊严为基础的生活方式。

池田大作洞悉环境危机的根源与危害，思考关乎人类长久生存的问题，保护人类环境是池田可持续发展思想的第一要义。他提出以上具体的环境保护措施均是建立在人类长远发展的角度来考虑的，这不仅是为当代人更是为子孙后代的幸福着想。归根一点是从根本上变革自然观，摒弃落后狭隘的思想观念，保护环境是为了人活得有尊严，变革人们的生活方式和生活态度。显然，这与池田人性革命论无法分割。

二、池田大作消灭贫穷观

塞萨洛尼基宣言指出"可持续性概念，不但涉及环境，更涵盖了贫困、人口、健康、粮食的确保、民主主义、人权、和平等问题"④。该宣言把贫穷问题列在首位，意在说明除了环境问题，贫困问题的存在威胁到可持续发展社会的建立。池田先生有同样的认识，认为环境问题与当前地球上存在的各种"问题群"密切相关，消灭贫穷是实现全球可持续发展的关键。

1. 贫穷问题的现状及其危害

贫困问题不容忽视，2014 年，全球有超过 8 亿人陷于极端的贫困状态，发展中国家和地区有五分之一的人仍旧生活在每天 2.5 美元以下，贫穷率常见于脆弱和受冲突影响的小国，世界上五岁以下的儿童中，有七分之一的身高低于其年龄段的正常值，每天有 42000

---

① 池田大作：《人生寄语》，上海：上海社会科学院出版社，1992 年，第 129 页。
② 池田大作、威尔逊：《社会与宗教》，梁鸿飞等译，成都：四川人民出版社，1991 年，第 463-464 页。
③ 池田大作：《我的人学》，铭久等译，北京：北京大学出版社，1996 年，第 583 页。
④ 1997 年 12 月，在希腊召开了"环境与社会国际会议"，这次会议上发表重要的塞萨洛尼基宣言。

人由于战乱要逃离家园寻求庇护。截止到2015年,《千年发展目标》①并没有完全实现,世界各地脱贫进度不一,尤其是撒哈拉沙漠以南的非洲地区最为缓慢。贫穷问题不仅存在于发展中国家,发达国家也存在威胁众多人生命尊严的贫穷问题,而且这种状况呈现越来越严重的态势。贫穷不但有物质上的贫瘠更有精神上的匮乏,而"其本质则是一种损害人类尊严、平等公正、剥夺人类生存权利的社会现象"②。贫富差距越来越大,人际关系较之以前隔阂加深,人与人之间缺乏一种信任。长此以往,人往往处于一种被孤立排挤的境地,其人格上的尊严会受到严重的伤害,实在令人堪忧。

那么产生这种危机的真正原因是什么呢?池田认为首先是经济结构的问题,"'南'方诸国面临"恶性循环",即贫困、人口增加和环境破坏相互连锁的'PPE问题'。这一严峻的现状起因于南北差别的国际经济构造问题"③。他说:"通货膨胀、经济萧条以及能源问题等结构性的问题正使世界陷于麻痹。"④这只是人们看到的外在原因,更深层的原因是具有"双刃的利剑"性质的科技进步带给人类的各种危机,"以前使人感到给人们带来生活的富裕和幸福的'成长'与'进步',现在就如同一把双刃剑正威胁着人们"⑤。这把双刃剑是由科技进步带给人类的各种社会危机。实际上,这一论断道出导致贫穷的真正原因,更抓住了贫穷的本质所在。

贫穷问题持续存在会带来哪些危害和后果呢?经济落后的地区,贫穷就像是恶魔一样,首先让穷人们无法解决正常的温饱,疾病缠身无法享受正规的医疗救治,贫困地区的孩子不能接受正常的教育。如此一来,就会迸发出诸多社会问题,贫穷落后威胁到人的基本生存权利和发展权利。贫穷是造成恐怖活动的重要原因,像今天的中东地区战火不断,社会动荡不安,这不仅招致生态失衡,社会纷争不断,拉大社会贫富差距,威胁社会的安定,剥夺人的生命尊严。反过来,地球环境恶化、人口激增与贫困问题是一个恶性循环,贫穷问题正是一切问题的祸根,还会加剧这种恶性循环。那么,消灭导致这一恶性循环的罪魁祸首——贫穷,从长远来看,可以改善人权和社会不公平,减轻人类尊严的威胁,是全球可持续发展的基础和关键。人类发展的关键不是消灭物质贫困,而是消灭精神贫穷,罗马俱乐部负责人奥锐里欧·贝恰说:"物质增长是有限度的,相反,人的精神成长的余地还是很大的。人类成长发展的关键在这里。"⑥这些话对实现可持续发展很有启发意义,消灭威胁人类生存尊严的贫穷问题,将是符合时代潮流的正确抉择。

---

① 2000年9月通过的"联合国千年宣言",该宣言确定以2015年为期国际社会应达到的目标。内容涉及解决极度贫困和饥饿、完全普及初等教育等八个领域。
② 曾建平:《池田大作环境正义观》,《井冈山大学学报》,2011年第3期。
③ 池田大作:《地球文明的新地平线》,1997年。
④ 何劲松选编:《池田大作集》,上海:上海远东出版社,2003年,第11页。
⑤ 何劲松选编:《池田大作集》,上海:上海远东出版社,2003年,第11页。
⑥ 何劲松选编:《池田大作集》,上海:上海远东出版社,2003年,第12页。

2. 消灭贫穷的措施

当今人口众多的发展中国家还忍受着贫困和饥饿的威胁，贫困问题解决不了，可持续发展就无从谈起。一般而言，经济越不发达的国家和地区，人口增长越迅速，抑制发展中国家人口增长是解决贫困的一大关键。从世界范围来看，解决贫困问题的障碍是南北半球国家之间的对立，消灭贫困需要发展中各国家的努力以及国际合作。

（1）抑制人口增长

人口问题是关系到人类长久生存下去的重大课题。随着医疗卫生条件改善，发展中国家人口迅速增长。池田呼吁必须抑制人口爆炸性增长趋势，否则"其结果必然导致极其戏剧性的人类毁灭"①。

如何抑制这种人口暴增的局面呢？"在这些国家中有力推行节育，是解决人口问题的妙策。"②对此，池田赞成不能仅凭政府权力控制人口增长的观点，但在考虑人口限度时，他主张"应当把一个国家生产的谷物等主要食品量及其能够维持的人口当作考虑人口的适当数量的基准"③。所以依据本国国情，计划能养活人口的数量，再推行节育政策。至于如何推行节育，池田认为以尊重生命为前提，政府应大力普及节育知识，在与贝恰对谈时，他说："普及有关人们不必超过自己的愿望去生育的知识和技术。"④此外，政府需要制定相关的政策在经济上扶持那些谨遵计划生育政策的家庭，同时也应考虑长期推行计划生育所带来的社会问题，如家庭结构缩小带来的居住问题、人口严重老龄化问题、孩子人格教育和性格培养的问题等。

池田先生提出抑制人口适度增长，一定程度上反映了他思考问题的前瞻性和预见性。人口问题着实影响人类社会的可持续发展，必须集思广智妥善处理。所以适度抑制人口增长，消灭贫困的目标才有可能实现，人类社会才有可能实现可持续发展。

（2）各国共同努力

发展中国家与发达国家的矛盾是横在南半球与北半球之间的一道鸿沟，南北半球国家间和平相处，是解决贫穷问题的关键。池田大作认为全球可持续发展的障碍在于南北半球对立的问题。

1992年联合国会议在巴西召开，会议以地球环境与开发为主题，强调"有可能持续的开发"，然而"出于南北对立和北方内部的对立这种极为复杂困难的情况，有人甚至对联合国会议能否成功表示怀疑"。⑤他说："展望未来，为子孙万代造福。同时又满足现在人们的基本欲求，这样的开发被举为目标。然而，围绕如何具体地推进有可能持续的开

---

① 池田大作、奥锐里欧·贝恰：《二十一世纪的警钟》，卞立强译，北京：中国国际广播出版社，1988年，第55页。
② 汤因比、池田大作：《展望二十一世纪——汤因比与池田大作对话录》，荀春生等译，北京：国际文化出版公司，1985年，第124页。
③ 池田大作、奥锐里欧·贝恰：《二十一世纪的警钟》，卞立强译，北京：中国国际广播出版社，1988年，第57页。
④ 池田大作、奥锐里欧·贝恰：《二十一世纪的警钟》，卞立强译，北京：中国国际广播出版社，1988年，第58页。
⑤ 何劲松选编：《池田大作集》，上海：上海远东出版社，2003年，第289页。

发，南北对立似不易消解。"①基于此，池田表示，为解决南北长期对峙的问题，必须推进可持续发展，"'当今最优先的课题就是对'北'榨取'南'的现存政治、经济结构实施根本的变革，构筑'北'与'南'能够'共存共荣'的世界体系"②。南北和解，共建共存共荣的良好世界关系，这可以说是抓住了可持续发展问题的关键。

池田认为政治稳定是解决贫穷问题的前提。为谋求稳定的政治局面，发展中国家需要进行民主化改革，还需削减本国的军费开支，将剩余资金作为维持穷人的基本生活。"为了让苦于极端贫穷的人重获尊严的生活，在所有的国家设定"社会保护最低标准（Social Protection Floor）"③。这种最低标准是为了维持人的最基本的生计问题，从物质条件上保障基本生存。因为，只有解决了人的温饱问题，我们才可以谈建立可持续发展社会。此外，池田还重视穷人与周围人相处的人际关系，这样，他们起码可以找到做人的基本尊严。尽管如此，也不能从根本上解除贫穷的困扰，需要指出的是，发展中国家年轻人的处境令人担忧，物质生活本就匮乏，精神上再得不到社会的认可，无疑是雪上加霜，如若年轻人丧失生活的希望，社会没有可持续的未来。

消除贫困虽需发达国家的援助，但单方面的经济援助会是一个无底洞，"归根到底需要的是发展中国家自己的内发性开发努力"④。那么如何才能使发展中国家做到这种"内发性努力"呢？最基础的便是强抓教育，与贝恰对谈时，他说："发展中国家为争取自立而首先要做的工作恐怕就是普及教育。"⑤在发展本国的教育事业时，应当依照实际情况建立适合其国情的教育体制，倾其全力发展教育。此外，池田认为发展中国家还可以参照中世纪欧洲大学教育的经验，创办不受国界约束的教育。让更多的人接受教育，尤其是要增加妇女接受教育的机会，有利于提高社会的整体素质，从根本上减少人口数量，从而为解决贫穷问题排除一大难题。

消灭贫穷不是某个国家能够单独完成的，池田一再强调需要国际合作。2000年，池田先生提出实施全球性的"马歇尔计划"⑥，"对严重债务国拨出可利用资金作为救济措施，缓和其贫穷状况，协助配备教育、保健、医疗等各方面"⑦。他还极力赞成2002年联合国可持续发展首脑会议上通过的设立"世界联合基金"提议，旨在帮助经济落后的国家消灭贫穷，走向独立自由富强的道路。以2015年为期，各国首脑定期召开世界峰会，以向联合国汇报千年发展目标的实施情况。关于召开会议的地点应该选在最为贫穷的地区，这才能表明全世界对贫穷问题的高度重视。世界各国以联合国为联系的纽带，加强国际合

---

① 何劲松选编：《池田大作集》，上海：上海远东出版社，2003年，第288-289页。
② 贾蕙萱、张可喜主编：《池田大作研究论文集》，香港：香港社会科学出版社，2004年，第141页。
③ 池田大作：《和平共存与生命尊严》，2013年。
④ 何劲松选编：《池田大作集》，上海：上海远东出版社，2003年，第287页。
⑤ 池田大作、奥锐里欧·贝恰：《二十一世纪的警钟》，中国国际广播出版社，1988年，第193页。
⑥ 又称欧洲复兴计划，二战后，美国对西欧各国进行经济援助的计划。
⑦ 池田大作：《人本主义——全球文明的黎明》，2002年。

作，创造民间组织亲密交流的机会。此外，池田提议日本应为解决贫穷问题发挥领导作用，"我认为，特别是在建立联合国的'人的安全保障基金'中起积极作用的日本，应该为解决贫穷问题而发挥更大的领导能力"①。同时，池田提出联合国应该立足于人本主义精神，设置专门机构，用来处理最贫穷国家的问题。此外，发展中国家要减少与其他国家的摩擦和矛盾，为改善贫穷国家人们的生活创造一个良好的和平环境。

贫穷问题是社会长期发展不平衡而引发的诸多原因造成的。贫穷危机长期存在，给社会发展带来了严重的恶果与危害，这不容世人视而不见。池田先生站在世界人民幸福的高度，大力呼吁消灭贫穷。而消灭贫穷，需要适当的抑制人口增长，更需要各国人民的共同努力。消灭贫穷是实现可持续发展的关键。

三、池田大作创建幸福观

池田大作创建幸福的主要宗旨是绝不能在他人不幸的基础上建立自己的幸福。可持续发展的基本理念之一"是不仅要确保当前人们之间的公平，还要确保与子孙后代的代际公平"②。笔者以为，这里的公平实际上可以理解为幸福，那么在池田看来，既要创造当代人的幸福，更要构筑与后代之间的代际幸福。

地球面临着自然灾害、环境破坏、贫困、饥饿、战争等各种阻挡人类幸福的难题。从全球来看，北半球发达国家高耗能、高污染的生产消费模式，损害人类的共同幸福，而南半球诸国正面临贫困、人口、环境问题的严峻形势。如果诸多问题得不到解决，可持续发展只是空中楼阁，自然也没幸福生活可言。这可怕的事实不仅危害到当代人的幸福，更剥夺了后代的生存希望，所以"除了探讨世代间的公平之外，也必须谋求以'南北问题'为代表的现代社会的公平。'可持续开发'是环境问题的关键，如果不密切配合这两种公平来考虑，就可能变成'有名无实'"③。面对这些危机，池田认为创建人类共享的幸福是超越国境的课题，"除了《世界人权宣言》所伸张的"超越国境的普遍性"的横轴以外，还需要一个"超越世代的责任感"的纵轴，来展望人类未来的幸福，构筑可持续发展的和平地球社会"④。实际上，池田先生所追求的夙愿是所有人在现实世界都能获得幸福，创造人类社会的繁荣。

何为幸福呢？池田大作把幸福分为相对的幸福和绝对的幸福。"所谓相对的幸福，是指从经济富裕、社会地位等自身之外的世界所获得的幸福。环境、条件一旦发生变化，这

---

① 池田大作：《人本主义——全球文明的黎明》，2002 年。
② 冉毅、曾建平主编：《关爱人性善待生命——池田大作思想研究》，长沙：湖南师范大学出版社，2003 年，第 164 页。
③ 池田大作：《地球文明的新地平线》，1997 年。
④ 池田大作：《以人性的宗教创建和平》，2008 年。

种幸福很容易崩溃"①。相对的幸福是幸福的外在表现。"与此相对,所谓绝对的幸福,是指一种不屈服于任何困难和考验,相信活着本身就极其快乐的境界。"②人有生活目标并在为之努力的过程中,内心获得深层次的充实满足感,这才是真正的幸福。与松下幸助之对谈时,池田认为与充满无节制的欲望相比,"真正的幸福是立足于更广阔的社会视野,决定自己的目标,并朝着这一目标努力,主体地点燃自己生命的热情,从而感到一种生命的充实感"③。幸福不会从天而降,历经痛苦之后得来的持续幸福才有意义。

怎样才能获得更深刻、更持续的幸福呢?池田认为"第一条便是生命本身的态度问题,也就是说自始至终都要主动积极地解决人生的问题"④。此话意在说明建立真正的幸福需要建立积极的人生态度,确立人生的奋斗目标,依靠自己的力量向命运抗争,获得生命存在的充实感。池田认为如若想长久幸福生活,每个人唯有从根本上变革生活态度和生存方式。"库财不如身财,身财不如心财",基于对佛法的诠释,对此他作了进一步的说明:为了使人们所追求的幸福能够更加深刻、更加持续,这种"心灵世界调和"⑤的方式是很重要的。作为佛教徒,池田领导的 SGI 基本精神立足于大乘佛教所说的"菩萨的生存方式",即让不幸受苦之人走向幸福人生的生存方式。池田深深认识到他人之苦即是自己之苦,经常向他的学生们说"不要把自己的幸福建立在他人的不幸上"。⑥牧口在其著作《创价教育学体系》中提出确立贡献他人的生活方式,池田认为只有贡献他人的生活,才可彰显自己的存在感,这是一种"自他共享幸福"的生活态度。这种生活态度与他的人性革命思想一定程度上是一致的,通过贡献他人生活的途径,充分地发掘他人的潜能,建立一个和谐幸福的社会。此外,池田还指出了"创造价值才是幸福的本质"⑦。在与钱德拉对谈时,池田认为正是佛教为我们指出了创造价值之道,"'创造价值'之道,正是一条指引人类'共存',与万物'共生'的和平大道"⑧。追求幸福是人类永恒的话题,世界和平才是人类真正的幸福,创造价值方可使地球朝着世界和平、人类幸福的方向前进。

不管是建立当代人的幸福也好,还是构筑后代人的幸福也罢,人们应该放眼全世界,"以实现全人类的幸福为己任"⑨。只有拓宽自己的视野,共建自他繁荣的过程中,人们才会获得真正的喜悦,建立真正的幸福,而且要把这种幸福扩大至全人类。这是一种为全人类奋斗的幸福观,一种由小我幸福到大我幸福的升华。创造幸福是构筑可持续发展社会的目标。

---

① 池田大作:《365 日给女性的赠言》,成都:四川人民出版社,2008 年,第 183 页。
② 池田大作:《365 日给女性的赠言》,成都:四川人民出版社,2008 年,第 183 页。
③ 池田大作、松下幸之助:《人生问答》,北京:中国文联出版社,2000 年,第 38 页。
④ 池田大作:《人生寄语》,上海:上海社会科学院出版社,1992 年,第 40 页。
⑤ 池田大作、路奈·尤伊古:《黑夜寻求黎明》,北京:中国国际广播出版社,2003 年,第 224 页。
⑥ 池田大作、杜维明:《对话的文明——谈和平的希望哲学》,成都:四川人民出版社,2007 年,第 73 页。
⑦ 池田大作、钱德拉:《畅谈东方哲学:池田大作与钱德拉对话录》,成都:四川人民出版社,2012 年,第 129 页。
⑧ 池田大作、钱德拉:《畅谈东方哲学:池田大作与钱德拉对话录》,成都:四川人民出版社,2012 年,第 147 页。
⑨ 赵静:《池田大作科学发展观初探》,《吉林省教育学院学报》,2011 年第 11 期。

综上分析，池田可持续发展思想的内涵包括三大部分：池田大作环境保护观、池田大作消灭贫穷观以及创建幸福观。在未来发展的进程中，这三者是一个有机统一的整体，池田先生对这一思想的具体定义彰显了人类社会应该努力发展的方向。可持续发展的基础是环境保护，关键是消灭贫穷，目标是创造幸福，这三者之间联系紧密且相辅相成。

中日民间外交的杰出使者及其贡献与启迪

——廖承志与池田大作研究笔记

仲恺农业工程学院　高岳仑　蔡立彬

廖承志生于1908年，比池田大作年长20岁。1974年5月30日，二人初次见面便"一见如故"，随后九年多的光阴中，他们缘于维护世界和平与实现中日邦交正常化事业而结成了深厚的"忘年之交"。

在中日友好协会欢迎池田先生首次率团访华的宴会上，廖承志会长说："池田大作先生率领创价学会代表团前来我国进行友好访问，我们有机会同池田先生和创价学会的朋友们促膝交谈，感到非常高兴。""我们清楚地记得池田大作先生早在1968年就明确地反对制造'两个中国'的阴谋，主张日本应该正式承认中华人民共和国，恢复中国在联合国的合法席位。1969年，池田先生还著书明确提出要把同中华人民共和国缔结和平友好条约放在优先地位。我们对池田先生在中日关系问题上的远见和积极态度表示赞赏和敬佩。"[①]

池田先生第一次见到廖承志也充满敬意，他见到的"廖会长身材魁梧，一派长者风范"，"紧紧握住廖会长的手，我感到从那双温暖的大手中，仿佛传来了盼望日中友好并一直为之奋斗的深厚感情"。[②]在廖承志逝世后，池田先生深情地说："廖会长爱戴中日两国的人民。如果没有他，促成两国间友好关系也许更困难吧，他是日本的恩人。"[③]

一、共同的理想与理念

（一）实现世界和平的共同理想

廖承志认为，实现中日邦交正常化就是"为两国人民世世代代友好相处，进而为缓和

---

① 廖承志：《廖承志文集》（下卷），北京：人民出版社，1990年，第476-477页。
② 池田大作：《新人间革命》（第二十卷），香港：天地图书有限公司，2010年，第17-18页。
③ 池田大作：《理解 友谊 和平——池田大作讲演 随笔录》，北京：作家出版社，2002年，第149页。

文化交流与文明融合
——第九届池田大作思想国际学术研讨会论文集

亚洲紧张局势及世界和平作出应有的贡献"①。池田大作则向全世界宣告："人类团结起来进行的最大事业就是建设永久和平，伸一（池田先生本人——笔者注）下定决心，创造纽带，使之成为人类团结的'芯'。"②

1. 新中国和平大使的理想与追求

中华人民共和国成立不到一年，朝鲜半岛爆发战争，阴云遮住了中国人民刚刚见到的和平曙光。然而中国人民热爱和平初心不改，为争取和平而继续付出巨大努力。当时，廖承志在中国人民争取和平、保卫和平的伟大事业中表现非常突出，因而他出任了中国人民保卫世界和平委员会副主席、世界和平理事会常委、中国亚非团结委员会主席。"他作为中国保卫世界和平的使者，多次出国，跑东跑西，马不停蹄。在莫斯科、布拉格、维也纳、华沙、柏林，在斯德哥尔摩、赫尔辛基，在新德里、科伦坡等许多地方，廖承志参加为民族独立、为世界和平举行的各种国际会议和进行友好访问。"这位受人尊重的和平使者，不仅有着坚定的理想，而且具备了常人难以达到的工作水准，他具有"丰富的中外历史文化知识，熟练掌握了日语、英语和德语，还能讲些法语和俄语"③。

1952年12月12日至20日，廖承志参加了在奥地利维也纳举行的世界人民和平大会，出席会议的共有85个国家的正式代表、观察员和来宾等1904人。大会主要讨论了民族独立和国际安全问题，停止一切现有战争问题特别是朝鲜战争问题，缓和国际紧张局势问题，大会最后通过"世界人民和平大会宣言"和"致五大国政府书"。宣言提出立即停止朝鲜战争、禁止细菌战、反对建立军事基地，绝对禁止原子武器并开始裁军谈判，必须恢复中华人民共和国在联合国的一切合法权利和地位等。"致五大国政府书"提出缔结和平公约的要求。大会指定了争取和平的共同纲领，加强了世界人民的团结，扩大了和平阵线，推动了世界和平运动的进一步发展。大会期间，廖承志"经常与哪个国家代表交谈，就用哪国语言，完全不需要翻译。在大会上自己发言自己翻译。许多国际会议的重要文件，也是在他的参加下写成。他往往成了会议上一位最活跃、最吸引人的人"④。

2. 世界和平使者的渴望与奋斗

池田大作为之奋斗的理想是为世界永久和平创造纽带，他主张和平要靠"主动地去争取"，反对"逃避现实"的"遁世"态度。他把维护世界和平的希望寄托在创造历史的主角——世界各国人民群众的共同行动上。池田先生相信，"高举争取人类和平的旗帜，高呼'和平'的民众队伍愈是扩大，离和平就愈近，离战争就愈远"⑤。

1983年，也就是廖承志逝世的那一年，池田大作获得了"联合国和平奖"，并且此后获奖越来越多，影响越来越大，如：1986年获得中国人民对外友好协会颁发的"中日和

---

① 田桓主编：《战后中日关系文献集（1971—1995）》，北京：中国社会科学出版社，1997年，第98-99页。
② 池田大作：《新人间革命》（第二十卷），香港：天地图书有限公司，2010年，第272页。
③ 铁竹伟：《廖承志传》，北京：人民出版社，1998年，第257-258页。
④ 铁竹伟：《廖承志传》，北京：人民出版社，1998年，258页。
⑤ 池田大作、木口胜义、志村荣一：《佛法与宇宙》，北京：经济日报出版社，1997年，345页。

平友好杯",1988年再获"联合国荣誉表彰""国际和平奖",1989年获联合国难民专员公署的人道主义奖,1999年获爱因斯坦和平奖……同时,池田先生和平教育的思想被越来越多国家的高等学府认同和赞赏,截至2016年3月12日,全世界共有366所大学和研究机构授予池田先生荣誉学术称号。

池田先生自1960年担任创价学会第三任会长后,开启了大量追求世界和平的出访活动,被公认为全球著名的"和平使者",他的足迹遍布全球,其漫漫行程可谓名副其实的"世界和平之旅"。池田先生广泛会晤各国元首,与知名学者对谈,阐述他对维护世界和平的见解和建议。影响特别巨大的是:1975年1月26日,在关岛召开的由51个国家和地区创价学会会员出席的和平会议上,国际创价学会(英文名称为Soka Gakkai International,缩写是SGI)宣告成立。自1983年起,每年的这一天,即"SGI日",都会发表池田大作会长的《和平倡言》,2016年1月26日发表的第34篇《和平倡言》题目是:万人的尊严——迈向和平的大道。

(二)实现中日邦交正常化的共同理念

廖承志曾对日本友人说:"我们搞民间外交,就是需要更多的日本人民了解中国,从而达到水到渠成,最终实现两国的关系正常化。"这需要有"最广泛的统一战线",①池田先生则劝说一些忧心忡忡的人:"共产主义国家也好,资本主义国家也好,那里有同样是祈望和平的人呀!我要去架设桥梁,连结人心。那是通向和平最正确的道路,这就是我的信念。"②

1. 廖承志友善待人力建"最广泛的统一战线"

1954年10月30日,中国红十字会代表团作为新中国第一个访日代表团出访日本。这次访问突出体现了中日两国人民要求友好相处的共同愿望,揭开了中日关系史上新篇章。廖承志作为代表团负责人,不仅自己最大限度地交朋友,他还天天"赶"着代表团里的同志"出去活动,出去活动!"他要求大家既要看望老朋友,又要结交新朋友,谁待在家里就是偷懒,要受罚,要挨批评③。此后,中国各界代表团陆续访问日本,更多的日本各界代表团访问中国,从民间到官方,逐步增加共识,争取中日邦交正常化的统一战线悄然形成。

熟悉中日关系史的朋友都知道,"坚持民间交往不断线,朋友多多益善的廖承志先生,即便对于反华言论明显,对中国不友好的日本当政者,他也并不采取拒之千里,避若瘟神的态度。"④廖承志广交朋友的做法之所以成功,是因为他在和日本朋友的交往中,做到了真心实意,以诚相待,光明磊落,信守信义,赢得了日本朝野的信任和爱戴。

---

① 铁竹伟:《廖承志传》,北京:人民出版社,1998年,第318页。
② 池田大作:《新人间革命》(第二十卷),香港:天地图书有限公司,2010年,第113页。
③ 铁竹伟:《廖承志传》,北京:人民出版社,1998年,第324页。
④ 铁竹伟:《廖承志传》,北京:人民出版社,1998年,第324页。

2. 池田大作肩负使命超越意识形态束缚

池田大作实现中日邦交正常化的理念，第一次在 1968 年 9 月 8 日的著名演讲——《光荣归于战斗的学生部》中得到明确阐述，集中体现的要点是：（1）日本正式承认中华人民共和国，实现两国邦交正常化；（2）恢复中华人民共和国在联合国的合法地位；（3）推进日本与中国在经济、文化方面的交流。由于这篇演讲以强烈主张中日邦交正常化为其鲜明突出的特征，在中日关系史上被称为"日中邦交正常化倡言"（或简称"池田倡言"）。

池田先生在上述三大主张中所体现的理念是非常明确的：首先，"邦交正常化是彼此的国民之间能够互相理解，互相交流，互相增进利益，并能为推进世界和平做出贡献"；其次，恢复中国在联合国的合法席位问题与世界和平具有关联性，解决这个问题"才是真正维护以联合国为中心，才是对世界和平的伟大贡献"；第三，发展日中贸易关系的目的"不仅是为了单纯的经济利益，而且是为了同为亚洲的繁荣乃至世界和平作出伟大贡献直接联系的"①。

二、不同的经历与实践

廖承志与池田大作都出生在日本，但他们的出生背景并不相同，为维护世界和平、实现中日邦交正常化的奋斗经历与具体方法和实践也不尽相同，而他们所作的贡献同样得到了世界人民尤其是中日两国人民的肯定。

（一）从不同背景下走出的杰出社会活动家

1. 是官非官，乐于广交朋友

廖承志的父亲廖仲恺、母亲何香凝都是著名的革命家，廖承志投身革命后又长期担任各种领导职务，但他从不认为这是当官。"有位老同志这样评价廖承志：他在下级面前不以为自己是上级，就盛气凌人；在下级面前不以为自己是下级，就唯唯诺诺。一律平等待人，这就是他的特殊品格。"②因此廖承志在各项工作和社会活动中广泛结交朋友，同时做到心中有数，坚守原则。他以亲身体验告诉身边同事："一个人只要为我党做过一点好事，出过一点力，为爱国事业做过一点贡献，就是我们的朋友，就要铭记不忘。"③在实现中日邦交正常化的过程中，廖承志不仅与池田大作结下"忘年之交"，他还与卸任、时任的日本首相田中角荣、大平正芳、石桥湛山等坦诚相交，他在日本的真心朋友很多，如：日本著名政治家松村谦三、高碕达之助，参议院议员西园寺公一，日中文化交流协会理事长中岛健藏，家族世交宫崎世民，公明党委员长竹入义胜，日中友好协会会长宇都宫德马，日中贸易促进会会长藤山爱一郎、日中友好会馆会长古井喜实，以及为推进中日友好

---

① 卞立强：《日中恢复邦交秘话——池田大作与日中友好》，北京：经济日报出版社，1998 年，第 55-65 页。
② 铁竹伟：《廖承志传》，北京：人民出版社，1998 年，第 247 页。
③ 铁竹伟：《廖承志传》，北京：人民出版社，1998 年，361 页。

事业而付出生命的日本社会党委员长浅沼稻次郎等。

2. 植根民众，善于联系政要

池田大作先生出生在普通劳动人民家庭，自幼养成对生命的敬爱，尤其对饱受贫困与战乱的人们寄予深切的同情，他一再强调："没有比战争更残酷！没有比战争更悲催！"①为此，池田先生一以贯之地为世界和平运动而奔波，大量接触各国民众与政要，广泛宣传和平主张。特别令人敬佩的是，池田先生团结和带领着分布在192个国家和地区的1 200万以上国际创价学会会员，通过文化教育交流，推进世界和平事业。池田先生既善于接地气，联系民众，也善于传递善意，积极联系包括联合国秘书长在内的全球政治家和各国领导人。仅就中国而言，从20世纪70年代以来，池田先生与中国高层领导人一直有着友好关系。

（二）甘当马前卒与勇做倡导者皆有建树

中华人民共和国成立以后，见诸报端的有关廖承志活动报道，绝大多数是接待来自一衣带水邻邦的日本朋友，无论是洽谈贸易、进行文化交流还是为中日政府传递信息，廖承志自我定位就是推进中日友好事业的马前卒。池田大作则旗帜鲜明地倡导中日邦交正常化，竭力推进世界和平与发展。他们两人的历史建树得到了中日两国人民和世界人民的赞许。

1. 廖承志一马当先组队攻坚克难

从1952年到1983年的31年中，廖承志为新中国对日工作担当重大责任，负责具体工作，尤其在中日两国没有外交关系的艰难条件下，他真正发挥了逢山开路、遇水搭桥的马前卒作用，并且在工作实践中培养和熏陶了赵安博、孙平化、王晓云、肖向前、吴学文、王效贤等一批优秀的对日工作骨干，形成了新中国对日工作的人才队伍，因此如果说他开创了"对日工作的廖承志时代"，绝不为过。"他是周恩来总理的得力助手，每当毛泽东主席接见日本朋友，都有他陪同，所有的日中谈判都有他参加，无论多么困难的事，他也能像周总理那样，找来有关各部委的精兵强将，群策群力，总能想出法子，乐呵呵地克服一个又一个的困难。"②

2. 池田大作身体力行开辟沟通渠道

池田大作自1968年9月正式发表"日中邦交正常化倡言"后，亲自开辟了多条推动这项艰难事业的工作渠道，这包括可以与日中两国政府交换想法的信息渠道，组建公明党在日中两国政治生态中表达善意的政党渠道，组织文艺团体互访交流的艺术渠道，发表演讲、赠送图书的学校渠道，结识学者发起对谈的对话渠道，运用报纸、刊物宣传和平友好主张的新闻与学术渠道，以及率先接收中国留学生、派送日本留学生的高等教育渠道，等等。池田先生想得远、说得好、做得到，各种渠道一开即通，发挥着各自作用，综合起来

---

① 池田大作：《新人间革命》（第九卷），香港：天地图书有限公司，1999年，第160-161页。
② 铁竹伟：《廖承志传》，北京：人民出版社，1998年，第327页。

就逐渐汇成了和平友好的时代潮流。周恩来总理对此予以高度赞赏,他说:"池田先生呼吁中日两国人民在任何情况下都必须发展友好关系,对此我非常高兴。中日友好是我们的共同愿望,要共同努力。"①

三、重要的历史贡献与当代启迪

廖承志与池田大作为开展中日民间外交、推动中日邦交正常化和世界和平发展所做的巨大努力及其历史贡献,是载入史册的荣耀,值得中日两国人民和世界各国人民永远珍惜;同时,在他们创造的历史功绩中,人们可以提炼出启迪后人的经验与希望,如以下三点。

(一)发展民间外交,消除紧张对立

当今世界主题依然是和平与发展,并逐渐融入合作、共赢的主张,但是国与国之间的官方外交往往因政治或经济的原因受到限制,随时可能出现困难甚至斗争,当官方关系紧张到军事层面的剑拔弩张时,将直接威胁世界和平与人民安宁。然而各个国家的民间外交则以文化教育交流为主,具备减少或避免政治与经济问题困扰的优势。因此发展民间外交,有利于消除官方外交棘手的紧张与对立,促进和平与发展。

民间外交的基础是通过文化教育交流凝聚起来的民心,关键是有一批扎实做事、勇于担当的有识之士,这样的民间外交才有相向而行、齐心协力的结果,切实发挥以民促官的作用。

(二)尊重文化差异,倡导文明融合

国与国之间的交往和人与人之间的交往是同样的道理,首先需要相互尊重。自古以来,各个国家与民族,生活在不同地区,创造了富有自身特色的文化,虽然同属人类文明,却存在诸多差异。只有承认差异,尊重别人,加强交流,差异才不是问题,文明就可以融合。

廖承志是非常注意尊重别人,尊重文化差异的人。他的朋友遍布五大洲,既有大国政客、明星名记,又有平民百姓;当然,这当中日本朋友最多,涵盖各阶层、各行业。为什么他能像吸铁石一样吸引东西方各色人等?为什么连虔诚信仰上帝的人、政治观点不同的人都同他谈得来?答案就是:廖承志给予对方最真诚的、绝非做做样子的尊重。有了人世间看似平常却十分重要的相互尊重,就有了人情味,所以"外国朋友对廖承志称赞最多最普遍的,还是他的人情味"②。人情味可以带来情感融合,是文明融合的润滑剂。

池田大作与廖承志最显著的相似点之一,就是在文化上谦虚地尊重差异、平等地开展

---

① 池田大作:《新人间革命》(第二十卷),香港:天地图书有限公司,2010年,第235页。
② 铁竹伟:《廖承志传》,北京:人民出版社,1998年,第373页。

交流。池田先生与中华文化促进会主席高占祥对话时说:"文化人之间的交往,不该是强加于人,也不该是冲突,而必须是相互理解、产生合力。从这个意义上来讲,我所期待的是民间草根交流","文化交流在防止一切纷争、建立信赖关系的过程中不可或缺"。①池田先生在与华中师范大学前校长章开沅教授对话时曾举过一个例子:新中国第一个访问日本的代表团是中国红十字会代表团,"访日期间,翻译王女士在马路和火车上都曾听到日本人惊呼:'中国人和日本人没什么两样嘛!'她还回顾说:'真见到面了,偏见和恶意的谣言自然就会消失。不见面和不往来是挺可怕的'"②。所以多见面,多往来,求同存异,不同的文化都会发展,人类文明也会在不断的融合中提升水平与境界。

(三)重视青年交流,培育世代友好

世界上凡有远见的政治家,都会把希望寄托在青年身上,把培养青年向善、向上的精神与交流合作能力作为长期任务。廖承志和池田大作都在自己也很年轻的时候就做过青年工作,因而更加了解青年、爱护青年,善于组织青年开展友好交流活动。廖承志早在1949年就担任了中国新民主主义青年团中央副书记、中华全国民主青年联合会主席;池田大作则在30岁前已担任创价学会的青年部长,1960年刚刚32岁就担任创价学会第三代会长。事实证明,年轻干部的生理、心理最接近青年,因而最易于做青年工作,培养和使用青年干部何其重要。

在中日关系非常困难的1965年,廖承志率中日友好协会,联合全国青联、全国学联承办了第一次中日青年友好大联欢活动。当时的日本佐藤荣作政府对这次联欢活动设置了障碍,原定来华500位日本青年,却有40多位被拒绝签发护照,而且能来的也被迫分成两部分,前后相差3个月来到北京。廖承志克服种种困难,统一指挥3万中国青年与来访的日本青年联欢,充分展示了中国人民与中国青年期盼中日友好的真心实意,安排了丰富多彩的参观访问和文体交流的活动,为中日友协于19年后的1984年举行更大规模的中日青年大联欢活动积累了宝贵经验。

1974年池田先生首次访问中国时,有位日本记者问先生:"中日之间最大的课题是什么",很可能记者希望得到的回答是在实现中日关系正常化之后,最重要的是签订和平条约。但是出乎意料的是,池田先生不假思索地回答:"今后最重要的是青年的交流。未来主人翁的交流比什么都重要。"③在池田先生的指引下,创价学会青年部与拥有3亿7千万名青年的中华全国青年联合会(简称"全国青联")加强了彼此互相信任的交流。迄今双方互相派团访问各有10多次。

---

① 池田大作、高占祥:《联结地球的文化力——高占祥与池田大作对话录》,北京:中国人民大学出版社,2011年,第221-222页。

② 章开沅、池田大作:《世纪的馈赠:章开沅与池田大作的对话》,武汉:湖北人民出版社,2011年,第114页。

③ A. 瓦希德、池田大作:《和平的哲学 宽容的智慧——伊斯兰教与佛教的对话》,陈鹏仁译,台北:正因文化事业有限公司,2012年,第199页。

2014 年 5 月 29 日，笔者在池田先生访华 40 周年之际，有幸参加了与创价学会青年访华团成员一起在广州召开的座谈会，会上，中日青年开展了相互间充满信任的交流。大家的共识是："青年时代播下的友好种子是恒久的。"池田先生"也希望并竭力在年轻人的心灵大地，播撒下和平的种子。因为，它将不断开花结果"①。

搞好青年交流，才有世代友好；给力民间外交，可促文明融合。

---

① A．瓦希德、池田大作：《和平的哲学 宽容的智慧——伊斯兰教与佛教的对话》，陈鹏仁译，台北：正因文化事业有限公司，2012 年，第 199-200 页。

生命尊严：池田大作民间外交与文明融合的认识基础

仲恺农业工程学院　蔡瑞燕

池田大作认为万物平等，人人平等，都具有生命尊严，而要尊重生命，最重要的是体现在对弱者生命的尊重上，这在弱肉强食规则盛行的现实世界面前，显得非常珍贵，具有重要的启迪意义和现实价值。他基于生命尊严的认识基础，认为用民间外交，通过民众交往、平等对话的路径，每一种文明可以汲取外来文明的营养，使之成为自身文明发展的动力来源之一，促进自身文化的成熟与内在的进化。他身体力行民间交往，通过访问各国，促进具体的文化、教育、青年项目的交流，为增进不同文明间的相互理解和相互尊重，不断领会不同文明的价值，搭建"精神丝绸之路"；他还用个人的教育实践，在创价教育体系中，扎实地致力于培养"世界公民"，贯穿不断促进从"国益"中心向"人类益"中心转变的文化教育观念，努力打破不同文明间的隔阂和藩篱，使不同文明既保持个性又能相互融通，努力消除战争威胁、环境破坏、资源枯竭等现代人类"恶"的危机，从而为实现人类和平共处、开创共同的未来找到可能性。

文明与文化是不同层次的概念，文明概念外延要比文化宽泛，文化的内涵比文明具体，两者也有许多交集，因为没有明显影响本文的叙事与论理，因此在使用时没有作严格的区分，这是本文明显不严谨和欠缺的地方。

一、生命尊严：不同文明实现融合的认识起点

佛教观点认为，万物都有生命，不分任何物种，都具有平等的生命尊严。池田大作尊敬的日莲大圣人佛法有"樱梅桃李"的教诲，樱是樱，梅是梅，桃是桃，李是李，各自绽放而且彼此调和。池田非常推崇这种思想，认为樱梅桃李都有它的生命尊严，都应该得到尊重，不能偏颇，才能构成万物世界。世界上存在着各种各样的文化体，也是一样的，不同文化之间通过宽容、彼此尊重来实现多样性，构成多种文化并存的、丰富的世界，从而孕育出千差万别的人、生命个体！他引述哈佛大学努尔·亚曼博士说："我们必须'要像倾听麦子成长的声音那样'仔细认真，用最大的努力来培育人的多样性，必须要建立认同

多样性、尊重少数的宽容的文化。"①正因为存在着差异,才能互相启发,互相学习。因此因个性不同、信条不同而互相排斥是绝对不行的!

人类如何走向和解,不同文化之间的差异,是不是必然发展成冲突?冲突之处一定会变成你死我活?其实不是,完全可以"和解"。孔子给出的思想,一是"和而不同",二是"己所不欲,勿施于人"的换位思考,其中所蕴含的哲学思想,就是中华文化对待人类文化差异、进行不同文化对话的智慧源泉。"要教给人们不是'部落意识'。而是'人类意识',这才是教育的要义。就是说,若不用教育、哲学、宗教等陶冶植根于人们的潜意识层的民族意识,将其锻造成更开放、更普遍的人类意识,则新的世界秩序希望便会渺茫。"池田大作意识到:"面对这样的课题,我不能不注视在中国千年文明里如地下水脉一般源源流淌的传统的世界秩序感觉。我认为,这大概与揭扬仁、义、礼、智、信'五常'为宗旨的东亚大学建学精神也一脉相承。"②尊重其他异质文明、文化是自身文明发展的重要动力和养料来源,今天已越来越成为世界性的共识,这样才能让不同的文化体灿烂地盛放出不同的色彩,成为世界文化百花园中不可或缺的部分。池田大作历来视中国文化为日本文化的恩人,对中国文化深怀敬意,"众所周知,中国是对日本有文化大恩的国家,实际上,两千年来,日本一直受到中国文明的恩惠。我们所信奉的佛教也是贵国传来的"。池田大作深为敬仰的伟人周恩来总理也非常客观地说过,日本对近代中国学习西方文化的作用:"近八十年来,中国学西方文化,许多是通过你们那里最早学来的。"③就是说,文化多样性,可以大大提高人们向其他文化的背景、观点、价值观和思考方式等学习的激情和吸引力,汲取外来文化有益的营养会成为发展本体文化的重要来源和动力。可以说,人类文明就是这样在不同文化和文明相互启发中不断推动发展的。

池田大作作为一位日本的佛教领袖,能成为数以千百计的各国著名的"世界之友"的友人、著名的社会活动家,根本的一点,就是他为了架设不同文明之间的友好之桥,以"远观一百年,两百年以后"的胸怀,"带着生命尊严与和平哲学"奔走,④依照自己的信念诚挚地行动,为促进民间交流和消除东西方文化隔阂所做的努力和贡献。就个人而言,判断一个人拥有较强的跨文化交流能力,意味着他能以多元文化的视觉,开放的心态去看待每一种文化,对每一种文化表示出宽容和尊重。而这种能力一定要建立在广泛的交往、对不同文化体的了解的基础上。而且再退一步说,生活在同一个地球上,客观上存在着各种各样不同文化的人们,与其互相敌对很勉强,不如心怀尊重与宽容,互相理解、互相学习、融洽地生活在一起,要来得幸福一些。对于一个人,善于吸收不同文化、不同人的优点与长处,能够更好地融入其中,发展自己,就可以增强他生命的丰富性,消除隔阂增加安全感。

不同文明之间的交流,更是吸收、启发和发展自身文明的宝贵资源,"我认为,在接

---

① 池田大作:《我的世界交友录》(第一卷),长沙:湖南师范大学出版社,2006年,第32页。
② 池田大作:《我的中国观》,成都:四川人民出版社,2009年,第101页。
③ 《周恩来外交文选》,北京:中央文献出版社,1990年,第90页。
④ 池田大作:《新人间革命》(第20卷),台北:正因文化有限公司,2012年,第130、137页。

触异质文明、文化时,重要的是对该种文明、文化的人类长期生活经验的积累,要怀有敬意,抱着肯定的态度加以容纳。我也是这么实践的。在那里,一定含有可以使我们自身的文化、世界观、价值观更新和丰富的,发出耀眼光芒的价值的宝石。真诚的各种文明之间的对话,作为一项发扬这种既有普遍性又有丰富特色的宝石矿脉的工作,具有重要的意义"①。因此文明之间、文化之间的对话,可以是多层次的,不同的文化体甚至不同文化项目的交流,都可以取得相互理解与相互启发,成为彼此精神资源的作用。当池田大作希望读者把他与法国美术史家路奈·尤伊古进行对谈时能理解为"两个灵魂互相照射"来阅读时,既是他对不同文明相互关系的一种生动描述,也是他对不同文明间各种文化交流与融通时颇含深意的指向,即不同文明、不同民族文化、不同文化形式之间,甚至拥有不同的宗教信仰的人之间,确实存在着诸多的不同,但都并非不可逾越,而是可以相互学习与彼此借鉴的。比如,就对人的探讨而言,路奈·尤伊古在《同可见事物的对话》中一节的内容,"几乎同佛教的生命论的根本——'十界论'完全一致"。无论观点多么不同,真正的艺术都具有抵御精神颓废、使精神复苏的力量,"美"会使人的精神朝着极神圣的高度无限地飞翔。艺术在任何时代都是献给人类优良素质的赞歌,给人带来真正的勇气和希望,而蕴藏在艺术之中的这种力量,是与宗教的使命彼此互相高声共鸣的,因为"佛法的神髓也是促使人的内在力量无限地溶化和飞翔,从而争取人的真正的解放"②,即摆脱奴役与束缚,开示人的伟大、尊严、善性、智慧和美。

二、不同文明的融合存在着内在的逻辑性

不同文明存在着相互融通的内在逻辑性。

一方面,文化是人类长期活动的产物与成果,因为人类生活环境、历史、实践的区别,产生了不同的文化体,不同文化体之间有着明显的区别,不同民族文化有不同的人种、语言、民俗、习惯、艺术、政治等,体现出不同民族之间的差别,都是世界文化多样性的存在形态。而每一个文化体,从不同的角度去探讨与反映,又形成了诸如宗教文化、民族文化、政治文化、艺术、经济、社会等多个层面的内容。另一方面,不同的文化又不断地孕育着不同民族、种族、宗教等。今天,随着科学技术水平和生产力的发展,民众和文化交流交往越来越便捷和频繁,合作与交往变得不仅必须而且不可避免,不同文化体之间,再不可能像古时代那样自成体系、自我发展了。曾与池田大作对话的著名英国历史学家汤恩比说过:世界文明是多元文明构成的总体,西方文明只是众多文明中的一种,而各种文明是价值相等并共处于一种多元格局之中,即多元文明、不同的文化体是客观存在的,问题在于交流、理解和尊重。

---

① 池田大作、路奈·尤伊古:《黑暗寻求黎明》,北京:中国国际广播出版社,2003年,前言第2页。
② 池田大作、路奈·尤伊古:《黑暗寻求黎明》,北京:中国国际广播出版社,2003年,序言(二)第15页。

世界遗产委员会认为,"丝绸之路"是东西方之间融合、交流和对话之路,近两千年的时间里为人类的共同繁荣做出了重要的贡献。"丝绸之路"连接了两个文明——东亚古老的华夏文明和中亚历史悠久的区域性文明;见证了亚欧大陆经济、文化、社会发展之间的交流;促进了佛教、摩尼教等宗教在古代中国和中亚等地区的传播。联合国教科文组织的考察报告说,作为连接东西方世界的第一条道路,"丝绸之路"不仅运输货物,还被赋予了精神认同性。通过"丝绸之路",技术得到了传播,思想得到了交融,东西方第一次如此大范围进行交流,增进了彼此的友谊和理解。所以不同文明间根本没必要相互否定、"你死我活",而是可以"各行其道"、尊重并存,在相互汲取中进行各自的发展。作为佛教徒的池田大作,曾与许多不同宗教信仰的人士对话,都达到了相互理解、达成共识的成果,这也是很好的例证。池田大作说:"过去跟我商谈过的很多友人以及各国的领导人,都希望这一愿望能早日实现。谋求东西方文化交流的呼声已逐渐形成世界的潮流,这已是无可怀疑的事实。我要大声地呼吁,现在比任何时代都需要越过民族、社会制度和意识形态的障碍,在整个文化领域里进行民众的交流,也就是开辟把人与人的心灵联结在一起的'精神上的丝绸之路'。"

民众之间的文化交流,可以变"不信任"为"信任",变"反目"为"理解",是从这个世界上驱逐名为"战争"的怪物,达到真正持久的和平的唯一途径。

也就是说,不同文化取长补短,文明融合客观上必要,主观上需要,具有很大的迫切性和重要性。

客观上当今世界并不安宁,地球上恐怖主义、气候变化、网络攻击、环境污染、疾病流行、跨国犯罪等全球非传统安全问题层出不穷,对国际秩序和人类生存发展构成了严重的威胁,国际社会已日益成为一个你中有我、我中有你的"命运共同体",面对世界的复杂形势和全球性难题,任何单一国家都无力解决,任何国家也不可能独善其身。相互合作、人类和谐,共同为世界和平而努力,在今天比任何时代都更为急需和紧迫,是事关人类存亡的大事,池田大作说:"在世界面临的各种问题中,无疑最重要的仍然是建立和平。除此之外,人类不可能有其他任何的出路。"①

主观上,人类自身,不同文化体的人,都面对着世界"敞开的窗口",去探究、好奇其他文明是一种新的习惯,交通和技术条件也使随时交流变得便捷,而且不断涌现的需要合作的方面越来越多,不同文明间融合与合作共同领域和课题已越来越多,为了人类更美好的未来,池田大作与杜维明的《对话的文明——对谈集》中,强调尊重文化的多样性是争取世界和平与繁荣的前提条件,而现实也用许多人类实践与文明思想相背离的活生生、血淋淋的事实告诫人类:必须承认并宽容多元文化、多文明存在的正当性,并努力在不同文明间达成一些共同约束的行动准则,这种准则,用池田大作的观点,最广义的、最高级的人的文化,是精神上能给人启发的思想,就是"超越了各个家族、人种、教义和国家的

---

① 池田大作、路奈·尤伊古:《黑暗寻求黎明》,北京:中国国际广播出版社,2003年,前言第1页。

羁绊，超越了出自共同的社会地位和意识形态的同类意识"①。在打击恐怖主义、环境保护等必须合作的领域形成合力，促进经济贸易和文化交流，在宗教、风俗、习惯等不同方面相互尊重，和平共处，一起为孩子们缔造和平的、平安地生活的环境，使世界充满有成果的劳动和快乐的地方，这是人类共同的追求。

三、不同文明既可以保持个性又相互融通

可是，各国的利益关系复杂地缠绕在一起，社会问题层出不穷，建立一个没有战争的真正的和平与和谐的世界，谈何容易！这是需要文明的双方、需要全世界共同努力的事情，需要一个长时期艰苦奋斗的过程。在这个具体的形成过程中，任何一个民族文化、不同的文明体系，都应该基于寻求"有益于人类生存"的价值原则，不以自己或某个利益集团的利益或意识形态教条作为共识的基点，应该是在自己认可的原则与对方或其他多方认可或推荐的原则基础上，本着平等的原则进行深入的、反复的、综合性的对话和协商，形成双方或参与各方均能接受的新的共识，并以此约束彼此的行为，使之成为推进"有益于人类生存"的共同文明的价值原则。

池田大作在"生命尊严"和"人性互通"的认识基础上，通过不断进行民众交往，保持文明个性并实现不同文明相互融合。民间交往、不同文明间的平等对话，情感交流，可以打破文化壁垒，寻求共识，凝聚共识，同时，促进政治上的改变，谋求21世纪的世界和平，才能解决他关注的课题"人类怎样才能打破不同文化、宗教和民族的壁垒而取得调和"。②

进行民间交往，人与人之间、民众个人具体的交流，产生了友谊，便会看到对方的长处，人性里具有共同的心灵相通之处，即使拥有不同的宗教信仰也不会产生冲突。池田大作本人十分重视从"人"的视角去与"人"交友、对话，站在人、人道、人权的共同立场上，跟世界各国、各个领域的代表人物进行交往，扩大友谊，增进文化间人们的相互了解与理解，他的交友录，"可以说是心灵相遇的记录"③。因为通过民间交往可以看到人类共同的人性品质很多，比如慈祥、信念、眼泪与希望④、为了和平而冒死"坚持斗争"的行动和意志力⑤、希望与信赖、坦率而谦逊⑥等，都具有打动人心的精神力量，也是可以超越民族与宗教隔阂而达到"心灵相通"的因素，这种"人性互通""心灵相遇"，会使人具有更宽阔的心胸，走出狭隘的自我、走向"地球村社会"，成为"地球居民"，注视着由"国

---

① 池田大作、奥锐里欧·贝恰：《二十一世纪的警钟》，北京：中国国际广播出版社，1988年，第96页。
② 池田大作：《我的世界交友录》（第一卷），长沙：湖南师范大学出版社，2006年，第31页。
③ 池田大作：《我的世界交友录》（第一卷），长沙：湖南师范大学出版社，2006年，序第1页。
④ 池田大作：《我的世界交友录》（第一卷），长沙：湖南师范大学出版社，2006年，第14页。
⑤ 池田大作：《我的世界交友录》（第一卷），长沙：湖南师范大学出版社，2006年，第17页。
⑥ 池田大作：《我的世界交友录》（第一卷），长沙：湖南师范大学出版社，2006年，第26-27页。

家的论理"转向"人类的论理"的大潮流的转向，会重视考虑其他人的立场，关爱周围的其他人。

池田大作认为，民众之间的交往，与其说是作理性阐述，更应该善于诉说自己的人性体验与情感，更容易达到相互理解、取得谅解。池田大作与周恩来总理会面，一见倾心，终生难忘；他与廖承志见面，一见如故，敬重有加。后来池田大作在诸多的回忆文章和场合中，一提到周恩来、廖承志时，都对他们的"人性品质"有特别深的印象，认为他们都特别注重"人心"，懂得人的微妙与力量，对他们以诚相待的个人品格、所给予的温暖与关怀，对自己的"友情"，感受极深，留下了美好印象。他认为，周恩来和廖承志，都是用"人品"打动人，从中更坚定了他的信念：人与人之间通过多交流，自然就会增进理解与了解，自然会结出友好的果实。池田大作回顾自己访问中国的经历时说："自从我们第一次见面以来，仅在一年里我三次踏上那块伟大的大地。第二次访华是在同一年的年底，第三次是在翌年的4月。因我认定，刚打下的'金桥'基础工程必须尽可能一气呵成，而与廖先生的每次相见都不断地加深了我们之间的友情。"①他对廖承志促进中日民间交往所做的贡献赞赏有加："廖会长爱戴中日两国人民。如果没有他，促成两国间友好关系也许更困难吧，他是日本的恩人。"在池田大作的心目中，感觉到与廖承志"意气相投"，"全仗他的人品"——严格、温和、慈祥、威严。②因为他"谦虚""忠诚"，以"周恩来总理手下的一名工作人员"自居，在池田大作这位"民间人士"面前以"普通人"的身份相交，"从不耀武扬威"，让池田充分地感受到了他的人品的魅力。正如与池田大作对谈的我国国学大师季羡林所说："世界不论哪个国家，凡是爱国又爱和平的人民总是心心相通的。"

池田大作一直记着与周总理的"难忘的会见"，他引述周恩来的话，认为一定要用心重视民众，"以民众为基础"友好交往，彼此要站在平等的立场上，互相合作，共同努力。他一直以中日民众的友好为己任，对日本在中国和其他亚洲国家干出许多惨绝人寰的暴行、对日本政府至今都没有认真反省和正式道歉，表示严重的谴责，因为"眼中无人，看不到民众，看不到真理"，就没有和平可言。③他对"战争的疯狂、权力的魔性、人的兽性所引发的魔鬼畜生般的行为"的残暴性非常痛恨，对于日本政府对"很多人亲眼所看到的、忍受着的、铭记在心的罪恶事实"的"支吾搪塞"表示警惕。④池田大作深信，中日要永远和平友好，必须要有民众间的相互理解，但能够打开中日友好之窗的，唯有政治的力量。⑤

池田大作坚信人性互通，强化文明间的融合，相互理解，可以带来和平。他说："各

---

① 池田大作：《我的中国观》，成都：四川人民出版社，2009年，第169页。
② 池田大作：《我的中国观》，成都：四川人民出版社，2009年，第166页。
③ 池田大作：《我的世界交友录》第一卷，长沙：湖南师范大学出版社，2006年，第100页。
④ 池田大作：《我的世界交友录》第一卷，长沙：湖南师范大学出版社，2006年，第121页。
⑤ 池田大作：《新人间革命》第13卷，东京：国际创价学会通讯，No.5296。

种文明之间的'对话'正是通向这种全球价值的转换的大道。"①因为21世纪的世界不是恐怖和战争这些直接的暴力，就是贫困、压迫、灾难。最近几年欧洲愈演愈烈的难民危机，就是因没有和平与安定的环境，由战争、恐怖和不安定直接造成的恶果。萨缪尔·汉金顿认为交流是解决"文明的冲突"最重要的途径，在多种文明的世界上，建设性的做法是抛弃普遍意义，容纳多样性，寻求共同性。彼此间要研究的是理解和合作，而不是"敌对"或"消灭"。中华民族文化的特征就是以邻为伴、与邻为善，谋求的就是尊重基础上的和平发展、共同发展，这是中华民族文明可以为世界和平发挥重要作用的方面。

也就是说，每一个文化体、每一个人，都需要反思自己、从自己的立场出发去关心人类共同的事业，池田大作提出真正的"人的革命"，"一方面是通过佛教的实践从生命的深层进行，另一方面是在这种现实生活中有价值的互相接触中进行。而且我深信，只有通过这样掌握的与自然的调和以及人与人之间的和睦的态度，才能对自然的破坏——可以说是现代文明所面临的最深刻的危机——筑起一道根本的防御线"②。

这些都表明池田大作作为日本民间友好人士，以他的世界眼光，关注着人类共生的文化观念，以操之在心慈悲在心的情怀，对世界和平和人类更美好的未来不断地真诚付出，并赢得了热爱和平的中国人民和许多爱好和平人士的尊敬。亚洲国家参与民间交往的各界人士，很容易就能把日本的友好人士与日本军国主义思想和安倍政府区分对待，喜欢与如池田大作及其创价学会会员这样的友好人士，相信他们的善意。

结语

池田对世界文明发展的终极思考，是人类应该反对战争热爱和平，共创和平世界；尊重自然万物的生命尊严，理解和维护自然界的平衡，克服物欲横渡的物质主义倾向，所有的人，不分国家和民族，不分种族与宗教，都有义务保护人类唯一的共同家园，为人类永续的存在、给我们的后代子孙保留一块净土。万物平等、生命尊严，通俗地说，就是大家都是人，虽然人种、肤色以至政治、历史、宗教等完全不同，但生命平等，作为"地球居民"具有相同的权利与义务，应该相亲相爱，这些观点具有积极的思想意义，这样的热望以及他持续的、诚挚的行动具有重要的现实意义。

---

① 池田大作、路奈·尤伊古:《黑暗寻求黎明》，北京：中国国际广播出版社，2003年，前言第1-2页。
② 池田大作、奥锐里欧·贝恰:《二十一世纪的警钟》，北京：中国国际广播出版社，1988年，第153页。

通过"谈话"来开展交流

——池田思想根底里的尊敬之情

广东外语外贸大学　浅井康子

前言

池田 SGI 会长（以下称池田会长）自从 1960 年 5 月 3 日就任创价学会会长以来，与世界各地的有识之士和重要人物进行了超过 1 600 次的谈话，并以此来增加彼此之间的信任，不断地在世界范围内构筑和平友好的桥梁。同时，池田会长也在与世界各地人民的交流对话的过程中不停地传递正能量。

本人通过研读池田会长的著作，与前辈和友人进行过多次讨论，一直在思考，池田会长所开展的和平友好"谈话"其根本的思想到底是什么。政治、经济领域的国家间交流固然是构筑友好关系的重要因素，但人与人之所以能够相互理解，所依靠的正是日常生活中人与人之间展开的民间交流。池田会长坚信着只有真心交流的对话才是通向和平的道路。也正是凭着这种信念，池田会长才不断在世界各地的城市与不同的人见面，进行一次又一次的对话。本人在研读池田会长的对话集的过程中，领悟到在相互间存在不信任的时候，池田会长是如何消除那份隔阂的。那就是给予对方最高的敬意，最大程度地接受对方，而且对养育其成长的父母也表现出最真挚的敬意。池田会长正是用这一份对爱人敬人的洞察力和诚挚的赤子之心来让对方打开心扉的。

一、"中国杂技团"成为交流的契机

2007 年，代表中国最高水平的"中国杂技团"在日本举行公演。当时，我作为民主音乐协会（以下称民音）的赞助会员和地区的民音推进成员，在得知这一消息后立刻开展了宣传活动。

在人与人的交流中所实现的相互理解，可以超越民族、国家和意识形态，最终奠定世界和平的根基。基于这一理念，1963 年 10 月，在池田会长的倡导之下，设立了民音这一推进音乐和艺术文化交流的团体。成立民音的目的是通过音乐和艺术来连接世界、连接地区和不同年龄的人们，拓宽友谊，将音乐变成"和平的力量"，将感动变成"生存的力量"，提供充满希望的文化交流舞台。

直到现在，民音依然通过不断介绍世界各地优秀的音乐艺术来进行文化交流，已经和100个以上的国家、地区构建起了和平与友好的关系网。当时收到日方邀请来日的中国杂技团也在日本引起了巨大的反响。

当时，中国杂技团的精彩表演让全场观众都不约而同地起立给演员们送去热情的掌声和鼓励。代表中国最高水平的杂技团以其精练的艺术给日本带来了惊喜和感动。能够实际接触到中国高度的文化艺术实在是一种至高无上的体验。然而当初也有一部分的人不知道杂技团的高超水准，对杂技团的公演表现得兴致索然。对此，作为民音推进成员的我借来了杂技团的简介 DVD 来向大家介绍，以此引起了大家的兴趣。看过 DVD 的人从团员们的练习视频中看到了他们对表演的热情，萌发了想要一睹杂技团真容的想法。很多人仅仅是看了 DVD 里面的表演预告便被深深地感动，对杂技团有了新的认识，而且在实际看了杂技团的表演之后，有了更多因为接触到中国的艺术文化而对中国的悠久历史产生兴趣的人。我身边也有以此为契机而开始学中文、到中国留学的朋友。这一例子充分说明了文化交流是相互理解的重要因素。

二、与世界上的有识之士对话

从 1972 年 5 月份开始，池田会长就和世界著名的历史学家汤恩比进行了多次谈话。到最后一次的 1973 年 5 月为止，加起来的对谈时间可以说超过了 10 天以上，长达 40 个小时。当时汤恩比博士 84 岁，池田会长 45 岁。汤恩比博士曾经对池田会长说，"只有对话才是开拓人类前路的工具。你现在还年轻，希望你以后可以继续和世界上的有识之士进行对话"。不负汤恩比博士的教导，池田会长在那之后与世界上的重要人物、知识分子对话，写下的对谈集已经超过了 50 多篇。

在 2003 年出版的随笔集《和平之城》[①]中，池田会长这样写道："在对话这面镜子所映照之下，人可认识他人，也将认识自己。对话是可以让自己跳出井底，扩展视野的。当然，在这个浑浊不堪的复杂世界里面，并不是只靠对话就可以解决所有问题。但是可以明确的是，没有对话交流是什么都不能解决的。没试过面对面的对话而依靠臆想和先入为主的观念来妄下定论，是一种傲慢，这种傲慢会带来更多没有必要的误解和敌意，使人类陷入痛苦。要维持个人的人际关系，和邻居的交往，甚至到国际之间的关系，都要从会面、对话、认识对方开始。要拥有与他人见面、交流的勇气。'选择对话'本身就是和平的胜利、人性的胜利。正因为如此，我作为一个独立的人，一直超越着国家、民族、宗教、意

[①] 池田大作：《和平之城》（〔日〕《随筆 平和の城》），东京：圣教新闻社，2003 年，第 117-118 页。

识形态、年龄、性别、身份立场等障碍，见到了各种各样的人。除此之外，和我交流过的人可以说是来自各行各业。有国家领导人，有政治家，也有教育家、文学家、科学家、经济学者、和平运动者、记者、作家、诗人、艺术家、宇航员等。其中还有在牢狱中斗争的人。与他人对话的时候我最为关注的，是对方用一生为之奉献的事物，即所谓'人生的追求'，从这里我学习到最宝贵的东西。从一流的人物口中听到的经验和智慧胜过读万卷书。和他们的对话就像一部精彩纷呈的戏剧，既有火花四射的瞬间，也有心灵的共鸣奏响乐曲的美妙时光。这种充满生机的对话给我带来充盈和活力。因此，无论是怎么的对话，我都会全力以赴。"这就是池田会长对待"对话"的态度。

三、池田会长全力以赴的姿态

40年前我负责一个在神奈川县内由一群女高中生组成的创价学会会员团体。有一天被告知将有重要的客人来访，然后我就在会馆里面见到了池田会长。那天的会面结束后，我和4、5名高中生一起到会馆门前送走池田会长。老师对我们说，接下来要接受新闻社的采访，想让人们理解真正的创价学会。在等待记者的20分钟里面，池田会长和在场的一个高中生闲谈，了解到了她的家庭情况并给予了激励的话语。原来那个高中生因为没能够就读理想的高中而无心向学，经常请假不去学校。老师看出了她失落的表情，用充满慈爱的目光对她说："对自己喜欢的学科一定要不遗余力地学习。"女孩被深深地触动，表情立刻变得生动了起来，连和她在一起的学生们也不由自主地回答道，"我们会努力的！"老师的话语具有能影响周围的人的力量。当时所处的20世纪70年代，媒体毫无依据地发表了诽谤中伤创价学会的报道。那一次接受的采访也正是为了和那些记者见面，消除他们对创价学会的误解。池田会长当仁不让地化作创价学会会员的盾牌，抵挡着所有集中的攻击。在那样的情况下，池田会长对萍水相逢的高中生也倾注全力，为她排忧解困。目睹了这一幕，我真正认识到，无论是对待世界的著名人物还是对待一介普通的学生，池田会长都是全力以赴的。他在每一句话里面都倾注了千言万语的情感，在他身上洋溢着一种要让每一个相遇的人都得到幸福的气概。那一幕，我一生都无法忘怀。当时的池田会长在全日本甚至全世界各地奔走，进行着超乎想象的斗争。他那发自内心尊重每一个人的不加修饰的姿态深深地印在我的脑海里面。池田会长就是这样用语言来激励着全世界的SGI（创价学会国际）会员、谈话中所遇到的有识之士、各地灾区的人民，以及所有直面困难的国家的人民。他走遍世界，超越人种和文化的差异，和不同的人进行对话，并说道，"越是艰难困苦的人们越应该拥有幸福""你有只有你才能完成的使命。"池田会长在偏见和误解之中，用生命来坚持着对话。本人这次在重新研读池田会长的对谈集的过程中，除了在圣教新闻上读到了当时实时记录下的池田会长和世界著名知识分子们对话的报道，还在随笔等资料中了解到了那些对谈前后的交流经过(《走在大道上》《世界交友录》等)①。我认识到了池田会长不仅仅是尊重对方,更加是对对方的背景也给予了敬意。从老师的一言一句中都可以感受到,他尊重对方的父母,甚至尊重对方所处的环境和其国家的风土文化。

四、"培养从差异中学习的勇气"的教育

引用美国池田国际对话中心教育讲座(2016 年 6 月)上杜威协会原会长、弗吉尼亚工科大学教授吉姆·加里森的演讲内容。博士曾说道,"一名世界公民的素质里面应该包含以下三点:一是能够认识所有生命之间的关联的智慧;二是能够不惧差异、尊重差异、并将差异转化为成长动力的勇气;三是能够超越物理距离,与他人同甘共苦、急人之难的慈悲之心。

很可惜的是,现在的教育界中缺乏培养这种素质的教育模式。我们看到的扭曲的国家主义,人与人之间的分离和隔断被强调,更不要说学习生命之间的联系了。学校和社会虽然都开始提高对文化多样性的重视,但是也只是停留在接受自己和他人之间的差异而已。然而池田会长和美国的哲学家约翰·杜威所呼吁的都是'从差异中积极地学习,从而创造新的意义和价值'。"②可见池田思想是一种尊重个人,并重视相互尊敬的价值观。

五、尊重对方的心

世人都是追求和平与幸福的。即使有人种、语言、思想、宗教的差异,有立场的不同,有堆积如山的问题,大家都是为了追求和平与幸福而存在的。大家也都清楚,实现和平最为需要的就是交流和对话。然而如此理所当然的对话却进行得并不顺利。上文引用了美国哲学家约翰·杜威和池田会长所提倡的理念,"从差异中积极地学习,从而创造新的意义和价值",本人认为需要从认识对方、了解对方的层面上升华到拥有尊敬之情。这是一种不强求他人,并且要求自身锻炼出创造新的意义的想象力的精神。池田思想所提倡的生存方式,要求人们以法华经的精神哲学为本,将表现人的价值的"道"在日常生活中实践,在社会各个领域里发挥作用。谈话的对象不只是一个人,还有对方的家人、对方身处的社会、国家以及那个国家的文化和历史。对这一切都给予无限的尊重,这便是我从老师的言行中切身体会到的精神。

---

① 池田大作:《池田大作全集》(第 126 卷),东京:圣教新闻社,2003 年,第 96 页。池田大作:《池田大作全集(第 122 卷)》,东京:圣教新闻社,2002 年,第 203 页;池田大作:《母子的世纪》(母と子の世纪),东京:第三文明社,2011 年,第 18、20 页。

② 《美国池田国际对话中心教育讲座 吉姆·加里森博士演讲》(アメリカ池田国際対話センター教育講座 ジム·ガリソン博士講演),《圣教新闻》,2016 年 7 月 13 日。

周刊杂志不断对池田会长进行中伤诽谤的时期直到 20 世纪 80 年代仍然在持续。在电车上经常看到整个车厢里面贴满了批判池田会长的周刊杂志的广告。然而社会上并不是全都是被舆论蒙蔽的人们。某天，我在电视的评论节目上看到有人谈论起周刊杂志上所写的创价学会的问题，当三四个评论员把杂志里面无中生有的中伤当作事实一样侃侃而谈的时候，有一个人却说道，"我所认识的创价学会的成员都是非常值得尊敬的人。如若要批判他们的话，应该先去了解他们之后再说"。他的一番话让在场的人一下子都沉默了。在多数人都赞同的时候唱反调是需要勇气的。那个人只是说出了自己所见所知的事实而已。在我工作的高中里面也有批判中伤创价学会成员子女的老师，对此我说："凭什么说父母的宗教信仰影响了孩子的言行呢，连学生的父母都没有见过就轻易地批判创价学会，这不是一名教师应该做的事情。"我所说的和前一天在电视上与众人唱反调的评论家说的是同一个意思。轻信流言并且不经深思熟虑就妄下定论是愚蠢的。对周围的人说出自己的想法需要勇气，人与人之间一旦产生了一个误解就很难轻易地消除。但是我相信只要用真诚的对话，锲而不舍地去用心交流，任何分歧和误会都可以烟消云散。万事都需要付出不懈的努力，消解相互之间的误会所需要的是在差异中学习的勇气，也是创造新的意义和价值的过程。

六、源于佛教教义

佛教故事里面有"舍利弗之过"一说，说的是舍利弗在传授佛法的时候给炼金工的弟子传授了净化生命的"白骨观"，给洗衣工的弟子传授了调整气息的"数息法"，但是结果两个人都没有修成正果，反而产生了怀疑佛法的邪见。释迦斥责舍利弗颠倒了教法，后来让炼金工去修炼"数息法"，让洗衣工去修炼"白骨观"，两人都领悟到了佛法的真谛，修得功行圆满。

这个教诲强调了认识对方，以人为本的重要性。同样的"樱梅桃李"，正如不同的花朵自有其美丽之处一样，不同的人都有其各自独特的闪光点，这一比喻也是强调应该尊重每个人不同的生存方式，这种想法在佛教的教义中多次出现。

七、从个人的觉悟到全社会的意识改革，进而影响整个时代

将每个人的幸福拓展到家庭的、社会的、国家的、世界的幸福，这种想法和"自我革命"的根本原理是相通的，正所谓"每个个体所发起的自我革命里面蕴含着改变全人类命运的可能性"，池田会长自身所实践的行为规范所体现的也是一种"自我主义"。认识到每个人都拥有极其尊贵的生命，尊重每一个个体，让生命和生命之间从深处产生共鸣，萌发同感，这就是以实现"世界和平"为目标的创价学会的理念。

人性皆本善，因此而产生共鸣的人们最终必将继续影响更多的人。正如古典音乐和文

学作品能够超越时空使人感动一样,因为难得的缘分而产生的共鸣也一定可以永垂不朽,随着时代而进步,唤起新的启示。

八、对话的重要性

创价学会创立以来,一直都把座谈会和家庭访问作为两项重要的活动而延续下来。这两项活动的共同点就是"对话"。为了友人的幸福而对话,为了解决烦恼、相互激励而对话。创价学会会员的妇女们集中起女性们,成立了"学习·谈话小组"。她们除了一起学习和钻研佛法哲学以外,还会谈及生活和时事问题,互相交流意见。这样的小组活动为她们提供了共同学习进步的平台,至今为止已经持续了近 40 年。成员里面既有年过 90 的妇女,也有 40 多岁、50 多岁仍然一边工作一边照顾子女父母的主妇,更有 10 多岁、20 多岁的年轻母亲,可以说是一个超越了年龄差距的交流场所。与对方面对面的谈话可以更好地传达感情,实现相互理解。在当今这个无须见面,只靠邮件就可以联系到他人的时代,也许有不少人觉得这样面对面的交流有点麻烦。然而当我们尝试认真地倾听对方的烦恼,坐下来好好聊天,从对方的表情中体察对方的心情,这时候我们才能体会到人类本来拥有的丰富的感性。

九、对孩子的教育以及教育者的作用

教育家出身的初代创价学会会长牧口常三郎在《创价教育学体系》①里面阐述道,"不善为恶"和"不行善即为行恶"这两种说法的结果是一样的。例如,在大路中央放大石是不好的行为,会给后来的人添麻烦。如果心中明白这个道理,却因为放大石的不是自己就视若无睹地从大石边上走过的话,虽说只能算是不做善事,但和做了坏事的结果一样,都是给后来的人添了麻烦。

在这里牧口先生所强调的是,我们的教育必须让孩子们知道何为善、何为恶,以自己的信念为标准,对自己的行动负责。这个对路旁之石视而不见的例子还被用来隐喻很多社会现象。正如在欺凌事件里面,对被欺负的学生视若无睹的话也和主动欺负他的人没有区别。现在日本的儿童所身处的环境受到社会风潮的影响,产生了很多复杂的问题。每次儿童问题发生的时候,我们便会开始讨论问题的原因到底是来源于家庭、教师、还是社会?虽然解决问题的方案不止一个,但至于说到对教育者的要求是什么时,我们应该关注牧口先生所提倡的理念——"教育是为了孩子的幸福而存在的"②。以这个理念为第一要义,

---

① 池田大作:《全国人间教育实践报告大会 池田名誉会长的发言》(全国人間教育実践報告大会 池田名誉会長メッセージ),《圣教新闻》,2015 年 10 月 24 日。

② 牧口常三郎:《价值论》,户田城圣修订,东京:第三文明社レグルス文庫;池田大作:小说《新·人间革命》,《圣教新闻》,东京:圣教新闻社,2012 年 5 月 29 日。

创价教育的着眼点在于"激发孩子无限的价值创造力，鼓励他们能动地发挥这种力量，让所有的孩子们都实现幸福的人生"。"儿童的创造力是无限的，而创造力的源泉就存在于他们自己的生命里面。"正因为坚信着这一点，我才能够在面对各种难题的时候都可以迎难而上。"对孩子们而言最大的教育环境就是教师自身"这条创价教育部（幼儿教育、中小学、高中教员的组织）所定下的方针一直鞭策着我，让我想成为一个不断成长的教师。

结语

"为人民的幸福奉献"的周恩来总理和被称为"人民之母"的邓颖超女士，为了向这对为建设新中国而献身的夫妻致敬，我决心也要效仿两位先人，用自己的实际行动来实现他们渴望实现的"中日之间子子孙孙的友好"。我曾经在中国广州的广东外语外贸大学担任了4年的日语教师，也在日本的大学教了10年的儿童家庭福祉论，为幼儿教育专业的学生传授"家庭教育和儿童成长"的知识。我以身为老师，身为一名今后也将守望学生们成长和幸福的教育者，身为一个"池田思想"的践行者而自豪，今后也誓将不懈努力。在中国广州担任日语教师的4年里面和学生们结下的缘分让我觉得自己以实际的行动发挥了自己在民间外交中的作用，从今以后也会继续对每一个我所遇到的学生心怀敬意。"对话"是一种无论身处何时何地，面对何人都可以将心与心连接起来的方法。

最后，衷心感谢大会给予我这次能够在周恩来总理的母校南开大学发表这篇论文的机会。

池田 SGI 会长用对话开展与多种文明的和平交流

——将相互猜忌变为相互理解的人间外交

广东外语外贸大学 浅井治

一、以民促官

1972 年 9 月，中日两国实现了邦交正常化。然而在 20 世纪 60 年代，在美苏两国军备竞赛的乌云笼罩之下，世界陷入了核战争的恐惧。亚洲因为越南战争深陷泥沼，日本与美国结成了日美同盟，有意将中国从国际社会中排挤出去。

当时，邻国日本开始走上了经济迅速复苏的轨道，周恩来总理开始摸索改善中日关系的方法。虽然其中困难重重，但周总理还是找到了能够指引中国前进方向的方略。那便是"让民间先行，实现以民促官"。

为了解决国家层面的难题，要让民间的力量率先开路，意图以此打破中日之间僵持的局面。有这样一组数据为证。①"从 1953 年 7 月 1 日到 1972 年 9 月 23 日（中日邦交正常化前夕）为止，周恩来总理与日本人会见的次数有 287 次，共 323 个代表团。其中有 154 次是和平友好代表团会（164 个）；46 次是经济代表团会（51 个）；35 次是文化学术代表团会（39 个）；8 次是体育代表团（10 个）；15 次是艺术代表团（18 个）；18 次是劳动代表团（26 个）；5 次是农业代表团；7 次是妇女代表团（8 个）；6 次是学生、青年代表团（7 个）。"

22 岁的时候，我作为成蹊大学国际关系论专业里面研究中国问题的一名大四学生，参加了其中一个学生友好访中团。1971 年 9 月 1 日的晚上，周恩来总理与代表团在人民大会堂进行了 3 个半小时的会面。当时正值中日邦交正常化的前一年，当晚的会面报道在第二天的《人民日报》上占据了整个版面，连每一个参加成员的名字都详细地记录了下来。周总理在繁忙的公务之中，抽出宝贵的时间与 40 多个学生会面，倾听他们的声音并

---

① 孔繁丰、纪亚光：《周恩来、池田大作与中日友好》，周恩来邓颖超研究会译，东京：白帝社，2006 年，第 37-38 页。

与他们进行亲切地交谈。可见周总理无论面对怎样的民间人士，都一视同仁地构建友谊的桥梁。当时与周总理见面而结下缘分，促使我在60岁退休后奔赴中国，在大学里面担任了6年日语教师。

当年我们的代表团在一个月之内到中国各地进行了访问，从香港到广州、湖南、上海、无锡、西安、延安、北京。我们和北京大学的学生讨论，与人民解放军的精英交谈，在农家里面借宿，和各种各样的人进行交流。中国政府都一一满足了我们强烈想要了解中国实情的好奇心。其中也不乏让我内心受到强烈冲击的经历。一个因为战争而留下了永久创伤的中国人向我诉说侵华日军的暴行时，太过沉重的事实让曾经自以为可以想象战争残酷的我深受打击。我们在与周总理见面的时候，第一件事就是为日本人的所作所为而深深地谢罪。然而周总理在理解了我们的心情的同时，用极其温和的声音说道，"你们都是战后出生的学生。那场战争的责任不在你们这一代人的身上。中国知道，日本人民也是军国主义的牺牲者。中国人民并不仇恨日本人民。请你们和中国的青年成为朋友。我们希望能够尽快和日本实现邦交正常化，请你们把我们的想法传达给日本人民。"周总理能够把如此重要的信息托付给一群无名的学生。这位中国重要领导人的言行给我带来了莫大地感动，从而使我衷心希望能够实现与中国青年友好的交流。

周总理便是以这种方式，一视同仁地对待每个国家的人民，为了中国的未来，身先士卒地站在了外交的最前线上。

二、两位如同磁铁一般相互吸引的人

正当周总理为了改善中日关系而费尽苦心的时候，从日本传来了一个具有划时代意义的消息。1968年9月8日，池田大作会长集中了2万多创价学会的学生召开了第11次学生部总会，并在会上发表了《中日邦交正常化倡言》。

倡言的内容是，"为了将战火不断的世界引向没有战乱、和平友好的21世纪，首先需要日本首相掌握主导权，实现美苏首脑会谈，让中国在联合国取得席位，确立其在国际上的地位。从而为延续至今的中日间的矛盾划上休止符，实现邦交正常化，构建中日两国的新时代。"这可谓是一个铿锵有力、掷地有声的强力主张。当时19岁的我，在现场直接听到了池田会长的演讲。那段充满魄力，条理清晰的发言让我在当场决定了我的一生都要为了中日友好而奋斗。那时候的日本正处于大学纷争的风暴之中，大学校园里面充满着对社会的不满之声，人们的视线里面充斥着越南战争的残酷映像，整个社会都笼罩在一种闭塞的环境之中。正因为是这样，池田会长振聋发聩的倡言才更加给予了众多的年轻人勇气和希望。

据说当时周总理为倡言内容大为喝彩。事实上，周总理在听闻倡言之前，早就开始留意在日本民众中拥有极大影响力的创价学会了。能够从这个集众多日本人民的期待于一身的创价学会会长口中听到这样强而有力的倡言，周总理自然是喜出望外。

两位坚信民间力量的人，在中国和日本各自采取了行动。他们就像是磁铁的南北两极一样相互吸引，在《中日邦交正常化倡言》发表了的六年之后终于实现了戏剧性的会面。然而在那之前，应该先从时间顺序上说明池田会长第一次访中的重要意义。

三、体验中苏危机的紧张气氛——（第一次访中）

1974 年 5 月 30 日，池田会长在广东深圳踏出了访中的第一步。虽然日本和中国在 1972 年缔结了中日邦交正常化宣言，但是仍然有不少日本人觉得中国是个有点可怕的国家。池田会长当时对随行的人说："百闻不如一见。先入为主地戴着有色眼镜去看待事物是非常危险的。不能太过依赖我们既有的知识，即使是社会主义国家，在那里生活的也是和我们一样的人们。我们应该正视真正的中国人民。"

访问了北京、西安、上海、杭州、广州五个城市，与李先念副总理、廖承志中日友好协会会长等人会谈之后，池田会长经历了一件促使他访苏的事情。那就是在看到了在北京街道之下构筑起来的比"防空洞"还要庞大的地下都市。而我在 1971 年也在北京目睹了同样的情景。

1969 年，在中苏国境以及中亚的国境之上发生了大规模的武力斗争，让人切实地感受到了事态要升级至全面战争，甚至是核战争的恐惧。中苏国境线上的纷争，让中国动员了 30 万人，耗时 10 年在地下建成了具备防核攻击性能的防空设施。池田会长在著作里面记录道，"在地下有电话室、广播室、食堂等设施，地道和全市的街区连接在一起"，"在中学里面，学生们也为建造校园下面的地下室而出力。战争的阴影甚至笼罩在了孩子们的身上，真是让人心疼"。①

四、一针见血地向柯西金主席提问——（第一次访苏）

1974 年 9 月 8 日，池田会长第一次访问苏联。当时在日本，苏联如同被铁窗帘遮住一般。池田会长的访苏之行也受到了不少非议，然而池田会长却力排众议，怀着一颗要超越意识形态和宗教差别的雄心，在 9 月 17 日实现了和柯西金主席的会谈。现在看来那一次的会谈就像一次对决一样。

柯西金主席：你根本的意识形态是什么？

池田会长：是和平主义，文化主义和教育主义。而所有的根本都是人间主义。

柯西金主席：我很欣赏你的原则。这种思想也应该在我们苏联实现。

随后池田会长是如此提问的。

池田会长：中国很关注苏联的动向，苏联是否有进攻中国的意思？

---

① 池田大作：《池田大作全集（第 123 卷）》，东京：圣教新闻社，2002 年，第 108 页。

柯西金主席：苏联既没有攻击中国，也没有孤立中国的意思。

池田会长：您所说的话我可以直接转告中国的首脑吗？

柯西金主席：没有问题，请您直接转告给中国吧。①

结束这次对谈回到家里面的柯西金主席对他的女儿说："今天很不平凡，我见到了一个很有趣的日本人。虽然我们谈到了极其复杂的问题，但却让我觉得如此酣畅淋漓。"

面对着冷战一极的大国苏联的领导人，池田会长直截了当地让柯西金作出了具有历史意义的判断。池田会长的这份魄力可以说推动了中苏纷争间胶着的局面。

为何一个民间人士可以对一个大国的领导人的重要决策产生如此大的影响。池田会长在回国后所写的《我的苏联纪行》中如此吐露心声，"苏联并不可怕，恐惧来源于无知。缺乏理解经常产生误解"，"我并不袒护苏联或者中国。哪里有国家，哪里就有人民。只要有民众的生息，国家间的关系就会归属于人与人之间的关系"。②可见，池田会长那有深度的思考和为理想献身的热情很自然的就能打破对方警戒的心门，走进对方的内心，最终引起对方共鸣。

五、在305医院与周总理的一期一会——（第二次访中）

当时，正在住院的周总理强烈地要求和池田会长见面，虽然只有30分钟，但是在岁月洗礼之下，在这段时间里面所浓缩的历史意义变得越发耀眼。以下摘抄池田会长在《我的世界交友录2》中对那次会面的描述。③

（池田会长）[当晚，一进门就看到总理站在那里等着我]

池田会长："我们以前从未见面，却又不完全是如此。我们的心早已相会。您与我所想的一模一样。"

周总理：20世纪最后的25年是对世界来说最重要的时期。

（池田会长）[我把这一切都看作是总理的遗言]

周总理：正因为你还年轻，所以我才看重我们之间的交往。

（池田会长）[总理七十六岁，我四十六岁]

周总理：我盼望着中日和平友好条约早日缔结。

（池田会长）[总理的声音非常铿锵，我和他约定，一定要把总理的想法好好传达出去]

（池田会长）[一期一会，初见成了永别]

---

① 池田大作：《池田大作全集（第123卷）》，东京：圣教新闻社，2002年，第107、117页。
② 池田大作：《池田大作全集 第118卷》，东京：圣教新闻社，2000年，第226-227页。
③ 池田大作：《池田大作全集 第123卷》，东京：圣教新闻社，2002年，第195、197-198、200页。

六、与美国国务卿基辛格会谈——（访问美国国务卿办公室）

　　1975年1月13日，池田会长和美国国务卿亨利·艾尔弗雷德·基辛格在其办公室见面，当时被评为连大总统都不及其手腕的国务卿基辛格对池田会长微笑着伸出手说："会长的和平行动我早有耳闻。"在此之前，池田会长曾经向国务卿官邸发过长篇的提案，论述美国最为头疼的越南战争和平问题，也因此和基辛格有过几次书信来往。

　　在《与世界的领导人谈话（第二卷）》里面池田会长写道，"在与基辛格国务卿见面之前我先后访问了中国和苏联，第一次访中后，在当年的9月会见了苏联的柯西金主席，在3个月之后的12月与周总理见面，然后在1月见到了国务卿，可以说在半年里面实现了和三国首脑的会谈。在冷战局势之中，中苏对立严峻之时，与三国首脑的会面却让我真切体会到每一个人都真心盼望着'和平'的到来"①。

　　在会谈中，池田会长传递周总理期望中日和平友好条约可以早日缔结的想法，对此国务卿也表示赞成。然后池田会长便以迅雷之势在当天下午和正在访美的大藏大臣大平正芳在华盛顿会面，讲明和美国国务卿所达成的共识。大藏大臣立刻表示，"我也听说了和中国的和平条约是一定要缔结的"。从此，历史的车轮开始转动，在"民"的促进之下"官"行动了起来。1978年8月12日，《中日友好条约》缔结成功。池田会长就是这样用诚意承担了周恩来总理的"遗言"，其屹立的精神，是何种批判中伤都无法动摇的。

七、用一次次的对话来架起不同文明之间的虹桥——（结语）

　　在2002年1月26日发表的《纪念倡言》中，池田会长指出，作为史上最大规模的无差别恐怖袭击，9·11事件让我们看到了"人性的缺失"。这让池田会长深感忧虑，并强烈地倡导我们应该确立防止暴力扩散的生命观。美军为了复仇而进军阿富汗，随后引起了伊拉克战争。其结果就是导致了现在"恐怖袭击日常化"的悲剧。

　　池田会长在《新·人间革命》第五卷中写道，"东西阵营互相敌视，持续军备竞赛的原因是什么。说到底还是因为对相互的不信任。为了把相互猜疑转化成相互理解，最不可或缺的是用对话开路，把人与人连接在一起"。

　　2001年4月份开始，题为"甘地·金·池田——和平建设遗产展"的展览会在美国举办。这个巡回展览意在表彰印度的莫罕达斯·卡拉姆昌德·甘地、美国黑人民权运动领袖马丁·路德·金和池田大作会长所作出的贡献。至今为止在32个国家和地区举办，来展的人数已达100多万人。展会的发起人劳伦斯·爱德华·卡特曾尊奉马丁·路德·金为师，后来在马丁·路德·金博士的母校摩尔豪斯大学担任所长。

---

①　池田大作：《与世界领导者的谈话（第二部）》(世界の指導者と語る (第2部))，东京：圣教新闻社，1997年。

文化交流与文明融合
——第九届池田大作思想国际学术研讨会论文集

发起这次展会后，卡特所长经常被人问道，"为什么你作为一个基督教徒却要弘扬身为佛教信徒的池田大作的思想"。面对这样的质疑，卡特是这样回复的，"因为我感受到学习池田先生的思想可以让我加深对自身信仰的理解，使我成为一个更加虔诚的基督教徒"。①卡特的这一番话可以说是象征着池田会长的思想已经超越了文明、意识形态和宗教之墙。

1993年2月，池田会长在南北美进行了时长2个月的和平之旅。我作为随行记者对池田会长进行了贴身报道，拍摄了池田会长在巴西里约机场和巴西文学院阿塔伊德总裁第一次见面的照片。阿塔伊德总裁被誉为"南美的良心"，同时也是1948年联合国所通过的《世界人权宣言》的功臣之一。当时已经94岁高龄的阿塔伊德总裁怀着和池田会长对话的热切希望，在会长飞机到达的2个小时前就已经提前在机场等候。当我们对总裁的身体状况表示担心的时候，他说："我94年来等的就是这一刻，2个小时的等候又算得上什么呢？"那毅然决然的声音我至今都记得清清楚楚。

到达机场后，总裁的行动一直都要靠两位女性的搀扶，就连坐下来也需要旁人的帮助。当天独自一人完成拍摄任务的我曾预先想象过两人见面的情景，估计年迈的总裁将会坐着和池田会长进行握手。为了拍下这一幕，我举着相机严阵以待。之前和池田会长一起从科伦比亚出发的三名摄影师由于需要安检而不在场，拍摄这个历史性场面的重担落在了我一个人的肩上。一想到有550万的读者期待着在第二天的《圣教新闻》上看到这张照片，我就觉得紧张不已。

和我预想的一样，作为贵宾的池田会长不用通过安检直接进入了贵宾室。自动门一打开，池田会长就看到了阿塔伊德总裁，立刻高举双手迎了过去。这时，出乎我意料的事情发生了。阿塔伊德总裁一边喊着"池田先生"，一边嗖地站了起来，同样高举双手向池田会长走去。池田会长迅速地用左手扶住了总裁的手臂，两人的脸颊相互靠近，右手紧紧地握在了一起。我用黑白和彩色的三台相机疯狂地按着快门，第二天的《圣教新闻》上顺利地刊登了"人权运动的领袖"和"和平的指导人"这一次历史性的相会。

阿塔伊德总裁用自己爱用的打字机这样记录道，"池田大作试图实现东洋和西洋的融合。在他英明的指导思想里面有着《世界人权宣言》中所写的崇高理想。他所提出的21世纪的路线和方针，是让人类醒悟到应该把世界从恐惧中解放出来，用无差别的思想和平等的尊重，用家庭和家族的安稳来守护这个高贵的世界。"②

池田会长和重要领导人、知识分子进行了1 600多次的谈话，他所著超过50本的对谈集被翻译成各国语言在世界范围内被阅读。③美国哈佛大学的杜维明教授把池田会长称

---

① 前原政之：《池田大作的20个视点》（池田大作20の视点），东京：第三文明社，2010年，第86页。
② 池田大作、阿塔伊德：《21世纪的人权》（《21世纪の人権を语る》），东京：圣教新闻社，2009年，第4页。
③ 前原政之：《池田大作的20个视点》（《池田大作20の视点》），东京：第三文明社，2010年，第23页。

为"谈话的高手",其评价的并不只停留在佩服池田会长所谈话的人数和次数之多,而是赞叹池田会长的每一次谈话都在不同的文明之间架起了一道桥梁。

　　我们应该虚心学习池田会长的博识远见,敢于相信对方、通过谈话和沟通来加深友谊。我自己也必将穷尽一生来贯彻这一理念。

论池田大作的师弟观

南昌大学　陈志兴

"师弟"关系,即教师与学生之间的关系,是教育中的一种最基本的关系。日本著名的思想家、教育家池田大作先生终身致力于"和平、文化与教育"事业,对师弟关系有着自己独到的见解。池田先生的师弟观是其教育思想的重要组成部分,同时作为一条主线,也贯穿于其教育实践之中。探讨池田大作的师弟观,对于省思当今社会的师生关系、改进学校教育的教学效果和培育学生健全的人格都有重要而深远的意义。

一、池田大作师弟观的来源

池田大作的师弟观主要有两个来源,一是来自他所信奉的佛教人本主义思想,二是受到他人生经历的影响。

(一)佛教人本主义思想

作为一个宗教思想家,池田大作的师弟观无疑会受到佛教人本主义思想的巨大影响。池田大作认为,人本主义是大乘佛教的根本精神。在佛教看来,一切众生皆有"佛性"。佛者,觉也。佛性,即觉悟宇宙人生真谛的可能性,也就是说,要意识到一切生命都有内在本具的尊严,都有成长的无限潜能。在谈到佛教人本主义思想时,池田大作多次引用他所尊崇的一部佛典《妙法莲华经》。在《法华经》中,佛陀使用了"三车火宅""衣系宝珠""三草二木"等诸多譬喻,"龙女成佛""恶人成佛"和"常不轻菩萨"等故事,以及为过去、现在和未来的人,在场的和不在场的人进行"授记"。目的是要人们明白这一道理:一切人,不论其身份、地位、财富、性别、禀赋如何,也不论他们过去的所作所为怎样,都平等具备"成为觉悟的人"的资格和可能性。池田认为,这是一种深切的人本主义精神。由于发现生命之间的平等,佛陀誓言"欲令一切众,如我等无异"[①]。《法华经》宣示:佛陀出现于世的目的是"为一大事因缘"。这一大事因缘,就是向众生"开、示、悟、入佛之知见",即打开、示范、悟达和进入一切生命本有的智慧和潜能。发现弟子与教师的生命原本是没有差别的,并要通过各种手段,努力开发弟子的生命潜能,使弟子

[①] 《法华经·方便品》。

达到与教师一样的境界，这也是一种真正的"师弟"精神。所以在池田看来，从根本上说，"师弟"精神与人本主义精神是一体的，也是相通的。"'师弟不二'的实践是人本精神最伟大的发扬，是身为人最崇高的态度。"①

（二）人生经历对池田大作的影响

对池田大作师弟观影响最大的人生经历就是与恩师户田城圣的相遇。1947年8月14日，这一天对池田来说是终身难忘的日子。当时他受小学时代朋友的邀请，参加了一次创价学会的座谈会。在座谈会上，池田遇见了后来成为其人生导师的创价学会第二任会长户田城圣先生。在以后与很多名人、思想家的对谈中，池田多次谈及与户田的这次相遇。"战争结束后两年，当时日本战败导致所有价值观崩溃，全国陷入精神颓废的状态。我坦率提出从前就放在心里的疑问：'何谓正确的人生''何谓真正的爱国者''有关天皇制'等。"②对于一位初次见面的十九岁青年提出的问题，时年四十七岁的户田城圣给予了率直且明快的回答。特别是了解到户田曾在二战中因反对日本军国主义而入狱，更坚定了池田要做户田弟子的决心。从此，池田大作开始成为户田城圣的追随者。"决定我的人生的最重要的人物是户田城圣先生。所以谈我自身时，如果抛开户田先生，那等于是画龙而没有点睛。户田先生最初是一个教育工作者，后来当了企业家，晚年是作为一个宗教家而度过的。对我来说，他是我的人生的老师，是对我进行人生教育的最高师表。"③户田不但对池田进行人格熏陶，而且为了弥补池田为挽救公司而中断的大学学业，亲自担任他的老师，对其进行长达十年时间的一对一的辅导。其间，每天上午，星期日则从早到晚，户田传授给池田包括历史、文学、哲学和组织论等各种学问。而且，户田对池田的学习抓得非常严，几乎每天都要盘问："现在在读什么书？"池田将这一段宝贵的学习时光称为"户田大学"，并且认为"我所以有今天，百分之九十八都是从恩师那里学来的"④。正是与户田城圣共处所体现出的这种"师弟之道"，直接影响着池田大作师弟观的形成。当然，户田城圣与创价学会第一任会长牧口常三郎之间的师弟传承，也间接影响着池田大作。牧口会长曾因把自己任校长的小学经营成东京数一数二的小学而遭人排挤，户田为了维护老师，联合了家长会及各界有识之士。在这一时期，户田更主动承担了老师集大成的教育学著作《创价教育学体系》的编辑与发行工作。而且，户田基于牧口的创价教育学说设立了私塾"时习学馆"，并获得了高度评价。户田城圣汇集该私塾教学法的著作《推理式指导

---

① 尼拉坎达·拉达克里希南、池田大作：《迈向人道世纪：谈甘地与印度的哲学》，刘焜辉译，台北：正因文化事业有限公司，2010年，第125页。

② M.S.斯瓦米纳坦、池田大作：《绿色革命与心的革命》，刘焜辉译，台北：正因文化事业有限公司，2014年，第26页。

③ 池田大作：《我的恩师》，《池田大作选集》，1970年10月；http://www.daisakuikeda.org/chs/bio-teachers.html，2016年7月12日。

④ 池田大作：《美国哥伦比亚大学演讲：探讨"世界公民"的教育》，1996年6月12日；http://www.daisakuikeda.org/chs/lecture-24.html，2016年7月12日。

算术》，也成为当时销售超百万本的畅销书。此外，户田城圣还将牧口创立的创价教育学会重整改名为创价学会，而且将学会会员在日本国内扩展到比较大的规模。另外，在与乌克兰教育家米哈埃尔·兹古罗夫斯基的对谈中，池田也回忆起一位终生难忘的小学恩师。那是他小学五六年纪级的导师桧山浩平先生。桧山老师经常在课间读小说给学生听，而且善于开启孩童的梦想，唤醒学生稚嫩的探究心。这位老师毕生爱护学生之心，更让池田大作始终难忘。"担任创价学会会长因过于忙碌无法出席同学会，听说齐聚老师身边的朋友谈起我时，恩师说道：'池田是为了世界和平在奔走啊！'老师毕生守护学子的慈爱，令人感激不尽。"①

二、池田大作师弟观的内涵

池田大作的师弟观既贯穿于其教育理论始终，也体现在他的教育实践之中，有着丰富的内涵。在与世界知名的思想家、教育家的对话中，池田一再谈到自己对于师弟关系的理解。

（一）师生关系的本质："师弟不二"精神

受佛教思想和其人生履历的影响，池田大作认识到，教师与学生之间是一体的，存在一种深层次的"系绊"。在对谈中，池田大作多次使用了"系绊"二字。"系绊"应该是联结、联系之意，意思是师生之间好像有一根看不见的线牵连着。教师与学生是相对而存在的，要是没有学生，便没有老师。反之也是如此。而且教师与学生之间并不是外在的松散结合，而是存在一种内在的精神联结。在池田看来，"师弟"的意义和重要性，并非仅仅是传递知识，而是透过人格的熏陶，使对方产生影响。这种人格的熏陶也是双向的，既有教师通过自己的人格魅力对学生施加的影响，也包括学生通过不懈的努力和奋斗，与师一道，共同完成伟大的人生使命。池田大作曾多次就自己的人生经历，来论述"师弟"的系绊。受户田人格魅力的熏陶，十九岁的池田开始追随户田。在户田创办的公司濒临破产，每天债权人蜂拥而至的最艰难时期，很多曾受到过户田照顾的人都选择了远离户田，有些人甚至转而谩骂、批评户田。然而池田依然不离不弃，守护在恩师身边，后来为了支持恩师的事业，甚至放弃了自己的学业。池田大作将老师的事业和使命，当成是自己的事业和使命，在老师生前与他一同奋斗，在老师去世后继续将他未完成的使命努力加以实现。可以说，池田一生都在践行此"师弟精神"。在户田的精神感召下，他毕生为推进世界的和平、实现人的价值创造而努力。通过不懈奋斗，池田大作使创价学会扩大成一个世界性的组织，创办了创价学园、创价大学，创立了"户田纪念国际和平研究所"，实现了创价学

---

① 米哈埃尔·兹古罗夫斯基、池田大作：《和平世纪的教育曙光》，刘焜辉译，台北：正因文化事业有限公司，2012年，第135页。

会前两任会长牧口常三郎和户田城圣没有来得及完成的遗愿。池田以自己的亲身经历和行动，诠释了何为真正的师弟系绊。"师徒，是共有伟大使命与理想的最高同志的关系。我真切地感受到，那当中没有封建的主从或上下关系，而是平等的崇高精神与精神的结合。"①在池田看来，真正的师弟关系是人与人之间最密切、最可贵的精神联结，甚至要超越于家属或亲子之间的联系。"作为一个人，没有比'师弟'更尊贵、更严峻的'系绊'了。"②池田大作认为，这种"师弟之道"也在世界上很多名人与弟子的关系之中得到很好的诠释。可以说，"师弟不二"精神是师生关系的本质。把握了这一点，就抓住了池田大作师弟观的主线。

（二）教师是最重要的教育环境

池田也认为，在师生关系中，教师的作用极其重要。教师是最重要的教育环境。青少年学生的精神要得到成长和进步，仅仅靠教师的言语是很难奏效的。教师作为成人，必须发挥自身的人格示范作用。凡是要学生做到的，教师要自己首先做到；凡是要学生改变的，教师要自己先改变。池田曾说："并非'成人要改变儿童'，而是'成人改变，儿童也随之改变'。"③这句话确实包含着极其深刻的哲理。如果自己都没有办法做到的事，教师又有什么权利和资格迫使学生做到呢？在与俄罗斯作家利哈诺夫的会谈中，池田大作对古希腊哲人苏格拉底"教师自己要先有'电'"这一观点表示认同。教师要对学生产生"电鳐"那样的感召力，首先自己必须有"电"。电鳐正是因为自己是最有电的，才能够去"电"别人。"父母或老师应该像苏格拉底那样，自己要先有'正义'和'勇气'的'电'。如果成人们能有如此人生态度，就不只是嘴巴可以说，也可以用'全身''背影'为孩子们送出鼓励的讯息。没有'电'的人，反而会遏止儿童们的成长。"④教师必须以个人的精神和行动，身先示范，去开发自身生命的无穷可能，并努力为社会做出贡献。唯有如此，才能感化学生，让学生相信老师所说的是真理，坚定信心，鼓起勇气，继而追随着老师前进。这就是圣雄甘地曾说的"一个人可能，则万人可能"。在与印度农学家斯瓦米纳坦的对谈中，池田大作认同斯瓦米纳坦所提到的"良师如梯"的观点。教师应该甘愿做学生成长进步的"人梯"，通过个人的人格熏陶和知识传授，帮助学生成长成才。教师甘为人梯，也是为了学生更好地继承自己的理想与事业。因为"理

---

① 米哈埃尔·兹古罗夫斯基、池田大作：《和平世纪的教育曙光》，刘焜辉译，台北：正因文化事业有限公司，2012年，第255页。
② 尼拉坎达·拉达克里希南、池田大作：《迈向人道世纪：谈甘地与印度的哲学》，刘焜辉译，台北：正因文化事业有限公司，2010年，第63页。
③ 米哈埃尔·兹古罗夫斯基、池田大作：《和平世纪的教育曙光》，刘焜辉译，台北：正因文化事业有限公司，2012年，第150页。
④ A. 利哈诺夫、池田大作：《给青少年的哲学》，刘焜辉译，台北：正因文化事业有限公司，2008年，第135页。

想愈是伟大，想要于一个世代实现一切是有困难的，因此需要有下一代继承"①，所以"就算是'师徒'，重要的还是取决于徒弟"②。只有教师开发学生的潜能，培养出超越自己的青年，并送入社会，才能构建一个更美好的社会。"如果弟子没有比师父更前进，就不会有人类的进步或发展。"③在池田看来，户田城圣就是这样一位甘为人梯的良师。户田曾因反对日本军国主义而入狱的遭遇，以及"希望从地球上去除悲惨二字"的伟大誓言，都深深地影响了池田大作。"我的精神力量泉源即是与师的誓言。只要贯彻对恩师的誓言就能发挥无穷力量，这是我的真实感受。"④恩师的大无畏精神和宏大誓愿，引领着池田大作终生为实现恩师的遗愿而奋斗，并最终"青出于蓝而胜于蓝"，取得了超越恩师的成就。

三、池田大作师弟观给现代教育的几点启示

池田大作不但以自身的毕生行动来诠释"何谓师弟之道"，而且还将此"师弟之道"融入到自己的教育理念与实践当中，传递给广大的青少年学生。正因为池田大作要求他人做到的，自己率先垂范，所以他的师弟观才更令人信服。虽然池田大作是一个宗教思想家，但是他的师弟观闪耀着智慧的光辉，包含着许多值得我们省思的真知灼见。他重视每一个生命的内在尊严和无限可能，提醒教师要"不忘初心"，平等对待每一个学生，要求教师关注师生之间内在的精神联系，做学生的人格示范者和人生引路人，努力把学生提高到与自己一样，甚至超越自己的境界。这些对现代教育避免师生关系的疏离状态，改善学校教育教学的质量以及促进学生人格的健全发展，都具有十分重要的启示和借鉴意义。

（一）做精神的师长：教师职业的初心所在

在池田看来，师弟之道是老师与学生精神与精神的相遇与脉动。教师应该认识到自己的职业使命是促进学生的精神成长，而非进行简单的知识传授。韩愈也曾说过，师者，所以传道受业解惑也。不过，当前一些教师并没有意识到"要做精神的师长"这一初心，以为只要将课本上的知识好好传递给学生就行。他们重言教，轻身教，忽视了自己的言行对学生的影响。对于要求学生应具备的道德品行，有些老师自己都没有做到。片面的道德说教，当然难以取得应有的效果。由于缺乏精神的熏陶，师生关系也日趋疏离和冷漠。由于只关心知识传授的效果，老师变得只欣赏和倚重班级中学习成绩好的"优等生"，势必忽

---

① 汉斯·亨宁森、池田大作：《开创未来的教育圣业》，刘焜辉译，台北：正因文化事业有限公司，2011年，第168页。

② 汉斯·亨宁森、池田大作：《开创未来的教育圣业》，刘焜辉译，台北：正因文化事业有限公司，2011年，第172页。

③ M.S.斯瓦米纳坦、池田大作：《绿色革命与心的革命》，刘焜辉译，台北：正因文化事业有限公司，2014年，第168页。

④ 尼拉坎达·拉达克里希南、池田大作：《迈向人道世纪：谈甘地与印度的哲学》，刘焜辉译，台北：正因文化事业有限公司，2010年，第102页。

略和疏远那些成绩一般和较差的学生。而一些学生也仅仅将老师作为自己获取文凭的工具和手段，对老师没有什么敬意。有些家长甚至将市场经济的等价交换法则运用到学校，认为"我们出了学费来接受教育，你们老师就有义务传授给学生等值的、就业所需的知识"。受考试指挥棒的影响，在学校最受欢迎和重视的往往是那些善于"教书"的老师，而非善于"育人"的老师。教书与育人作为教师的两大重要职责，原本是密不可分的，但是现在却被人为割裂开来。在有些人看来，育人仅仅是德育老师的责任。由于对教师职业的错误定位，教育目的也逐渐偏离了正道。现代教育已沦落为单纯向社会输送政治、经济等领域所需专门人才的机构，成了社会的附属品。池田认为，这是一种非常片面的、外在工具性的教育目的观。教育的目的是"育人"，而非"造器"。社会应该以培养人为根本，为教育服务。因此池田认为，当务之急是建立"为教育的社会"，以矫正当前的"为社会的教育"。

（二）平等对待每一个学生：师生关系的基本要求

池田大作认为，由于每一个生命都有独一无二的尊严，都有无限发展的可能性，因此教师要平等对待每一个学生。"'师徒'与所谓的'徒弟'或'主仆'截然不同。若说后者是'单方面的上下关系'，那么师徒则是'平等的人本主义的结合'，含有徒弟'自发'的行动以及师的'慈爱'。"①反观当下，有一些学校和老师不能正确地认识到这一点。一些老师依仗着自己在年龄、阅历和学识方面的优越性，有意树立自己的权威形象。对于学生提出的不同见解，他们不是持欢迎态度，而是将这看成对自己权威的挑战，并且刻意打压，甚至是讽刺挖苦。这种建立在权威基础上的师生关系，换来的只能是单向的服从，带来的是人与人之间的冲突和不信任，无法在师生之间产生深层次的精神联系。"因权威结成的师生，在现实中已坠入来自儒教思想单纯的礼节，变成徒具形式的过去的遗物。……也就是说，当意识到彼此既是老师又是学生这种深刻的人与人的关系来相互接触时，友好也会结出极为丰硕的果实。没有人在一切方面都是老师，也没有人在一切方面都必须作为学生来学习。在这里会无意识地出现彼此既是老师又是学生的人与人的关系。"②在一些学校，有的老师对学生不能做到一视同仁，他们喜欢和优待那些成绩好的、听话的学生，辱骂甚至体罚、变相体罚那些成绩不好的、调皮捣蛋的学生。之所以会出现这些现象，是因为老师对学生之间的差异过于执着，不能体认到生命的多样性和可能性。池田大作经常拿"梅樱桃李"来比喻学生的个性差异。"樱花有樱花的美，梅花有梅花的香，桃花有桃花的光彩，李花有李花的风趣。这就是百花争艳。"③正因为如此，对于学生之间的不同个性特点，教师应给予尊重、欣赏、包容和接纳，因材施教，并努力创设一种民主的教育

---

① 汉斯·亨宁森、池田大作：《开创未来的教育圣业》，刘焜辉译，台北：正因文化事业有限公司，2011年，第169页。
② 池田大作：《人生箴言》，卞立强译，北京：中国文联出版社，1995年，第141页。
③ 池田大作：《孩子们是"未来的宝贝"》，卞立强译，北京：中国文联出版社，2005年，第45页。

环境，使每个学生都能充分发挥自己的个性力量和潜能，为他人、社会创造价值。只有教师将学生当作是"与自己一样的甚至有可能超越自己的人"，与学生平等对话和交流，师生之间真正的精神"系绊"最终才会出现。

（三）教学与科研并立：教师任务的重新审视

在与时任莫斯科大学校长的沙德维尼兹教授的对话中，池田大作对日本有些大学教师把教学与研究对立起来的不良现象表示了担忧。在我国，高校教师重科研、轻教学的倾向也越来越常见。虽然高校一再强调搞好教学的重要性，也采取了很多举措来鼓励教师重视教学活动，但是效果并不是很理想。对于一些教授而言，从事科学研究是摆在第一位的事，教学则是次要的，甚至是无关紧要的。重科研、轻教学这种不良倾向的出现，除了与一些教师的错误认识有关，很大的一个原因就是当前我国的教师评价考核体系和机制不够合理。由于教学效果很难用一些定量化的指标来衡量，而科研业绩是可以通过发表核心期刊论文数量、获得科研经费的数额等硬性指标来评价，因而在年度考核和职称晋升时，学校对教师的考核评价指标往往侧重于他的科研业绩。还有一些高校为了鼓励老师多出成果、出高水平的成果，加大了科研奖励的力度。如果一个教师科研能力强，那么他的科研经费有了，各种荣誉和奖励也来了，职称晋升也变得轻而易举了。这在很大程度上，进一步助长了重科研、轻教学的不良风气，以至于一些依然花了很多心思在教学上的教师感叹"现在教学变成了良心活，重视教学只为对得起自己的良心"。在池田看来，高校不同于专门性的研究所，培养人才、服务学生是教师的第一要务。"大学的根本是人的教育，是负起教育人之最终责任的机构。"①大学起初之所以能够出现，并非只是由于有高楼等建筑物和学识渊博的教授，更重要的还在于有许多热爱学习、愿意追随老师的学生团结在老师的周围。"如果说师生的结合或连带感才有大学的存在意义，并非言过其实。"②因此教学与科研在本质上应该是并立的，而非对立的。科研所取得的成果只有传递给学生，才能最终转变成改造社会、造福人类的力量。

---

① V.A.沙德维尼兹、池田大作：《学是光》，刘焜辉译，台北：正因文化事业有限公司，2009年，第100页。
② V.A.沙德维尼兹、池田大作：《学是光》，刘焜辉译，台北：正因文化事业有限公司，2009年，第100页。

近 30 年来池田大作研究回顾与思考

天津师范大学　王雪超

国内学界有关池田大作的研究始于 20 世纪 80 年代末，迄今走过了 20 多年的历程，相关研究在广度和深度上已取得了长足进度。以下将 5 年为一时间段，对学界 20 多年来的池田大作研究分论著、研究机构、研究队伍、研讨会等几个方面进行详细梳理，以就教于学界。

一、近 30 年来池田大作研究回顾

1988 年至 1990 年

国内对池田大作的关注始于 20 世纪 80 年代末 90 年代初，这是池田大作研究的起步时期。当时学界只有个别人关注到池田大作，视野主要集中于其佛教思想，共有 5 篇文章[①]整体而言，1988 年至 1990 年为池田大作研究的起步时期，关注者为数不多且分散，从学术经历上大多有宗教研究背景或为宗教兴趣者，研究内容多集中于池田大作的佛教思想，研究成果上侧重于宣普性的介绍。

1991 年至 1995 年

1991 年至 1995 年共有 5 篇文章发表，仍处于起步阶段。但是研究队伍方面出现了新变化，除之前有宗教研究背景的学者，具有如哲学背景的研究者开始加入，这无疑为池田大作研究提供新鲜动力，也促使相关研究内容开始转变。学界的关注点从池田大作的佛教思想转移到其人学思想研究[②]。

[①]《援助敦煌事业的池田大作先生》，《敦煌研究》，1988 年第 4 期；刘军、缪家福：《佛教的生命观——日本池田大作〈论生命〉一书介绍》，《法音》，1988 年第 1 期；刘元春：《佛教在二十一世纪——日本池田大作先生佛教思想集锦》，《法音》，1989 年第 7 期；范艾：《从地涌出——读池田大作〈我的佛教观〉》，《读书》，1990 年第 11 期；袁久红：《佛性在当代的闪光——铃木大拙、池田大作的佛教人道主义思想》，《法音》，1990 年第 8 期。

[②] 邹铁军：《东方人学思想之精粹——读池田大作的〈我的人学〉》，《现代日本经济》，1991 年第 5 期。

1996 年至 2000 年

1996 年至 2000 年池田大作研究进入稳步发展时期，研究队伍逐渐扩充，研究者的学科背景进一步丰富，除宗教和哲学研究背景的学者继续发力外，日语学科背景的研究者也开始关注池田大作，他们利用语言优势，推动了相关研究的深化。

此间共有 12 篇文章发表，主要集中于池田大作对话研究和池田大作的中道思想。对话是池田大作思想的主要建构形式，其思想也分见于池田大作与世界各种人物的对话录中，该阶段基于池田大作对话研究的论文有 4 篇①，但在思考和论述的深度上稍有欠缺。这一时期兼有新意和深度的是 2 篇关于池田大作中道思想的论文，②其中冉毅具有较强说理性和学术性的文章，反映了当时池田大作研究开始向纵深化发展的未来趋势，而其本人后来也发表了一批相关论文，成为池田大作研究的"常青树"。

2001 年至 2005 年

2001 年至 2005 年池田大作研究取得了标志性的发展，从 2001 年开始，北京大学、湖南师范大学、安徽大学、肇庆学院、上海杉达学院、中山大学、华中师范大学相继成立池田大作研究机构。此外，2003 年中国台湾中国文化大学也成立了池田大作研究中心，这是台湾第一个池田大作思想研究的研究机构，该中心此后多次举办了关于池田大作的学术研讨会，历次研讨会论文集也都集结出版，截至 2012 年已出版 8 册。同时，香港社会科学出版社有限公司 2004 年出版了《池田大作研究论文集》，共收录论文 19 篇，虽然文章数量不多且作者多为大陆学者，但也收入了一篇日本学者高桥强的论文，这是中国第一本关于池田大作思想研究的公开出版物，代表了当时的研究水平。池田大作这一时期被多所中国大学或研究机构聘为名誉教授或名誉顾问，影响力进一步扩大。得益于研究机构的成立和池田大作影响力的扩大，一大批专业学者进入池田大作研究领域，迅速壮大了研究队伍，研究者的背景也更为多元化，也实现了这一阶段研究内容方面多面开花，2004 年北京大学举办了第一届池田大作思想国际研讨会，会后出版了研究论文集，促成了研究成果数量和质量的双重快进的新局面。

这一阶段发表期刊论文 33 篇，会议论文 25 篇。关于池田大作人学思想的研究继续深化，关于池田大作生态伦理思想、和平思想、教育思想、池田大作和中国人物关系的历史研究相继开始起步。

---

① 聂丽珠：《世纪话题和普遍主义——关于汤恩比、池田大作的〈展望二十一世纪〉的联想》，《学术论坛》，1996 年第 3 期；凌晨：《邓小平的估计实现了多少？——金庸致池田大作信（节选）》，《领导文萃》，1997 年第 12 期；刘元春：《佛教与世界文化模式——读池田大作的跨世纪对话》，《中华文化论坛》，1997 年第 4 期；大北：《探求一个灿烂的世纪（金庸/池田大作对话录）》，《博览群书》，1999 年第 3 期。

② 何劲松：《创价学会与政治——以池田大作"中道政治"思想为中心》，《世界宗教研究》，1996 年第 2 期；冉毅：《池田大作的中道思想述评》，《世界宗教研究》，2000 年第 3 期。

关于池田大作人学思想研究的论文11篇①，专著1部②，其中冉毅的著作最具代表性，这是国内第一部池田大作研究的专著。

关于池田大作的和平思想，虽然此前个别论文已经有所涉及，但是将其当作明确研究对象的研究却始于21世纪之初。该时期池田大作和平思想研究主要体现在理念和实践两方面，共发表论文11篇。一是从宗教分析其和平思想③；二是从哲学视角分析其特征、哲学基础及其贡献④；三是论述了池田大作和平思想与中国孔墨学说的关系论述其思想源头中的中国因素⑤。

和以往研究或侧重于学理式、思辨式分析或流于宣普性介绍不同，历史学背景学者的加入使得池田大作研究带来了不同的研究方法——文献分析法和历史研究法，从视野上也更为强调人与人或人与环境的互动。南开大学周恩来研究中心纪亚光、孔繁丰从周恩来民间外交视野出发，详细梳理了中日两国关系变动大背景下周恩来与池田大作的互动以及为两国关系正常化做出的努力。⑥高海宽从实践视角对池田大作的和平思想进行了解读。⑦

总体而言，这一时期关于池田大作的和平思想研究虽处于起步阶段，但由于多学科背景学者的加入，该领域的研究一开始就呈现出多元化的视角分析，研究成果上学理式分析和历史性研究兼有，因而起点比较高，为之后的相关研究打下了坚实的基础。

2006年至2010年

2006年至2010年池田大作研究继续上一阶段的势头大踏步前进，形成了研究机构和交流平台的多层次构建。武汉大学、湖南大学等14所高校纷纷成立池田大作研究机构，研究队伍持续壮大。2006年至2010年举办了5届池田大作思想国际研讨会，参会者都是

---

① 王伟英：《生命的尊严　试析池田大作的人学思想》，《新视野》，2005年第1期；张怀承、冉毅：《论池田大作对"色心不二"生命本质论的发展》，《湖南师范大学社会科学学报》，2001年第5期；蔡德麟：《东方人道主义的当代智慧——池田大作人道主义思想研究》，《学术界》，2002年第2期；《佛法与人生——金庸、池田大作对谈录》，《法音》，2004年第2期；陈漱渝：《鲁迅的人学与池田大作的人学——在北京鲁迅博物馆授予池田大作名誉顾问仪式上的致辞》，《上海鲁迅研究》，2004年；冉毅：《人间革命——池田大作"人学"思想研究》，成都：四川人民出版社，2005年；贾蕙萱：《池田大作人生论探究》、刘光宇：《试论池田大作的人生哲学》、王伟英：《池田大作的生命论》、冉毅：《论池田大作的"生死不二"人生观》、冉毅：《"立正"而"安国"——池田"人学"思想的特征》、谢龙：《东方儒文化之伦理真谛——论"人格"为本、群己并重》，贾蕙萱、张可喜主编：《池田大作研究论文集》，香港：香港社会科学出版社，2004年。

② 冉毅：《人间革命——池田大作"人学"思想研究》，成都：四川人民出版社，2005年。

③ 戴卫平、王卫平：《池田大作及其和平思想》，《日本学刊》，2003年第5期。

④ 杨君游、苏卫平、蔡德麟：《论池田大作的世界和平观》，《江淮论坛》，2005年第2期。

⑤ 黄顺力：《池田大作的和平思想与孔墨学说》，《厦门大学学报（哲学社会科学版）》，2005年第6期。

⑥ 纪亚光、孔繁丰：《周恩来、池田大作与中日邦交正常化》，《南开学报》，2003年第2期。相似的论文还有孔繁丰：《周恩来总理和池田大作的历史性会见——兼论池田大作对建立和发展中日友好关系的贡献》，《南开学报》，2005年第2期。

⑦ 贾蕙萱、张可喜主编：《池田大作研究论文集》，香港：香港社会科学出版社，2004年。

以文与会。特别需要指出的是，南开大学2006年成立的周恩来·池田大作研究会，是中国第一个研究周恩来和池田大作思想的学生社团。多个研究机构的成立和学生社团的组建，以及国际研讨会的定期召开，形成了池田大作研究机构范围扩大、多点开花，研究人员结构师生兼有（本硕博），既有学术交流的平台也有活动交往的平台的新局面，池田大作研究由此上了一个新台阶。

该阶段池田大作研究的最大特点是围绕每年召开的研讨会主题，与会者发表了一系列论文，形成了规模。如果要对该阶段的池田大作研究有一整体认识，梳理和分析该时期几次研讨会主题显得十分重要，从会议主题中或可总结出一些规律。这一时期共举办了9次会议，按时间顺序9次会议主题分别为"21世纪东方思想的展望""和谐社会与和谐世界""多元文化与世界和谐""和平与教育""和平发展中的文化与教育学术""以人为本与人类发展""构建21世纪之新文明""以人为本与21世纪全球文明""人本主义的复兴"。

纵观这些主题，其中关键词为"和谐""教育""文明""以人为本"。如果将历次会议置于时代背景中，很容易能够发现每次会议主题的确定都和当时世界发展趋势特别是中国马克思主义中国化发展历程有关，比如2006年和2007年两届池田大作国际研讨会的会议主题都以"和谐"为关键词，其背景是2006年10月中共中央十六届六中全会通过了《中共中央关于构建社会主义和谐社会若干重大问题的决定》，会议主办方在和谐社会基础上提出"和谐世界"或"世界和谐"的主题。2007年中国共产党十七大将以人为本确立为科学发展观的核心，2009年和2010年的三次池田大作思想研讨会主题的关键词也均是"以人为本"，而且强调其与"人类发展"或"21世纪全球文明"的关系，会议主题的确定体现了主办者（同为研究者）把握现实基础上的国际视野。换言之，国内池田大作研究的发展演进始终和学界强烈的政治敏锐感和现实关怀有关。

这一时期论文数量实现猛增，其中期刊论文共99篇（部分为会议论文修改后再发表，故内容上有重复），会议论文300多篇。具体表现在和平思想、教育思想、文化思想、以人为本思想等几个方面。

2010年至2015年

2010年至2015年延续了上一阶段的趋势，又有11所高校成立了池田大作思想研究机构，更多的教师和学生研究者加入。这一时期池田大作研究已进入成熟期，每次研讨会都有国内外学者参与，会议论文集基本上都正式出版。特别是广东地区的多所高校和研究机构打破研究者分散于各个单位的现状，将分散的研究力量集中化，从2008年至2015年共联合主办了6次研讨会，形成了地区效应，成为当前池田大作思想研究的一个地区联合阵营，为未来研究提供了一个新方向和新思考。

二、关于池田大作研究的思考

通过以上对学界 20 多年来池田大作研究的梳理，可以发现以下几方面。

第一，相关研究经历了从无到有、从小到大的过程。

1988 年之前池田大作研究还是一片处女地，经过 20 多年国内外研究者的耕耘，截至 2015 年，关于池田大作研究的专著共 4 部①，期刊论文共计 260 多篇，会议论文 580 多篇，其中八届国际研讨会会议论文共计 390 多篇，其他 6 次研讨会会议论文 47 篇（只包括广州 2008 年和 2010 年的研讨会，北京 2010 年、广州 2010 年、2012 年、2013 年研讨会论文集因资料缺失没有统计在内），研究内容方面，研究者从重点关注池田的佛教思想逐渐扩展至其和平思想、教育思想、文化思想、人本主义思想、生态思想等其他领域，经历了从兴趣到研究，由浅及深、由表及里的过程，经过 20 多年的辛勤耕耘，形成了不断有成果发表和出版的池田大作研究领域。

第二，研究机构日益增多，研究队伍逐年壮大，形成规模和合作阵营。

2000 年之前，池田大作研究还是"各自为战"的状态，研究者分散在各个单位且相互间的交流比较少。进入 21 世纪后，国内的池田大作研究机构如"雨后春笋"般相继成立，截至 2015 年已达 32 家之多。随着众多专门研究机构的成立，研究队伍迅速壮大（中外兼有），形成了研究者年龄结构（师生兼有）和学历结构科学（本硕博）、学科背景（宗教、哲学、历史、教育、语言等）多元的新局面。随着研究队伍的壮大和技术的发展，方便研究者交流，从 2004 年至 2015 年，国内举办了 14 次池田大作思想研讨会，打破了之前"各自为战"的分散状态，形成了定期交流机制。

第三，池田大作研究由"隐学"到"显学"。

具体研究内容上，最初研究者集中于池田大作的佛教思想，由于宗教研究的小众化特点较为"高冷"，其成果并不为其他研究者获知，尚处于"隐学"阶段。之后随着研究队伍的壮大，具有历史学、教育学、哲学、语言学等学科背景的加入，多元化视角带来的是相关研究的多点开花，关于池田大作和平思想、教育思想、文化思想、人本主义思想、生态思想的研究相继起步且不断深化，研究者发表的文章越来越带有交叉学科的特点。尤其是进入 21 世纪后，池田大作研究呈现出和中国现实"同呼吸共命运"的时代特征，每一次举办的国际研讨会都切中中国时代发展的脉搏（上述关于国际研讨会会议主题的分析），从当时中国现实问题着眼来研究池田大作思想的不同方面，体现了举办者和研究者强烈的现实感。可以说，由"隐学"到"显学"既反映了池田大作思想研究的演进历程，

---

① 孔繁丰、纪亚光：《周恩来、池田大作与中日友好》，北京：中央文献出版社，2006 年；冉毅：《"人间革命"——池田大作"人学"思想研究》，成都：四川人民出版社，2005 年；王虹、黄顺力、王伟：《池田大作软实力理论研究》，武汉：华中科技大学出版社，2014 年；林振武：《池田大作人本思想的内在逻辑》，北京：中国社会科学出版社，2014 年。

又是其研究不断"中国化"的外在表现。而且池田大作研究越"中国化",就越能吸引更多的研究者的关注和兴趣,促进其研究的发展。

可以说,池田大作研究20多年来,取得了长足进步。但是就目前来说,研究也仍然存在一些不足之处。

重复性研究过多。进入21世纪后,相关研究成果数量直线上升,研究领域也在不断扩展,但是也开始遇到瓶颈,重复性研究过多。比如近10年关于池田大作教育思想的研究,基本上都是着眼于阐述其形成过程和具体表现的理论研究,但是如何将池田大作的教育思想运用于中国教育的实践的研究相对少一些。要突破该瓶颈,恐怕需要进一步吸引不同学科背景的研究者进入该领域,同时在会议研讨中避免千人一声,形成良性的争鸣,也是当前亟需思考的一个问题。

各研究团队组建不够科学。研究团队的组建和维持需要制度化,因为兴趣进入研究固然应当得到提倡,但是仅凭兴趣作为动力,在持久性上并不稳定。各研究团队应思考如何通过制度化的设计吸引研究者,比如将池田大作研究和自己的学科、专业研究有机结合,并将其纳入院校的人才培养、能力塑造的制度中。如此,方能打造一支人才如流水源源不断的研究团队。

定义学视角下的"民间外交"与"人间外交"概念辨析

——以池田大作外交思想为例

山东大学 马明冲

近些年来，在池田大作研究深化的同时，学术界也出现了一些颇有争鸣意味的讨论。笔者关注点一直聚焦在池田大作的外交思想研究上，大部分学者以池田大作民间外交为切入点，系统梳理以池田大作为代表的民间人士对促进中日邦交正常化和世界和平所作出的不懈努力历程，明晰民间外交与官方外交在国际交往中的优势，见地深刻。同时，也有一些学者以池田大作人间外交、人的外交为切入点，探求池田大作人本主义思想和"生命尊严"的哲学溯源，以期阐释无论哪种外交模式以外的"人与人""心与心"的交流才是池田大作外交思想的真谛。笔者认为，两种学术观点都论证充分，颇有说服力。但，我们也认为要深入地探讨这个问题还应该首先从概念辨析出发，为理论的深化厘清歧义。

一、概念辨析：一种研究视角

梁启超在《中国学术思想变迁之大势》一书中指出："大抵西人之着述，必先就其主题立一界说，下一定义，然后循定义以纵说之，横说之。"定义学是对某个或某种事物通过对它或者它们的认识所做的概念的归纳，总结的方法，要求所形成的学术体系。定义学的意义主要在于把有歧义的事物进行准确的客观表述，以方便消弭人们对事物误解误读，规范人们对同一事物的准确认知，以及对宽泛事物的不同观点的补充描述。定义（definition）是认识主体使用判断或命题的语言逻辑形式，确定一个认识对象或事物在有关事物的综合分类系统中的位置和界限，使这个认识对象或事物从有关事物的综合分类系统中彰显出来的认识行为。[①]

在严谨的学术探讨中，我们发现，一切思辨产生的用于表示寓意的有形名称必须满足

---

① 华东师范大学哲学系逻辑学教研室：《形式逻辑》，武汉：华东师范大学出版社，2009年。

在预先定义的基础上——在失去定义的情况下名称失去寓意——当预先定义产生后名称定义的关系在沟通中具有不可替代性——当沟通中的一方改变名称定义关系时，沟通同时失去意义。为了避免一些对定义的曲解和变形来进行驳论和诡辩，在我们看来，要探讨问题，就要其先进行定义。当然，定义一个概念是麻烦的，因为事物不是独立存在的，他们普遍联系，相互证明，我们需要对每一个联系做出限定。事实上，世界上的东西无穷多，普遍的联系也无穷多，我们无力一一标明，只能定义最重要的部分，最明显的性质，最显著的特征，而把其他的联系作理想化的假设。

笔者梳理关于民间外交的著作和文章发现，大部分学者述及民间外交都是将其与官方外交作比较而定义其范畴。有很多学者并未明确地给民间外交下定义，但是从行文和论证中，我们可以将其概念内涵理解为：民间外交是我国外交工作的重要组成部分。早在20世纪50年代，周恩来总理就说过，中国的外交是官方、半官方和民间的三者结合。[1]也就是说，在新中国初期与我国正式建交的国家很少，国家外交局势难以打破的情形下，为了让各国人民了解新中国，并与之来往与交流，民间外交蓬勃发展起来。此时的外交主体多是人民团体，即工会、青联、妇联、中国人民保卫世界和平委员会，其他人民团体还有外交学会、红十字会、贸易促进会等。实质上，这是中国独创的一种国家对外交流方式，其中外交的主体为半官方和民间，尤为注重外交的人民性。而人间外交（人的外交）则是池田大作提出来的概念，他不遗余力地提倡并践行之，虽然没有明确下定义，但是也较为准确地指出了其内涵和外延。池田大作认为，所谓外交就是人们相互展示自己的诚心诚意。把一切都敞开来进行交谈，才能开始"人的外交"。[2]

二、民间外交与人间外交的三重相同

对比论证，亦是比较法，是把两种事物加以对照、比较后，推导出它们之间的差异点，使结论映衬而出的论证方法。这是一种常用的、有说服力的论证方法。事物的特征和本质在对比中最容易显露出来，特别是正反相互对立的事物的比较，具有极大的鲜明性，能给人留下深刻的印象。以池田大作外交思想为切入点来对比"民间外交"与"人间外交"，我们发现两者有如下三重相同：

（一）"生命尊严"的哲学观一致

在池田大作看来，21世纪的和平观，必须把恢复人的地位当作第一要义。"为此我深深感到，有必要介绍宣讲人类尊严的名副其实的世界宗教，以此为一切社会结构的基础。

---

[1] 纪亚光、孔繁丰：《周恩来、池田大作与中日邦交正常化》，《南开学报》，2003年第2期；张志洲：《民间外交涵义的学理分析》，《国际观察》，2008年第9期；王玉贵：《试论周恩来民间外交思想》，《苏州大学学报（哲学社会科学版）》，2007年第7期等。

[2] 池田大作：《人生寄语》，上海：上海社会科学院出版社，1992年，第172-173页。

从我自身信仰的立场出发,我确信,探索这个理念,可求至日莲大圣人的佛法。"他认为:为什么这样说呢?比如圣人曾经教导我们,"以一人为准,可见一切众生平等",日莲大圣人的佛法皆如此说,深挖至生命的根底,然后周密地论证人的尊严和伟大。即便是平等观,也必须以一个人的绝对尊严为其基础。这种伟大的东洋佛法的精华,必定会成为照亮21世纪的光源。我坚信这一点。①

把这种"尊严"的概念从哲学上作出定义,最有名的话是康德所说的"没有其他相等的价值"。也就是说,是其他任何东西都无法代替的意思。所谓"人的尊严",是意味着每个人都具有其他任何东西都无法代替的价值。因此池田大作认为,就自己来说,在不伤害他人的范围内,要十分珍视自己的存在、自己的人生,要贯彻自己的意志;对他人来说,要最大限度地尊重他人的生活态度和意志。②基于此,无论是研究池田大作的民间外交思想,还是探讨其人间外交思想,都应该看到他对生命尊严的哲学解读,认识到生命尊严是开展交往的价值基础。

为了进一步阐释自己对生命尊严的宗教和哲学体悟,池田大作分享自己的感受。他认为,人们在为全面废除核武器而努力,或发表各种言论,或开展各种运动。然而我深深感到,人们必须明白,首先要切切实实地确立人类生命的尊严观。对于科学家的良心,对于操纵核武器按钮的当政者的良心等等,人们理论纷纷,而我认为,要使生命的尊严观在每一个人的心里深深地扎下根,让这种思想变成大地,废除核武器的运动才会取得成果。要认识到,我们的运动是具有根本意义的,就好比在大地上进行耕耘,使土壤变得更为肥沃。③他还认为,这是很多哲学家的共鸣。"与此相关联,人们往往认为马克思和列宁的思想好似偏重社会变革。但我理解,其本质还是把人放在首位,其基础还是放在人思想的提高和人性的尊严上。"④

(二)生生不息为和平的信念一致

研究者们试着解析池田大作的民间外交思想、和平外交思想等,其焦点离不开池田大作生生不息为和平的信念,民间外交和人间外交也在此关节上形成了默契,达到了一致。

在池田大作看来,所谓爱国心决不是灌输或强加的,而是热爱自己的乡土,始终把自己的乡土当做是一种骄傲,对自己故乡的山河感到无限的挚爱,是从人的这种朴素的精神中产生的。所以感到是自己的乡土的世界越是广阔,就越会把自己挚爱的感情倾注于广阔的世界。从这一意义来说,今天整个世界正逐渐成为同一命运的共同体,越来越多的人到世界各地去旅行,所以我认为把整个世界当做爱国心对象的人会自然地增多。⑤回顾历

---

① 池田大作:《人生寄语》,上海:上海社会科学院出版社,1992年,第138页。
② 池田大作、A.A.罗古诺夫:《第三条虹桥》,北京:中国国际广播出版社,1990年,第56页。
③ 池田大作:《人生寄语》,上海:上海社会科学院出版社,1992年,第142页。
④ 池田大作、A.A.罗古诺夫:《第三条虹桥》,北京:中国国际广播出版社,1990年,第61页。
⑤ 池田大作、A.A.罗古诺夫:《第三条虹桥》,北京:中国国际广播出版社,1990年,第129页。

史，像战前的日本那样，就有过一段痛苦的历史。当时的当权者利用民众的爱国心，把侵略战争正当化，把人们赶到死地，把苛刻的要求强加给民众，残酷地驱使他们。我认为不能再发生把爱国心当作操纵民众的工具之类的事情。因此爱国心不能是封闭性的，应当使它面向整个人类社会。①

也就是说，人本能地要追求和平，承认而不排除他人的尊严。在人的社会里，互相协调是必不可少的。人们为了能更好地生存下去，花了漫长的岁月才获得了这些智慧。人类共和——这是指一种人与人能超越国家、文化的差异，消除人种、语言的隔阂，和乐共生的社会。只有在争取实现这一理想的运动中，才会有由分裂到团结、由不信任到信任、使人的社会走向复苏的道路。②与邻国不保持深厚的友好，就好像脚下没有大地。那就好似在空中行走，不可指望有持久的友好与和平，所以重要的是行动。很多人只是从概念上谈和平。但是要谈和平，就必须要行动。③行动的落实靠教育，靠培养千千万万个池田大作。他说："我看见数千名为和平载歌载舞的青年。这些青年将和平的连带扩展开来的话，就能在世界上结合起'和平兵'。这些'骠勇善战'的和平兵，不是用来杀敌，而是广结世界友人，为和平而奋斗。现在我们需要的，是能培养'勇敢的人'的教育！"④

民间外交和人间外交两种范式正是看到了这一点，看到了"和平的大厦是由一块一块砖头砌成的"⑤，才能够在关于生生不息为和平的价值追求上实现一致。

（三）存异求同谋对话的机制一致

我们认为，民间外交和人间外交所主张存异求同谋对话的机制是一致，这种"机制"就是心与心的交流。因为如果没有人与人之间的心灵联系，就不会产生和平。⑥

诚如池田大作所指出，"文明之间的对话"是21世纪的人类应当坚持的首要课题。因为它把文明的差异当作人类丰富多彩的象征，并在使其熠熠生辉方面迈出了第一步。曾经把金字塔的石头一块一块地垒砌起来的先人们，也曾为建设永恒的未来留下了闪闪发光的巨大骄傲。我相信，21世纪的青年们也能勇敢地把"永远和平"这一人类梦想的金字塔的大建设继续进行下去。⑦对话的力量会把世界连接成一个整体。通过对话，能为解决堆积如山的全球性诸多问题找出线索。没有对话，人必定还要在自以为是的黑暗中继续摸索。在这片黑暗中，对话可以是一盏明灯，它照着大家的脚下，寻找应当走的道路。如同河中有大大小小的石头一样，人生也经常有苦恼。不过，滔滔的河水如能流动，大大小小的石头就会流没在水中。于是大石头被冲碎，小石头被冲走。为布教的和平使命而生活的

---

① 池田大作、A.A.罗古诺夫：《第三条虹桥》，北京：中国国际广播出版社，1990年，第131页。
② 池田大作：《人生的坐标》，卞立强译，上海：上海外语教育出版社，2002年，第158页。
③ 池田大作：《人生的坐标》，卞立强译，上海：上海外语教育出版社，2002年，第159页。
④ 池田大作：《难忘的世界之友》，马来西亚：华社研究中心，2001年，第199页。
⑤ 池田大作、A.A.罗古诺夫：《第三条虹桥》，北京：中国国际广播出版社，1990年，第66页。
⑥ 池田大作：《四季箴言》，卞立强译，成都：四川人民出版社，2010年，第225页。
⑦ 池田大作：《四季箴言》，卞立强译，成都：四川人民出版社，2010年，第216页。

生命的欢喜和欲动，就如同这滔滔的流水，能悠然地冲走和战胜苦恼。为了人类的未来，"对话"是根本。对话是"平等"的，没有上下之分。对话是"人性范畴"内的智慧交流，没有地位、头衔的区别。人就是人，不能成为人上之人。这种人本主义的具体变现就是"对话"。①

既然对话在民间外交和人间外交中如此的重要和有效，如何才能更好地进行对话呢？

池田大作认为，只有自己的经验，那是"一个人的人生"。但是通过读书，可以学习许多人的经验、知识和富有戏剧性的人生。可以结识终身的"心灵的朋友"，还可以和过去的伟人、大文豪"对话"。书的发明是人类历史中最大的发明之一。学会这一新发明的"使用方法"和"享受方法"，人生就好像获得了一件最好的武器。书会给我们知识，书会使我们感动，书会激发我们的勇气，书会教导我们要关怀他人。以此为基础的文化交流，一定能把人的"面孔"与"面孔"、"声音"与"声音"乃至"心"与"心"结合在一起，并朝着"人的世纪"演奏，扩大"希望"与"共生"的和声。②发自内的对话的完成，其实也为向外的对话开启了窗户。进而池田大作指出，普通人之间一对一的"草根对话"——这确实是最寻常的对话。但是正是它建立了人与人的联系，改变了人的心意、观点和看法。反复不懈地进行这种民众间的对话，会改变时代的潮流。一人发心，就不只是一个人的事。如同一个波浪会掀起十个波浪、一百个波浪一样，它会波及互有关联的许多人。重视每一个人，培育每一个人，这可以说就是民众运动之永恒不变的方程式。③

人与人之间的壁障全都不过是幻想。民族的敌意和种族的歧视等——这一切全都是人的心制造出来的，我们应当意识到真正的壁障是在自己的内部。我们的心中有着过多的有色眼镜，应当把它们摘除掉。我认为要按人的原来面貌去看对方的人。也就是说，不是按意识形态或政治性去看，应当首先直接看人本身。④说是要把友谊扩大到全世界，其实就是不断地积累"一个人对一个人的关系"。真正重视每迈出的一小步，重视每一个人，就可以形成广阔的友谊的世界。要始终贯彻这种一对一的关系。⑤

三、"民间外交"与"人间外交"的逻辑展开相异

根据现有的文献材料梳理，解析和对比池田大作民间外交与人间外交思想，我们发现两者在逻辑展开上有着明显的区别：民间外交主要是相对于官方外交而进行的逻辑展开；

---

① 池田大作：《四季箴言》，卞立强译，成都：四川人民出版社，2010 年，第 222、227 页。
② 池田大作：《四季箴言》，卞立强译，成都：四川人民出版社，2010 年，第 208、219 页。
③ 池田大作：《四季箴言》，卞立强译，成都：四川人民出版社，2010 年，第 20、38 页。
④ 池田大作、A.A.罗古诺夫：《第三条虹桥》，北京：中国国际广播出版社，1990 年，第 146-147 页。
⑤ 池田大作：《人生的坐标》，卞立强译，上海：上海外语教育出版社，2002 年，第 3 页。

人间外交是循着生命的尊严——人的尊严——世界人的尊严——人的外交的逻辑而展开的。

（一）与官方外交相较的民间外交

一般概念层面上的民间外交也有相对于官方外交而展开的逻辑思路，早在 1957 年，周恩来总理曾经将新中国的外交归纳为：中国的外交是官方、半官方和民间三者结合起来的外交。这本身就体现着民间外交的逻辑展开是紧紧对照着官方、半官方外交的。1966 年 2 月，他在论述党、国家、人民三者在国际活动中的关系时又明确指出："我们的国际活动和对外工作有党、国家和人民三个方面，政府外交工作是代表国家的，外贸、外文、外经等等都是如此。这三个方面，党的对外国际活动，用政府名义的对外活动，用人民的民间的名义对外活动，它既有区别又有结合。在我看来，结合是主要的。"赵启正撰文谈民间外交时，用了一个对比图，更能明确地显示民间外交与政府官方外交之间的逻辑关系。[①]

与官方外交相比，民间外交的地位和影响力也毫不逊色，业已成为我国外交界、学术界和广大人民群众耳熟能详、家喻户晓的概念。从服务对象和行为主体的角度看，我们一直把民间外交为政府的官方外交服务，为国家的改革开放服务，为总体外交服务当作自己最崇高的职责。因此从这个意义上说，民间外交更具有亲和力、灵活性、多样性和广泛群众参与度的特点；从组织形式和群众基础的角度看，我国民间外交的组织程度和制度保障比较完备，资源整合程度高，战略布局广，群众基础比较雄厚，公众认知度比较高；民间外交作为官方外交重要补充，其作用会变得越来越重要；另外，民间外交具有鲜明的中国特色，是中国共产党在国际外交史上的创新。[②]

与官方外交相比较，民间外交的实施目的明确和作用显见。可以说，民间外交，民众与民众普通的往来，有针对性地组织与组织、个人之间的合作，使彼此相互了解，进而借重这些组织和个人在本国的影响力，逐步在各自国家形成对彼此友好的积极气氛和舆论环境，推动两国关系的发展深化。民间外交可以以更直接、更具亲和力的形式做好外国公众和主流社会人士的友好工作，可以更有效地展示本国的文化吸引力和政治影响力，改善国际舆论环境，维护国家利益。

（二）人间外交：生命的尊严——人的尊严——世界人的尊严——人的外交

人间外交展开的逻辑是生命的尊严，进而解读人的尊严，推向世界人的尊严，彼此尊重生命的尊严即是要在更广泛地范围内开展人与人之间的外交。

谋求和平是人间外交的价值追求，那么和平并不意味停滞或固定，它产生于不断创造

[①] 赵启正：《由民间外交到公共外交》，《外交评论（外交学院学报）》2009 年第 5 期。
[②] 韩光明：《公共外交与民间外交异同的初辩》，2010 年。

的改革主义之中。因此不仅要重视国家与国家之间的关系，还要使人民和人民紧密联结在一起，这一点是不言而喻的，因为"国家关系"说到底还是"人与人之间的关系"。①故而池田大作指出，通过每一次人与人的自然接触，积累起来就能形成支撑山顶的庞大山体，在这之上，才能耸立起国与国真正友好的山顶。换句话说，在相互交流的个人背后，都有不同国家的民族之海，这些无数的涓涓细流相互注入对方的大海，就能汇成友好的大洋。我珍惜这个洪流中的每一滴水。因此所谓真正的理解，就是自己进入对方的内心进行观察，把他人所拥有的一切作为自己的体验，同情地加以体会。这不是批判的观察，也不是分析的过程。分析批判是客观上的理解，这样的确能看清对方的全体，既看见他的长处，又看见他的缺点，但这只不过是他的过去，如此观察并不能带来走向未来的美好可能性。我认为，人的走向是不确定的，既可向善，也可向恶。通过人和人的接触会产生相互理解，这和客观的理解不一样，是哲学的实践，也可成为人生的修行。也就是说，通过内心的观察，把对方缥缈未定的将来与自己结为一体，把将来当作已完成的善果来相互启示。②人与人之间既有五小时的交往，也有五分钟的交往。我自己已经超过五十岁，曾遇见无数的人，所有这些人都对我的今天施加了影响，而共鸣的深浅就决定了这种影响的大小。人们的相互了解甚至可以超越时间的长短。③

从"以国家为中心"到"以人为中心"，再到"世界是一个整体"。——应当这么思考的时刻看来已经到来。为此必要的是尊重人的多样性、企求和谐与融合、把人类结合到一起的生命哲学。另外，人自身不应隶属于国家或集团的权力，而要建立屹立不动的自我。每个人都要打破利己主义的硬壳，克服蔑视与偏见，散发出人性尊严的光辉。④所以池田大作"很珍惜友情，因为国与国的信赖关系说到底是用个人之间的信赖来构成的。如果我们在某个国家中有很多亲密的朋友，即使我国与这个国家反目，我们的心灵仍然会引导我们走向理解。通过信赖的导管必流出民间的友情，这不就是无形的心灵财富吗？人与人的关系一旦结成，就没有丝毫的价值差别，相互承认对方的人格有最高的价值，不久就会带来国家间平等互利的切实成果"⑤。在以后全球一体化的时代里，同甘共苦的"人与人的交往"是基本的。世界是多样的，文化不同，价值观、生活习惯也相异，绝不是简单的同一个世界。既要尊重这种多样性，又要共同繁荣，那么需要怎么做呢？那只有扩大"人性"这唯一的最大的共同点。产生威胁"人的尊严""生命的尊严"的文明危机的最大的元凶，是盘踞在人心中的"分裂"的力量。"分裂"是恶，"团结"是善。以人的"善"的力量阻

---

① 池田大作：《人生寄语》，上海：上海社会科学院出版社，1992年，第139-140页。
② 池田大作：《人生寄语》，上海：上海社会科学院出版社，1992年，第170-172页。
③ 池田大作：《人生寄语》，上海：上海社会科学院出版社，1992年，第171页。
④ 池田大作：《四季箴言》，卞立强译，成都：四川人民出版社，2010年，第226页。
⑤ 池田大作：《人生寄语》，上海：上海社会科学院出版社，1992年，第172页。

止"分裂"这一"恶"的力量显露出来,是为了不使 20 世纪及以前人类历史上发生的悲剧重演的铁的法则。①

通过交流会产生共鸣,这种交流是以人类共有的永恒之尊贵为基础,产生源自生命深处的共鸣和相互碰撞。

---

① 池田大作:《四季箴言》,卞立强译,成都:四川人民出版社,2010 年,第 229 页。

东方文明对话的先行者

——兼评池田大作"人本主义"对话思想特色

大连海事大学 陶 金

日本当代最大的新兴佛教团体创价学会的第三代会长、国际创价学会（SGI）会长池田大作先生作为教团当代精神领袖，长年积极致力于文明间的交流与对话，倡导开展能够跨越国家、区域、意识形态、信仰、宗教、职业身份等现代人常规性界线的广泛对话，以对话之融合力与创造力来推动世界和平、教育、文化事业的进步。他秉承"对话可以拉近人与人之间距离"的信念，主张现代人应该通过对话的方式来共同探讨和解决当今世界全人类面临的共同难题。池田大作与世界各国、各领域的杰出代表、知名人士展开广泛的对谈，对谈人物包括政治家、哲学家、社会活动家、艺术家、各领域知名学者、诸宗教代表、各行业的代表人士等，对谈持续坚持了 40 余年，会面与交流总人数超过 7 000 余人[①]，他与许多对谈者围绕当今社会发展的热点与难点问题进行反复多次探讨，对谈记录采取了现场录音并转换成文字的方式得以留存，迄今正式出版了对谈集近 60 部。

从目前的研究来看，主要将池田大作的"对话"行动理解为是其表述和宣传自身思想的一种方式，更是一种推动民间友好、促进文明交往的实际行动。但本文中，笔者尝试从宗教学的视角对于池田大作开展的文明间对话、宗教间对话的行动展开分析。笔者认为，池田大作是东西方文明对话的倡导者与先行者，作为东方传统宗教——佛教的代表，池田对话顺应了世界宗教对话、文明对话不断拓展的大趋势，着眼于人类发展的现代危机和紧迫难题，尝试冲破常规性界限拓展最广泛的人与人、面对面的坦诚对话，通过和平对话的方式来探寻 21 世纪人类文明融合与可持续发展的多元化路径。应该说，池田对话为我们昭示了 21 世纪人类的一种相处方式，一种通过和平沟通与广泛对话来解决问题、达成共识的方法。池田大作将文明间、宗教间对话的共通基础凝练与具化为"人"之共通性，以大乘佛教法华思想之佛性互俱论作为理论基础，倡导通过人与人之间双向性的、相互启发的对话来完成人类自身的人性与精神变革，通过从个体到整体的"人性之变"促进与推动"世界之变"、文明之创新与融合。可以说，池田大作的对谈录，不仅是其个人思想的凝结，

---

① 东洋哲学研究所编：《池田大作世界との対話　平和と共生の道を開く》，东京：第三文明社，2010 年，第 23 页。

也是一部世界名人贤士的智慧集锦,更是现代人对于当今时代之难题与人类文明未来发展路径的叩问与探索。

一、"对话"的定义与发展背景

何谓"对话"？追溯人类发展史,毋庸置疑,"对话"是人类交流、交往最原初的形态。从宗教哲学视角来看,"对话"通常包括两方面,即"各大文明间的对话"与"各大宗教之间的对话",简称"文明对话""宗教对话"。"文明对话"的涵义相对宽泛,主要指以各大宗教、教团代表或具有某一区域文明、文化背景及知识储备的人士为主要倡导者,得到社会各界尤其是宗教界人士的广泛关注与参与,以解决人类发展难题、深化异文明、异文化之间的相互理解为主要目标的语言交流、文化交往与合作实践活动。

那么,和平"对话"何以成为当今时代的主题呢？距今大约100年前,全世界正在饱受第一次世界大战带来的深痛苦难。随后第二次世界大战爆发,全球再次卷入战争。回首整个20世纪,局部冲突的战火纷飞与两次世界大战的硝烟弥漫始终不曾消散。20世纪90年代初,柏林墙的倒塌和苏联的解体曾让世人以为世界终于进入了一个稳定发展的和平时期,然而时隔不久,海湾战争爆发；海湾战争结束不久,南斯拉夫陷入内战；1994年卢旺达种族灭绝事件死亡人数多达几十万。20世纪90年代,仅非洲大陆就发生大规模的暴力流血冲突20余起。正如法国政治学家帕斯卡尔·博尼法斯（Pascal Boniface）总结和担忧的那样,"20世纪表现为一个战争的世纪,而今天,没有任何迹象表明21世纪将是一个和平的世纪"①。事实上,今日世界,人类科技与军事力量飞速发展的程度足以证明这样的担忧并非杞人忧天,即未来一旦爆发全球性的高科技因素参与其中的大规模战争,其后果将是灭绝性的。21世纪,人类需要携手跨入一个学会冷静反思、接纳他者、重塑自我与互助合作的全新时期,而"对话"无疑是最和平、最理性、最有可行性的交往方式。

关于对话的必要性与作用问题,在日本长期开展公共哲学与对话研究的韩国学者金泰昌指出,"关于对话问题,有各种相关的讨论,也不乏诸如'对话的力量太微弱','仅凭对话能解决问题吗'之类的质疑。那么,仅凭'暴力'就能解决所有的问题吗？还是仅凭'财力'就能解决所有的问题呢？的确,'对话'不是万能的。但是,如果人的意识和体验是发展的变化的,至少相比那种依靠'暴力'来解决的方法或者凭借'财力'来解决的幻想,'对话'可以凭借其不折不挠的持久力去谋求共同的协作和开拓创新,这难道不是一种行之有效的在现实中谋求改变的途径吗？"②2001年被联合国命名为"文明对话年",其呼吁各大宗教、各大文明之间以相互平等、彼此尊重的姿态开展广泛、深入的"对

---

① 博尼法斯：《透析分解当代世界》,天津：天津人民出版社,2005年,第186-188页。
② 稻垣久和、金泰昌编著：《公共哲学——宗教から考える公共性》,第Ⅲ期,全5卷,日本：东京大学出版会,2006年,第117页。

话"。此举正是缘于这样一种共识,即"对话"是和平的助力,"对话"是时代的召唤。

二、东方文明对话先行者——池田大作

作为一名宗教团体的领袖人物,池田大作十分重视文明间、宗教间开展广泛对话的意义,并身体力行地在全世界范围拓展宗教对话与文明对话,以"对话"促民间交往与文明融合,可谓呼吁和践行东西方文明对话的先行者。

首先,从时间上来说,从整个世界范围来看,当代宗教对话运动兴起于 20 世纪 60 年代中期以后。1965 年梵蒂冈大公会议顺利闭幕,以西方天主教、基督教为主要倡议者,得到其他代表性宗教响应的宗教对话运动兴起,世界各大宗教之间开始进行接触与交流,日本佛教作为东方佛教的代表参与其中。而池田大作开展文明对话实践,开始关注和思考东西方文明的交流与交往问题也几乎与此同时。从东方国家整体形势来看,历史上的 20 世纪 60 年代,世界上大多数的东方国家民主独立运动都刚刚完成,大都处于战后经济复苏和建设时期,无论是宗教界还是文化人士,具有跨文化对话意识和能力的人寥寥无几。在众多东方国家中,日本较早完成了近代化转型,并在战后改造的民主化过程中倡导信仰自由,倍受长期战争折磨的国民也迫切需要宗教来安抚身心,一时间日本新兴宗教组织大量涌现并实现了飞跃性发展,创价学会就是其中的代表性新兴宗教团体之一。20 世纪 60 年代末,创价学会已基本完成了在日本国内的发展目标。池田大作作为创价学会第三代会长,肩负着带领整个教团实现稳定发展的历史使命,因此也开始考虑向海外拓展的合理化路径问题。另外从个人因素分析,池田大作不仅是一位以东方大乘佛教之慈悲救世理念为行动宗旨的虔诚佛教徒,同时还是一位具有时代责任感与强烈使命感的宗教领袖。他笃信具有坚定实践色彩的日本特色日莲佛教,和平对话恰是与其宗教理念相吻合的具体行动。因此可以说恰逢其时的国际、国内环境,强大的教团影响力,众多会员的追随与坚定后盾,加之个人的宗教使命感,促成了池田大作作为东方宗教的代表,迈出了跨文明、跨宗教对话的第一步。

第二,从对谈主题和内容来看,池田大作关注的现实问题与探讨内容的纵深度,让"池田对话"开东方文明对话的一代先例。从池田大作对话实践初期探讨的内容可以看出,池田对话始终立足人类整体发展的立场,着眼于与世界范围内的各界人士探讨现代社会人类发展的紧迫难题的解决。早在 20 世纪 60 年代末,池田大作与第一位对谈对象"欧洲统一之父"古殿霍夫的对话就广泛探讨了极具时代性和现实性特点的内容,涉及人类发展密切相关的问题[①]。二人认真探讨了日本面临的国际环境与发展问题,还思考了联合国问题、和平国家建设问题、自然与人、公害问题、宗教的复权、生与死、自由与平等问题,可见池田大作的对谈并未局限于日本一国,而是着眼于人类发展与东西方文明融合的广

[①] 参见リヒャルト・クーデンホーフ、池田大作:《文明・西と東》,东京:圣教新闻社,1972 年。

域视角,是从日本看世界的广阔视域。20世纪70年代初,池田大作与英国著名历史学家汤恩比展开对谈,二人的对谈跨越两个年头进行了10天总计近40个小时,话题紧密围绕"人类正在和必须面对的诸种基本问题"展开,一方面对于诸如和平、环境、人权、科学、伦理等人类迫切需要解决的现实问题进行了探讨,另一方面对隐于现实问题底层的人类史的永恒课题,即生与死、何谓人、何谓生命等亦有所论及,可以说,对谈内容的广度与深度都值得称道。对谈中二人的话题紧密关注人类与世界发展,广泛着眼于历史与未来,最终探讨已深入触及宇宙与生命的精神层面,对话不但深化了彼此灵魂的共鸣,也对人类发展的诸多相关难题及其产生的本质性原因进行了论析,许多话题和具体建议时至今日仍有重要的启发意义。20世纪80年代,池田大作与法国国立博物馆协议会会长、法兰西学院教授路奈·尤伊古展开对谈与笔谈,进一步清晰论证了人类面临的危机,从物质危机、精神危机、道德危机、艺术危机几个方面进行了反思,并在此基础上深入分析了危机的历史意义与人类社会的未来出路问题。当人类文明发展的车轮又向前推进了半个世纪,回顾可见,池田大作40余年前关注的与人类生存密切相关的现实问题都成了横陈在今日世人面前的具有普遍性的最棘手、难度最大的问题,他对现代东西方文明发展路径及方法的深刻反思与洞见,依然作为世界文明对话、宗教对话的热点议题在不断被探讨。池田大作对谈人数和次数之多,对谈涉及的话题及内容之全面、丰富,都可谓开东方宗教领袖投身于文明对话实践之一代先例。

第三,从对话性质来看,池田大作的对话是当代文明对话活动的重要组成部分。伴随着全球宗教对话事业的不断推进,池田大作也可以说是东方宗教的教团领袖中积极倡导和参与文明对话、宗教对话的代表人物之一。从20世纪60年代末到21世纪最初的10年,40余年的时间里,池田大作足迹遍及世界54个国家和地区,与各国政要、文化领域知名人士、教育界代表学者等进行对谈,较多关注与人类存续、发展息息相关的重大问题,集中探讨东西方文明及区域文化交流、交往过程中遇到的问题及其解决办法,可谓东西方文明对话的积极倡导者与坚定践行者。此外,池田大作也与具有不同宗教背景的人士展开对话,其探讨内容并非局限于诸宗教间教理、教义的比较,而是与对谈对象共同思考当代宗教的使命问题,努力挖掘深蕴于诸宗教内部的有利于当今世界和平与人类发展的共通价值,因此从当代宗教对话整体发展趋势来看,"池田对话"也可以说是宗教对话突破原有模式的一种尝试。

第四,在对话中,池田大作不但致力于阐扬东方佛学之古老的法华智慧以解决当代文明间、宗教间对话的现实问题,其对话模式还具有鲜明的日本佛教日莲宗之实践特色,因此可以说,"池田对话"模式为当代文明对话、宗教对话提供了一种可行性参考。创价学会是日本当代新兴佛教团体,信奉独具日本特色的、有800余年历史的古老的日莲佛教,并以东方大乘佛教的代表性经典《法华经》为宗经。池田大作是日本佛教日莲宗信徒,对于《法华经》有深刻研读和独到见解,他始终努力阐扬古老《法华经》中深蕴的当代价值,从"一念三千""佛性互俱"等法华经阐明的传统理念出发,倡导文明间、宗教间的对话与交流中双方互相平等的地位与彼此尊重、包容并将和平对话进行到底的态度,努力以东方佛学理念阐明现代对话问题。此外,日莲佛教的特点还在于其实践性,池田大作在与诸多宗教界人士的对话中,并未拘泥于教理教义的比较本身,而是着力于思考传统宗教的现代化问题、当代世界性宗教所需具备的条件、作为宗教人应该如何融入社会、投身慈悲救世与利他行动之中等问题,倡导展开人性革命以造福自身、他人与社会。这样的对话内容,体现了东方佛教,尤其是日本佛教之鲜明的人本主义实践特色。在近40年的对话实践中,池田大作已经形成了自己的对话风格与模式,并通过坚持不懈的对话实践不断验证和丰富其对话思想,这种自我深化式的对话观或可为当代宗教对话突破自身局限提供一种新的思考向度。

总之可以说,相对于西方神本主义的对话理念来说,无论是在日本还是在以佛教、印度教、儒教等为代表的东方文化圈,无论是作为一位宗教人物代表还是一位社会活动家,池田大作都可谓是早期投身于"对话"实践的积极先行者与坚定践行者,其在"对话"中不断确立和发展的具有东方特色的对话理论也因此具有了实践考察与理论辨析相结合的双重意义。

三、池田大作文明对话思想特色

池田大作的对话思想是一个不断发展与完善的过程,他始终立足于人类文明发展的宏阔背景,在对话中广泛关注现代危机,不断探讨当前人类直面的全球性紧迫难题的解决方案。尤其是在2000年前后的10余年时间里,其对话思想经过了30年对话实践的验证,在与众多对谈对象的切磋与磨合中不断完善与丰富,呈现出独具池田风格的"人本主义"对话特色。

第一,将"文明间的对话"具化为"人与人的对话",把"对话"提升到与和平、生命同等重要的高度。在与多位对谈对象的讨论中,池田大作始终强调"对话"应是"作为人的真正的交流"之第一要义。也就是说,对话应立足于"人"这一前提之下,"人"这一共同性是"对话"得以达成并能够冲破国境、民族、意识形态等壁垒的基础和前提,"文明间的对话就是人与人的对话"。对于当前对话存在的问题及其未来发展方向,池田大作从佛学之"色心不二"的哲学理念展开思考,首先认为对话之力与希望之力、想象之力、联结之力一样,是一种从人类自身之中生发出来的力量,是人类创造和平与维护和平的四原则之一。[①]在此基础上,池田逐步从"人"之对话上升到"生命"之对话的高度,宇宙万物与"我"同一,"对话"应是人与人、人与自然万物的对话过程,寻求生命之和谐与同一。人与自然并非是征服与被征服的关系,而应寻求"对话"中的多元共在,可持续性

---

① N・ラダクリシュナン、栗原淑江:《対話の達人 池田大作——衝突から対話へ》,东京:凤书院,2006年,第254页。

发展中的共存共荣。正如池田所说,"我们已经进入了'对话'与'生命'、'和平'同等重要的历史阶段。事实上,对话也许是保障"生命"与"和平"的唯一的手段"①。

第二,力求克服排他主义,倡导"文化对话主义"。立足于精神全球化趋势日益增强的现实,池田指出了文化帝国主义、文化相对主义的局限性,强调各大文明、宗教在对话与交往过程中必须克服"排他主义"的倾向,秉持宽容与信赖、相互尊重的态度,倡导以开放的自发的交流为宗旨的"文化对话主义"。纵观近现代社会,"排他主义"实质上是"文化帝国主义"与"文化相对主义"的必然产物。无论是那种把对于他民族的统治和殖民主义正当化的"文化帝国主义",还是仅仅"承认彼此的文化"但却拒绝相互学习,尚停留在"共同生存"层面上的"文化相对主义",最终都会导向"排他主义"。事实上,正如池田所说,人们需要争取"在相互的理解、尊敬、学习和繁荣中共同生存",努力打造互相尊敬、互相学习、共同繁荣的大同世界,只有这样的以开放的自发的交流为宗旨的"文化对话主义"②,才是未来人类社会能够实现可持续的繁荣、发展的希望。

第三,从"人之佛性"的角度深刻阐释对话之精义,由此确立了基于东方佛学视角的具有池田特色的"人本主义"对话观。东方大乘佛教《法华经》中有佛性互俱的思想,即人人皆有佛性,池田认为"佛法平等观的基础就是对他者'佛性'的尊重"③。与他者的平等对话亦是源于佛法的平等观,但在文明对话中,池田大作所强调的"平等",并非"划一式"等同,而是首先承认差异的"平等",是对多元性的认可与尊重。有差异但无差别,尊重差异并非是消除差异。真正的"平等""公正",首先应该承认人的多样性,要从尊重每个人的价值开始。也就是说,异质性并非是差别的根据,而是尊敬的根据。池田大作认为佛教的"同苦"精神,可以成为对话的基础,可以超越文化与国家的壁垒。现代人类所面临和遭遇的种种苦难是需要共同面对的,发端于"同苦"之心的"慈悲"是大乘佛教的核心精神,全球苦难的现实、与他者共生的现状和对于他者的慈悲,让人与人之间、地域之间、国家之间乃至文明之间的对话成为可能。2002年,池田大作在其"和平倡言"中进一步明确了自己的对话观,即基于东方大乘佛学视角的"人本主义"文明对话观。"所有的事象皆具相对性与可变性。因此,我们必须培养一种能够敏锐辨识事象之相对性与可变性的洞察力,不为事象的相对性所迷惑盲从,这种主体的韧性之力是不可或缺的。基于这一前提的人本主义,主张只要是人,则不应有对象之分别。不会因意识形态、人种、民族而将人'定型化',或者给人造成某种'限定性',因此也不会闭塞对话之路。"④可见,池田大作已经将"文明间对话"的可能性归于"人性"这一共同根基。因而突破了美国著名

---

① マジッド・テヘラニアン、池田大作:《二十一世紀への選択》,东京:潮出版社,2000年,第41页。
② ドゥ・ウェイミン、池田大作:《対話の文明——平和の希望哲学を語る》,东京:第三文明社,2007年,注中文版第141-142页。
③ マジッド・テヘラニアン、池田大作:《二十一世紀への選択》,东京:潮出版社,2000年,第213页。
④ ラダクリシュナン、栗原淑江:《対話の達人 池田大作——衝突から対話へ》,东京:凤书院,2006年,第234页。

学者亨廷顿之"文明冲突论"以文明的区域性、文化的异质性或宗教信仰的独特性等区隔的藩篱，阐明了独具池田特色的立足于东方大乘佛学的以"人性"为根基的"人本主义对话观"。

第四，提出人与人的对话中蕴含着变革力与创造力的主张。针对当代"对话无用论"的质疑，池田大作提出文明间"对话"中蕴含着"变革的爆发力"的观点，对话中蕴含的变革性的爆发力不但能够促使对话者完成超越自身的过程，同时也是将"他律"转化为"自律"的原动力。通过对话完成的"创造性的转化"能够推动人类文明的发展与进步，正如池田在对话中总结的，"对话是创造人类新文明的原动力"。池田大作认为，文明本身并无高低之分，纵观整个人类文明的漫长发展与演化过程，任何一种文明形态都具有不可替代的价值，且无进步与落后之差异。彼此都在人类文明发展的朝觐途中，我们需要彼此关照、相互见证。毋庸置疑，文明的接触是有危险性的，其冲突与磨合的过程是漫长的，但这一过程恰恰隐藏着文明发展自身的爆发力、创造力，恰恰成了文化创造性的源泉。文明间的接触并非是破坏性的，而应该是创造性的。"正是超越自身有限性的想象力以及作为其衍生物的变革性爆发力之中，孕育着文化与文明的生命。"[①]正如池田大作在与杜维明的对谈中提出的，对话是探究的途径、提高的途径、创造的途径，通过对话去创造新的文明，"大家要从每个人的身边开始，勇敢地把相互磨炼、互相提高'慈悲'与'智慧'的'对话'和'交流'推广开来。我相信，这种顽强的宝贵的精神斗争，正是创造新文明的原动力"[②]。

第五，倡导通过"人的精神革命"来构建人类社会之"对话的文明"。池田大作主张通过"人的精神革命"来推进21世纪人类社会多元化发展中的精神一体化建设，在文明间、宗教间平等和谐对话的基础上构建"对话的文明"，倡导通过广泛开展宗教间、文明间对话实践来开启第三条道路——通过"对话"来实现的人类文明"共存共荣之路"。着眼于21世纪人类社会多元化发展的现状，池田大作主张通过人"内心的精神革命"来推进世界"精神一体化"建设的进程。人的精神革命，必须通过"文化交流""人本主义教育"和"开放的对话"来完成，只有在这样的过程中才能觉知自己是"地球村"的一员，才能超越对私利的追求，树立"地球村"一员的共同意识，从而推进精神全球一体化与文明多元化融合的历史进程。这里需要注意的是，池田大作提到的"人的精神革命"，是一种扎根于自身传统之中，依靠人们加深自我认识、不断拓展对话来共同完成的由内而外的人的精神变革。人只有挖掘自己赖以立足的文化和传统，才能发现存在于这种个别性基础上的普遍性。文明间的对话首先应该立足于各自文明自身的传统，因为全球性正是孕育在个别性之中。对于自身传统的重视同时应该包括对对方传统的尊重，文明间的对话只有

[①] マジッド・テヘラニアン、池田大作：《二十一世紀への選択》，东京：潮出版社，2000年，第263页。
[②] ドゥ・ウェイミン、池田大作：《対話の文明——平和の希望哲学を語る》，东京：第三文明社，2007年，第212页。

建立在深化自我、尊重他者的基础之上，努力通过与他文明"对话"来拓展视野，从而实现对于自身传统的深化与超越，才有可能建立起着眼于 21 世纪的现在与未来的"对话的文明"。

总之，池田大作作为世界文明对话的倡导者与早期行动家，努力挖掘东方传统宗教——佛教中的古老智慧，并融合了日本当代佛教的实践精神，身体力行地致力于倡导和践行当代文明间对话、宗教间对话，其对话实践行动伴随着世界政治、经济、生态等大的环境变化和教团发展状况而不断调整并逐步拓展，其对话思想也在对话实践的检验中不断补充、修正和深化，表现出不断丰富、充实、进步的生命力。池田大作坚持 40 年的文明对话历程，开辟出了一条具有实际可行性的 21 世纪人类交往与对话的文明融合之路，期待越来越多的有识之士不断开拓与推展，将人类和平对话的精神不断传承与阐扬。

池田大作先生早期与欧洲思想界的结缘

复旦大学 胡令远

一、卡雷尔基其人其事

被称为"欧洲联盟之父"的奥地利思想家和政治学者的卡雷尔基（Count Richard Coudenhove Kalergi）博士与日本渊源甚深，其父为奥匈帝国时代的贵族（伯爵），在1892年任驻日本使馆代理公使时，与东京的一名古董商的女儿青山光子相爱，并于次年结婚。卡雷尔基于明治27年（公元1894年）出生于东京，为青山光子的第二个儿子，故幼名青山荣次郎。在其两岁时随父母回到奥地利。在第一次世界大战期间于维也纳大学取得哲学博士学位。当时的整个欧洲满目疮痍，"欧洲没落论"等悲观论调流行一时。第一次世界大战后的凡尔赛体制下的欧洲大陆并未实现真正的和平，两次世界大战之间甚至被称为"危机的二十年"。面对这样的一个世界，青年卡雷尔基曾一时醉心于美国总统威尔逊的政治理念，期盼自己成为"今后兴隆的国际联盟的市民"，即作为"新世界的一市民"而存在。但不久的现实，即让其完全失望。

1922年，年仅28岁的卡雷尔基先是在报纸上发文，次年又出了单行本，即奠定其毕生事业的著名的《泛欧罗巴》一文的发表，在当时引起了极大的反响。使处于困境中的欧洲，似乎由此看到了充满希望的未来。卡雷尔基这一构想的主旨所在，是建立一个不战、和平和统一的欧洲共同体。其路线图分为三阶段。即首先设立探讨欧洲各国在关税、裁军、货币等方面的共同利益的政府间组成的委员会；然后设置欧洲裁判所，缔结相互安全保障条约；在此基础上结成关税及通货同盟，形成单一的欧洲经济圈；最后，成立"欧洲合众国"，其对外为单一国家，联邦内部的各国则保持最大的自由。显然，这一构想，无疑是今天的EU的理论先驱。卡雷尔基因而被称为"欧洲联盟之父"，应该是当之无愧的。

卡雷尔基的泛欧构想发表以后得到热烈响应，也获得奥地利政府的支持。1926年，在维也纳成功召开了有26个国家参加的第一次泛欧会议。其后，又获得当时的法国首相白里安的强烈共鸣和激赏。白里安于1929年的国际联盟总会上提出了关于建立欧洲联邦秩序的构想，使这一泛欧运动在20世纪20年代末达到顶峰。但到了20世纪30年代，随着德国希特勒登上历史舞台，泛欧运动被他认为是实现其称霸欧洲这一政治野心的障碍，所以卡雷尔基的书不仅为纳粹所焚毁，且难以存身祖国，不得不经瑞士等而最终亡命美国。二战期间，他以肯尼迪和平财团资助讲座的形式，在纽约大学开设"战后欧洲联邦研究讨论课"，进行有关泛欧内容的演讲等活动。

二战结束后，卡雷尔基重返欧洲继续积极参与推动既往的事业。虽然在其后欧盟不断发展的实际进程中，由于种种原因，卡雷尔基并未能像 20 世纪 20 年代那样发挥主导作用，但包括丘吉尔、戴高乐、阿登纳等领导人都对他的贡献曾给予高度评价。1962 年，当戴高乐和阿登纳在法国的兰斯实现象征法德和解的历史性拥抱时，卡雷尔基作为两位元首最重要的客人被邀请与会。他还获得了首次"查理大帝奖"，并被多次提名为"诺贝尔和平奖"候选人。在经过两次世界大战之后，正如卡雷尔基所言："欧洲诸民族走过了苦难的道路，欧洲诸民族曾有过互相憎恨。而现在，给苦难和憎恨打上休止符——确信和解的时期已经来临。"①而在实现和解的途径的原点上站立着的，不言而喻，正是卡雷尔基。今天欧盟发展所达成的结果，其意义早已超越欧洲，也为人类的未来，昭示了光明的前景。

二、池田大作先生与卡雷尔基的结缘及其意义

20 世纪 60 年代初，日本人已经可以到欧美自由旅行，深受卡雷尔基影响的日本政治家鸠山一郎创立的"友爱青年同志会"的成员利用这样的机会，到欧洲与卡雷尔基直接见面交流，客观上促成了卡雷尔基相隔 70 年，即于 1967 年重回出生地日本东京，进行交流访问。实际上，从"友爱青年同志会"活动开始的第三年，卡雷尔基即担任了该会的名誉总裁，每年的例行大会都会收到他对日本青年的致辞。

正是卡雷尔基的这次访日期间，他主动提出并会见了当时的创价学会会长池田大作先生，这是饶有兴味的。据说当卡雷尔基本人主动提出要与池田会长见面时，作为其访日邀请方的"友爱青年同志会"、NHK、鹿岛和平研究所都曾表示反对。只是由于卡雷尔基的坚持，与池田先生的会面才得以实现。由此可见，卡雷尔基对创价学会和池田大作本人的看重。

当时的具体情形，于此拟引用卡雷尔基类似日本访问记的著作《美丽的国度》中的记述以见其大端。其中说："我从几年前开始就对创价学会的会长池田大作、创价学会的运动感觉兴趣，因此这次日本旅行之前，即向邀请方请求安排与池田大作会面。池田破除了他的习惯，爽快答应与我见面。我的同伴者只有原田悟一人，我们通过翻译进行了会谈。我马上对池田这一人物有强烈的感触，并为这位三十九岁的男子透出的力量而打动。他是一位与生俱来的领导者，有些镰仓大佛的模样，充满了生命力，是一位热爱人生的人物，

---

① 《卡雷尔基回想录：用思想征服欧洲》，http://realwave.blog70fcz.com/blog-eutry-184.htm.

也是一位率直、友好而且知性很高的人物。"①

　　这次的会见,对两人来说都具有特别的意义,尤其是池田先生。他自幼即从内心向往欧洲,而其最初接触的欧洲著名的思想家即为卡雷尔基。而且由于卡雷尔基的中介,池田大作得以走进欧洲思想界、教育界的殿堂。特别是与历史学家汤恩比等建立了联系,留下了可称之为不朽的对谈录。可以说池田大作是由此机缘而走进了世界大舞台,并产生了广泛影响。

　　这次卡雷尔基与池田先生的会谈内容,曾连载于《产经新闻》上,1972年又以单行本出版,书名为《文明:东与西》。中国旅日学者李庆教授对这次的会谈归纳如下。"首先是亚洲和西欧的关系……也谈到了苏联和欧洲、中国和日本的关系……其次谈论了第二次世界大战后联合国的现状……讨论了自然与人类的关系……探讨了宗教,特别是基督教在世界范围内所面临的问题……最后,他们讨论了日本应该走的道路。对谈中,卡雷尔基提出'佛教是唯一平等的宗教',对以东方文明为基础的太平洋文明的勃兴,寄托着相当的希望。同时,对创价学会和池田大作的活动,有着相当的期待。"②

　　这次会谈之后,卡雷尔基与创价学会一直保持着密切的联系。特别是在卡雷尔基的晚年,在他与日本的关系上,创价学会差不多取得了垄断性地位。创价学会的巴黎支部,发挥了像大使馆那样的功能。从1968年一直到卡雷尔基去世,都是如此。而在这种密切关系的背后,无疑是以一种精神的纽带来作为维系的。虽然各自思想理念的来源不同,但这并不妨碍互结"善缘"。池田先生所倡导的"友爱",自然是来自佛教的"慈悲"观念,以及大乘佛教"普度众生"的思想原理。从卡雷尔基一贯痛恶绝对主义来看,相对于多为一神教的西方,卡雷尔基认为佛教是"唯一平等的宗教"。如前所述,他对以东方文明为基础的太平洋文明寄予极大的期待,作为一个非常有前瞻性洞察力的思想家,当他以整个人类的发展方向为背景思考问题时,他的这种期待无疑蕴含着深意。这也许能解答他对池田大作先生的"另眼相看",以及在人生的最后时期与创价学会保持密切关系的缘由。

三、卡雷尔基的思想余韵与日本

　　卡雷尔基于1972年以87岁高龄去世。其对日本的影响,就像他丰富多彩的人生和复杂的思想及经历一样,也是多方面的。择其大端,除了前述的泛欧主义,另外当数其于1938年出版的 *Totalitarian State against Man* 一书。这本书为1952年被剥夺公职后在轻井泽养病的日本政治家鸠山一郎所激赏,并亲自翻译,题名为《自由与人生》,于次年正式出版。鸠山一家信奉的所谓"友爱"理念,实渊源于此。

---

① 户汉英典《欧州統合運動とクーデンホーフ・カレルぎー》、东海大学和平战略国际研究所所报:《Human Security》,2003年,第8期。

② 李庆:《池田大作传》,杭州:浙江人民出版社,2008年,第78-79页。

如前所述，20 世纪 20 年代卡雷尔基的泛欧活动进展顺利，但进入 20 世纪 30 年代后，却陷入困境，被称为"苦斗的 30 年代"。①当时正值第二次世界大战前暗潮涌动之时，德国流行伯恩斯坦的修正主义，奥地利则建立起独特的权威主义体制——被称为奥地利法西斯。但为了维护祖国的独立，卡雷尔基甚至想通过接触墨索里尼来达到目的。1938 年奥地利终被纳粹德国合并，设置于维也纳的泛欧运动事务局也被纳粹占据。摆在他面前的路只有亡命异国他乡。这样的情形，无疑激发出卡雷尔基关于人类、国家、民族应该到底是怎样的一种存在的深沉思考，而这本书集中反映了他所得出的结论。在书中，他认为近代以来，特别是法国大革命所揭橥的"自由、平等、博爱"，从实践和现实来看，对"自由"的放任导致了法西斯主义，而对"平等"的过度追求，也产生像苏联那样的"全体主义"国家。现在，只有通过"友爱革命"来矫正之。他在强调这一革命的必要性时指出："为了自由的改革已经进退维谷，为了平等的革命已经失败，而友爱主义的革命在国民与国民之间，阶级和阶级之间架起桥梁，向他们的全体，传达自由的人间和四海同胞的福音。"②卡雷尔基进而指出，"友爱革命"的目标是达成"友爱社会"的建立。这一社会像一个同心圆，原点即圆心是作为"人"的个人之确立，然后向家庭、集团、社会、国家扩而大之。而要达成"友爱社会"，心灵革命是必要的，即要唤起人类本来就具有的"人类之爱"，尊重所有人的人格尊严，人们与生俱来的权利优越于所有的国家及社会之制度。质言之，卡雷尔基于此所表达的"友爱主义"，是对严酷的现实的一种精神批判，如果说其所倡导的泛欧主义是建立一种超越民族、国家、宗教的组织形式的话，"友爱主义"理念则是与其相辅相成的精神依归和基础。它们在本质上是相通和一致的。但是就像泛欧运动在 20 世纪 30 年代遭受重大挫折一样，该书出版仅仅一年，第二次世界大战即爆发。残酷的现实与卡雷尔基"友爱社会"的理想国，恰成鲜明的对照。

但基于人类对自己崇尚的理想社会孜孜以求的精神理念可以超越时空和民族。前述鸠山一郎对此书所表达的理念的激赏，即为明证。而在时间上，卡雷尔基面对山雨欲来风满楼的局势与处在暴风雨过后的鸠山一郎，却产生了极大的共鸣——这样一种精神上的"契合"，绝不是"巧合"。即作为当时只差一步就成为日本首相的鸠山，直面的是两极体制下的冷战和朝鲜半岛的热战；战争非但没有随第二次世界大战的结束而远离人类，而且就在近在咫尺的朝鲜半岛上演。日本作为美苏冷战的桥头堡而危机重重。作为有远大抱负的日本政治家的鸠山一郎，不能不考虑面对严峻局势的日本的前途和命运，即日本到底应该选择怎样的国家重建道路？对于因穷兵黩武而遭灭顶之灾的日本，卡雷尔基所指出的"友爱"—即从根本上追求和平发展道路的理念，引起了鸠山一郎的强烈共鸣，是毫不足奇的。

---

① 户汉英典《欧州統合運動とクーデンホーフ・カレルぎー》、东海大学和平战略国际研究所所报：《Human Security》，2003 年第 8 期。

② 《为了理解友爱》，http://www.yuaiyoueah.or.JP/pdf/yuairikai.pdf.

作为政治家的鸠山是善于将理念付诸行动的,他寄希望于年轻人。于《自由与人生》出版的同一年,即组成"友爱青年同志会",并自任会长,且直到其于1959年去世为止。即使担任了总理大臣,仍对此躬行不辍。鸠山去世后,会长一职相继由其夫人鸠山薫、其子鸠山威一郎担任。1973年"友爱青年同志会"改称"友爱青年联盟",1998年与财团法人日本"友爱青年协会"合并,并由其孙鸠山邦夫任会长。其孙鸠山由纪夫则于2006年接替母亲鸠山安子,任该协会董事长。此外还相继设立"友爱妇女会""友爱俱乐部"等相关组织。同时,鸠山由纪夫姐弟还共同创设了"鸠山友爱塾"。尽管公务繁忙,鸠山由纪夫和鸠山邦夫仍坚持亲自授课。

有论客指称包括卡雷尔基以及鸠山整个家族都是共济会会员。这当然不得而知。但不言而喻,与池田先生不同,鸠山家族所秉持的"友爱"理念,说到底其根苗还在于基督教。但同时我们也看到"鸠山友爱塾"的墙壁上,悬挂的是一个大大的"和"字。这可以说具有某种象征意义。从现实来看,因为政治世家的缘故,鸠山一家更多是在国务中演绎理念。譬如曾身为法务大臣的鸠山邦夫,被记者问到你作为一个信奉"友爱"的人,却大谈如何执行死刑,给人一种违和感。鸠山邦夫由"友爱"引申出"共生",结论是不允许无端剥夺他人的生命,是"友爱"这一理念的核心价值。所以作为法务大臣,他不赞同废除死刑。鸠山由纪夫倡导"东亚共同体",其实也是一种大的演绎。

虽然池田先生信奉的是注重行动的大乘佛教,而且超越国境,广有信众。但在广宣流布佛法的同时,作为一名思想家,通过提炼和归纳,吸收新的养分,在以此为基础不断地扬弃特别是对新科技的感悟中,丰富和发展既有的思想成果,使其不断焕发新的生机,以这样的人类思想成果,给社会提供不可或缺的精神食粮,池田先生的贡献,应该更多地体现在这一方面。

正是在这个意义上,我们对于中日关系的未来,对于东亚地区的和平与繁荣,抱有更多的期待。